십자가형에 처해진 자의 발꿈치뼈를 관통한 대못. 예루살렘의 무덤에서 발견되었으며 연대는 기원후 1세기다. 로마제국이 집행했던 가장 악명 높은 형벌을 보여주는 단 두 개 남은 구체적 물증 중 하나다. (Peter Oxley)

십자가 위의 예수. 5세기 초에 상아에 새긴 것으로, 예수의 수난을 묘사한 일련의 상아 조각판들 중 하나다. 찢어진 알몸을 드러낸 예수의 체격은 운동선수 같다. (British Museum @Wikipedia)

카라바조의 1601년 그림. "네가 나이 들어 양손을 내뻗으면 누군가가 너를 인도하여 네가 가고 싶어 하지 않는 곳으로 데려갈 것이다"라는 베드로에 대한 예수의 예언이 실현되었음을 캔버스 위에 구현했다. (@wikiart.org)

"앞으로 왕위에 오를 너희들은 거짓을 철저히 경계하도록 하라. 거짓을 추종하는 자는 철저하게 처벌하라." 비시툰산의 산등성이에 묘사되어 있는 다리우스 대왕. 밧줄에 묶인 일련의 거짓 왕들 앞에 의기양양하게 서 있다. (@Wikipedia)

페르시아가 지배하던 유다에서 주조된 동전. 묘사되어서는 안 되는 대상(하느님)을 묘사한 예외적인 동전이다. 유대인은 하느님을 천지의 창조자, 만물의 주인, 가장 높으신 신, 일자─者, 전능한 분, 영원한 분으로 여겼다. (@Wikipedia)

지금까지 작성된 편지들 중에서 가장 영향력이 큰 편지를 쓴 성 바울. 그림은 바르톨로메오 몬타냐의 1482년 작품이다. (@Wikipedia)

알렉산드리아 교회를 창설한 것으로 믿어지는 성 마르코. 그의 뒤에 대도시(알렉산드리아)의 벽들과 발코니들이 펼쳐져 있다. 학문의 중심지로 명성이 높은 알렉산드리아는 기원후 3세기 인물인 오리게네스의 고향이다. 오리게네스는 유대 경전은 물론이고 그리스 문학에 정통했다. 그는 이렇게 선언했다. "철학자처럼 생각하지 않는 사람은 하느님에게 진정한 의무를 다할 수 없다." (Marie-Lan Nguyen @Wikipedia)

자신의 겉옷 절반을 거지에게 나
누어 주는 성 마르탱을 흐뭇하게
내려다보는 그리스도.
(Staatsbibliothek Bamberg)

대천사 성 미카엘은 종말의 날에
'이 세상을 못된 길로 빠져들게
한 저 오래된 악마 혹은 사탄'을
땅바닥에 내팽개쳐 죽게 할 것이
다. 그림은 1518년 라파엘로의
작품. (@Wikipedia)

'독일인들의 사도'인 성 보니파키우스가 그를 죽인 프리지아 해적들의 칼로부터 자신을 방어하기 위해 높이 쳐들었던 성경 책. (Hessisches Staatsarchiv Darmstadt)

카노사 성은 신성로마제국과 교황청 사이의 갈등을 상징하는 곳이 되었다. 신성로마제국 황제 하인리히 4세는 1076년 추운 겨울날에 이곳을 찾아와 교황 그레고리우스 7세의 용서를 빌었다. 황제와 교황의 갈등은 오래된 질서에 금이 가고, 최초의 유럽 혁명이 시작됨을 알리는 사건이었다. (Tom Holland)

"우둔한 정신은 물질적인 것들을 통해 진실에 다가간다." 생드니 수도원 내부에서 벌어지는 어둠과 빛의 교차. (Tom Holland)

유대인의 최고 사제 가야파Caiphas 앞에 선 예수. 이 그림 필사본이 제작된 것은 13세기다. 이때 처음으로 기독교 삽화가들은 유대인을 신체적으로 혐오스러운 존재, 즉 매부리코에 등이 굽은 인물로 묘사했다. (British Library)

이단 심문관들이 이단으로 판정한 신비한 귀족 여성 굴리엘마. 이단 심문관들은 "그녀는 자신이 여성들의 구원을 위해 성육신成肉身한 성령이라고 주장했다"라고 비난했다. 그녀 앞에 무릎을 꿇고 있는 수녀는 밀라노 여수도원의 원장 마이프레다로 추정된다. 마이프레다는 교황이 되기를 꿈꾸었으나 결국 이단으로 내몰려 화형장의 이슬로 사라졌다. (Tom Holland)

당대의 가장 유명한 설교자였던 시에나의 베르나르디노가 고향 도시의 중앙 광장에서 설교하고 있다. 그는 동성애자들을 가차 없이 비난하고 단죄했다. (@Wikipedia)

알브레히트 뒤러가 〈요한 묵시록〉을 근거로 제작한 목판화 15점 중 중 하나인 〈묵시록의 네 기사〉. 1498년에 제작된 이 목판화는 그 당시 종말의 때가 급속히 다가오고 있다는 기독교 세계 전역의 높은 기대감을 생생하게 표현하고 있다. (British Museum @Wikipedia)

이 조각상의 온몸을 뒤덮고 있는 거품은 피부를 벗긴 인간의 몸 위에 생긴 지방 덩어리다. 중앙아메리카에서 껍질을 벗긴 자로 숭배되는 크시페 토텍은 멕시카를 정복한 기독교 정복자들에게 신이 아니라 악마로 보였다. (@Bridgeman Images)

수도사 시절 아주 수척했던 마르틴 루터는 나중에 체중이 매우 늘었는데, 그의 적대자는 악마에 바칠 좋은 음식이 되었다고 조롱했다. (@Wikipedia)

장 칼뱅은 제네바 시민들에게 이렇게 말했다. "만약 나를 당신들의 목사로 삼을 생각이라면, 먼저 당신들 삶의 무질서를 시정하십시오." (@Wikipedia)

중국 고관이 된 기독교도 마테오 리치와, 기독교도가 된 중국 고관 서광계. (@Wikipedia)

갈릴레오는 "지구가 움직이며 세상의 중심이 아니다"라는 가설을 옹호함으로써 종교 재판(이단 심문)에서 이단으로 단죄되었다. 하지만 그가 단죄를 받게 된 것은, 후대에 만들어진 속설처럼 가톨릭교회가 저명한 천문학자들의 의견에 주의를 기울이지 않았기 때문이 아니라 오히려 그 반대였다. (@Wikipedia)

디거들이 세인트조지 힐을 점령한 사건의 350주년을 기념하기 위해 1999년에 건립된 석비. 이 석비는 디거들이 최초로 땅을 파기 시작한 곳에 세워지지는 않았다. 세인트조지 힐이 현재는 대문과 담장을 둘러친 공동체가 되어 일반 대중은 접근할 수 없기 때문이다. 디거들은 이 세상을 "영주와 지주들의 압제로부터 영구히 해방시키려 했다." (Tom Holland)

"지옥에서 집필된 책." 스피노자는 《신학정치론》의 저자가 자신임을 감추려 했으나 그 책의 독자들은 그리 오래 속지 않았다. (@Wikipedia)

키가 120센티미터 정도인 꼽추 벤저민 레이. 퀘이커 교도들을 상대로 평생 동안 노예 무역을 금지해야 한다는 캠페인을 펼쳐서 마침내 성공을 거두었다. (@Wikipedia)

인간과 시민의 권리 선언문. 마치 시나이산에서 석판에 받아온 것처럼 묘사되어 있다. (@Wikipedia)

어떤 사람은 날 때부터 주인으로 타고나고 어떤 사람은 노예로 타고난다고 확신했던 사드 후작. 이런 사상 때문에 여러 번 감옥에 갇히고 마침내 정신병원에 입원 조치되었다. 그는 이렇게 주장했다. "이웃을 사랑하라는 교리는 자연에서 나온 것이 아니라, 기독교에서 나온 환상이다." (@Wikipedia)

1815년에 발간된 만화. 브라만들이 사티(과부의 순사) 관습을 계속 유지할 수 있게 해달라고 벵갈 총독과 캘커타 주교에게 뇌물을 주는 장면이 그려져 있다. 인도 관습을 금지시켰다가 사업상 손해가 올 것을 우려한 영국 관리들은 사티 금지를 망설였다. 그러다가 그 관습이 힌두교의 보편적 특징이 아니라는 게 증명되자 비로소 사티를 금지시켰다. (Wellcome Collection @Wikipedia)

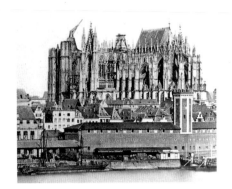

쾰른 대성당. 1248년에 착공되었으나 1473년 노무자들에 의해 미완의 상태로 방치되었다. 프로이센의 젊은 황태자인 프리드리히 빌헬름은 1814년 이 건물을 처음 방문하여 크게 매혹되었다. 그는 왕위에 오른 지 2년 뒤인 1842년에 공사를 재개하라고 지시를 내렸고, 대성당은 1880년에 완공되었다. (@Wikipedia)

독일의 정신의학자인 리하르트 폰 크라프트에빙. 19세기 후반에 '동성애'라는 낯선 개념을 널리 알린 인물이다. 교회는 동성애를 '소도미'라고 하여 저주받은 성적 관습이라고 매도해왔는데, 크라프트에빙은 동성애에 대해, 문명에 기여한 기독교의 일부일처제와 충분히 공존할 수 있는 성적 경향이라고 진단했다. (@Wikipedia)

앤드루 카네기가 런던의 자연사 박물관에서 디플로도쿠스의 조각상을 제막하고 있다. 자연사 박물관은 그 창립자에 의해 대성당의 분위기를 갖추고서 '선으로서 악을 대하자'라는 의도로 건립되었다. (@Wikipedia)

"끔찍한 지진 뒤에는 새로운 질문들로 엄청나게 심오한 '명상'을 해야 하리라." 오토 딕스가 실물 크기로 제작한 프리드리히 니체의 흉상. (Tom Holland)

《반지의 제왕》은 기독교도 작가가 20세기에 발간한 베스트셀러였다. 이 책의 성공은 기독교가 서구 사람들의 상상력에 미친 강력한 영향—혹은 기독교의 퇴조—을 잘 말해 주고 있다. (@openculture.com)

시위자들이 인류를 향하여 욕정을 절제하라고 시위하고 있다. 청교도들이 과거에 인류를 향해 시위했던 것처럼. (@Shutterstock)

도미니언

DOMINION
도미니언

기독교는
어떻게 서양의 세계관을
지배하게 되었는가

톰 홀랜드 지음
이종인 옮김

책과함께

일러두기

- 이 책은 Tom Holland의 Dominion(Little Brown, 2019)을 완역한 것이다.
- 옮긴이가 한국어판 독자의 이해를 돕기 위해 쓴 해설 중 짧은 것은 본문 속에 '〔 〕'로 넣었고, 긴 것은 각주로 넣고 끝에 '옮긴이'를 덧붙였다. 그 외 모든 글은 지은이가 쓴 것이다.
- 성경 속 문구는 한국 천주교 주교회의에서 새로 우리말로 옮겨 2005년 발간한 한국어판 성경에서 인용했다.
- 이슬람교의 경전 쿠란은 《성 꾸란: 의미의 한국어 번역》(사우디아라비아 메디나: 파하드 국왕 꾸란 출판청, 이슬람력 1422)에서 인용하되, 맞춤법 등을 다듬었다.

무척 사랑하고 무척 보고 싶은
데버라 길링엄을 추모하며

사랑하라. 그리고 네 뜻대로 행하라.

성 아우구스티누스

당신이 옳다고 믿는 것은 그 원인이 어디에 있을까.
그것은 어린 시절부터 옳다고 지목된 것을 당신이 맹목적으로
받아들인 다음에 그것에 대하여 깊이 생각해 보지 않은 데 있다.

프리드리히 니체

당신에게 필요한 건 사랑뿐.

존 레넌과 폴 매카트니

그리스도가 탄생하기 약 30~40년 전에, 로마의 최초 온수溫水 수영장이 에스퀼리노 언덕 위에 건설되었다. 도시의 오래된 성벽 바로 밖에 있는 그 수영장의 위치는 아주 좋았다. 곧 그 수영장 일대는 온 세상에서 가장 부유한 사람들이 자랑하는 시범 지구로 발전했다. 거기에 점차 호화로운 저택과 공원이 대규모로 조성되었다. 그러나 이렇게 되기 훨씬 전에 에스퀼리노 성 바로 너머의 지역이 오랫동안 미개발 상태로 남아 있었던 것은 그럴 만한 이유가 있었다. 로마의 창건 이후 여러 세기 동안 그 지역은 죽은 사람들을 묻는 묘지였다. 노무자들이 수영장 건설 공사를 시작했을 때에도, 그 일대에는 시체의 악취가 공기 중에 진동했다. 한때 도시 방어 체계의 한 부분이었던 참호에는 너무 가난하여 무덤 속으로 들어갈 수 없는 자들의 시신이 가득했다. 이곳은 "비좁은 방에서 내쫓긴"[1] 죽은 노예들이 내던져지는 곳이었다. 이 일대에 독수리들이 떼 지어 날아와서 그 시신을 깨끗이 쪼아 먹었다. 사람들은 그 독수리 떼를 가리켜 "에스퀼리노의 새들"[2]이라고 불렀다. 로마의 여러 지구地區 중에 그처럼 재개발 사업이 완벽하게 진행된 곳도 없었다. 대리석 시설물, 반짝거리는 분수, 향기로운 화단, 이 모든 것이 죽은 자들의 등 위에 세워졌다.

하지만 재개발 과정은 오랜 시간이 걸렸다. 에스퀼리노 성 바로 너머 지구의 첫 번째 재개발 과정이 진행된 지 수십 년이 흐른 다음에도, 여전히 독수리들이 세소리움 Sessorium● 지역 위를 빙빙 선회하는 모습이 보였다. 이곳은 예전 그대로의 상태로 있었다. 그곳은 "노예들의 처형을 위하여 따로 떼어 놓은 곳"[3]이었다. 이곳은 죄수들이 구경꾼들의 오락을 위해 죽음에 처해지는 경기장과는 다르게, 그리 매력적인 장소는 되지 못했다. 문제를 일으킨 노예들은 사람들에게 잘 보이는 데에다 내걸린 가게 진열장의 고깃덩어리처럼, 십자가에 못 박혀 내던져졌다. 외국에서 수입해 온 씨앗을 에스퀼리노의 파릇파릇한 들판에 심는 동안에도 이 볼썽사나운 십자가들은 음울한 과거의 표시로서 그 자리에 남아 있었다.

십자가형보다 더 고통스럽고 더 경멸을 받은 처형은 없었다. 그것은 알몸인 상태로 십자가에 매달려, "어깨와 가슴에 생긴 보기 흉한 상처가 부풀어 오른 상태로 오랫동안 고통을 당하고"[4] 소란스러운 새들이 날아와 맨살을 쪼아 먹어도 무기력하게 일방적으로 당해야만 하는 형벌이었다. 이러한 운명은 인간이 생각해 낼 수 있는 최악의 것이라고 로마 지식인들은 생각했다. 그런 만큼 반항적인 노예에게 부과하기에 가장 적합한 징벌이었다. 이런 제재가 없다면 도시의 전반적 질서가 붕괴하고 말 터였다. 로마가 자랑했던 사치와 호화로움은 결국 로마를 지탱해 주는 노예들을 잘 단속하는 데 달려 있었다. "우리는 전 세계 곳곳에서 강제로 데려온 노예들을 집 안에 두고 있다. 그 노예들은 이상한 관습을 가지고 있거나 외국의 종교적 풍습을 숭배했고, 때로는 그렇지 않기도 했다. 이런 인간쓰레기들을 단속하려면 폭력에 의존하는 수밖에 없었다."[5]

● '의자'라는 뜻의 라틴어.—옮긴이

국가의 질서를 해칠지도 모르는 자들을 십자가형에 처하는 조치는 당연하고 유익한 처사로 여겨졌다. 그렇지만 그 처벌에 로마인이 보인 태도는 이중적이었다. 십자가형은 소기의 억제 효과를 발휘하려면 공개적으로 집행하는 것이 마땅했다. 실패한 반란의 참상을 적나라하게 경고하는 방식으로, 반란자 수천 명을 십자가에 매달아 죽인 광경보다 더 좋은 게 있었을까. 그 시체들을 대로변에 죽 세워 놓았든, 반란을 일으킨 도시의 성문 앞에 첩첩이 쌓아 놓았든, 아니면 나무를 벌목한 민둥산에 설치해 놓았든, 장소를 불문하고 그 십자가의 광경은 끔찍한 공포를 안겨 주었다. 심지어 평화로운 시기에도 사형 집행자들은 범죄자들을 다양한 창의적 방식으로 매달아 놓아 사람들의 구경거리로 만들었다. "어떤 시체는 거꾸로 매달려 있었고, 또 다른 시체는 성기가 꼬챙이로 꿰여 있었으며, 세 번째 시체는 양팔이 멍에에 매여 있었다."[6]

그러나 십자가형을 당한 자들을 일반 대중에게 구경시키는 것은 하나의 역설적 행위였다. 불명예스럽게 처형된 자들의 썩은 살에서 나오는 악취는 너무나 역겨워서, 많은 사람들이 단지 그 광경을 쳐다보는 것만으로도 자신이 오염되었다고 느꼈다. 로마인들은 십자가형을 "최고의 형벌"[7]로 채택해 놓고도 그것이 로마에서 시작되었을 가능성은 부정했다. 지독한 야만성과 잔인함으로 악명 높은 민족만이 이런 극악한 고문을 고안해 낼 수 있다는 것이었다. 가령 페르시아인, 아시리아인, 갈리아인 들이나 생각해 낼 법한 형벌이었다. 사람을 십자가('크룩스crux')에 못 박는 형벌은 거기에 관련된 모든 것이 혐오스러웠다. "그렇다. 그 말 자체도 우리의 귀에 역하게 들린다."[8]

십자가형에 대한 이런 혐오감 때문에, 노예들을 처형하려고 할 경우에 로마의 성문 벽에서 가장 멀리 떨어진 황량한 벌판으로 데려가서 십자가에 매달았다. 그리고 후대에 들어와 고대 로마의 경계境界가 이 멀리 떨어진 황무지까지 확대되었을 때, 이 세상에서 가장 이국적이고 향기 진한 풀들만이 십자가형의 지독한 냄새를 감추어 줄 수 있었다. 비록 로마 세계 전역에서 십자가형이 보편적으로 집행되었지만, 그것에 대한 혐오감 때문에 그 처형을 깊이 생각해 보는 사람은 별로 없었다. 천상의 신들이 사랑하고 이 세상의 권력을 위임받은 행정관들이 지탱하는 사회의 질서야말로 가장 중요했다. 따라서 그 질서에 감히 도전한 이런 벌레 같은 자들을 어떻게 처형하는가 하는 문제는 그리 중요하지 않았다. 고문 도구 위에서 죽은 범죄자들, 그들은 인간쓰레기들이므로 높은 신분과 배경을 가진 사람들의 관심사가 될 수 없었다. 어떤 죽음은 너무나 고약하고 추잡해서 차라리 그 시체들 위에 베일을 두르는 편이 가장 좋다고 생각되었다.

따라서 고대의 문헌에 십자가형에 대한 자세한 정보가 별로 없는 것보다는 그런 정보가 그래도 후대에 전해지고 있다는 게 정말 놀라운 일이다.• 십자가형을 받은 자들의 시신은 즉시 배고픈 새들의 밥이 되었고 그 다음에는 공동묘지의 구렁텅이에 내던져졌다. 이탈리아에서, 붉은 옷을 입은 장의사들은 갈고리로 그 시체를 찍어 구렁텅이까지 질질 끌고 갔다. 고문당한 그들의 시체를 덮는 부드러운 흙과 마찬가지로, 사람들의 망각이 그들을 함께 매장시켰다. 이것이 그 시체들이 맞이하는 운명이었다. 그렇지만 그런 전반적인 침묵 가운데에서도 망각의 법칙을 깨뜨리는 한 가지 중요한 예외가 있었다. 어떤 사람이 십자가형을 선고받아 그 징벌을

• 실제로 고대 문헌에서는 십자가형에 대한 정보가 너무 희귀하여, 군나르 사무엘손(Gunnar Samuelsson)은 최근에 발표한 논문에서 이런 논쟁적인 주장을 편다. "예수의 처형 이전에는 십자가형이라고 규정될 만한 그런 처형이 없었다"(p. 205).

당한 과정을 소상히 다룬 네 건의 기록이 고대부터 전해진 것이다. 놀랍게도 그 기록들에는 똑같은 십자가형이 묘사되어 있는데, 그 형벌은 로마 최초의 온수 수영장이 건설되고 나서 60년 혹은 70년 뒤에 시행되었다.

그러나 그 장소는 에스퀼리노 언덕이 아니고, 예루살렘 성벽 밖에 있는 골고다 언덕이었다. 골고다는 "해골의 장소라는 뜻이다."[9] 그 희생자는 예수라는 이름을 가진 유대인이었는데 로마의 국법 질서를 해치는 중대한 범죄를 저질러서 그런 처벌을 선고받았다. 그는 예루살렘의 북쪽 지방인 갈릴리에 있는 한미한 마을 나사렛 출신이었다. 그의 처형을 다룬 오래된 4대 기록은 그가 죽고 나서 몇십 년 뒤에 집필되었는데, 그 십자가형이 무엇을 의미하는지 구체적으로 설명한다. 먼저 그 형벌을 선고받은 자는 그 직후에 병사들에게 건네져 채찍질을 당했다. 이어 그가 자신을 '유대인의 왕'이라고 칭했기 때문에 간수들이 그를 조롱하고, 그의 얼굴에 침을 뱉고, 그의 머리에 가시 왕관을 씌웠다. 그 후 온몸에 상처를 입고서 피를 흘리는 상태로 최후의 여정에 올랐다. 그는 자신의 십자가를 끌면서 예루살렘 거리를 통과하여 비틀거리며 골고다 언덕으로 힘겹게 걸어 올라갔다.* 그 광경은 모든 구경꾼에게 하나의 경고였다. 골고다에 도착한 그는 두 손과 두 발에 못이 박혔고 이어 십자가에 매달렸다. 그가 죽은 후 병사들은 그의 옆구리를 창으로 찔렀다. 이러한 기록의 핵심 사항들을 의심할 이유는 없다. 가장 회의적인 역사가들도 그것들을 진실한 기록으로 받아들인다. "나사렛 예수가 십자가에서 죽은 것은 확정된 사

---

* 복음서에서 예수는 'stauros'(십자가를 가리키는 그리스어)를 끌고 갔다고 되어 있으나 'patibulum'(수평 십자 막대)을 메고 갔을 가능성이 있다. "그를 파티불룸을 메고 걸어가서 십자가 기둥에 못 박히게 하라." 로마의 극작가 플라우투스(Plautus)는 예수의 십자가형보다 200년 앞선 시점에 이렇게 썼다.

실이며, 아마도 예수와 관련된 것 중에 가장 확실하게 인정된 사실일 것이다."[10] 그렇지만 그가 당한 고통은 그리 이례적인 것이 아니었다. 고통과 굴욕, 그리고 "가장 비참한 죽음"[11]의 끔찍한 공포, 이런 것들은 로마역사가 전개되는 과정에서 무수히 많은 사람이 공통적으로 당한 운명이었다.

그러나 무수히 많은 사람들의 공통 운명이 곧 예수의 시신이 처한 운명은 아니었다. 십자가에서 내려진 예수의 시신은 공동묘지의 구렁텅이로 가지 않았다. 부유한 숭배자가 그 시신을 요구하여 경건하게 장례를 치른 후에 바위산의 무덤 속에 넣어 두고 무거운 바위로 그 입구를 가렸다. 이것이 예수의 죽음을 기록한 아주 오래된 4대 기록의 보고다. 이 기록에 들어 있는 이야기를 가리켜 그리스어로 'euangelia'('좋은 소식' 혹은 복음)라고 하는데 영어로는 'gospel'(복음)로 알려지게 된다.● 4대 기록의 이야기들은 의심스러운 것들이 아니다. 우리가 고고학적 증거로부터 다음과 같은 사실을 알고 있는 까닭이다. 즉, 십자가형을 당한 자의 시신은 때로는 예루살렘 성벽 바깥의 바위산 속 무덤에 정중하게 매장되었다. 그러나 더욱 놀라운 것은—그렇다고 해서 전례가 없다고 말하기는 어렵지만—그 다음에 벌어진 이야기들이다.

예수의 무덤을 찾아간 여성 신도들은 무덤의 입구를 막았던 커다란 돌이 치워진 것을 발견했다. 그리고 그 후 40일에 걸쳐 예수가 자기 신자들 앞에 나타났다. 유령이나 숨이 되살아난 시신이 아니라, 새롭고 영광스러운 형체로 부활하여 나타난 것이다. 그 후 예수는 하늘로 올라갔고 지상에 다시 오기로 되어 있었다. 시간이 흘러가면서 그는 인간이면서 동시에

● 가장 이른 시기의 기독교 문서인 바울의 편지도 예수가 '매장되었다'라고 기록했다(《코린토 신자들에게 보낸 첫째 서간》 15장 4절).

하느님인 분으로 칭송받게 되었다. 인간이 상상할 수 있는 가장 고통스러운 운명을 감내함으로써 그는 죽음 자체를 정복했다. "그러므로 하느님께서도 그분을 드높이 올리시고 모든 이름 위에 뛰어난 이름을 그분께 주셨습니다. 그리하여 예수님의 이름 앞에 하늘과 땅 위와 땅 아래에 있는 자들이 모두 무릎을 꿇고…."[12]

로마 세계의 대다수 사람들이 볼 때, 정말로 기이한 점은 인간이 신이 되었다는 사실이 아니었다. 천상과 지상의 경계는 과거에도 상호 침투가 가능하다고 여겨졌다. 가장 오래된 군주제를 자랑하는 이집트에서, 왕들은 아주 오랜 세월 동안 경배의 대상이었다. 그리스에서는 헤라클레스라는 '영웅신'[13]의 이야기들이 전해졌다. 헤라클레스는 괴물을 죽이는 근육질의 단단한 남자로서, 그 자신의 장례식 장작 더미 불길 속에서 하늘로 들어 올려져 신이 된 영웅이다. 로마인들 사이에서는 로마시의 창건자인 로물루스에 대하여 이와 비슷한 얘기가 전한다. 예수가 처형되기 전 수십 년 동안에 인간을 신들의 반열로 격상시키는 작업의 속도가 빨라지기 시작했다. 로마제국의 판도가 너무나 엄청나게 넓어졌기 때문에 그 제국의 주인 자리에 오른 사람은 인간이기보다 신으로 여겨지는 경향이 있었다.

율리우스 카이사르라는 이름의 군벌도 그런 존재들 중 하나였다. 카이사르가 하늘로 올라갈 때 밝은 꼬리를 가진 별이 하늘을 가로질러 감으로써, 그의 승천을 미리 예고했다고 한다. 카이사르의 양자이며 '아우구스투스(존엄한)'라는 이름으로 유명한 이는 헤라클레스의 경우처럼, 장례식 장작 더미의 불길 속에서 한 영혼이 하늘로 올라가는 것이 목격되었다고 한다. 인간이 신이 될 가능성을 일축하는 회의론자들조차 민간 사회의 그런 신격화에 대하여 가치를 인정한다. "왜냐하면 그 자신의 영혼이 천상에서 왔다고 믿는 사람은 그로 인해 위대한 업적을 과감하게 수행할 수 있고, 그런 업적의 완수를 더욱 정력적으로 밀어붙일 수 있으며, 자신을 신이라고 생각하여 모든 근심과 걱정에서 해방됨으로써 더욱 성공적으로 그런 업적을 달성할 수 있기 때문이다."[14]

　따라서 위대한 사람들 중에서도 가장 위대한 사람들, 가령 정복자, 영웅, 왕 들에게 신성이 부여되었다. 그런 위대함의 기준은 자기 자신이 고통을 겪는 것이 아니라 적들에게 고문을 가할 수 있는 권력, 산속의 바위에 적들을 못 박는 권력, 적들을 거미로 변신시켜 버리는 권력, 세상을 정복한 후에 적들을 눈멀게 하고 십자가형을 내리는 권력을 의미했다. 그러니 십자가형을 당한 사람을 신으로 숭배하는 것은, 로마 세계 전역의 대다수 사람들이 볼 때 불쾌하고 혐오스럽고 기괴한 일이었다. 그것을 최고로 불쾌하게 여긴 사람들은 어떤 특정 민족이었는데, 바로 예수의 동포였다. 유대인들은 자신들의 통치자인 로마인들과는 다르게 인간이 신이 될 수 있다는 얘기를 믿지 않았다. 그들은 단 한 분의 영원한 신만이 존재한다고 생각했다. 천지를 창조한 그 신은 가장 높으신 하느님, 만물의 주재, 지상의 주인으로 높이 받들어졌다. 제국들도 그분의 명령에 따라 흥망성쇠가 결정되고 산들도 그분 앞에서는 왁스처럼 녹아 버린다. 이런 신들 중의 신인 분에게 아들이 있고, 그 아들이 노예의 운명을 그대로 겪으면서 십자가 위에서 피 흘리며 죽어 갔다는 사실은, 대다수 유대인이 볼 때 경악스러울 뿐만 아니라 극도로 혐오스러운 얘기였다. 유대인들의 기본 전제를 그처럼 충격적으로 전복시키는 일은 상상조차 할 수 없는 일이었다. 그것은 신성 모독에 그치는 것이 아니라 발광發狂 중에 발광이었다.

　예수를 그리스도Christos(하느님의 기름 부음을 받은 자)라고 인정하는 사람들조차 그가 죽은 과정을 사실 그대로 바라보려 하면 몸이 움츠러들었다. 이른바 '기독교인Christian'이라고 불리는 사람들은 그 누구 못지않게 십자가형의 함의를 잘 알았다. 예수 탄생 시점에서 150년 뒤의 사람인 유스티누스는 당대의 가장 뛰어난 기독교인 옹호자로 알려져 있는데 그 사람조차 이렇게 말했다. "우리를 하느님에게로 부르는 십자가형의 신비는 멸시받고 불명예스러운 것으로 여겨졌다."[15] 지고한 하느님의 아들이 고문을 당한 후에 비참하게 죽은 것은 너무나 끔찍한 충격이었으므로 아무도 그것을 시각적 형태로 묘사하지 않았다. 복음서를 필사하는 필경사들은 '십자가'를 뜻하는 그리스어 단어 위에다 십자가형을 받은 그리스도를 암시하는 작은 문자 그림을 때때로 그려 넣기도 했으나, 그 외에 예수의 처형을 사실적으로 묘사하는 그림은 마술사나 풍자가에게 양보했다.

그러나 로마 세계에 사는 많은 사람들에게, 이 일은 겉보기처럼 그렇게 심오한 역설이 아닌 듯이 보였다. 어떤 신비로운 일들은 너무나 심오하여 인간은 그것들을 베일로 가린 채 그대로 내버려 두는 것 이외에 달리 방법이 없었다. 신들의 광휘는 너무나 눈부셔서 인간의 육안으로는 볼 수가 없었다. 그러나 이와는 대조적으로, 지고한 하느님의 아들이 고문을 당해 죽음에 이르는 광경은 그 누구의 눈도 멀게 하지 않았다. 그러나 기독교인들은 구세주의 고통을 가시적可視的 형태로 재현한 그림이나 형상을 보면 몸이 위축되는 것 같았다. 그들은 십자가를 경건한 신앙의 상징으로 바라보는 데 익숙하고 또 아주 신앙심 깊은 마음으로 복음서에 기록된 구세주의 고통을 통찰했지만, 막상 구체적인 그림이나 형상을 보면 그런 위축된 반응을 보였던 것이다.

그러나 예수의 죽음으로부터 수백 년이 흐른 후―이 무렵에는 놀랍게도 로마제국의 카이사르〔로마 황제〕들도 예수를 그리스도로 인정하게 되었는데―예수의 처형 장면이 마침내 화가들의 그림 소재로 등장하기 시작했다. 기원후 400년에 이르러서는 십자가가 수치스러운 것으로 여겨지지 않았다. 최초의 기독교 황제인 콘스탄티누스에 의해 수십 년 전에 폐지된 십자가형은 로마 세계의 사람들에게 죄악과 죽음에 대한 승리의 상징으로 받아들여졌다. 상아를 가지고 처형 장면을 조각한 어떤 예술가는, 그 어떤 고대의 신들 못지않게 근육질이며 가벼운 허리 천을 두른 예수의 모습을 형상화했다. 로마제국의 서쪽 절반이 카이사르의 통치를 벗어나 야만족 침략자들의 수중에 떨어지고 로마의 권력이 유지된 동쪽 절반에서, 고통을 겪던 동로마제국 사람들은 결국 십자가가 자신들에게 승리를 가져다줄 것이라고 확신했다. 그리스도의 고통은 곧 예수가 악을 퇴치하리라는 예표豫表였다. 그래서 고문의 형틀 위에서 승리를 거두는 순간에도 조각상의 예수는 고통받는 표시를 드러내지 않는다. 그의 표정은 평온함 그것이었다. 이는 그가 온 우주의 주인임을 선언하는 것이다.

그리하여 동로마제국—우리는 오늘날 이 제국을 비잔틴 제국이라고 부르지만—은 거듭하여 자신들의 나라가 로마제국이라고 주장했고, 또 이 제국에서는 그리스도의 시신이 장엄함의 아이콘으로 받들어졌다. 하지만 비잔티움만이 유일한 기독교 왕국은 아니었다. 라틴어를 사용하는 서유럽에서, 그리스도의 탄생으로부터 천 년 혹은 그 이상이 지나간 시점에, 새로운 혁명이 태동했다. 십자가형의 잔인한 공포로부터 시선을 멀리 두려는 것이 아니라 오히려 그 광경에 시선을 고정시키는 기독교인들이 생겨났다. "오 나의 영혼이여, 너는 왜 그 현장에 있지 못하고 또 지독한 슬픔의 칼에 옆구리를 찔리지 못했던가? 그리하여 창이 네 구세주의 옆구리를 찌르는 고통을 감내하지 못했던가? 왜 너는 네 창조주의 두 손과 두 발을 꿰뚫는 못을 보지 못했던가?"[16] 1070년경에 작성된 이 기도문은 저 높은 곳 영광 속에서 다스리는 하느님에게 바쳐진 것일 뿐만 아니라, 유죄 판결을 받은 범죄자로서 굴욕스러운 죽음을 당한 분에게 바친 기도

이기도 하다.

이 기도문의 저자는 이탈리아 북부 출신의 저명한 학자 안셀무스로, 고귀한 집안에서 태어난 사람이었다. 그는 백작 부인들과 서신을 교환했고 왕들의 친구였다. 기독교 신자들의 모임인 교회ecclesia의 지도자는 이처럼 높은 신분의 사람이었다. 안셀무스는 출신, 능력, 명성을 겸비한 인물이었다. 그는 기독교의 운명에 좋은 영향력을 행사하려고 애쓰면서도 자신의 고귀한 집안 배경이 그런 노력에 장애가 되지 않을까 우려했다. 영국 교회를 지도하는 대주교 자리에 임명되었을 때 그는 너무나 당황하여 엄청나게 많은 양의 코피를 흘렸다. "사유 재산이라는 말만 들어도 그는 몸을 부르르 떨었다."[17] 궁지에 몰린 산토끼를 보고서 그는 눈물을 터트리면서 그 겁먹은 토끼를 놓아 주라고 지시했다. 그는 세상의 일에서 아무리 높은 자리에 올라가더라도 구세주가 그를 구제하기 위해 당한 비천함, 알몸 상태, 박해 등을 잊어버리는 일이 없었다. 십자가에 못 박힌 그리스도에게 바친 그의 기도문—라틴 서방Latin West• 세계 전역에서 필사되고 낭독되는 기도문—에서 안셀무스는 기독교의 하느님에 대한 새롭고 획기적인 깨달음을 천명했다. 그것은 그분의 승리가 아니라 그분의 고통받는 인성人性을 강조하는 깨달음이었다.

"이런 슬픔과 함께 우리는 갑자기 충격적으로 파열의 현장에 들어선다…"[18] 중세의 화가들이 묘사한 예수는 온몸이 뒤틀리고, 피를 흘리고, 죽어 가는 모습이다. 그것은 골고다 언덕의 사형 집행자들이 금방 알아볼 십자가형 희생자의 모습이다. 예수는 이제 평온하게 승리를 거두는 모습이 아니라, 고문으로 죽은 로마 시대의 노예처럼 온몸이 고통으로 뒤틀려

• '라틴 서방'은 '그리스 동방(Greek East)'과 대비되는 말로, 주로 라틴어가 사용되었던 서유럽 지역을 가리킨다. —옮긴이

있다. 이런 처참한 광경에 중세 사람들이 보인 반응은 고대 로마인들이 내보였던 혐오와 경멸이 뒤섞인 반응과는 판이하게 달랐다. 중세의 남녀들은, 십자가에 매달린 예수, 못이 두 발의 뼈와 힘줄을 관통한 광경, 너무 활짝 벌려서 어깨에서 떨어져 나갈 것처럼 보이는 두 팔, 가슴 쪽으로 기울어진 면류관 씌워진 머리 등을 보면 경멸을 느끼는 것이 아니라 동정, 연민, 공포를 느꼈다.

중세 유럽에서는 구세주의 고통을 자신의 것으로 여기는 기독교인이 적지 않았다. 그렇지만 부자들은 여전히 가난한 자들을 짓밟았다. 언덕 위에는 교수형틀이 여전히 서 있었다. 교회는 대체로 보아 안셀무스 같은 지도자의 노력 덕분에 고대 로마 시대부터 내려오던 종주권을 요구했을 뿐만 아니라 더 나아가 그것을 지탱할 수 있었다. 그렇지만 그런 모든 것에도 불구하고 뭔가 근본적인 것이 바뀌었다. "간난 속에서 인내하고, 오른뺨을 맞으면 왼뺨을 돌려 대고, 자신의 적들을 위해 기도하고, 우리를 미워하는 자들을 사랑하라."[19] 이것이 안셀무스가 규정한 기독교의 미덕이었다. 이 모든 것이 예수 자신의 기록된 말씀에서 나왔다. 기독교인들은 몹시 냉정하고 무관심한 사람들조차 그 말씀을 무시하면 어느 정도 양심의 가책을 느꼈다. 하느님의 아들이 여자의 몸에서 태어났고, 노예의 죽음을 선고받았으며, 재판관들에 의해 그 진정한 신분을 인정받지 못한 채 죽었다는 것, 이러한 사실은 심지어 거만하기 짝이 없는 군주에게도 깊은 생각거리를 안겨 주었다. 중세 기독교의 핵심에 자리 잡은 이러한 인식은 기독교 내부에 다음과 같은 절실하고 획기적인 생각을 심어 놓았다. 그것은 하느님이 강자보다는 약자에게 더 가깝고, 부자보다는 가난한 자를 더 아낀다는 생각이었다. 그러니 거지도, 더 나아가 범죄자도 그리스도가 될 수 있었다. 그러니 "꼴찌가 첫째 되고 첫째가 꼴찌가 될 것이다."[20]

　예수가 탄생하기 몇십 년 전, 에스퀼리노 언덕에 처음 정착하여 대리석 가구와 아름다운 화단을 가꾸었던 로마 귀족들이 볼 때, 이런 역설의 발상은 아주 기괴한 생각이었을 것이다. 하지만 그런 역설은 언젠가 벌어지게 되어 있었다. 그런 현상을 가장 획기적으로 보여 주는 도시가 바로 로마였다. 로마 가톨릭교회는 사치스럽고 악명 높은 카이사르였던 네로 황제의 악령을 물리치기 위해 처음으로 세워졌다. 그리고 1601년에 로마의 가톨릭교회가 천민들이 세운 종교임을 보여 주는 그림이 로마 교회에 설치되었다. 그 그림을 제작한 화가는 밀라노 출신의 카라바조로, 그는 십자가형을 묘사한 그림을 그려 달라는 의뢰를 받았다. 하지만 그리스도가 아니라 그의 으뜸 제자인 베드로의 십자가형을 그리라는 것이었다. 복음서에 따르면 어부였던 베드로는 예수를 따라가기 위해 배와 그물을 내버렸고, 그 후에 로마 교회의 초대 '감독자episcopos', 즉 '주교'가 되었다가 그 후에 네로 황제의 명에 따라 사형에 처해졌다. 베드로가 처형된 이후에 200명 이상이 그 자리를 이어받았는데, 그 자리 덕분에 로마 교회는 전 세계의 교회를 상대로 종주권을 주장할 수 있었다. 그리고 파파스Pappas('아버지')라는 명예로운 칭호를 얻었는데, 여기서 '교황Pope'이라는 단어가 생겨났다.

　베드로의 사후 1500년이 흘러가는 동안 교황의 권위는 늘어났다 줄어들었다 했다. 그러나 카라바조 생존 당시에 교황청의 권위는 엄청났다. 그렇지만 화가는 교황의 위엄, 화려함, 부를 찬양하지 않았다. 교황청의 세속적 위대함은 문자 그대로 완전히 전복되어 머리가 땅으로 가고 다리가 위로 올라갔다. 전설에 따르면 베드로는 주님의 운명을 공유하지 않으려고 십자가를 거꾸로 매달아 처형시켜 달라고 요청했다. 그리하여 카라바조는 무거운 십자가가 위쪽으로 올라가는 순간을 그림의 주제로 포착했고 사실상 초대 교황인 베드로를 농민으로 묘사했다. 고대의 화가들이라면 카라바조가 베드로를 묘사한 방식대로, 고문당하고 굴욕당하고 온몸이 거의 알몸으로 벗겨진 상태의 카이사르를 묘사하는 것은 상상조차 하지 못했을 것이다. 그렇지만 카이사르들이 군림했던 도시〔로마〕에서, "하늘의 왕국으로 들어가는 열쇠"[21]를 보관하는 사람으로 칭송되는 베드로는 이런 참혹한 운명에 처해진 사람으로 묘사되었다. 꼴찌가 실제로 첫째가 되었다.

따라서 기독교와 그 종교를 탄생시킨 세상의 상호 관계는 이처럼 역설적이다. 신앙은 고전고대classical antiquity의 가장 지속적인 유산인 동시에 그 시대의 완전한 변모를 보여 주는 지표이기도 하다. 페르시아, 유대, 그리스, 로마 등 여러 전통을 하나로 취합하여 형성된 기독교는 그 신앙을 처음 배출한 제국의 붕괴 이후에도 살아남았고, 그 후 한 유대인 학자의 말을 빌리면, "일찍이 세계사가 배출한, 가장 강력한 패권적覇權的 문화 체제"[22]가 되었다. 중세에 들어와, 유라시아의 그 어떤 문명도 라틴 서방처럼 여러 전통을 취합한 단일한 신앙 체계의 지배 세력으로 부상한 적이 없다.

라틴 서방은 그들 나름의 뚜렷하고 독립적인 형태의 기독교를 갖추고 있었다. 이슬람 지역, 인도, 중국 등 다른 곳들에서는 신성에 대한 이해가 다양했고 그런 만큼 신을 섬기는 제도도 여러 가지였다. 그러나 유럽의 경우, 교황의 종주권을 인정하는 지역에서는 오로지 기독교 단일 문화만 존재했다. 예외가 있다면 유대인 공동체를 들 수 있는데, 이들은 미미한 주변 세력에 불과하여 로마 가톨릭교회의 완전한 신앙 독점을 더욱 강조하는 역할을 했을 따름이다. 이러한 배타주의는 철저하게 단속되었다. 그것을 뒤흔든 자나 그러고도 그것을 후회하지 않는 자는 침묵을 강요당하거나, 유배되거나, 사형에 처해졌다. 부주의한 당국에 의해 처형된, 하느님을 숭배하는 기독교 교회가 이른바 '박해하는 사회'•를 감독하게 된 것이다. 신앙이 곧 인간의 정체성을 결정한다는 이러한 확신은 기독교 혁명이 가져온 변화의 양상을 보여 주는 지표이기도 하다. 기독교인들은 자신의 신앙을 증명하기 위해 기꺼이 순교할 각오를 하고 있었다. 바로 이런 태도 때문에 고대 로마의 사법 당국은 기독교 신자들의 태도가 괴상하고 변태적이라고 생각했다. 그렇지만 그 모든 것이 바뀌었다. 시간이 흘러가면서 이제 그런 태도가 역전되었다. 순교자들의 유골이 보물로 여겨졌고 교회 당국이 사람들의 신앙을 단속했다. 인간으로 태어났으면 기독교 신자가 되는 것이 당연했고, 기독교 신자라고 하면 신앙을 갖는 것이 자연스러웠다.

로마 교회는 그 자신을 가리켜 '가톨릭' 혹은 '보편 교회'라고 부를 만했다. 교회가 규정하지 않는 생활의 리듬이라는 건 있을 수 없었다. 새벽부터 저녁까지, 여름에서 동지에 이르기까지, 탄생 시점에서 마지막 숨을 거둘 때까지, 중세 유럽의 선남선녀들은 교회의 전제 조건들을 뼛속 깊이 새겼다. 그러나 카라바조가 출생하기 바로 한 세기 전, 가톨릭교회가 분열하고 새로운 형태의 기독교가 등장했음에도 불구하고, 자신의 신앙이 보편 신앙이라는 유럽인들의 확신은 여전히 뿌리 깊었다. 그런 신념 덕분에 그들은 선조들이 꿈도 꾸지 못한 미지의 대륙을 탐험하는 데 나섰다. 그들은 그런 대륙을 정복하고서 그것을 '약속의 땅'으로 축성祝聖했다. 그리고 아직 기독교 신앙을 알지 못하는 그 대륙의 주민들을 개종시키려

• '박해하는 사회'는 다음 책의 제목에서 가져왔다. R. I. Moore, *The Formation of Persecuting Society*.

고 노력했다. 대한민국이든 티에라델푸에고든, 알래스카든 뉴질랜드든, 예수가 고문을 받고 죽은 십자가는 시간의 시작부터 존재해 온 하느님의 상징으로 널리 인정되었다. "당신께서는 민족들을 꾸짖으시고 악인을 멸하셨으며 그들의 이름을 영영 지워 버리셨습니다."[23] 1945년 일본이 항복했다는 뉴스를 접하고서, 성경을 인용하고 그리스도에게 찬양을 바친 사람은 트루먼도 처칠도 드골도 아닌 중국의 장개석이었다. 서구의 지배가 눈에 띄게 퇴조하는 21세기에서조차 유럽의 오래된 신앙에서 생겨난 전제 조건들은 계속하여 세상이 조직되는 방식에 영향을 미치고 있다. 북한이든 지하드 테러 세포 조직의 명령 체계든, 이념적으로 아주 편향된 나머지 국제 역일曆日 체제●를 쓰지 않겠다고 우기는 자들은 거의 없다. 만약 그렇게 우긴다면 그들은 예수의 탄신 일자에 관한 기독교의 주장을 잠재적으로 의식하는 것이다. 시간 자체도 이미 기독교화했다.

　오래전에 사라진 제국에서 이름 없는 범죄자의 처형을 바탕으로 발흥한 종교가 어떻게 하여 이처럼 세상을 바꾸어 놓는 지속적인 영향을 미치게 되었을까? 나는 이 책에서 그런 질문에 대답하려고 한다. 그렇다고 해서 기독교의 역사를 쓰려고 하거나 기독교가 전개된 과정을 파노라마 같은 조감도로 제시하려는 것은 아니다. 그보다는 가장 널리 퍼져 있고 오늘날까지도 지속되는 기독교적 영향의 여러 흐름을 추적하려고 한다. 그런 이유로 나는 그 흐름들의 발전을 그리스·로마의 고대 세계와 라틴 서방에 국한시켜 살펴보고자 한다. 비록 내가 동방정교를 다룬 다른 책에서 그 종교를 엄청난 경이와 매혹의 주제라고 말했지만 여기서는 다루지 않

● 오늘날 세계 각국에서 사용하는 역법인 그레고리우스력을 가리킨다.─옮긴이

기로 했다.

그러나 나의 이러한 계획은 그 자체로 이미 너무 오만한 것인지도 모른다. 서구 사람들이 어떻게 그들의 정체성을 확립했으며 그들의 사고방식은 어떻게 정립되었는지를 탐구하려는 것이니까 말이다. 예수를 고문하여 죽인 로마제국은 마침내 예수를 하느님으로 숭배하는 제국으로 변모했다. 이러한 도덕적·사상적 변화가 일어났다고 해서 여러 사회 안에서 엄청난 변화를 불러일으키는 기독교의 능력이 종식되지는 않았다. 오히려 그 반대였다. 안셀무스가 사망한 1109년에 이르러, 서구 기독교 세계는 너무나 뚜렷한 방향으로 나아간 결과, 오늘날 우리가 말하는 '서구'는 기독교 세계Christendom가 발전하여 뚜렷이 다른 모습으로 변모한 사회라기보다는 그 기독교 세계의 계속이라고 말할 수 있다. 종교 개혁, 계몽사상, 혁명 등을 통해 세상의 변화를 꿈꾸는 것이 오로지 근대에 들어와서만 할 수 있었던 일은 아니다. 그에 앞서 중세의 이상가理想家들이 이미 그런 꿈을 꾸는 방식을 설정해 놓았다. 기독교인의 방식대로 꿈을 꾸는 것 말이다.

오늘날 지진 같은 지정학적 변화가 발생하여 우리의 가치들은 일부 인사들이 생각하는 것처럼 그리 보편적인 것이 되지는 못한다. 이런 때일수록 그런 가치들이 문화적으로 서로 긴밀히 연계되어 있음을 인식하는 것이 무엇보다도 중요하다. 서구의 국가에서 사는 것은 곧 여전히 기독교적 전제와 개념으로 둘러싸인 사회에서 사는 것이다. 이런 원리는 가톨릭 신자나 개신교 신자에게 적용되는 것 못지않게 유대인이나 무슬림에게도 적용된다. 예수 탄신 이후 2000년이 흐른 지금, 기독교의 엄청난―불가피한―영향을 인정하는 데에서 예수가 부활했다는 믿음이 반드시 필요한 것은 아니다. 양심의 작용이 법률의 가장 확실한 단속이라는 믿음이든, 교회와 국가는 별도의 기관으로 존재한다는 믿음이든, 중혼重婚은 나쁘다는 믿음이든, 기독교가 남긴 흔적은 서구 세계 전역에서 발견된다. 기독교에 대하여 글을 쓰는 행위조차 기독교적 함의가 충만한 단어들을 사용해야만 가능하다. '종교' '세속적' '무신론자' 등이 그런 예인데 이런 단어들은 중립적이지 않다. 이 단어들은 고전고대에서 파생된 것들이기는 하지만 기독교 세계의 유산이 충만하다. 이것을 제대로 평가하지 않으면 시대착오의 위험에 늘 맞닥뜨리게 된다. 서구는 교회의 신자석이 점점 비어 가고 있지만, 그래도 여전히 기독교적 과거에 굳건히 계류되어 있다.

이러한 주장에 기뻐하는 사람도 있을 것이고 또 경악하는 사람도 있을 것이다. 기독교는 고대 세계가 후대에게 물려준 가장 지속적이고 영향력 높은 유산이고, 그 종교의 출현은 서구 역사를 변화, 발전시키는 엄청난 원동력이었다. 그러나 그것은 역사가가 써내기에는 아주 까다로운 주제이기도 하다. 서유럽에서, 특히 미국에서 기독교는 지배적 종교다. 그리고 전 세계 인구의 근 3분의 1에 해당하는 20억 명이 넘는 사람들이 이 종교를 믿는다. 오시리스, 제우스, 오딘 같은 신들과는 다르게, 기독교의 신은 여전히 잘나간다. 기독교의 신이 남긴 지문의 형태를 살펴보면서 과거를 해석하는 전통—기독교의 첫 시작으로까지 거슬러 올라가는 전통—은 결코 사라지지 않았다. 예수를 천지를 창조한 하느님의 아들로서 숭배하는 수백만 명이 볼 때 예수의 십자가형은 과거에 일회적으로 벌어진 사건이 아니라, 오늘날에도 여전히 진행 중인 사건이다. 그들은 그 사건이 온 세상을 회전시키는 중심축이라고 생각한다.

그러나 역사가들은 이러한 기독교의 사상과, 그 사상이 세상을 움직여 온 방식을 아무리 잘 알고 있다 할지라도, 그런 사상이 진실인가 하는 토론에는 관심이 없다. 그러면 무엇에 관심이 있는가? 역사가들이 기독교를 연구하는 이유는, 그 종교가 하느님을 드러내는 방식보다는 인간사를 더욱 잘 알게 해주기 때문이다. 문화와 사회의 다른 측면들과 마찬가지로 종교도 인간으로부터 나왔고, 시간의 경과에 따라 그 모습이 달라진다고 추정된다. 과거에 벌어진 일들을 설명하기 위해 초자연적 현상들을 살펴보는 것은 기독교의 호교론護敎論이 될 뿐이다. 호교론은 그 자체로는 훌륭하지만, 현대 서구에서 오늘날 널리 알려진 역사학의 방법은 아니다.

만약 기독교를 연구하는 역사학자들이 신앙을 다룬다면, 그 반대로 기독교에 대한 회의도 함께 검토해야 한다. 기독교의 역사에 대한 해석이 상당히 개인적인 것이 될 가능성은 기독교 신자들에게만 적용되지는 않는다. 회의론자들에 대해서도 같은 이야기를 할 수 있다. 1860년 찰스 다윈의 《종의 기원》이 발간되었을 때 그에 대한 공개 토론이 활발하게 벌어졌는데 그런 토론의 장에서 옥스퍼드 주교는, 인간은 진화의 결과로 생겨난 존재라는 진화 이론을 무자비하게 조롱하여 악명을 떨쳤다. 그러나 이제 그런 주장은 가당치 않다. 이 세상에서 자신의 무신론을 가장 활발하게 펼치고 있는 학자 리처드 도킨스는 이렇게 말했다. "사실을 말하자면 우리 모두는 21세기에 살고 있고, 무엇이 옳고 무엇이 그른가에 대해서는 상당히 폭넓은 합의가 이루어져 있다."[24]

그런데 나는 서구에서 '무엇이 옳고 무엇이 그른가에 대한 상당히 폭넓은 합의'는 대체로 기독교의 가르침과 전제 조건에서 나왔다고 주장한다. 분명 다신앙 사회나 무신앙 사회는 그런 주장을 아주 불쾌하게 생각할 것이다. 기독교가 유럽보다 훨씬 강력한 힘으로 남아 있는 미국에서조차 점점 더 많은 사람들이 서구의 오래된 신앙〔기독교〕을 이제 철 지나고 낡은 것이라고 생각한다. 저 먼 옛날, 미신이 성행하던 시절의 유물이라고 보는 것이다. 옥스퍼드 주교가 자신이 원숭이에서 진화되었다는 사실을 생각해 보기를 거부한 것처럼, 오늘날 서구의 많은 사람들이 자신들의 가치들, 심지어 자신들의 신앙 결핍이 기독교적 근원으로 거슬러 올라간다고 생각하기를 망설인다.

　나는 이런 점을 어느 정도 자신 있게 주장할 수 있다. 왜냐하면 아주 최근까지도 내가 그런 망설임을 지니고 있었기 때문이다. 어린 시절 나는 일요일마다 어머니와 함께 교회에 갔고 밤이면 엄숙하게 기도를 올렸다. 그러다가 아주 이른 나이에, 지금 와 생각해 보니 빅토리아 시대 스타일의 신앙의 위기●를 겪었다. 나는 지금도 어린 시절의 충격을 기억한다. 어느 날 교회의 주일 학교에서 어린이용 성경을 들췄다가, 그 첫 페이지에 아담과 이브가 브라키오사우루스[용각류 공룡]와 함께 있는 삽화가 들어 있는 걸 보았다. 나는 성경 속 이야기들을 높이 받들었지만, 정말로 유감스럽게도 공룡에 대해 이것 하나는 확실히 알고 있었다. 즉, 용각류 공룡을 직접 본 인간은 아무도 없었다. 주일 학교 교사는 이런 오류에 별로 신경 쓰지 않는 것 같았다. 하지만 교사의 그런 태도에 나는 더 화가 났고 또 더 당황했다. 에덴동산에 공룡이 있었던가? 주일 학교 교사는 아는 것 같지 않았고 알려고 하지도 않았다. 의심의 희미한 그림자가 내 마음속에서 뭉게뭉게 일더니, 마침내 내가 배운 기독교 신앙이 진리라는 자신감을 마구 뒤흔들어 놓았다.

　시간이 흘러가면서 그 의심의 먹구름은 더욱 어둠이 짙어졌다. 매혹적이고 사납고 멸종해 버린 공룡에 대한 나의 강박증은 그 후 자연스럽게 고대 제국들에 대한 강박증으로 연결되었다. 성경을 읽을 때 내가 매혹되

● 다윈의 진화론이 나온 때가 빅토리아 시대다. ─옮긴이

었던 대상은, 이스라엘의 자녀들, 예수 혹은 그 제자들이 아니라, 기독교의 적들인 이집트인, 아시리아인, 로마인 들이었다. 마찬가지로, 내가 비록 어영부영하며 하느님을 계속 믿기는 했지만 하느님이 그리스인의 신들, 가령 아폴론, 아테나, 디오니소스 등과 비교해 보면 카리스마가 떨어진다는 생각이 들었다. 나는 그리스 신들이 율법을 일방적으로 부과하지도 않고 다른 신들을 악마라고 비난하지도 않는 태도가 무척 마음에 들었다. 나는 그 신들의 록 스타 같은 매력을 좋아했다. 그 결과 에드워드 기번의 위대한 역사서 《로마제국 쇠망사》를 읽던 무렵에, 나는 기번이 기독교의 기이한 승리에 대해 내린 해석을 받아들일 준비가 되어 있었다. 기독교가 "미신과 미혹의 시대"[25]를 도입했다는 해석 말이다.

그리하여 내가 어린 시절에 갖고 있던 본능적 생각, 즉 성경의 하느님은 자유와 오락을 적대시하며 공연히 심각한 표정을 짓고 있다는 생각이 합리화되었다. 그러나 역사적으로 이교도주의가 패배하면서 기독교가 지배하는 시대가 왔다. 그리고 하느님의 충실한 종임을 자처하는 사람들, 가령 십자군, 이단 심문관, 검은 모자를 쓴 청교도 들의 시대도 함께 열렸다. 이 세상에서 천연색의 화려함과 짜릿한 흥분은 사라져 버렸다. 빅토리아 시대의 시인 앨저넌 찰스 스윈번은 이렇게 영탄했다. "오, 창백한 얼굴의 갈릴리인이여, 그대가 세상을 정복했구나. 세상은 그대의 숨결 때문에 회색이 되었구나."[26] 스윈번의 탄식은 로마의 마지막 이교도 황제였던, 배교자 율리아누스의 배교적 영탄과 비슷했다. 나는 스윈번의 그런 탄식에 본능적으로 동의했다.

그러나 지난 20년 동안 나의 생각은 바뀌었다. 첫 역사서를 집필했을 때, 나는 어린 시절 흥분과 감동을 느꼈던 두 시대, 즉 페르시아인의 그리스 침략과 로마 공화국의 마지막 수십 년을 주제로 선택했다. 이 두 고전 세계에 관한 글을 쓰는 몇 년 동안, 나는 레오니다스 카이사르와 율리우스 카이사르, 테르모필라이 언덕에서 산화한 중장 보병들과 루비콘강을 건넌 로마 군단의 세계를 소상히 알게 되었다. 그럼으로써 나는 일관되게 느낀 매혹을 다시 한 번 확인했다. 아주 정밀한 역사적 연구의 대상이 되었을 때에도 스파르타와 로마는 세계 최고의 약탈자라는 매력을 그대로 간직했다. 두 국가는 과거에도 그랬지만 글을 쓰던 당시에도 여전히 나를 매혹했다. 마치 거대한 백상어나 호랑이, 티라노사우루스 같다는 느낌이 들었다.

그러나 거대한 육식 동물은 아무리 경이롭다고 해도 그 본성은 무시무시하다. 고전고대를 연구하면서 보낸 세월이 오래될수록 나는 점점 더 그 세계가 낯설다는 느낌이 들었다. 레오니다스의 가치관을 나 자신의 것으로 인정해 줄 수 없었다. 그의 민족[스파르타 사람들]은 아주 살인적인 형태의 우생학을 실천했을 뿐만 아니라, 거만한 하인들을 밤중에 몰래 죽이도록 소년들을 훈련시켰다. 갈리아인 100만 명을 죽이고 100만 명을 노예로 삼았다는 카이사르의 가치관도 나의 것으로 인정하기 어려웠다. 그들의 극단적 냉담함뿐만 아니라, 가난한 사람과 허약한 사람도 본질적으로 똑같은 가치를 지닌 인간이라는 생각을 조금도 하지 못하는 잔인함도 당혹스러웠다.

나는 왜 이런 것들을 보고서 심란해했을까?

왜냐하면 나의 도덕과 윤리에 비추어 볼 때 나는 스파르타인이나 로마인이 전혀 아니었기 때문이다. 내가 10대 소년 시절을 거치면서 하느님에 대한 믿음이 희미해졌다고 해서, 그게 곧 기독교인이기를 그만두었다는 의미는 아니었다. 내가 태어난 문명권은 지난 천 년 이상 기독교 세계였다. 내가 성장한 세계의 전제 조건들—사회가 조직되는 방식과 그 사회를 유지하는 방식—은 고전고대에서 생겨난 것이 아니다. '인간의 본성'에서 생겨난 것은 더더욱 아니다. 그것은 서구 문명 속에 들어 있는 기독교의 과거에서 생겨났다. 기독교가 서구 문명의 성장에 미친 영향은 너무나 깊고 커서 마침내 우리가 숨 쉬는 공기처럼 눈에 보이지 않을 정도로 당연한 것이 되었다. 기억되는 것은 불완전한 혁명들뿐이다. 다시 말해 그 승리가 당연시되었으나 승리하지 못한 사람들의 운명만 기억된다. 기독교의 승리는 너무나 완벽해서 아예 기억조차 되지 않는 것이다.

이 책 《도미니언》의 목표는 기원후 3세기에 집필 활동을 한 어떤 기독교인이 말한바 "그리스도의 홍수 같은 물결"[27]이 흘러간 과정을 탐색하는 것이다. 유대인이 받들어 모시는 유일신의 아들이 십자가에서 고문을 받고 죽었다는 믿음은 어떻게 하여 그런 지속적이고도 폭넓은 영향력을 행사하게 되었을까? 그리하여 오늘날 서구의 대다수 사람들은 그 종교의 시작이 아주 수치스러웠다는 사실조차 잘 인식하지 못하게 되었다. 이 책은 다음과 같은 주제를 추적한다.

- 무엇이 기독교를 그처럼 파괴적이고 단절적인 종교로 만들었나?
- 기독교는 어떻게 라틴 서방의 인생관을 지배하게 되었는가?
- 종종 종교의 요구를 의심스럽게 여기는 서구에서, 어떻게 하여 많은 사람들이, 좋든 나쁘든 본능적으로 기독교인으로 남아 있게 되었는가?

이것을 간단한 몇 마디로 줄여 말하자면, 일찍이 말해진 이야기들 중에 가장 위대한 이야기다.

ANTIQUITY

1부 고전고대

1장

아테네

기원전 479년, 헬레스폰트

가느다란 해협인 헬레스폰트〔다르다넬스〕는 아주 비좁은 지점 중 하나에서 흑해를 향하여 에게해를 뱀처럼 구불구불 지나가면서 유럽과 아시아를 갈라놓는다. 그리고 '개의 꼬리Dog's Tail'라는 이름으로 알려진 곳이 유럽 쪽 해안에서 위쪽으로 쭉 펼쳐져 있다. 여기서 기원전 480년에 하느님의 역사役事로 보일 법한 놀라운 업적이 이루어졌다. 아시아 쪽 해안에서 '개의 꼬리'의 가장자리까지 두 개의 부교浮橋가 설치되어 두 대륙을 하나로 연결한 것이다. 오로지 무한한 자원을 가진 군주만이 해협의 거센 물살을 그렇게 과감한 방식으로 다스릴 수 있었다. 페르시아의 왕 크세르크세스는 일찍이 세상 사람들이 본 적 없는 거대한 제국을 다스렸다. 에게해에서 힌두쿠시에 이르기까지, 아시아의 무수히 많은 병사들이 그의 명령에 복종하여 행군했다. 전쟁에 나선 대왕은 강물을 한순간에 다 마셔서 말려 버릴 수 있을 정도로 많은 병력을 동원했다고 전한다. 헬레스폰트를 건너는 크세르크세스를 바라본 사람이라면 유럽 대륙이 곧 그의 소유가 되리라는 사실을 의심하지 않았을 것이다.

1년 뒤 바다에 세워진 두 부교는 사라졌다. 유럽을 정복하겠다는 크세르크세스의 희망도 물거품처럼 사라졌다. 그는 그리스를 침략하여 아테네를 함락시켰다. 그 도시에 불을 지른 것은 대왕의 원정전에서 하이라이트였으나 그 후 전쟁은 내리막길을 걸었다. 페르시아 군대는 바다와 육지에서 연달아 패하자 후퇴할 수밖에 없었다. 아르타익테스라는 지방장관이 다스리던 헬레스폰트에서는 특별히 놀라운 일이 벌어졌다. 지방장관은 페르시아군이 그리스 본토에서 패배하자 자신이 큰 위험에 노출되었다는 사실을 깨달았다. 그의 우려대로 기원전 479년 여름, 아테네군의 선단이 헬레스폰트 위쪽으로 밀고 올라왔다. 그 선단이 '개의 꼬리' 바로 옆에 정박하자, 아르타익테스는 그 지점에서 가장 가까운 요새에 틀어박혀 항전의 자세로 나왔다. 지루한 공성전 끝에 페르시아 지방장관은 더 버티지 못하고 아들을 데리고 도주에 나섰다. 한밤중이라 도주에는 성공했지만 부자는 멀리 가지 못했다. 그리스군에게 추적을 당한 부자는 곧 붙잡혀서 쇠사슬에 매인 채 '개의 꼬리'로 돌아왔다. 그리고 그 곳의 가장 멀리 떨어진 지점에서, 페르시아 지방장관은 아테네 병사들에 의해 나무 기둥에 묶인 채 매달리게 되었다. "이어 아르타익테스가 보는 데서 그들은 그 아들을 돌로 쳐 죽였다."[1] 아버지는 아들보다 훨씬 더 오래 끄는 고통을 당하다가 최후를 맞았다.

그의 처형자들은 어떻게 페르시아 지방장관을 똑바로 세운 나무 기둥에 묶어 둘 수 있었을까? 아테네에서는 아주 흉악한 범죄를 저지른 죄인을 아포툼파니스모스apotumpanismos라는 고문대에다 단단히 묶어 놓았다. 이 고문대는 두꺼운 나무판자인데 죄인의 목, 손목, 발목을 단단히 고정시키는 족쇄가 달려 있었다. 그러나 이 고문 도구를 그 지방장관의 처형자들이 사용했다는 언급은 없다. 페르시아 지방장관의 죽음을 서술한 한 사료에 따르면, 그 나무판자는 파살로이passaloi(압핀)로 고정되었다.• 처형자들은 희생자를 판자 위에 드러눕게 한 다음에 그의 생살에다 쇠말뚝을 박아서 나무판자에 단단히 고정시켰을 것이다. 이어 나무판자를 세워 올릴 때 쇠말뚝이 그의 뼈를 사정없이 긁어댔을 것이다. 아르타익테스는 아들이 돌에 맞아 펄프처럼 흐물흐물해지는 광경을 보다가 때로는 하늘로 고개를 치켜올려 공중을 선회하는 새들도 보았을 것이다. 그 새들은 어서 빨리 그가 죽기를 바라면서 먼저 그의 두 눈을 파먹을 기세였으리라. 마침내 그에게 찾아온 죽음은 오히려 위안을 안겨 주었으리라.

그의 처형자들은 이렇게 질질 끄는 죽음을 페르시아 지방장관에게 부과하면서 하나의 선언을 한 셈이었다. 크세르크세스 대왕이 유럽 땅을 처음 밟았던 바로 그 장소에서 대왕의 지방장관을 처형한 것은 다음과 같은 메시지를 분명히 선포한 것이다. 대왕의 부하를 욕보이는 것은 곧 대왕 자신을 욕보이는 것이다. 오랫동안 페르시아의 그늘에서 살아온 그리스인들은 페르시아를 그 교묘한 고문 기술의 발상지로 여길 만한 이유가 충분했다. 죄수를 나무 기둥이나 십자가에 매달아서 죽음의 고통에 더하여 치욕의 쓰라림까지 함께 떠안긴 형벌을 처음 시작한 곳은 페르시아였다. 그리스인들은 그렇게 생각했다.

감히 대왕의 권위에 도전하는 행위를 한 자에게 부과되는 형벌은 위협적인 동시에 최고로 고통스러울 필요가 있었다. 크세르크세스가 그리스를 침공하기 40년 전에, 그의 아버지 다리우스는 자신의 왕위 계승권에

• 좀 더 구체적으로 말하면, 헤로도토스는 프로스파살레우산테스(prospassaleusantes), 즉 '핀들로 고정된'이라는 단어를 사용했다.

시비를 건 자들을 매우 공개적인 방식으로 고문하여 죽였다. 숲을 하나 이룰 정도로 많은 나무 기둥을 세워 놓고 정적들을 그 기둥에 묶어서 처형한 것이다. 나뭇가지가 그들의 몸을 찔러 내장까지 뚫고 들어오는 동안 그들은 몸을 비틀며 신음을 내질렀고 곧 쇠말뚝이 그 몸을 관통했다. "나는 그의 코와 귀를 베어 내고, 눈알을 하나 뽑고, 그를 내 왕궁의 입구에 매달아 놓아 모든 사람이 볼 수 있게 했다." 다리우스는 아주 지독한 반란자를 처형한 방식을 그렇게 세세히 설명하면서 자랑을 늘어놓았다. "그런 다음 나는 쇠말뚝이 그의 몸을 관통하게 했다."[2]

대왕의 분노를 산 자들이 모두 그런 식으로 나무 기둥에 매달려 죽었던 것은 아니다. 그리스인들은 스카페scaphe('여물통')라는 아주 역겨운 고문에 대하여 혐오하는 듯한 낮은 목소리로 보고했다. 처형자는 죄수를 보트 혹은 속을 파낸 나무 기둥에 드러눕게 한 후에, 그 위를 똑같이 생긴 두 번째 보트로 덮는다. 이때 죄수의 머리, 두 손, 두 발은 보트 밖으로 비어져 나오게 한다. 이런 상태로 기름진 음식을 계속 먹도록 강요당하는 죄수는 자신의 배설물 속에 누워 있어야 한다. 게다가 밖으로 비어져 나온 머리, 두 손, 두 발에는 꿀이 발라져 있어서 파리가 계속 날아와 달라붙는데도 아무런 대응도 하지 못한다. "악취를 풍기는 그의 배설물에서 생겨난 벌레와 구더기가 그의 몸을 파먹으면서 결국 그의 내장까지 뚫고 들어간다."[3] 죄수는 살과 내장이 모두 파먹힌 뒤에 숨을 거둔다. 어떤 죄수는 17일 동안 이 스카페를 견디다가 마침내 숨을 거두었다는 믿을 만한 보고가 전한다.

이런 고문이 잔인하기는 하지만 변덕스럽게 시행되지는 않았다. 대왕이 쓸데없이 독재 권력을 과시한다고 비난했던 그리스인들은, 대왕의 정의에 대한 책임 의식을 오해하여 그것을 야만적 잔인함이라고 생각했다.

사실 페르시아 왕궁의 관점에서 보자면 오히려 그리스인들이 야만인이었다. 대왕은 예하 민족들이 대왕에게 충실히 복종하기만 하면 그들 나름의 법률을 유지하도록 허용했다. 그렇지만 대왕은 자신의 특권과 책임은 전혀 의심하지 않았다. "나는 아후라 마즈다의 호의好意로 왕이 되었다"라고, 다리우스는 선언했다. "아후라 마즈다는 나에게 왕권을 수여했다."[4] 아후라 마즈다는 신들 중에 가장 위대한 신이고 현명한 주님이다. 그분은 하늘과 땅을 창조했고 이란의 눈 덮인 벌판과 모래사막 위에 광활하게 펼쳐진, 수정같이 아름다운 하늘에 기거한다. 다리우스는 오로지 이 아후라 마즈다만을 자신의 후원자라고 여겼다. 대왕이 신민臣民들에게 보장하는 정의는 인간에게서 나온 것이 아니라 빛의 신에게서 곧바로 나왔다. "충성을 바치는 사람을 나는 포상한다. 믿음이 없는 자를 나는 징벌한다. 신민들이 내가 숭상하는 질서를 존중하는 것은 아후라 마즈다의 호의 덕분이다."[5]

왕의 통치는 곧 신의 축복이라는 믿음은 다리우스만의 독창적 생각은 아니다. 시간의 시작으로 거슬러 올라갈 만큼 아주 오래된 생각이다. 두 강력한 강이 수원水源을 이루는 이란의 서쪽, 광활하게 뻗은 개펄 지역은 그리스인들에게 메소포타미아Mespotamia('두 강 사이의 지역')로 알려져 있었다. 페르시아보다 훨씬 오래된 이 지역의 도시들에서, 왕들은 자신의 통치를 도와준 신들에게 오랫동안 감사의 기도를 올려 왔다. 다리우스보다 천 년 이상 앞선 시대의 왕인 함무라비는 자신이 천명을 받았다고 선언했다. "이 땅에 정의로운 통치를 구현하고, 악한 자와 범죄자를 쳐부수어 강자가 약자에게 피해를 주는 일이 없게 하라고 하늘로부터 명령을 받았다"[6]는 것이다. 공정한 통치가 왕정의 기본이라는 믿음은 그 후 지속적인 영향을 미쳤다. 함무라비가 다스리던 도시인 바빌론은 세계의 수도라는 생각이 통용되었다. 이는 한낱 소망에 그치는 것이 아니었다. 세련되었을 뿐만 아니라 부유했던 메트로폴리스(바빌론)는 오랫동안 최고의 찬사를 받았다. 여러 세기가 흘러가는 동안 그 도시의 위대함은 늘어났다 줄어들었다 했지만, 바빌론 전통의 장엄함과 유수함은 메소포타미아 전역에서 널리 인정되었다. 심지어 바빌론 북쪽에 있는 땅 아시리아도 왕권은 신의 축복이라는 사상에서 예외는 아니었다. 아시리아는 기원전 612년 멸망할 때까지 아주 호전적인 군사 체제로 운영되던 나라였는데, 이 땅의 왕들조차 함무라비의 주장을 그대로 따랐다. 아시리아 왕들은 자신들의 통치에 현란하면서도 위협적인 지위를 부여했다. 그리하여 한 아시리아 왕은 이렇게 말한다. "왕의 말은 신들의 말처럼 완벽하다."[7]

기원전 539년에 바빌로니아는 페르시아인들에게 정복되었다. 그보다 70년 전 아시리아인들이 바빌로니아에 정복된 것과 똑같은 경우였다. 그러나 정복당한 메트로폴리스의 신들은 망설이지 않고 새로운 군주를 자신들의 축복을 받은 자로 인정했다. 페르시아 제국의 창건자인 키루스는 세계 최대의 도시(바빌론)를 점령함으로써 평생에 걸친 정복에 정점을 찍었으며, 신들의 후원을 겸손하게 받아들였다. 이 페르시아 대왕은 그들의 명시적 초청에 따라 바빌론에 들어가게 되었노라고 자랑했다. 또 그 신들의 신전을 복구했고 그 신앙을 세심하게 보호했다고 과시했다. 유능한 군사 지도자인 동시에 뛰어난 선전가였던 키루스는 자신의 사업과 목적이 무엇인지 잘 알았다. 벼락출세한 한미寒微한 사람들의 왕으로 시작한 키루스는 일찍이 세상이 본 적 없는 거대한 제국의 판도를 이룩했다. 일찍이 아시리아와 바빌로니아의 왕들이 허황한 꿈속에서조차 생각해 볼 수 없던, 엄청난 규모의 세력 판도를 달성했다. 그렇지만 글로벌 통치자로서 자신의 입지를 강화하려 했던 키루스는 메소포타미아의 유산을 그대로 가져와 활용하는 방법 이외에는 다른 선택이 없었다. 그의 도미니언[지배 영역]에서는 그처럼 뛰어난 왕권의 모델을 제시한 지역이 없었다. 그 왕권 사상은 시간의 시작 이래 유수한 역사에 뿌리를 내리고 자기만족감으로 찬연하게 빛났다. "온 우주의 왕, 비할 데 없이 가장 막강한 왕, 바빌로니아의 왕."[8] 페르시아의 정복자 왕 키루스는 바로 그런 호칭을 자신의 것으로 만들고 싶어 했다.

그렇지만 메소포타미아의 전통은 결국 그의 후계자들의 요구에 부응하지 못했다. 바빌로니아 사람들은 키루스가 허세를 치켜 주었는데도 자신들의 독립 상실을 마지못해 받아들였다. 바빌로니아가 몰락하고 나서 17년이 지난 뒤 다리우스가 왕위에 올랐을 때, 그에게 반란을 일으킨 세력 중에는 바빌로니아 마지막 왕의 아들이라고 주장하는 사람도 있었다. 당연하게도, 그 사람과 그의 부하들은 모두 신속하게 옆구리를 창에 찔려 죽었다. 다리우스는 패배한 정적의 명성을 크게 왜곡시켰다. 그는 왕위를 찬탈하려 했던 자의 기만행위를 비문으로 새겨서 온 세상에 알렸다. 그 자가 바빌로니아 왕가의 일원이기는커녕 바빌로니아 사람도 아니고 아라카라는 이름을 가진 아르메니아 사람이라고 했다. "그는 거짓말쟁이였다."[9] 거짓말쟁이는 페르시아 사람들이 적수를 향하여 퍼부을 수 있는 가장 큰 비난으로, 누구나 그런 소리를 들으면 심한 모욕을 느꼈다. 아라카가 저지른 거짓은 다리우스에게도 큰 죄였지만 더 나아가 온 세상의 안정에도 큰 위협이 되었다.

아후라 마즈다는 전능하고 전선全善하지만 그의 피조물은 어둠으로부터 위협을 받는다고 페르시아 사람들은 생각했다. 그 어둠의 이름은 드라우가Drauga, 곧 '거짓'이었다. 다리우스는 아라카와 그의 동료 반역자들에게 맞서 싸우면서 자신의 이해관계만 방어한 것이 아니었다. 그보다 훨씬 더 중요한 문제가 걸려 있었다. 만약 다리우스가 정화시키지 않았더라면 '거짓'의 지저분한 전파력은 결국 그 하수구의 오물로써 이 세상의 선한 것에서 뿜어져 나오는 빛을 모두 가리고 말았을 것이다. 왕의 권위에 반역하는 자는 곧 선한 아후라 마즈다를 상대로 반역을 하는 자였다. 그들은 "아후라 마즈다를 예배해야 한다는 것을 몰라서"[10] '참Truth' 그 자체와 동일한 것인 우주의 질서를 공격했다. 페르시아인들이 우주의 질서와 참, 이 두 가지를 가리켜 아르타Arta라는 말을 사용한 것은 의미심장하다. 철저하게 참을 옹호하겠다고 맹세한 다리우스는 후계자 왕들에게 모범을 보인 셈이었다. "앞으로 왕위에 오를 너희들은 거짓을 철저히 경계하도록 하라. 거짓을 추종하는 자는 철저하게 처벌하라."

다리우스의 후계자들은 그런 가르침대로 거짓을 말하고 행하는 자들을 경계하고 처벌했다. 다리우스와 마찬가지로 그들은 시간처럼 오래되고 세상처럼 넓은 갈등에 맞서 싸우는 그들 자신을 발견했다. 빛과 어둠 사이에서 모든 사람은 어느 편이 될지 선택해야 했다. 아주 사소한 것, 기어가거나 둘둘 감긴 것들도 얼마든지 거짓의 앞잡이가 될 수 있으므로 마땅히 경계해야 했다. 스카페 형에 처해진 사람의 몸을 파먹고 그의 배설물에서 자양을 얻은 벌레와 구더기도 그 죄수의 살을 먹은 그 행위로 인해 둘 다 거짓과 어둠의 행위자임을 확증한다. 마찬가지로 대왕의 율법이 미치지 못하는, 페르시아 제국의 경계 밖에 사는 야만인들도 신의 하인이 아니라 악마의 하인이었다. 그렇다고 외국인들을 무작정 비난하자는 것은 아니었다. 그들은 페르시아인으로 태어나지 않아서 아후라 마즈다를 잘 모르는 것임을 감안해야 했다. 따라서 무조건 외국인을 배척하는 정책은 황당무계하다. 기존에 정착된 그들의 관습을 무시하는 것이 되니 말이다.

그리하여 키루스는 바빌로니아 신전들에 무한한 호의를 베풀면서 새로운 제국 경영의 길을 개척했고, 그의 후계자들은 그 길을 그대로 따라갔다. 아무리 대왕이라 해도 목숨이 한정된 유한한 인간인데, 어떻게 다른 민족의 신들을 조롱할 수 있겠는가. 하지만 대왕은 아후라 마즈다에게서 이 세상을 거짓으로부터 보호하라는 천명을 부여받았으므로 반역자들을 처치하는 것 못지않게 갈등으로 사분오열된 악마의 땅들을 정화할 책임이 있었다. 아라카가 마지막 바빌로니아 왕의 아들이라고 거짓 외양을 꾸미며서 바빌로니아 사람들을 반역 행위에 몰아넣은 것을 보라. 이와 마찬가지로 악마도 신의 외양을 흉내 내면서 사람들을 기만하지 않는가. 이런 위험에 맞서서 대왕은 징벌의 조치를 내리는 것 이외에 달리 대안이 없지 않겠는가.

그리하여 다리우스는 제국의 북쪽 경계 지역을 살피다가 스키티아라는 민족의, 서로 싸우며 반목하는 성격에 주목했다. 대왕은 그들의 야만 행위에서 끔찍한 점을 발견했는데 곧 악마의 유혹에 잘 넘어가는 기질이었다. "이 스키티아 사람들은 거짓에 아주 취약하다."[11] 그래서 아후라 마즈다의 충복인 다리우스는 그들을 진압하여 평정했다. 마찬가지로 크세르크세스는 아테네를 점령한 후 아크로폴리스에 남은 그들의 오염된 신전들을 불로써 씻어 내 정화하라고 명령했다. 대왕은 그렇게 하여 신전에서 악마들을 다 몰아냈음을 확인하고 도시의 신들에게 희생 제물을 바치도록 허용했다. 대왕이 휘두르는 권력은 전례가 없는 것이었다. 그는 제국 내에서 엄청난 영토를 소유하고 있었으므로, 앞서간 어떤 왕들보다도 자신이 보편적 사명을 부여받았다고 생각했다. 그가 자신의 제국을 가리키는 용어인 부미bumi는 곧 세상의 동의어였다. 그러니 대왕의 부하 장군을 헬레스폰트의 해안에서 십자가형에 처함으로써 크세르크세스의 유럽 진공에 제동을 건 것은 무엇을 의미하는가. 그건 아테네인들이 자신들을 거짓의 추종자라고 스스로 인정한 셈이었다.

대왕의 거대한 제국, 무수한 왕궁들, 병사들의 엄청난 임시 숙소들, 먼지 자욱한 길 위에 세워진 노상 주둔 시설들 이외에도, 제국 내에는 숭고하면서도 웅장한 자부심이 거울처럼 반짝반짝 빛났다. 키루스가 창업하고 다리우스가 수성한 제국의 영토는 곧 하늘을 비추는 거울이었다. 그 제국에 저항하거나 그 제국을 전복하려는 행위는 곧 참[진리] 자체에 도전하는 것이었다. 온 세상을 통치하겠다는 야망을 지녔던 이전의 왕국들 중에 이처럼 강력한 윤리적 속성을 온 나라에 부여한 왕국은 없었다. 동쪽 끝에서 서쪽 끝까지 펼쳐지는 대왕의 권력 범위는 심지어 무덤 속에도 빛을 비출 정도였다. "이것은 대왕 다리우스의 말씀이다. 아후라 마즈다를 예배하는 사람은 누구든지, 살았든지 죽었든지 신의 가호를 받을 것이다."[12] 어쩌면 십자가형을 당한 페르시아 지방장관 아르타익테스는 죽음의 고통을 겪으면서도 이런 생각에서 위안을 얻었을지 모른다.

아르타익테스가 처형되었다는 소식은, 아테네인들은 폭력배들이라며 경멸하는 대왕의 생각을 더욱 굳혀 놓았을 뿐이다. 참과 거짓, 빛과 어둠, 질서와 혼란, 인간은 이 세상 어디에서나 이 둘 중 하나를 선택해야 했다.

그것은 저승이 반드시 존재한다고 여기는 세상을 이해하는 한 가지 방식이었다.

내게 거짓말을 해봐

그러나 아테네 사람들은 사태를 다르게 보았다. 기원전 425년 아리스토파네스라는 극작가는 아테네와 페르시아가 얼마나 다른지를 주제로 삼아 희극을 썼다. 크세르크세스가 아크로폴리스에 불을 지른 지 54년이 흘러간 시점이었다. 파르테논을 떠받치는 바위의 윗부분에 새겨졌던 "제국의 표시와 기념비"[13]가 깨끗이 지워져서 아테네가 완전히 옛 모습을 회복했음을 보여 주었다. 아테네의 스카이라인을 현재 장식하고 있는 아름다운 신전들과 최대 규모의 신전인 파르테논 아래쪽에 매해 겨울이면 시민들이 모여들었다. 연례 연극 행사가 펼쳐지는 극장에 좌석을 잡기 위해서였다.• 축제의 리듬에 따라 한 해가 흘러가는 아테네에서, 레나이아Lenaia는 희극 상연을 위한 특별 축제였다. 그리고 아리스토파네스는 이미 극작가 경력 초창기에 희극 분야의 대가임을 증명해 보였다. 기원전 425년, 그는 〈아카르나이 사람들〉이라는 희극으로 레나이아 축제에 데뷔했다. 이 희극은 그 안에서 다루어진 모든 대상을 조롱했는데, 특히 페르시아 왕의 허세를 사정없이 공격했다. "그는 많은 눈을 가졌구나."[14]

그리스인들이 볼 때, 그리스의 전통적 원수인 페르시아 대왕이 자신에게 보편 통치를 할 자격이 있다고 하는 것은 아주 우스꽝스러운 주장이었다. 페르시아 제국은 첩자들이 끊임없이 신민을 감시한다고 알려졌기 때문이다. "모든 사람이 어디에나 존재하는 왕의 감시 아래에 놓여 있다."[15] 아리스토파네스가 볼 때, 이런 공격 목표는 너무나 매력적이어서 도저히 물리칠 수가 없었다. 〈아카르나이 사람들〉에서 페르시아 대사大使역을 맡은 배우가 무대로 걸어 나왔을 때, 그는 머리에 커다란 눈을 달고 있었고 이어 헛소리의 대사를 엄숙하게 말했다. 그 배우의 이름은 프세우다르타바스Pseudartabas(거짓말하는 자)인데 이것도 아주 뾰족한 농담이다.

• 레나이아를 기념하기 위해 상연되는 연극들은 아리스토파네스가 데뷔하기 20~30년 전에 그곳으로 옮겨 갔다.

왜냐하면 페르시아에서 아르타arta는 '참'을 의미하는데, 그리스어에서 프세우데스pseudes는 '거짓말하기'이기 때문이다.[16] 아리스토파네스는 그 럴듯한 공격 목표를 만나면 금방 그 가치를 알아보았다. 그는 오만하면서 도 끈덕지게 다리우스와 그 후계자들의 절대적 확신을 조롱함으로써 아 테네 관중에게 웃음거리를 제공했다.

참[진리]이 사람을 속일 수 있다는 사실은 그리스인들이 아주 잘 아는 역설이었다. 아테네 북서쪽 산간 지대에 델피 신전이 있는데 여기서는 신 탁을 내려 준다. 하지만 신탁의 계시는 아주 짜증나는 것이었다. 너무나 애매모호하고 알쏭달쏭한 선언인 까닭이었다. 그리하여 그런 신탁에 영 감을 주는 신인 아폴론은 록시아스Loxias, 곧 '애매모호한 자'라는 별명이 붙었다. 아후라 마즈다와 백팔십도 다른 신을 들라면 아마도 아폴론 신을 들어야 할 것이다. 그리스인 여행자들은 신탁을 글자 그대로 믿는 저 먼 땅의 페르시아 사람들을 의아하게 여겼다. 아폴론이 내리는 신탁은 애매 모호함 그 자체였기 때문이다. 델피 신전에서 애매모호함은 신성의 특권 이었다.

황금빛으로 번쩍번쩍하는 아폴론은 시간이 흘러가면서 태양 수레의 마 부로 알려졌는데, 번쩍거리는 황금빛의 두 눈으로 여성을 현혹한 다음에 그들을 능욕했다. 치유의 능력과 마법의 음악적 재능으로도 명성이 높았 지만, 은빛 활의 신으로 두려움의 대상이기도 했다. 그 화살 끝에는 전염 병을 일으키는 독이 발라져 있었기 때문이다. 페르시아인들이 우주의 원 리이며 전적으로 참이고 전적으로 선하다고 생각한 빛[아후라 마즈다] 또 한 아폴론이 지닌 최고의 특징이었다. 그러나 이 그리스 신에게는 어두운 측면도 있었다. 아폴론과 그의 쌍둥이 여동생 아르테미스(치명적 화살을 지 닌 처녀 사냥꾼 여신)는 모욕에 아주 민감하기로 유명했다. 니오베라는 공주가 아폴론과 아르테미스의 어머니인 레토보다 자신이 자식들이 더 많다고 자랑하자, 이 쌍둥이 남매 신들은 니오베에게 끔찍한 복수를 가했다. 황금빛 화살이 니오베의 아들들과 딸들을 쓰러트렸다. 그들의 시신은 피투성이가 된 채로 아흐레 동안 어머니의 궁궐에서 매장되지 않은 채 나뒹굴었다. 니오베 공주는 너무 울어서 몹시 수척해진 채 산속으로 달아났다. "그곳에서 니오베는 돌로 변신하여 신들이 자신에게 융단 폭격한 엄청난 슬픔을 여전히 곱씹고 있다."[17]

   인간은 어떻게 해야 이렇게 변덕스럽고 자신의 신성을 늘 의식하는 신들을 화나지 않게 할 수 있을까? 신들의 어머니를 모욕하지 않는 것만으로는 불충분하다. 신들에게 존경을 바치는 것은 물론이요, 희생 제물도 거르지 않고 올려야 한다. 흰 가루로 색칠한 제단 앞에서 도살한 동물들의 뼈, 지방이 붙은 그 뼈를 향료와 함께 태우는 불에다 그슬린 다음에 바치는 희생 제물은 신들에게 바쳐야 할 몫이었다. 이런 봉헌 물품을 바친다고 반드시 신들의 호의를 얻어 낸 것은 아니다. 그렇지만 그런 봉헌을 하지 않으면 신들의 분노를 사게 되는 것은 분명했다. 그런 위험은 공동체 구성원 모두가 나누어 부담해야 했다. 남자와 여자, 소년과 소녀, 자유인과 노예는 저마다 맡아야 할 역할이 있었다. 오랜 세월이 흐르면서 거룩해진 축제는 신비에 의해서도 축성되었다. 전적으로 동물의 피만 가지고 만들어진 제단들도 있었다. 또 다른 제단들은 그 주위의 수풀에 파리 떼가 모여들지 않았다. 신의 변덕은 가변적이었고, 그래서 장소에 따라 다르게 나타났다.

   남부 그리스의 파트라이에 있는 아르테미스 여신의 신전은 새, 돼지, 곰처럼 살아 있는 동물의 희생 제물을 요구했다. 아테네 동부의 브라우론 신전은 아이를 낳다가 죽은 여자의 옷을 요구했다. 스파르타 신전은 리본으로 단단히 묶은 젊은 남자의 피를 요구했다. 이처럼 봉헌 제물을 바쳐야 하는 신도 많고 또 기념해야 할 신도 많았기에, 일부 신들을 빼놓고 지나치지 않았을까 하는 불안이 늘 따라다녔다. 아테네의 전승傳承을 대조하여 기록하는 임무를 맡은 한 시민은 모든 시민이 잊어버린 희생 제의의 목록이 너무나 긴 것을 발견하고 경악했다. 만약 이런 희생 제의를 모두 복구한다면 아테네시는 도산하고 말 것이라고 그 시민은 말했다.

여기서 음울한 진실을 하나 말해 보자면 이러하다. 시간이 흘러가면서 신들은 사람들의 모임에서 자취를 감추었고, 그래서 황금시대는 철기 시대로 바뀌어 버렸다. 아주 먼 과거에 신들의 왕이며 올림포스산에서 통치했던 제우스도 인간들의 향연에 즐겨 참석했다. 그러나 제우스는 변장하기를 점점 더 좋아했고, 올림포스의 궁전에서 지상으로 내려와 향연에 참석하지 않고 황금의 소낙비, 하얀 황소, 날개를 퍼덕거리는 백조 등으로 변신하여 일련의 인간 여성들을 능욕했으며, 그 결과 영웅의 족속을 만들어 냈다. 비할 바 없는 용맹을 지닌 전사-영웅들은 산과 늪에서 괴물들을 몰아냈고 세상 끝까지 모험을 찾아 떠났다. 영웅들은 "가장 고귀하고 정의로운 세대들"[18]을 낳았다. 마침내 영웅들의 종말이 찾아오면 그들은 그 비할 바 없는 신분에 걸맞은 대접을 받았다. 왜냐하면 그들은 가장 유명하고 가장 무서운 여러 전쟁에서 전사하여 하늘로 올라가 별이 되었기 때문이다. 아시아의 최대 도시인 트로이는 10년 동안 그리스와 공성전을 치른 끝에 검은 연기가 뭉게뭉게 피어오르는 잿더미가 되었다. 그렇지만 트로이 전쟁에서 승리한 전사들 중에 해상에서의 난파, 암살, 지독한 슬픔 등을 겪지 않은 사람은 거의 없었다. 그러니 제우스에게 이런 말을 퍼붓는 것도 당연한 일이었다. "당신처럼 파괴적인 신은 없습니다."[19]

트로이의 비참한 운명은 그리스 사람들을 늘 사로잡는 악몽이었다. 심지어 크세르크세스조차 헬레스폰트에 도착했을 때 트로이의 유적을 보여 달라고 요구했다. 트로이 평야의 흙먼지 속에서 싸웠던 사람들의 기억을 간직한 호메로스의 서사시《일리아스》는 그리스인들에게 신들의 심리 상태와 인간과의 관계를 내다보는 창문을 마련해 주었다. 이 서사시의 저자는 그 활동 연대와 출생 장소가 끝없이 논의되는 미지의 인물인데, 이제는 어느 정도 신성의 특징을 가진 사람으로 여겨진다. 어떤 사람들은 호메로스의 아버지는 하신河神이었고 어머니는 바다 님프였다고 주장하기까지 한다. 그러나 그가 결국 인간의 자식이라고 믿는 사람들조차 그의 업적 앞에서는 위압감을 느끼며 압도된다. 호메로스는 "시인들 중에서 가장 뛰어나고 가장 하느님 같은 시인"[20]이라고 칭송된다.

《일리아스》처럼 생생한 현장감을 지닌 서사시는 호메로스 이래 나타난 적이 없다. 이 서사시의 행간에는 빛의 작용이 충만하다. 그 시에 등장하는 여자는 아무리 사소한 인물이라 할지라도 "하얀 팔을 가진 여성"으로 묘사된다. 남자는 아무리 사소하게 언급되었다 하더라도 예전의 "청동 갑옷을 입은 자"로 서술되어 있다. 드레스를 떨쳐입은 왕비는 그 화려한 옷으로 사람들의 눈을 현혹한다. 전투를 준비하는 전사는 "번쩍거리며 타오르는 불빛보다 더 밝은"[21] 백광白光 속에 휩싸인다. 아름다움은 도처에서 발견되고, 그것은 언제나 폭력을 암시한다.

황금 불꽃처럼 타오르고, 신과 같은 힘과 용기를 발휘하는 것. 이것이야말로《일리아스》속에서 가장 남자다운 전사가 보여 주는 모습이다. 신체적 완성과 정신적 우월성은 서로 불가분의 관계다. 이것이 대전제다. 트로이의 전장에서는 비열한 자만이 추악한 자다. 이런 남자들은 가끔 조롱을 받고 매질을 당하지만 영웅의 적수가 되지는 못한다. 위대함의 가장 확실한 척도는 경쟁에서 아곤agon(투쟁 혹은 경쟁)이라는 이름에 걸맞게 행동하는 것이다. 바로 이 때문에 그리스인과 트로이인의 싸움에서 신들이 지상의 전장으로 강림한다. 서로 죽이기 위해 달려드는 빽빽한 전투 대형, 방패, 번쩍거리는 갑옷을 몸소 보기 위해서가 아니라, 자신들이 총애하는 인간들의 대의를 위해 싸우려고 내려오는 것이다. 이렇게 지상에 내려올 때마다 신들은 "긴장한 비둘기들"[22]처럼 기대감으로 온몸을 부르르 떨었다. 신들의 여왕인 헤라는 남편 제우스에게 그가 어떤 도시보다 사랑하는 트로이를 패배하게 내버려 두라고 요청했는데, 제우스가 그 말을 듣지 않아 헤라를 무척 화나게 만든다. 그러자 헤라는 전장에서 떠나지 않으면서 이렇게 말한다.

정말이지 내가 가장 사랑하는
세 도시는 아르고스와 스파르타와,
트로이처럼 길이 넓은 미케네입니다.
이 도시들이 미워지시거든
언제든지 파괴해 버리십시오.[23]

정말로 중요한 것은 승리이지 그 승리에 들어간 비용이 아니었다.

이 정신, 가장 훌륭한 사람이 되겠다는 이 치열한 투지는 모든 사람이 동참하고 싶어 하는 정신이었다. 호메로스의 서사시에서 '기도하다'를 뜻하는 에우코마이euchomai는 '자랑하다'라는 뜻으로도 사용된다. 신들은 아곤을 호의적인 시선으로 바라보았다. 거기에 참석하는 자가 춤꾼이든 시인이든 직공織工이든, 경쟁의 자리를 마련해 주지 않는 신전은 별로 없었다. 운동 대회에서 경염競艶 대회에 이르기까지, 모든 경쟁 행사에는 후원해 주는 신들이 있었다. 아리스토파네스도 아곤에 참가한 경쟁자의 자격으로 〈아카르나이 사람들〉을 썼다. 레나이아는 디오니소스 신을 기리기 위해 거행되는 축제였다. 도취와 여색을 좋아하는 디오니소스는 아리스토파네스류의 희극을 수호하는 데 아주 적절한 신이었다.

트로이의 평야에서 감히 신들을 상대로 싸우려 했던 왕들이나 왕자들은 이제 아테네를 통치하지 않았다. 아리스토파네스가 태어나기 한 세기쯤 전에 아테네에 혁명이 벌어져 시민이 주권자인 새로운 형태의 정부가 들어섰다. 민주 사회에서 동급자들과 경쟁하는 권리는 이제 귀족만의 특권이 될 수 없었다. 그리하여 좀 더 평등한 시대의 프리즘으로 봤을 때, 신들과 영웅들의 풍습은 아주 코믹했다. 아곤을 즐겼던 아리스토파네스는 신과 영웅을 멍청이, 비겁자, 거짓말쟁이 같은 코믹한 존재로 묘사하기를 주저하지 않았다. 자신의 한 희극에서 그는 노예로 변장한 디오니소스를 묘사한다. 그 신은 고문하겠다는 위협을 받자 겁을 먹고 똥을 지리고, 이어 채찍으로 매질을 당한다. 이 희극은 〈아카르나이 사람들〉과 마찬가지로 1등상을 받았다.

그러나 고대 서사시의 가치와, 영웅이 아닌 사람들의 가치 사이의 긴장은 단지 웃음거리에 그치지는 않았다. "하늘이 인간을 위해 내려 주신 지침은 없는가? 신들을 기쁘게 할 방도는 없는가?"[24] 아픈 사람, 가족을 잃은 사람, 압박을 받는 사람 들이 물어볼 수밖에 없는 이 질문에는 즉답이 없다. 언제나 그렇듯이 알쏭달쏭하고 변덕스러운 신들은 그들의 조치를 설명해 주는 법이 없다. 그들은 도덕을 규제하려는 생각이 없다. 델피 신전의 신탁은 조언을 제공하지만 그것이 윤리적 지침은 아니다. "신은 명령을 내리는 방식으로 통치하지 않는다."[25] 인간이 자신을 위해 마련한 이런 지침은 신의 계시가 아니라 전통에서 나온 것이다. 법률은 관습에 크게 의존했기에 그 둘[법률과 관습]을 서로 구분하기 어려울 정도였다. 그러나 민주 사회가 도래하면서 그런 대전제는 도전을 받았다. 입법을 결정하는 시민들의 권리는 그들의 권위를 지켜 주는 근본으로 등장했다. "도시의 번영, 민주주의, 자유를 지켜 주는 것은 도시의 법률이라는 사실에 모두가 동의할 것"[26]이었다. 시민들이 동등한 자격으로 만나서 논의하고 투표하는 장소인 의회, 그것만이 시민들이 아테네를 다스리는 적법성의 원천이 될 수 있었다. 이렇게 하지 않는다면 자유가 무슨 소중한 가치라고 할 수 있겠는가?

그렇지만 아테네 사람들은 일말의 불안감에 계속 시달릴 수밖에 없었다. 인간이 만든 법률에 복종하는 것에는 언제나 독재의 위험이 도사리고 있었다. 가령 지나치게 야심만만한 시민이 민주주의를 전복시킬 의도로 자의적인 법률을 제정하려고 할 때 그것을 막을 수 있는 방법은 무엇인가? 따라서 아테네 시민들을 가장 안심시키는 법률은 그들의 조국 땅에서 생겨난 법률이었다. 아테네 성문 밖에서 뿌리를 깊숙이 내려 바위마저도 단단하게 감싸 안는 저 들판의 오렌지나무들 같은 법률. 그 때문에 어떤 법률에 세월의 동록銅綠을 입히기 위해, 그들은 아주 오래전 도시에 살았던 현인들이 그 법률을 제정했다고 말하는 습관이 있었다. 그렇지만 그것보다 훨씬 숭배할 가치가 있는 어떤 것을 믿는 사람도 많았다. 그들은 경험을 완전히 무시하는 초월적인 사람들이어서 아예 원천이 없는 법률을 믿었다.

〈아카르나이 사람들〉이 초연되기 4~5년 전에 디오니소스 극장에서 공연된 또 다른 그리스 희곡은 이런 확신을 아주 강력한 목소리로 언명했다.[*] 그 희곡의 저자 소포클레스는 아스토파네스 같은 희극 작가가 아니

---

[*] 이 희곡에 나오는, 테베를 파괴한 전염병이 기원전 430년 아테네를 휩쓸었던 전염병과 같은 병이라고 추정했다. 그러나 이 희곡의 연대를 확정할 사료는 없다.

었다. 〈오이디푸스 왕〉에는 농담이 나오지 않는다. 소포클레스가 1등상을 휩쓸었던 분야인 비극은 신과 영웅에 관한 고대의 이야기들을 가져와 매우 당황스러운 결말을 만들어 내는 희곡이었으므로, 웃음 같은 것은 끼어들 자리가 없었다. 오이디푸스의 몰락은 그 전에 여러 번 희곡으로 만들어졌지만, 소포클레스의 작품처럼 황량한 효과를 자아내는 비극은 일찍이 없었다. 아테네 북서쪽에 있는 도시인 테베의 왕 오이디푸스는 아버지를 죽이고 어머니와 결혼했다. 그는 갓난아기 시절 산속에 내버려졌다가 양부모 밑에서 자랐기에 두 사람이 실제 부모인 줄 전혀 알지 못하고 그런 소행을 저질렀으나, 그렇다고 해서 그의 범죄가 경감되지는 않았다. 그 범죄는 무시간적이고 영원하고 신성한 법률을 위반한 것이었다. "저 높은 곳을 거니는 법률에 대해서 말하자면, 태어나자마자 밝고 높은 하늘에 가득 차고, 올림포스만이 그의 아버지이며, 죽어야 할 인간의 성질이 그를 낳지 않았으니, 망각이 결코 그를 잠재우지 못할 것이로다."[27]

이 천상의 법률은 인간이 만든 법률과는 다르게 종이 위에 기록되어 있지 않았다. 이처럼 법률 제정자가 없다는 사실이 그 법률을 신성한 것으로 확실히 구별해 주었다. "그 불문율들은 어제오늘에 생긴 것이 아니라, 영원히 살아 있으며 어디서 왔는지 아무도 모른다."[28] 성문법이 아니므로 그 법률을 어떻게 알아볼 것인지, 또 인간의 법률과 어떻게 구별할 것인지 따위는 아테네의 보통 시민들을 괴롭히는 문제가 아니었다. 대다수 그리스인들은 두 가지 상반되는 관점을 동시에 포용하는 능력이 상당했으므로, 불문율과 성문법 사이의 긴장을 그리 크게 문제 삼지 않았다.

〈오이디푸스 왕〉이 주인공의 범죄로 테베에 내려진 저주를 다룬 유일한 희곡은 아니다. 소포클레스는 그에 앞서서, 오이디푸스 집안의 궁극적 몰락을 묘사한 드라마인 〈안티고네〉를 집필했다. 왕위를 두고서 싸우는 오이디푸스의 두 아들은 테베의 성벽 앞에서 모두 죽고 만다. 그중 한 명인 에테오클레스에게만 왕자에게 합당한 장례식이 거행된다. 왕위에 오른 작은아버지 크레온이 둘째 아들 폴리네이케스가 내전의 주범이라고 생각하여 그에게는 장례식을 치러 주지 않았던 것이다. 폴리네이케스의 주검은 들판에 마구 내버려져 개와 새의 밥이 되었다. 새로운 왕은 이 반역자를 위해 슬퍼하는 행위마저 사형으로 처벌될 것이라고 선언했다. 이 칙령은 법률의 효과를 지녔음에도 불구하고 많은 사람들이 그게 합법적이라고 생각하지 않았다. 오이디푸스의 딸인 안티고네는 감히 삼촌의 왕명에 도전하고 나서서, 폴리네이케스의 시신 위에다 흙을 뿌려 줌으로써 상징적인 장례식을 거행했다. 크레온 앞에 끌려온 그녀는 왕의 포고를 비웃는다. "나는 당신의 명령이 신들의 확고부동한 불문율처럼 강력하다고는 생각하지 않았어요. 언젠가 죽게 마련인 당신이 신들의 불문율을 압도하지는 못할 테니까요."29 무덤 속에 생매장하라는 선고를 받은 안티고네는 스스로 목매달아 죽는다. 그녀와 약혼한 크레온의 아들도 마찬가지로 자살한다. 크레온의 아내도 자살한다. 그 집안의 파멸은 총체적이었다. 그 비극을 목격한 코러스는 거기서 하나의 교훈을 이끌어 낸다. "으뜸가는 행복은 지혜라오. 그건 신들을 모욕하지 않는 데서 오는 거지요."30

이러한 사태 해결은 완벽한 질서를 추구한다는 신들의 불문율과는 어울리지 않는 듯하다. 오이디푸스 집안에 내려진 저주를 곰곰 생각하면 그런 저주를 승인한 신들의 질서가 너무 잔인하다는 느낌이 든다. 그렇지만 연극 무대가 청소되고 객석에서 일어설 때, 많은 관중이 신들의 소행에서 발견되는 지독한 모순에 의문을 품었을 것 같지는 않다. 신들은 질서 정연하지만 변덕스럽고, 아주 도덕적이지만 때로는 비도덕적이며, 아주 정의롭지만 때로는 임의적이라는 사실, 이런 점을 대다수 아테네 시민들은 당혹스럽게 여기지 않았다. 그들은 디오니소스 극장을 떠나면서 그들 머리 위의 바위에 설치된 멋진 기념물들을 바라보았을 것이다. 그 바위 위에는 아테네에 그 이름을 부여해 준 아테나 여신의 거대한 신전이 있었다.

그리스인들이 신들을 바라보는 역설적 관점을 아테나처럼 잘 보여 주는 신은 없다. 파르테논 신전에 들어가면 아테나 여신의 거대한 신상을 볼 수 있었다. 그것은 황금과 상아로 만든 조각상으로, 장엄하고 오만하고 숭고한 여신의 모습을 잘 보여 준다. 그런데 이 여신의 조각상은 실은 아테네 사람들을 그대로 비추는 거울이다. 그 시민들과 마찬가지로, 여신은 심오한 지혜와 변덕스러운 심사를 동시에 지닌 것으로 명성이 높다. 그녀의 도시와 마찬가지로, 아테나는 수공예품과 "소란스러운 전투의 함성"[31]을 동시에 관장하는 신이다. 그리고 그녀의 신전 바로 아래에 있는 극장에서, 아테네 사람들은 해마다 신들의 이야기를 새롭게 다루는 연극을 본다. 그들은 그 연극을 보면서 웃거나 운다. 하지만 아테네 시민들은 신들을 대하는 자신들의 태도에서 나타나는 논리적 불일치를 애써 해결하려 들지 않는다. 대다수 시민들은 그런 문제에는 조금도 신경 쓰지 않는다. 그들의 신앙에 일관성이 조금 결여되어 있다는 사실도 깊이 생각하지 않는다.

대부분의 시민이 그랬다. 하지만 모든 시민이 그랬던 것은 아니다.

지혜를 사랑하는 사람들

아리스토파네스가 〈아카르나이 사람들〉에서 페르시아 왕의 주장을 조롱한 지 한 세기쯤 지난 뒤에, 아테네 전역에 수많은 청동 조각상이 등장하기 시작했다. 기원전 307년에 이르러 아테네에는 300개가 넘는 청동상이 세워졌는데, 어떤 것은 말을 탄 모습, 어떤 것은 수레를 끄는 모습이었고 하나같이 동일한 인물의 동상이었다. 팔레론의 데메트리오스는 아테네의 옛 항구 사람으로서 노동자 계급 출신이었다. 또 그의 정적들의 말에 따르면 데메트리오스는 한때 노예였다.* 그러나 30대 초반에 이르러 그는, 아테네에 민주정이 시작된 이래 그 누구도 휘두르지 못한 절대적 권위를 확보했다. 데메트리오스는 아테네 정치가들의 무릎을 후들거리게 만드는 속눈썹 기다란 미남으로 청소년 시절부터 널리 알려져 있었다. 그는 이런 신체적 이점을 이용하여 다른 사람들보다 한 발 앞서 달리기를 망설이지 않았다. 머리카락을 금발로 염색하고 마스카라를 듬뿍 바르는 동안에도, 그는 계속 자신이 유능한 정치가임을 입증했다. 그리고 권좌에 올라 10년이 흘러가는 동안에 유능한 입법가로서 아테네를 훌륭하게 다스렸다. 그는 뛰어난 정치가였을 뿐 아니라 그 도시의 지적 분위기가 만들어 낸 필로소포스philosophos이기도 했다.

필로소포스는 '지혜를 사랑하는 사람'이라는 뜻이다. 철학자는 데메트리오스 시절에서 30~40년 전에 비로소 하나의 직업으로 인정을 받았지만, 그 이전부터도 철학의 창시자들은 존경받을 만한 인물들이었다.** 데메트리오스 이전 200여 년 동안 그리스 사람들은 신들에 대한 이해, 그리스 전통에 대한 이해, 관습상 신들에게 바쳐야 하는 희생 제물 등에 대해

---

* 이것은 거의 확실히 '상대방을 비방하는 헛소문의 한 조각'이라는 타당한 판단이 나와 있다(Fortenbaugh and Schütrumpf, p. 315).
** '철학'이라는 단어를 처음 사용한 사람은 피타고라스라고 전통적으로 알려져 있다. 하지만 실제로는 플라톤이었던 것으로 보인다.

서는 주로 호메로스에게 의존했다. 그러나 그런 일방적 의존을 못마땅하게 여기는 사람들도 있었다. 이런 사람들(사상가들)은 올바른 행동을 규정하는 영원한 법률과, 《일리아스》의 신들이 법률을 임의로 무시하는 태도는 서로 모순이라고 생각했고, 그 점을 수치스럽게 여겼다. 철학자 크세노파네스는 이렇게 불평했다. "호메로스와 후대의 시인들은 인간들 사이에서는 수치와 비난의 대상이 되는 여러 가지 행동, 가령 절도, 간통, 기만 따위를 신들이 멋대로 저질렀다고 노래한다."[32] 그는 코웃음 치며 다음과 같은 조롱의 말을 하기도 했다. 만약 소들이 그림을 그릴 수 있다면 신들을 황소와 암소로 묘사했을 것이라고.

이런 건전한 회의론은 시간이 흘러가면서 일부 사상가들을 무신론자로 만들기는 했지만, 그래도 무신론적 물질주의로까지 연결되지는 않았다. 오히려 결과는 정반대였다. 철학자들은 호메로스의 서사시에 나오는 싸우기 좋아하고 무절제한 신들을 믿지 않았지만, 바로 그런 회의론 덕분에 세상과 그들 자신(인간)에 깃든, 진정으로 신적인 요소를 더 깊이 통찰할 수 있었다. 사물의 신비를 알아내려고 하는 것은 결국 인간의 올바른 행동을 알아내려는 것이었다. "왜냐하면 인간이 만들어 내는 여러 가지 법률은 단 하나의 법률, 즉 신의 법률로부터 자양을 얻기 때문이다."[33]

끈적거리는 제단 위를 날아다니는 파리들의 웅얼거림, 그늘이 드리워져 시원한 신전에서 미소를 짓거나 얼굴을 찡그리는 신들의 조각상, 다양하게 변화하는 인간 사회의 관습, 이런 것들을 넘어서는 곳에 사물의 일정한 패턴이 존재했다. 영원하고 완벽한 그 패턴은 반드시 알아내야 하는 것이었다. 그 패턴은 시인들의 거짓말이 아니라 우주의 작용에서 찾아내야 했다. 아테네는 다른 어떤 곳보다 이런 확신을 바탕으로 우주의 신비를 알아내려 했다. 팔레론의 데메트리오스가 태어난 기원전 350년, 아테네의 저명한 철학자들은 무질서하게 움직이는 것처럼 보이는 밤하늘의 별들이 실은 불변하는 기하학적 법칙에 따라 움직인다고 널리 생각했다. 우주는 합리적인 것으로 계시되었고 그런 만큼 신성한 것이었다. 데메트리오스보다 150년 앞서 크세노파네스는 완벽한 신, 그러니까 태어난 적 없고 도덕적으로 완벽한 유일신이 존재한다고 선언했다. 그 신은 자신의 의식意識, 즉 누스nous의 강력한 힘을 작동시켜서 세상 만물을 지도한다는 것이다.

데메트리오스는 젊은 시절에 철학을 공부하면서, 별들의 움직임이야말로 좀 더 은밀하고 좀 더 냉정한 신성神性의 존재를 알려 주는 증거라고 생각했다. 아리스토텔레스는 이렇게 말했다. "자신은 움직이지 않으면서 세상 만물을 움직이는 존재가 있다. 그는 영원한 존재다."[34] 아리스토텔레스는 그리스 북부 출신의 철학자로 아테네에 철학 학교를 세워 철학을 가르쳤는데, 그 심대한 영향력은 기원전 322년 그가 사망한 후에도 여전히 강력했다. 아리스토텔레스는 이렇게 가르쳤다. 인간들이 살고 있는 이 지상의 세계 저 너머 하늘에서는, 불변의 천체들이 불변하는 원형 궤도를 따라 돌고 있다. 이 천체들의 움직임은, 완벽하지만 그래도 자신은 움직이지 않으면서 모든 것을 움직이는 자에게 복종한다. "바로 이것이 신이며 하늘과 땅이 의존하는 원리다."[35] 이러한 신성—철학을 공부하지 않은 사람들에게 이것은 지나치게 형이상학적으로 들릴지 모르지만—은 당연히 모든 인간이 사랑하는 대상이다. 하지만 그런 인간의 사랑에 과연 신성이 관심을 가질지는 의심스럽다. 아리스토텔레스는 신성이 응답할 것이라고 말하는 걸 경멸한다. 지상의 세계는 별들의 불변하는 질서가 결여되어 있고 또 그 별들로부터 멀리 떨어져 있기에, 움직이지 않으면서 움직이는 자[신성]에게 별로 관심을 기울이지 않기 때문이다. 인간이 신성에 관심이 없는데, 하물며 신성이 인간에게 관심을 갖겠는가.

하지만 하늘은 물론이고 땅도 신성이 통제하는 누스를 증명한다. 아리스토텔레스는 다른 철학자들 사이에서는 전례 없을 정도로 많이 지상의 사물을 분석함으로써 신성의 작용을 알아내려 애썼다. 때때로 뼈오징어를 분해하고 코끼리의 위장을 살펴보면서 거기서 사물의 원리를 발견하기도 했다. 또 죽은 동물의 내장이 미끌미끌하다는 사실을 관찰하면서 그것이 우주의 영원한 구조를 발견하는 단서가 될 수도 있다고 생각했다. 지혜를 사랑하는 것은, 지혜의 법칙을 알아내는 데 필요한 기술을 마음속에 습득하는 것이라고 아리스토텔레스는 가르쳤다. 그리하여 그는 서로 다른 많은 생물 조직을 연구하는 데 그치지 않고, 인간이 그 자신을 조직하는 다양한 방법도 연구했다. "왜냐하면 동물들 중에서 유일하게 인간만이 생각을 할 수 있기 때문이다."[36] 그 목표는, 아리스토텔레스가 늘 그러했듯이, 카탈로그를 작성하는 것이 아니라 우주 질서의 윤곽을 파악하는 것이었다. 이런 목표를 달성해야 할 필요는 아주 분명했다. 우주에 스며들어 있는 법칙, 다시 말해 신의 누스만이 도시에 적절한 통치 기술을 제공해 줄 수 있기 때문이다. "왜냐하면 인간의 욕구는 사나우며 그 열정은 아무리 고상한 것이라 하더라도 인간을 구속하므로, 인간에 의해 통치되는 것은 곧 야수에 의해 통치되는 것이 될 수도 있기 때문이다."[37]

그러나 철학자들이 행동의 기반으로 삼으려고 하는 이런 확신에는 낯익은 수수께끼가 도사리고 있다. 세상사가 이처럼 천상天上의 원만하고 규칙적인 움직임을 따라가지 못하는 게 분명해 보이는데, 어떻게 해야 인간의 도시를 잘 조직할 수 있을까? 물론 모든 사람이 동의할 수 있는 어떤 기본적 사항은 있을 것이다. 인간 사회가 자연의 법칙을 따라야 하는 가장 분명한 방식을 관찰하는 데에는 반드시 아리스토텔레스 같은 천재적 분석 능력을 필요로 하지는 않는다. "그는 다음 세 가지 사항에 대하여 운명에 감사했다는 말이 전한다. '첫째, 내가 짐승이 아니라 인간이고, 둘째, 내가 여자가 아니라 남자이고, 셋째, 내가 야만인이 아니라 그리스인이라는 것이다.'"[38]

이 일화는 너무나 널리 말해져서, 다른 철학자들에까지 적용되기도 한다. 아무튼 아리스토텔레스는 분명 이런 주장에 동의했을 것이다. 그는 오랜 연구 과정 끝에 자신이 확인한 494개 종 가운데 인간이 가장 우수하고, 남자가 여자의 주인이며, 야만인들은 기질상 그리스인의 노예가 되는 것이 적합하다고 생각했다. 그리하여 그는 다음과 같은 논리적인, 아니 유일하게 가능한 결론을 내렸다. "어떤 사람이 명령을 내리고 다른 사람은 그에 복종하는 것은, 필요할 뿐만 아니라 편리한 일이다."[39]

그리고 아리스토텔레스가 죽은 지 채 100년이 지나지 않아, 이제 철학자가 아테네를 다스리게 되었다. 데메트리오스는 스승의 처방에 따라 일반 대중의 어리석음을 잘 참아 주지 않았다. 아리스토텔레스는, 국정의 고삐는 돈과 시간이 있어서 사물의 본성에 대해 잘 교육된 사람이 맡아야 한다고 생각했다. 그런 만큼 선원들―그들은 철학자의 살롱보다는 노 젓는 자리에 더 익숙한 자들이었다―이 국가의 일에 영향력을 행사할 수도 있다는 생각만 하면 코를 찡그렸다. "이런 군중이 시민의 자격을 얻어서는 안 된다."[40] 데메트리오스는 항구 근처에서 성장했으면서도 아리스토텔레스의 이런 처방을 따랐다. 그의 통치 아래에서 가난한 사람들은 참정권을 박탈당했다. 투표권을 획득하려면 재산이 어느 정도 있어야 했다. 시민들의 모임은 폐지되었고, 법률이 수정되었으며, 정부의 지출 비용은 삭감되었다. 이제 군중의 혼란스러운 변덕에 휘둘리지 않는 정부 기구는 새롭고 규칙적인 노선을 따랐다. 이러한 개혁 작업을 완수하자, 데메트리오스는 정신이 느슨해져서 창녀들과 어린 소년들에게 매혹되기 시작했다. 이제 국가는 반석 위에 올려놓았겠다, 그것 말고 무슨 할 일이 남아 있겠는가? 아테네의 새로운 국제國制가 아무런 이유 없이 철학자에 의해 수립된 것은 아니었다. 정밀한 궤도를 따라 지구 주위를 도는 하늘의 별들처럼, 아테네의 국제도 우주를 지배하는 영원불변의 법칙에 순응하도록 조직된 것이었다.

이러한 생각은 틀림없이 철학자들을 기쁘게 했을 것이다. 그러나 이런 추상적 사색을 할 시간이 별로 없는 일반 대중은 그렇지 않았을 것이다. 그들이 볼 때, 아리스토텔레스가 우주의 중심에다 배치한 신성은 인간의 근심과 걱정 따위는 신경 쓰지 않는, 늘 몰개성적이고 색깔 없는 존재였다. 《일리아스》의 리듬이 가슴속에 생생하게 새겨진 그리스 사람들은 여전히 하늘을 바라보면서 뭔가 화려한 것을 원했다. 그런데 아테네의 성벽에서 멀리 떨어진 곳에서는, 많은 사람들이 보기에 신적神的 질서처럼 보이는 업적이 달성되고 있었다. 기원전 334년, 그리스 북부 지역인 마케도니아의 왕이며 한때 아리스토텔레스의 제자였던 알렉산드로스가 대군을 이끌고 헬레스폰트를 건너갔다. 그로부터 11년 뒤 사망할 무렵, 알렉산드로스는 오만한 페르시아 군주를 굴복시켰고 멀리 인더스강에 이르는 지역까지 펼쳐지는 제국을 정복했다.

그러나 위대한 알렉산드로스의 지배력은 오래가지 못했다. 그의 사후에 약탈에 혈안이 된 마케도니아 장군들에 의해 분할된 그의 영토는 이제 아후라 마즈다 따위는 전혀 신경 쓰지 않는 장군들의 야망을 부추기는 터전이 되었다. "강자는 그렇게 할 힘이 있으면 뭐든지 할 수 있고 약자는 그 사실을 받아들여야 한다."[41] 이런 주장은 철학자들이 우주의 작동에서 발견한 질서 정연한 법률—아테네 철학자가 한 세기 전에 정립했던 것—을 크게 비웃는 것이었다. 그리고 데메트리오스도 가슴속 깊은 곳에서는 그런 주장을 인정할 수밖에 없었다. 그의 정부 체제는 궁극적으로 동료 시민들의 승인이 아니라 외국인의 창칼에 의존해야 했다. 아테네의 진정한 주인은 절대로 데메트리오스가 아니었다. 그의 후원자인 마케도니아 귀족 카산드로스가 배후의 실세였다. 그는 알렉산드로스 사후에 마케도니아의 권력을 잡았고 그로 인해 자연스럽게 그리스를 통치했다. 철학자들도 여인이나 노예 못지않게 마케도니아에 의존했다. 카산드로스의 지위가 약화되면 결과적으로 데메트리오스도 피해를 입을 수 있었다.

그리고 실제로 사태는 그렇게 돌아갔다. 기원전 307년 봄, 대규모 선단이 아테네 인근의 바다에 나타났다. 또 다른 마케도니아 군벌이 그리스를 침략하러 온 것이다. 데메트리오스는 현 위치를 사수하며 싸우려 하지 않고 신속하게 테베로 달아났다. 아테네 시민들은 크게 기뻐하면서 데메트리오스의 청동 조각상들을 쓰러트려 녹인 다음 요강으로 만들었다. 그렇지만 그들은 해방되지 못했다. 기존의 데메트리오스가 같은 이름을 가진 마케도니아의 인물로 바뀌었을 뿐이다. 그렇지만 바로 직전의 통치자와는 다르게, 두 번째 데메트리오스는 나름의 영웅 기질이 있었다. 젊고 과감하고 잘생긴 그는 알렉산드로스 같은 기상을 조금 가지고 있었다. 아테네에 그대로 머무르는 것을 답답하게 여긴 그는 도시를 장악하자마자 해외로 나가 일련의 서사시적 전투를 벌여서 성공을 거두었고, 그리하여 '공성자攻城者'라는 멋지고 명예로운 별명을 얻었다.

시간이 흘러가면서 데메트리오스는 정적 카산드로스보다 더 오래 살아남았고, 정적의 아들을 죽인 후 그 자신이 마케도니아의 왕위에 올랐다. 기원전 295년에 아테네로 다시 돌아온 공성자는 시민들을 디오니소스 극장에 집결시키고서, 마치 연극의 주인공인 양 혹은 신神인 양 극장의 무대 위에 등장했다. 그리고 5년 뒤 다시 이 도시를 찾은 공성자 데메트리오스는 그보다 더 화려할 수 없는 멋진 방식으로 자신을 신이라고 주장했다. 그의 겉옷에는 별들이 장식되어 있어서 곧 그가 태양임을 보여주었다. 거대한 팔루스로 장식한 춤꾼들은 마치 그가 디오니소스인 양 환영했다. 합창단은 그를 신이면서 구세주라고 선언하는 찬송가를 불렀다. "다른 신들은 멀리 떨어져 있거나, 귀가 없거나, 존재하지 않거나, 우리를 무시합니다. 그러나 당신은 우리의 두 눈으로 똑똑히 볼 수 있습니다. 당신은 돌이나 나무로 만들어진 분이 아닙니다. 당신은 실제로 존재하는 분입니다."[42]

곧 실망스러운 일이 뒤따라 벌어졌다. 때 이른 서리가 아테네의 추수를 망쳐 놓았다. 데메트리오스를 칭송하기 위해 세운 제단 주위에는 독당근이 무성하게 자라났다. 공성자 자신도 마케도니아 왕위에서 축출되어 라이벌 군벌의 포로 신세로 기원전 283년에 죽었다. 그렇지만 파루시아parousia, 즉 신성의 구체적 현현을 바라는 그리스인들의 열망은 수그러들지 않았다. 트로이의 전장에서 몸을 드러냈던 신들은 데메트리오스의 통치를 거치는 동안에 너무 오래 나타나지 않았기에 많은 사람들의 마음속에서 매력적인 대체 통치자로 여겨졌다. 알렉산드로스의 정복에 의해 널리 알려진 이 세상의 광대무변함 앞에서 왜소함을 느끼는 것은 아테네 사람들만이 아니었다. 알렉산드로스 부하 장군들의 후손들이 다스리는 도시들은 너무나 광대하고 다문화적이어서 아테네는 상대적으로 아주 왜소해 보였다. 그런 도시들 중에서 가장 큰 것은 알렉산드로스가 이집트 해안에다 건설하고서는 평소의 겸손함을 발휘하여 자신의 이름을 부여한 알렉산드리아였다. 이제 알렉산드리아는 그리스 문명의 새로운 중심지로 도약하고 있었다.

팔레론의 데메트리오스는 패배의 상처를 수습하며 대체 도시를 물색하던 중 알렉산드리아를 생각해 내고 그곳으로 갔다. 그곳에서, 데메트리오스는 자신을 파라오로 승격시킨 마케도니아 장군의 후원을 받아 가며 세상에서 가장 큰, 지식의 저장소를 건립했고, 이 도서관은 그 후 몇 세기 동안 학문의 전당으로 번창했다. 알렉산드리아는 놀라운 규모와 크기의 조사·연구 시설을 자랑했지만, 단지 아리스토텔레스 철학의 기념비로 그치는 데 만족하지 않았다. 그 비할 바 없는 규모의 도서관, 그리고 학자들이 온 세상의 지혜를 카탈로그로 만드는 기회를 적절히 활용하는 회랑과 정원 이외에도, 알렉산드리아는 하나의 소우주로서 도시의 기능을 발휘했다. 그것은 냉정한 천체들의 완벽함을 반영하는 소우주라기보다 현실 세계의 활기 넘치는 다양성을 담아내는 소우주였다. 모래사장과 공중을 빙빙 도는 바닷새들밖에 없던 황량한 해안 지역에 창건된 알렉산드리아는 그 기반이 취약했다. 그 도시의 이민자들뿐만 아니라 신들까지도 이민자였다. 그 도시의 거리에는 아폴론과 아테나의 조각상들이 악어나 숫양의 머리를 가진 괴상한 모습의 신상神像들과 나란히 서 있었다.

　그렇지만 새로운 신들, 특히 알렉산드리아의 특징을 지닌 신들이 곧 나타나기 시작했다. 그리고 어떤 한 신이 특히 강세를 보였다. 그는 제우스의 풍성한 머리털과 이집트 종교에서 죽은 자들의 재판관인 오시리스의 메아리를 조합한 듯한 신으로, 이 대도시의 얼굴로 등장했다. 그 신의 이름은 세라피스Serapis인데, 그를 기리는 거대한 신전 세라페움Serapeum은 곧 알렉산드리아의 가장 큰 신전으로 자리 잡았다. 세라피스는 알렉산드리아의 왕조를 지원하는 수호신으로 등장했고 왕조의 통치자들은 그를 알렉산드리아 고유의 신으로 널리 홍보했다. 자금 출처에 민감한 철학자들도 그들 나름으로 세라피스 신화의 창달에 일조했다. 팔레론의 데메트리오스는 눈이 멀었다가 기적적으로 치료가 되었다고 하는데, 그때 세라피스 신에게 감사를 올리는 찬시讚詩를 썼다. 하지만 이 찬시에는 우주의 중심에 자리 잡은, 그 자신은 움직이지 않으면서 모든 것을 움직이는 자에 대한 얘기는 전혀 나오지 않는다. 아리스토텔레스의 제자도 때로는 개인적 특혜를 내려 주는 신에게 더 호감을 느낀 것이다.

그뿐만 아니라 데메트리오스는 철학자로서 자신이 맡은 역할이 과연 가치가 있는지 의심했을 가능성이 있다. "인간의 일을 움직이는 것은 지성이 아니라 운명이다."[43] 과거 아테네에서 데메트리오스의 스승이 이런 말을 했을 때는 동료들 사이에서 큰 소란이 일어났다. 그러나 파란만장한 삶을 살아온 데메트리오스는 운명의 힘에 승복하게 되었다. 운명—그리스어로는 티케Tyche—은 신들 중에서 가장 무섭고 강력한 신이었다. 데메트리오스는 이렇게 썼다. "운명이 우리의 생활에 미치는 영향은 계측 불가능하며, 그 힘이 드러나는 방식도 미리 예상할 수 없다."[44] 거대한 제국들이 붕괴하고 미천한 신분에서 왕이 된 자가 나중에 신이 되는 모습을 목격한 시대에, 운명을 사태의 진정한 여주인공으로 여기는 사상은 조금도 놀라울 것이 없다. 우주를 지배하는 양상을 연구하는 철학자들조차 티케가 가져오는 결과에 대한 두려움이 자신들의 연구에 기다란 그림자를 드리우는 것을 느끼지 않을 수 없었다. 세상사는 단 한순간도 가만히 서 있지 않는다. 위대한 페르시아 제국이 붕괴하는 현상에 경이로움을 느낀 데메트리오스는 마케도니아가 그 뒤를 이어 몰락할 것이라고 예언했다. 실제로 그렇게 되었다. 새로운 민족이 등장하여 세계를 지배하는 권리를 주장하고 나섰다.

기원전 167년, 마케도니아 왕—공성자 데메트리오스의 후손—은 족쇄에 묶인 채 야만인들의 도시[로마]의 거리를 질질 끌려갔다. 유명한 도시들은 침략자에 의해 불타 버렸다. 수많은 사람이 경매장에서 노예로 팔려 갔다. 트로이의 비참한 운명이 무수한 그리스인들에게 찾아왔다. 그렇지만 트로이의 전장에서 살인적인 변덕을 마음껏 부리던 신들은 이런 입이 떡 벌어지는 변화에 대하여 제대로 설명해 주지 못했다. "이제 이탈리아와 아프리카의 정세는 아시아와 그리스의 일들과 서로 뒤섞여서 단일한 종착역을 향해 나아갔기 때문이다."[45] 그러니 티케 같은 위대한 신만이 로마 공화국이 세계 제국으로 부상하는 이유를 설명해 줄 수 있지 않을까?

그러나 심지어 티케마저 때로는 달랠 수 있었다. 기원전 67년, 당대의 가장 유명한 로마 장군이 로도스섬에 도착했다. 그의 별명이 말해 주듯이 '위대한 폼페이우스'는 자부심이 대단한 인물이었으나 그것을 업적으로 뒷받침하는 데 별 어려움을 느끼지 않았다. 청년 시절부터 우상 대접을 받았던 그는 잘 준비된 홍보성 행동으로 자신의 명성을 더욱 빛내기를 좋아했다. 그래서 지중해에서 해적들을 소탕하는 작업에 돌입하기 직전에 당시 세상에서 가장 유명한 철학자를 방문했다. 포세이도니오스는 그 방문자 못지않게 세계적 명성을 누리는 인물이었다. 그는 유명한 운동선수였고, 사람을 사냥하는 야만인 사냥꾼과 함께 식사를 했으며, 달의 크기를 계산했다. 그러나 로마 엘리트들 사이에서 그는 어떤 특정한 일로 유명했는데, 다름 아닌 로마시의 해외 정복은 우주의 질서를 확립하기 위한 것이라고 말한 일이었다.

다리우스가 그와 유사한 제국의 웅대한 포부를 추진한 지 500년이 흘러간 후에, 포세이도니오스는 로마의 후원자들에게 로마의 승리는 운명 이상의 것에서 나온 결과라고 말해 주었다. 티케는 로마 군단에 거듭하여 승리를 내려 주었고, 지중해 전역에서 포획해 온 노예들을 로마에 상금으로 하사했으며, 로마인들에게 왕들의 탐욕을 훌쩍 넘어서는 부[재산]를 내려 주었다. 그런데 티케는 단순히 변덕이 발동하여 이런 축복을 내린 게 아니었다. 그보다는 티케가 그렇게 되는 것이 자연의 질서라고 보았기에 그렇게 한 것이었다. 포세이도니오스의 제자인 위대한 로마 웅변가 키케로는 그 질서를 가리켜 "자연 속에 깃들인 가장 높은 이성"[46]이라고 말했다. 로마는 '자연의 법칙'에 승복함으로써 초강대국이 되었다는 얘기다.

이 문구[자연의 법칙]를 처음 언급한 사람은 포세이도니오스가 아니다. 다른 많은 저명한 철학자들과 마찬가지로 그 역시 아테네에서 교육을 받았으므로 그의 사상은 그가 아테네에서 다녔던 철학 학교의 영향을 그대로 반영했다. 그 학교의 창립자는 제논인데, 그는 팔레론의 데메트리오스가 집권하던 시절인 기원전 312년에 키프로스에서 아테네로 건너왔다. 제논과 그의 제자들은 제논이 채색 스토아(열주列柱)에서 철학을 가르친 연유로 스토아학파로 알려졌다. 전에 아리스토텔레스가 그렇게 했듯이, 스토아학파는 수학 법칙이 지배하는 천상의 완벽한 질서와, 우연이 지배하는 현실 세계 사이의 갈등을 해결하기 위해 씨름했다. 그들의 해결안은 산뜻하면서도 과격했다. 그냥 이런 갈등이 존재한다는 사실을 아예 부정해 버리라는 것이었다. 스토아학파는 자연 자체가 신성하다고 주장한다. 온 우주에 활기를 불어넣는 신은 능동적 이성, 즉 로고스Logos다. "신은 물질과 섞여 있고, 모든 물질에 스며들어 그것에 형체를 부여하고, 구조를 만들어 내고, 그것을 세상에 내보낸다."[47] 그러므로 자연에 따라 사는 것은 곧 신의 뜻에 따라 사는 것이다. 남자든 여자든, 그리스인이든 야만인이든, 자유인이든 노예든, 모든 사람이 옳음과 그름을 구분하는 능력을 똑같이 가지고 태어났다. 스토아학파는 모든 개인의 내부에 깃들인 이런 신성의 불꽃을 가리켜 시네이데시스Syneidesis, 즉 '양심'이라고 했다. "목숨을 지니고 지상의 흙을 밟는 모든 동물 중에 오로지 우리 인간만이 신을 닮았다."[48]

그러나 자연의 법이 드러나는 곳이 인류에게 공통적으로 발견되는 양심만은 아니다. 우주의 온 조직이 신성하다면, 모든 사물이 결국에는 최선을 지향한다는 결론이 나온다. 이러한 인식이 없는 사람들이 볼 때 티케는 아무런 동기도 없는 변덕스러운 존재에 불과하다. 그러나 우주에서 살아 있는 질서를 발견하는 스토아학파는 세상에 존재하는 모든 사물은 무한히 큰 그물망의 그물처럼 서로 연결되어 있고 또 그 그물이 미래를 향해 깊숙이 던져져 있다고 설명하고, 티케의 작용 중에 동기 없는 작용은 없다고 생각한다. "만약 원인들을 서로 연결하는 연결 고리들을 알아보는 능력을 가진 인간이 있다면, 이 세상 어떤 것도 그를 속이지 못할 것이다. 미래 사건들의 원인을 파악하는 사람은 필연적으로 미래에 무슨 일이 벌어지는지 파악하기 때문이다."[49] 이렇게 키케로는 말했다. 그는 포세이도니오스를 너무나 존경한 나머지, 어느 시점에 자신의 정치적 업적을 논하는 논문을 써달라고 허황하게 철학자에게 요청하기도 했다. 로마 정치가들에게 자연의 법칙을 가르치는 스토아학파가 어느 정도로 매력적이었는지 파악하기는 그리 어렵지 않다. 로마가 세계를 정복하고 다스리는 일, 로마인들이 획득한 부, 해외에서 이탈리아로 데려온 엄청난 수의 노예들, 로마인들의 높은 지위, 그들의 명성과 위엄, 이 모든 것은 이미 오래전에 자연의 법칙에 따라 벌어질 운명을 안고 있었다.

따라서 로마의 지도자들이 로마제국을 이 세상의 보편적 질서로 여기게 된 것은 그리 놀라운 일이 아니었다. 글로벌 세력 판도를 형성하자 그에 맞추어 로마인들의 자부심이 부쩍 높아진 것은 당연한 일이었고, 이런 일이 역사상 처음 벌어진 것도 아니었다. 그러나 폼페이우스는 자신을 참과 빛의 대리인으로 내세우지 않았다. 이 세상을 선과 악이 싸움을 벌이는 전장으로 파악하는 사상이 그에게는 낯설었다. 강철 같은 용기, 불굴의 훈련, 신체와 정신의 철저한 지배, 이런 것들이 로마인들에게 세계를 지배하는 권리를 가져다준 특징이었다. 그리스 철학자들의 역할은 단지 이런 자기 이미지에 금칠을 해주는 정도였다.

"언제나 용감하게 싸우고 남들보다 뛰어난 사람이 되십시오."[50] 이것이 포세이도니오스가 원정길에 나선 폼페이우스에게 해준 조언이었다. 이 교훈적인 문구가 포세이도니오스만의 독창적인 생각은 아니다. 그 말은 《일리아스》에서 나왔다. 트로이의 전장에서도 그랬지만, 로마가 구축하는 새로운 세계 질서 속에서도, 남들을 그림자 속으로 몰아넣어야만 사나이는 비로소 온전한 남자가 되었다. 선단船團의 맨 앞에 서서 항해하던 폼페이우스는 자신의 야망과 신들의 가호를 압축적으로 말해 주는 그 문구를 만족스럽게 통찰할 수 있었다. 모든 것이 최선을 지향한다. 온 세상이 정연한 질서를 부여받기 위해 거기 존재한다. 미래는 강자의 것이었다.

2장

예루살렘

기원전 63년, 예루살렘

돌들이 심하게 요동쳤고, 탑 전체가 붕괴되었으며, 요새의 수직선에 심한
균열이 발생했다. 먼지가 가라앉자 로마 군단은 성채의 틈새 사이로 밀고
들어갔다. 로마군 장교들은 전공을 차지하려는 욕심에 병사들을 이끌고
돌 더미 위로 뛰어올라, 성채에 생긴 구멍 사이로 달려갔다. 로마 군단의
독수리 깃발이 전투 현장의 공중에서 펄럭거렸다. 끈기와 용기를 발휘하
며 성채를 지키던 유대인 수비군들은 폼페이우스 휘하 군대의 파성추破城
椎가 성벽을 두들기는 동안에 최선의 힘을 다해 맞섰으나 역부족이었다.
그들은 이제 자신이 죽어야 할 운명이라는 것을 알았다. 많은 유대인들이
정복자들에게 약탈을 당하느니 먼저 파괴해 버리는 편이 낫다면서 성내
의 자기 집에 불을 질렀다. 다른 사람들은 성벽의 흉벽에서 몸을 던져 자
살했다.

성내의 소탕 작업이 마침내 끝났을 때, 약 1만 2000구의 시체가 도시

전역에 나뒹굴었다. "그렇지만 로마 병사들의 인명 손상은 아주 가벼웠다."[1] 폼페이우스는 유능한 장군이었다. 그가 철학자 포세이도니오스를 만난 지 4년이 흘러갔다. 그동안에 그는 지중해에서 해적들을 소탕했고, 근동의 지역 토호들을 차례차례 굴복시켰으며, 그들의 왕국을 로마제국에 복속시켰다. 이제 3개월에 걸친 공성전 끝에 그는 놀라운 전쟁 업적에 또 다른 승리를 하나 추가했다. 예루살렘은 이제 그의 것이었다.

유다 왕국의 수도 예루살렘은 바다로부터 멀리 떨어져 있고 주요 무역로와도 단절되어 있어서 여러모로 낙후된 도시였다. 유다 왕국은 이류 국가에 지나지 않았다. 지중해를 거들먹거리며 휘젓고 다녔던 폼페이우스가 볼 때, 그 도시는 그리 매력적인 정복 지역이 아니었다. 그렇지만 예루살렘에 흥미로운 구석이 영 없는 것도 아니었다. 그 도시의 정복자 폼페이우스는 기념비적 건축물에 전문가급 관심이 있었고, 정복당한 민족들의 기이한 특징을 자신의 명성을 높이는 소재로 삼으면서 그런 이국적인 문물을 감상하는 데에서 상당한 즐거움을 느꼈다.

유대인들은 다른 민족과 비슷하게 보이는 용모와 특별히 다를 바 없는 옷을 입고 있었지만 독특한 문화적 특징으로 이름 높은 민족이기도 했다. 그들은 돼지고기를 먹지 않았다. 그들은 남자아이에게 할례 의식을 거행했다. 그들은 안식일이라고 하여 일곱째 날을 휴일로 지정하고 그날을 반드시 지켰다. 그리고 가장 괴상한 특징은 자신들이 믿는 신을 유일신이라고 자부하면서 다른 신들 경배하기를 철저히 거부했다는 것이다. 유대인들이 섬기는 질투심 많고 엄혹한 유일신에게 바치는 예배의 형식은 그리스인이나 로마인이 볼 때 괴이할 정도로 배타적이었다. 온 세상을 통틀어서 대다수 유대교 신자들이 적법하다고 생각하는 유대교 사원은 단 하나만 있었다. 그것은 예루살렘 동쪽의 모리아산이라는 바위투성이 고원에 세워진 유대교 신전이다. 이 신전은 지난 수세기 동안 예루살렘의 스카이라인을 지배해 왔다. 이제 공성전이 끝났으므로 폼페이우스는 당연히 그 신전을 방문하고 싶어 했다.

사실 그가 로마 군단을 이끌고 그 신전을 둘러싼 성벽 앞에 도착했을 때, 그의 관심은 그 신전 단지에 집중되었다. 예루살렘의 나머지가 함락되고 나서도 오랜 시간 동안, 그 신전 성을 지키는 자들은 폼페이우스에게 고집스럽게 도전했다. 이제 그 신전을 떠받친 거대한 암석 주위에는 시체들이 켜켜이 쌓였고 피가 낭자하게 흘렀다. 유대인들이 저 괴상한 종교적 신념을 고집스럽게 지킨다는 사실은 폼페이우스 자신도 잘 알았다. 유대인들이 안식일에는 휴식을 취하면서 전투에 나서지 않은 덕분에 폼페이우스의 공병들은 수월하게 공성 장비들을 구축할 수 있었다. 그리고 대학살 끝에 이제 신전이 확보되었다. 이제 그 정문 앞으로 다가서는 폼페이우스는 경배의 마음 못지않게 호기심이 강하게 발동했다. 유대인들이 유일신에게 야만적인 이름을 부여하고 그 황당한 계율들이 유일신에게서 나왔다고 주장한다고 해서, 폼페이우스가 그것을 빌미로 그 종교를 덜 존중할 수는 없는 노릇이었다.

종교를 연구하는 학자들이 볼 때, "유대인들이 지고한 신, 즉 모든 신의 왕이라고 하는 유일신을 숭배한다"[2]는 점은 아주 분명했다. 그 신은 로마인들의 유피테르 혹은 그리스어로는 제우스라고 부르는 신과 같은 개념의 최고신이었다. 어떤 나라에서 경배되는 신들을 다른 나라의 신들과 동급으로 보는 관습은 아주 존경받을 만한 태도였다. 이미 천 년이 넘는 동안, 외교관들은 그런 관습을 바탕으로 국제법의 개념을 실용적 무기로 삼아 왔다. 두 국가가 조약을 체결할 때 그 계약에 합당한 증인으로 내세울 신들이 없다면 어떻게 조약에 합의할 수 있겠는가? 서로 다른 도시들에서는 다른 의식들이 거행될 수 있다. 그러나 폼페이우스는 이전의 정복자들과 마찬가지로 세상의 여러 민족이 신을 경배하는 방식은 서로 다르기보다는 비슷하다고 믿어 의심치 않았다. 그런 만큼 그가 신전을 둘러보지 못할 이유가 무엇이겠는가?

"그는 전쟁에서 승리한 자의 자격으로 그 신전에 들어갈 권리를 요구했다."[3] 신전의 신성함을 철저히 지키는 유대인들이 외부인의 출입을 금지한다는 사실은, 예루살렘 정복자가 볼 때 준수해야 할 고려 사항이 전혀 아니었다. 그의 부하 병사들은 신전을 함락시키면서 이미 그 외부 앞뜰을 점령했다. 신에게 헌주를 따르고 분향을 피우던 제관들은 비록 놀라기는 했지만 그들의 제례 의식을 중단하지는 않았다. 공성전 내내 하루에 두 번씩, 그러니까 새벽과 황혼에 트럼펫 소리가 울려왔다. 대광장의 제단 앞에서 어린 양을 불태운다는 신호였다. 그러나 이제 학살된 제관들은 시신이 된 채로 바깥뜰에 켜켜이 쌓여 있다. 이제 그들의 시신에서 흘러나온 피가 제단 아래쪽에서 용출하는 물을 타고서 수로를 이루어 흘러 나갔다. 폼페이우스는 죽음 앞에서 초연했던 그들의 용기에 감탄하지 않을 수 없었다. 그러나 그들의 예배 행위는 그에게 별다른 인상을 남기지 못했다. 아무튼 희생 제의는 지중해 전역에서 거행되는 의례 아닌가. 폼페이우스가 궁금해하는 예루살렘 신전의 유명한 신비는 단지 깊숙한 곳에 도사리고 있었다. 그곳은 유대인들이 온 세상에서 가장 성스러운 단 하나의 장소로 여기는 곳이었다. 그들은 이 방을 너무나 성스럽게 여겼기에 누구도 그 안에 들어갈 수 없었다. 단, 대제사장만이 출입할 수 있었는데 그것도 1년에 딱 한 번뿐이었다.

그리스 학자들이 볼 때, 이 '지성소' 안에 도대체 무엇이 있을까 하는 의문은 아주 까다로운 문제였다. 어떤 주장을 할 때 반드시 정연한 이론을 앞세우는 포세이도니오스는 그 안에 황금 당나귀의 머리가 들어 있다고 주장했다. 다른 사람들은 "당나귀에 올라탄, 긴 수염을 기른 남자의 석상石像"⁴이 들어 있다고 믿었다. 다른 사람은 그곳이 포로로 잡힌 그리스인의 감옥이라고 생각했다. 그 그리스인을 1년 동안 잘 먹여서 살을 찌운 후에 엄숙한 의식을 거쳐 희생 제물로 바치고 그다음에는 그 살을 뜯어 먹는다고, 그는 보고했다. 폼페이우스는 지성소를 휘장으로 가려 놓은, 보석으로 치장된 전실前室 앞에서 과연 그 안에 무엇이 있을까, 짐작조차 할 수가 없었다.

지성소 안으로 들어간 로마군 사령관은 방 안이 텅 비어 있음을 발견했다. 방 안에는 조각상도 석상도 살진 죄수도 없었다. 그저 네모난 커다란 돌 한 덩어리가 있었을 뿐이다. 폼페이우스는 흥미로움을 느끼면서도 뭔가 강렬한 인상을 받았다. 그는 신전을 치장한 보물들을 약탈하지 않았다. 그는 신전 관리인들에게 전투의 흔적을 깨끗이 청소하라고 명령했고 그들이 날마다 희생 제의를 올리도록 허용했다. 그는 새로운 대제사장을 임명했다. 이어 포로들을 잔뜩 데리고 예루살렘을 떠났는데, 이제 로마로 돌아가 전쟁 영웅의 개선식을 치를 일만 남았다. 폼페이우스는 유다 왕국에서 거둔 전공戰功에 이중의 만족감을 느낄 만했다. 유대인들은 철저하게 패했고, 유대 왕국의 경계선은 로마의 이해관계에 따라 다시 설정되었으며, 엄청난 조공이 부과되었다. 이와 동시에 유대인들의 신에게 합당한 경배를 표했다. 폼페이우스는 자신이 로마뿐만 아니라 온 세상을 상대로 의무를 충실히 이행했다는 확신 속에서 느긋한 기분으로 귀국길에 올랐다. 귀국길에 그는 로도스섬에 다시 들러서 포세이도니오스를 두 번째로 방문했다. 그리고 천상의 영원한 질서를 반영하는 보편 제국이 빠른 속도로 형성되고 있다고 철학자에게 보고했다. 포세이도니오스는 관절염이 심했지만 로마 사령관을 반가이 맞아들였다. 그는 병상에 누운 채로 폼페이우스에게 축하 연설을 했다. 관절염의 고통으로 여러 번 신음을 내면서도 그는 일관되게 이런 주제를 말했다. "명예로운 것만이 선량하다."[5]

한편 폼페이우스의 정복을 바라보는 예루살렘 유대인들의 시각은 당연하게도 철학자 포세이도니오스의 생각과는 사뭇 달랐다. 유대인들은 도시의 함락이 무엇을 의미하는지 알아내려고 애쓸 때 철학에 의존하지 않았다. 그들은 엄청난 고통과 당혹 속에서도 자신들의 하느님에게로 시선을 돌렸다.

> 죄인은 오만해지더니 파성추로
> 강화된 성벽을 무너트리네.
> 당신은 죄인을 제지하지 않으셨습니다.
> 외국의 민족이 당신의 제단에 올라갔습니다.
> 그들은 오만하게도 신발을 신은 채
> 신전을 짓밟았습니다.[6]

신전의 파괴와 지성소 침입을 허용한 하느님을 향한 고통스러운 울부짖음은 폼페이우스가 진정시켜 줄 수 있는 성질의 것이 아니었다. 그가 유대인의 신에게 바쳤다고 생각하는 경배는 대다수 유대인에게 별로 깊은 인상을 남기지 못했다. 그들이 볼 때 예루살렘 신전을 다른 외국 신들의 신전과 동일시하는 것은 불쾌하기 짝이 없는 불경한 태도였다. 폼페이우스가 대제사장으로 앉힌 사람이 예전 대제사장을 동등한 자격으로 만났더라면 유대교에 대하여 좀 설명해 달라고 요구했을 것이다. 그러면 이런 대답을 들었을 것이다. 세상에는 단 하나의 신밖에 없다. 신전은 하느님이 창조하신 우주의 상징물이다. 대사제가 입은 옷은 온 세상을 비추는 거울이다. 대사제가 치르는 의식은 태초에 하느님이 천지를 창조할 때 들인 노고를 되풀이하는 것이다. 대제사장이 머리에 쓴 황금판에 새겨진 글자는 하느님의 존함을 새긴 것이다. 그 존함은 오로지 대제사장만이 발설할 수 있다. 그것도 1년에 딱 한 번 그가 지성소에 들어가는 때에만 가능하다. 신전을 훼손하는 것은 온 세상을 훼손하는 것이다. 유대인은 포세이도니오스 못지않게 로마제국의 팽창을 하늘에까지 반향을 울리는 사건이라고 보았다.

"승자에게는 법률을 제정할 권리가 있다."[7] 이런 신념 아래 폼페이우스는 왕들을 폐위시키고 국경선을 다시 그으면서 자기 마음대로 법률을 제정했다. 그러나 지상의 권력에 저항하는 유대인들은 어떤 제국이라도, 심지어 강력한 로마제국조차 부여할 수 없는 지위를 자신들에게 내려주어야 한다고 주장했다. 아주 오래전의 과거에, 그러니까 트로이가 아직 건립되지 않았고 바빌로니아가 들어선 지 얼마 안 되었을 때, 아브람 Abram이라는 남자가 메소포타미아에 살았다. 유대교 학자들이 가르치는 바에 따르면, 그곳에서 아브람은 깊은 지혜를 얻었다. 그는 사람들이 떠받드는 우상은 색칠한 돌이나 나무에 지나지 않으며, 가시적이지는 않지만 전지전능하고 독특한 유일신이 있음을 깨달았다. 아브람은 우상 숭배로 오염된 지역에 머물고 싶지 않았다. 그리하여 아내와 가족을 데리고 그 땅을 떠나 당시 가나안으로 알려진 지역(나중에 유다 왕국이 된 곳)으로 옮겨 갔다. 그 모든 일이 하느님의 계획 중 일부였다. 하느님은 아브람에게 나타나 석녀인 그의 아내가 고령임에도 불구하고 아들을 낳을 것이고, 그의 후손들이 장래 어느 날 가나안, 즉 '약속의 땅'을 상속할 것이라고 말한다.

이에 대한 증표로 아브람은 '아브라함Abraham'이라는 새로운 이름을 부여받는다. 그리고 하느님은 아브라함 자신은 물론이고 그 후 모든 세대에 걸쳐서 그의 남자 후손들 모두가 할례를 받아야 한다고 명령했다. 하느님의 명령에 순종하는 아브라함은 명령받은 대로 실천했다. 그에게 아들이 생기자 하느님은 그 아이 이삭을 데리고 높은 곳으로 올라가서 희생 제물로 바치라고 명령했다. "너의 아들, 네가 사랑하는 외아들 이삭."[8] 아브라함은 기꺼이 그 아들을 바치려 했다. 그러나 아브라함이 큰 칼에 손을 내뻗는 마지막 순간, 천사가 하늘에서 나타나 동작을 멈추라고 말한다. 그리하여 아브라함은 숫양이 돌아다니는 덤불로 들어가 그놈을 잡아 와서 제단에 희생 제물로 바쳤다. 아브라함이 자신에게 가장 소중한 것을 희생 제물로 기꺼이 바치려는 태도를 보고서 하느님은 그의 자손들이 밤하늘의 별처럼 많을 거라는 약속을 다시 확인해 준다. "네가 나에게 순종하였으니, 세상의 모든 민족이 너의 후손을 통하여 복을 받을 것이다."[9]

이 운명적인 사건은 어디에서 발생했는가? 여러 세대가 흘러가서 아브라함의 후손들이 '약속의 땅'에 정착하고 이스라엘이라는 이름을 붙였을 때, 천사가 이삭이 거의 죽을 뻔한 장소에 두 번째로 나타났다. 그리고 유대인 학자들이 기록한 바에 따르면, 그 장소는 다름 아닌 모리아산이다. 과거와 미래, 지상과 천상, 인간의 노력과 신의 현전現前 등이 실은 서로 연결된 하나의 것임이 계시되었다. 천사가 다시 나타났을 당시, 예루살렘은 겨우 그 무렵에야 이스라엘 사람들의 지배 아래에 들어왔다. 그 도시를 장악한 사람은 한때 목동 겸 하프 연주자였던 다윗이었다. 다윗은 베들레헴이라는 작은 마을 출신의 비천한 사람이었는데 나중에 온 이스라엘 지역을 지배하는 왕이 되었다. 그런데 다윗이 예루살렘을 이스라엘의 수도로 확립한 바로 그 순간에, 천사가 모리아산의 정상에 나타나 "그에게 신전을 건립해야 할 장소를 몸소 보여 주었다."[10] 다윗은 신전을 건설하려 했으나 하느님이 부정한 짓을 많이 저지른 다윗에게 성전 건립을 허가하지 않았고, 따라서 그의 아들 솔로몬 대에 이르러 신전 건립이 시작되었다. 솔로몬은 엄청난 부와 지혜를 가진 왕이었기에 유대인들에게 솔로몬이라는 이름은 찬란함의 대명사로 사용된다. 이렇게 하여 모리아산은 "하느님의 집이 들어서는 산"[11]이 되었다. 신전을 완공한 후에 지성소에다 이스라엘의 가장 큰 보물인 황금 궤짝(혹은 성궤)을 지성소 안에다 집어넣은 인물도 솔로몬이다. 성궤는 하느님이 직접 말씀하신 구체적인 지시에 따라 만들어졌고, 하느님이 지상에서 현전하는 곳은 바로 그 성궤 안이었다. 그리하여 이 성궤는 이스라엘의 커다란 영광이 되었다. 그리고 예루살렘 신전은 주 하느님의 진정한 집이 되었다.

그러나 이런 영광은 그냥 주어지는 것이 아니라, 힘들게 노력하면서 어렵게 벌어야 하는 것이었다. 자신에게 정당한 몫을 바치며 예배하라는 하느님의 요구는 다음과 같은 단서 조항을 달고 있었다. "보아라, 나는 오늘 너희들 앞에 축복과 저주를 동시에 내보인다. 너희가 주 하느님의 명령을 충실히 이행한다면 오늘 너희들의 주 하느님은 축복을 내릴 것이다. 그러나 너희들이 주 하느님의 명령에 복종하지 않는다면 저주가 내려질 것이다."[12] 솔로몬이 예루살렘 신전을 건립한 이후 수세기 동안 유대인들은 거듭하여 탈선했다. 그리고 하느님에 대한 불복종을 400년이나 저지른 후에 그들은 쓸쓸한 수확을 거두어들였다. 먼저, 아시리아인들이 '약속의 땅' 북쪽을 정복했다. 그들은 이스라엘 후손 열두 부족 중 열 개 부족을 포로로 데려갔고 그 포로들은 메소포타미아의 심연으로 사라져 버렸다. 기원전 612년 아시리아가 바빌로니아에게 함락되었을 때에도 그들은 돌아오지 못했다. 그리고 기원전 587년에 유다 왕국이 바빌로니아에게 침략당했다. 유다는 이스라엘(야곱의 별칭)의 네 번째 아들에게서 그이름을 취한 국가로, 수도는 예루살렘이었다. 바빌로니아의 왕은 그 도시를 급습했다. "그는 주님의 집과 왕궁과 예루살렘의 모든 집을 태웠다. 이렇게 그는 큰 집을 모두 불태워 버렸다."[13] 솔로몬이 건립한 신전은 흔적조차 없이 사라졌다. 삼나무로 만든 가구, 도금한 성문, 석류로 장식된 청동 기둥도 모두 없어졌다. 오로지 잿더미와 잡초만 남았다. 이어 바빌로니아가 차례로 멸망하고 페르시아인들이 그 자리에 제국을 건설했을 때, 키루스는 신전의 재건을 허락했다. 그러나 모리아산 위에 다시 세워진 신전은 과거에 거기 웅장하게 서 있던 신전에 비하면 그림자에 지나지 않았다. "너희 가운데 이 집의 옛 영화를 본 사람들이 남아 있지 않느냐? 지금은 이 집이 너희에게 어떻게 보이느냐? 너희 눈에도 있으나 마나 하지 않느냐?"[14]

사라진 영광을 떠올리게 하는 것들 중에 가장 비참한 곳은 지성소였다. 하느님 자신의 영광이 꿰뚫어볼 수 없는 어둠의 구름을 타고서 강림한다는 성궤는 사라져 버렸다. 아무도 그 성궤의 운명이 어떻게 되었는지 알지 못했다. 폼페이우스가 아무런 장식도 없는 텅 빈 방으로 들어갔을 때 발견했던 돌덩어리만이 성궤가 놓여 있던 자리를 알려 줄 뿐이었다.

그리고 이제 외국의 침입자들이 모리아산을 다시 더럽혔다. 대사제와 그 추종자들이 로마 군대의 공성전 흔적을 지우고 신전에 원래의 의례를 회복시키려고 노력하는 동안에도, 그런 회복의 노력을 비웃는 유대인들이 있었다. 하느님이 신전의 수호자들에게 분노를 표출하려는 것이 아니라면, 왜 낯선 정복자가 지성소 안으로 침범해 들어가는 것을 그대로 놔두었겠는가? 신전의 사제들을 비판하는 사람들이 볼 때, 그런 대재앙이 발생한 이유는 명백했다. "예루살렘의 아들들이 주님의 성소를 오염시켰고, 무법한 절차를 따르면서 주님에게 바치는 봉헌 예물을 더럽혔기 때문이다."[15] 수세기 전에 아시리아와 바빌로니아의 침략이라는 대재앙 속에서 네빔nevi'm('예언자들')으로 알려진 사람들이 나타나 유대인 동포들에게 개혁을 하지 않으면 나라가 멸망할 것이라고 예언했듯이, 이제 폼페이우스의 정복이 끝난 직후에 마찬가지 방식으로 신전의 기득권층을 비판하는 사람들이 나타났다. "네가 수많은 민족을 강탈하였으니 살아남은 모든 백성이 너를 강탈하리라."[16] 하느님의 분노를 확신하는 사람들은 몇세기 전에 이미 나온 경고를 예루살렘의 사제들에게 퍼붓기를 주저하지 않았다. 폼페이우스가 신전의 보물들을 강탈해 가지 않았다고 해서, 나중에 나타날 로마의 군벌이 그것을 가져가지 않는다는 보장은 되지 못했다. "그들의 말들은 표범보다 날렵하고 저녁 이리보다 민첩하며 그 군마들은 당당히 내달린다. 기병들은 먼 곳에서 달려온다. 먹이를 덮치는 독수리처럼 잽싸게 날아온다."[17] 만약 사제들이 그들의 탐욕과 온 세상에서 가져온 황금에 대한 욕심을 회개했더라면 그들은 구원받았을 것이다. 그렇지 않다면 하느님의 심판이 날래고 확실하게 내려올 터였다. 그리고 "그들의 부와 약탈물은 로마 군단의 병사들에게 건너갈 것이다."[18]

그러나 대다수 유대인들은 신전과 그 관리인들 때문에 절망하지 않았다. 모리아산에 수북이 쌓아 올린 부의 부피가 그 점을 증명해 주었다. 사제단의 비판자들이 지적한 대로, 신전에 바쳐진 봉헌물들은 유다에서만이 아니라 문명권 전역에서 왔다. 훨씬 많은 유대인들이 '약속의 땅' 성벽 내부가 아니라 외부에 살고 있었다. 이처럼 해외로 나간 유대인들에게 신전은 과거와 마찬가지로 유대인 생활의 중심이 되는 중요한 기관이었다. 하지만 신전만이 유일한 생활의 중심 기관은 아니었다. 만약 신전만이 그러했다면, '약속의 땅' 바깥 지역에 정착한 유대인들은 유대인 신분을 오랫동안 유지하기 어려웠을 것이다. 예루살렘 신전, 그 의식, 희생, 기도 등으로부터 멀어지면서 유대인의 정체성이 흐려지고 엷어진 것은 사실이었다.

그렇지만 유대인들은 하느님의 현전을 느끼기 위하여 해마다 거행되는 세 가지 순교자 축제 중 어느 한 축제 기간에 예루살렘까지 순례 여행을 떠나야 할 필요는 없었다. 그 대신 그들은 유대인이 모여 사는 공동체라면 어디에서나 발견되는 기도와 설교의 집을 찾아가면 되었다. 그곳은 '회당' 혹은 '시나고그'라고 불렸다. 회당에서 유대인 소년들은 글 읽는 법을 배우고 어른들은 평생에 걸쳐서 어떤 특정한 성경 텍스트들을 해석하는 방식을 교육받는다. 그 텍스트들은 양피지에 전사되어 잘 보관되었다. 연구용으로 나와 있지 않을 때에는, 오래전에 사라진 성궤와 비슷한 상자 속에 넣어져 보관된다. 이는 그 텍스트들이 아주 성스러운 문서임을 보여 주는 표시이기도 하다. 다른 사람들도 신들이 내려 준 텍스트를 소유했다고 주장할 수 있다. 하지만 유대인처럼 성스러운 텍스트들을 거룩하게 간직하고, 그것들의 보관에 신경 쓰고, 또 자기 민족의 정체성을 이해하는 핵심적 도구로 여기는 민족은 없을 것이다.

그들은 그 텍스트들을 가리켜 '토라Torah(가르침)'라고 불렀다. 이 다섯 권의 두루마리 텍스트는 하느님이 왜 이 세상을 창조했고 더 나아가 인간을 위시하여 삼라만상을 왜 만들어 냈는지 그 이유와 목적을 설명한다. 여기에는 천지 창조의 과정, 오랜 간난과 방랑 끝에 가나안 경계 지역으로 도착한 일, 아브라함의 후손들, 그리고 그 후손들이 마침내 자신들의 유산을 주장하는 결말이 서술되어 있다. 그러나 이야기는 거기서 끝나지 않는다. 유대인들이 성스러운 문서로 여기는 다른 글들도 있었다. 가령 가나안 정복에서 성전의 건설과 파괴에 이르는 모든 과정을 자세하게 서술한 역사서와 연대기도 있었다. 하느님의 말씀을 뼛속에서 타오르는 불처럼 느끼는 사람들의 말을 기록해 놓은 예언서도 있었다. 잠언 모음집, 영감을 얻은 남녀들의 이야기, '시편'이라고 하는 시 모음집도 있었다. 이런 다양한 저작들이 오랜 세월 동안 여러 사람의 손에 손을 거쳐 작성되면서, '약속의 땅' 너머의 지역에 사는 유대인들에게 무척 간절한 확신을 안겨 주었다. 외국 도시에 산다고 해서 그 이유로 불완전한 유대인이 되는 것은 아니라고 말이다.

또한 알렉산드로스의 세계 정복 이래 압도적 다수의 유대인들이 히브리어가 아니라 그리스어를 사용했다는 사실도 문제가 되지 않았다. 알렉산드로스가 사망한 지 채 70년도 안 되어, 성경 문서 대부분에 사용된 히브리어를 이해하려는 유대인들이 알렉산드리아에서 다수 생겨나기 시작했다. 전하는 얘기에 따르면, 구약성경을 그리스어로 번역하자는 주문은 다름 아닌 팔레론의 데메트리오스에게서 나왔다고 한다. 알렉산드리아 대도서관에 또 다른 거물급 장서를 추가하고 싶어 했던 그는 예루살렘에 사람을 보내 학자 일흔두 명을 초빙해 왔다. 이들은 알렉산드리아에 도착하자마자 성경의 첫 다섯 권, 즉 그리스어로 펜타투크pentateuch(모세 5경)를 번역하기 시작했다.* 그리고 다른 텍스트들의 번역도 뒤따랐다. 다소 신빙성이 떨어지는 얘기지만, 데메트리오스는 그 텍스트들을 가리켜 "철학적이고, 무결점이고, 신성하다"[19]라고 규정했다. 그 책들은 단순히 책으로 끝나지 않았다. 그리스어를 쓰는 유대인들은 그것들을 가리켜 '타

---

* 다양한 유대교 성경들—오늘날 유대인들은 타나크(Tanakh)라고 부르고 기독교 신자들은 구약성경이라고 부르는 것—의 분류 작업은 그 문서들이 알렉산드리아 도서관에 분류되어 있는 순서를 따랐을 가능성이 있다.

비블리아 타 하기아^{ta biblia ta hagia}(성스러운 책들)'이라고 말했다.●

여기에서 은밀하지만 획기적인 아이러니가 생겨난다. 원래 이 성경 텍스트들을 대조하고 수집한 학자들은 당연히 예루살렘을 유대교 신앙의 핵심으로 여겼다. 하지만 이들의 번역 작업은 편집자들의 당초 목적에서 벗어났다. 알렉산드리아에 사는 유대인들에게 그리스어로 번역된 구약성경은 예루살렘 성전에 맞먹는 신성함을 얻게 된 것이다. 양피지에다 구약성경의 문장을 옮겨 적는 필경사가 있거나, 그 텍스트를 머릿속에 기억하는 학생이 있거나, 그 텍스트의 신비를 해석하는 학자가 있는 곳에서는 성경의 성스러움이 다시 확인되었다. 또 성경의 영원하고 파괴 불가능한 특성도 그대로 유지되었다. 그리고 무엇보다도 이런 기념비는 건물들처럼 간단히 파괴할 수가 없었다. 그것은 나무와 돌로 지어진 것이 아니어서, 정복하러 온 군대에 의해 파괴되지도 않았다. 유대인이 어디에 살든 그들의 공동체에는 성경이 등장했다. 알렉산드리아나 로마에 사는 유대인들은 예루살렘 성전으로부터 멀리 떨어져 있었지만, 그래도 그들에게는 성경—특히 토라—이 있다는 것을 자랑스럽게 여겼다. 성경은 그 어떤 우상보다도 신성으로 나아가는 확실한 길을 제공했다. "우리가 기도를 올릴 때마다 가까이 계시는, 우리 주 하느님 같은 신을 모신 위대한 민족이 또 어디에 있느냐?"²⁰

로마인들은 세계의 통치권을 가질 수 있을 것이다. 그리스인들은 독창적인 철학을 지닐 수 있을 것이다. 페르시아인들은 진리와 질서의 차원에 깊이 천착했다고 주장할 수 있을 것이다. 그러나 그들은 모두 망상에 빠

● 이 단계에 이르러, 유대인들이 수집해 놓은 신성한 글들은 오늘날 유대인들이 타나크라고 부르는 성경과 아직 완벽하게 내용이 일치하지는 않았다. '타 비블리아 타 하기아'라는 문구는 〈마카베오 1서〉 12장 9절에 나온다.

진 것이다. 어둠이 온 세상을 뒤덮었고, 짙은 어둠이 온 민족을 뒤덮었다. 오로지 이스라엘의 주 하느님이 그들 위로 솟아올라 그분의 영광이 그들 위에 나타날 때, 그들은 빛을 보고 왕들은 새벽의 밝은 빛을 볼 수 있을 것이다.

왜냐하면 그분 이외에 다른 신은 없기 때문이다.

너희는 사람들처럼 죽으리라

폼페이우스가 예루살렘을 점령하기 500여 년 전, 바빌로니아 사람들은 원래의 예루살렘 성전을 공격하여 불태워 버렸고, 또 정복당한 왕국의 엘리트들을 바빌론으로 끌고 갔다. 도무지 상상할 수 없을 정도로 거대한 도시에 끌려간 유배자들은 거기에서 하늘에 맞닿아 있는 듯한 까마득히 높은 신전들을 보았다. 그 건물들 중에서 가장 큰 것이 에사길라Esagila라는 구조물이었는데, 바빌로니아 사람들은 그것이 세상에서 가장 오래된 건물이고 또 우주의 축이라고 칭송했다. 인간의 손으로 지은 건물이 아니라는 말도 했다. 하늘의 왕 마르두크의 궁전으로 쓰기 위해 신들이 그런 거대한 건물을 지었다고 했다. 그 궁전 안에는 마르두크가 직접 만들었다는 조각품들과 거대한 활이 들어 있었다. 그것은 태초에 마르두크 신이 거둔 승리를 기념하는 "절대로 잊어서는 안 되는 표지"[21]였다. 바빌로니아 사람들은 이런 주장을 폈다. 마르두크는 큰 바다괴물인, 엄청난 크기의 괴룡怪龍과 싸움을 벌였다. 그는 자신의 화살로 괴룡을 두 동강 냈고, 그 시체의 두 조각을 가지고 하늘과 땅을 창조했다. 그다음에 마르두크는 신들에게 항구적인 노동을 시키기보다는 또 다른 창조 행위를 했다. 마르두크는 이렇게 선언했다. "나는 지상에 거주할 인간들을 창조하겠다. 인간들로 하여금 신들에게 봉사하게 하고 또 신들의 사당을 짓도록 하겠다."²² 먼지와 피로 빚어낸 인간은 노동을 하기 위해 태어난 존재였다.

예루살렘에서 끌려간 유배자들은 바빌론이라는 거대한 도시를 보고서 조국의 패전과 자신의 초라함으로 온몸이 마비되어 이런 황량한 인생의 목적의식을 마지못해 받아들일 수도 있었을 것이다. 하지만 그들은 마르두크 숭배를 거부했다. 오히려 인간을 창조하신 것은 자신들의 하느님이라는 확신에 더욱 단단히 매달렸다. 유배자들이 말한 여러 얘기 속에서, 인간의 남녀는 독특한 특혜적 지위를 부여받았다. 오로지 인간만이 하느님의 모상模像으로 창조되었고, 모든 살아 있는 피조물을 지배하라는 권리를 부여받았다. 하느님이 닷새 동안에 천지를 창조하고 그 속의 모든 것을 만들어 내신 후 엿새째에 남녀 인간이 창조되었다. 인간은 유일신의 위엄에 동참하는 존재다. 하느님은 마르두크처럼 바다괴물과 싸운 후에 천지를 창조하신 것이 아니라, 그 누구의 도움도 받지 않고 오로지 혼자서 천지를 창조하셨다. 예루살렘의 폐허에서 바빌론으로 끌려간 사제들에게, 그 이야기는 간절히 필요로 하는 위안과 확신을 안겨 주었다. 그들은 자신들이 숭배하는 하느님이 여전히 지고한 신분으로 온 세상을 다스리고 있다는 믿음을 굳건하게 지켰다. 세대에서 세대로 이어지면서 그 이야기는 되풀이하여 다시 말해졌다. 글자로 기록되고, 서로 연결되고, 하나의 결정적 이야기로 엮이면서, 그 이야기는 토라[모세5경]의 첫머리를 장식하기에 이르렀다. 마르두크의 위대함이 먼지 속으로 사라지고, 에사길라가 재칼들의 소굴이 된 지 오랜 후에도, 그리스어 번역자들에게 〈창세기〉로 알려진 그 책은 필사되고 연구되고 경배되었다. "하느님께서 보시니 손수 만드신 것이 참 좋았다."²³

주기적으로 유대인을 압도한 파괴와, 일련의 정복자들이 가져온 굴욕을 이해하기 위하여 나온 이런 주장은 한 가지 문제를 제기했다. 하느님이 창조한 세상이 좋은 것이라면, 왜 하느님은 이런 일들이 벌어지게 내버려 두셨을까?

폼페이우스가 예루살렘 신전을 급습했던 시점에 유대인 학자들은 아주 음울한 설명에 도달했다. 인간의 역사는 하느님에게 불복종한 역사다. 하느님은 남녀 인간을 만드시고 그들에게 온갖 기화요초가 가득한 에덴동산을 돌보게 했다. 모든 과일은 그들이 마음대로 먹을 수 있으나, 단 하나의 나무, "선과 악을 알게 하는 나무"[24]의 열매는 먹으면 안 된다고 일렀다. 그러나 최초의 여자, 이브는 뱀의 유혹을 받아 선악과의 열매를 맛보았다. 그리고 최초의 남자, 아담도 그 열매를 이브에게서 건네받아 그것을 맛보았다. 하느님은 그 남녀를 처벌하기 위하여 에덴동산에서 쫓아내면서 이런 저주를 내리셨다. 앞으로 여자는 출산의 고통을 겪어야 할 것이고, 남자는 밭에 나가서 일하다가 죽을 것이다. 실로 음울한 선고였지만, 아직 인류 타락의 한계까지 말한 것은 아니었다. 에덴동산에서 추방된 이브는 아담에게 두 아들을 낳아 주었다. 맏아들 카인은 동생 아벨을 살해했다. 그 순간부터 폭력의 얼룩이 유전병처럼 인간을 따라다녔다. 피가 계속하여 땅을 적셨다. 유대인 학자들은 세대를 거치며 계속 벌어지는 이 피곤한 범죄 사건들을 추적하다가, 도대체 이런 악의 능력이 어디에서 또 누구에게서 나오는 것인지 묻지 않을 수 없었다. 폼페이우스가 예루살렘을 점령하기 한 세기 전에 유대 현인 예수 벤 시라는 논리적이면서도 유해한 결론에 도달했다. "여자로부터 죄악이 시작되었고 여자 때문에 우리 모두는 죽는다."[25]

유대인이 볼 때, 이런 불복종 경향, 이처럼 하느님의 뜻에 거슬리려는 기질은 아주 까다로운 문제였다. 그렇지만 이 세상의 많은 민족 중에서 하느님의 특별한 은총을 받은 민족은 그들 자신뿐이었다. 다른 민족들은 잊을지 몰라도 그들이 우주의 창조주를 잊는 법은 없었다. 아담과 이브와 함께 에덴동산을 걸었던 그 하느님이 유대인의 조상에게 나타나 가나안을 유대인의 땅이라고 주었고 그들을 위하여 많은 기적을 행하셨다. 이 모든 사실은 유대인들에게 잘 알려져 있었다. 그것은 유대인 정체성의 핵심이 되는 두루마리 책자에 잘 기록되어 있어서, 어느 회당에서나 읽어 볼 수 있었다. 그러나 이 성경들은 복종의 기록인가 하면 반론의 연대기이고, 하느님을 진실하게 섬긴 자들의 기록인가 하면 우상들을 상대로 창녀짓을 한 자들의 기록이기도 하다. 가나안을 정복한 이야기들은 부수어 버려야 할 제단과 훼손해야 할 성소들로 가득한 땅을 묘사한다. 그러나 이런 우상들과 성소들은 파괴되는 동안에도 끔찍한 매력을 발산한다. 약속된 땅의 선물조차 이스라엘 사람들을 우상 숭배로부터 막아 내지 못한다. "그들은 새로운 신들을 선택했다."[26]

성경 안에 들어 있는 여러 책들은 배경, 징벌, 참회라는 동일한 순환이 반복된다. 이스라엘 사람들은 조상들이 이웃 부족들—가나안 사람들, 시리아 사람들, 페니키아 사람들—의 신들에게 유혹당한 얘기를 읽으면서 그에 대한 궁극적인 최고의 징벌이 무엇인지 알았다. 조상들은 그래서 노예로 잡혀 갔고, 예루살렘은 약탈되었으며, 성전은 파괴되었다. 이런 것들은 모든 유대인을 사로잡는 트라우마[정신적 상흔]다. 왜 하느님은 이런 일들이 벌어지도록 내버려 두셨을까? 바빌론 유수 이후에 이런 질문들이 제기되면서 유대교의 경전들이 편찬되었다. 두루마리 성경을 읽는 유대인들은 조상들의 역사가 무엇을 말해 주는지 알았다. 성경은 만약 유대인들이 하느님에 대한 경배를 포기할 경우, 어떤 보복 조치가 뒤따를지 예고한다. 하지만 성경 말씀에는 경고만이 아니라 희망도 있다. 그것은 하느님의 사랑에 대한 믿음이다. 설사 예루살렘이 다시 파괴되고, 유대인들이 지구 끝까지 이산하고, 소금과 유황이 그들의 논밭에 쏟아져 내린다 하더라도 하느님의 사랑은 변함없이 지속될 것이다. 전에도 그랬듯이 회개는 그들에게 용서를 가져다줄 것이다. "주 너희 하느님께서 너희의 운명을 되돌려 주실 것이다. 주 너희 하느님께서는 또 너희를 가엾이 여기시어, 주 너희 하느님께서 너희를 흩어 버리신 모든 민족에게서 너희를 다시 모아들이실 것이다."[27]

비록 까다롭고 신경질적이고 변덕스러운 하느님이지만, 바로 여기서 그 어디에서도 찾아볼 수 없는 하느님의 후원을 엿볼 수 있다. 아폴론은 트로이 사람들을 좋아했고 헤라는 그리스 사람들을 편애했지만, 그 어떤 신도 이스라엘의 하느님처럼 질투심 강한 강박 증세를 보이며 한 민족을 이렇게 정성스레 돌본 적은 없었다. 그 신은 현명하면서도 변덕스럽다. 전능하지만 쉽게 상처를 입는다. 일관성 있지만 동시에 놀라울 정도로 예측 불가능하다. 성경에서 근거를 찾아내는 유대인들은 하느님과는 아주 개인적인 관계 정립이 가능하다고 생각한다. 그렇지만 이 생생한 성품의 정체성을 가진 하느님을 이해하는 관건은 그 다양한 모순을 잘 파악하는 데 있다. 한번 분노하면 적군을 겁먹게 하고 도시를 파괴하고 전 민족을 파괴하라는 명령을 내리는 전사戰士 같은 하느님이, 가난한 사람들을 먼지 속에서 일으키고 궁핍한 사람들을 똥 더미에서 건져 내신다. 하늘과 땅의 주인, "구름을 타고 달리시는 분"[28]이 비참함과 공포의 한밤중에 하느님을 부르는 사람들에게 나타나서 위로해 주신다. 창조자인가 하면 파괴자다. 남편인가 하면 아내이고, 왕, 목동, 정원사, 도공, 판관이기도 하다. 이스라엘의 하느님은 유대인들의 성경에서 이 모든 것을 겸한 분으로 칭송된다. "나는 처음이며 나는 마지막이다. 나 말고 다른 신은 없다."[29]

이것은 역사적 과시다. 이 주장은 기원전 539년에 바빌로니아가 키루스에게 함락된 후에 기록되었는데, 역사적으로 그 이전에는 그처럼 노골적인 자기과시가 있어 본 적이었다. 마르두크가 페르시아의 승리가 자기 덕이라고 주장한 것처럼, 이스라엘의 하느님도 거의 똑같은 식으로 그런 주장을 편다. 그러나 키루스를 세상의 지배자로 선택한 것은 마르두크라고 그의 사제들이 주장했음에도 불구하고, 마르두크는 남자 신들과 여자 신들, 전사 신들과 장인 신들, 폭풍우 신들과 다산성多産性 신들 등 무수히 많은 신들 중 하나일 뿐이다. "보라, 너는 아무것도 아니다."[30] 키루스가 죽고, 바빌로니아의 신전들이 폐허가 되고, 그 우상들이 진흙 덩어리가 되고 오랜 세월이 흐른 후, 유대인들은 회당에서 여러 세기 전에 페르시아 왕에게 해주었던 확약을 읽으면서 그 말이 사실임을 깨달았다. 이스라엘의 유일신은 키루스에게 이렇게 말한다. "너는 나를 알지 못하지만 나 너를 무장시키니, 해 뜨는 곳에서도 해 지는 곳에서도 나밖에 없음을, 내가 주님이고 다른 이가 없음을 알게 하려는 것이다."[31]

로마의 지배력이 널리 퍼져 나가던 시대에 유대인들은 성경에 나오는 이런 과시적 진술을 틀림없는 진실이라고 생각했던 반면에, 성경 전편에는 그보다 더 오래된 전제들의 흔적이 곳곳에 남아 있다. 바빌로니아가 예루살렘 성전을 파괴한 후 사제들과 필경사들이 짜낸 거대한 태피스트리는 오래전부터 전해 오는 다양한 가닥들로 짜였다. 히브리어 성경에서 하느님을 가리키는 용어가 다양하다는 사실만큼 이런 여러 가지 출처를 증명하는 것도 없으리라. 성경에는 야훼Yahweh, 샤다이Shaddai, 엘El 등의 이름이 쓰였다. 이런 이름들이 모두 같은 하느님을 지칭한다는 사실은 모든 유대인 학자들의 기본 전제다. 그렇지만 여기에는 다소 다른 가능성(다른 신을 가리킬지도 모른다는 가능성)을 암시하는 힌트들이 깃들여 있다. "주님, 신들 가운데 누가 당신과 같겠습니까?"[32] 이러한 질문은 아주 오래전, 잘 상상되지 않는 세계로부터 흘러나온 메아리다. 그 세계에서는 이 질문을 받은 신인 야훼가 이스라엘의 여러 신들 중 하나로 취급되었던 것이다.

그렇다면 그가 어떻게 발전하여 동급자 신이나 경쟁자 신이 없는, 천지를 호령하는 온 세상의 주님이 되었을까? 그런 신들에 대해서 이야기하는 글들을 편집했던 사제들과 필경사들은 이런 질문을 거부했을 뿐만 아니라 생각조차 하기 싫어했다. 그런 만큼 그들은 편집 과정에서 그런 질문이 나올 만한 부분은 철저하게 신경 써서 삭제했다. 그렇지만 야훼가 당초 여러 신들 중 하나였다는 사실의 흔적을 모두 지울 수는 없었다. 예루살렘 성전에서 거행되는 예배와는 사뭇 다른 예배의 흔적들이 호박 속의 벌레처럼 남아 있었다. 황소의 형태로 경배되는 폭풍우 신에 대한 예배는 가나안 남쪽에 있는 "에돔 땅에서 나왔는데",[33] 이 신은 신들의 회의에서 최고 지도자로 군림해 왔다.• "정녕 구름 위에서 누가 주님과 견줄 수 있으며, 신들 가운데 누가 주님과 비슷하겠습니까?"[34]

전 세계 모든 민족은 천상에도 엄격한 위계질서가 있다는 사실을 당연하게 여겼다. 만약 그렇지 않다면 어떻게 마르두크가 동료 신들을 부하처럼 부릴 수 있었겠는가? 제우스도 올림포스산의 정상에 앉아 신들의 회의를 주재했다. 그렇지만 제우스가 누리는 영광의 빛은 한계가 있었다. 올림포스의 다른 신들은 그 빛에 녹지 않았다. 제우스는 다른 신들의 속성을 자신의 신성 속으로 흡수한 다음, 다른 신들을 악마로 치부하며 내

• 황소 형태의 야훼 예배는 〈열왕기상〉 12장 28절과 〈호세아서〉 8장 6절에 의해 증명된다. 야훼가 에돔에서 왔다는 말은 〈드보라의 노래〉에서도 나온다. 대부분의 학자들은 이 찬가가 성경에서 가장 오래된 문장들 중 하나라고 본다.

치지 않았다. 하지만 이스라엘의 하느님은 이와는 얼마나 다른가! 그의 특성에서 나타나는 다양한 복잡성과 모순은 어디에서 왔을까? 히브리어 성경이 주장하는 바와는 정반대의 과정을 통해 하느님이 온 것 아닐까. 그러니까 다른 신과는 비교가 안 될 정도로, 야훼는 여러 신을 자신 안에 포섭하는 과정을 통해 발전해 온 것이다. 〈창세기〉의 첫 문장에서 그는 천지를 창조하는 것으로 묘사된다. 하느님을 가리키는 히브리어 단어, 엘로힘Elohim은 그 뜻이 모호하여 암시하는 바가 많다. 히브리어 성경 전편에서 단수로 사용되는 엘로힘은 실은 복수형 명사다. '신'은 과거 한때에 '신들'이었다.

이스라엘 사람들이 우상을 쓰러트리고 우상의 신전을 파괴함으로써 자신들의 가나안 도착을 알린 것이 아니라, 실은 인근 민족들의 관습을 공유했고 또 사실상 그 민족들과 별로 다를 바 없었다는 이야기는 히브리어 성경이 아주 강력하게, 아니 처절하다고 할 만큼 거부하는 주장이다.● 하지만 히브리어 성경은 과연 그렇게 하는가? 과연 가나안 정복이 실제로 벌어진 일인가? 유대인들이 보존한 이야기는 여호수아 장군이 거둔 일련의 혁혁한 승리를 서술하면서 여러 도시를 함락했다고 말한다. 그러나 그 도시들은 이스라엘 사람들의 침공이 벌어졌다고 생각되는 시기에는 이미 버려진 지 오래되었거나 아니면 아직 세워지지 않은 상태였다.●●

● 기원전 4세기에 집필된 이스라엘의 역사서인 〈역대기〉의 저자가 이스라엘 사람들의 가나안 정복을 서술하지 않은 것은 암시하는 바가 많다. "이스라엘이 그 땅에 혹은 그 근처에 있었다는 사실은 아무런 문제 없이 기정사실로 받아들여진다"(Satlow, p. 93).

●● 여호수아 군대의 트럼펫 소리로 허물어졌다고 하는 여리고의 성벽은 이스라엘 군대의 침공 시기보다 수세기 전에 이미 버려졌다. 이스라엘 사람들에게 "나무를 패는 자와 물 긷는 자"(9장 21절)를 제공했다는 〈여호수아기〉의 기브온이라는 도시는 청동기 시대 이후에 건설되었다.

〈여호수아기〉의 편집자들은 하느님이 자신에게 충실하게 복종한 대가로 그가 선택된 민족에게 땅을 하사했다고 확신했다. 이런 확신은 그 당시의 시대적 불안을 반영한다. 이 책은 아시리아 제국의 그림자가 점점 커지는 시대에 집필되었을 가능성이 높기 때문이다. 그렇지만 〈여호수아기〉는 그 이상이 반영되어 있다. 이스라엘 사람들이 가나안에 정복자로서 도착했다고 고집하는 것은 그들을 지속적으로 괴롭히는 불안을 반영한다. 다시 말해, 이스라엘 사람들의 하느님 예배는 유대인 학자들이 인정하는 것보다 훨씬 더 깊이 가나안의 습속에 빚진 일이었을 가능성이 높다. 그 점을 부정하려고 하다 보니 오히려 피정복자의 위상을 더욱 강조하게 된 것이다. 그들이 흉물스럽다며 비난했던 새로운 관습—다른 신들에 대한 경배, 죽은 자의 살을 먹는 것, 어린아이를 희생 제물로 바치는 것—이 실은 정반대였을지도 모른다. 그러니까 그런 행위들은 존중받는 전통이었고, 그에 비해 유대인들의 예배 방식이 오히려 새로운 것이었다는 말이다.

이 종교의 혁명적 특징—가나안, 시리아, 에돔의 신앙을 밑바탕으로 하여 새롭고 강력한 신성의 개념[유일신]이 활짝 피어난 것—은 히브리어 성경에 의해 그 과정이 가려져 있다. 하지만 완전히 가려지지는 않았다. 〈시편〉의 한 시는 엘로힘('신들')이 유일신 엘로힘이 되어 가는 혼란스럽고 장황한 과정을 극화한다.

하느님께서 신들의 모임에서 일어서시어
그 신들 가운데서 심판하신다.[35]

불의不義, 사악한 자 편애하기, 가난하고 비천하고 비참한 자 경멸하기, 이런 것들이 신들의 모임이 저지른 죄다. 그들의 죄는 세상을 어둠 속으로 밀어 넣고 비틀거리게 했다. 그리하여 그 신들에게는 천상으로부터 영원히 추방되는 징벌이 내려졌다. 엘로힘 자신이 이런 선고를 내렸다.

> 내가 이르건대 너희는 신이며
> 모두 지극히 높으신 분의 아들이다.
> 그러나 너희는 사람들처럼 죽으리라.
> 여느 대관들처럼 쓰러지리라.[36]

이제 천상의 모임에서 단 한 분의 신만이 다스릴 것이다.

유대인들은 사소한 민족, 강대국들의 관심사에서 주변으로 밀려난 민족이었다. 그러나 히브리어 성경의 하느님은 왕들을 거꾸러트리는 알렉산드로스나 폼페이우스 같은 정복자이며, 그분의 도미니언〔지배 영토〕은 온 세상이며, 그 어떤 경쟁자 신도 용납하지 않는다. "내 이름은 해 뜨는 곳에서 해 지는 곳까지 무수한 민족들 사이에서 드높다."[37] 이러한 선언은 페르시아 왕의 선언을 크게 의식한 것이다. 키루스 왕이 예루살렘의 유배자들에게 보여 준 관대함이 망각되지 않았던 것이다. 이집트·아시리아·바빌로니아의 통치자들과 다르게, 키루스는 이스라엘의 신을 존중했다. 유배자들의 역사적 연대기에 나오는 여느 외국인 군주들과 다르게, 키루스는 이스라엘인들에게 왕권의 모범을 보였다. 이스라엘인들이 바빌론 유수로부터 돌아온 이후, 천상은 페르시아 궁정의 모습과 비슷해졌다.

"너는 어디에서 오는 길이냐?" 〈욥기〉에서 하느님이 묻는다. 그는 하느님의 수행원들 중 '적대자'라는 뜻의 사탄Satan이라는 이름을 가진 자다.

사탄이 대답한다. "땅을 여기저기 두루 돌아다니다가 왔습니다."[38]

그리스 아테네에서는 페르시아 대왕의 비밀 첩자를 너무나 두려워했고 이 점이 아리스토파네스에게 영감을 주어 그 첩자를 커다란 눈으로 묘사하게 만들었다. 그러나 히브리어 성경은 왕궁의 첩자들을 웃음거리로 삼지 않는다. 그들은 아주 강력하고, 또 아주 위협적이다. 하느님이 욥을 가리켜 "흠 없고 올곧으며 하느님을 경외하고 악을 멀리하는 사람"[39]이라고 하자, 사탄은 번창하는 자는 저절로 선량해진다고 조롱하는 어조로 대꾸한다. "그렇지만 당신께서 손을 펴시어 그의 모든 소유를 쳐보십시오. 그는 틀림없이 당신을 눈앞에서 저주할 것입니다."[40] 그래서 하느님은 사탄의 내기를 받아들여 욥을 사탄의 손에 건넨다. 욥은 아무런 잘못이 없는데도 그가 가진 세속의 부가 모두 파괴된다. 그의 자녀들은 살해되고, 그의 피부에는 종기가 가득하다. "욥은 질그릇 조각으로 제 몸을 긁으며 잿더미 속에 앉아 있었다."[41]

스카페 형에 처해진 죄수는 물론 자기 몸을 긁을 자유로운 손마저도 없다. 그렇지만 위대한 페르시아 제국의 시대에는 뼈에 붙은 살이 썩도록 만드는 권력이 곧 왕권의 무시무시한 힘을 보여 주는 표지였다. 하지만 다리우스와 그의 후계자들이 희생자를 고문할 때 그들이 실은 진리, 정의, 빛을 위해 그렇게 한다는 주장과, 무시무시한 왕권의 표지는 과연 서로 일치하는가? 잿더미 속에 앉아 있는 욥에게 세 친구가 다가와 이레 낮과 이레 밤을 그와 함께 보내면서 욥에게 가해진 고문을 이해하려고 애쓴다.

아무려면 하느님께서 공정을 왜곡하시고
전능하신 분께서 정의를 왜곡하시겠나?

자네 아들들이 그분께 죄를 지었다면

그분께서 그 죄를 물어 처분하신 것일세.[42]

  히브리어 성경의 다른 곳에서도 나와 있는 다짐은 이러하다. 즉, 하느님은 올바른 자를 포상하는 것과 마찬가지로 잘못을 저지른 자만 처벌한다는 것이다. 그러나 욥은 이런 위로를 거부한다. "왜 사악한 자가 계속 살아남고, 부자가 되고, 재물을 모으는가?" 몹시 놀랍게도, 욥의 이야기는 하느님이 회오리바람의 모습으로 나타나 욥에게 직접 말씀하는 것으로 끝난다. 하느님은 욥에게 말한 다음 그의 친구들에게 이렇게 말한다. "너〔엘리바스〕와 너의 두 친구에게 내 분노가 타오르니, 너희가 나의 종 욥처럼 나에게 올바른 것을 말하지 않았기 때문이다."[43] 그러나 욥이 무고한데도 왜 그런 잔인한 처벌을 받아야 하는지에 대해서는 해명이 없다. 하느님은 그에게 잃어버린 재산을 두 배로 늘려서 다시 돌려주고, 새로운 아들딸로 축복한다. 그러나 이미 목숨을 잃어버린 자녀들은 먼지 상태에서 되돌아오지 못한다. 자녀를 여읜 아버지는 그들을 되돌려 받지 못한다.

  아폴론이 니오베의 자녀들을 죽였을 때, 누구도 그의 복수가 과도하다고 불평하지 않았다. 은제 화살의 주인인 아폴론은 자기 마음대로 자신을 불쾌하게 만드는 자를 처벌할 수 있다. 아폴론은 인간의 불평을 들어 줌으로써 자신의 신성을 드러내는 것이 아니라, 인간이 이해할 수 없는 행동을 함으로써 그 자신이 신임을 천명한다. 마르두크와 마찬가지로 아폴론은 심지어 괴룡을 쓰러트리기도 했다. 가나안에서도, 신들이 괴룡과 바다뱀을 상대로 싸운 얘기가 돌아다녔고, 그렇게 해서 그 신들이 천상을 다스릴 만한 자격이 있음을 증명했다. 그러나 이런 자부심은 〈창세기〉의 집필자들이 볼 때 헛소리이며 신성 모독일 뿐이다. 그래서 천지 창조를 서술하는 부분에서 그들은 엘로힘이 바다의 괴물들과 싸운 것이 아니라 그 괴물들을 창조했다는 사실을 분명히 밝힌다. "하느님께서는 큰 용들과 물에서 우글거리며 움직이는 온갖 생물을 창조하셨다."[44] 그러나 히브리어 성경이 지닌 표면적 평온함은 기만적이었다. 아주 철저한 편집도 완전히 지워 버릴 수 없는 기억과 전승傳承의 밑바닥으로부터, 일찍이 하느님과 싸웠던 꿈틀거리는 근육을 가진 괴물이 때때로 시야에 나타난다. 라합, 타닌, 레비아탄 같은 다양한 이름으로 불린 그 괴물은, 〈욥기〉보다 천년 전에 집필된 시 속에 등장하는, 몸을 비틀고 똬리를 트는 칠두사七頭蛇(머리 일곱 개 달린 뱀)다. "너는 갈고리로 레비아탄을 낚을 수 있으며 줄로 그 혀를 내리누를 수 있느냐?"[45] 회오리바람이 욥에게 한 이 질문은 물론 수사적인 것이다. 오로지 하느님만이 레비아탄을 다스릴 수 있다. 〈욥기〉에서 하느님이 땅과 바다를 다스리는 대리인들의 영주인 페르시아 왕처럼 통치하는 것으로 묘사되어 있다면, 하느님은 자신에게 불공정을 하소연하는 사람에게 말을 걸 때 자신의 권능을 분명하게 보여 주는 수단으로, 페르시아 왕보다 훨씬 오래된 전승의 샘물〔괴룡과의 싸움〕에 의존한 셈이다. 따라서 욥이 겁을 먹는 것은 당연하다. "당신께서 모든 것을 하실 수 있음을 저는 압니다."[46]

그러나 욥은 하느님의 권능을 전혀 의심하지 않았으며 단지 그분의 정의에 의문을 표시했을 뿐이다. 그 점에 대하여 하느님은 아무런 대답도 하지 않는다. 신성이 전능하고 정의로운 분으로 이해되기 시작한 시기에 처음 집필된 〈욥기〉는 그런 복잡한 문제를 아주 심오한 관점에서 탐구한다. 유대인 학자들이 히브리어 성경의 편집에 〈욥기〉를 집어넣었다는 사실은, 그들이 이 새롭고 긴급한 문제, 즉 악의 근원을 두고 크게 갈등했음을 웅변으로 보여 준다. 다신교를 가진 다른 민족들의 경우, 이 악의 문제는 거의 거론되지 않았다. 결국 우주에 신이 많으면 많을수록 인간의 고통에 대해서는 더 많은 설명이 나온다.

하지만 유일신만이 존재하는 우주에서는 악을 어떻게 설명해야 하는가? 아후라 마즈다의 신봉자들만이—그들은 유대인과 마찬가지로 천지를 창조한 전능하고 전선한 신을 믿었다—이런 심오한 수준의 질문과 씨름한 적이 있다. 욥에게 고통을 안긴 다음에 슬며시 사라진 사탄이 하느님의 옥좌 옆에 서 있었다는 사실은, 악의 힘에 대하여 페르시아인들이 내놓았던 해결안을 어렴풋이 연상시킨다. 즉, 악은 선의 라이벌로서 선과 동등한 원리로 존재한다는 사상이다. 설사 〈욥기〉가 그런 힌트를 준다고 해도, 유대인 학자들은 그런 해결안을 받아들일 생각이 없었다. 유대인들은 키루스의 기억을 소중하게 생각했지만, 히브리어 성경에는 아르타 arta(선)와 드라우가drauga(악) 사이의 우주적 갈등을 닮은 그런 이야기가 들어갈 자리는 없었다. 이 세상에는 단 하나의 하느님만 있을 뿐이었다. 악이 하느님의 권능을 위협하는 똑같은 힘이라고 암시하는 것보다, 하느님이 악을 만들어 냈다고 주장하는 것은 덜 신성 모독적이다. 야훼는 키루스에게 말할 때 우주가 참과 거짓의 싸움이 벌어지는 전장이라는 개념을 비웃는다. "나는 빛을 만드는 이요, 어둠을 창조하는 이다. 나는 행복을 주는 이요, 어둠을 창조하는 이다. 나, 주님이 이 모든 것을 이룬다."[47]

이런 노골적인 주장을 히브리어 성경 다른 곳에서는 찾아보기 어렵다. 만약 하느님이 전능하다면 그분이 하는 일은 모두 정의로울 터였다. 이 둘(하느님의 전능과 정의) 사이의 긴장이 어떠하든 간에 유대인들은 하느님의 전능과 정의를 철저히 믿으며, 그 두 가지를 신성의 핵심으로 여긴다. 로마 군단이 예루살렘 성전을 훼손하는데도 하느님이 그냥 내버려 둔 것은 선택받은 민족(유대인)의 잘못을 징벌하기 위한 것이었지, 그분이 질서의 하느님인 동시에 혼란의 하느님이라는 얘기는 너무나 황당무계해서 유대인들은 상상조차 할 수 없었다. 하느님의 목적은 때때로 신비 속에 감추어져 있지만, 그렇다고 해서 하느님이 인간의 절망을 헤아리지 못하거나, 비참한 자를 돌보지 못하거나, 슬픔을 느끼는 자를 위로하지 못하는 것은 아니다.

가련한 이들과 가난한 이들이 물을 찾지만
물이 없어 갈증으로 그들의 혀가 탄다.
나, 주님이 그들에게 응답하고
나 이스라엘의 하느님이
그들을 버리지 않으리라.[48]

일찍이 단 한 분의 하느님 안에 권능과 친밀함, 위협과 동정, 전지全知와 위로 등 여러 모순이 이처럼 뒤섞인 적은 없었다.

그리고 이 전능하고 전선하고 온 세상을 다스리고 우주의 조화를 지탱하는 신은 유대인을 특별히 총애하는 민족으로 선택한 신이기도 하다. 유대인들은 로마 군단의 무력 앞에서 무기력했고, 정복자가 예루살렘 신전의 지성소에 들어가는 것을 막지도 못했다. 유대인들은 언젠가 온 세상을 통치할 날이 올지 모른다는 전망도 없었다. 그렇지만 그들에게는 한 가지 위안이 있었다. 그들의 하느님은 정말로 단 하나뿐인 유일한 신이라는 확신이 그것이었다.

계약

그에 대한 객관적 증거는 오래지 않아 구체적으로 나타났다. 하느님의 징벌이 폼페이우스를 덮친 것이다. 기원전 49년에 로마 공화국은 내전 상태로 돌입했고 20년 동안 로마를 지배해 온 폼페이우스는 그다음 해에 그리스에서 경쟁자 군벌인 율리우스 카이사르와 벌인 전투에서 패배하여 도망치는 신세가 되었다. 그리고 7주 뒤에 위대한 폼페이우스는 목숨을 잃었다. 그처럼 신속하면서도 비극적인 몰락은 온 세상을 놀라게 했으나 유다 왕국에는 엄청나게 기쁜 소식이었다. 하느님이 레비아탄을 제압했듯이 이제 "괴룡의 오만함"[49]을 꺾어 놓으신 것이다. 구약성경의 〈시편〉과 경쟁하면서 시를 쓴 한 시인은 그 세부 사항을 다음과 같이 기록했다. 폼페이우스는 이집트에서 피신처를 구하려 했다. 하지만 그는 배신한 이집트 파라오에 의하여 옆구리에 창을 찔려 죽었다. 목이 잘린 그의 시신은 강 위에 내던져져 무덤도 없이 표류했다. "그는 오로지 하느님 한 분만이 위대하다는 것을 알지 못했다."[50]

폼페이우스가 이집트에서 살해되었다는 사실은 유대인의 상상 속에 아주 강력한 영향을 미쳤다. 하느님의 권능을 이집트처럼 극적이면서도 획기적으로 보여 준 곳도 없었다. 이스라엘 사람들이 가나안 땅을 물려받아 소유하기 전에, 그들은 이집트에서 노예로 살았다. 유대인 수가 점점 늘어나는 것을 두려워한 파라오는 "그들을 무자비하게 부려먹었다."[51] 하지만 파라오와 그가 모신 신들은 모두 먼지로 돌아가고 말았다. 열 번의 전염병이 이집트 왕국을 파괴한 것이다. 나일강은 피로 물들었고 해충들이 전국 방방곡곡에 나타나 기어 다녔다. 온 나라가 어둠에 파묻혔다. 그렇지만 파라오는 오랫동안 고집을 부렸다. 모든 이집트인의 첫째 아들과

"모든 짐승의 맏배"[52]가 단 하룻밤 사이에 죽는 엄청난 대재앙이 들이닥친 후에야 비로소 파라오는 이스라엘 사람들의 탈출을 승낙했다. 하지만 그 후에 곧 마음을 바꾸어 도망가는 노예들을 뒤쫓아 왔다. 파라오와 그의 전차 군단은 홍해의 가장자리에서 그들을 따라잡았다. 그리고 기적이 벌어졌다. 강력한 동풍이 불어와 홍해를 둘로 갈라놓았고 이스라엘의 자녀들은 드러난 바다의 바닥 위를 걸어서 강 건너편으로 이동했다. 파라오와 그의 전사들은 그들을 쫓아 계속 달려왔다. "그때 물이 되돌아와서 이스라엘 자손들을 따라 바다로 들어선 파라오 군대의 병거와 기병을 온통 덮쳐 버렸다. 그들 가운데 한 사람도 살아남지 못하였다."[53]

신들이 왕과 정복자에게 은총을 내려 주던 세상에서, 이스라엘의 하느님이 지닌 뚜렷한 특징을 보여 주는 또 다른 표지가 여기에 있다. 그것은 하느님이 왕이나 귀족이 아니라 노예들을 그분의 민족으로 선택했다는 사실이다. 유대인들은 하느님이 자신들의 조상을 자유롭게 해방시킨 기억을 언제나 잊지 않고 소중하게 간직했다. 낮에는 구름으로 밤에는 불빛으로, 그분은 그 전 혹은 그 후 어느 때보다 더 가시적으로 이스라엘 사람들에게 나타났다. 처음에는 사막을 통과하는 그들에게 구름기둥으로 나타났고 그다음에는 이스라엘 사람들이 성전으로 세운 천막 안에 몸소 나타났다. 특히 유대인들 중 특정한 한 사람[모세]에게 예외적인 은총을 내려 주었다. "네가 청한 이 일도 내가 해주겠다. 네가 내 눈에 들고 나는 너를 이름까지도 잘 알기 때문이다."[54]

이스라엘 역사에서 모세처럼 하느님과 밀접한 관계를 맺은 예언자는 없다. 파라오 앞에서 주님을 대신하여 말한 사람도 모세였고, 이집트를 황폐하게 만든 전염병을 내린 이도 모세였으며, 홍해의 물을 둘로 갈라놓기 위해 지팡이를 높이 들어 올린 이도 모세였다. 가장 두렵고 가장 친숙한 에피소드는 모세가 시나이산에서 하느님을 직접 만난 사건이다.● 이스라엘 사람들은 산 아래 들판에 모여 있었고 짙은 구름이 그 산의 정상 인근을 가렸다. 이어 천둥과 번개가 번쩍거렸고 숫양의 뿔로 만든 나팔이 소리를 울렸다. "산으로 올라가려 하지 말고 또 그 가장자리를 밟지 않도록 조심하라. 이 산에 발을 댄 자는 죽을 운명을 면치 못하리라." 이윽고 숫양 뿔 나팔은 더욱 거센 소리를 냈고, 산이 요동치기 시작하더니 주 하느님이 구름과 연기 속에서 그 산 꼭대기에 내려왔다. 모세는 그 산 등성이를 타고 올라오라는 지시를 받았다. 천상이 지상을 만나고 하느님이 인간을 만났다. 그다음에 벌어진 일은 인간의 역사를 회전시키는 중심축을 제공했다.

유대인들은 이러한 확신을 가볍게 여기지 않았다. 그들은 모세가 시나이산에 올라갔을 때 벌어진 일이 실제로 벌어졌다고 확신했다. 그 일의 열매가 여전히 그들의 손에 맡겨져 있었기 때문이다. 토라 속에는 하느님이 손수 자신의 손가락으로 석판 위에 써 주었던 계명이 들어 있다. "너에게는 나 말고 다른 신이 있어서는 안 된다."[55] 석판에 새겨진 나머지 아홉 계명은 이러하다. 안식일을 기억하여 거룩하게 지켜야 한다. 하느님의 모습을 본뜬 신상을 만들어서는 안 되고, 헛되이 하느님의 이름을 불러서는 안 된다. 살인해서는 안 되고, 간음해서는 안 되며, 훔쳐서도 안 되고, 거짓 증언을 하거나, 남의 재산을 탐내서는 안 된다.

그러나 십계명의 핵심은 제1계명이고 다른 계명들의 힘은 바로 여기서 나온다. 이스라엘의 하느님은 도덕적 원리를 강조했지만 그 원리를 그리 강조하지 않는 다른 신들도 있었다. 어떤 신은 아름다움, 어떤 신은 지식,

---

● 〈신명기〉에서 시나이산은 호렙산이라고 되어 있다.

어떤 신은 권력을 강조했다. 십계명은 단순히 행동의 지침으로 그치지 않고 이스라엘 하느님의 정체성을 밝혀 주었다. 그분이 선택한 민족은 하느님의 노예로 사는 것이 아니라, 하느님을 가까이 모시면서 하느님의 본성에 동참하는 방식으로 살라고 지시한 것이다. 이 때문에 하느님은 모세에게 십계명을 내려 주는 그 순간에도 자신을 "질투하는 신"[56]이라고 강조한 것이다. 그는 어떤 특정한 질서를 사랑하고, 그 질서를 배신하거나 거부하면 몰살도 마다하지 않는, 강요하는 신이다. 모세가 마흔 날과 마흔 밤 자리를 비운 끝에 시나이산에서 하산하여 보니 이스라엘 사람들은 황금 송아지를 세우고 그 우상을 숭배하고 있었다. 모세는 너무나 화가 나서 두 장의 석판을 땅에 내던져 깨 버리고 이스라엘 사람들 3000명을 학살했다. 그러나 하느님의 분노는 그보다 더 무서웠다. 당초 하느님은 이스라엘 민족 전체를 싹 쓸어 버리려 했다. 그러나 모세가 다시 시나이산에 올라가 자비를 호소한 끝에 겨우 하느님의 분노가 누그러졌다.

　하지만 유대인들은 하느님이 자신들을 아주 사랑하여 신성한 은총을 많이 베푼다는 사실을 의심하지 않았다. "왜냐하면 너희들은 주 하느님에게 거룩한 민족이기 때문이다. 주님은 너희들이 지상의 모든 민족 가운데서 가장 사랑스러운 민족이라고 생각하신다." 이에 대한 증표로 하느님은 십계명 말고도 내용이 아주 충실한 율법의 묶음을 모세에게 내려 주었다. 이 율법 중에는 제단을 건설하는 방법, 제관의 정화 의식과 희생 제의의 절차 등도 들어 있었다. 하지만 하느님의 지시를 따르는 것은 사제들만 해야 하는 일이 아니었다. 이스라엘의 모든 자손이 그 지시를 따라야 했다. 하느님이 모세에게 내린 율법은 먹을 수 있거나 먹어서는 안 되는 음식, 성관계를 맺을 수 있는 대상과 기피 대상, 안식일을 지키는 방식, 노예를 다루는 방식, 가난한 자들을 위하여 과수원의 낙수落穗 남겨

놓기, 더벅머리를 길러서는 안 된다는 것 등 세세한 사항을 규정했다. 이런 명령을 위반하는 것은 곧 이스라엘에 엄청난 징벌을 내려 달라고 요청하는 것이나 마찬가지였다. 하지만 십계명과 마찬가지로 이런 율법은 독재의 표지라기보다는 이스라엘 사람들의 헌신을 재촉하는 사랑의 표지였다.

천지를 창조하신 주 하느님은 이스라엘의 자손들에게 획기적이면서도 전례 없는 명예를 내려 주었는데 하느님과 인간 사이의 계약이 그것이다. 다른 민족들은 이런 계약이 가능할 거라는 생각조차 하지 못했다. 신들은 계약을 증명하는 존재이지 계약의 당사자는 아니었다. 인간이 감히 어떻게 신과 동맹을 맺을 수 있다고 상상이나 할 수 있겠는가? 오로지 유대인만이 이런 기발하고 신성 모독적인 자부심을 가질 수 있었다. 주 하느님과 계약을 맺었다는 사실은 그들이 신성을 이해하는 밑바탕이 되었다. 성궤는 그 계약(모세가 산에서 갖고 내려온 두 개의 석판에 적힌 것)을 담기 위한 것이었다. 솔로몬이 건설한 신전의 지성소에 모셔진 것은 바로 그 계약이었다. 바빌로니아 사람들이 그 성전을 파괴한 이후에도 주 하느님과 선택된 민족 사이의 계약은 취소되지 않았다. 계약의 조건들은 그대로 지속되었다. 성궤가 사라진 후 수세기 동안에 편집되고 재편집된 히브리어 성경은 대체로 그 계약을 간직하기 위해 편찬되었다. 성경을 공부하는 모든 유대인은 그 계약을 가슴속에 깊이 새긴다.

토라의 끝부분은 이렇게 기록되어 있다. 모세는 여호수아가 가나안을 정복하기 직전에 사망했다. 이스라엘 사람들을 이집트의 노예 신분에서 구해 내고, 그런 다음 40년을 광야에서 지도하며 가나안 직전까지 왔으나 정작 '약속의 땅'에는 발을 들여놓지 못했다. "그리고 오늘날까지 아무도 그가 묻힌 곳을 알지 못한다."[57]

무덤 소재지에 대하여 베일을 두른 신비는 모세 이야기가 전하는 방식에 대해서도 베일을 두른다. 이집트 기록에서는 모세 이야기가 전혀 나오지 않는다. 전염병 얘기도, 홍해가 갈라진 얘기도 나오지 않는다. 히브리어 성경 말고 다른 곳에서는 모세라는 인물이 아예 존재하지 않는 것처럼 보인다. 그러나 모세 이야기에는 신화적 특성이 부여되어 있고, 또 한 학자의 말에 의하면 그는 "역사가 아니라 기억 속의 인물"[58]이었다. 이런 사실은 모세가 시나이산 꼭대기에서 하느님을 만난 사건에 초월적이면서도 비교 불가능한 힘을 부여한다. 토라의 편저자들은 이스라엘 사람들을 하느님에게 묶어 놓는 계약을 서술할 때 당연히 그 당시의 관습에 의존했다. "나는 너를 이집트 땅, 종살이하던 집에서 이끌어 낸 주 너의 하느님이다."[59]

근동에서는 왕이 어떤 언명을 할 때 매우 과시적인 허세를 부리면서 시작하는 것이 하나의 관습이었다. 주 하느님이 계율에 불복종하면 이스라엘 머리 위의 하늘이 청동으로 바뀌고 발밑의 땅이 쇠로 바뀐다고 위협할 때, 그는 아시리아 정복자의 위협적인 조건들을 반향反響하는 것이다. 주 하느님이 "너희가 두려워하는 모든 민족"[60]을 내리칠 것이라고 말할 때, 어떤 동맹을 확인해 주는 파라오가 했을 법한 보호를 제공하는 것이다. 주 하느님과의 계약에 관한 기록은 근동의 외교관들에게 익숙한 방식으로 표현되기는 했지만, 그래도 유대인들에게 완전히 전례 없는 것을 제공했다. 한마디로 하느님이 직접 제정한 율법을 그들에게 내려 준 것이다.

그런 율법을 인간이 감히 보충한다는 것은 있을 수 없는 일이었다. 이것이 히브리어 성경의 엄연한 교훈이었다. 다윗과 솔로몬 모두 기름 부음을 받은 왕이었지만 이들조차 바빌로니아에서 함무라비와 그 후손들이 당연하게 여겼던 것, 즉 왕의 입법권을 부여받지 못했다. 이스라엘의 군주제는 메소포타미아의 그것에 비하면 초라하고 거세된 것처럼 보인다. 오로지 하느님과의 계약을 완전히 포기할 때에나 이스라엘 왕은 왕권을 휘두를 수 있었다. 그리고 히브리어 성경이 기록한 바에 따르면, 실제로 이런 일이 벌어졌다. 왕들을 교만해졌다. 그들은 주 하느님 이외의 다른 신들에게 향을 피웠고 스스로 법률을 선포했다. 그리고 예루살렘이 바빌로니아에게 함락되기 몇십 년 전, 요시야 왕은 성전에서 놀라운 것을 발견했다고 보고했다. 잃어버린 지 오래되었던 '율법서'였다.[61] 그는 사제들과 "낮은 자에서 높은 자에게 이르기까지 모든 자"[62]를 데리고 주님의 집으로 올라가서 그 율법서가 선포한 내용을 읽어 주었다. 그 신비한 책은 계약 자체에 대한 기록이었다. 요시야 왕은 신하들에게 주님을 잘 경배하라고 요구하면서도 자신의 이름으로 그렇게 하지는 않았다. 그도 가장 낮은 백성들과 마찬가지로 하느님의 율법이 명령하는 바를 따라야 했기 때문이다. 율법 제정은 하느님의 특권이었다. 히브리어 성경에는 거듭하여 이런 회의가 표현되어 있다. 하느님의 민족인 이스라엘 사람들은 과연 왕이 필요할까? "여러분을 다스릴 분은 주님이십니다."[63]

그리고 실제로 그렇게 되었다.

예루살렘의 군주제는 기원전 587년 바빌로니아의 의기양양한 왕에 의하여 폐지되었다. 그러나 토라는 계속 위력을 발휘했다. 거대한 왕국들이 일어났다가 사라지고, 정복자들이 왔다 가기는 했다. 그렇지만 여러 세기에 걸친 흥망성쇠 속에서도 유대인들은 계약을 철저히 지켰다. 만약 계약이 없었더라면 그들은 바빌로니아, 페르시아, 마케도니아, 로마 등 무자비한 소용돌이 같은 제국들 속으로 용해되어 사라져 버렸을 것이다. 그토록 철저히 계약을 믿었지만 많은 유대인들은 지속적인 두려움을 모면하지 못했다. 만약 계약의 세부 사항을 잊어버리면 어떻게 될까 하는 두려움이었다. 실제로 계약을 잊어버린 사람들이 있었다. 아시리아에 의해 파괴될 때까지 이스라엘 왕국에 거주하면서 유대인들과 마찬가지로 펜타투크〔모세5경, 토라〕를 자신들도 믿는다고 주장하는 사마리아 사람들이 그들이었다. 이 두 민족 사이의 유사성은 오히려 그 차이점을 강조한다. 사마리아인들은 예루살렘의 거룩함을 거부하고, 모세 이후에 저술된 성경들의 권위를 인정하지 않으며, 오로지 자신들만이 하느님의 순수한 율법을 준수한다고 생각한다. 그러니 이런 사마리아인들이 유대인들에게는 변태일 뿐만 아니라 잡종인 민족으로 보이는 건 당연했다. 그리하여 사마리아인은 하나의 살아 있는 경고가 되었다. 하느님의 율법을 포기하는 것은 "현명하고 슬기로운 백성"[64]이기를 포기하는 것이다. 유대인이 세상사를 해석할 수 있는 근거, 아니 유일한 근거는 하느님과의 계약이었다. 계약을 위반하면 신속하게 처벌된다는 점이 로마 군단의 예루살렘 점령으로 분명하게 드러났다. 그러나 주 하느님이 계약을 잘 지킨다는 것도 폼페이우스의 비참한 최후에 의해 증명되었다.

유대인 학자들이 계약에 함축된 의미를 심사숙고하면서 과거의 사건들만 생각했던 것은 아니다. 그들은 미래 또한 감안했다. 히브리어 성경의 예언서들은 종말의 날에 어떤 일이 벌어질지 생생하게 내다본다. 지상에 멸망이 닥쳐오고 새로운 포도주는 말라 버리고 포도 덩굴은 시들어 버린다. 표범이 새끼 염소와 함께 지내고 어린아이가 "송아지와 사자와 그 새끼"[65]를 몰고 다닌다. 정의로운 보편 왕국universal kingdom이 나타나게 되어 있고 예루살렘은 그 수도가 될 것이며, 다윗의 후손인 왕자가 왕위에 오를 것이다. "그는 힘없는 이들을 정의로 재판하고 이 땅의 가련한 이들을 정당하게 심판할 것이다. 그는 자기 입에서 나오는 막대로 무뢰배를 내리치고 자기 입술에서 나오는 바람으로 악인을 죽일 것이다."[66] 이 왕자는 하느님의 기름 부음을 받은 자로 통치하게 될 것이다. 그분의 '메시아 Messiah(그리스어로는 크리스토스Christos)'로서 다스릴 것이다. 예언자 이사야의 환시幻視 속에서 크리스토스라는 호칭은 이미 키루스에게 부여되었다. 그러나 이제 폼페이우스가 성전을 훼손하는 일이 벌어지자 메시아는 좀 더 긴급한 의미를 띠게 되었다. 다윗의 후손 중에서 메시아가 나오리라는 기대는 이제 공중에서 널리 떠돌았다. 그 메시아는 하느님과의 계약을 한층 강력하게 회복할 것이고, 알곡과 왕겨를 철저히 구분할 것이며, 사라진 부족들을 예루살렘으로 돌아오게 할 것이다. 모든 이국적 관습은 이스라엘에서 깨끗이 청소될 것이다. 메시아는 불의한 통치자들의 오만함을 도공의 질그릇처럼 깨부술 것이다. "그는 모든 백성을 그의 굴레 아래에 두고서 자신에게 복종하게 만들 것이다. 그는 온 세상 구석구석에서 주님의 영광을 드러낼 것이고, 예루살렘을 정화시켜 최초의 상태로 되돌려놓을 것이다."[67]

폼페이우스가 살해되고 나서, 잠시 동안 종말의 날이 다가오는 조짐이 보였다. 로마 군벌들의 경쟁은 지중해 세계를 계속 동요시켰다. 땅에서는 군단과 군단이 서로 맞부딪쳤고 바다에서는 선단과 선단끼리 격돌했다. 하늘을 올려다보며 더 좋은 시절이 오기를 꿈꾸는 이들은 유대인만이 아니었다.

이제 처녀 같은 정의와 황금시대가 돌아온다.
이제 하늘로부터 천상의 맏아들이 내려온다.
이 소년이 태어나면 강철의 세대는 지나가고
황금 세대가 와서 이 세상을 물려받을 것이다.[68]

로마 시인 베르길리우스가 쓴 이 시는 유다 왕국뿐만 아니라 이탈리아에서도 널리 퍼져 있던 황금시대에 대한 동경을 잘 말해 준다. 몇 년이 지나 그 동경이 실현되었을 때, 온 세상의 주인으로서 옥좌에 앉은 사람은 유대인 메시아가 아니라 스스로를 신의 후예라고 주장하는 사람[아우구스투스]이었다.

아우구스투스는 율리우스 카이사르의 양자였다. 카이사르는 폼페이우스를 정복한 장군이고, 암살된 후에는 그 놀라운 업적 덕분에 제국의 공식 선언에 의해 천상의 신전에 신으로 추존된 사람이다. 카이사르 가문의 신격화는 거기서 끝나지 않았다. 뱀의 형상으로 나타난 아폴론 신이 아우구스투스의 아버지라고 주장하는 사람들까지 생겨났다. 따라서 그가 디비 필리우스Divi Filius('신의 아들')의 반열에 올라, 신을 아버지로 모시는 동시에 신의 아들이라는 이중의 호칭을 얻은 것은 당연한 일이었다. 거의 붕괴 직전이던 로마 시민들의 도미니언은 아우구스투스에 의해 새롭고 무시무시한 발판 위에 올라섰다. 아우구스투스 같은 사람에게 평화는 수동적 미덕이 아니었으며, 그가 세상에 부여한 질서는 무력의 힘으로 부과된 것이었다. 제국 예하 여러 속주의 행정을 담당한 로마 총독들은 폭력의 전권을 휘둘렀다. 그들은 아주 무시무시한 제재를 마음대로 명령할 수 있었다. 로마제국에 반기를 든 자는 유죄 판결하여 산 채로 태워 죽이거나 광야에 내버려 야생 동물들의 밥이 되게 하거나 십자가에 못 박아 죽일 수 있었다.

유다 왕국을 로마제국이 직접 통치하기로 결정된 기원후 6년, 그 속주에 파견된 총독은 "아우구스투스로부터 사형 처분권을 포함하여 전권을 부여받았다."[69] 로마제국이 무자비하게 복종을 강요하는 과정에서 유대인들은 굴욕적인 대우를 받았다. 세상사에 큰 변화가 나타날 것이고 시간의 종말이 가까웠다는 유대인들의 평소 희망은 로마제국의 압제에 의해 진압되는 대신에 오히려 더 강화되었다. 유대인들은 그런 압제에 다양한 방식으로 반응했다. 어떤 사람들은 세상으로부터 은둔하여 예루살렘 동쪽의 광야로 들어갔다. 다른 사람들은 예루살렘 신전에 더욱 밀착하면서 사제단이 부과한 의례와 예배를 더 충실히 거행하는 데서 구원의 희망을 찾았다. 또 다른 사람들—'바리새인'이라고 알려진 학자들—은 하느님이 주신 모세 율법을 충실히 지킴으로써 모든 유대인이 사제로 봉사하는 세상을 꿈꾸었다. "왜냐하면 하느님은 무지無知의 변명은 절대로 받아들이지 않기 때문이다."[70]

그 자신을 보편 제국이라고 선언한 로마제국의 시대에, 뚜렷한 정체성은 오히려 제국에 대한 도전으로 간주될 수 있었다. 많은 민족이 로마의 통치 아래에서 서로 결속할수록, 유대인들은 하느님과의 계약을 가슴 깊이 새기며 자신들이 남들과는 다른 민족이라고 더 강하게 주장했다. 세상의 지배자로서 다양한 인간 사회의 습속을 알고 있던 로마 엘리트 계급이 볼 때 유대인은 변태의 표본 같은 민족이었다. "우리가 신성하게 여기는 모든 것을 그들은 경멸한다. 우리가 금기로 여기는 모든 것을 그들은 허용한다."[71]

이런 특이한 점들은 의심을 불러일으켰지만 그에 못지않게 존경심도 이끌어 냈다. 그리스 지식인들 사이에서 유대인들은 오래전부터 철학자 민족으로 알려져 있었다. 알렉산드리아 대도서관 너머 번잡한 거리에서 살던 유대인 공동체 덕분에, 그들이 이집트에서 도망쳐 나온 이야기—그리스어로는 엑소도스Exodos—는 특히 매혹적인 주제였다. 어떤 철학자들은 모세가 배교자 사제였고 그의 추종자들은 나병 환자들이었다고 주장했다. 또 다른 철학자는 모세가 우주의 신비를 알아내려고 애쓴 이상가였다고 보았다. 모세는 신들을 인간의 형태로 묘사하는 행위를 금지하고 오로지 유일신이 있을 뿐이라고 가르쳤다는 이유로 칭송되었다. 아우구스투스 시대의 학자들이 볼 때, 모세는 급속히 글로벌화하는 세계에 가장 적합한 사상가였다. "땅과 바다, 하늘과 세상과 사물들의 본질 등을 모두 포섭할 수 있는 단 하나의 존재는 유일신뿐이다."[72]

모세의 가르침을 이런 식으로 해석하는 것은 토라의 영향보다는 스토아학파의 영향이 더 크다. 하지만 그런 해석이 다음과 같은 획기적인 진실을 바꾸어 놓지는 못한다. 즉, 유대인의 하느님 개념은 거리가 좁혀지고 국경이 사라지는 시대에 가장 잘 어울리는 사상인 것이다. 이스라엘의 하느님은 "온 세상을 지배하는 위대한 왕"[73]이다. 독특하게도 유대 민족과 그 자신을 묶어 놓는 계약의 당사자인 하느님은 동시에 "주님에게 자신을 바치는 외국인들"[74]에게도 사랑을 베풀 수 있는 분이다. 온 세상을 용광로처럼 녹이는 지중해 세계에 이런 외국인들이 점점 늘어났다. 하지만 그런 외국인들은 대부분 유대교 회당에 다니지는 않았고, 유대인이 아니라 테오세베이스theosebeis('신을 경외하는 자')로 남는 데 만족했다. 그들은 마지막 궁극적 조치[할례 의식] 앞에서는 한 발자국 뒤로 물러섰다. 모세를 존경한다고 해서 반드시 할례의 칼을 받아들이겠다는 뜻은 아니었다. 외국인들에게는 아주 우스꽝스럽게 보이는 유대인 생활의 많은 측면들―가령 할례 의식을 치러야 하는 것, 돼지고기를 먹어서는 안 되는 것 등―은 모세의 가르침을 숭배하는 외국인들이 볼 때 후대에 들어와 덧붙여진 조항에 지나지 않았고, "미신적인 독재자들과 사제들"[75]이 만들어 낸 인위적인 작품이었을 뿐이다. 유대인 예언자들과 성경에 이처럼 열광하는 분위기가 널리 퍼진 것은 일종의 암시였다. 만약 토라의 지시 사항을 조금만 덜 까다롭게 조정했다면 유대교 하느님에 대한 숭배는 더 널리 퍼질 수도 있었다.

그러나 조정을 하지 않은 상태에서도, 유대교로 개종하는 이들이 있었다. 본토의 유대인보다 훨씬 많은 유대인들이 히브리어 대신에 그리스어를 사용하는 시대에 그리스인 혹은 다른 어떤 나라의 사람이 유대인이 되는 일은 얼마든지 가능했다. 최초의 국제도시인 알렉산드리아에서는 그런 현상이 아주 뚜렷하게 나타났다. 그렇지만 꼭 이 도시가 아니더라도 유대교 공회당이 있는 곳에서는 개종자가 나타났다. 로마는 엘리트 계급이 외국의 종교적 풍습을 수상하게 여기는 정도에 비례하여 로마 대중들 사이에서 그 풍습의 인기가 결정되었다. 그리하여 그 도시에서는 이러한 개종의 흐름에 대한 의심이 강력하게 대두되었다. 알렉산드리아나 로마의 보수주의자들은, 유대교의 신과 그들 도시의 신이 서로 양립하지 못한다는 사실을 파악하기 위해 토라를 들춰 볼 필요조차 없었다. "개종자들이 받아들인 첫 번째 교훈은 이런 것이었다. 다신교를 경멸하라. 그들의 나라를 포기하라. 부모, 자녀, 형제를 내버릴 수 있는 존재로 생각하라."[76] 다문화 세계가 가져올 결과에 두려움을 느끼는 이들은 유대인만이 아니었다.

히브리어 성경 내에 언제나 존재하던 긴장도 표면에 드러났다. 그것은 성경에 기록된 하느님의 말씀과 행동을 어떻게 이해할 것인가 하는 문제였다. 그 신은 계약의 하느님인가, 아니면 인류의 창조주인가? 이 질문은 오랫동안 긴장을 유발해 왔으나, 로마제국 같은 온 세상을 지배하는 위대한 도미니언이 생겨나면서 한층 더 시급하게 대답해야 하는 질문이 되었다. 유대인과 이교도—세상의 온갖 다른 민족들—사이에 존재하는 상호 의심은 동시에 상호 매력으로 작용했다. 예루살렘 동쪽의 광야에는 토라의 가르침을 철저히 지키면서 불의한 자들에 대한 증오를 마음속으로 다스리는 유대인 집단이 있는가 하면, 그 반대로 알렉산드리아에는 로마의 질서에 존경을 표하거나 아우구스투스를 "경건함을 가르치는 이"[77]로 칭송하는, 그리스어를 사용하는 모세학자 집단이 존재했다. 바리새인들이 이스라엘이 사제의 나라가 되는 것을 꿈꾸었듯이, 온 세상 사람들이 모세의 율법에 복종하는 세상이 오기를 바라는 학자들도 있었던 것이다. 이 학자들은 "야만인, 그리스인, 대륙과 섬들, 동쪽 나라들과 서쪽 나라들, 유럽, 아시아의 거주자들, 간단히 말해서 지구의 이쪽 끝에서 저쪽 끝에 이르기까지, 온 세상 사람들이 모세의 율법에 복종하기를 바랐다."[78]

유대인들은 아우구스투스가 다스리는 보편 제국의 일원으로 점점 흡수되어 갔다. 이러한 현상은 하느님의 분노를 일으키는 대신, 그와는 전혀 다른 어떤 것을 예고했다. 그것은 모든 인류에게 적용되는 하느님의 계획을 즉각 완수하려는 현상의 출현이었다.

3장

선교의 임무

기원후 19년, 갈라티아

아우구스투스 사후 5년에, 코이논 갈라톤 Koinon Galaton ('갈라티아 공화국')의 유지들이 엄숙한 성직자 회의에 집결했다. 그들은 모두 카이사르의 기억을 소중하게 여기는 이들이었다. 카이사르[아우구스투스]는 이제 신이 된 아버지[율리우스 카이사르] 옆에 함께 있으면서 천상에서 다스리고 있었다. 회의에 모인 성직자들은 카이사르를 구세주 겸 주님으로 높이 받들 계획이었다. 제국 내에 퍼져 있는 분위기가 갈라티아에서도 감지되었다. 전에는 전쟁만 난무하던 곳에 이제 평화와 질서가 찾아왔다는 분위기였다. 갈라티아 사람들은 과거에 쉽사리 폭력을 행사하는 사람들로 악명이 높았다. 아우구스투스가 사망하기 300년 전, 저 먼 갈리아 지방의 이민자들이 해협을 건너 유럽에서 소아시아로 건너왔다. 소아시아는 부유한 도시들, 온순한 시민들, 요리사들의 뛰어난 솜씨 등으로 알려진 지역이었다. 그리고 여기, 소아시아의 중부 고원지대(오늘날의 터키)에서 갈라티아 사람들은 재빨리 그들 자신의 고향을 만들어 냈다. 그들은 산간 지대의 부족한 자원을 그 지리상의 이점으로 보충했다. 갈라티아는 척박한 땅이었지만 이웃 왕국들을 습격하기에는 이상적인 곳에 자리 잡고 있었다. 키가 크고 붉은 머리에다 알몸으로 싸우는 경향이 있는 갈라티아 사람들은 "남들에게 폭력을 행사하는 재주"[1]로 먹고살았다. 갈라티아 왕국을 구성하는 세 부족 중 한 부족의 이름이 텍토사게스Tectosages('약탈품을 추적하는 자들')라는 것은 결코 우연의 일치가 아니다.

그렇게 살아가던 중 로마 군단이 그들 앞에 나타났다. 로마는 신속하게 갈라티아 사람들이 벌이던 거들먹거리는 산적 행위의 전통을 종식시켰다. 그리고 갈라티아가 로마의 복속 국가로 지낸 지 100년 정도 지났을 때, 아우구스투스는 갈라티아 사람들로부터 형식적인 독립 국가의 표지마저 박탈하여 로마의 속주로 만들었다. 새로운 속주의 경계는 원래 갈라티아 왕국의 경계보다 훨씬 넓어졌다. 은퇴한 병사들이 이주한 식민 도시들이 속주의 남부 지역에 속속 개척되었다. 산간 지대와 사막 들판을 가로질러 많은 도로가 건설되었다. 건설 기술자들은 황량했던 갈라티아의 풍경을 정착촌과 도로망으로 다스려 대제국의 태평성대 날인捺印을 확실히 찍어 놓았다. 돌과 단단하게 다진 자갈로 만들어진 비아 세바스테Via Sebaste('세바스토스의 길')는 남부 갈라티아의 600킬로미터가 넘는 길을 가로질러 구불구불 내달렸다. 이 도로는 갈라티아 속주에게 로마제국의 상징인 동시에 제국의 힘을 보장해 주는 수단이기도 했다. 이 도로에 붙여진 '세바스테'는 '세바스토스의'라는 뜻이고 그리스어 세바스토스Sebastos('장엄한 자')는 곧 아우구스투스를 가리킨다. 이 도로를 달려가는 것만으로도 디비 필리우스('신의 아들')에게 경의를 표하는 셈이 되었다. 그는 자신의 노력과 지혜로 온 인류를 황금시대로 안내한 사람이었다.

그리고 지금 이 순간에도 그는 세상에 여전히 영향력을 행사하고 있다. 갈라티아의 여러 도시는 이러한 확신 아래 그들의 정체성과 목적의식을 공유했다. 그들은 이렇게 해야 할 상당한 이유와 필요성이 있었다. 아우구스투스가 그 지역에 가져다준 질서가 그들을 안정시키는가 하면 현혹시키기도 했기 때문이다. 과거 독립 왕국으로서 거들먹거리던 시절에, 부족장들은 소나무 그늘 아래 모여 별을 바라보며 잔치를 하고 목에 화관을 두른 포로들을 자신들의 신들에게 희생 제물로 바칠 수 있었다. 그러나 로마제국의 치하에서 그런 일은 더는 허용되지 않았다. 이제 갈라티아 사람들은 과거 자기 조상들이 즐겨 침략했던 대리석 도시들에서 살았고, 갈라티아 속주 내에는 로마의 식민 도시들이 많이 들어섰으며, 또 그리스어를 상용했다. 이제 코이논 갈라톤은 과거의 배타적이고 독점적인 기준으로 그 자신을 규정할 수 없게 되었다. 그 대신 갈라티아의 세 부족은 새로운 정체성의 표지를 얻었다. 세바스테노스Sebastenos('아우구스투스가 총애하는')라는 호칭을 카이사르 자신이 그들에게 수여한 것이다.

갈라티아 엘리트들이 볼 때, 그 지역을 총애하는 신성한 후원자의 명예를 드높이는 일은 단지 편의의 차원에 그치는 것이 아니라 가슴속 깊이 느끼는 의무감이기도 했다. 이 때문에 아우구스투스의 승천 후 5년 만에, 아우구스투스가 직접 서술한 간단한 이력의 문장을 복사하여 갈라티아 전역에 세워야 한다는 포고가 내려왔다.[2] 그 문장은 그가 죽은 바로 그해에 동판에 새겨져서 로마에 있는 아우구스투스의 능묘에 부착되었던 것이다. 그 후 새로 건립된 로마 신전의 벽에 그 문장을 새긴 명판이 부착되었다. 그 문장은 또한 삼중 아치를 가진 성문의 부벽扶壁에 붉은 글씨로 음각되었다. 그런가 하면 디비 필리우스와 그 가족이 말을 탄 모습의 조각상으로 장식하기도 했다. 이러한 장식들은 갈라티아의 여러 도시를 방문하는 사람들에게 아우구스투스의 엄청난 업적들을 계속 상기시켰다. 그의 탄생은 사물의 질서를 새로운 방향으로 밀고 나갔다. 전쟁은 끝났고 온 세상은 하나가 되었다. 여기에 에우안겔리온Euangelion('복음')이 있다고 그 문장은 말했다.•

일찍이 어떤 신의 명성이 그처럼 빠르고 널리 퍼져 나간 적은 없었다. "바다와 대륙을 통하여 모든 지역에서, 모든 사람이 아우구스투스를 위해 신전을 건립하고 희생 제의를 올리면서 경배했다."[3] 그리하여 세월이 몇십 년 흘러가면서 갈라티아에는 아우구스투스와 그 뒤를 이어 황위에 오른 카이사르에 대한 숭배가 단단하게 뿌리를 내렸다. 그것은 민간 생활을 지탱하는 핵심 수액樹液이었다. 황량한 스텝 지역과 험준한 산간 지대에 자리 잡은 도시들은 자연스럽게 접목된 것이 아니었다. 갈라티아의 황야에 살던 파가니pagani('시골 사람들')에게, 아우구스투스에 의해 건설된 도시들의 광장과 분수는 아주 먼 세상의 일처럼 보였을 것이다. 갈라티아 사람들이 그 지역에 도착하기 훨씬 이전부터 그 지역은 주민들의 야만성, 마술사들의 위력, 지역 신들의 가혹한 보복 등으로 악명 높았다. 어떤 신은 거짓말쟁이들을 눈멀게 하거나 그들의 성기를 거세한다고 하여 다들 두려워했다. 또 다른 신은 자신을 불쾌하게 만든 여성들의 가슴을 마구 때리는 것으로 악명 높았다. 이처럼 무서운 신들이 갈라티아의 광야를 마음대로 횡행하고 있었다. 갈라티아의 도로에서는 여행을 하면서 춤을 추거나 피리를 불고 북을 치는 사제들의 무리가 심심찮게 목격되었다. 어떤

• "그는 전쟁을 끝내고 질서를 회복하면서 그 자신을 드러냈다. 그는 좋은 소식을 바라는 사람들의 희망을 훌쩍 능가했다." 기원전 29년에 작성된 이 문장은 소아시아의 에게해 쪽 해안에 있는 도시인 프리에네의 석판에 기록되었다. 이 문장에서는 에우안겔리온(euangelion)의 복수형인 에우안겔리아(euangelia)를 썼다.

사제들은 굉장한 광란의 의식儀式에 빠져들면서 입에 거품을 물고 예언을 하는 것으로 유명했다.

그러나 가장 저명한 예언자들 사이에서 성행위가 벌어지는 경우는 없었다. 갈리Galli는 여자 복장을 한 남자들인데, 갈라티아의 가장 높은 산꼭대기의 옥좌에 앉아 있는 어머니 여신 키벨레의 종복들이다. 그들은 이 일대의 여러 신들 중 가장 강력하고 가장 존경받는 키벨레에게 온전히 복종한다는 것을 나타내기 위해 칼이나 날카로운 돌로 자신들의 고환을 잘라 버린다. 지중해 전역에서 카이사르를 높이 떠받드는 의식이 번성하자, 갈리는 활동의 지평을 넓혀서 새로 깔린 도로를 타고 다른 지역으로 진출했다. 그들의 그런 의식은 로마에서 점점 더 자주 목격되었다. 그 도시의 보수주의자들은 당연히 그런 현상을 당혹스럽게 여겼다. 그런 보수주의자들 중 한 사람은 이런 엄중한 경고의 말을 했다. "만약 키벨레 여신이 이런 종류의 예배를 원한다면, 아예 처음부터 이 여신을 예배하지 말아야 한다."[4]

그러나 갈리가 로마의 가치관에는 거슬리는 존재였지만 아우구스투스 숭배에는 아무런 위협도 되지 않았다. 키벨레는 이미 지난 200년이 넘는 세월 동안 경배되었다. 로마 시인 베르길리우스는 세상의 새로운 '황금시대'[5]를 묘사하면서, 키벨레 여신이 자애로운 눈빛으로 그 세상을 바라보는 모습을 상상했다. 세상에는 오로지 유일신이 있을 뿐이라고 믿는 완고한 태도를 가진 유대인들만이 신앙의 원리에 입각하여 아우구스투스의 신성을 인정하지 않았다. 그러니 갈라티아 전역에서 아우구스투스를 기리는 신전 건설이 활발하게 이루어진 지난 수십 년 동안, 그런 황제 숭배를 반대하면서 전복하려는 방문객이 유대인인 점은 전혀 놀라운 일이 아니었다.

"전에 여러분이 하느님을 알지 못했을 때에는 본디 신이 아닌 것들에게 종살이를 하였습니다."[6] 바울은 이렇게 썼다. 그는 아우구스투스 사망 후 40년 정도 되었을 때 갈라티아를 방문했다가 그곳에서—구체적으로 갈라티아의 어디인지는 알려져 있지 않다—병이 났는데 친절한 후원자에게 임시 숙소를 제공받았다. 카리스마가 넘치는 데다 불굴의 의지를 지닌 이 외부 방문자는 한 군데에 조용히 앉아 있지를 못했고, 심지어 병상에서도 뭔가 도움이 되는 일을 하려고 애를 썼다. 바울의 후원자는 손님이 카이사르 숭배를 강하게 배척하는 것을 묵묵히 용납했을 뿐만 아니라 마치 바울이 "하느님의 천사"[7]인 양 그의 말을 열심히 경청했다. 이런 사실은 바울이 테오세베이스의 집에다 임시 숙소를 마련했음을 암시한다. 토라에 정통한 것은 물론이고 그리스어가 유창했던 바울은 유대교 하느님의 영광 속에서 집주인들을 가르칠 만한 이상적인 스승이었다. 그는 나중에 애정을 담아 그들을 회상한다. "내가 장담하건대, 여러분은 할 수만 있다면 눈이라도 뽑아서 내게 주었을 것입니다."[8] 갈라티아는 아우구스투스의 업적이 도시마다 공개적으로 널리 현양되는 속주이고 또 카이사르에게 바치는 영예들로 매달, 매해, 매 계절이 장식되는 지역이었다. 그렇지만 이런 곳에서도 유대인에게 배울 수 있는 것은 열심히 배우려고 하는 사람들이 있었다.

그러나 유대인이라고 해도 각양각색이었고, 바울이 전도하는 교리는 카이사르 숭배를 전복시키는 것 못지않게 토라도 전복시키고 있었다. 그리고 바울이 갈라티아에 도착하기 10년 전쯤에 그의 인생도 완전히 전복되었다. 젊은 시절 그는 바리새파였고 성경 연구에 치열하게 몰입했다. 그는 "조상들의 전통을 지키는 일에도 아주 열심이었던"[9] 학자였다. 그리하여 유대인이라면 믿어야 하는 것의 경계를 철저히 지키는 사람이었다.

따라서 예수라는 순회 스승의 추종자들이 주장하는 내용은 바울에게 충격과 혐오감을 일으킬 수밖에 없었다. 그들은 스승이 십자가에서 비참하게 죽었는데도 불구하고, 그가 죽은 자들 가운데서 살아나고 하늘로 올라가서 하느님의 아들로 이 세상을 다스리고 있다고 고집하니 말이다. 그런 주장은 결코 가만히 참고 들어 줄 것이 못 되었다. 그것은 아주 혐오스럽게 어리석은 생각이었다. 그런 주장은 아예 입 다물게 하는 것이 마땅했다. 그리하여 바울은 그런 숭배를 박살 내버리겠다고 스스로 맹세했다. 그러다가 갑자기 하나의 충격 혹은 광희狂喜처럼 그의 전 존재에 일대 변화를 일으키는 전환적 사건이 발생했다. 그로부터 몇십 년 뒤에 그날 벌어진 일은 바울의 추종자 겸 역사가(전승에 의하여 루카라는 이름이 부여된 사람)에 의해 자세히 기록되었다. 그 일은 예루살렘에서 다마스쿠스로 가는 도상에서 벌어졌고, 눈부신 빛 속에서 말씀이 들려왔다. 바울은 도전을 받을 때마다 그의 비판자들을 향해 이렇게 물었다. "내가 우리 주 예수님을 뵙지 못하였다는 말입니까?"[10]

바울이 보았던 환시는 그를 완전히 압도했다. 그는 하느님을 새롭게 이해하게 되었고 신성한 사랑을 알게 되었으며 시간이 새가 날개를 접어 들이는 것처럼 혹은 배가 돛을 감아 들이는 것처럼, 그 스스로 접힌다는 것[시간의 종말]을 깨달았으며, 모든 것이 결국에는 변한다는 것을 알게 되었다. 바울은 자신의 확신—예수는 정말로 그리스도이고 하느님의 기름 부음을 받은 분이다—을 공유하는 사람들에게 보낸 편지들 속에서 그 일의 경이로움을 거듭하여 언급했다. 복음을 전파하고, 또 그리스도의 사도로서 전도하라는 부름을 그가 친히 그리스도에게 받았다는 사실은 그의 한 평생에 걸쳐 가장 자랑스럽고 가장 겸허한 고백이었다. "사실 나는 사도들 가운데서 가장 보잘것없는 자로서, 사도라고 불릴 자격조차 없는 몸입니다. 하느님의 교회를 박해하였기 때문입니다."[11]

　그 모든 기이한 일을 바울 자신이 압도적인 어떤 것으로 생각했다면, 그 일이 갈라티아에서 사람들의 눈살을 찌푸리게 만드는 것도 필연적이었다. 바울은 카이사르를 가리켜 디비 필리우스라고 부르는 종교적 풍습을 철저히 경멸했다. 바울이 하느님의 아들이라고 선언한 분은 다른 신들과 함께 주권을 나누는 분이 아니었다. 그분 이외에 다른 신은 있을 수 없었다. "우리에게는 하느님 아버지 한 분이 계실 뿐입니다. 모든 것이 그분에게서 나왔고 우리는 그분을 향하여 나아갑니다. 또 주님은 예수 그리스도 한 분이 계실 뿐입니다. 모든 것이 그분으로 말미암아 있고 우리도 그분으로 말미암아 존재합니다."[12] 이러한 확신, 즉 십자가형을 당한 범죄자가 이스라엘 하느님과 동일한 정체성을 가진 분이라는 확신—바울은 신자들에게 보낸 모든 편지에서 이 확신을 당연하게 여긴다—은 유대인뿐만 아니라 갈라티아 사람들에게도 충격적으로 다가왔다. 명령과 과시가 카이사르 숭배의 핵심적 본질이었기 때문이다. 황제(emperor는 라틴어 imperator, 즉 '명령하는 자'에서 나왔다)로서 통치하는 것은 곧 상승장군常勝將軍으로서 명령하는 것이었다.

　갈라티아의 모든 마을과 모든 광장에 우뚝 서 있는 카이사르의 조각상은 신민들에게 다음과 같은 사실을 상기시켰다. 즉, 하느님의 아들이라는 것은 그 본질상 지상에서 가장 높은 위대함을 구현하는 것이다. 그런데 갈라티아 사람들에게 이 세상에 하느님의 아들은 한 분뿐이고, 그분이 노예의 죽음을 당했으며 채찍질에 저항하지 않고 기꺼이 몸을 맡겼다고 하는 바울의 주장은 가당치 않으며, 그들이 볼 때 바울은 십자가형을 "부끄러운 일"[13]로 말해야 하는데 그렇게 하지 않았다는 것이다. 그것[십자가형]이 "유대인들에게 걸림돌이고 모든 사람에게 어리석은 일"[14]이었다는 사실은 바울을 조금도 동요시키지 못했다. 오히려 정반대였다. 바울은 자신의 복음이 불러올 조롱과 위험을 온몸으로 떠안았다. 질병에서 회복된 바울은 자기 등에 나 있는 격자무늬 상처를 후원자들에게 감추려 하지 않았다. 그것은 그가 그리스도를 위해 받은 매질의 흔적이었다. "나는 예수님의 낙인을 내 몸에 지니고 있습니다."[15]

어떻게 하여 이것이 갈라티아 사람들에게 바울의 메시지가 진실이라는 것을 받아들이게 할 수 있었을까? 카이사르 숭배를 포기하는 것은 위험을 자초할 뿐만 아니라 속주의 여러 도시를 하나로 묶어 주는 단단한 사회적 연결 끈을 위태롭게 했다. 그러나 이런 위험에도 불구하고 일부 갈라티아 사람들은 바울이 선언한 새로운 정체성에서 위협이 아니라 해방을 보았다. 유대교의 하느님이 자신의 선민들에게 느끼는 사랑—갈라티아의 무관심한 신들이 보여 준 것과는 너무나 다른 사랑—은 이교도들에게 의심뿐만 아니라 부러움의 감정도 불러일으켰다. 이제 바울은 로마 세계 전역을 두루 여행하면서 이교도들에게 천상과 지상에서 벌어진 대변화의 소식을 전하는 일에 매진하기로 결심한다. 과거에 스승의 보호를 받는 어린아이처럼 유대인들은 신성이 제정한 율법의 보호를 받으며 살아왔다. 그러나 이제 그리스도가 지상에 오면서, 그런 보호는 불필요한 과거의 일이 되어 버렸다. 이제는 유대인만이 "하느님의 자녀"[16]인 것은 아니었다. 유대인들이 지켜 왔던 계약의 독점적·배타적 특성은 철폐되었다. 유대인들과 다른 민족들 사이의 명확한 구분—남자아이의 할례는 가장 눈에 띄는 상징이었다—은 이제 극복되었다. 유대인이든 그리스인이든, 갈라티아인이든 스키티아인이든, 그들이 예수 그리스도를 믿기로 맹세한다면 이제부터는 모두가 하느님의 거룩한 백성이 되었다. 바울은 자신에게 숙소를 마련해 준 집주인들에게, 그리스도가 온 세상 끝까지 선포하라고 당부하신 획기적인 메시지가 바로 이것이라고 말했다. "사실 그리스도 예수님 안에서는 할례를 받았느냐 받지 않았느냐가 중요하지 않습니다. 사랑으로 행동하는 믿음만이 중요할 따름입니다."[17]

히브리어 성경의 가르침에 이미 동정적인 사람들에게 바울의 이런 가르침은 아주 매력적이었다. 아주 먼 과거, 갈라티아 사람들이 그곳에 도착하기 훨씬 이전에 고르디움이라는 마을이 있었다. 이곳에 들어온 갈라티아인들은 곧 그 마을을 적들의 잘린 머리와 뒤틀린 시체로 장식했다. 이 마을에 도착한 알렉산드로스 대왕은 유명한 수수께끼에 직면했다. 그것은 지난 여러 세대 동안 큰 기둥에 복잡한 매듭으로 묶여 있는 수레였다. 한 예언은 이렇게 말했다. "이 매듭을 푸는 데 성공하는 자는 온 세상을 정복할 것이다."[18] 알렉산드로스는 손가락으로 그 매듭을 풀려고 오랜 시간 끙끙거리지 않고 칼을 뽑아 들어 그 매듭을 단칼에 끊어 버렸다. 바울은 예수 그리스도야말로 오래전 예언자들이 말했던, 이 세상에 대한 하느님의 계획을 완수한 분이라고 설교함으로써 고르디움의 매듭을 일거에 끊어 버리는 업적을 달성한 셈이었다. 단 한 번의 날렵한 일격으로 히브리어 성경 안에 늘 존재하던 갈등을 완전히 해소시킨 것이다. 그 갈등은 무엇인가? 하느님이 유대인만을 선민으로 본다는 주장과, 하느님은 온 세상 모든 민족을 사랑한다는 주장 사이의 갈등이다. 다시 말해 이스라엘 대 온 세상의 대립이었다.

당시는 알렉산드로스의 제국에 뒤이어 로마제국이 등장함으로써, 사람들이 보편 질서에 대한 동경에 익숙했던 시대다. 그런 시대에 걸맞게 바울은 국가 간의 경계나 민족 간의 구분을 없애는 보편적 하느님을 설교한 것이다. 바울은 자기 자신을 유대인이 아니라고 생각해 본 적이 없었다. 그러나 유대인을 다른 민족들과 구분 짓는 특징들―할례와 돼지고기

기피 등—을 '쓰레기'[19]라고 생각했다. 아브라함의 자손을 구분 짓는 것은 족보상의 후손이 아니라 하느님에 대한 믿음이라는 것이다. 그러니 갈라티아 사람들도 유대인 못지않게 아브라함의 후손이라고 주장할 자격이 있었다. 전에 그들을 노예 상태로 묶어 두었던 사악한 힘은 그리스도의 십자가 승리로 말미암아 퇴치되었다. 기존의 구도에는 균열이 생겼고 시간의 새로운 질서가 생겨났으며, 그 결과 전에 민족들을 구분하던 모든 것이 녹아 없어져 버렸다. "그래서 유대인도 그리스인도 없고, 노예도 자유인도 없으며, 남자도 여자도 없습니다. 여러분은 모두 그리스도 예수님 안에서 하나입니다."[20]

그러나 거꾸로 뒤집힌 세상만이 이런 전례 없는 혁명적 선언을 승인할 수 있었다. 바울은 카이사르의 동상이 방방곡곡에 세워진 속주를 방문하여, 예수의 십자가형이라는 공포와 굴욕이 실은 거꾸로 세움을 통한 궁극적 진리임을 강력하게 주장했다. 그가 이렇게 할 수 있었던 것은, 십자가형이 없다면 사람들에게 전파할 복음도 없음을 확신했기 때문이다. 그리스도는 자신이 아무것도 아니라고 선포함으로써, 노예의 비천한 신분을 스스로 걸머짐으로써, 가장 낮은 사람들, 가장 가난한 사람들, 가장 박해받고 학대받은 사람들의 심연을 몸소 겪었다. 바울은 이 거꾸로 세움의 신비한 경이로움을 사람들에게 어서 전파하고 싶었다. 십자가형을 혐오스럽다거나 어리석다거나 혹은 그 둘 다라고 생각하는 낯선 사람들에게 그 경이로움을 전파하기 위해 모든 것을 걸었다. 그는 다마스쿠스로 가는 길 위에서 부활하신 예수의 환시를 봄으로써 그 경이로움이 그 자신과 온 세상을 위하여 무엇을 의미하는지 분명하게 깨달았다. 바울은 그리스도가 시간과 공간에 관한 신성한 주권을 갖고 계신 분임을 단 한 순간도 의심하지 않았다. 그런 그리스도가 극악한 고문 도구 위에서 목숨을 내놓은 것은 바울이 이해한 하느님의 본성을 명확하게 보여 주었다. 하느님은 사랑이신 것이다. 그 결과 세상은 이제 변모했다. 복음의 힘은 그처럼 강하다. 바울은 그 복음을 선언하면서, 그 자신의 체험을 복음이 진리임을 보여 주는 구체적 물증으로 제시했다. 그는 아무것도 아닌 사람이었고, 아니 그보다 더 못한 사람이었다. 그리스도를 따르는 신자들을 박해하던 자였고, 어리석기 짝이 없으며 경멸받아 마땅한 자였다. 그런데도 그는 용서를 받고 구제되었다. "이제는 내가 사는 것이 아니라 그리스도께서 내 안에 사시는 것입니다. 내가 지금 육신 안에서 사는 것은, 나를 사랑하시고 나를 위하여 당신 자신을 바치신 하느님의 아드님에 대한 믿음으로 사는 것입니다."[21]

그런 바울도 구제되었는데 다른 사람들이라고 안 될 게 무엇이겠는가?

율법의 정신

그러나 바울은 갈라티아 사람들에게 복음을 전파하는 일도 중요했지만 그렇다고 해서 그곳에 한없이 머물 수는 없었다. 온 세상에 널리 복음을 전파해야 했기 때문이다. 바울의 소망은 그 시대의 결과물이기도 했다. 일찍이 한 제국이 지중해의 모든 선박 통행로를 통제한 적은 없었다. 지중해 연안을 따라 그토록 잘 정비된 도로망이 구축된 적은 없었다. 바울은 갈라티아 남쪽 해안의 항구 도시인 타르수스 출신이었으므로 앞으로 나아가야 할 지평선이 언제나 저기에 있다는 사실을 잘 알았다. 그는 이제 갈라티아의 먼지를 신발에서 털어 내며 서쪽으로 출발하여 에게해를 둘러싼 도시들인 에페소스, 테살로니카, 필리피를 찾아갔다. 하지만 선교 활동이 언제나 수월하지는 않았다. "우리는 세상의 쓰레기처럼, 만민의 찌꺼기처럼 되었습니다. 지금도 그렇습니다."[22] 바울은 언제나 자신이 노상의 나그네인 양 발언했다. 매질, 투옥, 해상에서의 난파, 산간에서 도적 떼를 만난 사람으로 말했다. 여행의 이런 다양한 위험에도 불구하고 그는 한 자리에 가만히 앉아 있을 생각이 없었다. 구세주가 그를 위해 고문을 당하고 목숨을 잃기까지 했는데 어떻게 자신이 그런 위험 따위를 불평할 수 있겠는가? 그래서 그는 계속 여행길에 나섰다.

삶이 끝나 갈 무렵, 바울은 약 1만 6000킬로미터를 여행한 것으로 추정된다.[23] 언제나 새로 세워야 할 교회가 있었고 그리스도를 알려야 할 새로운 사람들이 있었다. 그러나 바울은 이상가이기만 한 것은 아니었다. 그는 훌륭한 전략의 가치를 잘 알고 있었다. 여느 뛰어난 장군과 마찬가지로 그는 후방 단속도 게을리하지 않았다. 로마제국의 공식 문서들은 카이사르의 공병들이 부설한 훌륭한 도로를 따라서 신속하게 오갔다. 바울 또한 주님을 잘 섬기기 위해 꾸준히 편지를 써서 보냈다. 그는 전에 수사학을 충분히 공부했지만 애써 그 사실을 감추려 했는데, 글 솜씨가 어디로 가지 않았다. 그는 표현력이 풍부하고 아주 정서적이면서도 논리 정연한 편지를 썼다. 어떤 편지에는 그의 눈물이 묻어 있었고 어떤 편지에는 분노의 호소가 깃들어 있었으며 또 어떤 편지는 수신인에 대한 사랑을 드러내는 감동적 선언이 들어 있었다. 많은 편지에 이 세 가지가 모두 들어 있었다. 특별히 심한 스트레스를 느끼는 경우, 바울은 필경사에게서 펜을 낚아채 자신이 직접 글을 쓰기도 했다. 그의 글씨는 크고 힘찼다. 그의 편지를 읽으면 바울이 걸어온 사상의 궤적을 파악할 수 있을 뿐만 아니라 그의 목소리를 생생하게 들을 수 있다.

갈라티아로부터 괴로운 소식이 들려왔을 때, 바울이 보인 즉각적인 반응은 열광적이면서도 흥분이 가득한 편지를 쓰는 것이었다. "아, 어리석은 갈라티아 사람들이여! 누가 여러분을 호렸단 말입니까?"[24] 바울은 갈라티아라는 지역에 달라붙은 주술의 괴이한 매력을 잘 알고 있었다. 하지만 그에게 분노를 일으킨 것은 현지 마술사들이 아니었다. 기묘한 아이러니라고 할까, 그의 선교 활동을 망치려고 하는 자들은 바울처럼 그리스도의 복음을 설교하는 사람들이었다. 그들은 갈라티아 교회를 상대로, 예수를 주님으로 받아들이려면 모세의 율법을 전면적으로 준수해야 한다고 가르쳤다. 이는 바울이 갈라티아 사람들에게 가르쳤던 바와는 정반대되는 주장으로, 그리스도가 십자가형으로 죽은 사건의 핵심적 의미를 부정했다. 이런 "거짓 형제들"[25]의 가르침과 맞서 싸우기 위하여 바울은 망설임 없이 맹렬한 공격을 퍼부었다. "여러분을 선동하는 자들은 차라리 스스로 거세라도 하면 좋겠습니다."[26]

이 거칠고 사나운 농담은 바울이 갈라티아 사람들을 위협한다고 생각하는 두 가지 위험을 극화한다. 다시 말해 할례[를 주장하는 것]는 거세보다 별반 나을 것이 없다는 얘기다. 모세의 율법에 복종하는 것은 키벨레 찬송의 길로 나아가는 것과 마찬가지로 그리스도를 확실하게 배신하는 행위였다. 그렇다고 해서 바울이 토라가 하느님에게서 왔음을 부정하려는 것은 아니었다. 하지만 천상과 지상의 일에 커다란 균열이 발생한 결과로[예수의 탄생], 그 자신이 다음과 같이 선언하도록 명령을 받았다고 생각했다. "사실 그리스도 예수님 안에서는 할례를 받았느냐 받지 않았느냐가 중요하지 않습니다."[27] 갈라티아 사람들에게 할례의 칼을 받아야 한다고 요구하는 것은 할례 없이는 그리스도가 그들을 구제할 권능이 없다고 말하는 셈이었다. 그것은 그리스도의 십자가형으로 유대인과 온 세상 다른 민족들의 구분이 허물어졌다는 바울의 가르침을 부정하고 그런 구분을 다시 설정하려는 것이었다. 이는 보편 종교의 전도에 나선 바울의 일을 원천 무효로 만드는 것이었다. 따라서 갈라티아 사람들에게 보낸 편지에서 바울이 자신의 가르침을 그대로 준수하라고 회유도 하고 호소도 하는 것은 당연한 반응이었다. "형제 여러분, 여러분은 자유롭게 되라고 부르심을 받았습니다."[28]

그렇지만 그런 구호는 양날의 검이었다. 바울이 갈라티아를 떠난 후, 그리스도를 마음속에 받아들인 일부 신자들은 생활의 지향점이 사라졌다고 느꼈을 수도 있다. 도시의 신들을 부정하는 것은 곧 시민 생활의 리듬을 부정하는 것으로, 가족과 친구들의 관계를 위태롭게 하고 카이사르에게 불경한 태도를 보이는 것이었다. 갈라티아의 위기는 바울에게 냉엄한 교훈을 남겼다. 개종자들이 느끼는 단절감은 매우 심각하여 그들 중 일부가 나아갈 방향을 재조정하다가 할례를 심각하게 고려할 수도 있었다. 어쨌든 유대인들은 아주 오래된 민족이었고 그들의 율법은 엄격하기로 유명했다. 배타적이면서 숭고한 정체성이 지닌 매력은 바울의 예상보다 훨씬 강했다. 하지만 그는 타협하기를 거부했다. 오히려 자신의 주장을 전보다 두 배로 더 강력하게 밀어붙였다. 개종자들에게 그들 자신을 갈라티아 사람이나 유대인으로 생각하지 말고, 그리스도의 사람 혹은 천상의 시민으로 생각하라고 요구했다. 그들에게 혁신적이면서도 글로벌한 정체성을 갖추라고 했다. 이는 지역 정서를 당연시하고 새로운 것을 수상하게 여기는 시대에 아주 과감한 전략이었다. 그리고 바울은 그런 전략에서 조금도 물러설 생각이 없었다. 바울이 모세의 율법에 어느 정도 권위를 부여한 이유는 하느님이 진정으로 원하는 것은 보편적 우애라는 점을 강조하기 위해서였다. "사실 모든 율법은 한 계명으로 요약됩니다. 곧 '네 이웃을 너 자신처럼 사랑하라'라고 하신 계명입니다."[29] 당신에게 필요한 건 오로지 사랑뿐이다.

바울은 갈라티아 사람들에게 보낸 편지에서 적대자들이 스스로 거세하는 장면을 노골적으로 상상했다. 하지만 그런 생각이 그를 잠시라도 멈칫거리게 하지는 못했다. 그의 메시지가 진리라는 것은 그리스도가 직접 그에게 보증해 주었기 때문이다. 다마스쿠스로 가는 길 위에서뿐만 아니라 그 후에도 그런 보증이 확실하게 있었다. 환시와 계시 속에서 그는 셋째 하늘까지 들어 올려졌다. 그는 천상의 낙원에서 발설할 수 없는 말씀을 들었는데, "그 말씀은 어떠한 인간도 누설해서는 안 되는 것이었다."[30] 그리고 갈라티아에서 추가로 경이로운 일들이 벌어졌다. 태초에, 아직 천지가 창조되기 이전에 혼돈스러운 태초의 물위를 떠돌던 하느님의 영이 바울의 개종자들에게 내려왔다. 기적들이 벌어졌다. 그것은 천상과 지상 사이의 새로운 계약을 보여 주는 명확한 표지였다. 바울은 하느님의 성령이 갈라티아 교회에 내려왔다고 확신했다. 바울의 이런 내적 확신에 대한 설명은 그 편지에서 확인되며, 그가 적대자들을 무시했다는 사실도 알 수 있다. "이 계약은 문자가 아니라 성령으로 된 것입니다. 문자는 사람을 죽이고 성령은 사람을 살립니다."[31] 성령의 숨결을 받은 이교도가 모세의 율법을 따라야 할 필요가 무엇인가? "주님은 영이십니다. 그리고 주님의 영이 계신 곳에는 자유가 있습니다."[32]

바울은 두 번째 교회에도 편지를 보냈다. 편지의 핵심 내용은, 과거의 낡은 정체성에서 벗어나 그리스도의 가르침을 따름으로써 구원을 받으라는 것이었다. 코린토스는 갈라티아와는 다르게 매혹적인 도시라는 국제적 명성을 누리고 있었다. 남부 그리스와 북부 그리스를 잇는 비좁은 지협에 위치한 이 도시의 역사는 트로이 전쟁 이전까지 소급되었다. 두 개의 번잡한 항구를 자랑하는 부유한 도시로, 속주 총독의 본부가 이곳에 있었으며 넓은 거리와 통행로가 도심 한가운데를 가로질렀다. 심지어 로마에서도 이 도시의 청동 제품들과 창녀들의 매력에 대하여 놀랍다는 어조로 말할 정도였다. "모든 사람이 코린토스를 방문할 수 있는 행운을 누리는 것은 아닙니다."[33] 하지만 그 도시는 그 유구한 이름과 달리 아우구스투스가 갈라티아에 설치한 식민 도시들보다 훨씬 오래된 곳은 아니었다. 그 도시들과 마찬가지로 코린토스는 예전의 정착지에 설치된 로마의 식민 도시였다. 바울의 시대보다 약 200년 전에, 로마 군단이 힘을 과시하려고 옛 정착지를 싹 쓸어 내고 도시를 새로 건설했기 때문이다.

따라서 그리스의 다른 도시들과 마찬가지로 코린토스는 용광로 같은 곳이었다. 율리우스 카이사르에 의해 해방된 로마 자유민들의 후손이 이곳으로 흘러들어 와 그리스인 부자들과 뒤섞였다. 선박왕들이 구두 수선공과 섞여서 살았고, 순회 철학자들이 유대인 학자들과 교류했다. 이런 혼성 도시이니만큼 사람들의 정체성은 별로 뿌리 깊지 않았다. 아테네에서는, 바울의 열성적 추종자들도 바울이 큰 청중을 모았다는 얘기는 하지 못했다. 그러나 코린토스에서 바울은 어느 정도 청중을 모을 수 있었다. 그는 그 도시에서 차양과 천막을 수선하면서 생활비를 벌고 수선 도구들 사이에서 선잠이 들었으나, 다양한 사람들을 개종시킬 수 있었다. 그가 거기에 세운 교회는 유대인과 비유대인, 부자와 빈자, 로마식 이름을 가진 자와 그리스식 이름을 가진 자들이 뒤섞여 있었다. 코린토스의 교회는 새로운 사람들, 곧 천상의 시민들이라는 바울의 이상을 증명하는 기념비적 교회였다.

코린토스의 많은 시민들에게 이 종파는 그리 놀랍게 여겨지지 않았다. 그 도시는 많은 괴짜를 유치해 온 장구한 역사를 자랑했다. 과거 알렉산드로스 시대에, 저명한 철학자 디오게네스는 커다란 통 속에서 살았고 또 사람들이 보는 데서 자위행위를 함으로써 그 사회의 규범에 대한 경멸을 악명 높게 선언했다. 그러나 바울은 코린토스 사람들에게 그들의 가장 기본적인 전제를 전면적으로 재조정해야 한다는, 아주 강력한 요구를 하고 나섰다. 그리스도를 받아들인다는 것은 물속으로 뛰어드는 것, 즉 세례를 받는 것이었다. 그리하여 과거의 정체성은 씻겨 나갔다. 개종자들은 새롭게 태어났다. 부를 자랑하는 도시에서 바울은 "하느님께서 비천한 자와 가난한 자, 즉 아무것도 아닌 자"[34]를 선택했다고 과감하게 선언했다. 최고가 되기 위한 경쟁인 아곤을 숭상하는 사람들 사이에서, 하느님이 현자를 부끄럽게 하기 위해 우자愚者를 선택했고, 강자에게 수치심을 안기기 위해 약자를 선택했다고 선언했다. 인간 가재도구〔노예〕와 그 주인의 위계질서를 당연시하는 세계에서, 그리스도 자신이 노예의 죽음을 당하신 마당에 노예와 자유인을 구분하는 것은 그리스인과 유대인을 구분하는 것만큼이나 무의미하다고 주장했다. "주님 안에서 부르심을 받은 종은 이미 주님 안에서 해방된 자유인입니다. 마찬가지로 부르심을 받은 자유인은 그리스도의 종입니다."[35]

바울의 눈으로 볼 때, 코린토스 자체도 변한 것처럼 보였다. 그 도시의 극장과 경기장도 오래된 축제들을 경축하는 기념비라기보다는 자신의 새롭고 획기적인 메시지를 증명하는 기념물 같았다. 그리스도의 복음을 설교하는 것은 온 시민들이 쳐다보는 앞에서 배우처럼 서 있는 것이었다. 그것은 달리기 주자처럼 혹은 권투 선수처럼 지협에서 실시되는 큰 대회를 위해 훈련하는 것이었다. 과거에, 그 도시의 역사에서 가장 어둡던 시절에 어떤 로마 장군이 자신의 승리를 과시하려고 코린토스 시민들을 줄 세워서 행진시킨 적이 있었다. 하지만 지금은 하느님이 그들을 그렇게 줄 세우셨다. 그런 행렬에 참가하는 것은 조금도 부끄러울 게 없었다. 오히려 정반대였다. 신성한 행렬에 끼어 온몸에 뿌린 향수의 향기를 풍기면서 걸어가는 것은 포로임을 드러내는 게 아니라 진정한 자유인임을 과시하는 행위였다.

그러나 바울이 발견한 것처럼, 자유는 정반대로 그 나름의 스트레스 요인을 가져올 수 있었다. 갈라티아에서는 일부 개종자들이 잘못 현혹되어 모세의 율법을 바람직한 지지목인 양 환영했다. 여기 코린토스에서는 자유니까 뭐든지 허용된다는 미혹을 불러일으켰다. 바울이 코린토스를 떠난 지 몇 년 후에 충격적인 소식이 들려왔다. 개종자 중 한 사람이 아버지의 후처와 동침을 했다는 소식이었다. 바울은 당연히 충격을 받았다. 그러나 바울은 코린토스 신자들에게 편지를 써서 근친상간과 매음, 탐욕, 주취, 말대꾸하기 등을 하지 말라고 권고하면서도, 실은 그 자신이 그런 행위를 승인한 것인지도 모른다는 비난을 무시할 수가 없었다. 자기 마음대로 할 수 있는 방종이 아니라면, 도대체 자유란 무엇인가? 바울은 도전을 피할 사람이 아니었고 그 질문에 정면으로 맞섰다. 그는 편지에서 이렇게 썼다. "모든 것이 허용됩니다. 하지만 모든 것이 유익하지는 않습니다. 모든 것이 허용됩니다. 그러나 모든 것이 성장에 도움이 되지는 않습니다."[36] 코린토스 교회의 내파內破에서 터져 나온 이 획기적인 주장은 다음과 같은 얘기다. 율법은 그것을 따르는 사람들에게 도움이 될 때 비로소 "그리스도의 율법"[37]이 된다. 율법은 하느님이 그렇다고 선언했다거나, 하느님이 예언자에게 말했다거나, 저 먼 사막의 산속에서 불과 천둥 가운데에서 선포되었다거나 해서 정의로운 것이 아니다. 그것이 공동선을 위해 작용하기 때문에 정의로운 것이다.

하지만 바울을 따르는 사람들은 이런 의문을 품었다. 서로 혜택을 주는 일이 무엇인지 어떻게 판단할 수 있는가? 갈라티아인들에게 이로운 것은 코린토스 사람들에게도 역시 이로울 게 아닌가? 사도 바울은 사랑이 가장 중요하다고 가르침으로써 이 문제를 해결하려 했다. 사랑이 없으면 옳고 그름을 구분하는 지식은 아무 소용이 없다고 그는 감동적으로 선언했다. "내가 인간의 여러 언어와 천사의 언어로 말한다 하여도 나에게 사랑이 없으면 나는 요란한 징이나 소란한 꽹과리에 지나지 않습니다. 내가 예언하는 능력이 있고 모든 신비와 지식을 깨닫고 산을 옮길 수 있는 큰 믿음이 있다 하여도 나에게 사랑이 없으면 나는 아무것도 아닙니다."[38] 바울은 이 메시지를 끊임없이 설교했지만, 그때까지 해결하려고 했으나 잘 안 되어서 애쓰는 딜레마[서로 다른 습속의 조화]로 고심했다. 그는 세상을 널리 여행했으므로 서로 다른 민족의 습속이 다양하다는 것을 알았다. 그는 위대한 세일즈맨이었기에 청중에 맞추어서 메시지를 조정했다. "나는 어떻게 해서든지 몇 사람이라도 구원하려고, 모든 이에게 모든 것이 되었습니다."[39]

이런 주장에도 불구하고, 그리고 유대인의 정체성을 이해하는 방식을 획기적으로 바꾸었음에도 불구하고, 그의 본능과 편견의 관점에서 보면 그는 어릴 적부터 교육받은 환경의 결과물이었다. 그리스의 전통에서 말하는 사랑의 의미에 직면했을 때 그가 느낀 혐오감은 바리새인의 그것이었다. 일부일처제 결혼이 남녀 관계의 유일한 합법적 형태이고 두 남자 사이의 섹스는 완전히 변태라는 가르침을 받은 바울은 망설임 없이 그런 가르침을 하느님의 뜻이라고 천명했다. 이런 확신을 뒷받침하기 위해 모세의 율법에 기댈 수 없는 상황이었으면서도, 그는 조금도 망설이지 않고 그렇게 선언했다. 터놓고 말하자면 사정이 그러했기에 오히려 더 강하게 주장하고 나섰다. 결국 바울은 자신이 개종시킨 사람들이 스스로 유익하고 성장에 도움이 되는 것을 알아볼 수 있다고 믿지 않았다.

바울 가르침의 핵심인 사랑의 메시지는 지진 같은 파급 효과를 지닌 역설逆說이었다. 바울의 가르침이 가져온 기존 체제에 대한 균열과 일상생활의 끝없는 도전 사이에, 화산같이 폭발하는 혁명과 그 혁명으로부터 피신처를 마련해 주는 전통 사이에, 바울이 결코 온전하게 해소하지 못하는 긴장이 존재했다. 가령 남자와 여자가 "모두 그리스도 안에서 한 몸"[40]이라면 여자는 왜 남자와 똑같은 특권을 누리지 못하는가? 바울은 이런 질문과 씨름하면서 자기 자신이 분열되는 것을 느꼈다. 하느님의 계시와 그의 성장 환경은 각각 그를 정반대 쪽으로 잡아당겼다. 그리스도의 복음이 세상을 변모시킨다는 믿음은 그가 개종시킨 사람들 사이에 널리 퍼져 있었다. 성령이 여자 신자의 머리 위에 내려올 때마다, 신자들 속에서 그녀의 지위는 남자의 지위와 똑같은 것이 되어야 할 터이다. 바울은 그렇게 되는 것이 당연하다고 생각했다. 여자들은 그를 위해 목숨을 걸었다. 그의 전도 활동에 재정적 후원을 했고 그의 교회들에서 지도자로 일했다.

그러나 양성〔남녀〕 평등의 사상—그리스인에게는 물론이고 유대인에게도 충격적인 사상—은 바울을 멈칫거리게 만들었다. 남자와 여자가 똑같다는 것은, 그가 갈라티아 적대자들의 태도를 비난하며 퍼부었던 저주의 근거이기도 했다. 따라서 바울은 코린토스 교회가 갈리(남자 같아 보이는 여자들)의 거울 이미지를 만들어 낼 가능성을 결코 받아들일 수 없었다. 그래서 바울은 코린토스 사람들에게 여자의 짧은 머리는 남자의 긴 머리만큼이나 혐오스럽다고 말했다. 베일을 쓰지 않고 기도를 올리는 여자도 받아들일 수 없었다. 그 이유는 여러 가지가 있지만 무엇보다도 베일 쓰지 않은 머리는 그들을 찾아오는 천사들을 불쾌하게 만들기 때문이다. 배가 난파한 후, 파도가 넘실거리는 상황에서 배의 키를 손에서 놓아 버리는 남자도 그러했다. "모든 남자의 머리는 그리스도이시고 아내의

머리는 남편입니다."⁴¹

바울 자신은 이런 판결을 내리는 순간에도 자신의 한계를 결코 잊지 않았다. 그는 자신을 제2의 모세로 내세울 정도의 위선자는 아니었다. 누가 조언을 요청해 오면 기꺼이 조언해 주었다. 하지만 그것을 하느님의 조언으로 오해하지 말라고 지적했다. 그가 보낸 편지들은 제2의 토라가 아니었다. 그는 그리스도의 율법을 제정하려 들지 않았고 사도로서도 아주 겸허한 역할에 머물렀다. 그는 개종자들이 그 율법을 그들 내면에서 스스로 깨닫기를 권했다. "여러분은 분명히 우리의 봉사직으로 마련된 그리스도의 추천서입니다. 그것은 먹물이 아니라 살아 계신 하느님의 영으로 새겨지고, 석판石板이 아니라 살肉로 된 마음이라는 판에 새겨졌습니다."⁴² 바울은 이 말의 의미를 보다 명확하게 하려고 애쓰면서 자연히 히브리어 성경을 찾아보게 되었다. 그리고 구약성경의 예언서에서 하느님이 선민들과 새로운 계약을 맺으면서 "그들의 마음에"⁴³ 그분의 율법을 새기려 했던 사실을 확인할 수 있었다. 그러나 이런 강력한 약속들이 바울이 표현하려고 했던 것의 유일한 선례는 아니었다. 이런 점은 바울 자신도 알고 있었다.

코린토스에서 로마 교회에 편지를 보내면서, 바울은 옳음과 그름을 구분하는 인식을 유대인만 가지고 있는 건 아님을 선선히 시인했다. 다른 민족들도 막연하게나마 그런 인식이 있었다. 그 민족들은 그런 인식을 어떻게 얻었을까? 하느님이 그들에게는 율법을 내려 주지 않았으니, '자연으로부터〔본성으로부터〕'⁴⁴ 나왔다고 보았다. 그러나 유대인이 그 점을 시인한다는 것은 놀라운 일이었다. 토라에는 자연법의 개념이 들어 있지 않으니 말이다. 그러나 바울은 십자가형과 예수의 부활에 뒤이어 그리스도를 주님으로 모시는 사람들의 마음에 새겨진 율법을 규정해야 할 필요가 있었다. 그래서 바울은 그리스인의 가르침까지도 망설임 없이 차용했다. 바울은 그 율법을 표현하기 위해 시네이데시스('양심')라는 그리스어 단어를 썼다. 이때 바울이 어떤 그리스 철학자들을 심중에 두고 있었는지는 명확하다. 바울은 복음의 핵심에 스토아학파의 개념인 양심을 차용한 것이다.

그리스도의 출현이 이 세상에 어떤 의미가 있는지 규정하려고 애쓰던 바울은 여기서 결정적인 순간에 도달했다. 갈라티아 사람들에게 보낸 편지에서 바울은 세례를 받는 것은 할례에 복종한다는 의미라고 설교한 선교사들을 맹렬하게 비난했다. 이제 그런 적대자들은 물러가는 중이었으나 그들이 완전히 패배한 것은 아니었다. 바울이 지중해 전역에서 세우려고 그토록 애썼던 교회들에서, 이제 하느님의 목적에 대한 바울 신학이 앞으로 신자들에게 절대적 영향을 미칠 운명이었다. 바울 이전에는 유대교의 도덕[신의 율법]과 그리스 철학[자연법, 즉 양심]이 이처럼 획기적인 효과를 거두며 융합된 적이 없었다. 이스라엘 하느님의 율법이 인간의 마음에 새겨지고 또 하느님의 영에 의해 그 마음에 기록되었다는 것은 바리새인들의 가르침과 스토아학파의 가르침을 융합시킨 개념이다. 이것은 바리새인들과 스토아학파에게는 똑같이 낯선 개념이었다. 하지만 이 융합의 사상 때문에 바울의 편지—아무런 세속적 지위나 명성도 없이 그저 지중해 지역을 순회하며 설교한 전도사의 편지—는 가장 영향력 높고, 가장 획기적이며, 가장 혁명적인 문서가 되었다. 그 후 2000년 동안 생전의 바울 자신은 알지도 못한 사회와 대륙에서 그 편지들의 영향력이 계속 메아리쳤다. 그의 율법 사상은 서구 문명에 속속들이 스며들었다.

그는 자신이 선언한 바와 같이, 새로운 시작을 알리는 전령이었다.

내 불을 밝혀라

"밤이 물러가고 낮이 가까이 왔습니다."[45] 바울은 로마 교회를 구성하는 하기오이Hagioi('성도들')에게 이렇게 썼다. 그는 아주 긴급하게 지중해 전역을 여행하며 설교했다. 한번은 유다 왕국으로 여행하는가 하면 다른 한번은 스페인으로 원정을 떠나는 식이었다. 이런 여행 스케줄은 이 세상에 종말의 시간이 다가오고 있다는 그의 지속적인 불안감을 잘 보여 준다. 온 천지가 출산을 기다리며 진통하는 중이었다. 바울이 설교한 천상과 지상에서 벌어지는 혁명은 글자 그대로 우주적 질서에 대한 혁명이었다. 요란한 트럼펫 소리와 천사들의 찬양 속에서 그리스도는 곧 이 세상에 다시 오실 터였다. 바울은 개종자들에게 이렇게 권고했다. "우리 주 예수 그리스도께서 재림하실 때까지 여러분의 영과 혼과 몸을 온전하고 흠 없이 지켜 주시기를 빕니다."[46]

이 임박한 재림을 묘사하기 위해 그가 사용한 단어는 파루시아parousia였다. 이 말은 그리스인에게는 함축적 의미를 담고 있는 단어이기도 하다. 그리스인들은 신이 하늘로부터 내려와 지상을 직접 걷는 것을 보고 싶다는 동경을 품고 있었다. 그리하여 공성자 데메트리오스 같은 저속한 군벌을 신으로 숭상하기도 했다. 바울은 파루시아라는 용어를 사용함으로써 이스라엘의 유일신 하느님에게 유대인들이 느끼는 경외심과, 신을 직접 보기를 원하는 그리스식 동경을 융합했다. 그리스도의 재림이라는 전망은 다문화적 호소력을 지닌 메시지였던 셈이다.

그런데 로마에는 이미 장엄한 파루시아의 무대가 마련되어 있었다. 바울이 여러 도시를 돌아다니면서 시간이 얼마 남지 않았다고 경고하는 동안, 제국의 수도에서는 인성과 신성 사이의 경계 허물기를 아주 좋아하는 젊은 카이사르가 황제의 옥좌에 올랐다. 아우구스투스의 고손인 네로 또한 신의 아들이라는 지위를 갖고 있었다. 양부 겸 황제였던 클라우디우스가 죽으면서 재빨리 천상의 신으로 승격한 덕분이었다. 그는 태어나는 순간부터 신의 은총을 입었다. 12월 새벽의 첫 햇살이 그를 황금빛으로 먹감게 했다. 아첨꾼들은 네로를 아폴론에 비교하면서, 천상의 별들을 겁주어 흩어지게 하고 새로운 환희의 시대를 가져오고 "침묵하는 법률들에 새로운 생기를 불어넣는다"[47]라고 아첨했다. 네로는 고조인 아우구스투스와는 비교가 안 될 정도로 이런 신격화의 프로파간다를 위태로운 지경까지 과도하게 밀어붙였다. 네로는 그의 에우안겔리온(복음)을 아주 화려한 방식으로 그리스에 전파했다. 그리스 속주의 세금을 경감했고, 코린토스 지협을 관통하는 운하의 공사를 시작했고, 올림픽 게임에는 네로 자신이 직접 출전하기도 했다. 온 세상의 자원이 그에게 봉사했다. 동전, 조각상, 깃발 등은 신성한 불을 후광으로 두른 네로를 온 천하에 알렸다. 그는 로마의 거리에 태양수레를 모는 사람으로서 출현했다. 오랜 시간 연습한 악기인 리라를 가지고 공식 데뷔를 했을 때, 그는 날카롭게도 니오베의 처벌 신화를 연주하면서 노래 불렀다. 네로의 그런 모습에 현혹된 숭배자들 눈에는 잔인함과 장엄함의 상징인 아폴론 신이 지상에 나타난 것처럼 보였다.

바울이 볼 때 이는 우행보다 더 나쁜 행위였다. 이렇게 생각하는 사람이 바울만은 아니었다. 네로는 수레 모는 사람 혹은 음악가의 모습으로 대중 앞에 나타남으로써 로마가 소중하게 여기는 고정 관념을 마구 짓밟았다. 로마인들은 일반 대중을 즐겁게 하는 짓은 천민 중의 천민이나 한다고 생각했다. 하지만 네로는 로마인의 생각과는 정반대로 그런 천박한 짓이야말로 자신이 추구하는 목적에 딱 들어맞는 행위라고 보았다. 다음한 가지 점에서, 황제와 사도는 의견이 일치했다. 신성의 손길을 새롭게 받은 세상에서 이제 모든 것이 전과 같을 수는 없었다. 신의 아들이며 세상의 통치자인 네로는 인간사를 지배하는 지루하고 피곤한 관습에 얽매일 이유가 없었다. 그리하여 그는 그리스 비극에서 갑자기 튀어나온 잔인한 인물처럼, 자객을 보내 자기 어머니를 죽이고 임신한 아내를 발로 걷어차서 죽였다. 그는 여자 옷을 입고서 남자와 결혼했다. 이런 것이 신화 속의 영웅처럼 사는 것이었다. 초인간적인 인물이 다스리는 도시에서 보통 인간들 사이의 예의 바름이 무슨 의미가 있겠는가? 로마시 자체도 거듭하여 도시를 대대적으로 파괴하는 행위에 공모하고 가담했다. 기원후 64년 여름, 온 세상의 새로운 질서를 축하하기 위하여 대규모 가두 잔치가 거행되었다. 도시 한가운데에는 바다괴물들이 가득한 호수가 있었다. 그 호수 가장자리에는 가장 값싼 여자들에서 귀족 출신의 여자들에 이르기까지 다양한 창녀가 모인 창녀촌이 있었다. 남자들은 단 하룻밤 동안 이 창녀촌을 방문하여 마음껏 즐길 수 있었다. 여자들은 노예든 자유인이든 남자들의 요구를 거절하면 안 되었다. "부하가 주인이 보는 앞에서 그의 첩을 취할 수 있었다. 검투사가 여자의 아버지가 보는 앞에서 귀족 여자를 취할 수 있었다."[48]

그러나 온 세상에서 가장 큰 도시의 외곽 지역에 들어선 주택 단지와 공방들에는 다양한 시민들의 남루한 공동체가 자리 잡고 있었다. 관습과 규범을 무시한다는 점에서 그들은 네로를 뺨치는 사람들이었다. 바울은 로마 교회의 창건자가 아니었다. 그리스도를 믿는 사람들은 바울이 그 도시에 나타나기 이전에 이미 로마에 존재했다. 그렇지만 그가 코린토스에서 로마 교회의 성도들에게 보낸 편지에 그의 믿음이 상세히 표현되었다. 그 편지는 "하느님께 사랑받는 로마의 모든 신자"[49]에게 건네는 인사였는데, 그들이 일찍이 들어 보지 못한 내용을 담고 있었다. 바울의 경력을 가장 자세히 설명한 〈로마 신자들에게 보낸 서간〉은 그 편지를 받은 사람들에게 네로의 세속적 연기보다 훨씬 더 혁명적인 위엄을 약속했다. 황제가 초청한 가두 잔치에 참석한 사람들은 카이사르가 제공하는 즐거움을 순간적으로 맛보는 데 그쳤을 뿐이다. 그러나 바울은 〈로마 신자들에게 보낸 서간〉에서 그보다 훨씬 놀라운 것을 내놓았다. "이 성령께서 몸소, 우리가 하느님의 자녀임을 우리의 영에게 증언해 주십니다."[50] 이처럼 과감하게 선언된 그들의 신분은 정작 네로가 동참할 수 없는 신분이기도 했다. 노동의 땀으로 악취가 나고 지저분한 가장, 로마 외곽의 남루한 주택과 공방에서 사는 사람들은 감히 카이사르의 호칭을 낼 것이라고 주장할 수 없었을 것이다. 그렇지만 바울은 이런 사람들에게 그들만의 특권을 부여했다. 그들이 하느님에 의해 자식으로 입양되었다는 것이다.

그렇게 된 이들이 가장들만은 아니었다. 네로가 로마 시민을 위해 거행한 대규모 가두 잔치에서 네로식 전통의 파괴는 그 한계를 드러냈다. 창녀 역할을 하면서 쾌락을 원하는 남자의 욕구를 들어주어야 했던 귀족의 딸은 로마의 시민 대다수가 당연하게 여기던 살벌한 진실의 상징이었다. 즉, 로마인의 페니스는 엄청난 힘을 갖고 있다는 것이었다. 섹스는 권력의 행사가 아니라면 아무것도 아니다. 점령된 도시들이 로마 군단의 칼에 굴복했듯이, 성적으로 이용되는 자의 신체는 로마 남자의 페니스에 굴복해야 했다. 남자든 여자든 삽입을 허용하는 것은 열등한 지위의 표시였다. 여성적이고, 야만적이고, 굴종적인 것이었다. 자유로운 로마 시민의 신체는 신성했지만 다른 사람들의 신체는 만만한 사냥감이었다. "주인에겐 그가 원하는 대로 노예를 부릴 자격이 있다는 것은 널리 받아들여지는 사실이다."[51] 네로는 귀족 여자들의 신체가 누려야 할 신성한 법적 권리를 빼앗음으로써—비록 하룻밤이기는 하지만—로마의 계급 제도를 가지고 위태로운 장난을 친 것이다. 하지만 그것보다 더 근본적인 전제까지 위태롭게 한 것은 아니다. 로마의 남자들은 노예와 창녀를 성적 위안의 대상으로 삼는 데 조금도 망설임이 없었는데 그 태도는 노상 방뇨를 아무렇지 않게 생각하는 것과 똑같았다. 라틴어에서 메이오meio라는 단어는 '사정하다'와 '방뇨하다'라는 두 가지 뜻을 동시에 갖고 있다. 이러한 로마인의 전제 조건에 바울은 완전히 다른 전망을 제시했다.

"여러분의 몸이 그리스도의 지체라는 것을 모릅니까?"[52] 그는 코린토스 사람들에게 그렇게 물었다. 어떻게 자신의 신체가 하느님에게 바쳐진 거룩한 것임을 아는 사람이 그 신체로 창녀의 몸을 안을 수 있고, 그의 땀을 창녀의 땀과 뒤섞을 수 있으며, 그런 여자와 한 몸이 될 수 있단 말인가? 그러나 바울은 신체가 "성령의 신전"[53]이라고 선언할 때 단지 코린토스나 로마의 대다수 남자들이 당연시하는 태도를 신성 모독이라고 비난하는 데서 그치지 않는다. 그는 더 나아가, 로마 남자들의 성적 노리개가 되는 대상, 가령 술집 여자들, 집장촌의 화장한 남자들, 주인들이 성적으로 마구 학대하는 노예들에게도 가리지 않고 구원의 소식을 들려준다. 그리스도처럼 고통을 겪고, 매질을 당하고, 멸시받고, 모욕당하는 것은 그리스도의 영광에 동참하는 것이다. 바울은 로마 사람들을 이렇게 확신시켰다. 하느님에게 입양되는 것은 곧 그들의 신체가 구원된다는 뜻이다. "예수님을 죽은 이들 가운데서 일으키신 분의 영께서 여러분 안에 사시면, 그리스도를 죽은 이들 가운데서 일으키신 분께서 여러분 안에 사시는 당신의 영을 통하여 여러분의 죽을 몸도 다시 살리실 것입니다."[54]

이 혁명적 메시지는 그것을 들은 사람들에게 매우 절박한 질문을 던지게 했다. 로마의 성도들은 비좁은 공장에다 모임의 자리를 만들고 함께 식사를 하면서 그리스도의 체포와 수난을 추모했다. 이 모임에서 남자들은 여자들과, 시민들은 노예들과 어깨를 맞비비며 서로 만났다. 만약 모든 사람이 그리스도에 의해 똑같이 구제되고 또 똑같이 하느님의 사랑을 받는다면, 로마의 가장 비천한 가정도 철저히 준수하는 위계질서는 어떻게 되는가? 바울은 이 질문에 대답할 때 약간 불명확한 태도를 보인다. 그는 그리스도의 이름으로 세례를 받은 사람들에게 약속된 하느님의 정의가 사람의 신분에 따라 달라진다는 주장을 거부한다. 그는 확고한 어조로 선언한다. "하느님께서는 사람을 차별하지 않으십니다."[55] 모든 사람이 죄악과 죽음의 질곡으로부터 똑같이 구원을 받았다. 한 집안의 가장이라고 해서 혹은 그 가정의 노예라고 해서 하느님의 사랑을 더 받거나 덜 받지는 않는다. 따라서 모든 사람이 공통의 사랑에 의해 결속되어야 한다. 하지만 바울은 이렇게 주장하면서도 그런 과격한 메시지를 그 논리적 결론까지 밀어붙이지는 않는다. 노예는 주인에게서 형제와 같은 사랑을 받고 거룩한 태도로 이름을 떨치고 예언의 재능을 부여받을 수 있지만, 그래도 여전히 노예라는 생각이었다. 그러면서 바울은 이렇게 설명한다. "우리는 저마다 하느님께서 베푸신 은총에 따라 서로 다른 은사를 가지고 있습니다. 그것이 예언이면 믿음에 맞게 예언하고, 봉사면 봉사하는 데 써야 합니다." 그리고 이런 재주를 둘 다 가지고 있다면, 그 둘을 다 사용하면 되었다.

바울은 이렇게 선언하면서 자신이 이 설교를 그대로 실천한다고 주장할 수 있었을지 모른다. 그는 자신의 성장 배경이 부여한 여러 특권을 기꺼이 내려놓았다. 그는 필경사와 학자의 자격을 포기했을 뿐만 아니라 아버지에게서 물려받은―루카의 〈사도행전〉을 그대로 믿는다면―로마 시민권도 포기했다.● 그는 그런 특권들을 거의 이용하지 않았다. 자신이 믿는 바를 아무런 두려움 없이 선포하면서, 그는 관계 당국자가 자신의 발언을 처벌할 자격이 있음을 순순히 인정했다. 그는 유대교 공회당에서 발언할 수 있는 자신의 권리를 포기하기보다는 회당의 제재 규정을 기꺼이 받아들였다. "마흔에서 하나를 뺀 매를 유대인들에게 다섯 차례나 맞았습니다."[56] 이와 마찬가지 정신에 입각하여, 카이사르들의 허세를 극히 경멸하면서도 네로에게 노골적으로 저항하지 말라고 로마 교회에 경고했다. "사람은 누구나 위에서 다스리는 권위에 복종해야 합니다. 하느님에게서 나오지 않은 권위란 있을 수 없습니다."[57]

바울은 진정한 시민은 천상의 시민밖에 없다고 확신했고, 분명하게 드러난 지상의 권위를 적절히 활용하여 그 점을 더 잘 설명하려고 했다. 코린토스나 로마의 가장들이 재정적 지원을 해주고 여러 개종자가 만날 수 있는 공간을 제공하고 고향 유다 왕국의 기근을 완화하기 위한 후원금을 내놓으면, 바울은 그들의 관대한 호의를 적극 활용했다. 그는 로마 당국이 평화를 유지해 준 덕분에 지중해 지역을 여행할 수 있었기에, 개종자들에게 로마 당국에 저항하라고 재촉함으로써 자신의 선교 활동을 위태롭게 만들 생각은 없었다. 그의 전도 여행에 너무나 많은 것이 걸려 있었다. 사회의 전반적 조직을 완전히 새로 짤 시간은 이제 없었다.** 바울에게 정말로 중요한 것은, 자신에게 허용된 작은 기회의 창을 이용하여 되도록 많은 교회를 세우는 것이었다. 그렇게 하여 이 세상을 파루시아에 대비시켜야 했다. "주님의 날이 마치 밤도둑처럼 온다는 것을 여러분은

● 루카의 증언이 믿지 못할 것이라 하더라도—바울이 과연 로마 시민권을 갖고 있었느냐에 대하여 학자들의 의견이 엇갈린다—그런 얘기가 나온다는 사실은 바울의 배경에 대하여 많은 것을 암시한다.
●● 바울과 동시대의 사람들은 주님의 재림이 임박했다고 믿었다.—옮긴이

잘 알고 있습니다."[58]

온 세상의 기반이 점점 더 심하게 동요하는 것처럼 보였다. 기원후 64년 여름, 네로의 악명 높은 가두 잔치가 벌어진 지 몇 주 후에 로마에서는 대규모 화재가 발생했다. 몇 날 며칠 도시는 계속 불탔다. 마침내 불이 다 꺼졌을 때 도시의 3분의 1이 잿더미로 바뀌었다. 범인을 찾기 위해 주위를 두리번거리던 네로는 성도들에게 시선을 고정했다. 그들에게 붙여진 죄목—방화와 "인류에 대한 증오"[59]—은 그들의 믿음을 자세히 조사하지 않았음을 보여 준다. 그들은 그저 희생양이었을 뿐이다. 평소 장대한 광경을 좋아하는 네로는 아르테미스와 아폴론에 견줄 만한 보복 심리를 과시했다. 살벌한 징벌이 부과되었다. 일부 유죄 판결을 받은 성도들은 동물 가죽을 뒤집어쓴 채 개들에게 갈가리 뜯겨서 죽었다. 또 다른 성도들은 십자가에 묶어 놓고 역청을 온몸에 칠하고서 불을 붙임으로써 밤을 밝히는 횃불 대신 사용되었다. 네로는 수레를 타고 로마 거리를 달리면서 경악하며 입을 다물지 못하는 대중과 뒤섞였다.

후대의 전승이 기록한 바에 의하면, 이렇게 죽음에 처해진 이들 중에 유명한 두 사람이 있었다. 한 사람은 베드로였다. 나머지 한 사람은 로마 시민에 걸맞게 참수형을 당한 바울이었다. 바울이 로마 대화재 때 사망했는지 아니면 그보다 조금 더 전에 죽었는지는 불분명하다. 그러나 그가 처형되었다는 것은 거의 확실하다. 그가 죽은 지 30년이 채 되지 않아 그는 로마에서 하느님의 영광을 증명하는 사람의 원형으로 칭송되었다. 그런 사람을 라틴어로 마르투스martus라고 하는데 곧 '순교자'를 가리키는 말이다. "그는 여러 번 족쇄를 차고서 영어의 몸이 되었다. 유배를 당하고 돌팔매를 맞기도 했다. 지중해의 동부와 서부를 돌아다니면서 설교를 했다. 온 세상을 향하여 의로운 사람이 되는 방법을 가르쳤다. 그는 지중해 서부의 끝까지 갔다. 이렇게 많은 선교 활동을 한 후에 그는 거룩한 영광을 얻었는데, 과연 그의 신앙에 합당한 보상이었다."[60]

바울은 주님의 영광이 되돌아오는 것을 살아생전에 볼 수 있으리라 희망했으나 그것을 보지 못하고 실망한 채 죽었다. 그러나 그의 가르침 가운데 가장 혁명적인 사상, 즉 만민의 주님이 이스라엘을 외국의 압제로부터 구원하기 위해 불과 천둥을 준비하는 것이 아니라, 그분의 아들을 로마의 십자가형에 처하게 함으로써 새로운 시대를 연다는 사상은 곧 바울을 따르는 사람들이 볼 때 아주 무서운 증거에 의해 확증되는 놀라운 현상이었다.

기원후 66년, 유다 왕국의 유대인들은 그동안 내부에서 불타오르던 분노를 더는 참지 못하고 노골적인 반란을 일으키고 나섰다. 로마의 보복 행위는 아주 가혹했다. 반란이 시작된 지 4년 후에 예루살렘은 로마 군단의 급습을 받았다. 신전의 보물들은 로마로 실려 갔고 신전 건물은 불타서 재로 변했다. "신전의 오래된 역사, 그 안에 소장된 많은 보물, 그 의식의 비할 데 없는 영광 등도 신전이 파괴되는 것을 막지 못했다."[61] 반란을 지지했던 사람들이 도움을 기대했던 하느님은 그의 백성을 구제하지 않았다. 많은 유대인들이 비참과 절망의 구렁텅이에 내던져졌고 그로 인해 하느님에 대한 믿음을 버렸다. 다른 유대인들은 하느님을 비난하기보다는 그들 자신의 불복종적인 태도를 비난하면서 히브리어 성경과 그 율법을 공부하는 데 더욱 힘을 기울였다. 그러나 또 다른 유대인들—예수가 그리스도임을 믿는 사람들로, 로마 당국이 점차 크리스티아니Christiani●라고 명명하는 사람들—은 하느님의 선민에게 떨어진 대재앙

● 〈사도행전〉에 따르면 "제자들은 안티오크에서 처음으로 기독교인(Christians)이라고 불렀다"(11:26)라고 나온다. 이 문장의 의미와, 이 문장 속 그리스도인을 두고 크리스티아노스

을 그보다 더 무서운 광경, 즉 하느님의 아들이 십자가에서 처형된 사실과 병치시키며 거기서 구원의 교훈을 얻었다. 바울은 예루살렘 신전의 파괴를 목격하지는 않았지만 그 일을 생전에 예상했다. 하느님이 특정한 민족을 보호해 주는 영원한 계약에 매인 전사戰士라는 확신은, 바울이 그리스도의 환시를 처음 본 뒤에 내버린 사상이었다. 그가 설교한 것은 새로운 계약이었다. 하느님의 아들이 인간이 되어 지상에 내려옴으로써 모든 인류를 구원했다. 메시아는 군대의 지휘자도 아니고 카이사르 정복자도 아닌, 희생자의 신분으로 이 지상에 왔다. 그 메시지는 충격적이면서도 새로웠다. 엄청난 트라우마를 겪은 시대에 알맞은 메시지이기도 했다. "유대인들은 기적의 표지를 요구하고 그리스인들은 지혜를 찾습니다. 그러나 우리는 십자가에 못 박히신 그리스도를 선포합니다."[62]

따라서 예루살렘이 파괴된 직후, 예수를 기억하는 사람들이 점점 사라져 가는 상황에서 예수의 생애와 언행을 기록하는 작업이 시작된 것은 그리 놀라운 일이 아니다. 바울은 편지에서 그리스도의 수난—그가 체포된 날 밤, 매질 당함, 십자가형 등—을 종종 언급하기는 했으나, 편지를 받는 사람들이 수난의 내용을 세세히 잘 알고 있다고 확신했으므로 그것을 의사소통의 핵심으로 삼지는 않았다. 예루살렘의 파괴 직전과 직후라는 긴장되고 무서운 시절에 집필된 복음서는 바울의 편지와는 다르게 예수의 생애와 언행을 상세히 기록했다.* 가장 이르고 가장 영향력 높은 네

(Christianos)라는 그리스어를 쓴 것으로 보아, "이 단어는 로마 당국의 행정 지도력이 미치는 지역에서 라틴어로 맨 처음 만들어졌다"는 사실을 강력히 암시한다(Horrell, p. 364). 실제로 타키투스는 네로에게 유죄 판결을 받은 사람들에게 크리스티아니라는 경멸적 명칭이 붙여졌다고 명시적으로 말한다. 그래서 당연히 바울의 편지와 복음서에는 이 말이 나오지 않는다. 그러나 늦어도 기원후 100년에 이르러 기독교인들 자신이 이 단어를 사용하기 시작한 듯하다.

복음서는 모두 그리스도의 죽음과 부활을 클라이맥스로 설정한다. 그러나 이것들이 복음서의 유일한 주제는 아니다. 한 복음서에서 예수는 이렇게 말한다. "너희는 스승이라고 불리지 않도록 하여라. 너희의 스승님은 한 분뿐이다."[63] 그러나 그가 가르치는 방식이 철학자의 방식은 아니었다. 자신의 미덕을 자랑하고 남들의 잘못을 비난하는 자들을 가리켜, 예수는 구더기와 부패가 들끓는 벽화 무덤으로 여기며 무시했다. 그가 설교하는 미덕의 기준—원수를 사랑하고 세속의 재물을 모두 포기하라—은 너무 높아서 결코 지킬 수 없을 것처럼 보였다. 그는 특히 죄지은 사람들에게 관대했다. 그는 율법을 위반한 유대인들과 함께 식사를 했고 간음한 자들과 우물 옆에서 대화를 나누었다. 그는 비유의 말을 잘 했다. 하느님의 나라는 겨자씨와 같다. 그것은 어린아이의 눈으로 본 세상과 같다. 그것은 빵의 누룩과 같다. 예수가 즐겨 말한 이야기와 비유 속에서는 부유하고 현명한 사람들의 세상 못지않게 비천한 사람들의 세상에서 가져온 플롯이 거듭하여 등장한다. 가령 돼지치기, 하인, 씨앗 뿌리는 사람들의 세상이 그런 경우다. 하지만 이런 모든 점을 떠나 그 이야기와 비유는 괴상한 특징을 가지고 있다. 거듭하여 낯익은 것이 낯선 것으로 제시되는 점이다. 가시에 떨어진 씨앗, 잃어버린 양, 혼인식이 시작되기를 기다리는 신부 등은 예수의 가르침 속에서 하느님의 목적에 대하여 강렬한 빛을 던진다. 그러나 예수의 성품처럼 신비한 성품은 다시 찾아보기 어려울 것이다. 일찍이 문학에서 그런 성품이 묘사된 적은 없었다. 이 점을 잘 보여주는 한 가지 단서는 복음서를 읽는 기독교인들의 태도다. 복음서 안에는

• 정경이 되는 4대 복음서는 아직도 정확한 집필 연대가 확정되지 않았다. 대략 기원후 50년에서 90년대 사이에 집필되었을 것으로 추정된다. 그러나 90년대설을 뒷받침하는 증거가 과거 한때 생각했던 것처럼 그리 확실하지는 않다.

예수의 생애가 기술되어 있고, 울고 땀 흘리고 피 흘리는 모습이 묘사되어 있으며, 그 죽음이 사실적으로 아주 생생하게 기술되어 있다. 기독교인들은 그 이야기를 읽으면서 바울이 말한 것처럼 그분은 "하느님의 아들"[64]이었음을 실제로 믿게 되었다.

로마제국이 예루살렘을 파괴하기 650년 전에 바빌로니아 사람들이 그 도시에 똑같은 대재앙을 가져왔다. 그때 포로가 되어 바빌론으로 끌려간 유대인들은 하느님에 대한 신앙을 지키며 모든 게 결국 다 좋게 끝나리라고 상상했다. 이스라엘은 회복될 터였고 왕자들은 이스라엘 앞에 무릎을 꿇을 터였다. 어둠은 마침내 걷힐 터였다. 주 하느님 자신이 그렇게 선언했다.

> 나의 구원이 땅끝까지 다다르도록
> 나는 너를 민족들의 빛으로 세운다.[65]

그런데 이제 성전이 두 번째로 파괴되고 보니 그 어둠은 오히려 더 짙어진 것 같았다. 그렇다면 주님이 말씀하신 빛은 어떻게 된 것인가? 이 질문에 대하여 복음서의 저자들은 놀라운 대답을 내놓는다. "그 빛이 어둠 속에서 비치고 있지만 어둠은 그를 깨닫지 못하였다."[66] 기독교인들이 장차 〈요한 복음서〉라고 이름을 붙이는 복음서는 그렇게 시작된다. 요한은 예수의 열두 제자 중 가장 나이 어린 사람으로, 예수가 각별히 사랑한 제자였다. 로고스〔말씀〕는 하느님과 함께 있었고 하느님이었으며 세상에 직접 내려왔으나, 세상은 그를 알아보지 못했다. 바울의 편지들 못지않게 〈요한 복음서〉는 유대교 성경과 그리스 철학을 융합시켰다는 측면에서

그 시대를 증명하는 획기적 기념비였다.[•]

확실히, 빛과 진리가 서로 같은 것이라는 개념은 요한의 독창적 사상은 아니다. 이 개념은 다리우스 시절까지 거슬러 올라간다. 그러나 그 다음에 나오는 내용은 페르시아 왕들, 그리스 철학자들, 유대인 예언자들의 발언에서는 찾아볼 수 없다. 즉, 로고스가 사람[예수]이 되었다는 것이다. 그의 제자들은 어부나 세리였다. 그들은 함께 흙길을 걸었고 딱딱한 바닥에서 잠을 잤다. 그러나 예수가 체포되는 밤이 찾아오자 그들은 예수를 버렸다. 심지어 예수가 체포된 곳 밖의 마당에 피운 불 곁에 서 있던 베드로조차 닭이 울기 전에 세 번 그를 모른다고 부인했다. 그 배신은 용서할 수 없는 일이었다. 그러나 복음서의 끝부분에서 용서가 이루어진다. 요한은 부활하신 예수가 호수로 물고기를 잡으러 나간 제자들에게 다시 나타난 장면을 묘사한다. 예수는 호숫가에 숯불을 피워 놓고 그들이 잡아 온 물고기를 그 위에 놓으라고 말한다. 그들이 식사를 마치자 그는 베드로에게 고개를 돌려 세 번 묻는다. "너는 나를 사랑하느냐?" 세 번 모두 베드로는 그렇다고 대답한다. 그러자 예수는 세 번 명령한다. "내 양들을 돌보아라."[67]

• 플라톤은《티마이우스(대화편)》와《법률》에서 우주의 영혼을 설명하는데, 이는 플라톤이 자신의 깊은 통찰과 이집트 사제들의 전통적 지식을 종합한 데서 나온 개념이다. 그는 어떻게 본질적으로 단일한 존재인 신성이 이 세상을 구성하는 뚜렷이 다른 다양한 아이디어들(즉, 구체적인 물질들)을 허용할 수 있는지 의아했다. 또 실체가 없는 신성이 어떻게 거칠고 제멋대로인 물질세계의 모델이 되었는지 잘 이해가 되지 않았다. 플라톤의 핵심적인 질문은, 어떻게 해서 비(非)물질인 신이 물질을 허용할 수 있느냐 하는 것이었다. 이 질문을 해결하기 위해 플라톤은 신성을 제1원인, 로고스(지성), 우주의 영혼, 이렇게 셋으로 나누었다. 그런 다음에 우주의 영혼이 분화되어 그 영혼이 침투되는 상태와 정도에 따라 물질이 생겨났다고 보았다. 〈요한 복음서〉의 로고스는 플라톤의 로고스에 결정적인 빚을 졌다. 일찍이 에드워드 기번은《로마제국 쇠망사》에서 이 점을 지적했고, 역사학자 아널드 토인비도《역사의 연구》에서 기독교가 그리스 사상에 빚졌음을 지적한 바 있다. ─옮긴이

이렇게 하여 천지 창조 때 하느님과 함께 있었고 하느님이었던 '말씀'으로 시작하는 복음서가 끝난다. 호숫가 숯불에서 물고기를 구워 식사하는 장면과 함께 말이다. 이는 절망에서 희망을, 배신에서 화해를, 트라우마에서 치유를 말한다.

그것은 격동하는 시대 한가운데의 메시지였다. 많은 이들이 자기도 모르게 그 메시지에 매혹되었다. 그리고 그런 사람들 중 일부는 그 메시지를 위하여 기꺼이 자기의 목숨을 내놓을 각오가 되어 있었고, 그것은 시간이 증명해 줄 터였다.

4장

믿음

177년, 리옹

론 계곡의 교회들은 고문을 당하고 있었다. 그들이 고통을 겪고 있다는 소식은 이제 길 떠나려는 에이레나이오스에게 기다란 그림자를 던졌다. 그는 몇 년 전 고향인 소아시아를 떠나 리옹에서 남쪽으로 약 30킬로미터 떨어진 도시인 비엔에 정착했다. 갈리아인들은 그들의 먼 사촌인 갈라티아인들과 마찬가지로 이미 오래전부터 로마의 무력에 복속된 상태였다. 비엔은 원래 율리우스 카이사르가 건설한 도시였고, 리옹은 아우구스투스 시대 이래로 사실상 갈리아의 수도 역할을 하고 있었다. 에게해를 떠나 론 계곡에 도착한 에이레나이오스는 그곳에서 제2의 고향을 발견했다. 리옹은 특히 국제주의적 면모를 자랑하는 도시였다. 이 도시에는 소아시아에서 발견될 수 있는 것 못지않게 웅장한 아우구스투스 신전 단지가 있었다. 로마 세계의 각지에서 온 관리, 행정가, 상인 들이 넘쳐났다. 심지어 키벨레 여신에게 바쳐진 제단도 있었다. 그리고 에이레나이오스의 관점에서 볼 때, 가장 중요한 사실은 기독교인들이 살고 있다는 점이었다. 그들이 옆에 있어서 동무를 해준다는 사실은 그의 신앙생활에 단단한 밑바탕이 되었다.

젊은 시절 그는 "신앙의 한결 같은 증인"[1]인 현지 주교 폴리카르포스의 수하에서 배웠다. 에이레나이오스의 보고에 따르면, 폴리카르포스는 〈요한 복음서〉의 저자인 요한과 직접적으로 알았다. "나는 스승이 해준 이야기를 기억하고 있다. 스승이 주님을 직접 본 요한 및 다른 사람들과 함께 얘기를 나눈 것, 스승의 기억 속에 남아 있던 그들에 관한 얘기, 요한 일행이 들려준 주님에 관한 에피소드, 주님의 가르침 등을 내게 말씀해 주었다."[2] 론 계곡에 도착한 에이레나이오스는 그 도시의 초창기 교회들에 아주 소중한 것을 가지고 왔다. 그것은 사도들을 직접 본 사람이 전해 주는 사도 세대에 관한 회상이었다. 비엔의 교회는 두 손 들어 그를 환영했다. 그의 학문과 굳건한 그리스도 신앙은 그의 명성을 아주 확실하게 높여 주었다. 론 계곡의 교회들 사이에서 발생한 여러 논쟁을 잠재우려고 로마 교회와 상의해 오던 현지 장로들은 그의 높은 명성을 믿고 에이레나이오스를 리옹의 대사로 로마에 파견하기로 결정했다. 에이레나이오스는 그 결정을 받아들여 즉각 출발했다.

로마에 도착한 에이레나이오스는 그 도시의 기독교인들이 그리스도를 증명하기 위해 온몸을 바치는 헌신과 희생에 감동했다. 그의 보고에 따르면, "가장 영광스러운 사도인 베드로와 바울이 세운 보편 명성의 로마 교회가 열두 명의 지도자에 의해 연면하게 이어져 왔다."[3] 네로가 명령한 국가 주도의 기독교 박해는 이미 오래전에 사라졌다. 이제 그 도시의 기독교인들은 자율적으로 신앙을 지키고 있었고, 그리하여 로마 교회는 약간 국제적 특성을 띠게 되었다. 바울이 그리스도의 임박한 재림을 설교하던 그 격동의 시절로부터 이제 100년이 넘는 시간이 흘러갔다. 기독교인들은 여전히 시시각각 파루시아를 기다리고 있을 수도 있었으나, 바울의 메시지에 담긴 혼란스럽고 과격한 사상은 이제 상당히 희석되었다. 바울의 편지와 베드로의 편지는 여자들은 남편에게 복종하고, 노예들은 "지상의 주인들에게 철저히"[4] 복종해야 한다고 가르쳤다. 로마의 기독교인들은 카이사르의 손에 헛된 죽음을 당하지 말고 "그를 명예롭게 받들어라"[5]라는 지시를 받았다. 여행을 많이 다닌 에이레나이오스는 세상의 질서가 무엇에 의존하는지 알았고 그런 만큼 그 지시를 선선히 인정했다. 그는 제국 당국에 대하여 이렇게 썼다. "세상이 평화를 누리는 것은 모두 제국 덕분입니다. 우리가 아무런 걱정 없이 잘 정비된 도로를 걸어가고 또 어디에서나 손쉽게 배를 탈 수 있는 것도 당국의 행정 덕분입니다."[6]

하지만 잘 조직된 수송 시설을 이용할 권리는 일정한 대가를 치르고 얻는 것이었다. 에이레나이오스는 자신이 포교를 펼치는 중에도 뒤에 남겨 두고 온 소아시아의 교회들이 치명적 위험을 겪고 있다는 것을 알았다. 제국이 조직적으로 박해하지 않는다고 해서 기독교인이 마음을 푹 놓을 수 있다는 뜻은 아니었다. 속주의 총독들은 제국 본청으로부터 기독교인 색출 작업으로 관할 지역을 혼란 속으로 몰아넣지 말라는 지시를 받았지만, 일반 군중은 기꺼이 그런 일을 대신 떠맡을 생각이 있었다. 자신들의 예배가 남들과는 뚜렷이 다르다고 자부하는 기독교인들은 바로 그런 배타적 이유 때문에 여러 호색한 소문의 대상이 되었다. 가령 이런 식이었다. 기독교인들은 근친상간을 벌이는 자들이다. 그들은 장로와 주교의 성기를 예배한다. 그들은 "개 줄로 묶어 놓은 개를 중심으로 괴물 같은 의례"[7]를 거행한다.

기독교인들이 이런 중상모략에 분노하며 항의해도, 아니 땐 굴뚝에 연기 나랴, 하는 식의 의심을 물리치기 어려웠다. 리옹과 비엔의 교회 구성원들이 대체로 이민자였다는 사실도 도움이 되지 못했다. 도시의 희생 제의에 참가하기를 거부하고, "카이사르의 가호"[8]를 빌면서 맹세하는 것을 경멸하고, 십자가형을 받은 죄수를 주님으로 경배하는 외국인들에 대한 적개심은 쉽게 불붙을 수밖에 없었다. 론 계곡에서 그런 박해의 위협은 특히 심각했다. 기원후 177년, 마침내 그 적개심의 둑이 터지고 말았다. 그 폭력은 아주 변덕스럽게 번져 나갔고 너무나 야만적으로 자행되어서 희생자들이 볼 때 그런 소행은 인간의 영역이 아니라 악의 영역에서 터져 나온 것처럼 보였다. 폭력배가 거리를 휘젓고 다니면서 가는 곳마다 기독교인들을 사냥했다. 기독교인들은 남녀노소, 지위고하를 막론하고 무수한 주먹세례와 돌팔매 속에서 리옹 광장으로 끌려갔고 이어 투옥되었다. 그들은 죄수가 된 채로 총독의 처분을 기다려야 했다.

두 갈리아 교회의 장로들은 이처럼 감옥에 투옥된 상태에서 에이레나이오스에게 소식을 전해 왔다. 감옥에 들어간 용감한 기독교인들은 그리스도를 부정하고 자유의 몸이 되라는 총독의 제안을 거부했다. 그리하여 그들은 원형극장으로 끌려갔다. 리옹 정도의 규모를 가진 도시는 당연히 로마식 원형극장을 갖추고 있었다. 관중은 이 원형극장의 밑바닥에 마련된, 모래 깔린 경기장에서 죄수들이 벌이는 구경거리에 환호하며 박수를 보냈다. 죄수들은 사나운 동물에게 먹잇감으로 던져지거나, 죄수들끼리 상대방이 죽을 때까지 싸우거나, 온갖 잔인한 고문을 당하다가 죽었다. 로마인들은 사람의 죽음을 가지고 멋진 구경거리를 만들어 내는 데 탁월한 재주가 있었다. 그러나 로마인들의 그런 재주는 리옹의 기독교인들에게서 맞수를 만났다. "우리는 온 세상의 구경거리가 되었습니다."[9] 한때 바울은 자신을 경기장에서 죽음에 처해진 사람과 비교하면서 그렇게 말했다.

  기독교인들은 로마 당국의 잔인한 강제력을 상대하면서 전복적이면서
도 위력적인 확신으로 맞섰다. 그들은 자신들이 우주적 드라마의 배우라
고 확신했다. 그들은 관중의 광적인 환호 앞에서도 움츠러들지 않았고,
자신들에게 강요된 지독한 굴욕 앞에서도 위축되지 않았다. 오히려 그들
은 그런 시련의 장場을 그리스도에 대한 헌신을 공개적으로 과시하는 장
으로 변모시켰다. 황소 뿔에 들이받히든, 개들의 송곳니에 물려 뜯기든,
새빨갛게 달군 쇳덩어리에 살이 지져지든, 그들은 "그들이 그동안 죽 해
오던 말, 신앙의 선언"을 소리 높여 외쳤을 뿐이다. 아마도 에이레나이오
스가 보고했을 법한 편지, 즉 소아시아 교회에 보낸 편지•는 그런 사실을
기록했을 것이다. 이 편지에 의해 획기적인 발견이 실제로 벌어졌음을 알
수 있다. 희생자가 되는 것이 힘의 원천이 될 수 있다는 것 말이다. 로마
당국의 지침을 완전히 거꾸로 세우면서 굴복이 승리이고, 천대가 영광이
며, 죽음이 삶이라고 증명한 것이다. 기원후 177년의 끔찍한 여름이 지나
가는 동안, 리옹에서는 십자가형에 처한 왕의 역설이 갈리아의 일반 대중
앞에서 널리 재연되었다.

  그렇지만 기독교인의 순교 개념―확실히 독창적인 개념이기는 하지
만―이 원형극장의 구경꾼들에게 아주 낯선 얘기였을 것이라는 뜻은 아
니다. 그리스인들과 로마인들은 자기희생의 이야기를 모르는 사람들이
아니었다. 그들의 교훈적 역사에는 그런 인물들이 넘쳐난다. 어떤 철학자
는 자신의 혀를 씹어서 그 조각을 독재자의 얼굴에 내뱉었다. 적에게 포

• 이 편지는 리옹 박해가 벌어지고 난 지 150년 뒤에 교회의 역사를 집필한 에우세비우스에
의해 인용된다. 그가 이 편지를 약간 각색했을 가능성도 있다. 그러나 에이레나이오스 당시
의 교리 논쟁에 대한 이야기가 나오는 것으로 보아 편지의 상당 부분이 진짜일 것으로 짐작
된다. 어쩌면 에이레나이오스 자신이 집필했을 수도 있다.

로로 붙잡힌 어떤 전사는 이글이글 타오르는 불 속에 자신의 오른손을 집어넣음으로써 결단을 보이기도 했다. 이런 모범적 인물들은 언제나 로마의 교실에서 단골 이야깃거리였다. 이런 모범 사례들이 젊은이의 가슴에 철저한 애국심의 가치를 고양했기에 로마는 세상을 정복할 수 있었다. 그런 사례들은 로마인을 위대하게 만드는 강철 같은 특성을 잘 보여 준다. 그런 만큼 경기장에 내던져져 고문자의 처분에 따라 창이나 칼을 맞아야 하는 죄수들도 그런 빛나는 가치를 지니고 있다는 주장은 더욱 기괴해 보였다. 로마 당국자가 볼 때 순교자들의 주장은 너무나 황당무계하고 너무나 불쾌해서 거의 이해가 안 되는 수준이었다.

만약 리옹과 비엔의 기독교인들을 사형에 처한 총독이 소아시아의 교회에 보낸 순교 보고서를 읽었더라면 그는 더욱 심한 혐오감을 느꼈을 것이다. 그 보고서[편지]는 이렇게 쓰여 있었다. "사람들이 저급하고 보이지도 않고 경멸스럽게 생각하는 것들이야말로 실은 하느님이 엄청난 영광을 받을 만한 가치가 있다고 평가하는 것들입니다."[10] 이런 전복적인 메시지를 보여 주는 구체적 사례로, 보고서는 특별히 블란디나라는 노예 여성의 일을 자세히 언급했다. 그녀는 자신에게 가해진 온갖 고통과 고문을 씩씩하게 견뎌 냈다. 그녀의 영웅적 행위는 동료 순교자들의 용기마저 무색하게 만들었다. 블란디나의 여주인도 같이 경기장에서의 사형에 처해졌지만 이름이 언급되지는 않았다. 겁을 먹고서 그리스도를 배신한 다른 기독교인들은 "훈련에서 실패한 맥없는 운동선수"[11]로 치부되었다. 모든 경기, 모든 대결에서 승리를 거두어 월계관을 받은 사람은 블란디나였다.

"키가 작고, 가냘프고, 멸시되는"[12] 노예 여성이 하늘의 엘리트로 뽑혀서 하느님의 찬란한 궁전에 직접 들어가, 타락한 세상의 까마득히 높은 상급자들을 모두 젖히고 앞자리를 차지하게 된 것이다. 이러한 사실은 기독교 신앙의 핵심인 신비를 잘 보여 준다. 소아시아에 보낸 보고서는 계속하여 이렇게 말한다. 경기장에서 블란디나의 부서진 몸은 완전히 변모한 듯이 보였다. 동료 순교자들은 저마다 깊은 고통을 느끼는 가운데서도 "그들의 자매를 바라보면서 그녀의 몸에서 그들을 위해 십자가형을 받으신 그분을 보았다."[13] 에이레나이오스는 블란디나 같은 여성이 매질을 당할 때, 그리스도가 느꼈던 것과 똑같은 고통을 느꼈으리라고 믿어 의심치 않았다. 바로 이런 확신 때문에 순교자들은 죽음 앞에서 자신의 몸을 강철처럼 단단하게 만들 수 있었다. 기독교인들이 지독한 고문을 기꺼이 감내한 것—그런 고문을 선고한 자들에게는 광기로 보이는 것—은 그들 곁에 구세주가 있다고 백 퍼센트 확신했기 때문이다. 로마의 고대 영웅들이 기꺼이 자기 자신을 희생했던 신전이나 들판 이상으로, 기독교인들에게 그리스도의 현전現前은 생생했다. 그분은 과거에 십자가에 못 박혔던 것처럼 바로 그 경기장에 내려와 있었다. 그분의 고통을 본받으려는 태도는 죽음의 공허와 불가해성에 의미를 부여하는 일이었다.

하지만 그분이 그런 육체적 고통을 실제로 받은 게 아니라면 어떻게 해야 하는가? 이것은 아주 곤란한 질문이었다. 로마 총독이 내놓을 수 있는 그 어떤 질문보다 당황스러운 질문이라는 사실을 에이레나이오스는 잘 알았다. 어떤 기독교인들은 바울의 편지와 4대 복음서 속의 가르침—십자가형을 받아 사망한 예수가 어떤 신비스러운 방식에 의거하여 이스라엘 유일신과 같은 분이라는 가르침—은 너무나 과격하여 받아들일 수가 없었다. 만약 예수가 하느님과 같은 분이라면 그분의 실제 모습은 어떠했을까? 그래서 일부 기독교 신자들은 이런 주장을 폈다. 그분이 천상과 지상을 연결한다는 것은 믿을 수가 없고 그분이 인간이었다는 얘기도 환상 아니었을까? 어떻게 온 우주의 주님이 여자의 몸에서 태어날 수 있으며 더 나아가 고통과 죽음을 체험할 수 있다는 말인가? 초창기 교회의 교부들은 이런 수수께끼를 해결하려고 애썼다.

에이레나이오스는 로마에서 여러 학파를 만났는데 저마다 의견 혹은 이설haereses을 갖고 있었다. 어떤 사람들은 그리스도가 순수 영혼이라고 주장했다. 또 어떤 사람들은 인간 예수는 "단지 그리스도를 담는 그릇"[14]에 불과하다고 보았다. 다른 사람들은 그리스도와 예수가 서로 뚜렷이 구분되기는 하지만, 그 둘은 모두 초자연적 실체라고 주장했다. 그 초자연적 실체는 신성한 존재의 복잡한 특성 중 일부인데, 그 존재는 물질적 세상의 경계를 넘어서서 이른바 플레로마pleroma('충만')에 살고 있다는 것이다. 하지만 이런 다양한 '이설들'은 한 가지 공통 사항을 공유했다. 바로 그리스도가 실제로 죽음의 고통을 겪었다는 사실에 대한 혐오감이었다. "그런 사실을 믿는 사람은 여전히 노예다."[15] 이는 알렉산드리아에서 살았던 기독교인 바실리데스가 한 말이다. 그는 예수가 십자가형에 처해질 시간이 다가오자 자신의 형체를 불운한 행인의 신체와 바꿔치기했다고 가르쳤다. "그리고 예수는 무지와 오류 탓에 자신 대신에 십자가형을 당하는 사람을 군중 속에서 바라보며 웃음을 터트렸다."[16] 기독교 신자들에게 믿음의 진정한 길, 즉 정통 교리(오르토독시아orthodoxia)를 널리 알리려고 하는 에이레나이오스가 볼 때, 바실리데스의 교리는 황당무계한 탈선이 아닐 수 없었다. 그런 교리는 그리스도의 가르침을 본받으면서 그대로 따라야 한다는 가르침을 조롱했다. 에이레나이오스는 또 이런 보고도 했다. "예수가 순수 영혼이었다고 가르치는 자들은 순교자들을 모욕하는 셈이다."[17] 그게 사실이라면 그 충격파는 엄청난 것이었다. 이에 따르면 블란디나는 그리스도의 영광에 동참하는 것이 아니라 병적인 망상에 빠진 여자가 되었다. 그녀의 고통은 아무 소용없는 것이었다. 그녀는 노예로 죽은 것이었다.

구세주의 본성에 대하여 다른 기독교인들이 다른 견해를 갖는 것은 불가피한 일이었다. 에이레나이오스는 자신이 신앙의 공개 시장에서 손님을 끌기 위해 경쟁하고 있다는 것을 잘 알았다. 그 때문에 그는 정통 교리라는 획기적인 신개념을 널리 홍보했다. 결국 신앙이라는 것은 발이 달려서 저절로 돌아다니는 게 아니었다. 누군가가 널리 선교를 해야 하고 또 경쟁하는 신앙에 맞서 싸워야 했다. 바로 이런 일이 로마 못지않게 리옹에서도 벌어진 상황이었다. 177년의 끔찍한 박해 이후에도 순교의 이상을 조롱하고 현지 주교의 권위를 거부하는 기독교인들이 일부 있었다. 전임자가 옥중에서 사망하자 주교 자리에 오른 에이레나이오스는 당연히 그런 신자들을 무시했다. 그들의 가르침이 겉만 번지레한 헛소리라고 일축했다. 그들의 의례는 어리석은 여자들에게 성적 욕구를 강매하려는 구실에 지나지 않았다. 그것은 "강신술사의 교활함에 광대짓이 결부된 것이었다."[18]

에이레나이오스는 가끔 그런 경멸을 내보이기는 했지만 자신이 진정한 신학 논쟁에 뛰어들었다는 점을 의심치 않았다. 황당하고 근거 없는 이설들을 정죄하려면 정통 교리를 승인해야 했다. 진실은 거짓에 둘러싸여 있을 때 더 환히 빛난다. 에이레나이오스는 이런 확신을 품고 자신이 거짓이라고 정죄했던 자칭 기독교인들의 가르침을 체계적인 목록으로 만들었다. 그런 가짜 기독교인들이 모두 단 하나의 원천—시몬이라는 사마리아인 강신술사인데 베드로에 의해 개종되었다고 한다—에서 나왔다는 에이레나이오스의 주장은 다소 불공정하다. 가령 바실리데스 같은 자는 자신의 교리가 사도 시대까지 거슬러 올라간다고 말했으니 말이다. 하지만 에이레나이오스의 주장이 전적으로 불공정하지는 않았다. 아무튼 그 상황은 일종의 전쟁터였고 에이레나이오스는 거기서 엄청난 세력을 훈련시키는 것이 용이하다는 사실을 발견했다. 바실리데스는 은밀한 소통 경로를 통해 베드로의 어떤 제자로부터 복음서를 전수받았다고 주장했다. 이런 주장은 후대의 사람들이 주장하는 권위의 원천이 아주 많았고 또 공개적이었다는 것을 알려 준다. 에이레나이오스 주교 같은 사람들이 주장하는 것도 그런 많은 원천 중 하나였다. "교회는 온 세상, 땅끝까지 퍼져 있지만, 사도와 사도의 제자들에게서 단 하나의 신앙을 전수받았다."[19]

에이레나이오스는 고향 소아시아에서 스승 폴리카르포스 밑에서 배웠고 또 로마에서 주교들의 연면한 계보가 베드로에게까지 거슬러 올라간다는 사실을 확인했다. 그런 만큼 그가 볼 때 자신이 가르치는 신앙이 원시 교회의 가르침에 연결된다는 점은 너무나 분명했다. 그렇지만 그는 지혜의 특별한 원천을 자신이 가지고 있다고 주장하지 않았다. 오히려 그 반대였다. 에이레나이오스는 정통 교리를 규정하는 과정에서 정통에서 벗어난 과격한 추론들은 모두 일축했다. 그가 옹호하는 교회는 로마 세계 전역에 보편적으로 적용되는 근거 위에 세워진 곳들이었다. 수십 년 전 로마로 가는 길에 소아시아를 관통하여 여행한 시리아 주교 이그나티우스는 자랑스럽게 그 교회를 카톨리코스katholikos('보편')[20]라고 선언했다. 에이레나이오스는 바로 이 가톨릭교회를 옹호했던 것이다.

비록 그가 원시 기독교 교회의 전통을 옹호한다고 주장했지만, 선교 목적에 알맞다고 생각되면 경쟁자들의 혁신을 받아들이는 것도 망설이지 않았다. 그런 혁신 중 대부분은, 그가 경멸하면서 지적한 바와 같이, "진리는 기록된 문서가 아닌 다른 곳에서 나온다"[21]라고 주장했지만, 가장 뛰어난 혁신은 그런 주장을 펼치지 않았다. 마르키온은 흑해 연안 출신의 기독교인이자 부유한 선박 재벌이었다. 그는 에이레나이오스보다 40년 앞서서 로마에 도착하여 큰 화제를 불러일으켰다. 로마의 교회들이 자신의 교리를 받아들이지 않는 데 분노한 마르키온은 그 자신의 교회를 세운 것이다. 다른 기독교인 지식인들과 마찬가지로, 그는 그리스도가 인간의 몸을 가지고 있고 인간적 기능과 한계를 가진 분이라는 개념에 혐오감을 느꼈다.

하지만 이런 태도가 마르키온의 가장 놀라운 가르침은 아니었다. 그는 이스라엘의 하느님에 대하여 다른 견해를 갖고 있었는데, 그 하느님이 결코 최고의 신은 아니라는 주장을 폈다. 이 세상에는 두 신이 있는데 이스라엘의 하느님은 그중 다소 급이 떨어지는 하급 신이라고 했다. 그중 상급인 신이 그리스도의 진정한 아버지이신 바로 그 신이다. 이 최고의 신은 세상을 창조한 바 없고 또 그 세상과 아무런 관련이 없다. 그랬는데 그 최고신이 마지막 순간에 지극한 자비심을 발휘하여 자신의 아들을 지상으로 내려보내 세상을 구원했다는 것이다. 이런 생각은 새롭고 놀라운 교리임이 틀림없는데, 마르키온은 히브리어 성경과 바울의 편지 사이의 모순점들을 깊이 통찰하면 그 점이 분명하게 드러난다고 주장했다. 마르키온은 이런 모순을 해결하려 들지 않는다. 그 대신에 하느님의 진정한 목적을 재조정하는 수단으로, 목수들이 직선을 표시하기 위해 사용하는 먹줄 같은 무오류의 측정 장치를 설정하자고 제안한다. 그 장치가 바로 카논canon('정경'을 뜻하는 그리스어)이다.

마르키온은 여러 문헌 중에서 정밀한 심사 끝에 선정한 결정적 문서들만 기독교인들의 정경으로 간주해야 한다고 주장했다. 마르키온의 정경은 바울의 편지 열 통과 바울의 제자 루카가 집필한 복음서를 조심스럽게 편집한 판본이었다. 바로 이 정경들이 히브리어 성경을 대신하여, 기독교인들이 진정한 성경으로 받아들여 하느님의 목적을 증명하는 문서가 되어야 한다는 주장이었다. 이것이 이름하여 신약성경이다.[22] 이러한 생각은 획기적인 혁신이었다. 우리가 아는 한, 마르키온 이전에 카논을 제안한 기독교인은 없었다. 에이레나이오스는 이 제안을 너무나 매력적인 발상이라고 생각하여 무시할 수가 없었다.

하지만 에이레나이오스는 히브리어 성경〔구약성경〕에 마르키온이 보인 경멸적 태도는 받아들이지 않고 자신의 카논 앞쪽에 히브리어 성경을 모두 배치했다. 그런 다음 그것을 모든 기독교인이 반드시 읽어야 할 문서로 규정했다. "그것은 감추어진 보물이 계시되고, 그리스도의 십자가에 의해 밝혀지는 들판이었다."[23] 에이레나이오스는 마르키온의 영향력을 감추려고 했지만 그 점을 드러낼 수밖에 없었다. 히브리어 성경을 '구약성경'이라고 명명하지 않는다면 어떤 역할을 부여할 수 있겠는가? 새로운 성경의 빛이 없다면 어떻게 구약성경 속의 보물을 발견할 수 있겠는가? 바로 이런 이유로, 50년 전에 마르키온이 그렇게 했듯이, 에이레나이오스는 사도의 시대 이래로 만들어진 일단의 문서들을 정경 안에 넣을 수밖에 없었다. 이렇게 하여 〈루카 복음서〉 말고도 〈요한 복음서〉를 넣었고, 당시 권위를 인정받은 다른 두 복음서도 정경으로 받아들였다. 하나는 세리로 근무하다가 예수님의 부름을 받고 제자가 된 마태오가 집필한 것이었고, 다른 하나는 알렉산드리아 교회의 창설자인 마르코가 집필한 것이었다. 이 4대 복음서 이외에 그리스도의 생애와 가르침을 기술한 다른 문서들은 모두 "모래로 엮은 밧줄"[24]에 불과하다고 에이레나이오스는 선언했다. 세대에서 세대로 이어지고 사도들을 직접 알았던 사람들의 기억도 사라지면서, 신자들은 에이레나이오스의 정경 속에 들어 있는 4대 복음서에서 거의 단단한 밑바탕에 이르는 확실한 연결점을 발견했다. 그것은 바로 신약성경이었다.

"나는 기독교인입니다."[25] 기원후 177년에 검거된 비엔의 죄수는 심문관이 이름이나 신원을 물어 볼 때마다 이렇게 대답했다. 이름, 출생지, 자유인이냐 노예냐를 말하는 것이 아니라, 거듭하여 그리스도의 신자 이외에는 다른 신분이 없다고 대답했다. 판관들이 볼 때, 이런 고집은 당황스러웠을 뿐 아니라 화를 돋우는 태도였다. 어떤 특정 지역의 사람—가령 로마인, 그리스인, 유대인—으로 자신을 지칭하기를 거부하는 기독교인들의 태도 때문에 그들은 산적이나 도망자들처럼 뿌리 없는 자들이라는 낙인이 찍혔다. 그들은 자신을 가리켜 외국인 혹은 임시 거주자라고 하면서 다른 사람들 같으면 부끄러워해야 할 일을 오히려 자랑스럽게 생각했다. "그들에게 본국은 외국이고, 외국이 본국이었다."[26] 그럼에도 불구하고 기독교인들은 자신들이 공통적 에트노스ethnos('민족')에 속한다고 믿었다. 기독교인이라는 공통된 정체성은 온 세상에 퍼져 있었고 대를 이어 후대에까지 전해졌다. 리옹과 비엔의 순교자들이 주님을 위하여 기꺼이 죽음을 수용했을 때, 그들은 예루살렘, 소아시아, 로마 등지에서 비슷한 고초를 겪는 사람들에게 깊은 동지 의식으로 연결되어 있다고 생각했다. 자신들이 앞선 시대의 순교자들, 가령 바울, 이그나티우스, 폴리카르포스 등에게서 연면하게 이어져 내려오는 전통을 잇는다는 것도 알았다. 그들은 자신들이 천상의 시민이라는 것을 알았다.

이런 선대 순교자들의 뒤를 잇는 기독교 지도자 에이레나이오스의 업적은 그들의 확신에 견고한 실체를 부여해 주었다. 이미 에이레나이오스 생전에도 그의 업적과 동료 기독교인들의 업적은 적대적 관찰자들에게도 잘 알려졌다. 그들은 규모나 범위가 다양한 많은 교회들 중 하나를 이끄는 것이 아니라, "대교회Great Church "[27]라는 거대하고 당당한 조직을 지도했다. 이전에는 이런 대규모 조직을 자랑하는 교회가 없었다. 그 교회의 시민권은 출생, 가문, 법적 규정이 아닌 오로지 믿음에 의해서만 얻을 수 있었다.

살아 있는 돌들

물론 로마의 엘리트 계급은 보편 질서가 어떻게 구축되어야 하는지에 대하여 그들 나름의 견해를 갖고 있었다. 온 세상의 다양한 민족들 속에서 그런 질서를 구축하는 가장 확실한 방법은, 오래전에 포세이도니오스가 폼페이우스에게 조언했던 것처럼, 로마가 직접 그 민족들을 다스리는 것이었다. 212년, 나이 든 스토아학파 사람의 가슴도 따뜻하게 해줄 법한 칙령이 로마 황궁에서 내려왔다. 광대한 제국 전역에 걸쳐서 각 지역에 살고 있는 모든 자유인에게 로마 시민권을 부여한다는 내용이었다. 그 칙령을 내린 황제는 마르쿠스 아우렐리우스 안토니누스라는 이름을 가진 폭군 카이사르였다. 그는 점점 국제화하는 로마 세계의 특징을 몸소 구현한 살아 있는 황제였다. 아프리카 귀족의 아들이었던 그는 브리튼에서 황제로 선포되었는데, 갈리아식 복장을 좋아한다고 해서 카라칼라Caracalla ('갈리아풍의 기다란 겉옷'이라는 뜻)라는 별명이 붙었다.

카라칼라는 여행을 많이 해본 사람이어서 인류의 관습이 지역마다 다르다는 것을 알았으나 동시에 그로 인해 당황스러움을 느꼈다. 동생을 죽이고 권력을 잡은 카라칼라는 신들의 지원을 얻기 위해 어떤 희생 제물을 바쳐야 하는지 잘 알았고, 자신의 이름으로 바친 희생 제물이 신들의 비위를 거스를지도 모른다고 생각하길 싫어했다. 이 때문에, 오로지 과세 대상만을 넓히기 위한 조치라는 비판자들의 조롱에도 불구하고, 그는 제국 내의 모든 자유민에게 로마 시민권을 부여했다. 더 많은 사람이 로마인이 될수록 그들이 바치는 예배는 신들을 더욱더 기쁘게 할 터였다. "따라서 나의 조치는 신들의 장엄에 걸맞다고 생각한다."[28] 카라칼라와 로마에 세계 통치의 권리를 부여한 황제의 후원자 신들은 마침내 정당한 몫, 즉 렐리기오religio('종교')를 얻게 되었다.

렐리기오('다시 묶다'라는 뜻을 지닌 '렐리고religo'에서 유래한 말)라는 단어는 경건한 로마인들에게 분향 냄새를 짙게 풍기는 아주 오래된 느낌을 환기시켰다. 그것은 로마인들에게 태초의 의례를 연상시켰다. 로마시의 초창기로 거슬러 올라가는 시절에 신들에게 바쳤던 의식, 그 결과로 로마가 최초로 얻은 신의 은총을 상기시켰다. 그리스의 도시들과 마찬가지로, 로마시에서도 사람들은 신들을 경배하는 의식을 게을리했을 때 벌어질 일들을 늘 두려워했다. 신들의 보호에 감사하며 바쳐야 하는 의무적인 의례, 전통 혹은 관습 등이 렐리기오를 구성했다. "희생 제물, 여사제의 순결함, 위엄과 존칭으로 장식되는 사제단 전원",[29] 이 모든 것이 렐리기오네스religiones('렐리기오'의 복수형)를 구성했다. 그러나 로마시도 무수하게 많은 도시 중 하나였을 뿐이다. 카라칼라는 그 사실을 누구보다 잘 알았다. 따라서 온 세상 사람들을 하나로 묶을 렐리기오네스가 필요했다. 황제는 모든 백성을 일렬로 세워 "신들의 지성소"로 행진시키겠다고 자신의 칙령에서 과시했다. 그가 구체적으로 어떤 지성소를 생각하고 있었는지는 215년 가을에 이집트에 도착하면서 분명히 밝혀졌다.

카라칼라는 밤마다 "횃불과 화환으로 장식된 행렬"[30]을 이루어 알렉산드리아로 들어가서, 세라피스 신을 위하여 어두운 밤거리를 찬란하게 밝힌 저 유명한 도시의 축제에 참가했다. 세라피스는 카라칼라가 특별히 좋아하는 신이었다. 그는 이집트로 여행하기 전에 이미 로마 시내에 세라페움을 건설하라고 지시했다. 알렉산드리아 안에 세워진 기념비에서는 그를 '필로세라피스Philoserapis'라고 명명했는데, 이는 '세라피스에게 헌신하는 자'라는 뜻이다. 이 도시가 경배하는 다문화적 신의 호소력은 상당했다. 그렇지만 황제가 특별히 추진하고자 하는 종교적 풍습은 일차적으로 세라피스 숭배가 아니었다. 당시에 주조된 동전들에는, 신이 우주의 왕홀을 다른 인물에게 건네는 장면이 새겨져 있는데, 그 인물은 바로 황제였다. 천상에서 다스리는 신성한 아버지인 세라피스처럼, 후광을 머리에 인 빛나는 존재 카라칼라가 지상에서 그와 맞먹는 보편적 통치권을 행사한다는 뜻이었다. 그가 제국 내 모든 자유민에게 로마 시민권을 부여한 후, 이제 그 시민들과 다양한 신들 사이를 중재할 수 있는 존재는 오로지 카이사르 자신뿐이었다. 로마 시민들을 늘 초자연적인 것에 묶어 놓았던 희생 제의와 의무의 커다란 연결망은 이제 온 세상에 퍼져 나가게 되었다. 그 연결망에 구멍을 내는 것은 신성 모독일 뿐만 아니라 대역죄였다.

그러한 인식의 처참한 결과는 알렉산드리아의 거리를 피로 물들이는 것이었다. 자신의 흉상 앞에서 노상 방뇨한 자를 사형에 처했다고 하는 카라칼라는 감히 불경을 표시해서는 안 되는 인물이었다. 알렉산드리아 시민들은 그의 허세가 우스꽝스럽다고 생각했고 그런 생각을 감추지도 않았는데, 그 무서운 후과後果를 나중에야 알게 된다. 카라칼라는 그 도시의 시민들을 공개 모임에 소환한 뒤 로마 군단으로 포위하고서 도륙해 버렸다. 그보다 더 잔인한 보복은 찾아보기 어려웠다. 신성 모독은 결코 용납될 수 없었다. 로마 시민권은 명예이기도 했지만 동시에 책임을 부과했다. 카이사르에 대한 모욕은 곧 신들에 대한 모욕이었다. 그해[기원후

215년〕 겨울 내내 카라칼라의 분노는 계속하여 연기를 내며 피어올랐다. 그의 병사들은 멋대로 거리를 돌아다니면서 시민들을 죽이고 가정집을 약탈했다. 알렉산드리아 시민들 대다수는 겁먹고 위축되어 황제의 출발을 기다리는 수밖에 없었다. 하지만 모든 사람이 그런 것은 아니었다. 일부 시민들, 즉 해외에 피신처가 있는 사람들은 도시에서 빠져나갔다. 그중에는 신성의 본질, 인간과 하늘 사이의 관계 등을 깊이 고찰한 유명 인사도 있었다. 그는 학문으로 소문 높은 도시에서 가장 뛰어난 학자였다.

그렇지만 오리게네스는 알렉산드리아의 지식인들이 전통적으로 누리던 것만큼 호화로운 식사를 하지는 않았다. 카라칼라가 그 도시에 도착하기 훨씬 이전부터 그는 로마제국의 폭력적 성향을 잘 알고서 두려워했다. 오리게네스가 겨우 열일곱 살이던 202년에 그의 아버지는 로마 당국에 체포되어 참수되었다. 오리게네스 자신은 그 후 여러 해 동안 분노하는 군중을 피하여 "이 집에서 저 집으로, 이 기둥에서 저 기둥으로 옮겨 다니며"[31] 살아야 했다. 그는 기독교인 부모에게서 태어나 일찍부터 기독교 신앙을 옹호하게 되었고 그 신앙은 역경을 거치면서 한층 단단해졌다. 에이레나이오스—이 사람의 저서는 집필 후 몇 년 사이에 알렉산드리아에 모두 전해졌다—와 마찬가지로 그는 대교회가 지속적으로 포위 공격을 당한다고 생각하며 두려워했다.

그러므로 기독교는 그 경계境界를 잘 확정하여 모든 사람을 오해 없게 하고 또 그 경계 지역에 단단한 성채를 쌓아 올림으로써 그 신앙을 옹호할 수 있었다. 종교를 지켜야 할 필요성은 기독교 세계의 다른 지역과 마찬가지로 알렉산드리아에서도 아주 절실했다. 그 도시에는 적들이 들끓었다. 그곳은 예수의 인성人性을 의심했던 바실리데스가 자신의 학파를 세운 곳이었다. 또 여러 세기 동안 유대인 공동체가 가장 국제주의적인 면모를 과시해 온 곳이었다. 무엇보다도 그곳은 위대한 정복자 알렉산드로스 대왕이 자신의 궁극적 기념비라고 생각하며 창건한 도시였다. 대왕은 그 도시를 건설함으로써 이집트 땅에다 그리스 문명을 확실히 각인시키고자 했다. 그리하여 아테네보다 혹은 로마보다 호메로스와 아리스토텔레스 연구가 더욱 활발하게 진행되는 도시로 만들려고 했다. 알렉산드리아에서 사는 것은 곧 그리스 문화의 강력하고 화려한 힘을 체험하는 것이었다. 이러한 체험은 심지어 그리스도를 성실히 따르는 사람들에게도 예외가 아니었다.

그러나 오리게네스는 그런 문화의 힘에 전혀 위축되지 않았다. 기독교인들은 카라칼라를 그 도시로 유치했던 문화적 기념비도 갖고 있지 않았고, 웅장한 세라페움에 맞먹을 만한 건축물도 없었다. 하지만 그들은 그런 기념비나 건축물을 절실하게 필요로 하지 않았다. "예수 그리스도를 믿는 우리 모두가 살아 있는 돌입니다."[32] 여기에 온 세상의 기독교인들로 만들어지고 또 그리스도 자신이 "주춧돌"[33]인 거대한 석조 신전이 있었다. 오리게네스는 그 신전을 적대자들에게 맞서서 지킬 생각이었다. 다른 사람들의 조국과는 다르게, 기독교 신자들의 조국은 종교의 제단, 가정의 난롯불, 국토를 의미하는 들판의 차원을 넘어선 곳에 있었다. 그리스도를 주님으로 받아들이지 않는다면 그 조국은 아예 존재할 수조차 없었다. 이 종교에 그 이름을 부여한 이는 오리게네스보다 100년 전 인물인 이그나티우스인데 그 후 그 이름이 고착되었다.[34] 그는 이 종교를 가리켜 크리스티아니스모스Christianismos(기독교)라고 불렀다.

오리게네스는 이렇게 썼다. "우리의 신앙 덕분에 우리는 신성을 이해할 수 있다."[35] 기독교인들이 기독교를 이해하는 방식은 너무나 새로웠기에, 그 방식은 나머지 세상을 바라보는 기독교인들의 관점에 영향을 미칠 수밖에 없었다. 오리게네스가 볼 때, 바실리데스와 그의 추종자들이 가르치는 다양한 이설은 다른 의견이나 철학을 내세우는 것이 아니라, 진실한 교회를 비방하는 히드라• 같은 독설이었을 뿐이다. 그리스도가 태어나기 전 수세기 동안 유대인의 생활 방식과 그 종교적 가르침을 의미했던 유대교Ioudaismos는 이제 기독교인들이 볼 때 좀 더 명확한 의미를 갖게 되었다. 유대교는 '기독교'와 대척점에 있는 종교이고, 유대인은 그 종교를 믿는 사람들이었다. 그러나 가장 유해한 것은 바울이 "바깥 사람들"[36]이라고 명명한 자들의 종교였다. 이들은 해가 뜰 때부터 해가 질 때까지 우상을 숭배하는 자들이었다. 예수 그리스도에 대한 믿음으로 자신의 신앙을 규정하는 기독교인들은 다른 신들을 숭배하는 이들 역시 그런 식으로 진실하게 숭배하리라고 추정할 수밖에 없었다.

이것은 일종의 오해였다. 카라칼라 같은 필로세라피스는 세라피스라는 신이 존재하는지 혹은 존재하지 않는지에 깊이 관심이 있는 것이 아니라, 규정된 방식으로 세라피스를 경배하고, 그 신의 경배에 따른 터부를 존중하고, 그 신에게 적절한 희생 제물을 바치는 데에만 온 신경을 집중했다. 즉, 신앙의 내면보다는 외부 형식을 더 중시했다. 많은 기독교인들이 이런 사실을 잘 파악하지 못했다. 하지만 오리게네스는 우상 숭배의 진상을 알아보았다. 그들은 자신들이 바치는 희생 제물을 "신으로 여기는 것이 아니라, 신들에게 바쳐진[신들이 좋아하는] 제물로 보았을 뿐이다."[37] 그리하여 오리게네스는 이런 희생 제의의 끔찍한 의미 앞에서 몸을 부르르 떨었다. 동물의 피를 제단에 뿌리는 의식은 그런 제물을 요구하는 신들에 대해서도 많은 것을 말해 주었다. 그 신들은 동물의 사체를

• 그리스 신화에 나오는, 머리가 아홉 개 달렸다고 하는 뱀.—옮긴이

게걸스럽게 먹는 자들이었다. 그들은 흡혈귀의 식욕을 가진 자들이었다. "그들은 피를 좋아하는 자들이었다."[38] 그런 신들에게 제물을 바치는 것은 어둠으로써 인류를 위협하는 세력에게 먹을 것을 주는 행위였다.

그러나 한 가지 역설이 있었다. 그가 살고 있는 거대 도시의 유혹과 전제에 강한 적개심을 느꼈던 오리게네스는 철저하게 그 도시의 원주민이었다. 그는 선배 철학자들보다 훨씬 더 원만하게 알렉산드리아의 여러 전통을 내면에 받아들였다. 그 도시는 비록 다문화적 도시이기는 했지만 단한 순간도 진정한 용광로인 적은 없었다. 그리스인들이 유대인의 학문에 보인 관심, 많은 유대인들이 그리스 철학에 보인 관심은 모세의 계약에 의해 일정한 한계가 지어진 상태였다. 그런데 기독교는 유대인과 그리스인이 서로 만나 뒤섞일 수 있는 하나의 틀을 제시했다. 오리게네스는 이것을 아주 유익하게 증명해 낸 인물이었다. 그는 기독교가 유대교에서 상속한 유산을 존중했고 이런 점은 그의 모든 저작에서 분명하게 드러난다. 그는 유대인 선생에게서 히브리어를 배웠을 뿐만 아니라, 유대인을 하나의 가족으로서 찬양했다. 유대인이 교회의 "어린 여동생" 혹은 "신부의 오빠"[39]라고까지 했다. 마르키온은 정통파 기독교인들은 유대인을 사랑하는 자들이라고 조롱했다. 아마도 오리게네스는 그런 조롱을 확고하게 부정하기가 쉽지 않았을 것이다.

오리게네스는 히브리어 성경의 상당 부분을 기독교 카논에 편입시키고 '구약성경'이라고 하여 높이 받들었다. 심오하면서도 정직한 비평가였던 오리게네스는 이런 태도가 자신에게 심각한 문제가 된다는 것을 부인하지 않았다. 히브리어 성경 중에는 "수수께끼, 역설, 음험한 말, 다양한 형태의 애매모호함 등이 흘러넘친다"[40]는 사실을 그는 선선히 인정했다. 하지만 그 모든 것이 하느님으로부터 흘러나왔다. 여러 모순은 감추어진 진실을 암시했다. 성경의 독자들은 겉으로 나타난 수수께끼만 보지 말고 감추어진 진실에 접근해야 한다. 성경은 자물쇠로 잠가 놓은 방들이 많은 대저택인데, 자물쇠 개수만큼의 열쇠가 그 집 내부에 흩어진 채 감추어져 있다. 오리게네스는 이런 사실을 히브리어 스승이 말해 주었다고 전한다. 그는 잠긴 방의 열쇠를 찾아 나선 길에 아주 다른 출처에서 나온 수색 방식에 의존했다. 알렉산드리아 대도서관의 학자들은 벌써 오래전부터 고대의 텍스트를 해석하는 방법을 갈고닦은 터였다. 그들은 주된 연구 주제를 알레고리로 파악했고, 텍스트 속의 언어를 가장 체계적인 연구의 대상으로 삼았다. 오리게네스는 자신의 성경 주석서에서 이 두 방법을 모두 채택했다. 구약성경이라는 대저택은 유대인풍의 집이지만, 그 집을 수색하는 가장 확실한 방법은 그리스식이어야 한다고 본 것이다.

"사람과 장소를 불문하고, 사람들이 옳게 말한 것은 무엇이든지 우리 기독교인의 재산이다."[41] 하느님이 유대인뿐만 아니라 그리스인에게도 말씀을 선포했다는 이론이 오리게네스에게서 시작된 것은 아니다. 바울이 편지에서 양심이라는 스토아학파의 개념을 승인하면서 인용했듯이, 바울 이래에 많은 기독교인들이 철학에서 신성의 진정한 빛을 발견해 왔다. 하지만 교회의 역사에서 오리게네스 이전에 그만큼 철학에 정통한 대가는 없었다. 어린 시절부터 그리스 문학의 고전을 배우고 동시대 철학자들의 탁월한 저서들을 잘 알았던 오리게네스는 철학 분야에서, 자신이 평생 지향해 온 것과 똑같은 주제를 발견했다. 그것은 신의 탐구라는 주제였다. 오리게네스가 볼 때 기독교는 철학과 양립할 수 있을 뿐만 아니라, 철학의 궁극적 표현이었다. "철학자처럼 생각하지 않는 사람은 하느님에게 진정한 의무를 다할 수 없다"[42]라고 오리게네스는 선언했다. 그래서 그는 알렉산드리아를 떠났을 때에도 그리스 학문의 수도에 자신의 뿌리가 있다는 사실을 잊지 않았다. 먼저, 기원후 215년에 그는 카라칼라를 피하여 그 도시를 떠났다가 그다음에 다시 234년에는 그가 '성지'라고 명명한 땅의 해안 도시인 카이사레아에 영구 정착했다. 그는 이 새로운 도시에서 고향 도시의 학문적 정수를 구현한 학교를 설립했다. 그 학교의 한 학생은 나중에 이렇게 회상했다. "어떤 주제도 우리에게 금지되지 않았으며, 우리에게 감추어지거나 도외시되지 않았다. 우리는 그리스에서 온 것이든 아니든 모든 교의를 공부하도록 권장되었다. 우리는 정신 속의 좋은 것을 전부 다 누릴 수 있었다."[43]

물론 오리게네스는 철학을 목적 자체로 삼아 공부하라고 제안했던 것은 아니다. 그렇게 하면 영원히 습지, 미로, 숲속을 헤매게 될 것이라고 제자들에게 경고했다. 철학자들의 명상에는 오류들이 끼어 있지만, 그래도 그 명상은 기독교의 진리를 밝히는 데 도움이 될 수 있었다. 알렉산드리아에서 개발된 텍스트 연구 방법 덕분에 오리게네스가 히브리어 성경의 복잡한 문제들을 해명했던 것처럼, 그는 그보다 더 어려운 수수께끼, 즉 신의 본성을 밝히는 문제에서도 철학을 원용했다. 그 문제는 시급하게 밝혀낼 필요가 있었다. 기독교의 핵심은 이런 것들로 구성되었다. 바울이 선언한 복음, 바울과 그의 동료인 1세대 기독교인들에게 활기를 불어넣었던 확신(그리스도는 주님이며 구세주라는 것), 십자가형을 받은 죄인이 천지를 창조하신 하느님의 일부분이라는, 신비하면서도 구체적인 방식으로 드러난 계시 등.

그러나 이것들은 자연히 이런 질문을 던지게 만들었다. 기독교인들이 예수에게 신의 지위를 부여한다면, 과연 그들은 유일신을 숭배한다고 말할 수 있을까? 이 신흥 종교에 주목할 때, 그리스 철학자들은 유대인 학자들 못지않게 바로 이 문제를 집요하게 파고들었다. 이 도전은 피해 갈

수 없는 것이었다. 어려운 점은, 말로 표현할 수 없는 신비를 어떻게든 말로 표현할 적절한 방법을 찾아야 한다는 것이었다. 유일신인 하느님 속으로 예수도 편입시키면 끝나는 것이 아니라, 성령 또한 하느님의 지위를 부여해야 했다. 오리게네스가 이 문제를 본격적으로 다루려고 할 즈음에는 이미 이에 대한 해결안의 윤곽이 분명하게 나와 있었다. 하느님의 단일성은 성자와 성령으로 인해 지장을 받는 것이 아니라, 오히려 그 둘을 통하여 확보된다는 것이다. 즉, 하느님은 세 개의 위격으로 되어 있다는 것이다One was Three. 그리하여 셋(성부, 성자, 성령)이 곧 하나이며 하느님은 삼위일체라는 것이다.

하지만 오리게네스는 그 어떤 선배들보다, 기독교 신학theologia을 정립하는 과정에서 철학의 자원을 가장 폭넓게 활용했다. 그는 선배 철학자인 크세노크라테스와 제논이 오래전에 활용했던 언어를 적극 활용하면서 신성을 탐구했다. 오리게네스가 카이사레아에 세운 학교는 지혜의 궁극적 꼭짓점으로 기독교 정경을 강조했지만, 그래도 아리스토텔레스를 포함해 그 위까지 거슬러 올라가는 학문의 계보가 뚜렷했다. 오리게네스가 기독교 신앙을 위해 열심히 노력한 이후로는 그 누구도 기독교인들이 오로지 "무식한 자, 어리석은 자, 배우지 못한 자"[44]에게만 호소한다고 주장할 수 없게 되었다. 교육을 곧 신분의 척도로 여기는 사회에서 이런 업적이 미친 파급 효과는 엄청났다. 그 사회에서는 철학적 소양이 없는 사람에 대한 경멸이 뿌리 깊었다. 지식(그노시스gnosis)은 소속 계급의 확정적 표지로서 널리 인식되었다. 심지어 기독교인들도 이런 편견으로부터 자유롭지 않았다. 에이레나이오스는 바실리데스 같은 교사들을 '영지주의자Gnostics'라고 불렀는데, 그들이 다른 사람보다 지식을 더 많이 가지고 있다고 주장하는 특성을 지목하여 이런 이름을 붙인 것이다.

"그들은 전승을 경멸한다. 그들은 교회의 장로들, 심지어 사도들도 알지 못하는 어떤 것을 알고 있다고 주장한다. 오로지 그들만이 순수한 진리를 알아냈다고 고집한다."[45] 학자들까지 만족시키는 신학을 정립하려 애쓴 오리게네스는 이런 유혹을 반드시 경계해야 했다. 많은 것이 그의 작업에 걸려 있었다. 아무튼 종교는 철학으로 분류되는 일이 거의 없었고 반대로 철학도 종교로 분류되지 않았다. 기독교가 보편적 메시지를 지녔다는 주장은 메소포타미아에서 스페인에 이르기까지 넓은 지역에 교회가 존재한다는 사실만으로는 증명되지 않았다. 그것은 모든 계급, 모든 교육 수준의 사람들에게 호소해야 했다. 철학을 멋진 조각상 혹은 이국적인 향료처럼 부자들의 특권으로 여기는 사회에서 오리게네스는 살아 숨쉬는 역설이었다. 철학자이면서 엘리트주의를 배척해야 했으니까.

사람의 정체성이 믿음[신앙]에 의해 규정된다는 주장은 그 자체로 획기적인 혁신이었다. 그러나 배운 자든 문맹자든 "수없이 다양하더라도 신앙에 의하여 단일한 공동체가 된다"[46]는 주장도 그에 못지않게 놀라운 개념이었다. 오리게네스의 천재성은 그리스 철학의 유산 속에서 아주 새로운 정신의 우주를 창조했다는 것이다. 그 우주에는 배운 것이 거의 없는 사람도 동참할 수 있었다. 오리게네스가 하느님을 두고 "순수 지성"[47]이라고 한 칭송은 사실 오래전에 아리스토텔레스가 했던 말을 되풀이해서 언명한 것이었을 따름이다. 하지만 철학은 오리게네스가 가르치려 한 것의 시작에 불과했다. 신성한 누스는 아무런 움직임도 없는 냉정한 완벽함 속에 그대로 머물러 있지 않고 이 지상에 내려왔다. 이러한 신비는 가장 위대한 학자들도 이해하지 못하는 바이며, 노동자들이나 부엌의 하녀들도 경탄할 만한 경이로움의 원인이다. 오리게네스는 그리스와 유대인의 위대한 문학적 보물을 널리 활용하면서 때로는 그리스도를 순수 지성으로 서술하고 때로는 "하느님의 활동이 드러나는 얼룩 없는 거울"[48]로 묘사하지만, 어떤 때는 자신이 아주 어린아이처럼 어리둥절함을 느낀다고 실토했다. '하느님의 지혜'[로고스]가 여인의 자궁 속으로 들어가 갓난아기로 탄생하여 젖을 달라며 울어 젖힌다는 역설은 위대한 철학자 오리게네스마저 감당하기 어려웠다. "우리는 그리스도에게서 너무나 인간적인 면모를 발견하기에, 그것이 모든 면에서 인간의 공통적인 약점을 공유한다고 느낀다. 또 어떤 때는 너무나 신성한 면모를 발견하기에, 그것이 신성의 신비스럽고 형언하기 어려운 측면의 반영이라고 느낀다. 그러니 우리 인간의 편협한 이해력으로는 도저히 그런 모순을 이해할 수 없을 듯하다. 경이와 존경심이 가득한 상태에서 우리는 어디에다 시선을 두어야 할지 난감한 것이다."[49]

이런 깊이 있는 읽기와 두 눈을 크게 뜬 경외감의 혼융에서, 우리는 알렉산드리아의 혼합 문화를 알아볼 수 있고 동시에 획기적으로 새로운 어떤 것을 발견하게 된다. 오리게네스는 철학자들의 전통적인 관점과는 다르게, 천상의 신비를 사색하는 것을 교육받은 자와 부자의 전유물로 여기기를 거부했다. 그리하여 그는 그 범위가 획기적으로 넓은 철학적 개념들을 널리 전파하는 사상의 틀을 창조했다. 오리게네스는 전통 철학자의 방식대로 행동하기를 거부함으로써 명성에 손상을 입기는커녕 오히려 그 반대였다. 오리게네스는 60세가 되자 자신의 영향력 높은 생애를 되돌아보며 자부심을 느꼈다. 사실 그가 너무나 유명했기에 황제의 어머니조차 그 명성에 자극을 받아서 그를 황궁으로 초청하여 신의 본성에 대하여 한 수 가르쳐 달라고 부탁할 정도였다. 그러나 이런 명성은 존경을 불러일으키는 동시에 적개심을 유발할 수도 있었다. 그 당시는 배신의 시대였다. 카라칼라가 알렉산드리아 거리에 가져온 광포한 폭력은 앞으로 닥쳐올 더 어두운 시절을 보여 주는 불길한 징조였다. 그 후 수십 년 동안 슬픔은 단발單發로 오지 않고 대대大隊 규모로 몰려왔다. 카라칼라조차 원정길에 나섰다가 말에서 내려 용변을 보던 중에 살해되었고, 일련의 암살 사건과 내전 중에 목숨을 잃은 여러 황제 중 한 명이 되었다.

한편 야만족 군벌들은 점점 더 심화되는 제국 내 혼란을 틈타 국경을 침략해 오기 시작했다. 제국의 동쪽 관문에서 새로운 페르시아 왕조—다리우스 시대 이후 등장한 가장 무서운 왕조—가 로마의 권위에 일련의 심각한 타격을 가했다. 신들은 화가 난 것처럼 보였다. 정확한 렐리기오네스〔종교적 의례〕가 무시되고 있는 게 분명했다. 카라칼라가 제국의 시민들에게 대규모로 시민권을 부여한 이래, 로마만이 아니라 제국 전체가 잘못을 저지르고 있었다. 그리하여 기원후 250년 초에 모든 시민—유일하게 유대인만 제외하고—은 신들에게 희생 제물을 바치라는 칙령이 반포되었다. 명령에 불복하는 것은 대역죄였고 그 죄는 죽음으로 다스린다고 했다. 사상 처음으로 기독교인들은 목숨과 신앙 사이에서 택일하라고 강요하는 법령 앞에 서게 되었다. 많은 사람이 목숨을 선택했으나 또 다른 많은 사람들은 그렇게 하지 않았다. 체포된 사람들 중에는 오리게네스도 있었다. 그는 족쇄가 채워지고 고문을 당했으나 신앙을 취소하지 않았다. 그는 처형은 면했으나 여러 날 동안 고문을 당하고 병든 몸으로 석방되었다. 그는 병에서 회복하지 못했다. 한두 해 뒤에, 이 나이 든 학자는 고문 후유증으로 사망했다.

그 사건을 심리한 로마 행정관은 오리게네스의 명성을 존중했기에 그런 저명한 학자에게 고문을 가하는 처사를 별로 좋아하지 않았다. 전에도 그러했듯이 로마 당국은 희생 제물 바치기를 거부하는 기독교인들의 태도는 사회 질서를 문란하게 하는 파괴적 행위일 뿐만 아니라 어리석은 고집이라고 생각했다. 이미 황제에게 충성하겠다고 말한 시민들이 그것을 구체적으로 표현하고, 나아가 희생 제물의 봉헌을 거부하는 것이 도무지 이해되지 않았다. 전통과 애국심에 의해 성스러워진 의식이 어떤 시민들을 불쾌하게 만든다는 사실을 로마 당국은 도저히 받아들일 수 없었다. 로마 당국은 오리게네스를 고문하면서 분노 못지않게 슬픔을 느꼈다.

하지만 제국 자체가 기독교인 제국이었다면 사정이 얼마나 달라졌겠는가! 그것은 너무나 막연하고 황당무계한 가능성이었다. 하지만 체포되기 이태 전에 오리게네스는 그런 생각을 어렴풋이 했다. 그는 이런 말을 했다. "로마인들이 기독교를 받아들이면 그들은 기도의 힘으로 그들의 적들을 제압할 수 있을 것이다. 아니, 하느님의 보호 아래에 들어오게 되니, 적들이 아예 없을 것이다."[50]

그러나 오리게네스 당시에, 카이사르가 그리스도를 받아들여 기독교 신자가 된다고 믿는 것은 곧 기적을 믿는 것이었다.

신앙 지키기

313년 여름, 카르타고는 불안에 떠는 도시였다. 카르타고는 지중해 서부 지역의 패권을 두고서 로마를 상대로 싸웠던 고대의 라이벌 도시다. 그러나 그리스의 코린토스와 마찬가지로 로마 군단에 의해 파괴된 뒤에 로마의 식민 도시로 다시 세워졌다. 그곳은 시칠리아에서 마주 보이는 해안 도시로 아프리카의 수도로서 확고한 지위를 획득했다. 카르타고는 로마, 알렉산드리아와 더불어 기독교의 3대 본부 중 하나였다. 하지만 어떤 카르타고 기독교인의 증언에 따르면 그런 지위는 "순교자들의 피"[51]로 인해 많이 훼손되었다. 아프리카에서 교회는 박해의 상처를 오랫동안 간직했다. 기원후 258년에 카르타고의 저명한 주교이며 뛰어난 학자인 키프리아누스가 처형되면서 기독교 신자들은 자신들의 신앙을 매우 호전적으로 이해하는 태도가 더 강화되었다. 무엇보다도 순수함이 가장 중요했다. 이 세상의 사악함과는 절대로 타협해서는 안 되었다. 순교를 각오하지 않는다면, 믿음은 아무것도 아니었다.

바로 이런 이유로, 기원후 303년에 기독교 신자들은 모두 성경을 당국에 제출하거나 아니면 죽음을 각오하라는 제국 정부의 칙령이 내려왔을 때 아프리카는 그 명령에 저항하는 세력의 최전선이 되었다. 교회를 분쇄하기로 단단히 각오한 아프리카 속주의 총독부는 제국 본부의 칙령에 더하여 신들에게 희생 제물을 바치라고 모든 시민에게 명령했다. 반발하는 기독교인들은 검거되어 족쇄를 찬 채 카르타고로 끌려갔고, 그들 중 상당수가 처형되었다. 2년 뒤 기독교 박해가 마침내 잦아들자, 아프리카 전역의 기독교 신자들 사이에서는 하느님이 오염되지 않은, 절대적으로 순수한 신앙을 요구하신다는 확신이 퍼져 나갔다. 그 확신은 많은 순교자들의 피에 의해 더욱 확고해졌다. 카르타고 교회가 겪은 아주 야만적인 박해로부터 10년이 흘러간 시점에 그 도시의 분위기는 조급하고, 까다롭고, 위험이 가득했다. 주교 마요리누스의 죽음은 다양한 긴장을 촉발시키는 피뢰침 역할을 했다. 기독교인에게는 한 가지 의문이 끈덕지게 달라붙었다. 교회를 아프리카에서 아주 박멸하려는 집중적인 박해 이후에 기독교인들은 신성한 신앙을 어떻게 옹호할 것인가?

그리스도의 탄신 후 300년이 흘러간 시점에서 이 질문은 교회의 범위를 벗어나는 파급 효과를 지닌 문제였다. 대도시의 주교들은 이제 공인의 길로 들어섰다. 제국 정부는 박해의 구실을 내세워 그들을 죽일 수 있는가 하면, 때로는 황제의 호의로 그들에게 혜택을 내려 줄 수도 있었다. 오리게네스가 체포되어 고문을 당한 때로부터 10년이 흐른 260년, 로마 정부에 체제 변화가 발생하여 교회에 특별히 중요한 특권이 부여되었다. 교회가 부동산을 소유할 수 있는 권한을 갖게 된 것이다. 이미 상당한 후원의 힘을 갖춘 주교들은 그 덕분에 더 큰 영향력을 행사할 수 있게 되었다. 주교들이 선거를 통해 그 자리에 임명됨으로써 그들 리더십의 능력과 범위가 크게 신장되었다. 로마 관리들도 점점 늘어나는 신자들을 대상으로 주교가 행사하는 권위를 존중하지 않을 수 없었다. 303년에 실시된 끔찍한 기독교 박해도 주교의 이런 권위를 손상시키지는 못했다. 사실을 말하자면, 기독교를 뿌리 뽑으려던 속주 총독부의 노력이 실패로 돌아가자, 박해에 저항했던 기독교 지도자들의 권위는 더욱 커졌다.

313년 여름, 새로운 주교가 마요리누스의 뒤를 이어 선출되었다. 그런데 이 주교는 로마 통치 계급의 전통적 기준에 따르자면 그리 인상적인 인물이 아니었다. 새 주교 도나투스는 카사이 니그라이 출신이었다. 그곳은 카르타고 남쪽에 있는 사막 가장자리에 위치한 한적한 마을이었다. "사막의 메마른 땅은 독사들 말고는 아무것도 생산하지 않았다."[52] 그러나 이 근엄하고 거친 시골 사람─신분을 나타내는 표지를 모두 거부했으므로─은 재산이나 가정 환경과는 무관하게 카르타고에 영향력을 행사할 수 있었다. 주교의 권력은 그를 위험하게 만들었고, 그가 위험한 사람이기에 다들 두려워했다.

그런데 주교의 가장 철저한 적은 속주 총독부가 아니라 동료 기독교인이었다. 도나투스만이 유일하게 카르타고 교회의 지휘권을 주장하고 나선 것은 아니었다. 그에게는 라이벌이 있었다. 카이킬리아누스는 그보다 2년 전에 주교 자리에 선출되었으나, 그 선출 건에 대한 이의가 맹렬하게 제기되었다. 그는 유능하고 정력적이면서도 노련한 행정가였으나, 그 누구보다 순교자들이 하느님의 총애를 받아야 한다는 사상을 경멸했다. 이런 평판 탓에 굉장한 호시절에도 카르타고의 많은 기독교 신자가 그를 탐탁지 않게 여겼다. 게다가 이제는 호시절이 아니었다. 아프리카 교회는 꼭대기에서 밑바닥에 이르기까지 분열되어 있었다. 아프리카 교회의 많은 지도자들이 "성경을 로마 당국에 제출하느니 불길 속에서 타 죽는 것이 낫다"라는 주교(도나투스)의 확신에 동참한 반면, 다른 지도자들은 그런 생각을 지지하지 않았다. 도나투스와 그의 지지자들이 볼 때, 반대자들의 태도는 용서할 수 없는 배신이었다. 보관하던 성경을 당국에 건네준 사람들—이들을 가리켜 멸시의 뜻을 담은 트라디토레스traditores('성경을 넘겨주는 자' 혹은 배신자)라고 불렀다—는 이제 더는 기독교인이라고 볼수 없었다. 그들은 영혼을 팔아넘겨서 목숨을 구제한 자들이었다. 그들은 목소리마저 배신의 감염을 일으킬 수 있는 암적 존재였다. 세례의 물에 온몸을 담그는 것만이 그들을 그 죄악에서 구할 수 있었다.

그러나 트라디토레스는 그들의 잘못을 인정하기는커녕 카이킬리아누스를 자신들의 주교로 세웠다. 이 주교는 과거에 그 자신이 트라티토르였을 뿐만 아니라 성경을 당국에 건네주기를 거부한 사람들을 박해하는 데에도 가담했다는 소문이 나도는 인물이었다. 세상의 요구에 도전해야 한다고 주장하는 세력과 세상과 타협하는 것을 선호하는 세력, 즉 도나투스파와 카이킬리아누스파라는 두 대조적 관점 사이에서 어떤 타협이 가능할까? 여기에서 음울하면서도 난처한 진실이 드러났다. 서로가 공유하는 믿음은 기독교 신자들을 단합시키기도 하지만 분열시키기도 한다는 것이었다.

도나투스는 그런 분열을 치유하기 위한 노력으로 하늘을 올려다보았다. 그의 지지자들은 그들의 주교가 하느님과 직접 소통한다는 얘기를 글자 그대로 믿었다. 그렇지만 카이킬리아누스파를 설득하기에 충분할 정도로 하느님의 반응이 없는 상황에서, 도나투스는 긴급히 대체 권위를 찾아낼 필요가 있었다. 다행히도 그가 주교로 선출되고 1년 후에 기적이 일어났다. 아니, 312년의 사건들은 놀라는 기독교 신자들에게 기적처럼 보였다. 이 해에 새롭게 내전이 터져서 온 이탈리아를 뒤흔들었다. 로마 황제 자리를 노리는 콘스탄티누스라는 군사령관이 로마를 향해 쳐들어온 것이다. 그리고 테베레 강둑의 밀비우스 다리에서 결정적 승리를 거두었다. 그의 정적은 전투 중에 강물로 떨어져 익사했다. 콘스탄티누스는 패전한 적장의 머리를 창대 끝에 매달고서 고대의 도시로 들어갔다. 새로운 군주를 환영하기 위해 아프리카에서 파견된 속주 관리들은 그 전리품을 보며 콘스탄티누스의 위업에 존경의 뜻을 표했다. 그 직후 콘스탄티누스의 위대함을 널리 선양하기 위해 그 전리품은 카르타고로 보내졌다. 그런데 그것보다 훨씬 가치 있는, 예상하지 못한 것도 함께 송부되었다.

그 도시에 도착한 편지 꾸러미는 기독교에 대한 동정을 분명히 보여 주었다. 총독은 교회에서 압수한 재산을 전부 돌려주라는 지시를 받았다. 카이킬리아누스—예리한 정치가이기도 한 그는 이미 콘스탄티누스에게 축하 편지를 보내 그의 위대한 업적을 칭송했다—는 "거룩하기 그지없는 가톨릭교회"[53]에 보이신 황제의 동정심을 친히 확인받았다. 그 직후에 황제의 또 다른 편지가 카르타고에 도착했다. 그 편지는 속주 총독은 카이킬리아누스와 그를 지지하는 사제들에게 시민으로서 납부해야 하는 주민세를 면제해 주라는 내용이었다. 도나투스는 정적에게 이런 특혜가 수여된 것을 창피하게 여겼으나, 그 편지에 담긴 폭넓은 의미를 재빨리 알아보았다. 콘스탄티누스는 교회에 관면冠冕의 혜택을 내려 주었을 뿐 아니라, 마치 황제 자신이 기독교인이 된 것 같은 어조로 편지를 썼다.

그리고 그것은 사실로 드러났다. 시간이 흘러가면서 콘스탄티누스가 그리스도를 마음에 받아들이게 된 놀라운 이야기들이 전해졌다. 밀비우스 다리에서 대승을 거두기 전야에 그는 하늘에서 십자가를 보았고 이어 꿈속에서 자신을 찾아온 구세주를 보았다. 그리하여 황제는 평생 동안 누구 덕분에 황제 자리에 올랐는지 의문을 품지 않았다.• 이처럼 기독교에 감사하는 마음을 품고는 있었지만, 황제가 자신을 밀어 준 새로운 후원자의 과격하면서도 파격적인 특성을 올바르게 이해하는 데에는 시간이 좀

• 밀비우스 다리는 콘스탄티누스가 기원후 312년 10월 28일 당시의 로마 황제 막센티우스를 상대로 대승을 거두고 제국의 권력을 장악하게 된 전투 장소다. 에우세비우스의 《교회사》에 따르면, 이 전투 전날 콘스탄티누스는 그 기독교적인 꿈을 꾸었다고 한다. 그러나 역사가 에드워드 기번은 이 꿈을 후대에 만들어진 전승이라고 본다. 당시 유럽 지역 사령관이던 콘스탄티누스는 엄청난 기동력과 정예 군사력을 보유한 덕분에 전쟁의 승리를 우려할 이유가 없었다는 것이다. 오히려 황제가 항전하지 않을까 봐 우려했다. 기번의 《로마제국 쇠망사》 해당 부분을 인용하면 이러하다.
"콘스탄티누스의 신속한 행군은 율리우스 카이사르의 신속한 이탈리아 점령과 비교되어 왔다. 그것은 역사적 진실과도 어느 정도 부합하는 비교이기도 하다. 왜냐하면 베로나 점령에서 전쟁의 종식까지는 불과 58일밖에 걸리지 않았기 때문이다. 콘스탄티누스는 폭군이 공포심 혹은 신중함 때문에 전면전에 마지막 희망을 걸지 않고 로마의 성벽 안에 틀어박혀 장기적인 소모전으로 나오는 것을 가장 걱정했다. 폭군은 엄청난 식량을 비축해 두었으므로 기근이 들 염려는 없었다. 콘스탄티누스는 지구전을 무엇보다 두려워하는 처지였고, 그렇기 때문에 사태가 여의치 못하면 불과 칼로 제국의 도시를 파괴해야 하는 불운한 상황으로 내몰릴 수도 있었다. 로마를 온전한 상태로 유지한 채 승리를 거두는 것이 가장 큰 보람이고, 또 로마의 해방이 내전의 동기 혹은 구실이었으므로 이런 우려와 걱정은 당연한 것이었다. 그가 18킬로미터 정도 떨어진 삭사 루브라라는 궁전에 도착했을 때 막센티우스의 군대가 전면전으로 나올 것이라는 소식이 도착했고, 그것은 콘스탄티누스에게 놀라움과 기쁨을 동시에 안겨 주었다. 막센티우스의 기다란 대열은 넓은 들판을 가득 채웠고 후위는 테베레 강둑까지 뻗쳐 있었다. 그 때문에 앞의 전열은 퇴각이 불가능한 상태였다. 콘스탄티누스는 아주 능숙하고 노련하게 군대를 포진했고 그 자신은 가장 영예롭고 위험한 자리를 선택했다. 부대의 화려한 무용을 뽐내면서 그는 제일 선두에 서서 적군의 기병대를 향해 돌격했다. 그리고 임전무퇴의 용맹한 군인 정신이 그날의 전투를 결정지었다." ─ 옮긴이

걸렸다. 처음에 황제는 기독교의 신을 동일한 주제의 변주곡 정도로 여겼다. 전지전능한 유일신이 존재한다는 사상은 유대인이나 기독교인만의 독창적 사상은 아니었다. 이미 크세노파네스의 시대[기원전 6세기]부터 철학자들은 그런 신앙을 가르쳐 왔다. 로마 황제가 권위를 관리들에게 위임하여 세상을 다스리는 것처럼 지고한 유일신이 온 우주를 다스린다고 여겨졌다.

이러한 전제는 로마 세계의 많은 이들이 당연시하는 사상이었다. 알렉산드리아에 도착한 카라칼라는 본질적으로 그런 역할을 세라피스 신에게 부여했다. 다른 황제들은 그것을 제우스 혹은 아폴론에게 돌렸다. 지난 한 세기 동안 그랬듯이, 카라칼라의 야망은 모든 로마 시민에게 보편적으로 받아들여지는 렐리기오네스를 규정하는 것이었다. 그렇게 함으로써 제국을 뒤흔드는 많은 위기 속에서도 제국에 천상의 가호가 내려오도록 하려 했다. 콘스탄티누스는 그리스도를 지고한 신으로 인정함으로써 기독교인들이 동료 시민들과 힘을 합쳐 이런 긴급한 목표[종교를 통한 제국의 단합]를 달성하도록 하려 한 것이다. 313년 콘스탄티누스는 제국사상 처음으로 기독교에 법적 지위를 부여하는 칙령을 반포하면서도 다소 유보적으로 "하늘에 계신 신성"[54]의 이름을 언급하지는 않았다. 그런 모호한 태도는 의도적인 것이었다. 콘스탄티누스는 그리스도든 아폴론이든 시민들이 누구를 "가장 높은 신"[55]으로 받들어 모실지는 그들의 선택에 맡겨 두었다. 그 둘이 분명하게 구분되는 곳에서, 콘스탄티누스는 일부러 경계를 흐릿하게 해놓았다.

그런데 도나투스가 카르타고에서 배를 타고 로마로 건너왔다. 그보다 더 열렬하게 타협을 거부하는 사람은 찾아보기 어려웠다. 심지어 주교로 선출되기 전에도 도나투스와 그 지지자들은 카이킬리아누스에 대해 작성한 진정서를 콘스탄티누스 황제에게 제출하여 그를 주교직에서 퇴위시켜 달라고 요구했다. 기독교 신자들 사이에서 이토록 분열상이 벌어지는 것을 보고 황제는 당황했지만, 그래도 도나투스가 로마의 주교단 앞에서 자신의 주장을 펼칠 수 있게 해주었다. 주교단은 곧 도나투스의 주장을 부당하다고 판단하여 기각했다. 그는 상소했지만 또다시 기각되었다. 그런데도 그는 계속해서 진정서를 넣어 콘스탄티누스 황제를 괴롭혔다. 316년에 도나투스는 황제 보초병들의 경계가 소홀해진 틈을 타 로마를 벗어나서 아프리카로 돌아와 버렸다. 그가 도피한 사실을 알게 된 황제는 도나투스 주교의 건방진 태도를 매우 불쾌하게 여겼다. 그 후 도나투스파와 카이킬리아누스파 사이의 치열한 대결에서, 로마 정부의 권력을 등에 업은 쪽은 카이킬리아누스파였다.

"황제가 교회의 일과 무슨 관련이 있단 말인가?"[56] 도나투스는 분노와 적개심 속에서 이런 질문을 던졌지만 그건 수사적 질문에 불과했다. 콘스탄티누스는 여느 주교 못지않게 자신이 기독교 신자들의 단합을 지원하는 천상의 임무를 위탁받았다고 생각했다. 도나투스가 옹호하는 전통, 즉 교회의 구성원들이 죄악에 빠진 동료 신자들을 거부할 때 하느님을 가장 기쁘게 한다는 믿음은 황제를 당황하게 하고 또 화나게 했다. "이런 언쟁과 분란을 자꾸 일으키면 지고한 신성은 인류뿐만 아니라 황제인 나에게도 화가 날 것이다"[57]라고 황제는 역정을 냈다. 콘스탄티누스는 카이킬리아누스파를 지원함으로써, 단합된 교회를 원하는 황제의 뜻에 따르는 주교들만이 제국 정부의 지원을 얻을 수 있다는 메시지를 제국 전역의 주교들에게 전했다. 한편 도나투스는 아프리카의 기독교 신자들에 대한 리더십이 자신에게 있다는 주장이 속주 이외의 지역에서는 별로 받아들여지지 않는다는 사실을 통감했다. 세상 사람들이 볼 때 진정한 '가톨릭' 신자들은 카이킬리아누스파였고, 도나투스파는 여전히 '도나투스를 지원하는 자들'이었을 뿐이다.

주교들이 밀비우스 다리에서의 승전이라는 새로운 현실에 적응해야 했던 것처럼, 콘스탄티누스 황제도 기독교 세계의 사정에 적응해야 했다. 황제는 그리스도의 종이 된다는 것의 의미를 정확히 이해하려고 애썼지만 자신이 아주 가파른 학습 곡선 위에 올라탔음을 발견했다. 도나투스와의 언쟁을 거치면서 황제는 교회에 대한 자신의 입장을 명확하게 알게 되었다. 비록 자신은 온 세상을 지배하는 황제였지만 정작 교회에 대해서는 그 어떤 공식적인 통제권도 없다는 것이었다. 로마와 천상의 신들 사이에서 중재 역할을 맡았던 전통적 사제들과 다르게, 주교들은 아우구스투스 황제의 후계자인 콘스탄티누스가 주도해야 하는 종교 의례에는 관심이 없었다. 그 대신에 그들은 철학자에게나 어울릴 법한 사소한 문제들을 가지고 서로 싸워서 황제는 심한 좌절감을 느꼈다. 324년 알렉산드리아의 신학자들이 그리스도의 본성에 대하여 논의하는 것을 아주 좋아한다는 사실을 알고서 황제는 짜증을 감출 수가 없었다. "당신들은 별로 중요하지 않거나 아예 중요하지 않은 문제들을 두고서 그토록 싸우면서 왜 당신들의 견해를 서로 조화시키는 일에는 신경을 쓰지 않습니까? 왜 당신들의 의견 차이를 각자의 마음과 생각에 위임하지 않습니까?"[58]

하지만 곧 콘스탄티누스는 이런 질문이 너무 순진했음을 깨달았다. 그리스도의 정체가 무엇인가? 그리스도는 어떻게 하여 인성과 신성을 동시에 갖게 되었는가? 삼위일체는 어떻게 정의하는 것이 가장 좋은가? 이런 문제들은 결코 사소하지 않았다. 그리스도의 본성에 대하여 계속 의문이 제기된다면 어떻게 하느님을 올바르게 경배하며, 로마가 온 세상을 지배해도 좋다는 하느님의 승인을 어떻게 얻을 수 있겠는가? 콘스탄티누스의

전임자들은 예전처럼 희생 제물과 영예를 바침으로써 하늘을 달래려 했
는데, 예전 황제들의 이러한 태도는 황제의 필수적인 역할을 크게 오해한
것이었다. "어떻게 경배하느냐가 중요한 게 아니라, 무엇을 경배하느냐
가 중요하다."[59] 콘스탄티누스는 진정한 종교란 경건한 의식, 제단에 동
물 피 뿌리기, 제단에 향 피우기 같은 행위들이 아니라, 하느님에 대한 올
바른 믿음이라는 걸 이해하게 되었다.

  그리고 결정적 순간이 찾아왔다. 서로 싸우는 신학자들에게 의견 차이
를 조율하라고 권고한 지 1년 뒤인 325년, 콘스탄티누스는 제국 전역의
주교들을 종교회의에 소집했다. 회의의 목적은 제국 정부답게 아주 웅대
했다. 로마 세계 전역에 퍼져 있는 교회들이 준수해야 하는 신경信經(신앙
의 신조를 적은 경문)을 확정하자는 것이었다. 또 신자들의 행동을 규정하
는 기준이 되는 카논도 다시 규정될 예정이었다. 이 엄청난 행사가 열린
장소는 소아시아의 북서부 도시인 니케아였다. 이 도시는 엄밀히 말하면
기독교의 세력 기반은 아니었다. 콘스탄티누스는 "태양 광선인 양 하얗
게 빛나는 옷을 입고서"[60] 손님들을 맞이했는데, 그 태도에는 우아한 환
대와 희미한 위협의 흔적이 뒤섞여 있었다. 마침내 한 달간의 논의 끝에
신경이 확정되었고 스무 권의 카논이 규정되었으며, 그런 결정에 승복하
기를 거부하는 소수의 대표들은 공식적으로 추방되었다. 신학과 로마 정
부의 위세가 결합하여 전에는 시도된 적 없는 혁신이 이루어졌다. 온 세
상에 보편적으로 적용되는 신앙의 신조가 선언된 것이다. 브리튼에서 메
소포타미아에 이르는 넓은 지역에서 온 수많은 대표단은 자신들이 참가
한 종교회의 결정 사항에 엄청난 무게감을 부여했다. 그것은 단 한 명의
주교나 신학자가 감히 도전을 걸 수 없는 그런 권위를 갖게 되었다. 사상
처음으로 교회의 신조는 오리게네스의 천재성으로도 마련할 수 없던 정

통성을 획득했다. 오리게네스의 학설이 그러했듯이 새로운 신조는 철학의 언어를 채택했고 성부와 성자가 "하나의 본체homoousios"라고 선언했다. 니케아 신경은 또한 이렇게 선언했다. "예수 그리스도는 하느님의 외아들 영원으로부터 성부에게 나신 분입니다. 하느님께서 나신 하느님, 빛에서 나신 빛, 참 하느님에게서 나신 참 하느님, 창조되지 않고 나시었습니다." 일찍이 이처럼 파급 효과가 큰 신경을 만들어 낸 종교회의는 없었다. 기독교 신앙의 핵심에 자리 잡은 역설—십자가 위에서 처형된 인간이 신이 되었다는 얘기—을 설명하려던 기독교인들의 오랜 노력이 마침내 항구적 해결안을 마련했다. 니케아 신경은 그 후 여러 세기 동안, 그것이 없었더라면 분열되었을 교회를 단합시키는 위력을 발휘했고 단일한 기독교 신자의 공동체라는 이상에 실체를 부여함으로써 황제가 니케아 종교회의에서 성취되기를 기대했던 목적 이상의 효과를 달성했다. 노련한 제국의 행정가만이 그런 효과를 성취할 수 있었다. 카라칼라가 로마 세계의 시민들에게 전반적으로 시민권을 부여한 지 100년 뒤, 콘스탄티누스는 획기적인 발견을 했다. 사람들을 하나로 묶는 가장 확실한 방법은 공통의 의례가 아니라 공통의 믿음을 통하는 것이었다.

그러나 황제가 이미 발견한 바와 같이 종교는 단합할 수도 있고 반대로 분열할 수도 있는 것이었다. 그가 니케아에서 거둔 승리는 부분적 승리였다. 주교들과 신학자들은 그 후에도 계속해서 싸웠다. 심지어 콘스탄티누스 자신도 생애 말년에는 니케아 신경에 대한 믿음이 희미해졌다. 337년에 콘스탄티누스가 사망하자 그의 아들 콘스탄티우스가 동로마제국의 황위에 올랐다. 이 아들은 니케아 신경을 적극 거부하면서 성자〔그리스도〕가 성부에게 종속된다는 교리를 적극 후원했다. 예전에는 한미한 종교적 파벌〔아리우스파〕의 관심사였던 논쟁이 이제 제국 정부의 화두가 되었다.●

니케아 신경의 승인 혹은 거부가 소용돌이치는 황조의 야망에 새로운 경쟁의 차원을 부여했다. 물론 문제가 되는 것은 단지 개인적 야망에 그치지 않았다. 콘스탄티누스와 그 후계자들이 생각했던 것처럼, 온 인류의 장래가 걸린 문제였다. 황제는 올바른 종교 의례를 실천함으로써 세상의 안정을 꾀해야 할 의무가 있었다. 이는 신학자들이 장군 혹은 고위 관리 못지않게 황제의 관심을 사로잡게 된다는 뜻이었다. 하느님의 은총을 확보하지 못한다면 군대나 세금이 무슨 가치가 있겠는가? 기독교는 "참 하느님에 대한 참된 예배"[61]이고, 만약 그것이 아니라면 기독교는 아무것도 아니었다.

물론 카르타고 사람들은 그 점을 오래전부터 알고 있었다. 카이킬리아누스는 325년에 니케아 종교회의에 참석한 뒤 카르타고로 돌아왔다. 그가 종교회의에서 한 역할은 도나투스 지지자들의 혐오감을 조금도 완화하지 못했다. 도나투스는 그로부터 30년 뒤 유배지에서 죽었지만 여전히 양파의 분열은 치유되지 않았다. 이는 그리 놀라운 일도 아니었다. 양파의 증오심을 부추긴 것이 라이벌 주교들의 개인적 야심은 아니었다. 아프리카의 치안 질서를 유지하려고 했던 속주 총독부 관리들이 즉각 이해할 수 있는 어떤 것도 아니었다. 도나투스파는 가톨릭 주교의 옷을 벗기고 그를 탑 꼭대기로 끌고 가서 땅바닥의 똥 더미 위로 내던졌다. 또 죽은

• 아리우스파는 삼위일체 중에 성자가 성부보다 열등하다는 입장을 취했다. 아리우스는 성자가 성부와 '비슷한 본체(homoiousion)'를 갖고 있을 뿐, 성부와 '똑같은 본체(homoousion)'는 아니라고 주장했다. 다시 말해 성자, 즉 그리스도는 하느님과 비슷한 존재일 뿐 하느님은 아니라는 말이다. 그런데 니케아 신경에 의하여 성부와 성자는 '하나의 본체(homoousion)', 즉 그리스도는 하느님이라고 선언했다. '비슷한 본체'와 '똑같은 본체'는 원어가 i자 하나 더 들어가느냐 마느냐의 차이이므로 세심하게 구분할 필요가 있다. 콘스탄티누스 황제의 아들이며 후계자인 콘스탄티우스(이 황제도 아버지와 발음이 거의 비슷하므로 요주의)는 아리우스파를 지지하여 기독교계 내에 큰 혼란을 일으켰다. ─옮긴이

개 목줄을 또 다른 주교의 목에다 단단히 묶어 놓았다. 또 세 번째 주교의 혀를 뽑고 오른손을 절단했다. 그들은 로마 정부의 관리들에게 좌절감을 안겨 주려고 의도적으로 그렇게 잔인한 행동을 했다. 교리상의 의견 차이가 기독교 신자들을 분열시킨다는 사실을 파악한 콘스탄티누스는 문제를 해결하기 위해 신속하게 움직였다. 하지만 아프리카에서 기독교 신자들을 분열시킨 것은 교리가 아니었다. 그들의 증오는 그보다 훨씬 심각했다. 가톨릭 신자들에게서 교회를 탈취한 도나투스파는 그 교회의 벽에 하얀 페인트칠을 하고, 소금으로 바닥을 박박 닦아 내고, 가구 집기를 철저하게 청소했다. 이렇게 해야만 교회 건물에서 오염의 흔적을 지울 수 있다고 생각했다. 세상과 타협한 적대자들로 인한 오염은 그처럼 지저분하고 더럽다고 보았던 것이다.

지상에 에덴동산을 새롭게 건설하는 가장 확실한 방법은 무엇인가? 도나투스파가 주장하는 것처럼, 가시나무와 쐐기풀의 침입에 맞서서 벽을 높이 세우고 잡초가 완전히 배제된 비좁은 화단을 보살피는 것인가? 아니면 카이킬리아누스파가 말하는 것처럼, 온 세상에 새로운 씨앗을 뿌리는 것인가? "하느님의 동산이 온 세상에 널리 퍼지게 해야 합니다." 왜 당위當爲로서의 세상을 주장하지 못하고 현재의 세상과 타협하느냐는 도나투스파의 공격에 가톨릭 주교가 대답했다. "왜 당신들은 서부 속주들은 말할 것도 없고 동부와 북부의 기독교 신자들이 하느님에게 접근할 수 없다고 하십니까? 왜 당신들이 소통하지 않는 무수한 섬들에 살고 있는 사람들이 그런 권리를 갖지 못하게 거부합니까? 당신들은 소수에 불과한 반란 세력인데 왜 그런 사람들과 척지려 하십니까?"⁶² 이런 씁쓸한 의견 불일치가 일으킨 증오심—아프리카 교회가 아닌 다른 전통에서 성장한 사람들에게는 이해하기 어려운 증오심—은 해결하기가 거의 불가능했다. 콘스탄티누스조차 도나투스 논쟁에 잠시 휘말렸다가 그보다 더 시급한 문제에 정신이 팔렸다. 가톨릭파와 도나투스파 사이에서 벌어지는 폭력 행위가 점점 더 심각해지기는 했지만, 속주에서 로마로 곡물을 수송하는 문제만큼 제국 정부를 뒤흔들어 놓을 수준의 문제는 아니었다. 그래서 제국 정부는 도나투스파 문제를 대체로 그냥 놔두었다. 카이킬리아누스와 도나투스 둘 다 죽은 후 몇십 년이 흐르는 사이에 암살이 계속되었고 분열이 더 심화되었으며, 양측의 도덕적 확신은 더 깊게 골이 파였다.

사상 처음으로, 기독교적 행동의 두 근본적 차원이 제국의 속주라는 공식 무대에서 직접적인 갈등을 일으켰다. 하느님의 백성을 신성이 선택한 선민으로 볼 것인가 아니면 죄인들의 무리로 볼 것인가, 하는 문제는 결론 없는 질문이었다. 가톨릭 지도자들이 경쟁자들을 교회의 주류로부터 단절시키려는 노력이 궁극적으로 성공을 거두었음에도 불구하고 도나투스파 주장의 호소력은 완전히 억제되지 않았다. 표지판은 새롭고 과격한 미래를 가리켰다. 기독교의 역사에서는 부패하고 오염된 세상을 거부하고, 그런 세상과 타협하지 않으려 하고, 오염되지 않은 순수한 상태를 동경하는 태도가 거듭하여 모습을 드러냈다. 이러한 동경이 가져오는 파급효과는 시간이 흘러가면서 교회 이외의 지역에서도 감지되었다. 그리하여 주후主後 천 년의 세월이 흘러가면서 정치의 윤곽을 결정하는 하나의 패턴이 형성되었다. 또한 콘스탄티누스는 그리스도를 주님으로 받아들임으로써 예측하기 어렵고 분열하기 쉬운, 새로운 권력의 원천[기독교]을 제국의 중심부에 직수입했다.

5장

자선

362년, 페시누스

갈라티아를 통과하여 앞으로 나아가던 새 황제는 자신이 방문한 모든 신전에서 퇴락의 징표를 보았다. 조각상의 페인트는 얇은 조각으로 벗겨지고, 제단에는 희생 제물로 바친 동물의 피가 튀긴 흔적이 보이지 않았다. 고대 신들의 의젓한 기개는 최근 몇십 년 동안에 위축될 대로 위축되었다. 그런 퇴락의 흔적은 이곳 페시누스에서 한층 두드러졌다. 이곳은 태곳적부터 키벨레의 신전이 자리 잡았던 곳이다. 과거에는 거세된 사제들이 이 도시 전역을 다스렸다. 로마에 처음 도착한 키벨레 여신의 신상은 기원전 204년에 이곳 페시누스에서 발송되었다. 그 후 500년이 흐르는 동안, 순례자들은 신성한 여신을 경배하기 위해 길을 나섰다. 하지만 그 페시누스에서조차 키벨레의 장악력은 빠져나가고 있었다. 과거 수세기 동안 이 도시를 지배해 왔던 거대한 신전은 키벨레의 권능을 증명하는 기념비가 아니라 퇴락의 징표를 보여 주는 건축물에 불과했다.

이런 퇴락의 광경은 새 황제 플라비우스 클라우디우스 율리아누스의 급소를 찔렀다. 콘스탄티누스의 조카인 율리아누스는 기독교인으로 키워졌고, 궁정의 환관들이 어릴 적부터 가진 신앙을 그가 그대로 유지하도록 감독했다. 그러나 청년으로 성장하자 그는 기독교를 거부했고 이어 361년에 황위에 오르자 기독교로부터 "유대인의 시신을 위하여 언제나 살아 있는 신들을 포기한"[1] 사람들을 구제하겠다고 단단히 결심했다. 뛰어난 학자 겸 과감한 장군 율리아누스는 그가 경멸하며 일컬은 '갈릴리 사람들' 못지않게 경건한 신앙심을 품고 있었다. 그가 특별히 예배하는 신은 키벨레 여신이었다. 그는 어릴 적의 잘못된 신앙으로부터 자신을 구해 준 분이 바로 그 여신이라고 생각했다. 그리하여 페르시아와 전쟁을 하기 위해 동방으로 행군할 때, 그는 길을 우회하여 페시누스에 들렀다. 하지만 그가 그 도시에서 발견한 광경은 너무나 참담했다. 황제는 희생제물을 바치고 그동안 여신 숭배를 그대로 지켜 온 사람들을 치하한 후에도, 키벨레 여신을 이처럼 소홀하게 대한 데에 분노와 절망이 교차하는 착잡한 심정을 달랠 수 없었다. 그는 갈라티아 사람들을 뒤로하고 앞으로 나아가면서 300년 전에 바울이 그렇게 했듯이 편지를 썼다.

아니, 좀 더 정확하게 말하면 그 도시의 고위 사제에게 편지를 보냈다. 율리아누스는 키벨레 신앙이 왜 이처럼 퇴락했는지 그 이유를 설명하려고 애쓰면서도, 그것을 무지하고 심약한 사람들 탓으로 돌리는 걸로 만족하지 않았다. 정말로 비난받아야 할 사람은 바로 사제들이라고 그는 주장했다. 그들은 가난한 사람들에게 헌신하기는커녕 지나치게 방종한 생활을 해왔다. 그런 생활은 이제 끝나야 했다. 고통이 만연한 사회에서, 왜 사제들이 술집을 찾아가 취생몽사하고 있는가? 그런 남아돌아가는 시간이 있다면 궁핍한 사람들을 도와주는 일에 써야 할 것이라고, 율리아누스는 사제들을 엄중히 꾸짖었다. 또 그런 가난을 구제하는 목적을 위해 음식과 주류를 황제의 사비로 보조해 줄 것이며, 그런 보조금은 갈라티아에 해마다 송금될 것이라고 말했다. "나는 그 보조금의 5분의 1은 사제들에게 봉사하는 가난한 사람들에게 주고, 나머지는 여행자들과 거지들에게 나누어 줄 것을 명령합니다."[2] 율리아누스는 이런 가난 구제 사업을 추진하면서 키벨레 여신도 이런 조치를 당연히 승인할 거라고 생각했다. 황제가 주장한 바와 같이, 허약하고 불운한 사람들을 돌보는 것은 언제나 신들의 주된 관심사였다. 만약 갈라티아 사람들만이라도 이 점을 숙지하여 적극적으로 실천에 나선다면, 그들은 고대의 예배 습관을 되살릴 수 있을 것이다. "그들에게 선행을 베푸는 것이 과거에 우리 로마인이 지녔던 관습이었다는 사실을 가르치십시오."[3]

그러나 키벨레 의식을 주관하는 자들에게 그런 권고는 틀림없이 생소한 얘기로 들렸을 것이다. 율리아누스의 환상 속에서 그들은 이타적 금욕주의자로 여겨졌겠지만, 실은 그보다 훨씬 덜 엄숙한 현실이 도사리고 있었다. 사제들은 자선을 베푸는 일에 열심인 대신, 춤을 추고, 여장女裝을 하고, 자기-거세去勢에 열을 올리고 있었다. 신들은 가난한 사람들을 좋아하지 않았다. 그렇지 않다고 생각하는 것은 "바보 같은 이야기"[4]일 뿐이었다. 율리아누스는 갈라티아의 대사제에게 편지를 쓸 때 환대의 법칙을 거론한 호메로스를 인용했고, 심지어 거지들도 사제들을 찾아와 도움을 요청할 수 있다고 말했다. 하지만 이는 그가 얼마나 심각한 망상에 빠져 있는지를 보여 주었을 뿐이다. 신들의 총애를 받던 《일리아스》의 영웅들은 거만했고 약탈에 열을 올렸으며 허약한 자와 짓밟힌 자들을 경멸했다. 율리아누스는 철학자들에게 높은 명예를 부여했으나, 실은 그들도 빈자를 경멸하기는 마찬가지였다. 굶어 죽는 자는 동정할 가치가 없다고 생각했다. 거지들은 일제 검거해서 해외로 강제 이주시키는 것이 좋다고 보았다. 쓸데없는 연민은 현자의 절제심만 흩어 놓을 뿐이었다. 자기 탓이 아닌 잘못으로 일시적으로 어려운 날을 겪고 있는 좋은 성품의 동료 시민들만이 도와줄 가치가 있었다. 가난한 사람들은 바로 그 가난 때문에라도 도움을 받을 권리가 있다고 율리아누스는 주장했으나, 그가 숭배하는 신들의 성격이나, 그가 존중하는 철학자들의 가르침 속에는 그런 주장이 별로 들어 있지 않았다. 젊은 황제는 정말로 '갈릴리인의' 가르침을 미워했고 또 그 가르침이 그가 소중하게 여기는 모든 것에 영향을 미치는 것을 개탄했다. 그러나 황제는 기독교의 가르침을 반박하려는 자신의 계획이 참으로 역설적이라는 점을 깨닫지 못했다. 가난한 이웃을 돌보아야 한다는 율리아누스의 가르침이 곧 기독교의 가르침이니 말이다.

"우리 로마인이 로마 사람들의 지원을 받지 못하는 것은 누구나 잘 알고 있고 또 아주 부끄러운 일입니다. 반면에 유대인은 구걸을 하지 않는데도 불경한 갈릴리 사람들은 그들의 가난한 동포를 지원할 뿐만 아니라 우리 로마인까지 돕고 있습니다."[5] 율리아누스는 그런 사실을 몹시 아프게 받아들였다. 기독교에서 자선 사업은 그 뿌리가 아주 깊었다. 스승의 가르침뿐만 아니라 유대교의 전통에도 복종하는 사도들은 새로 설립되는 교회들에 "언제나 가난한 사람들을 기억하라"[6]라는 지시를 엄중하게 내렸다. 세대에서 세대를 이어 가면서 기독교 신자들은 이 지시를 충실히 이행했다. 로마 세계 전역의 교회들에서 고아와 과부, 투옥된 사람, 배가 난파된 사람, 병자 들을 위해 모금 활동이 매주 벌어졌다. 시간이 흘러가면서 신자 수가 늘어나고 더 많은 부자들이 세례를 받음에 따라, 가난 구제를 위해 적립한 기금의 규모도 차츰 커졌다. 사회적 안전을 지키는 제도가 나타나기 시작했고, 이처럼 정교하게 조직된 제도는 점점 더 지중해의 대도시들에 뿌리를 내렸다.

콘스탄티누스는 자신의 정치적 목적에 주교들을 동원함으로써, 동시에 주교들이 주된 후원자로 봉사하는 자선의 네트워크를 가동시킬 수 있었다. 율리아누스는 뚜렷한 신념에 입각하여 갈릴리인들을 미워했지만 이 제도는 잘 이해했다. 로마 세계에서 고객들의 많고 적음은 언제나 권력의 지표였다. 그런 기준으로 볼 때, 주교들의 힘은 점점 커지고 있었다. 이전 세대 같았으면 도시의 극장, 신전, 목욕탕 등에 기부하여 자신들의 신분을 높였을 부자들이 이제는 야망을 분출시킬 수 있는 새로운 출구를 교회에서 발견했다. 바로 이런 이유 때문에, 율리아누스는 고대 신들의 예배에 그와 비슷한 호소력을 부여하려는 돈키호테 같은 시도를 하면서 갈라티아에 대사제를 임명하고 그 부하들에게 가난 구제 사업을 벌이라고 촉구했던 것이다. 율리아누스 황제는 기독교인들에게 깊은 경멸을 느꼈을 뿐만 아니라 동시에 그들을 부러워했던 것이다.

율리아누스의 적들은 그가 원래의 신앙에서 등을 돌린 배교자라고 불렀다. 하지만 배신감을 느끼기는 율리아누스도 마찬가지였다. 그는 갈라티아를 떠나 동진東進하여 카파도키아로 들어갔다. 그곳은 지형이 험준했고 뛰어난 말들과 상추로 유명했다. 그 고장은 황제도 잘 아는 곳이었다. 소년 시절에 그는 의심 많은 콘스탄티우스에 의해 그 고장에 억류되었던 터라 현지의 저명인사들을 잘 알았다. 그런 인사들 중 특히 바실리우스는 율리아누스의 거울 이미지 같은 인물이었다. 바실리우스는 율리아누스와 마찬가지로 그리스 문학과 철학에 정통했고, 한때 아테네에서 율리아누스와 함께 공부했으며, 뛰어난 웅변술로 유명했다. 간단히 말해서 그는 황제가 곁에 두고 싶어 하는 인물이었다. 하지만 바실리우스는 황제와는 정반대의 길을 걸어갔다. 그는 기독교인으로 성장한 배경을 포기하지 않았을 뿐 아니라 그 신앙을 더욱 독실하게 지키기 위해 최초의 직업이었던 법률가 노릇도 그만두었다. 바실리우스는 자신의 정성과 운명을 그리스도에게 온전히 바치기로 맹세했고 뛰어난 신학자인 동생 그레고리우스와 함께 곧 국제적인 명성을 얻었다. 바실리우스는 황제가 카파도키아를 통과하여 동진하는 동안에 그를 만나지는 못했다.

그러나 후대의 사람들은 바실리우스가 너무나 유명한 성직자였기에 당대의 두 유명 인사가 서로 만났을 것이라고 추측했다.[*] 소아시아를 떠난 지 1년 후에 황제는 페르시아 군대와 싸우다가 메소포타미아에서 전사했다. 그를 수행한 한 병사는 이런 기록을 남겼다. 그리스도가 친히 성인을 보내 율리아누스를 창으로 찔러 죽게 하는 광경을 바실리우스가 환시 속에서 보았다는 내용이었다. 황제가 죽은 후 그의 반혁명을 지속시킬 인물이 없는 가운데, 바실리우스와 그레고리우스 형제는 승승장구했다. 370년에 바실리우스는 카파도키아의 수도인 카이사레아의 주교로 선출되었다. 2년 뒤, 그의 동생은 갈라티아로 가는 간선 도로변에 있는 도시인 니사의 주교가 되었다. 두 형제는 빈자 구제 사업으로 유명했다. 그리하여 두 사람은 고향 땅의 경계를 넘어 높은 영향력을 행사하기에 이르렀다. 율리아누스의 통찰은 과연 옳았다. 자선은 실제로 권력을 낳는다.

그렇다고 해서 율리아누스의 전략이 그만큼 실패할 확률이 낮아졌다는 의미는 아니다. 짓밟힌 자에 대한 관심은 아무런 배경이 없는 곳에서도 생겨날 수 있는 법이다. 바실리우스와 그레고리우스처럼 부유하고 수준 높은 교육을 받은 사람들이 가난한 자에게 평생 헌신할 수 있었던 근본적 배경은 그들의 신앙이었다. "비참한 사람들을 경멸하지 마라. 그들이 아

---

[*] 율리아누스가 바실리우스에게 보낸 편지가 후대에 위조되는데, 이 편지에서 황제는 성직자에게 존경심을 표한 것으로 되어 있다.

무런 존경도 받을 자격이 없다고 생각하지 마라." 그레고리우스는 촉구했다. "그들이 누구인지 깊이 생각하면 당신은 그들의 위엄을 이해할 것이다. 그들은 우리 구세주의 몸을 그들 자신이 입은 것이다. 왜냐하면 동정심 깊은 구세주는 당신의 몸을 그들에게 주었기 때문이다."[7] 그레고리우스는 전임 성직자들보다 더 명확하고 뚜렷하게, 가난하게 살다 돌아가신 그리스도의 교훈을 그 논리적 결말까지 밀고 나갔다. 철학자들은 냄새나고 막노동을 하는 대중에게 위엄 같은 것은 없다고 가르쳤으나, 그레고리우스는 모든 사람에게 위엄이 있다고 보았다. 아무리 비참하고 아무리 경멸당하고 취약한 인간이라 할지라도 여전히 하느님의 모습을 취하여 창조된 인간이라는 것이다. 내쫓긴 사람과 버려진 사람을 돌보신 하느님의 사랑은 인간 또한 그런 사람들을 사랑하라고 요구했다.

이러한 확신이 있었기에 바실리우스는 369년에 기근으로 황폐해진 카이사레아 외곽 지역에서 대규모 토목 공사를 새롭게 시작했다. 전임 기독교 지도자들도 프토케이아ptocheia('구빈원')를 지은 바 있으나 이처럼 대규모로 지은 적은 없었다. 그 건물은 바실레이아스Basileias라는 이름으로 알려지게 되는데, 그 대규모 단지에 감동한 어떤 관찰자는 하나의 성스러운 도시라고 말했다. 그 도시는 가난한 자들에게 피신처를 마련해 주었을 뿐만 아니라 사실상 최초의 병원도 운영했다. 아테네에 유학할 당시에 의학을 공부했던 바실리우스는 병자들을 돌보는 일에도 직접 나섰다. 사람들은 기형에다 신체가 부패하는 한센병 환자들을 혐오했으나 그런 사람도 주교는 기꺼이 키스로 환영했고 피신처와 보살핌을 제공했다. 어떤 남자나 여자가 많이 손상되었을수록 바실리우스는 그들에게서 그리스도의 편린을 엿보았다. 노예 시장에서는 굶어 죽게 생긴 부모가 어린 아들을 노예로 팔아넘겨 그보다 더 어린 아이들에게 빵을 마련해 주려는 일이 벌어졌다. 그 광경을 본 주교는 부자들을 맹렬하게 비난했다. "당신들 식탁의 빵은 배고픈 자의 것입니다. 당신 옷장 속의 겉옷은 헐벗은 자의 것입니다. 썩어날 정도로 많은 당신의 신발은 맨발로 다니는 자의 것입니다. 당신 금고 속의 돈은 가난한 자의 것입니다."[8] 부유한 사람들이 자신의 명성을 높이기 위해 공공 자선사업으로 기꺼이 후견인 노릇을 하던 시절은 진정 사라져 버렸다.

바실리우스의 동생은 그보다 더 나아갔다. 그레고리우스는 노예 시장을 보고서 부자와 빈자 양극단을 비난하는 데 그치지 않고 노예 제도를 하느님의 뜻을 거스르는 용서받지 못할 죄로 규정했다. "온 세상을 다 준다고 해도 한 개인의 영혼에 대한 충분한 대가가 되지 못할 것입니다."[9] 하지만 그의 신자들이 볼 때 그것은 너무나 과격하고 선동적인 견해여서 진지하게 받아들일 수가 없었다. 바실리우스 자신이 말했듯이, 노예가 없다면 저 열등한 지능과 능력의 소유자들이 어떻게 이 세상을 살아갈 수 있겠는가? 그러니 그레고리우스의 노예제 철폐 주장이 어떤 지지도 받지 못한 것은 그리 놀라운 일이 아니다. 바실리우스를 포함하여 대다수 기독교 신자들은 노예 제도를 좋아하지는 않았지만 그래도 필요하다고 당연시했다. 그들은 하늘과 땅이 서로 달라붙을 때에나 노예 제도가 철폐될 것이라고 보았다. 노예를 소유하는 것은 "인간의 권한을 하느님보다 높게 두는 것"[10]이고 모든 남녀노소가 지닌 위엄을 짓밟는 것이라는 그레고리우스의 열띤 주장은 가시밭에 떨어진 씨앗이 되었다.

그러나 비옥한 땅에 떨어진 씨앗도 있었다. 문둥이와 노예만이 가장 보호받지 못하는 하느님의 자녀인 것은 아니었다. 로마 세계 전역에서 길을 가다 보면 갓 태어난 아기가 도로변이나 쓰레기통 옆에서 비명을 내지르며 울고 있는 광경이 흔히 목격되었다. 어떤 아이들은 하수구에 내버려져 수백 명 단위로 죽어 나갔다. 몇몇 괴상한 철학자들을 제외하고 이런 관습을 문제 삼는 사람은 거의 없었다. 고대의 법률에 의거하여 그런 관습을 미덕으로 여기는 도시들도 있었다. 국가의 장래를 위하여 기형아를 죽게 내버려 두는 것을 당연시했다. 고대 그리스의 유명한 도시인 스파르타는 이런 정책의 선두 주자였고 아리스토텔레스 자신도 그런 정책을 적극 지지했다. 특히 여아들은 무자비하게 걸러졌다. 노변 횡사에서 구제된 아이들은 노예로 길러졌다. 집창촌에는 어린 시절 부모에 의해 버려진 여자들이 가득했다. 그런 만큼 버려진 아이라는 소재는 오랫동안 소설가들의 단골 주제였다. 소수의 민족들—기이한 게르만 민족과 기이함이라면 반드시 끼는 유대 민족—만 원하지 않는 아이를 길가에 내버리는 행위를 하지 않았다. 그 외에 거의 모든 민족이 영아 유기를 당연시했다. 하지만 기독교가 등장하면서 그런 행위는 중단되었다.

쓰레기통에 내버려진 아이를 정말로 가엽게 여긴 사람은 바실리우스도 그레고리우스도 아닌 그들의 누나 마크리나였다. 아홉 자녀의 장녀인 마크리나는 여러 면에서 그 형제들 중 가장 영향력 높은 사람이었다. 동생 바실리우스에게 법률가 노릇을 그만두고 그리스도에게 온 생애를 헌신하라고 권면한 사람도 그녀였다. 또한 그레고리우스는 그녀를 가장 뛰어난 선생이라고 칭송했다. 박식하고 카리스마 넘치고 철저한 금욕주의자였던 마크리나는 이 세상의 복락을 너무나 철저하게 포기했기에 동시대인들은 외경심을 가지고 그녀를 바라보았다. 그렇다고 해서 그녀가 이 세상을 완전히 버린 것은 아니었다. 기근이 카파도키아를 덮쳐서 "가난한 자들의 뼈에 붙어 있는 살이 거미줄같이 되었을 때",[11] 마크리나는 쓰레기통을 순찰했다. 거기에 버려진 여아들을 집으로 데려와 자신의 딸로 키웠다. 마크리나가 그레고리우스를 가르쳤는지 혹은 반대로 동생이 누나

를 가르쳤는지는 알 수 없지만, 두 남매는 가장 보잘것없는 신생아에게서
도 신성의 편린을 엿볼 수 있다고 생각했다.

카파도키아와 그 인근 지역은 다른 고장과 비교해 볼 때 영아 유기가
우심한 지역이었다. 그러니 성모 마리아의 환시가 카파도키아에서 최초
로 목격되었다는 보고가 나온 것은 결코 우연의 일치가 아니다. 테오토코
스Theotokos('하느님을 잉태한 이')라는 별명을 가진 성모 마리아는 그녀 자
신이 가난하고 집 없는 시절에 아이를 잉태하고 출산하여 두려움이 무엇
인지 잘 아는 분이었다. 그런 사실이 〈마태오 복음서〉와 〈루카 복음서〉에
기록되어 있다. 그 당시 로마 당국은 세원을 파악하기 위해 유대 주민들
에게 일률적으로 호적 등록을 요구했기에 주민들은 저마다 자기 본적지
로 가야 했다. 이에 따라 마리아는 고향 갈릴리를 떠나 베들레헴으로 갔
다. 마리아는 그곳 마구간에서 그리스도를 낳았고 밀짚 위에 갓난아기를
내려놓았다. 굶어 죽어 가는 갓난아기를 품안에 안은 마크리나는 자신이
하느님의 일을 하고 있다고 확신했다.

그러나 그레고리우스는 마크리나 사후에 누나의 행장을 작성하면서 그
녀를 성모 마리아와 비교하지 않았다. 그녀는 좋은 가문에서 부유하게 태
어났지만 밤이면 마치 십자가에 올라간 사람처럼 마룻바닥에서 잤다. 그
녀는 임종의 자리에서도 마룻바닥에 누워 하느님에게 자신을 하느님의
왕국에 받아 달라고 기도를 올렸다. "제가 당신과 함께 십자가에 못 박혔
기 때문입니다."[12] 그레고리우스는 저명한 주교이며 바실레이아스를 건
립한 형 바실리우스가 아니라, 누나 마크리나를 그리스도에 비교했다.

한센병 환자들이 위엄을 갖춘 존재로 대접받고, 노예 제도의 철폐를 주
장하는 이 세계에는 기존의 전통적 사회 질서를 뒤엎는 또 다른 개혁이
예비되어 있었다. 기존 사회의 위계질서는 단단하면서도 아주 오래된 것

이었다. 그 기초가 너무나 튼튼해서 그레고리우스가 희망한 것처럼 간단히 전복시킬 수 있는 것이 아니었다. 그렇지만 그의 설교에는 후대의 아주 먼 시기까지 울림을 전달하는 메아리가 이미 암시되어 있다. 로마의 엘리트 계급이 가슴속에 깊이 받아들인 새로운 신앙 속에는 그들이 거의 이해하지 못하는 많은 것들이 내재되어 있었다. "네가 즐겨 먹는 것을 아껴서 가난한 자들에게 주어라."[13] 그레고리우스의 이러한 권면은 예전 세대에게는 헛소리로 들렸을 것이다. 그러나 이제 부유한 사람들은 가난 구제를 매우 심각하게 대응해야 할 절실한 문제로 생각하게 되었다.

공유와 보살핌

397년에 루아르 강변의 한 마을에서 경쟁하는 두 집단이 아무런 장식 없는 석실石室 앞에 모여들었다. 거기에서 한 노인이 죽어 가고 있었다. 그가 마지막 숨을 내쉰 것은 늦은 오후였다. 그러자 곧 노인을 어느 도시로 모실까를 두고 두 집단 사이에 격렬한 논쟁이 벌어졌다. 한 집단은 푸아티에에서, 그리고 다른 집단은 투르에서 왔다. 그들은 각자 자기들의 도시로 모셔 가야 한다고 주장했다. 석양의 그림자가 길어지고 해가 졌는데도 논쟁은 격렬하게 불타올랐다. 푸아티에 집단은 그다음 날 새벽에 주위가 희붐해지면 그 시신을 납치하기로 내부 결정을 보고서 밤을 새우는 작전에 돌입했다. 그러나 시간이 흘러가면서 모두들 잠이 들었다. 투르 집단은 그 기회를 잡아 몰래 석실로 들어갔다. 그들은 그 옆의 목탄 재가 사위어 가는 침상에서 시신을 들어 올려 창문 밖으로 빼내서 루아르강 위쪽으로 급히 달려갔다. 투르에 도착했을 때 그들은 기뻐하는 군중의 열렬한 환영을 받았다. 노인의 시신을 성벽 밖의 한 무덤에 안장함으로써 그들의 의기양양한 작전은 성공적으로 끝을 맺었다.

죽은 이의 위력을 자랑스럽게 여기는 사람들이 전하는 이런 이야기들은 상당히 오래된 족보를 가지고 있다.● 그리스에서, 영웅의 유해는 그 거대한 크기로 금방 알아볼 수 있었으므로 오랫동안 전리품으로 여겨졌다. 안장된 석실에서 유해를 통째로 끄집어내 납치하는 경우도 드물지 않았다. 쓰러진 영웅들의 시신 위에 흙을 덮어 조성한 커다란 봉분도 천 년 동안 순례의 명소로 받들어져 왔다. 율리아누스는 황제 자리에 오르기 전에도 고대의 신들에 대한 공개적 봉헌을 과시하면서 일부러 트로이를 방문했다. 그 도시에서 그는 호메로스의 영웅들의 무덤과 그들을 기리는 신전으로 안내되었다. 안내해 준 사람은 그 누구도 아닌 현지의 주교였다. 율리아누스가 눈썹을 치켜뜨는 것을 보고서 현지 주교는 할 수 없다는 듯이 어깨를 한번 들썩했다. "사람들이 용감했던 동료 시민을 예배하는 것은 자연스러운 일이 아닙니까?"[14] 고대 전사들을 숭배하는 행위는 이처럼 뿌리가 깊은 일이었다.

투르 사람들이 자기들의 도시에 안장해야 한다고 주장했던 노인도 과거 한때는 군인이었다. 실제로 그는 율리아누스 밑에서 기병대의 병사로 복무했다. 그러나 마르탱 숭배자들이 그가 전장에서 전공을 많이 세워서 숭배한 것은 아니었다. 오래된 가문, 남성적 강건함, 화려함, 아름다움 등 영웅의 전통적 특징 때문에 숭배한 것도 아니었다. 오만하기로 악명 높은 갈리아의 귀족들은 마르탱을 보고서 한심하다는 듯이 입술을 오므렸다.

● 사건이 벌어진 지 200년 후에 집필된 이 이야기가 신빙성이 있는지는 가늠하기 어렵다. 그 진상이야 어찌 되었든, 당대의 기록은 푸아티에 사람들과 투르 사람들 사이의 경쟁을 언급하지 않는다.

"그의 용모는 농부 같았고, 옷은 남루했으며, 머리는 봉두난발이었다."[15] 그러나 그의 카리스마와 신비함은 너무나 압도적이었기에 많은 귀족이 그의 모범적 사례에 깊이 감동해서 재산을 포기하고 마르탱처럼 은자의 삶을 살았다.

투르에서 강 아래쪽으로 약 5킬로미터 정도 떨어진 곳에 있는, 마르무티에라는 평평한 초지에는 그런 귀족들이 사는 공동체가 있었다. 그들의 주거지는 나무로 만든 오두막이거나, 강을 바라보는 절벽에 벌집처럼 구멍을 파내 조성한 석실이었다. 그곳은 마치 저 오래전 이집트 수도사들의 생활 방식을 루아르 강둑에다 옮겨 놓은 듯한 분위기였다. 이집트의 사막은 비적匪賊과 짐승이 들끓는 곳이었는데 그 한가운데에서 남녀들이 여러 해 동안 외롭게 살았다. 그들의 목표는 문명의 망상을 거부하고 순결과 자기부정의 삶에 헌신하면서 모나코이monachoi('혼자서 사는 사람들')로 살아가는 것이었다. 물론 루아르강 유역이 사막은 아니었다. 그곳에 정착한 모나코이, 즉 '수도자들'은 모든 것을 희생하려는 생각은 아니었다. 그들은 여전히 땅을 소유하고 있어서 농부들이 대신 경작해 주었다. 도시의 저택에서 살던 시절에 했던 대로 그들은 독서하고, 대화하고, 낚시하면서 시간을 보냈다. 그렇지만 위대함, 사치스러움, 세속적 재산 등을 갖춘 가문에서 태어난 그들이 그런 정도의 소박한 생활을 하는 것은 분명 하나의 희생이었다. 어떤 특정한 기준에서 본다면, 그것은 거의 영웅적인 생활이었다.

그렇다면 갈리아 귀족들의 평균적인 기준으로 살펴볼 때, 마르탱은 새롭고 난감한 부류의 영웅이었다. 즉, 기독교적 영웅이었다. 그것이 그가 지닌 커다란 매력의 본질이었다. 그는 세속적 규범을 거부해서 추종자들에게 널리 존경받았다. 그는 율리아누스의 하사금을 거부하고 군대에서 제대시켜 달라고 공식적으로 요청했다. "지금까지 나는 당신의 부하로 봉사해 왔습니다. 하지만 이 순간부터 나는 그리스도의 종입니다."[16] 마르탱이 실제로 이런 말을 했는지 여부는 알 수 없지만, 그를 따르는 사람들은 그것이 사실일 거라고 쉽게 믿었다. 그가 석실의 돌베개 위에서 마지막 숨을 거두었다는 사실은 그가 어떤 삶을 살아왔는지 잘 보여 주는 구체적 징표였다. 가장 가혹한 군사 훈련의 기준도 그가 평생 지켜 온 금욕의 생활에 비하면 아무것도 아니었다. 부자들이 황금과 비단으로 몸을 치장하고 공작처럼 번쩍거리던 시대에 마르탱의 추종자들은 각자 석실에 살면서 가장 남루한 옷을 입고 그를 우러러보며 살았다. 군대에 갓 들어온 신병들이 백전노장의 부대장을 존경하는 눈빛으로 바라보는 것과 비슷했다.

그는 거지처럼 살기를 선택함으로써 갈리아의 그 어떤 기독교인보다 더 높은 명성을 얻었다. 그리하여 371년에 그는 투르의 주교로 선출되기까지 했다. 그 소식은 신분을 의식하는 투르의 엘리트들에게는 물론이고 마르탱 자신에게도 충격이었다. 그의 선출 소식을 가지고 온 사람들이 매복하며 기다리는 것을 알고 마르탱은 달아나서 헛간에 몸을 숨겼는데, 거위들이 울어 젖히는 바람에 은신처가 발각되고 말았다. 아무튼 전하는 얘기는 그러하다. 하지만 이런 얘기가 많이 전한다는 것은 마르탱이 얼마나 유명했는지를 보여 주는 구체적 증거다. 그는 갈리아에서 주교 자리에 오른 최초의 수도자였고, 희귀한 권위를 지닌 인물이었다. 그런 자리에 오르기를 원하지 않아서 오히려 그 자리에 오르게 되었으니 말이다.

로마 사회의 특징이었던 속물근성에 익숙한 사람들에게 그것은 엄청난 충격이었다. 냄새나는 남루한 옷을 입은 전직 군인이 투르의 가장 강력한 지도자로 군림하는 것은 귀족들에게 세상이 거꾸로 뒤집힌 느낌, 꼴찌가 첫째가 된 느낌을 주었다. 게다가 마르탱은 주교궁, 하인, 멋진 옷 등 권력의 장식물을 초개같이 여겼다. 이런 태도는 그런 것들을 소유하는 것으로 신분의 고하를 가늠하던 사람들에게 뺨을 맞은 듯한 모욕을 안겨 주었다. 그리하여 마르탱은 엄청난 위엄을 지니게 되었고 그를 따르는 사람들은 그런 권능이 인간의 힘에서 나오는 게 아니라고 생각하기에 이르렀다. 그의 권능에 대해서는 환상적인 이야기들이 전한다. 그가 명령하면 화재도 물러섰다. 물고기를 너무 많이 잡아먹는 물새가 그를 불쾌하게 만들었고 그래서 다른 곳으로 날아가라고 명령했더니, 과연 그 말대로 날아갔다. 그를 따르는 사람들은 그런 권위가 어디에서 오는지 의심하지 않았다. 그들은 마르탱이 그리스도에게서 그런 권능을 위임받았다고 생각했다.

"네가 완전한 사람이 되려거든, 가서 너의 재산을 팔아 가난한 이들에게 주어라. 그러면 너는 하늘에서 보물을 차지하게 될 것이다."[17] 부유한 젊은이가 영원한 생명을 얻는 방법을 묻자 예수는 이렇게 대답했다. 그러나 그 젊은이는 이 말을 듣고 슬퍼하며 물러갔다. 그가 많은 재물을 가지고 있었기 때문이다. 그러나 마르탱은 물러가지 않았다. 그는 주교가 되어서도 그가 누릴 수 있는 권리인 주교궁을 피하여 마르무티에의 오두막에서 기거했다. 그가 하늘에 보물을 가지고 있다는 사실은, 그가 석실에 누워 죽어 가고 있을 때 공중에 울려 퍼진 찬송가로 알 수 있었고, 또 그가 살아생전에 병자와 가난한 자에게 해준 봉사로도 알 수 있었다. 그가 이룩한 놀라운 업적에 대해서는 이런 얘기가 전한다. 그가 입맞춤을 해주자 한센병 환자의 병이 깨끗이 나았다. 천장에 목매달아 죽은 사람이 마르탱이 부르자 죽은 자들 가운데서 살아 돌아왔다. 이런 얘기들이 거만하고 세속적인 귀족들에게는 여간 고통스러운 게 아니었다. 이런 일화들은 설교 못지않게 신자들에게 교훈을 줄 수 있었다. 마르탱은 니사(카파도키아)의 그레고리우스와는 달리 많이 공부한 위대한 학자는 아니었다. 그의 제자들이 그를 존경한 것은 말씀보다는 구체적 행동 때문이었다. 그레고리우스는 하느님을 "가장 낮은 자들을 도와주는 분, 허약한 자를 보호해 주는 분, 희망 없는 자의 안식처, 거부당한 자들의 구원자"[18]로 인식했는데, 이런 생각은 오리게네스의 사상에서 크게 영향을 받은 것이었다. 이에 비하여 마르탱은 인상적인 행동들로 신자들에게 감화를 주었다. 그러므로 마르탱에 대하여 전하는 이야기들은 그의 영향력을 보여 주는 진정한 유산이다.

그런 일화들 중에 특별히 이런 것이 있다. 마르탱의 청년 시절, 막 군대에서 제대하려던 때의 이야기로, 때는 한겨울이었다. 그해의 겨울은 아주 혹독하게 추웠다. 그런데 넝마를 걸친 한 거지가 북부 갈리아의 도시인 아미앵의 성문 앞에서 온몸을 떨고 있었다. 두툼한 옷을 따뜻하게 입고 눈밭 위를 걸어가던 도시의 시민들은 그에게 아무것도 주지 않았다. 그런 현장에 마르탱이 나타났다. 그는 근무 복장이었으므로 돈은 전혀 가지고 있지 않았고 무기만 들고 있었다. 하지만 군인이었기에 두툼한 군용 외투를 입고 있었다. 그래서 그는 칼을 꺼내어 그 외투를 둘로 갈라서 한쪽을 그 거지에게 건넸다. 마르탱에 관한 일화 중에서 이것이 가장 사랑받는 얘기이고 그 후 되풀이하여 사람들의 입에 올랐다. 하지만 이런 일은 마르탱에게서 당연히 기대해 볼 수 있는 것이었다. 거기에서는 예수가 말한 비유의 메아리가 울려오기 때문이다.

〈루카 복음서〉에 기록되어 있는 사건의 무대는 예루살렘에서 동쪽으로 가는 노상이다. 한 사람은 사제이고 다른 한 사람은 신전 관리인인 두 여행자가 노상에서 한 유대인을 그냥 지나쳐 갔다. 그 유대인은 강도들의 공격을 받아 부상을 당한 채 길 위에 버려져 죽어 가고 있었다. 그때 여행 중이던 한 사마리아 사람이 그를 보고서 가여운 마음이 들었다. 그래서 그 부상당한 사람을 여관으로 데려가서 여관 주인에게 돈을 주고 그를 돌보아 달라고 했다. 사마리아인 경멸하기를 당연시했던 예수 당시의 청중은 이 얘기를 듣고 큰 충격을 받았다.

하지만 그 얘기는 저 먼 갈리아 땅의 사람들에게도 역시 충격이었다. 갈리아에서는 부족주의가 아주 뿌리 깊었는데, 거기에 로마의 도시 근성까지 더해졌다. 그래서 부유한 사람이 불운한 사람들에게 책임감을 느끼는 일이 설혹 있다고 하더라도 그건 고향 도시 사람들에게나 해당하는 얘기였다. 그러나 마르탱은 아미앵이 고향 도시가 아니었다. 알프스의 동쪽 기슭에서 태어나 이탈리아에서 성장한 그는 따지고 보면 갈리아 사람도 아니었다. 그러나 갈리아의 눈밭에서 떨고 있는 사람에게 자선을 베푼 행위는 어떤 법적 조항이나 설교보다도 감동적이다. 그 행위는 그가 평생 헌신해 온 원칙에서 나온 것이었다. 재산이 있는 사람은 그렇지 못한 사람에게 자선을 베풀어야 하고, 그런 자선 행위에는 어떤 경계나 한계가 있어서는 안 된다는 원칙이었다. 전하는 얘기에 따르면, 거지에게 외투 반쪽을 떼어 준 날 저녁, 그는 꿈을 꾸었다. 그리스도가 바로 그 반쪽 외투를 입은 복장으로 그에게 나타났다. 그리고 주님은 지상에 있을 때 말했던 것처럼 마르탱에게 이런 말을 했다. "네가 나의 형제들 중 가장 미약한 사람에게 해준 것이 바로 내게 해준 것이니라."[19]

따라서 마르탱의 명성은 의심할 여지가 없이 엄청난 힘을 지니고 있었다. 또 임종 자리에서 그의 시신을 투르로 납치해 온 사람들의 공로도 대단했다. 그가 살아생전에 일으켰다고 전하는 기적들은 그가 죽었다고 해서 그 위력이 줄어들지는 않았으니 말이다. 그는 병자와 약자의 꿈속에 찾아와 비틀린 사지를 바로 펴주고 억눌려 침묵하는 자들에게 힘을 불어넣었다. 이런 기적은 헌신을 불러오기도 했지만, 투르의 유수한 가문들 사이에서는 불안을 일으키기도 했다. 마르무티에에서 수도자들은 마르탱이 기도한 곳, 앉았던 곳, 잠잤던 곳 등에다 표지판을 세웠다. 그러나 투르에서는 비록 기억되기는 해도 그 강도가 조금 떨어졌다. 그의 후계자 주교는 마르탱의 무덤 위에다 작은 교회를 세우기는 했으나 그 교회의 명성을 널리 홍보하려고 하지는 않았다. 도시 엘리트 계층이 지배하는 교회 상층부에서 볼 때 마르탱은 당혹스러운 인물이었다. 그의 남루함, 열악한 성장 환경, 부자와 빈자 사이의 간극을 없애야 한다는 가르침 등은 그들 사이에서 환영받지 못했다. 마르탱을 숭배하는 사람들은 마르탱이 살아생전에 몸소 자선을 실천하여 주교들을 부끄럽게 만들었기 때문에 그런 천대를 받았다고 설명했다. 하지만 주교들은 그런 주장에 동의하지 않았다. 그들은 기존 사회 질서의 수호자로서 자신들이 맡은 역할이 아주 고상하다고 생각했다. 만약에 그들이 전 재산을 가난한 사람들에게 다 내준다면, 어떻게 자신들의 권위를 유지할 수 있겠는가? 하느님께서 과연 사회의 기본 조직이 와해되는 것을 바라신다는 말인가? 부자가 존재하지 않는다면 어디에서 자선을 구하겠는가?

부자들이 점점 더 기독교 신자로 편입되는 세상에서 이런 질문들은 좀처럼 사라지지 않았다.

하늘에 쌓은 재물

투르 같은 지방 도시의 지평선을 훌쩍 넘어선 곳에는 엄청난 재산을 자랑하는 부자들이 살고 있었다. 그들의 저택은 값비싼 향수를 뿌려 좋은 냄새가 났고, 형형색색의 대리석으로 장식되어 휘황찬란하게 빛났으며, 황금과 비단을 두른 가구류로 반짝거렸다. 갑부 가문은 몇 세기 전에 조성된 영지를 소유했고, 그 땅은 로마 전역에 걸쳐 분포되어 있었다. 로마 창건 초창기부터 존재했던 원로원은 엄격한 위계질서를 자랑하는 사회의 정점에 자리 잡은 권력 기관이었다. 원로원 의원들은 사석에서 벼락출세한 황제를 비웃기까지 했다. 원로원 의원들처럼 속물근성이 뿌리 깊은 자들도 없었다.

그런데 부자 기독교 신자들의 그런 사치스러운 생활은 구세주의 엄중한 경고와는 전혀 어울리지 않았다. 그리스도는 부자가 하늘나라에 들어가는 것은 낙타가 바늘구멍을 통과하는 것보다 더 어렵다고 하지 않았는가? 그런데 394년에 이 질문에 대한 답변이 아주 과격한 방식으로 제시되어 제국의 엘리트들 사이에 충격파를 보냈다. 그 답변에 어떤 엘리트들은 전율했고 또 많은 다른 엘리트들은 경악했다. 메로피우스 폰티우스 파울리누스는 온갖 특혜를 누리던 사람이었다. 엄청난 연줄을 가지고 있었고 이탈리아, 갈리아, 스페인에서 많은 부동산을 소유했고, 가정 환경이 가져다줄 수 있는 모든 이점을 누리고 있었다. 그는 재주도 많은 사람이었다. 로마 한가운데에 자리 잡은 원로원 회의장인 쿠리아에서, 또 행정관으로서 파울리누스는 젊은 시절부터 높은 명성을 획득했다. 그처럼 잘나가고 있는데도 그는 스스로 의문에 사로잡혀 괴로워했다. 자신의 안질을 기적적으로 고쳐 준 마르탱을 열렬히 숭배하던 파울리누스는 진정한 실명이란 세속의 재물에 눈이 어두워지는 것이라고 확신하게 되었다. 그는 아내 테라시아의 격려를 받으면서 특별한 형식으로 재산을 포기하려는 생각을 하기 시작했다. 부부는 여러 해 노력한 끝에 아들 하나를 얻었는데 생후 8일 만에 그 아들을 잃자 드디어 결심한다. 그들의 계획은 "취약한 지상의 재물을 포기하여 그 대가로 하늘과 그리스도를 얻는 것"[20]이었다. 파울리누스는 땅과 재산을 모두 팔아 가난한 사람들에게 나누어 주겠다고 선언했다. 이에 대한 확실한 의사 표시로서 그는 원로원 의원이라는 자리를 포기했고 아내와의 성관계도 완전히 끊었다. 부부는 테라시아의 고향인 스페인을 떠나 이탈리아로 가면서 청빈한 삶을 살기로 이미 맹세했다. 그리하여 "살과 피의 무거운 족쇄가 끊어졌다."[21]

그 후로 파울리누스는 여생을 나폴리만에서 내륙으로 들어간 도시 놀라에 있는 평범한 오두막에서 살았다. 그는 청년 시절에 지사로 근무한 적 있던 이 도시에서 기도하고, 밤새 명상을 하고, 자선을 베풀면서 살아갔다. 과거에 비단과 향료를 구입하는 데 사용되던 황금은 이제 가난한 자들의 옷과 빵을 사는 데 쓰였다. 부자 여행자들이 "번쩍이는 마차, 화려한 장식 마구를 단 마필, 도금한 여성용 수레 등을 자랑하면서"[22] 그 도시에 오면 파울리누스는 그들의 사치를 비난하는 구체적 사례로서 그들 앞에 나타났다. 콩으로 만든 거친 음식을 먹어서 창백해진 그의 얼굴과 노예처럼 짧게 자른 머리카락은 그런 여행자들에게 충격을 주었다. 그의 몸에서는 냄새도 났다. 깨끗하게 목욕하고 몸에 향수를 뿌리는 것이 부의 표시였던 그 시대에, 파울리누스는 씻지 않은 사람들의 냄새를 "그리스도의 냄새"[23]라며 환영했다.

그러나 억만장자 파울리누스로서는, 몸의 악취가 값비싼 향수를 친 향기로운 몸 냄새 못지않게 몸단장의 한 방법이 되었다. 그가 전 재산을 처분하겠다고 선언하고 실제로 그대로 이행했음에도 불구하고, 그로부터 수십 년이 지난 후 파울리누스가 구체적으로 어떤 행각을 보였는지는 여전히 불분명한 상태였다. 그러나 한 가지는 분명했다. 그는 자신이 선택한 사업에 투자할 돈이 부족한 적은 없었다는 것이다. 가난한 사람들만이 그의 사업에서 핵심을 차지한 것은 아니었다. 화려한 과시를 좋아하는 로마 재벌의 전통에 따라, 그는 '거대한 프로젝트'를 좋아하는 경향이 있었다. 그는 신전보다는 교회를 더 선호했고, 또 기존 신전들의 내부에 뒤지지 않도록 교회 내부에다 웅장하고 화려한 집기들을 설비했다. 그는 원로원 의원으로서 자신에게 당연히 주어지는 특혜는 모두 거부했으나, 그래도 여전히 귀족적 인물로 남았다. 그는 큰돈을 주무르는 대공이었다. 그 자신이 바늘구멍을 지나간 낙타라는 소문이 났는데도 파울리누스가 이 유명한 성경 구절을 거의 언급하지 않은 것은 바로 이런 사실 때문이었을 것이다.

그 대신에 파울리누스는 성경의 다른 구절을 즐겨 인용했다. 예수가 부자 디베스에 대하여 들려준 이야기였다. 디베스는 자기 집 문 앞에 엎드린 거지 나사로(라자루스)에게 먹을 것을 주려 하지 않았다. 그리고 세월이 흘러 두 사람 다 죽었다. 사후에 디베스는 불구덩이 속에 들어갔고, 나사로는 천국에 들어가 아브라함의 곁에 서 있었다. 디베스가 아브라함을 올려다보며 소리쳤다. "저에게 자비를 베풀어 주십시오. 나사로를 보내시어 그 손가락 끝에 물을 찍어 제 혀를 식히게 해주십시오." 그러나 아브라함은 거절한다. "애야, 너는 살아 있는 동안에 좋은 것들을 받았고 나사로는 나쁜 것들을 받았음을 기억하여라. 그래서 그는 이제 여기에서 위로를 받고 너는 고초를 겪는 것이다."[24] 파울리누스는 자신이 이런 운명에 처할지 모른다고 걱정했고, 그래서 무슨 수를 써서라도 그 일을 피하겠다고 결심했다. 자선을 행하고 황금 동전을 뿌릴 때마다 혓바닥에 한 방울의 시원한 물을 약속받는 셈이었다. 가난한 사람들에게 베푼 돈은 저승에서의 불길을 꺼주는 물이 된다. 파울리누스는 바로 이런 위안에 매달렸다. "하느님이 볼 때 부 자체는 불쾌하지도 유쾌하지도 않다. 단지 인간이 부를 사용하는 방식이 문제다."[25]

이것은 부유한 기독교인들의 불안을 해소해 주는 수단으로, 모든 사람에게 해당하는 제안이었다. 가난한 사람은 부자의 관대함을 통해 혜택을 얻고, 반면에 부자는 가난한 사람에게 자선을 베풂으로써 하늘에 재산을 쌓는 것이다. 사람이 자신의 재산을 많이 내놓을수록 그가 궁극적으로 얻는 보상은 커질 것이다. 이런 방식을 통하여—낙타가 바늘구멍을 지나간다는 얘기는 당혹스럽기는 하지만—전통적인 관례가 보존될 수 있었다. 파울리누스처럼 복음서를 글자 그대로 해석하는 사람들에게도 신분의 지위는 중요하게 여겨졌다. 그러나 모든 것이 너무나 불확실했다. 고정된 사회 체제가 흔들리고 있었다. 고대의 확실한 것들은 글자 그대로 포위 공격을 당했다. 파울리누스가 재산을 포기한 지 15년이 되는 410년에 그보다 훨씬 더 놀라운 사태가 온 세상을 충격에 빠트렸다.

제국의 오래된 주인인 로마시가 야만족인 고트족의 포위 공격에 굶주림을 참지 못하고 항복했고, 로마시의 황금이 약탈당했다. 원로원 의원들은 도시의 석방금을 내기 위해 가진 재산을 거의 다 내놓아야 했다. 그 충격은 지중해 전역에서 감지되었다. 하지만 그런 충격에 동참하기보다는 사태를 다르게 보는 기독교 신자들도 있었다. 이들은 로마가 약탈당한 사태는 부에 대한 원초적 욕망이 가장 최근에 드러난 현상이라고 생각했다. "바다의 해적, 길 위의 비적, 도시와 마을의 도둑, 온 세상의 약탈자가 모두 탐욕에 따라 움직인다."[26] 고트족의 왕에게 해당하는 얘기는 원로원 의원들에게도 맞는 얘기였다. 과부와 고아의 등에서 벗겨 내지 않은 부는 없었다. 부가 존재한다는 사실이 곧 가난한 자들을 상대로 벌인 음모를 의미했다. 기독교인 거부巨富는 은근히 바랐을지 모르지만, 거지에게 동냥을 주는 행위만으로 거룩해지기는 어려웠다. 지옥불이 그들을 기다리고 있었다. 부자는 결코 아브라함 곁으로 가지 못할 터였다.

이런 식으로 하느님의 목적을 이해하는 것은 파울리누스에게 다소 냉혹해 보였지만, 그것은 복음서를 면밀히 읽은 데서 나온 결론이었고 또 오래전부터 그 자신이 생각한 바였다. 그런 목적을 선언하는 사람들은 구세주의 말을 이렇게 인용했다. "그리스도는 '사악한 부자는 슬픔에 빠질 것이다'라고 말한 게 아니라, '사악한 자인 너 부자는 슬픔에 빠질 것이다'라고 말했다."²⁷ 로마 약탈이 벌어진 혼란스러운 시대에 과격한 사람들은 성경을 인용하는 데 만족하지 않았다. 그들은 억만장자들이 지배하는 사회에서 부와 가난에 대한 그리스도의 가르침이 무엇을 의미하는지 알아내려 했다. 또 부자와 빈자 사이의 격차를 해소할 수 있는 방법도 알고 싶어 했다. 그래서 그 시대의 가장 저명한 금욕주의자에게 시선을 돌렸다. 뛰어난 지성을 지닌 데다 건장한 브리튼 사람 펠라기우스는 로마에 정착한 후 이름을 얻어 상류 사회에서 널리 회자되는 명사가 되었다. 그의 가르침은 엘리트들의 배타적 살롱뿐만 아니라 그 너머의 다른 곳에서도 호소력을 발휘했다. 펠라기우스는 인간이 자유롭게 창조되었다고 믿었다. 하느님의 지시에 복종하면서 살든 혹은 그렇지 않든, 결정은 인간 자신이 내려야 했다. 죄악은 단지 습관의 문제였을 뿐이며, 따라서 완전함은 성취될 수 있었다. "우리가 어린 시절부터 잘못된 행동을 하도록 길들여졌다는 점 이외에 우리가 선행을 하지 못할 이유는 없다."²⁸ 이런 원칙을 제시할 때 펠라기우스는 기독교인 개개인의 생활을 염두에 두었다.

그러나 그의 추종자들 중에는 그 격언을 인류의 역사에 적용하려는 사람들이 있었다. 그들은 에덴동산에서 추방된 인류가 탐욕이라는 나쁜 습관에 빠져들었다고 주장했다. 강자는 약자의 것을 훔쳤고 부의 원천을 독점했다. 토지, 가축, 황금은 다수가 아니라 소수의 재산이 되었다. 깨끗하게 모은 재산은 하느님의 축복을 받은 것이라는 생각은 기괴한 망상일 따름이었다. 거지의 쭈글쭈글한 손바닥에 떨어지는 동전치고 범죄적 방식으로 벌지 않은 동전은 없었다. 납이 달린 채찍, 몽둥이, 빨갛게 달군 쇠 등으로 노동을 착취하여 얻은 것이었다. 그러나 죄인 개개인이 스스로 죄악을 씻어 내고 하느님의 명령을 충실히 따름으로써 완전함을 성취할 수 있다면 인류 전체도 그렇게 할 수 있다는 것이 펠라기우스의 주장이었다. 이것이 실제로 어떤 의미인지는 신약성경 중에 〈사도행전〉을 보면 알 수 있었다. 이 책은 루카가 기록한 것으로, 바울이 다마스쿠스 노상에서 하느님의 환시를 보았던 사건을 기록했으며 나중에 신약성경을 구성하는 책 가운데 하나로 편입되었다. 모든 신자를 교화하기 위해 집필된 이 책에는 그리스도의 제자 1세대가 모든 재물을 서로 공유했다고 나와 있다. "신자들은 모두 함께 지내며 모든 것을 공동으로 소유하였다."²⁹ 그러니 성경 자체가 정의롭고 공평한 사회를 직접 승인한 셈이다. 그런 사회를 성취하기만 한다면 자선 같은 건 굳이 필요하지 않게 된다. 파울리누스처럼 거창한 사업을 좋아하는 박애주의자와 거지들이 똑같은 신자가 되어 교회를 가득 채울 것이다. "부자들을 모두 없애 버려라. 그러면 어디에 거지가 있겠는가?"³⁰

이러한 선언은 현실의 관점에서 보자면 노예제를 철폐해야 한다는 니사의 그레고리우스의 주장만큼이나 비현실적이었다. 사실 로마 약탈 이후 수십 년 동안, 제국의 서쪽 절반은 강자가 마음대로 약탈하는 놀이터가 되었다. 제국을 오랫동안 지탱해 온 힘줄은 끊어지기 시작했다. 제국의 거대한 건물이 쓰러지고 있었다. 펠라기우스가 재산을 포기해야 한다고 가르친 지 100년이 지난 후, 억만장자의 존재를 가능하게 했던 로마

사회의 하부 구조는 완전히 사라졌다. 사하라에서 북부 브리튼에 이르는 광대한 단일 세계 대신에 경쟁하는 여러 왕국이 들어섰다. 서고트족, 반달족, 프랑크족 등 야만 부족들이 창끝으로 만들어 낸 왕국들이었다. 이렇게 새로 구축된 세상에서, 가난을 모면한 기독교인 귀족들은 그것에 대하여 조금도 죄의식을 느끼지 않았다. 마르탱과 파울리누스가 실천한 청빈은 반드시 따라야 할 모범이 아니라, 무슨 수를 써서라도 피해야 할 운명이었다. 그들은 주교와 성직자들에게서 부는 원래 사악한 것이라는 설교를 듣기 싫어했다. 그보다는 부가 하느님의 축복이라는 권장의 말을 듣고 싶어 했다. 그리고 서방의 여러 야만 왕국들에서, 교회의 성직자는 바로 그런 내용의 설교를 했다.

그런 성직자들 뒤에는 아우구스티누스의 엄청난 권위가 도사리고 있었다. 파울리누스가 제국의 화젯거리가 되고 펠라기우스가 로마 사회에서 회자되던 시절에 아우구스티누스는 아프리카 해안의 외딴 항구 도시에서 주교로 봉사하고 있었다. 하지만 그의 영향력은 파울리누스와 펠라기우스를 훨씬 능가했다. 히포의 아우구스티누스가 볼 때, 다양한 계층 출신의 기독교 신자들이 함께 어울리는 것이 교회의 주된 영광이었다. "황제에서 남루한 거지에 이르기까지, 온 인류가 십자가형을 당한 이에게 집중하는 것을 보고 온 세상 사람들이 놀랐다."[31] 아우구스티누스는 그리스도에게 되돌아온다는 것이 무엇을 의미하는지 잘 알았다. 그는 30대에 들어섰을 때 기독교로 개종했다. 마치 환각에 빠진 것처럼, 이웃집 정원에서 아이들이 한 말인 바울의 성경 구절 "집어 들고 읽어라"를 듣지 않았더라면 아우구스티누스는 평생 불안정한 삶을 살았을 것이다. 세례를 받기 이전 그는 지방의 무명 인사에서 시작하여 제국 궁정의 가장자리까지 힘들게 신분의 사닥다리를 올라갔다. 그는 카르타고, 로마, 밀라노 등

도시에서 도시로 돌아다녔고 온갖 종교와 철학에 발을 들여놓았다. 그는 교회에서 여자들을 만나기도 했다. 이러한 사람은 인간의 본성이 얼마나 복잡한지를 잘 안다.

그렇지만 아우구스티누스는 이탈리아에서 고향 아프리카로 돌아와 곧 히포의 주교로 선출되었고 명실 공히 보편적 기독교, 즉 가톨릭을 꿈꾸기 시작했다. "이제 모든 것을 교회 안에 포섭해야 할 때가 되었습니다."[32] 그러나 이런 확신을 품고 있다고 해서 아우구스티누스가 펠라기우스의 과격한 추종자들의 생각을 그대로 받아들인 것은 아니었다. 그는 계급과 부에 의한 사회의 구분이 철폐되어야 한다거나 모든 재산을 공유해야 한다고 주장하지 않았다. 오히려 그와는 정반대였다. 히포의 주교는 인간성을 너무나 어둡고 비관적으로 보았기에, 자비가 필요 없는 세상이 오리라고 생각하지 않았다. "가난한 자들은 언제나 너희 곁에 있을 것이다"[33]라고 그리스도는 경고했다. 이 세상이 존속하는 한, 부자와 가난한 자는 언제나 함께 있을 터였다.

아우구스티누스는 사회적 동요를 매우 불신했는데, 이는 부분적으로 그의 개인적 체험에서 유래했다. 아프리카의 다른 지역과 마찬가지로 히포에서도 교회 내 분열상은 사납고 거칠었다. 도시 외곽의 도로에서는 도적이 매복하고 있다가 행인을 덮치는 일이 흔히 벌어졌다. 가톨릭 주교인 아우구스티누스는 자신이 주요 공격 대상이라는 사실을 알았다. 도나투스파는 자신의 권위에 반기를 들 뿐만 아니라 질서를 유지하기 위한 모든 제도를 반대한다고 아우구스티누스는 주장했다. 그들은 대저택을 공격하여 "좋은 환경에서 태어나 잘 교육받은" 집주인을 납치하여 고문기에다 매달았다. "그리고 그 주인이 무슨 짐말이나 되는 것처럼 고문기를 빙빙 돌리면서 채찍질을 했다."[34] 아우구스티누스는 가난한 사람이 부자보다 더 마음이 순수하다고 여기지 않았다. 부자나 빈자나 똑같이 타락한 존재였다. 계급 구분이라는 것도 온 인류가 공유하는 죄악의 상태에 비교하면 아무것도 아니었다. 그러니 예수님이 직접 목격하신바, 자신이 가진 전부인 동전 두 닢을 신전 헌금함에 바친, 복음서에 나오는 가난한 과부보다는 전 재산을 내놓은 파울리누스 같은 억만장자가 반드시 구원을 받는다고 볼 수는 없다. 또 부와 가난이라는 양극단이 완전 사라져서 모두가 평등해지는 사회를 구축하겠다는 것은 그저 막연한 꿈에 불과하다.

참으로, 아우구스티누스가 볼 때, 기독교 신자는 죄를 짓지 않고 살 수 있다는 펠라기우스의 가르침은 환상일 뿐 아니라, 더 나아가 유해한 이단의 교리였다. 그 가르침을 믿는 사람들은 모두 지옥에 떨어질 수도 있었다. 이 타락한 세상에서 사람들은 완벽을 성취할 수 없다. 여러 세기 전에 예수 벤 시라는 이브가 에덴동산에서 하느님에게 불복종함으로써 모든 후손에게 원죄를 안겨 주었다고 설교했으나, 유대인 학자들은 대체로 그 사실을 망각했다. 하지만 아우구스티누스는 그러지 않았다. 인간은 날마다 참회하며 살아가야 한다. 용서를 비는 기도만 올려서는 안 되고 적극적으로 자선을 베풀어야 한다. 바로 이것이야말로 가난한 과부에서 부유한 원로원 의원에 이르기까지 원죄의 결정적 오염을 씻어 낼 수 있는 가장 확실한 방법이다. 지위와 부는 그것을 가진 사람들이 올바르게 사용하는 한, 그 자체로는 악이 아니다. 펠라기우스파 중에 과격분자들이 말하는 재산의 공동 소유는 어리석은 망상으로 일축될 수 있다. "자만심을 버리면 부는 아무런 피해도 입히지 않는다."[35]

아우구스티누스의 메시지는 서로마제국의 멸망 이래 수세기 동안 많은 사람들을 사로잡았다. 그 메시지는 제국이 허물어진 자리에서, 현지의 귀족들과 야만족 군벌들에게 그들의 권위를 새롭고 안정된 기반 위에 올려놓을 수 있다는 희망을 안겨 주었다. 대리석으로 지은 대저택들이 위용을 자랑하던 옛 시절은 완전히 가 버렸지만 하느님의 축복을 얻을 수 있는 또 다른 위대함의 근거를 기대할 수 있게 되었다. 그것은 지지자들을 보호하고 더 나아가 자선을 베풀 뿐만 아니라 무장을 시켜 그들 스스로를 방어하게 해주는 능력이었다. 힘없는 사람을 보호하기 위해 사용된 힘은 하느님의 은총을 받을 수 있었다.

이에 대한 가장 확실한 증거가 투르에서 발견되었다. 마르탱이 사망한 지 100여 년 후에 이 도시에서 순례자들은 그의 오두막 대신 무덤에 봉헌물을 바쳤다. 그의 기억에 대한 부정적 요소는 이미 다 사라져 버렸다. 여러 야심 찬 주교들은 그의 무덤이 있는 자리에다 교회, 안뜰, 탑 등이 갖추어진 종교 단지를 조성했다. 무덤 위에서는 도금한 돔이 번쩍거렸다.• 여기, 투르로 들어가는 진입로에 엄청난 권위를 자랑하는 기념비가 서 있었다. 생전에 세속적 권력을 일체 거부했던 마르탱은 사후에 막강한 영주의 모델이 되었다. 그는 살아생전에 병자와 고통받는 자를 보살폈고 다양한 자선 행위로 가난한 자를 도와주었다. 그의 기적을 묘사하는 연대기 작가들은 그가 아픈 어린아이들을 고쳐 주었고 가난한 과부들에게 양식을 주었다고 기록했다. 마르탱은 서로마제국 멸망 이후의 혼란스러운 시대에 다른 영주들이 그랬듯이, 자신의 도시를 어떻게 돌봐야 하는지 잘 알았다. 아주 포악한 왕들도 마르탱의 정신적 위력을 두려워하여 투르에 나름으로 존경하는 태도를 보였다. 5세기 말엽의 프랑크족 군벌인 클로비스는 갈리아의 상당한 지역에 통치력을 미치게 되었고 전투에서 도와달라며 마르탱에게 기도를 올렸다. 그리고 자신이 원하던 지원을 받자 마

• 그 돔은 10세기에 들어와 "황금의 산처럼 번쩍거린다"라고 묘사되었는데, 실은 6세기에 그런 식으로 도금되었으리라 추정된다.

르탱에게 많은 선물을 보냈다. 클로비스의 후계자들, 즉 프랑키아라 불리는 왕국[프랑크 왕국]의 왕들은 가능하면 투르는 피해 가려고 했는데, 그건 적절한 행동이었다. 자신들의 왕조가 급조되었음을 잘 아는 왕들은 그 도시 후원자의 빛나는 카리스마와 감히 견줄 생각을 하지 않았던 것이다.

그리고 세월이 흘러 그런 왕들 중 한 명이 카펠라capella, 즉 마르탱이 아미앵에서 거지에게 나누어 주었던 겉옷의 절반을 얻자, 그것은 프랑크 왕국의 위대함을 보여 주는 상징물이 되었다. 이 외투는 카펠라니capellani 라는 특별한 사제단이 보관했고 전쟁 때마다 프랑크 왕의 수레로 옮겨져 함께 전투 장소로 갔다. 이는 거룩한 성물이 얼마나 위력을 발휘할 수 있는지 생생하게 보여 주는 구체적 사례다. 마르탱의 죽음은 그의 권위를 떨어트린 것이 아니라 오히려 더욱 높여 주었다. '성인들'은 바울의 시대에는 살아 있는 신자에게만 해당하는 개념이었으나 이제 더는 그렇지 않았다. 이제 그 호칭은 마르탱처럼 죽어서 구세주 곁으로 간 사람에게도 적용되었다. 성인들은 어떤 카이사르보다 더 사랑받고, 기도를 바치고, 두려워하는 대상이 되었다. 폭력이 횡행하는 가난한 시대의 그림자 속에서도 성인들의 영광은 왕과 노예, 야심만만한 자와 겸손한 자, 전사와 나환자 등 상대를 가리지 않고 위로를 안겨 주었다.

아무리 타락한 세상이라고 할지라도 천상의 빛이 스며들지 않는 곳은 없었다.

6장

천상

492년, 가르가노산

그 산에서 나온 얘기는 그다지 믿을 수 없는 내용으로, 이런 얘기였다. 소 떼에서 이탈한 어떤 황소가 동굴의 입구를 발견했다. 그처럼 제멋대로 행동하는 황소에게 화가 난 소 주인은 그 소를 향해 독화살을 날렸다. 그런데 갑자기 바람이 불어와 화살의 궤적을 정반대로 바꾸어 놓아 소 주인을 맞추었다. 그런 기적 같은 사건을 목격한 농부들이 보고한 그 이야기는 현지 주교에게 커다란 흥미를 일으켰다. 주교는 그 사건을 어떻게 해석해야 하는지 알아내고 싶어서 단식 명상에 들어갔다. 사흘을 단식한 끝에, 빛의 갑옷을 입고 빛나는 아름다움을 과시하는 어떤 인물이 주교에게 나타나서 이렇게 말했다. "그 산에서 벌어진 일이 하나의 징조라는 것을 알아차려라. 나는 이 산의 수호신이다. 나는 그 산을 감시하고 있다."[1]

가르가노산은 아드리아해 쪽으로 험준한 바위 갑岬을 쭉 내민 이탈리아 동남부의 산으로, 오래전부터 신들이 사는 장소로 알려진 곳이다. 고대에 이 산을 순례하는 사람들은 산꼭대기에 올라가 검은 숫양을 희생 제물로 바치고 그곳의 은신처에서 하룻밤을 보냈다. 그러면 미래의 모습이 밤중에 꿈속에서 현시되었다. 호메로스에 따르면 꿈을 해석해 주던 주술사가 산정 근처에 묻혀 있었다. 그는 아폴론의 뜻을 그리스인들에게 해석해 주었고, 화살의 신이 전염병이 묻은 화살을 그들에게 날려낼 때, 어떻게 해야 아폴론의 분노를 풀 수 있는지 그 방법도 알려 주었다고 한다. 그러나 이제 시절이 바뀌었다. 391년에 기독교를 믿는 카이사르의 명령에 의해 동물을 희생으로 바치는 의례는 금지되었다. 아폴론 신의 황금빛 신상神像은 이탈리아에서 퇴출되었다. 파울리누스는 이제 그 신이 추방된 사실을 경축하는 시를 다수 지었다. 아폴론 신전은 폐쇄되었고, 그의 신상은 분쇄되었으며, 제단도 파괴되었다. 492년에 이르러 아폴론 신은 가르가노산의 등성이에서 잠든 사람들에게 더는 찾아오지 않았다.

하지만 아폴론 신의 퇴조는 이미 콘스탄티누스가 기독교로 개종하기 훨씬 이전부터 시작되었다. 300년이 흐르는 동안 여러 황제가 기독교를 박멸하려고 애쓰면서 생겨난 사회적 동요는 고대 신들을 숭배하는 종교에도 파괴적인 영향을 미쳤다. 전쟁과 재정적 혼란 속에서 신전들은 사실상 붕괴되기 시작했다. 어떤 신전들은 형체를 알아보기 어려울 정도로 완전히 붕괴되었다. 또 다른 신전들은 병사들의 숙소나 군용 창고로 전용되었다. 율리아누스가 페시누스에서 목격한 신전의 퇴락은 신앙의 위기 때문이기보다는 민간인들이 신전을 후원했던 전통 양식의 붕괴로 발생한 일이었다. 그리고 일부 기독교 주교들은 적당한 기회가 주어지면 그 신전들의 숨통을 아예 끊어 놓는 일도 주저하지 않았다. 고대의 신들이 희생 제물을 목말라하고, 검게 칠한 제단 위에 뿌려지는 동물의 피에서 나는 향기를 좋아한다는 사실은 늘 기독교 신자들을 경악하게 만들었다. 가장 존중받던 예배 방식조차 기독교 신자들의 정의롭고 호전적인 분노 앞에서는 아무런 힘을 쓰지 못했다.

391년, 폭동에 이골이 난 알렉산드리아 군중은 세라페움 신전을 공격하여 파괴했다. 그로부터 40년 뒤 파르테논에서 아테나 여신을 경배하는 행위는 금지되었다. 시간이 흘러 파르테논은 교회로 전용되었다. 그렇지만 기독교 신자들의 분노가 들끓는 고함에도 불구하고 이처럼 파괴되거나 전용된 신전은 예외적인 경우였고, 다른 신전들은 그저 방치되었을 뿐이다. 기독교 성인들의 전기 작가들은 그들의 영웅이 엄청나게 많은 신전을 용감무쌍하게 파괴했다고 주장한다. 또는 그런 신전들을 그리스도를 예배하는 장소로 바꾸어 놓았다고 말한다. 하지만 실제 사정은 아주 달랐다. 대다수 신전은 건물을 유지하고 의례 절차를 주관하던 시민들에게서 보호를 받을 수 없었기에 아무렇게나 방치되었다. 사정이 그렇다 해도 거대한 돌덩어리로 이루어진 신전들이 간단히 허물어지지는 않았다. 그래서 잡초, 야생 동물, 새똥에 내맡기는 것이 한결 편리한 방법이었다.●

5세기 말에 이르자, 시골의 아주 외딴 지역에서만 여전히 "과거의 타락한 관습"²을 지키는 사람들이 남아 있었다. 그들은 냇물 근처나 십자로에 촛불을 켜고서 아주 오래된 우상들에게 봉헌 예물을 바쳤다. 그들이 사는 도시들을 주관하는 주교는 그런 한심한 사람들을 가리켜 파가니pagani라고 불렀다. 이 단어에는 '시골 사람들'이라는 뜻 외에도 '바보 멍청이'라는 경멸의 의미도 들어 있었다. 그렇지만 '페이건pagan(이교도)'이라는 용어는 좀 더 넓은 범위의 의미를 갖게 되었다. 율리아누스 황제 시대 이래

●"최근의 조사 연구 결과에 의하면 우리는 다음과 같은 사실을 자신 있게 말할 수 있다. 고대 후기에 신전은 폭넓게 교회로 전환된 일도 없었고 대대적으로 파괴된 일도 없었다"(Lavan and Mulryan, p. xxiv).

로 이 단어는 원로원 의원이 되었든 노예가 되었든 상관없이 기독교인도 유대인도 아닌 모든 사람을 가리키는 말이 되었다. 그리하여 이교도라고 하면 이스라엘의 유일신을 믿지 않는 모든 사람을 지칭했다. 무신론을 신봉하는 철학자들에서 부적을 만지작거리는 농부들에 이르기까지, 또 서로 전혀 구분되지 않는 거대한 군중의 경우에도 이스라엘의 유일신을 거부하면 모두 뭉뚱그려서 이교도가 되었다. '이교도주의paganism'라는 개념은 '유대교Judaism'와 마찬가지로 기독교인 학자들이 만들어 낸 말이다. 이 학자들은 교회 자체를 비추는 거울로서 이 용어를 사용했다.

그 외에 다른 용도에 원용되기도 했다. 기독교 신자들은 이교도의 우상과 예배에는 시간과 공간의 영역을 위태롭게 하는 어둠이 깃들어 있다고 생각했다. 일찍이 오리게네스는 알렉산드리아의 동물 가죽 그을리는 연기가 나는 제단 앞에서 동물의 피를 요구하는 신들의 흡혈귀 같은 식욕에 경악했다. 아우구스티누스는 희생 제물이 금지된 상황에서도 고대의 신들을 예배하지 말라고 경고하면서, "그 오염된 힘의 지옥 같은 멍에"[3]를 멀리하라고 권고했다. 이교도 신의 위험은 가르가노산 같은 풍경에서 특히 두드러지게 드러났다. 신들이 잠자는 사람들의 꿈속에 나타난다는 이곳은, 신들이 피신해 올 법한 그런 황량한 땅이었기 때문이다. 기독교인들은 그런 신전들을 폐쇄하는 것만으로는 충분치 않다고 생각했다. 어둠의 힘은 교활할 뿐만 아니라 그 사악함도 너무나 확고하기 때문이다. 그 힘은 약탈적 방식으로 잠복해 있다가 기독교인들이 하느님에 대한 의무를 게을리할 때만을 기다린다. 또 기독교인들을 유혹하여 죄악에 빠트릴 기회를 호시탐탐 노린다. 이러한 사실은 그리스도의 가르침에도 분명하게 지적되어 있다. 그분의 사명이 "악마들을 몰아내는 것"[4]이라고 직접 선언했다. 이러한 선과 악의 갈등은 인간 차원에서만 그치는 것이 아니다. 악마들을 굴복시켜야 하는 문제는 지상에서는 물론이고 천상에서도 등장한다.

바로 이런 이유로 가르가노의 주교는 꿈속에서 만난 빛의 갑옷을 입은 인물이 아폴론 신이 아니라 천상의 군대의 장군이어서 엄청나게 안도했다. 천사들은 아브라함 시대 이래로 천상의 메신저 역할을 했다. 천사를 의미하는 그리스어 '앙겔로스angelos'는 전령이라는 뜻이다. 그렇지만 아들 이삭을 죽이려고 큰 칼을 쳐드는 아브라함에게 나타난 천사도, 이집트를 탈출하는 날 전야에 이집트의 첫째로 태어난 아이들에게 죽음을 내린 천사도 이름을 갖고 있지 않았다. 그들은 하느님에게 봉사하는 존재로만 이해되었다. 구약성경에는 천상의 궁정을 환시 속에서 보았다는 얘기가 거듭하여 나온다. 전능하신 주 하느님의 옥좌 위에서 찬송의 노래를 부르는 날개 여섯 개 달린 세라핌 천사들도 묘사되고, 옥좌의 좌우에 도열한 무수한 천상의 군대 얘기도 나온다. 기독교 신자가 천사들이 어떻게 생겼을지 상상할 때, 둥근 무늬가 찍힌 진홍색 상의를 입은 카이사르 궁정의 관리 같은 모습을 먼저 떠올리는 것은 자연스러운 일이다. 이는 〈욥기〉의 저자가 하느님의 궁정을 페르시아 왕의 궁정과 비슷하게 묘사한 것과 궤를 같이한다.

그러나 모든 천사가 이름이 없는 것은 아니다. 신약성경에 나오는 두 천사는 이름을 갖고 있다. 그중 하나는 가브리엘인데 마리아에게 그리스도를 낳게 될 것이라는 소식을 전하는 천사다. 다른 하나는 미카엘인데, 보통 '대천사'[5]로 정의되며 하느님에게 봉사하는 자들 중 으뜸가는 천사다. 천상의 영주로서 카리스마 넘치는 미카엘은 교차-문화적 호소력을 지니고 있다. 유대인들은 그를 "위대한 영주"[6]라고 부르며 죽은 자를 보살피고 이스라엘을 수호하는 천사로 여긴다. 이교도들은 그의 이름을 부적에 새기고 주술을 걸 때마다 그의 이름을 부른다. 페시누스에서는 미카엘과 키빌레가 예배당을 공유하기도 했다. 어떤 경우에도 천사들을 예배하지 말라는 바울의 경고를 받은 기독교인들은 전통적으로 미카엘 대천사에게 노골적으로 경의를 표하는 걸 삼갔다. 하지만 동로마제국과 동부 지중해 지역에서는 미카엘의 명성이 점점 더 넓게 퍼져 나갔다. 그 천사는 갈라티아에, 그리고 이어서 콘스탄티노플에 나타났다고 전한다. 콘스탄티노플은 330년에 황제에 의해 제2의 로마로서 세워진 거대한 수도인데, 미카엘 대천사가 이 도시에서 콘스탄티누스 황제가 세운 교회에 나타났다는 것이다. 하지만 미카엘은 서로마제국에서는 목격된 적이 없다. 그러다가 가르가노산에 내려와 자신이 그 산의 수호신임을 선언했다고 한다.

곧 경이로운 일들이 추가로 벌어졌다. 하룻밤 사이에 대열에서 이탈한 황소가 발견한 동굴 속에 온전한 교회 건물이 하나 생겨났고, 신비하게도 그 건물의 대리석에는 대천사의 발자국이 찍혀 있었다. 가르가노 사람들은 천상의 수호자로부터 보호를 받을 수 있으니 행운이었다. 미카엘이 산상에 나타난 이후 한 세기 동안, 이탈리아 문명은 위축되고 분열되었다. 전쟁과 전염병이 반도를 휩쓸었다. 서로 싸우는 군벌들의 군대가 땅을 마구 파괴했고 그 후 그 땅은 습지와 잡초로 변해 갔다. 마을과 도시는 통째로 사라졌다. 전에 가르가노산은 검은 안개가 약탈자의 손길로부터 그 산을 보호해 주었고 전염병 같은 것은 발생하지 않았다. 그러나 이제 사람들은 미카엘 대천사의 후원도 한계에 도달했다고 생각했다. 그들이 하늘을 쳐다보기만 해도 "불의 섬광은 앞으로 벌어질 유혈 사태를 예고하고"[7] 선과 악의 우주적 대쟁투를 피할 길이 없다는 것을 알았다. 미카엘이 엄청난 위력을 발휘했는데도 대천사와 천상의 군대는 쉽사리 굴복하지 않으려는 적들과 대면하게 되었다. 악마들도 역시 대장을 모시고 있었다. 그 대장과 미카엘은 서로 호적수였다. 악마들의 대장은 악취를 풍기고 "피 묻은 황소 뿔"[8]에 한밤중처럼 어두운 피부를 갖고 있지만 언제나 어둠 속에서 살지는 않았다. 태초에 주 하느님께서 세상의 기초를 놓으시고 아침별들이 함께 노래를 부르고 모든 천사가 기뻐서 소리쳤을 때, 악마의 대장도 미카엘과 마찬가지로 빛의 영주였다.

〈욥기〉가 집필된 이후 몇백 년이 흘러갔다. 알렉산드로스의 정복 이후에 페르시아 대왕과 그의 비밀 첩자들의 기억은 희미해졌다. '사탄satan'이라는 단어는 하느님의 궁정에서 근무하는 관리를 가리키는 관직명이 아니라, 보통 명사로 사용되었다. 많은 유대인이 우주는 선과 악, 빛과 어둠, 참과 거짓 사이의 대쟁투라는 다리우스의 확신을 공유했다. 사탄―'적대자' 혹은 그리스어로는 '디아볼로스Diabolos'―은 여러 유대인 종파의 상상 속으로 스며들었다. 원시 교회의 1세대 신자들은 왜 구세주가 사람의 몸을 입고 지상에 내려왔는지, 십자가형으로 구체적으로 무엇을 얻었는지 등을 알아내고자 했다. 이때 그들은 그리스도의 의미를 더 확실하게 부각하기 위해 사탄의 개념을 필요로 했다. 그들 중 한 사람은 이렇게 설명했다. "그리스도는 인간과 함께 피와 살을 나누어 가졌습니다. 이는 죽음의 권능을 가진 자, 곧 악마를 당신의 죽음으로 파멸시키시고, 죽음의 공포 때문에 한평생 종살이에 얽매여 있는 이들을 풀어 주시기 위함이었습니다."[9]

그 후 몇백 년 동안 기독교인 학자들은 사탄 이야기에 대한 단서를 찾으려고 성경을 샅샅이 분석했다. 그리하여 오리게네스는 여러 단서를 취합하여 다음과 같은 결정적 이야기를 주장했다. 당초에 악마는 새벽의 아들이면서 아침별인 루시퍼였다. 그러나 그는 하느님의 옥좌에 앉으려는 야심을 품었고, 그래서 벼락처럼 하늘에서 땅으로 내던져져 "구렁의 맨 밑바닥으로"[10] 떨어졌다. 기독교인들은 페르시아나 유다 왕국의 학자들보다 더 생생하게 악마에게 개성적인 얼굴을 부여했다. 전에는 그처럼 극적이고 기괴한 모습이 묘사된 적 없었고 이런 강력한 권능과 카리스마가 악마에게 부여된 적도 없었다.

"'빛'과 '어둠'이라는 용어는 두 무리의 천사를 상정한다."[11] 아우구스티누스는 이런 문장을 쓸 때 자신이 이단의 학설을 아슬아슬하게 비켜 가고 있음을 알았다. 이 말은 선과 악은 동일한 힘을 가진 두 원리라는 페르시아의 신학 사상을 암시하기 때문이다. 젊은 시절에는 그런 원리를 신봉하기까지 했다. 그러나 개종하면서 그런 교리를 거부했다. 기독교인이 된다는 것은 단 하나의 전지전능한 신을 믿는 것이기 때문이다. 아우구스티누스는 악마는 독립적인 위상은 갖고 있지 않으며 단지 선이 부패한 상태라고 주장했다. 실제로 지상의 모든 유한자는 천상의 무한자의 희미한 흔적을 가지고 있다. "우리가 다스리기로 되어 있는 그 도시는 이 지상의 도시와는 아주 다르다. 땅과 하늘의 차이, 영원한 삶과 일시적 즐거움, 실제적 영광과 공허한 찬양, 천사들의 무리와 인간들의 무리, 해와 달을 만드신 분의 빛과 해와 달에서 나오는 빛, 이러한 두 가지 것들 사이의 차이만큼이나 다르다."[12] 악마들은 위대한 사람으로 만들어 주겠다는 약속, 왕들과 황제들이 좋아하는 우렁찬 트럼펫 소리와 군대의 깃발 등을 흔들어대면서 유혹하지만 그것은 연기로 만든 망상에 지나지 않는다. 어둠의 천사들이란 결국 빛의 천사들의 그림자에 불과한 것이 아닌가?

그렇지만 기독교인들의 상상 속에서 악마는 선의 부재 이상의 의미를 갖고 있는 듯했다. 생생하게 상상할수록 악마는 더 자율적인 존재가 되어 갔다. 그러나 악마의 대제국은 전지전능하고 전선한 하느님의 주권과는 잘 맞아떨어지지 않았다. 그리스도가 죽음을 파멸시켰는데, 왜 사탄의 그림자가 이토록 길게 뻗치는가? 천상의 군대가 무장한 상태로 들판에서 악마에 맞서 싸워야 할 정도인데, 어떻게 인간이 악마에 맞서 싸우기를 기대할 수 있겠는가? 악마를 영원히 퇴치할 전망은 과연 있는가?

이러한 질문들에 대한 답변은 나와 있지만, 당연하게도 그것들은 쉽게 얻어지지 않았다. 기독교 신자들은 자신들이 사탄이 지상에서 벌이는 거대한 드라마의 구경꾼이 아니라 그 드라마의 동참자라고 생각했다. 그리고 거기에 걸린 판돈은 우주의 대쟁투답게 아주 높았다. 이러한 생각이 던진 그림자는 아주 깊었고 당연히 먼 미래의 시점까지 드리워졌다.

천상에서 벌어진 전쟁

589년 11월, 테베레 강둑이 범람하는 물로 터졌고 곡창 지대는 홍수에 잠겼다. 여러 교회의 건물이 홍수의 물살에 실려 떠내려갔고 엄청난 물뱀 떼—"나무 기둥만 한 크기의 거대한 용"[13] 같은 물뱀 떼—가 강가에 표류해 왔다. 두 달 뒤 전염병이 로마를 덮쳤다. 첫 번째 희생자들 중에는 교황이 들어 있었다. 그의 죽음은 온 도시에 전율을 일으켰다. 로마는 명목상으로는 멀리 떨어진 콘스탄티노플의 황제가 다스렸지만, 그 도시를 보호하는 책임은 주교가 맡고 있었다. 로마 시민들은 전염병에 시달리고 약탈적인 야만족의 위협을 받고 있었지만 그래도 후계자 교황을 선출하는 일을 미루지 않았다. 그들의 선택은 만장일치였다. 온갖 악이 횡행하는 타락한 시대에 로마 시민들은 고상한 배경을 가진 교황을 열망했다. 590년 봄, 콘스탄티누스가 성 베드로의 무덤 위에 지은 거대한 성당에서 로마 최상류 사회 출신이 교황으로 축성되었다.

프랑크 왕국의 숭배자들이 존경하는 어조로 주장한 바에 따르면, 그레고리우스 교황의 조상은 원로원 의원이었다. 이 주장은 물론 과장되었으나 수긍할 만한 주장이다. 새 교황은 이제는 사라져 버린 위대한 로마제국의 흔적을 간직하고 있었다. 그는 로마의 중심부인 카일리우스 언덕의 대저택을 물려받았고, 시칠리아에 다수의 영지를 갖고 있었다. 로마시의 시장도 지냈는데 그 직책은 저 멀리 로물루스 시대로까지 거슬러 올라가는 유서 깊은 자리였다. 그리고 콘스탄티노플에서 6년 동안 황궁의 엘리트 인사들과 교류했다. 그렇지만 그레고리우스는 로마가 엄청나게 쇠락하고 있다는 사실을 정확히 알고 있었다. 전성기에 100만 인구를 자랑하던 도시에 이제는 겨우 2만 명이 살고 있었다. 아우구스투스가 세운 궁전 기둥 옆에는 잡초가 무성했다. 콘스탄티누스를 기념하여 세운 왕궁의 삼각형 박공에는 충적토가 가득 쌓여 있었다. 로마가 세상의 중심임을 널리 알리기 위해 여러 세기에 걸쳐서 조성된 거대한 황궁 단지, 개선문, 경마장, 원형극장 등은 이제 방치되어 유적들만 남은 황무지가 되고 말았다. 심지어 원로원마저 이제는 존재하지 않았다. 그레고리우스는 교황으로 축성된 자리에서 전염병이 휩쓸고 간 거리로 걸어 나와 고개를 들어 하늘을 보았다. 그러더니 보이지 않는 활에서 발사된 화살이 비처럼 쏟아져 내린다고 주장했다. 시간이 흘러가면서 그는 이 도시에서 삶의 흔적이 아예 사라져 버리지 않을까 걱정했다. "원로원이 사라진 후에 사람들이 죽어 나갔다. 살아남은 얼마 안 되는 사람들의 고통과 신음은 날마다 커졌다. 이제 텅 빈 로마는 불타고 있구나!"[14]

그러나 그레고리우스는 절망하지 않았다. 그는 전염병을 구제할 수 있다는 사실을 의심하지 않았다. "하느님은 자비와 동정심이 충만한 분이다. 우리가 기도를 통해 사면을 받게 하려는 것이 그분의 뜻이다."¹⁵ 군중은 이런 희망의 메시지를 전하는 새 교황의 말을 열심히 들었다. 로마 시민들이 고대의 종교, 의례와 의식에 느꼈던 애착은 이제 결정적으로 끊어졌다. 그보다 100년 전인 495년 2월, 그레고리우스의 전임 교황은 허리춤에 간소한 옷을 걸친 젊은 남자들이 로마의 거리를 달려가다가 염소 가죽 끈으로 여자의 가슴을 내리치는 광경을 보고 큰 수치심을 느꼈다. 그것은 로물루스 시대 이래로 2월이면 거행하던 젊은이들의 의례였다. 그보다 반세기 전에 다른 교황은 그의 신자들이 새벽마다 떠오르는 태양에 절을 하는 모습을 보고 적지 않게 충격을 받았다. 하지만 그런 시절은 지나갔다. 도시의 일상적 리듬—하루, 한 달, 한 해—은 기독교적인 방식으로 바뀌었다. 렐리기오(종교)라는 말의 의미도 바뀌었다. 그 말은 이제 수도사와 수녀의 삶을 의미했다. 그레고리우스는 신자들을 불러 모아 회개하라고 말했을 때, 수도사 자격으로 그렇게 말했던 것이다. 그는 카일리우스 언덕에 있던 자신의 대저택을 수도원으로 바꾸었고 거기서 수도자처럼 살았다. 그는 청빈과 순결을 맹세했고 렐리기오의 살아 있는 구현체가 되었다. 로마 시민들은 회개하라는 교황의 말씀을 듣고서 망설이지 않고 복종했다. 그들은 날이면 날마다 거리를 걸어 다녔고 기도를 올리거나 찬송가를 불렀다. 그들이 행렬을 이루어 걸어가는 동안, 80명이 전염병에 걸려 사망했다. 그리고 사흘째 되던 날에 하늘로부터 응답이 왔다. 전염병의 화살이 더는 날아오지 않았다. 죽는 사람의 수도 줄어들었다. 로마 시민들은 몰살을 모면했다.

호메로스의 전통 속에서 성장한 이교도들은 전염병이 성마르고 복수심 강한 아폴론 신의 보복 심리 탓이라고 생각했다. 그러나 기독교 신자들은 그보다 사태의 진상을 더 잘 알고 있었다. 그레고리우스는 자신이 살아가는 시대의 고통은 부분적으로 인간의 죄악에서 비롯되었다고 믿어 의심치 않았다. 하느님의 존재는 산들바람의 호흡이나 구름의 움직임에서도 느껴질 정도로 언제나 가까이 있었으며, 그분의 심판을 피해 갈 수 있는 사람은 아무도 없었다. 그레고리우스는 이 점을 깨닫기 위해 자신의 결점을 되돌아보면 되었다. "나는 날마다 죄를 짓습니다."[16]

그렇다고 해서 구원이 죄 많은 인류가 미칠 수 없는 곳에 있다는 얘기는 아니었다. 그리스도는 헛되이 돌아가신 것이 아니었다. 여전히 희망은 남아 있었다. 그레고리우스는 이탈리아에 들이닥친 재앙을 어떻게 이해해야 할지 깊이 명상하다가 〈욥기〉로 시선을 돌렸다. 그 책의 주인공 욥은 잘못한 일이 없는데도 사탄의 손에 넘겨져 아주 비참한 재난을 당한다. 그래도 그는 엄청난 용기를 발휘하여 그 고통을 견뎌 냈다. 그레고리우스는 여기에 자신이 살던 시대의 충격을 이해하는 열쇠가 있다고 주장했다. 사탄이 또다시 나타난 것이다. 욥이 먼지 속으로 내던져졌듯이, 이제 죄 없는 사람들이 죄 많은 사람들과 함께 고통을 겪고 있었다. "도시들은 약탈되었고, 성채는 붕괴되었으며, 교회들은 파괴되었고, 들판에는 농부들이 없다. 이제 남아 있는 우리 소수의 백성들을 향하여 끊임없이 칼이 날아오고, 우리의 머리 위에서는 타격이 비 오듯이 내려온다." 그레고리우스는 이러한 고난을 열거하고서 그것들이 무엇의 조짐인지 망설이지 않고 선언한다. "사악한 일들은 오래전에 예고되었습니다. 세상은 파멸할 것입니다."[17]

세상의 질서가 종말을 맞이할 운명이고 인간은 신성과 영원히 결합될 예정이라는 사실은 오랫동안 일반 대중에게 감추어져 왔다. 많은 사람들이 시간은 원형으로 순환한다고 생각했다. 우주는 불에 의해 종말을 맞이할 것이라고 가르친 스토아학파조차 그 불로부터 새로운 세상이 생겨난다고 가르쳤다. 과거에도 그랬고 앞으로도 그러하다고 말했다. 철학자들은 현재의 세상과 다른 어떤 것을 희망해야 할 특별한 이유가 없었다. 먼저 알렉산드로스와 그 후계자들의 시대, 그리고 이어서 로마제국의 시대에 그들은 소중하게 여겨졌고, 후원을 받았으며, 더 나아가 환대를 받았다. 현재 상태가 원만한 사람들은 평온한 마음으로 그런 상태가 영원히 반복되리라고 생각할 수 있었다. 그러나 모든 사람이 시간을 끝이 없는 원형이라고 본 것은 아니었다. 페르시아 사람들은 알렉산드로스에게 정복당한 이후로 시간은 종말을 맞게 된다고 생각했고, 최후의 심판 때에 '참眞'인 아후라 마즈다가 거짓을 비롯해 모든 나쁜 것을 상대로 승리를 거둘 것이라고 보았다. 기원후 66년, 그와 유사한 종말에 대한 동경이 유대인에게 영감을 주어, 그들은 로마제국을 향해 반란을 일으켰으나 실패하고 말았다. 그보다 몇십 년 전에 예수는 하느님의 나라가 가까이 왔다고 선언했다. 기독교인들은 초창기부터 구세주의 재림을 꿈꾸었다. 그러면 죽은 자들이 무덤에서 일으켜 세워져 산 자나 죽은 자 모두 심판을 받고 정의로운 나라가 천상에서와 같이 지상에서도 영원히 수립될 터였다. 이 꿈은 그 후 600년이 흐르는 동안 결코 사라지지 않았다. 그레고리우스는 세상의 비참함을 숙고하면서 곧 닥쳐올 종말을 예고할 때 희망과 함께 무서움을 느꼈다.

"세상 종말에도 그렇게 될 것이다. 천사들이 와서 의인들 가운데에서 악한 자들을 가려내 불구덩이에 던져 버릴 것이다. 그러면 그들은 거기서 울며 이를 갈 것이다."[18] 그리스도는 이렇게 종말의 때를 경고했다. 이와 유사한 예언이 복음서 전편에 등장한다. 심판의 날에 산 자와 죽은 자는 좋은 과일과 나쁜 과일, 알곡과 왕겨, 양과 염소 등의 두 그룹으로 분류될 것이다. 그 무서운 운명의 시간을 예고하는 징표들도 이에 못지않게 오싹하다. 그레고리우스는 자신이 살던 시대의 고뇌를 되돌아보면서 이런 조짐들을 알아볼 수 있었다. 전쟁, 지진, 기근, 전염병, 테러, 하늘의 이적 등이 그런 징표였다. 그러나 복음서는 이런 것들 말고는 구체적인 세부 사항을 알려 주지 않는다. 종말의 진상을 분명하게 알기를 바라는 기독교인들을 위해서는 아주 다른 종류의 성경책이 마련되어 있었다. 그 책의 이름은 아포칼립시스apocalypsis인데, 곧 '베일 걷어 올리기'라는 뜻이다.•

성 요한의 〈묵시록[계시록]〉—에이레나이오스는 성 요한이 예수가 사랑했던 제자라고 자신 있게 밝힌 바 있다—은 장차 닥쳐올 심판에 대하여 자세히 설명한다. 이 〈묵시록〉은 뒤숭숭한 꿈 비슷하게 전후 관계가 명확하게 서술되어 있지는 않고, 일련의 잊기 어렵고 환각적인 비전을 제시한다. 천상에서 벌어진 싸움, 즉 미카엘 및 그의 천사들과 "그 큰 용, 그 옛날의 뱀, 사탄이라고도 하는 자, 온 세계를 속이던 자"[19] 사이에서 벌어진 싸움에 대해서 말한다.

이어 〈묵시록〉은 다음과 같은 얘기를 들려준다. 사탄은 땅속 깊은 곳으로 내던져져 그곳에 천 년 동안 묶여 있었다. 죽은 이들과 함께 일으켜 세워져 보좌가 주어지는 순교자들은 그리스도와 함께 천 년의 세월 동안 세상을 다스릴 것이다. 성인들의 피에 취한 창녀가 주홍색 짐승 위에 앉아 있는데 그 짐승의 이름은 바빌론이다. "히브리어로 아마겟돈이라고 하는 장소"[20]에서 선과 악 사이에 커다란 싸움이 벌어진다. 천 년이 지난 후에 사탄은 땅속에서 풀려나 온 세상 네 구석을 속이고 돌아다니다가 그 후에 불타는 유황의 호수 속으로 영원히 내던져진다. 위대하든 무명이든 간에 죽은 자들은 모두 되살아나서 그리스도의 옥좌 앞으로 나아가 그들의 생

• 신약성경 중 아포칼립시스라는 제목이 붙은 책은 맨 뒷부분에 있는데 개신교에서는 〈요한계시록〉, 가톨릭에서는 〈요한 묵시록〉이라고 부른다. —옮긴이

전 소행에 따라 심판을 받을 것이다. 그중 어떤 자들은 생명의 서書에 이름이 적혀 있고, 또 이름이 올라 있지 않은 자들은 유황불의 호수 속으로 내던져질 것이다. 새로운 하늘과 새로운 땅이 생겨날 것이다. 거룩한 도시 새로운 예루살렘이 천상의 하느님에게서 내려올 것이다. 그리하여 천상과 지상은 하나가 될 것이다.

이 〈묵시록〉에 나타난 미래의 모습은 너무나 생생하여 그 효과가 이교도의 신탁을 완전히 압도해 버린다. 아폴론의 애매모호한 신탁은 시간의 개념을 명확하게 규정하지 않았다. 그러나 로마 세계 전역에 걸쳐서, 구약성경과 신약성경은 이 시간 개념을 결정적으로 확립했다. 아우구스티누스는 이렇게 말했다. "기독교적인 역사 이해가 없는 사람은 원형의 미로에서 방황하며 입구도 출구도 발견하지 못할 것이다."[21] 화살의 비행처럼 확실하고 직접적인 시간의 방향은 일직선이다. 그것은 〈창세기〉에서 시작하여 〈묵시록〉으로, 천지 창조에서 시작하여 '심판의 날'로 향한다. 자신이 알고 있는 종말의 개념에 비추어 세상사를 이해한 사람이 그레고리우스만은 아니었다. 갈라티아의 한 주교도 같은 생각이었다. 테오도루스 주교는 50파운드짜리 무거운 금속 코르셋을 입고 오로지 상추만 먹고 사는 저명한 금욕주의자였다. 주교는 〈묵시록〉에서 말하는 짐승이 곧 나타날 거라고 예언했다. 그레고리우스 교황과 이름이 똑같은 투르의 또 다른 주교는 "우리 주님에 의하여 슬픔의 시작이라고 예고된 순간"[22]을 기다렸다. 온 세상의 동부에서 서부에 이르기까지, 동일한 불안과 동일한 희망이 표현되었다. 종말은 가까이 다가오고 있었다. 시간은 점점 사라져 갔다.

그럼에도 불구하고 조금 유보적인 태도가 없는 것도 아니었다. 기독교 신자들을 심판의 때에 대비시키며 사목司牧해야 하는 주교들은 종말의 정확한 시기를 계산하기를 망설였다. 무엇보다도 그들은 〈묵시록〉에 묘사된 사건들과 당대의 요동치는 사건들이 서로 완전히 조응한다고 말하기를 거부했다. 그 짐승 혹은 바빌론의 창녀가 누구를 가리키는지 정확하게 지적하기를 거부했다. 교회의 지도자들은 종말에 대한 성 요한의 환시가 황당하고 난폭한 상상에 몰두하는 자들에게 가져올 나쁜 효과를 오래 전부터 걱정했다. 철학자 기질이 강했던 오리게네스는 주의 재림 이후에 성자들이 천 년 동안 그리스도와 함께 세상을 다스린다는 발상을 문자 그대로 해석해서는 안 된다고 경고했다. 아우구스티누스도 그런 생각에 동의했다. "천 년은 세상 역사의 진행을 상징한다."[23] 그리스 동방에서는 종교회의가 개최되었는데 〈묵시록〉을 신약성경의 한 편으로 편입하기를 거부했다. 그러나 라틴 서방에서는 그렇게까지 과도하게 나가는 사람은 거의 없었다. 〈묵시록〉은 이미 정경政經 속에 깊숙이 자리 잡고 있어서 빼낼 수 없었던 것이다. 그렇지만 서부의 교회 지도자들은 무지하고 쉽게 흥분하는 사람들이 〈묵시록〉의 예언을 제멋대로 해석할까 봐 두려워했다. 베일을 들어 올렸더라도 그 뒤에 무엇이 있는지 너무 자세히 살피는 것은 위험했다. 그레고리우스가 말한 것처럼, "그리스도는 종말의 시간이 우리에게 알려지는 것을 원치 않는다."[24]

그렇다고 해서 기독교인들이 종말에 전혀 대비하지 않아도 된다는 얘기는 아니었다. 오히려 정반대였다. 종말의 환시는 모든 사람이 사후에 겪는 운명의 예고편이기도 했다. 그렇기 때문에 그것은 사람들을 당황하게 만들 터였다. "많은 사람이 부름을 받지만 아주 소수만이 선택된다."[25] 그렇게 그리스도는 경고했다. 새로운 예루살렘과 유황불의 호수는 동전의 양면이었다. 소수 세력이었던 초창기 기독교인들은 적대적인 이교도들에게 둘러싸여 있었으므로 선택되는 사람은 소수라는 생각에서 큰 힘을 얻었다. 여러 해, 여러 세기, 여러 천 년을 무덤에 갇혀 있다가 소환된 망자들은 두 가지 중 하나를 선택해야 할 것이다. 죽은 몸 그대로 부활한 그들은 지복의 영생을 누리거나 아니면 영원히 끝나지 않는 고문을 감내해야 한다. 그들이 살아생전에 거부되었거나 회피되었던 정의는 종말의 때에 이르면 그리스도에 의해 그들에게 베풀어질 것이다. 구세주의 이름을 지키기 위해 목숨 내놓기를 마다하지 않은 순교자들만이 이런 기다림의 시간에서 면제된다. 그들은 사망하는 즉시 황금 날개를 번쩍이는 천사들의 호위를 받으며 엄청난 영광 속에서 직접 하느님의 궁전으로 올라가게 된다. 그 외의 성인이나 죄인을 망라한 모든 사람은 심판의 때가 올 때까지 기다리라는 처분을 받는다.

물론 이러한 생각이 서구를 지배하는 저승의 그림은 아니었다. 서유럽에서는 그리스 세계에 비하여 종말, 신체적 부활, 최후의 심판 같은 장엄한 분위기가 얼마간 희석되었다. 이렇게 된 것은, 다소 역설적인 일이지만, 한 아테네 철학자의 영향이 상당히 작용했기 때문이다. "인간이 죽음을 맞이하면 그의 신체는 파괴되거나 혹은 파괴된 것처럼 보인다. 그러나 인간의 죽지 않는 부분[영혼]은 죽음이 다가오면 아무런 피해나 파괴를 당하지 않은 채 그 신체에서 빠져나온다."[26] 아리스토파네스와 동시대인이며 아리스토텔레스의 스승인 플라톤은 이렇게 말했다. 서구의 교회가 형성되던 시기에 교회의 위대한 사상가들에게 플라톤만큼 큰 영향을 미친 철학자는 없다. 청년 시절에 그 자신을 플라톤주의자라고 생각했던 아우구스티누스는 기독교로 개종한 후에도 옛 스승 플라톤을 가리켜 "우리 기독교 신자에게 가장 가까이 다가온 이교도"[27]라고 규정했다.

영혼은 불멸이고 신체를 갖고 있지 않으며 물질도 아니라는 주장은 아우구스티누스가 성경이 아니라 아테네의 위대한 철학자 플라톤에게서 가져온 생각이다. 장기적으로 볼 때 플라톤이 서방 교회에 미친 영향력은 결정적이었다. 아우구스티누스의 적대자들은 오직 하느님만이 비非물질이고, 심지어 천사들도 미묘한 공기와 불로 만들어진 존재라고 주장했으나 그런 사상은 곧 죽어 사라지고 말았다. 그리고 시간이 흘러가면서 순교자들만이 하느님의 나라로 직접 올라갈 수 있다는 초창기의 가르침도 사라졌다. 가장 거룩한 성자들의 영혼도 나사로의 영혼처럼 사후에 아브라함 곁으로 가서 심판의 때를 기다려야 한다는 생각도 희미해졌다. 아우구스티누스의 가르침에 따르면, 가장 거룩한 성자들은 사후에 곧바로 하늘나라로 올라간다. 그렇지만 성자들조차 천사들로 둘러싸인 미카엘 대천사의 영접을 받기 전에 심판을 받아야 한다.

투르의 주교 그레고리우스는 자신의 수호성인인 마르탱을 찬양하는 글을 썼을 때, 마르탱도 사후에 악마의 방문을 받고서 그 자신의 일생을 진술해야 했다고 적었다. 물론 마르탱은 오래 기다리지는 않았다. 마르탱은 곧 하늘로 올라가 천국에 있는 동료 성인들과 합류했다. 이 에피소드는 오히려 마르탱의 영광을 한층 드높여 주었다. 그렇지만 그 일을 묘사하면서 투르의 그레고리우스는 다소 불안하게 마른침을 삼키지 않을 수 없었다. 마르탱조차 죽은 후에 사탄의 심문을 피할 수 없다면, 죄인들은 더 말해 볼 것도 없지 않겠는가? 하지만 그레고리우스는 그런 질문을 던짐으로써 새로운 시대를 대변했다. 순교자와 성인은 물론이고 모든 인간이 사후에 심판을 받아야 한다고 보는 시대가 온 것이다.

서구의 기독교 신자들은 이런 식으로 그들만의 길을 걸어가게 되었는데 여기에는 한 가지 역설이 도사리고 있었다. 저승의 광경을 이처럼 뚜렷하게 정의하면 할수록 그것은 동방에서 온 것임을 더욱 확실하게 증명한다는 사실이었다. 히브리어 성경과 그리스 철학은 다시 한 번 종합되어 한층 더 강력한 효과를 발휘했다. 예전의 로마 속주들 전역에서, 그리고 버려진 마을과 붕괴된 예배당이 점점이 흩어져 있는 지역들에서, 먼 과거로부터 내려온, 인생을 다채롭게 만드는 여러 가지 삶의 양상 중에서 죽음에 대한 두려움만큼 강력한 것은 없었다.

영혼이 신체를 빠져나간 다음에는 무엇이 기다리고 있는가? 천사들과 천상으로 가는 길이 아니라면, 페르시아 사람들이 '거짓'의 대리인이 늘 그렇다고 믿었던 대로, 온몸이 검은 악마가 기다리고 있을 것이다. 사라진 제국의 세리들이 들고 있던 것과 같은 회계 장부를 든 사탄이, 저주받은 자의 고문이 메아리치는 유황불 구덩이가 기다리고 있을 것이다. 이런 지옥의 광경은 성경의 저자들이 아니라 아테네와 로마의 이교도 시인들이 상세히 묘사했던 것이다. 그것은 고대의 여러 가지 요소를 종합하여 만든 사후 세계의 모습이었고, 초창기의 기독교인들이 알아볼 수 있는 그런 광경은 아니었다. 망자들과 관련해 혁명적 의미를 지닌 그런 저승의 광경은, 살아 있는 사람들에 대해서도 역시 혁명적인 파급 효과를 냈다.

기도의 발전소發電所

하느님을 많이 사랑하는 사람들이 천사를 엿볼 수 있는 장소로는 가르가노산보다 더 황량한 곳들도 있었다. 하지만 그런 곳은 위험한 지역이었다. 세상의 끝, 회색 바다가 눈이 미치지 않은 곳까지 뻗쳐 있는 곳에서 수도자들은 그리스도의 전위대로 봉사했고, 그들의 기도는 악마와 그 군대를 철저히 경계하는 초병 노릇을 했다. 수평선 너머로 항해하여, 불붙은 눈 조각이 저주받은 자들 위에 떨어진다는 영원한 유황불의 산, 과

일과 보석이 가득한 천국의 들판을 동시에 발견한 사람들에 대한 이야기가 전한다. 사실이든 아니든, 몇몇 수도자들은 대서양의 험난한 바다를 항해하여 바다 위에 떠 있는 험준한 바위섬—현지어로는 스케일렉 sceillec—에 정착하여 그곳의 황량한 암자에서 살았다. 왕들은 추위와 배고픔을 물리치기 위하여 커다란 향연장을 지었으나, 스켈리그에 정착한 수도자들은 추위와 배고픔이 하느님의 빛나는 옥좌 앞으로 나아가게 해주는 접근로라고 하여 소중하게 여겼다. 수도자들은 억수로 쏟아지는 빗속에서 여러 시간 동안 무릎을 꿇고 있거나, 배를 쫄쫄 곯은 채로 노예에게나 어울릴 법한 노동을 했다. 그들은 그렇게 하는 것이 타락한 세상의 한계를 초월하는 방법이라고 생각했다. 수도자들을 존경하는 사람들이 볼 때, 수도자들의 노고로 천상과 지상을 갈라놓는 베일이 거의 열리는 듯했다. "사람들은 유한한 육체를 가진 수도자들이 천사의 삶을 살고 있다고 믿었다."[28] 서부 기독교 세계에서, 아일랜드의 성인들처럼 강인하고도 한없이 거룩해 보이는 성인들은 따로 찾아보기 어려울 것이다.

아일랜드가 그리스도를 받아들였다는 사실은 그 자체로 기적이었다. 로마의 통치는 아일랜드의 해안까지 미치지 못했다. 그런데 놀랍게도 5세기 중엽에 도망친 노예가 그곳에다 기독교를 전파했다. 브리튼 청년 패트릭은 해적에게 납치되어 아일랜드 바다 너머로 노예로 팔려갔다. 하지만 패트릭은 그리스도를 전파했다는 이유로 아일랜드 기독교인들에게 존경받았을 뿐만 아니라 그가 손수 실천해 보인 거룩함의 모범으로 더욱 명성이 높았다. 그가 목동으로 일하든, 주인을 피해 배로 달아나든, 하느님의 말씀을 퍼트리기 위해 아일랜드로 돌아오든, 천사들이 늘 그에게 말을 걸었고 그가 하는 모든 일을 지도해 주었다. 그는 또한 전도를 펼쳐 나가면서 세상의 종말이 임박했다는 사실을 망설이지 않고 선포했다. 패트릭이 사망한 지 100년이 지난 시점에도 아일랜드의 수도자들과 수녀들은 여전히 그의 영향력을 간직했다. 그들은 하느님과 '아버지'인 '수도원장' 이외에는 그 누구에게도 의무감을 느끼지 않았다. 그 나라에 점점이 펼쳐진 원형 성채들과 마찬가지로, 수도원들은 그들의 독립성을 아주 자랑스럽게 여겼다. 그 수도원들은 강철 같은 규율에 의해 유지되었다. 오로지 "엄격하고, 거룩하고, 일관되고, 고상하고, 정의롭고, 존경할 만한"[29] 규칙만이 수도자와 수녀를 천상의 수준으로 끌어올릴 수 있었다. 수도자들은 나무를 잘 베어 넘기는가 하면, 이상하고 학술적인 라틴어에도 능통한 사람이 되어야 했다. 들판에 나가서 일을 열심히 해야 하는가 하면, 아일랜드까지 전해진 널리 사랑받은 기독교 문헌에도 박통해야 했다. 패트릭과 마찬가지로, 그들 역시 자신들이 종말의 그늘 아래에 서 있다고 생각했다. 패트릭처럼 가족과 고향으로부터 멀리 떠나는 것이 하느님에게 완벽하게 복종하는 가장 확실한 길이라고 그들은 생각했다. 하지만 모든 수도자가 강풍이 몰아치는 대서양 한가운데의 바위섬으로 가지는 않았다. 어떤 수도자들은 바다 건너 브리튼으로 갔고 거기서 아직도 우상을 모시며 이교도주의에서 빠져나오지 못하는 픽트족, 색슨족, 앵글족 등 야만족의 왕들에게 복음서를 설교했다. 또 다른 수도자들은 배를 타고 남쪽으로 가서 프랑크족의 땅에 들어섰다.

콜룸바누스Columbanus('작은 비둘기')는 590년에 프랑크 왕국에 도착했다. 그리고 이 해에 그레고리우스가 교황으로 선출되었다. 이 아일랜드 수도자는 로마 귀족과 달리 땅끝 마을에서 왔고 신분도 족보도 없었다. 그러나 순전히 개인적인 카리스마를 발휘하여 라틴 서방을 새롭고 획기적인 방향으로 돌려놓았다. 고국에서 엄격한 수도원 생활을 하며 훈련을 받은 콜룸바누스는 프랑크족 사람들에게는 위압감 혹은 무서움을 안겨 주는 성자처럼 보였다. 프랑크족의 수도자들과 다르게, 그는 일부러 자신이 살 곳으로 황무지를 골랐다. 그가 맨 처음 은거지隱居地로 정한 곳은 프랑크 왕국 동부 보주에 있는 오래된 로마 성채였는데, 오랫동안 나무뿌리와 관목 가지로 뒤얽혀 방치된 곳이었다. 두 번째 거처는 150년 전 야만족이 쳐들어왔을 때 불타 버린 도시의 폐허였다. 그가 그곳에 창건한 뤽쇠유 수도원은 천상으로 올라가는 현관으로서 지어졌다.

콜룸바누스와 그를 따르는 소규모 사람들은 나무 덤불을 걷어내고, 습지를 준설하고, 부서져서 흩어진 돌들을 모아 와서 수도원 구내의 담장을 세웠다. 프랑크족에게 그들은 초자연적 용기를 지닌 사람들처럼 보였다. 그들은 배가 고프면 나무껍질을 벗겨 먹었다. 하루 종일 육체노동을 해서 피곤할 때면 연구, 기도, 참회에 휴식 시간을 바쳤다. 이런 고정된 일과는 신규 회원을 쫓아버리기는커녕 때로 몰려들게 했다. 수도원 구내로 들어가 콜룸바누스의 규칙을 철저히 따르는 것은 곧 천사의 무리와 함께 있는 것이었다. 신입 회원들에게 부과된 규율은 그들의 자부심과 오만함을 꺾어 놓기 위한 것도 있었지만 죄인인 그들에게 천국의 희망을 안겨 주려는 것도 있었다. 콜룸바누스는 아일랜드에서 새로운 교리를 가져왔는데, 죄악을 정기적으로 고백하면 충분히 관리할 수 있다는 것이었다. 신입 회원들이 엄격한 세부 절차에 따라 진행되는 참회를 철저히 이행하기만 한다면, 그들에게 하느님의 은총이 돌아올 터였다. 콜룸바누스의 체제는 징벌을 강조했지만 동시에 치료의 효과도 있었다. 회원들은 심판의 날을 두려워하고 악마의 회계 장부를 두려워했다. 하지만 콜룸바누스의 규율은 그런 사람들에게 인간의 결점은 용서받을 수 있다는 귀중한 확신을 약속했다. "우리는 이 지상의 여행자요, 순례자이니, 그 길의 끝이 어디인지 우리는 마음속에서 늘 명심해야 합니다. 길은 우리의 삶이고 그 끝은 우리의 집입니다."[30]

여행을 하지 않고 세상을 떠나서 살지 않는 것은 지상의 삶에 대한 천상의 보상을 거부하는 행위였다. 콜룸바누스는 이 메시지를 설교할 때 가족과 고향에 등을 돌린 사람으로서 그렇게 말한 것이다. 그 결과 그는 렐리기오의 권능을 보여 주는 살아 있는 구현체로서 프랑크족 신자들에게 봉사할 수 있었다. 그가 하는 모든 행동에는 초자연적인 반짝거림의 암시가 깃들어 있었다. 그에 대해서는 다음과 같은 기적적인 이야기가 전한다. 곰들이 과일을 훔치지 말라는 그의 명령을 따랐고 다람쥐들이 그의 어깨에 앉았다. 그가 침을 바르기만 해도 작업장에서 얻은 고통스러운 상처들이 치유되었다. 그의 기도는 병자를 회복시키고 죽어 가는 사람을 살리는 힘이 있었다. 권위를 목격하면 금방 그것을 알아보는 왕들에게서 후원을 받았지만 콜룸바누스는 규칙에 따라 행동하는 것을 무시했다. 610년에 현지의 어떤 왕이 여러 후궁들에게서 얻은 네 명의 왕자에게 축복을 내려 달라고 요청하자, 콜룸바누스는 거절했다. 오히려 정반대로 그들에게 악운이 내려올 것이라고 선언했다. 그가 그런 말을 하자 하늘에서 커다란 천둥소리가 들려왔다. 병사들과 대치하는 상황에서도 콜룸바누스는 뒤로 물러서지 않았다. 병사들의 호위를 받으며 해안으로 가서 아일랜드행 배에 강제로 승선한 콜룸바누스는 세 번이나 거센 바람을 일으켜서 그 배가 도로 해안의 개펄로 돌아오게 했다. 왕의 권력보다 콜룸바누스의 권능을 더 두려워하게 된 병사들로부터 자유롭게 풀려나자, 그는 알프스를 넘어 이탈리아로 내려갔다. 그가 예언했던 대로, 그 네 왕자가 비참한 죽음을 맞이했다는 소식이 들려왔다. 그렇지만 콜룸바누스는 뒤돌아서지 않았다. 오히려 그는 계속 여행하면서 최대한 황량한 곳을 찾아내려 했다. 세상의 유혹으로부터 멀리 떨어진 곳, 늑대와 이교도가 들끓는 아주 외딴곳이라면 더 좋았다. 그는 어디에 멈추어 서든지 그곳에다 수도원을 세웠다. 그가 마지막으로 세운 수도원은 강기슭의 계곡 지역인 보비오에 있었는데, 그곳은 밀라노에서 남쪽으로 80킬로미터 정도 떨어진 곳이다. 나이 든 유배자는 615년에 이곳에서 숨을 거두었다.

천상을 떠나와 방랑하는 자에게 인생은 일종의 유배였다. 그렇지만 고향을 떠나온 콜룸바누스의 방랑은 프랑크족 사람들과 이탈리아 사람들에게 아주 심오한 참회의 행위로 각인되었다. 특히 먼 땅 아일랜드에서 온 수도자의 참회는 그들의 마음속에서 라틴 서방의 오래전 과거로 거슬러 올라가는 반향을 일으켰다. 아우구스티누스는 세상의 대도시들, 가령 로마, 카르타고, 밀라노 등을 살펴보다가 하느님의 도시를 세상 근심에 묶이지 않은 순례자로 상상했다. "그곳에는 승리 대신에 진실이 있다. 높은 지위 대신에 거룩함이 있다. 평화 대신에 지복至福이 있다. 삶 대신에 영생이 있다."³¹ 바로 이것이, 뤽쇠유 근처의 숲을 뚫고서 콜룸바누스가 설립한 수도원을 찾아간 사람들이 발견하기를 바라는 바였다. 성인이 손수 돌을 쌓아 올려 만든 수도원 담장은 인간의 도시에 대한 하느님의 도시의 승리를 선언했다.

로마식 목욕탕과 신전의 부서진 파편들, 기둥, 삼각형 박공, 조각상의 파편들이 수도원 건물을 짓는 데 들어갔다. 렐리기오의 용도로 전용된 이것들[기둥, 삼각형 박공, 조각상]은 200년 전에 아우구스티누스가 정의한 사에쿨룸saeculum('세속적인 시대')의 질서를 이루는 기본 구성 요소들이었다. 사에쿨룸이라는 단어는 다양한 의미의 그림자를 갖고 있다. 원래는 한 세대, 혹은 인생의 일기를 의미하는 개인의 기대 수명(100세)을 정의했다. 그러다가 점점 살아 있는 사람들의 기억의 한계를 가리키는 의미로 사용되었다. 초창기에서 콘스탄티누스 대에 이르기까지 로마의 역사를 통하여 한 사에쿨룸[시대]의 사라짐을 기념하는 게임이 반복적으로 거행되곤 했다. 그 게임을 가리켜 "일찍이 아무도 본 적 없고 또 앞으로도 보지 못할 장대한 광경"[32]이라고 했다. 아우구스티누스는 일찍이 하느님의 도시의 영원불변한 특징과 대조되는 단어를 찾다가 바로 이 사에쿨룸이라는 단어를 집어 들게 되었다. 인간이 이 세상을 살아가는 동안에 알게 되는 사물들은 인간의 기억 속에서만 존재하는 한계가 있으며, 인간의 세대가 바뀌면서 계속 변화하는 속성이 있다. 이 모든 것이 사에쿨라리아 saecularia('세속적인 것들')라고 아우구스티누스는 규정했다.[33]

콜룸바누스의 설교가 지닌 강력한 힘은 성(렐리기오)과 속(사에쿨룸)이라는 두 쌍둥이 개념을 구체적으로 표현해 준 데 있다. 콜룸바누스가 죽은 후에도 그의 규율을 따르는 수도자들에 대한 이야기는 그 가르침이 천국의 문을 여는 열쇠라는 사실을 확실하게 각인시켰다. 콜룸바누스가 아직 살아 있던 시절에, 어떤 죽어 가는 형제는 임종의 병상에서 천사가 기다리는 모습을 보고 있다면서, 기도가 천사를 난처하게 만들게 하니 그만 중단해 달라고 콜룸바누스에게 요청했다. 콜룸바누스의 제자가 설립한 수녀원에서는 한 수녀가 죽기 직전에 촛불을 꺼달라고 명령했다. "찬란한 빛이 다가오고 있는데 촛불이 무슨 필요가 있어요? 당신들은 천상의 합창단이 부르는 노랫소리가 들리지 않습니까?"[34] 콜룸바누스나 그의 제자가 건립한 수도원에 전하는 이런 얘기들은 그 수도원이나 수녀원에 심지어 대성당이라도 겨룰 수 없는 강력한 권능과 힘을 부여했다. 그 수도원에서 사는 사람들은 렐리기오의 살아 있는 구현체라고 하여 렐리기오네스religiones라고 불렸다. 그 수도원의 담장을 통과하고 그 외곽 경계를 짓는 도랑과 목책을 건너가는 것은 곧 지상을 뒤로하고 천상으로 접근하는 것이었다.

그러니 곧이어 천사들 중에 가장 강력한 대천사의 날개가 콜룸바누스의 고국 위에서 내는 황금빛 날개 소리가 들려온다 해도 그리 놀라운 일이 아니었다. 그리고 아일랜드에 성 미카엘 숭배 의식을 도입한 사람이 보비오 수도원에서 연구하던 아일랜드 수도자들이었으리라는 점은 거의 확실하다. 이탈리아에서 아일랜드에 이르기까지, 싸우는 대천사 미카엘의 카리스마는 서구 전역에서 빛났다. 곧 수도자들이 수평선 너머로 사라지지 않고 대서양 가장 깊숙한 곳까지 나아갈 수 있는 곳인 그 바위섬도 시간이 흘러가면서 미카엘의 보호를 받게 되었다. 그리하여 스켈리그섬은 스켈리그 미카엘〔스켈리그마이클〕이 되었다. 지상의 권력으로부터 아무리 멀리 떨어져 있다고 해도 천사의 모습이나 목소리가 보이거나 들리지 않는 그런 오지는 있을 수 없었다. 회개하고 죄를 용서받아 새롭게 태어나라는 부름은 이제 많은 응답자를 얻게 되었다.

7장

엑소더스

632년, 카르타고

632년 봄, 황제의 편지를 수송하는 배가 카르타고의 대항구로 부드럽게 접안해 왔다. 아우구스투스 이래 로마와 카르타고 사이에는 그런 정기선이 왕래했다. 서구에서 로마의 통치가 붕괴하고 여러 세대의 세월이 흐른 후에도, 아프리카에는 고전고대의 그림자가 여전히 길게 드리워져 있었다. 카르타고는 로마와 마찬가지로 여러 속주를 가진 동로마제국의 가장자리에 위치했다. 동로마제국은 주로 동부 지중해 쪽에 속주가 많았고 그수도는 제2의 로마라고 불리는 콘스탄티노플이었다. 로마와 마찬가지로, 수십 년 동안 야만족 정복자들에게 빼앗겼던 도시 카르타고는 거의 100년 전에 로마와 마찬가지로 동로마제국에 의해 수복되었다. 제국의 통치가 좀이 슬고 위태로운 이탈리아와는 다르게, 아프리카 속주는 안전하게 동로마제국이 장악하고 있었다. 이때 동로마제국의 황제는 카파도키아 출신의 백전노장 헤라클리우스였는데, 카파도키아에서 쿠데타를 일으켜

7장 엑소더스 | 632년, 카르타고 **247**

황위를 찬탈한 인물이었다. 632년은 그가 황위에 오른 지 22년째 되는 해였다. 이런 황제의 명령은 간단히 무시할 수 있는 것이 아니었다. 아프리카 총독은 황제의 편지를 개봉하고서 서둘러 그 명령을 이행하러 나섰다. 632년 5월 31일자로 헤라클리우스의 칙령이 발효했다. 아프리카에 있는 유대인―"거주자와 방문자, 그들의 아내, 자식, 노예 모두"[1]―은 모두 강제 세례를 받으라는 명령이었다.

이는 늘 제국을 난처하게 만든 문제를 일거에 해결하려는 야만적인 방식이었다. 바울의 시대 이래로, 기독교인들은 하느님의 아들을 메시아로 인정하지 않는, 하느님의 선민들의 고집스러운 태도를 난처하게 여겨 왔다. 이런 난제는, 복음서의 명백한 증거에 따르면, 유대인들이 그리스도의 죽음에 대하여 기꺼이 책임을 인정했다는 사실 때문에 더더욱 해결하기 어려운 문제가 되었다. "그 사람의 피에 대한 책임은 우리와 우리 자손들이 질 것이오!"[2] 그렇다면 왜 이런 노골적인 살신殺神 행위에 전능하신 하느님이 가혹한 보복을 내리시지 않는 것일까? 신학자들은 하느님이 이미 보복을 했다고 보았다. 예루살렘 신전은 파괴되어 이제 존재하지 않았고, 유대인들의 오래된 고향―그 이름도 오래전에 로마인들에 의해 유다 왕국에서 팔레스타인으로 바뀌었다―은 기독교인들의 "성스러운 땅"으로 다시 축성되었다. 한편 유대인들은 유배자로 살아가면서 "그들 자신이 부당한 대우를 받았으나, 그래도 진리를 증명하는 사람들"[3]이라고 굳건히 믿었다.

하느님이 유대인들을 못마땅하게 생각한다는 증거는 분명하면서도 무서웠다. 그리하여 로마제국 정부도 하느님의 뜻에 따라 그들 나름으로 원래의 보복에 더하여 더 세련된 보복 조치를 추가했다. 신전 터는 쓰레기 처리장으로 바뀌어, 죽은 돼지와 배설물을 내다 버리는 곳이 되었다. 유대인들은 1년에 한 번 대표단이 모리아산에 올라가 슬퍼하며 통곡하는 행사를 제외하고는 아예 예루살렘에 발을 들이지 못하게 되었다. 그들의 공민권을 제한하는 법적 조치도 점점 가혹해졌다. 그들은 군대에 복무할 수 없었고, 기독교인 노예를 소유할 수 없었으며, 새로운 공회당을 건설할 수도 없었다. 그 대신 유대인들은 그들 고유의 전통에 따라 살아가는 것이 허용되었다. 하지만 그러한 삶의 자유는 유대인들이 기독교인 시민들에게 하나의 본보기 겸 경고로 쓰이는 한도 내에서만 허용되었다. 그런데 헤라클리우스는 이제 갑자기 정책을 전환하여 그런 자유마저 거부한 것이다.

사실 많은 기독교인이 경악했다. 어떤 기독교 신자들은 마지못해 개종한 유대인들이 교회에 손해를 입힐까 우려했고, 다른 신자들은 그레고리우스가 말한 대로 "겸손과 친절, 가르침과 설득이 기독교 신앙의 적들을 개종시키는 수단"[4]이라고 믿었기에 마음이 편치 않았다. 헤라클리우스의 칙령이 내려오기 전에도 많은 사람들이 그런 과격한 조치를 좀 더 빨리 시행했어야 하는 것이 아닌지 우려했다. 그래서 세상의 종말을 의식하며 살았던 그레고리우스는 프랑크 왕국의 몇몇 주교들더러 현지 유대인들에게 강제로 세례를 주라고 재촉했다. 612년에 스페인에서 서고트족의 왕도 동일한 조치를 취했다. 헤라클리우스 또한 황제로 통치하던 기간 내내 세상의 종말이 곧 닥쳐온다고 생각했다. "제국은 무너질 것이다."[5] 상추만 먹고 산다는 갈라티아 출신의 금욕주의자 테오도루스도 헤라클리우스가 즉위하던 해에 세상의 종말을 예언했고, 그 예언은 거의 증명된 것처럼 보였다. 전쟁이 동로마제국을 피폐하게 만들었던 것이다. 페르시아인들의 대공세 물결이 콘스탄티노플의 성벽에 찰랑거리고 있었다. 시리아, 팔레스타인, 이집트는 모두 함락되었다. 예루살렘도 급습을 받았다.

헤라클리우스는 일련의 성공적인 정책을 펼친 덕분에 벼랑에서 추락하려는 동로마제국을 간신히 건져 낼 수 있었다. 페르시아인들에게 함락되었던 속주들을 회복하고, 시리아 지역을 관통하여 말 달려 예루살렘으로 들어가면서 황제는 유대인의 배신행위에 대한 얘기를 많이 들었다. 심지어 일부 기독교인들도 그리스도에게 절망한 나머지 할례를 받았다는 얘기도 들려왔다. 그러니 유대인은 하느님의 저주를 받았을 뿐만 아니라 제국에 명백하게 위협을 가하는 존재였다. 기독교 신자들을 멸망에서 구하기 위해 장기간에 걸쳐 혼신의 노력을 다한 헤라클리우스는 유대인들에게 관용을 베풀 마음이 전혀 없었다. 이제 페르시아인들을 물리쳤으니 황제는 내부의 적을 제거해야겠다고 결심했다. 그의 야심은 오로지 기독교 신자들만이 사는 제국을 세우는 것이었다.

그리하여 카르타고에서는 황제의 강제 세례 정책이 철저하게 시행되었다. 그 도시에 발을 디딘 유대인은 전부 체포되어 강제 세례를 당할 위험에 처했다. 유대인은 발목을 삐었을 때 히브리어로 아픈 소리를 낸다거나, 목욕탕에서 알몸을 드러내면 할례를 받은 사실 때문에 곧 고발을 당했다. 그러나 대부분의 유대인은 마음속으로 자신이 결코 세례를 받지 않았다고 생각했다. 하지만 강력한 논리 혹은 확실한 비전을 통해 그리스도를 진정으로 마음속에 받아들인 유대인들도 있었다.[6] 그리고 634년 여름, 이처럼 기독교로 개종한 유대인들은 팔레스타인에서 들려온 놀라운 소식을 접하고 경악했다. 그 지역 유대인들이 헤라클리우스가 당한 새로운 모욕에 환호하고 있다는 보고였다. 팔레스타인 속주는 '사라센', 즉 아랍인의 침공을 받았다. 아랍인들은 현지 동로마제국의 고위 관리들을 학살했다. 그들은 '예언자'가 이끌고 있었다. 일부 유대인들은 과연 예언자라는 호칭이 적절한지 의심했다. "왜냐하면 예언자들은 칼이나 불의 전차를 가지고 오지 않기 때문이다."⁷ 더 많은 유대인들이 흥분하여 온몸이 불타올랐다. 그들은 기독교인 못지않게 시대의 격변 속에서 곧 다가올 세상의 종말을 보았다. 사라센 예언자가 나타난 것은 하느님이 곧 개입할 것이라는 예표豫表가 아닐까? 하느님이 마침내 선민을 해방시키고, 예루살렘 신전을 재건하고, 이어 메시아가 지상에 오는 게 아닐까?

아무튼 근동 지역이 알렉산드로스 이후 일찍이 본 적 없는 대규모 격변을 겪을 것이라는 사실이 분명하게 예고되었다. 침략자들의 일차 목표인 팔레스타인은 결코 최종 목표가 아니었다. 동로마제국과 페르시아 제국의 속주들은 오래 삶은 고기처럼 뼈에서 떨어져 나와 아랍 군대의 손아귀에 떨어졌다. 메소포타미아에서 중앙아시아에 이르기까지 왕중왕〔페르시아의 왕〕이 다스리던 지역들이 정복자들에게 삼켜졌다. 카이사르가 다스리던 땅들도 유혈 낭자한 몸통만 남았을 뿐이다. 얼마 전까지만 하더라도 전쟁에서 승리를 거두었던 헤라클리우스도 고향 카파도키아의 산간 지대에서 간신히 방어망을 치고 전선을 유지하는 정도였다. 갈리아와 스페인의 운명, 즉 야만인 정복자의 통치를 받는 신세가 이제 시리아와 이집트에 닥쳐왔다.

다른 정착된 지역의 민족들이 몹시 경멸했던 아랍인은 결코 문명에 무지한 민족이 아니었다. 로마와 페르시아의 영향은 아라비아 반도에 깊숙이 침투했다. 두 라이벌 제국의 국경 지대에서 용병으로 고용되지 않은 부족들도 초강대국의 황금과 그들의 신들이 지닌 유혹적인 매력을 알게 되었다. 아랍인들은 유대교 성경과 기독교 성경을 보면서 우쭐하게 생각할 만한 이유가 있었다. 로마제국의 경계 너머에 살고 있던 여러 야만족 중에서 아랍인은 유일하게 그 성경에 등장하는 민족이었다. 〈창세기〉에 기록되어 있는 바와 같이 이삭은 아브라함의 유일한 자식이 아니다. 가부장은 이집트 노예의 몸에서 두 번째 아들 이스마엘을 얻었다. 이를 근거로 아랍인들은 자신들이 최초로 우상 숭배를 거부한 남자의 직계 후손임을 주장할 수 있었다.• 그뿐만 아니라 아랍인은 유대인의 사촌이었다. 기독교인 학자들은 곧 이런 사실이 내포한 난처한 의미에 눈뜨게 되었다. 바울은 갈라티아 사람들에게 할례 의식이 불필요하다고 말하면서, 그들이 그리스도를 주님으로 영접하는 한, 온 세상 사람들이 다 아브라함의 후예라고 주장했다. 그런데 이제 그런 바울의 주장을 정면에서 부정이라도 하려는 듯이, 할례를 받은 민족이 세상의 통치권을 틀어쥐었을 뿐만 아니라, "하느님이 그들의 조상에게 약속한 땅"을 물려받을 권리가 있다고 주장하고 나선 것이다. 아무튼 사라센족이 팔레스타인을 정복한 지 약 30년이 지난 시점에 아르메니아의 한 기독교인이 그런 사실을 보고했다. 이제 그들의 신비한 '예언자'—카르타고의 유대인에게 보낸 보고서에는 이름이 나오지 않는다—는 무함마드라는 이름을 가진 것으로 밝혀졌다. 그 예언자는 자신을 따르는 사람들에게 이렇게 말했다고 한다. "전투에서 아무도 너희들에게 저항하지 못할 것이다. 하느님이 너희들과 함께 있으니."[8]

물론 그런 얘기는 기독교인들도 전에 들어 본 적 있었다. 콘스탄티누스는 그와 똑같은 확신을 병사들에게 심어 주었고, 페르시아인들과 전투를 벌이는 과정에서 헤라클리우스도 그런 말을 했다. 세상에서 가장 오지인 아일랜드의 비 내리는 수도원과 수도자들의 암자에서도 사라센족이 그들의 예언자에 대하여 한 다음과 같은 말들은 이상하게 들리지 않았을 것이다. 천사가 예언자에게 나타났다. 예언자는 유대인들과 다르게 예수를

• 논평가들은 오래전부터 아랍인이 이스마엘의 후손이라고 말해 왔다. —옮긴이

메시아로 인정했고 성모 마리아에게 특별히 존경을 표했다. 예언자는 아랍인들에게 천당과 지옥의 상상도를 보여 주었다. 그는 심판의 날이 아주 가까이 다가왔다고 했다. 또한 콜룸바누스 못지않게 순례, 기도, 자선의 중요성을 강조했다. "너희에게 가파른 길이 무엇인지 설명해 주랴? 그것은 노예를 해방시키고, 고아가 된 친척이나 어려움에 빠진 사람이 배고플 때 밥을 먹여 주고, 서로 굳건한 마음과 동정심을 권면하는 사람들의 일원이 되는 것이다."[9] 이러한 가르침에는 니사의 그레고리우스도 즉각 동의했을 것이다.

그러나 무함마드는 기독교인이 아니었다. 689년에 모리아산에서는 그 사실을 온 천하에 알리는 토목 공사가 시작되었다. 나중에 '바위의 돔 Dome of the Rock'으로 알려지는 그 건물은 과거 유대교의 지성소가 들어섰던 자리에 지어졌으며, 자신들의 간절한 희망을 제대로 성취하지 못한 유대인들에게 엄청난 모욕을 안겨 주었다. 유대인들은 메시아가 나타나 예루살렘 신전을 다시 지어 줄 것이라고 기대했는데, 그 희망이 물거품이 되어 버린 것이다. 기독교 신자들에게 제시된 교훈은 더욱 직접적이었다. 아랍인들은 기독교 신자들이 부패하고 대체되어 마땅한 종교에 매달리고 있다고 주장했다. '바위의 돔' 건물 양옆에 새겨진 아랍어 시들은 삼위일체 교리를 대놓고 비웃었다. "마리아의 아들이고 메시아인 예수는 하느님의 메신저일 뿐이다."[10]

이런 주장은 기독교인들이 이미 수세기 전에 해결되었다고 생각하는 신학적 논쟁을 다시 시작하게 만들었을 뿐만 아니라, 복음서와 바울의 편지 등 신약성경을 날조라고 비난하는 주장이었다. '바위의 돔'은 그런 책자를 쓴 사람들 사이의 싸움으로 예수의 원래 가르침이 오염되었다고 엄숙하게 선언했다. 예수의 가르침은 그 전에 아브라함, 모세, 다윗 같은 예언자들에게 알려진 계시와 마찬가지로, 무함마드가 선언한 가르침과 동일했다. 하느님에 대한 복종을 선언하는 참된 표현을 딘deen이라고 하는데, 참된 딘은 오로지 하나이며, 이는 곧 예언자에게 복종하는 것이다. 이를 아랍어로는 이슬람islam이라고 한다.[11]

이것은 '무슬림들'—이슬람을 실천하는 사람들—이 이미 잘 알고 있는 교리로, '바위의 돔' 건물에 새겨진 시행詩行에서 발견된다. 그 건물에 새겨진 시행들은 대부분 무함마드에게 내려온 일련의 계시를 적어 놓은 것이다. 무슬림들은 그런 계시가 대천사 가브리엘에 의해 예언자에게 직접 전달되었다고 믿는다. 이런 시행들이 예언자의 사후에 단일한 '암송'으로 집대성되었는데 이름하여 쿠란qur'an이라고 한다. 이 쿠란이 무슬림들에게 다가오는 의미는 예수의 말씀이 기독교인들에게 받아들여지는 바와 비슷하다. 신성이 유한자의 세상, 세속의 세계, 일상적 세상으로 들어온 것이다. 무함마드는 이 기적의 텍스트를 직접 집필하지 않았다. 그는 단지 그 말씀을 전하는 대변인 역할을 했을 뿐이다. 쿠란의 모든 말씀, 모든 글자는 유일한 저자인 하느님[알라]으로부터 직접 나온 것이다. 이러한 선언은 다른 사람들에게는 물론이고 특히 기독교인에게 아주 오싹하면서도 돌이킬 수 없는 힘으로 다가왔다. 아랍인은 이교도들과는 다르게, 그들 나름의 경전을 가진 '책의 민족'이라는 점에서 유대인과 유사했다. 동일한 경전들에 이처럼 오류가 있다는 것은 어떤 사실을 말해 주는가. 그것은 하느님이, 무슬림들과 비교할 때 기독교인이 영원히 종속적 지위에 처한다고 명령하는 것 이외에 다른 선택이 없다는 뜻이다.•

• 신약성경은 복음서 저자들이 예수의 말씀을 왜곡하여 전달한 것이고 쿠란은 하느님의 입에서 직접 나온 말씀을 적은 것이므로, 기독교는 이슬람보다 열등할 수밖에 없다는 무슬림들의 일방적 주장이다. —옮긴이

일찍이 로마 당국이 유대인들에게 내린 처분이 이제 아랍인들에 의해 기독교 신자들에게 부과되게 생겼으니 기독교인들은 경악할 수밖에 없었다. 쿠란에 쓰여 있는 대로, 관용은 두 '책의 민족'에게 허용되어야 한다. 그러나 그 대신에 지즈야jizya, 즉 세금을 내야 하고 자신들의 열등한 지위를 겸손하게 인정해야 한다. 완강한 고집은 결코 용납되지 않고 반드시 처벌받을 것이다. 예를 들어 쿠란에서, 예수는 수난을 당한 것이 아니라 십자가형을 받은 것처럼 보일 뿐이라고 단정적으로 계시되었는데, 왜 기독교인들은 십자가형을 영광스러운 일이라고 고집하는가? 바울, 복음서 저자들, 에이레나이오스, 오리게네스, 니케아 신경의 작성자들, 아우구스티누스 등은 모두 틀렸다. 예수가 십자가형에 처해질 시간이 다가오자 그 자신의 형체를 불운한 행인의 신체와 바꿔치기했다고 가르친 바실리데스가 옳았다.● "이에 대하여 동의하지 않는 자는 아무것도 모르는 자이고, 단지 추측을 따르는 자에 불과하다."[12]

예수가 십자가형을 당한 사실을 노골적으로 부정하는 쿠란의 가르침 중 기독교의 기본 전제에 더 위협적인 것은, 그런 부정의 뜻을 말하는 무서운 권위, 나아가 오만하기까지 한 권위의 어조다. 권위적인 어조 측면에서 구약성경과 신약성경은 쿠란과 비교가 되지 않는다. 기독교인들은 성경을 존중하며 받들고 또 그 책들이 성령의 환한 빛 아래에서 집필되었

● 쿠란 4장 157절에 이런 문장이 나온다. "마리아의 아들이며 하느님의 선지자인 예수 그리스도를 우리[유대인]가 살해하였다, 라고 그들이 주장하더라. 그러나 그들은 그를 살해하지 아니하였고 십자가에 못 박지 아니했으며 그와 같은 형상을 만들었을 뿐이라." 그리고 쿠란 3장 54절에 이런 문장이 나온다. "그들이[유대인들이] 음모를 꾸몄으나 하느님은 이에 대한 방책을 세우셨으니 하느님은 가장 훌륭한 계획자이시니라." 종합하면, 유대인들은 예수를 살해하려고 음모를 꾸몄으나 하느님은 그들의 음모로부터 그를 구하여 하늘로 승천시키고 그 대신에 예수와 비슷하게 생긴 다른 유대인이 십자가를 지게 했다는 것이다. ─옮긴이

다고 믿지만, 복음서들을 비롯하여 대부분의 책이 인간에 의해 집필되었다는 사실을 받아들인다. 시나이산 꼭대기에서 불과 연기 가운데서 모세에게 건네진 석판의 계약서만이 "하느님의 손가락으로 쓰여서"[13] 인간이 집필한 것이 아니다. 그래서 구약과 신약에 등장하는 인물들 중에 모세가 쿠란에서 매우 비중 있게 다루어진 것은 그리 놀라운 일이 아니다. 모세는 통틀어서 137회 언급된다. 무함마드의 추종자들은 모세가 했다는 말들 중 상당수를 하느님의 직접적인 영감이 깃든 말로 받아들였다. "나의 백성이여! 하느님이 너희들에게 지정해 주신 성스러운 땅으로 들어가라!"[14]

무슬림 제국이 건설되던 첫 몇십 년 동안에 아랍 정복자들은 그들 자신을 가리켜 의미심장하게도 무하지룬muhajirun이라고 불렀다. 이 말은 '엑소더스[탈출]를 감행한 사람들'이라는 뜻이다. 무함마드 사후 100년 동안, 무슬림 학자들은 그의 전기를 집필하는 데 온 힘을 다했다. 이때 그들이 본능적으로 찾은 것은 모세의 전기였다. 예언자 무함마드가 하느님으로부터 처음 계시를 받은 나이, 그의 추종자들이 우상의 땅에서 도피한 사건, 거룩한 땅에 들어가기 전에 예언자가 사망한 사건(하지만 이것은 634년에 예언자가 직접 예루살렘 침공을 지휘했다는, 카르타고에 전한 소식과 정면으로 배치된다), 이런 것들이 유대인 중 가장 깊이 하느님을 두려워했다는 예언자[모세][15]의 삶과 유사한 요소들이었다. 무슬림 전기 작가들은 모세의 전승이라는 팔레트를 마음껏 활용하여 역사적 무함마드의 윤곽을 화려하게 덧칠했고, 무함마드의 실제 모습은 그런 붓질 아래에 감추어졌다. 무함마드는 인간을 올바른 길에 올려놓기 위해 하느님이 보낸 가장 축복받은 마지막 예언자였다. 그에게 필적할 수 있는 다른 예언자는 단 한 사람이 있을 뿐이다. "예언자에게는 모세에게 내려졌던 율법이 내려왔다. 확실히 무함마드는 이 민족의 예언자다."[16]

아랍이 팔레스타인을 침공하기 이태 전에 헤라클리우스는 기독교 제국의 안전을 두려워하여 유대인들에게 강제 세례를 주라고 명령했다. 아무리 심한 악몽을 꾼다고 할지라도, 당시에 그가 이런 신속한 재앙을 예측할 수는 없었다. 아랍인들의 공격으로 콘스탄티노플은 가장 부유한 속주들을 모두 빼앗기고 말았다. 그러나 사라센이 기독교 통치에 제기하는 위협은 단지 군사적인 것만이 아니었다. 아랍인의 도전은 그보다 더 심각한 의미가 있었다.

그것은 그 본질적인 측면에서, 여러 세기 전에 바울이 아주 간절한 어조로 갈라티아 사람들에게 율법의 변화를 가르칠 때와 비슷한 상황이었다. 바울이 치열하게 싸우면서 옹호한 원리, 기독교를 유대교와는 뚜렷하게 다른 것으로 만들어 준 원리는 기독교인보다는 유대인에게 더 분명하게 다가왔다. 바울 당시의 기독교인들 대다수는 유대인과 말해 보기는커녕 만난 적도 없는 사람들이었다. 그리스도를 받아들이는 것은 곧 하느님이 그 계명을 사람들의 가슴에다 쓰셨다고 믿는 것이다. 강제 세례를 받고 나서 기독교로 개종한 카르타고 유대인 중에는 이러한 사상과 이러한 전제의 변화 때문에 진정으로 기독교에 귀의한 사례가 거듭하여 발견되었다. "피조물들이 구제되는 것은 모세의 율법 덕분이 아니라 예전과는 다른 새로운 율법이 생겨난 덕분이다."[17] 그리스도의 십자가 수난은 온 인류에게 보편적 구원을 약속했다. 이제는 유대인이든 아니든 할례를 받아야 하거나, 돼지고기를 피해야 하거나, 희생 제의의 구체적 절차를 따를 필요가 없었다. 정말로 중요한 율법은 하느님이 기독교인의 양심에 새긴 율법이었다. "사랑하라. 그리고 네 뜻대로 행하라."[18]

아우구스티누스는 그렇게 선언했다. 라틴 서방 지역에서 아프리카만큼 기독교의 가르침이 선명하게 밝혀진 곳은 없었다. 게다가 그 파급 효과도 엄청났다. 카르타고 유대인들 중에 기독교를 받아들인 사람들이 있다는 사실은 그 도시의 기독교에 아주 뚜렷한 특징이 있음을 말해 준다. 아프리카 기독교는 근엄하면서도 열정적이고 독재적이면서도 소란스러웠다. 그 교회는 하느님의 율법을 온전하게 파악했다고 확신하는 자신감이 흘러넘쳤다.

그러나 이제 하느님의 율법을 새롭게 이해하라고 요구하는 세력이 등장했다. 그리고 그 율법을 선언한 민족은 유대인들과는 다르게 힘차게 퍼져 나가는 제국의 군사적 근육을 갖추었다. 670년, 무서운 보고서가 카르타고에 날아들었다. 외부 세력이 아프리카를 침공하여 기독교 신자들 수천 명을 노예로 잡아갔다는 소식이었다. 그 후 수십 년 동안 더 많은 침공 사례들이 기록되었다. 성채, 도시, 속주 전체가 아랍인의 손아귀에 떨어져 영구히 점령되었다. 마침내 695년 가을, 카르타고 성벽에서 망을 보던 초병은 지평선 위에 떠오르는 먼지 구름을 목격했다. 그 구름은 점점 커지고 있었다. 이어 무기들이 햇빛을 받아 번쩍거리는 광경이 포착되었다. 그리고 그 먼지 구름 속에서 병사들, 군마들, 공성기攻城機들이 나타났다.

사라센족이 도착한 것이다.

하나의 민족이 된 영국인

사라센족이 카르타고를 기독교의 통치로부터 빼앗는 데에는 두 번의 공성전이면 충분했다. 도시의 정복자들은 그 도시를 두 번째로 함락시켜 주민들을 학살하거나 포로로 잡은 뒤, 건물을 전부 해체해 버렸다. 그런 다음, 건물에 쓰인 돌들을 마차에 실어서 만灣을 따라 수송해 갔다. 거기 언덕 위에는 튀니스라는 작은 마을이 있었다. 오랫동안 카르타고의 그늘에 가려져 기를 못 펴던 이 마을이 드디어 제철을 만났다. 옛 건물들에서 가져온 돌들로 지어진 새 수도는 기독교인 서구의 주요 요새 하나를 이슬람이 차지했음을 분명히 보여 주었다. 키프리아누스, 도나투스, 아우구스티누스의 고향이 이제 아랍인들에게 넘어갔다. 이런 일이 벌어져서는 안 되는 것이었는데 그만 발생하고 말았다. 아프리카의 기독교 신자들은 여러 세기 동안 신앙의 불꽃을 정성 들여 보살펴 왔다. 이스라엘 사람들이 모세의 지도에 따라 사막을 통과했듯이, 순례자 교회의 신자들도 여러 세기 동안 성령의 지도를 받으며 아프리카 교회를 지켜 왔다. 그러나 이제 새로운 민족, 스스로를 엑소더스의 길에 올랐다고 주장하는 전사들이 아프리카의 통치권을 장악했다. 400년 만에 처음으로 아프리카 사람들은 기독교인이라는 이름을 노골적으로 경멸하는 주인들의 통치 아래에 놓였다. 예루살렘에서 그랬듯이 튀니스에서도 정복자들은 새로운 계시—하느님이 내려 주신 전혀 오염되지 않은 계시—가 낡은 계시를 대체했다고 서슴없이 공언했다. 카르타고의 허물어진 건물들의 벽과 기둥에서 가져온 자재로 지어진 것은 교회가 아니라 아랍인들이 마사지드masajid라고 부르는 '모스크〔이슬람 사원〕'였다.

그러나 기독교의 옛 심장부가 사라센의 통치를 받게 된 순간에도, 새로운 개척 지역이 개발되었다. 로마에 정착한 무하지룬을 피해 달아난 사람들이 반드시 로마 일원에 머물러야 할 필요는 없었다. 카르타고가 함락되고 30년 정도 지났을 때, 바울의 고향 마을인 타르수스 출신의 어떤 그리스인은 마르세유로 가는 배를 탔다. 그는 시리아와 콘스탄티노플에서 유학한 저명한 학자인 테오도루스였다. 그는 해외로 이주하면서 고대의 문명권에 대한 기억도 함께 가지고 왔다. 그는 메소포타미아의 수박 실은 낙타들, 페르시아인들이 사용한 식탁용 식기류, 바울이 방문했던 도시들을 생생하게 기억했다. 왕실의 허가를 받아 프랑크 왕국의 북쪽으로 올라갈수록, 그는 옛 추억이 떠올라 성경을 더 자주 생각했다. 교황이 파견하여 오지의 힘든 부임지를 찾아가는 테오도루스는 그저 외국인 신부로서 부임한 것이 아니었다. 보편 기독교의 결속력은 온 세상 어디에서나 통했다. 지난겨울 테오도루스는 파리에서 그곳 주교의 환대를 받았다. 이어 봄이 찾아오자 그는 북행길에 나섰다. 이제 나이가 60대 후반인 데다 여행의 피로를 심하게 느꼈지만, 그래도 자신의 최종 목적지를 향해 길을 나섰다. 그곳은 "세상 바깥에 있는 바다 가운데의 섬"[19]이었다. 테오도루스는 브리튼을 향해 가고 있었다.

그중에서도 켄트 왕국이 그의 목적지였다. 브리튼섬의 남동쪽 오지, 로마의 유적들과 이엉 두른 홀들의 단지인 캔터베리는 브리튼 전역에 걸쳐 사목권을 주장하는 주교가 자리 잡을 장소로는 그리 적합해 보이지 않았다. 그러나 로마에서 이 섬에 올 때는 접근하기 좋은 장소였다. 과거 597년에 교황 그레고리우스가 파견한 수도자 무리가 켄트에 도착한 적이 있었다. 펠라기우스와 패트릭의 고향인 브리튼은 고대 기독교의 뿌리를 자랑했다. 그러나 그 뿌리는 로마의 통치가 붕괴되고 여러 세기가 흘러가는 동안 시들어 버리거나, 뽑히거나, 사람들의 발아래 짓밟혔다. 게르만어를 사용하는 군벌들이 그 섬에서 가장 비옥한 3분의 1 지역을 장악했다. 스스로를 앵글족, 색슨족, 주트족이라고 불렀던 그들은 아예 대놓고 거들먹거리며 자신들의 이교도 신분을 자랑했다. 정복자 프랑크족과는 다르게, 정복된 원주민들의 종교인 기독교를 받아들이기를 거부하고 그 종교를 경멸했다. 그렇지만 그들은 브리튼섬 너머의 세상에 면밀하게 주의를 기울렸다. 그들은 프랑크족 왕들의 권능과 로마의 매력을 잘 알았다. 교황의 사절은 브리튼에 도착했을 때 아주 조심스러운 환대를 받았다. 켄트의 왕은 선교사 아우구스티누스●가 그에게 말해 준 계시를 깊이 생각하고 그런 계시를 받아들였을 때 생길 수 있는 여러 가지 이점을 고려한 끝에 세례를 받아들였다. 그 후 수십 년 동안 동부 브리튼 전역의 군벌들도 그를 따라 세례를 받았다.

하지만 기독교 전파가 아주 손쉽게 순항하지는 않았다. 포교의 물길은 차올랐다 빠졌다 했다. 왕실의 갑작스러운 정책 변경에 봉착한 어떤 주교는 몸을 피해 달아나야만 했다. 경쟁하던 이교도 왕에게 패배한 어떤 왕은 의식 절차에 따라 시신이 난도질당했다. 그렇지만 테오도루스가 캔터베리에 도착했을 무렵, 색슨족과 앵글족의 엘리트들은 기독교의 신을 검증하여 자신들에게 이익이 된다는 것을 알고서 만족한 상태였다. 이 영주들이 볼 때, 사람의 짧은 생애는 참새가 홀 안으로 날아들어 왔다가 재빨리 겨울의 강풍 속으로 사라지는 것과 비슷했다. "인생의 앞에 무엇이 벌어졌으며 인생의 뒤에 무엇이 있는지 우리는 알지 못한다. 그러므로 이 새로운 가르침이 우리에게 거기에 대해 좀 더 충실하게 가르쳐 줄 수 있다면 그 가르침을 따르는 것이 타당하다."[20]

이러한 결정으로 생각해 볼 수 있게 된 차원은 단지 사후 세계의 그것에만 국한되지는 않았다. 시리아에서 유학한 학자가 캔터베리 대주교로 착좌하게 되면서, 브리튼의 개종자들은 매력적인 이국적 세계를 흘깃 엿볼 수 있었다. 로마에서 테오도루스와 함께 브리튼으로 온 수행원 중에는 하드리아누스라는 이름을 가진 아프리카인이 있었다. 이 두 사람은 캔터

● 그레고리우스 교황의 사절. 히포의 아우구스티누스와는 다른 인물이다. ─옮긴이

베리에다 라틴어와 그리스어를 가르치는 학교를 세웠다. "사람들은 하느님의 나라라는 새롭게 발견한 즐거움을 열렬히 추구했다. 성경을 읽고 싶어 라틴어와 그리스어를 배우려는 사람들은 가까이에서 선생을 만날 수 있었다."[21] 앵글리아의 젊은 학자인 비드는 그 두 사람의 사후에 그들에게 이러한 찬사를 바쳤다. 매우 박식한 학자 비드는 이 두 유배자가 브리튼에서 개발해 놓은 엄청난 가능성을 몸소 증언하는 인물이었다. 비드는 자신이 집필한 성경 주석서에서 살아생전에 아라비아, 인도, 유다 왕국, 이집트 같은 외국에 가 보지 못할 것이라며 아쉬워하는 어조로 말했다. 하지만 같은 맥락에서 그런 나라들에 대한 이야기를 글로 읽을 수 있는 것을 기뻐했다. 비드는 또한 시간의 시작과 종말을 나름대로 이해하고 정의했다. 그는 연대를 측정하는 방법이 혼란스럽게 여러 가지라는 사실을 발견하고 이전의 어떤 기독교 학자보다 분명하게 연대를 정리했다. 이러한 정리 작업에서 비드는 무수히 많은 시대의 흐름 속에서 모든 사건의 중심 회전축이 되는 단 하나의 고정점이 있다고 판단했다. 흑해 출신의 한 수도자가 200년 전에 편찬한 책력표에 의거하여, 비드는 신성이 성모 마리아의 자궁 속으로 들어온 성육신成肉身을 모든 역사가 회전하는 순간으로 보았다. 연도는 이때 처음으로 그리스도의 전인지 아니면 주의 해anno Domini 이후인지로 측정되었다. 이러한 연대 설정은 획기적이면서도 동시에 지속성이 있었다. 이제 시간 자체도 기독교적 관점에 의해 측정되었다.

튀니스에 모스크를 짓기 위해 카르타고를 약탈한 무슬림 장군 못지않게, 비드는 그 자신이 하느님이 명령하신 전환의 시대에 살고 있다고 생각했다. 비드가 거의 한평생을 보낸 재로 수도원은 과거에 로마 총독부의 권력이 미치던 북쪽 경계 지역에 자리 잡고 있었다. 그 건물은 고대 로마 요새의 잔해들에서 가져온 돌들로 프랑크족 건축가가 지은 것이었다. 비드는 그때까지 성취된 모든 것이 정말 이루어질 수 없는 일인데 이루어졌다는 외경심을 품고 살았다. 재로 수도원이 건립된 지 한 세대가 지났다. 이제 재로강 입구의 진흙과 모래 옆에서 찬송가 소리가 바닷새들의 구슬픈 울음소리 위로 들려왔다. 겨우 최근 들어서야 그리스도를 받아들인 땅에서, 로마의 도서관 못지않은 커다란 도서관이 들어서 있었다. 이러한 일들의 경이로움은 늘 비드를 감동시켰다. 왕들은 은그릇을 깨트려 그 조각들을 가난한 사람들에게 나누어 주었다. 귀족들은 기독교 학문의 중심지를 여행하려고 약탈해 온 물자를 아낌없이 사용했다. 재로 수도원의 창립자는 비스코프 바두싱이라는 앵글리아의 영주였는데, 로마를 무려 여섯 번이나 여행했고 그때마다 자수된 비단, 성인들의 유물, 이탈리아의 성가대장 등을 가져오거나 데려왔고, 그에 못지않게 "엄청나게 많은 책들"[22]을 수입해 왔다. 테오도루스와 하드리아누스가 캔터베리로 함께 여행했을 때, 비스코프도 그들을 따라갔다. 교황이 직접 그에게 신임 대주교를 옆에서 모시며 안내인 역할을 하라는 지시를 내렸기 때문이다. 심지어 비스코프라는 이름도 라틴식으로 베네딕투스로 바꾸었다. 브리튼에서 사는 사람치고 비스코프처럼 오랫동안 로마인으로 지낸 사람도 없었다.

그런데 비드와 그 수도원은 그리스도의 물결로 두 번이나 씻겼다. 재로 수도원을 적신 모든 축복의 물결이 기독교의 오래된 중심(로마)에서만 흘러온 것은 아니었다. 그 물결은 아일랜드에서도 흘러나왔다. 재로 수도원이 자리 잡은 앵글리아의 대왕국인 노섬브리아의 개종은 지중해에서 건너온 주교들 못지않게 아일랜드 수도자들에게도 빚진 바가 컸다. 일찍이 프랑크족을 감동시켰던 꼿꼿한 헌신의 정신은 노섬브리아 사람들에게 감명과 외경심을 안겨 주었다. 평생을 학문 연구에 매진했던 비드는 아일랜드 수도자의 모범에 감명받은 노섬브리아 수도자들의 언행을 사랑과 존경의 마음으로 기록했다. 그들은 매우 금욕적인 삶을 살았다. 바다의 차가운 물속에 서서 밤을 새웠다. 병자들을 위로하고 낫게 하기 위해 전염병이 도는 마을을 방문하는 일을 마다하지 않았다. 광야에서는 갈까마귀와 독수리, 바다에서는 해달과 의사소통을 했다. 노섬브리아 교회는 책력의 일자와 축제일을 조정할 때 아일랜드보다는 로마의 관행을 따랐지만, 비드는 노섬브리아의 책력이 두 군데의 전승에서 영향을 받았음을 믿어 의심치 않았다. 콜룸바누스의 청빈한 정신은 어디에서나 존경받았다. 테오도루스는 언제나 걸어서 여행하기를 고집하는 한 주교를 만났을 때, 장거리를 여행을 할 때에는 반드시 말을 타라고 지시하면서, 마치 그의 하인인 양 그 주교가 말 위에 오르는 것을 도와주었다. 비드는 이렇게 설명했다. "대주교는 그 주교의 거룩함을 온전히 알아보았다."[23]

이처럼 로마적인 것과 아일랜드적인 것이 혼합된 것은 하느님이 비드의 민족을 위해서 어떤 계획을 갖고 있다는 뜻일까? 이것이 대학자가 생애 말년에 대답하려 했던 질문이다. 평생 성경을 연구해 온 그는 어디를 살펴보아야 하는지 정확히 알고 있었다. 아랍인들이 예언자 전기를 작성할 때 모세의 생애에서 도움을 받았던 것처럼, 비드는 자기 민족의 역사를 이해하려고 할 때 구약성경에 시선을 돌렸다. 펜타투크〔모세5경〕와 마찬가지로, 비드의 위대한 저서〔《영국 교회의 역사》〕는 다섯 권으로 구성되어 있다. 이 책은 귀금속, 좋은 목초지와 식용 고둥이 풍부한 섬인 브리튼을 약속의 섬으로 묘사한다. 또한 하느님의 심판을 받아, 자질이 부족하다고 판단된 브리튼 사람들이 그들의 유산을 박탈당한 과정을 서술한다. 바다 건너에서 엑소더스를 감행한 앵글족, 색슨족, 주트족이 브리튼에 도착한 후에, 브리튼 사람들은 하느님이 이들을 보내 자신을 믿지 않는데 대하여 분노를 드러냈다고 생각했으나, 그로 인해 하나의 온전한 민족으로 탄생한 과정을 서술한다. 모세가 파라오를 다스린 것처럼, 우상숭배로부터 구제된 노섬브리아의 왕들이 이교도 적들을 다스린 얘기를 거듭하여 말한다. 한마디로 이교도들을 학살하거나 수장시켰다는 얘기다. "칼에 맞아 죽은 자보다 도망치다가 물에 빠져 죽은 자가 훨씬 많았다."[24] 비드는 기독교의 어떤 결정적 승리에 대하여 그렇게 서술했다. 비드의 역사서에 따르면, 세례는 앵글족을 보편 교회의 일원으로 편입시켰고, 더 나아가 앵글족이 선민이 될 가능성을 암시했다.

물론 비드는, 아랍 학자들이 아랍인들에 대해서 그랬던 것처럼, 브리튼 사람들이 아브라함의 혈통을 이어받았다고 주장할 수는 없었다. 노섬브리아에는, 오랫동안 근동의 거대한 용광로에서 부글부글 끓은 유대인, 사마리아인, 기독교인 등 다양한 전통의 뒤섞임 같은 것은 없었다. 그렇지만 비드는 자신이 사용할 수 있는 전통을 사용했다. 왜 그레고리우스 교황은 영국 민족을 구제하기 위해 선교사단을 보냈을까? 비드는 그 이유를 이렇게 설명한다. 교황은 로마의 노예 시장에 나온 금발의 소년들을 보고서 그 아름다움에 감명을 받아 저 아이들이 어디에서 왔느냐고 물었다. 그 아이들이 앵글족Angles이라는 대답을 듣고서[Angle이라는 말에서 angel을 연상하면서] 그는 이런 운명적인 말을 했다. "저들의 얼굴은 천사의 얼굴이로구나. 그러니 저들은 천사들과 함께 천상의 유산을 공유한다고 보아야 한다."[25] 노섬브리아 사람들은 당연히 교황의 이런 말을 소중히 여겼다. 그들은 '최후의 심판의 날'이 닥쳐오면 그레고리우스 교황이 그리스도 곁에 서서 노섬브리아 사람들을 위해 호소해 줄 것이라고 주장했다. 그렇지만 비드는 거기서 한 발 더 나아갔다. 그는 자신의 저서《영국 교회의 역사》에서 북해를 건너 브리튼으로 엑소더스를 감행한 사람들, 곧 색슨족, 주트족, 앵글족이 세운 모든 왕국에 천사의 빛이 반짝거린다고 묘사했다. 그들은 새로운 이스라엘일 뿐 아니라, 천상의 불빛과 같은 빛으로 환히 밝혀지는 민족이라고 했다.

아무튼 이것이 비드의 희망이었다. 많은 사람들에게 이런 주장은 허황하게 들렸을 것이다. 색슨족과 주트족은 물론이고 앵글족 자신도 그들이 단일 민족이라고 생각하지 않았다. 그들의 땅은 세례를 받은 이후에도 여전히 예전 그대로였다. 즉, 야심만만한 군벌이 다스리는, 서로 경쟁하는 왕국들의 잡동사니 땅이었을 뿐이다. 그렇지만 비드의 희망 사항은 너무나 아름다운 유혹이어서 간단히 물리칠 수 없는 것이었다. 시간이 흘러가면서 색슨족과 주트족은 그들 자신이 앵글족과 단일한 정체성을 공유한 민족이라고 생각하게 되었다. 그리하여 심지어 그들의 이름을 받아들이기에 이르렀다.● 그들의 왕국들은 서로 연합하면서 앵글리아Anglia라고 알려지졌고, 그들의 언어는 엥글라론데Englalonde라고 불렸다. 성경의 유산이 근동에서 정체성의 획기적 변화를 가져왔듯이, 성경은 브리튼에서도 그런 역할을 수행했다. 무슬림들이 그들의 근원을 말할 때 반드시 나오는 것처럼, 엑소더스의 요소는 세상 바깥의 저 먼 섬에서 영국인이라는 또 다른 민족이 형성되는 신화의 고치 역할을 했다.

● 앵글족의 이름을 받아들여 세 민족이 다스리는 땅을 잉글랜드라고 부르게 되었다는 뜻이다. ─옮긴이

문명의 충돌

비드는 이슬람에 대해서 아는 바가 없었다. 그 제국은 너무나 멀리 떨어져 있었다. 콘스탄티노플 사람들이 스스로를 부르는 이름인 비잔티움인들도 무슬림 적들이 실제로 어떤 신앙을 갖고 있는지 자세히 알려고 하지 않았다. 그들은 이슬람을 이단이라는 히드라의 머리에서 솟아 나온 또다른 머리 정도라고 생각했다. 사정이 이러했으니, 이슬람은 기독교인들에게 무시와 경멸의 대상이었을 뿐이다. 그러나 저 먼 북해 곁의 수도원에서 거주하던 비드는 그런 사실조차 잘 의식하지 못했다. 그저 막연하게 성경을 연구하고 성지에 다녀온 순례자들의 보고서를 참고하여 사라센족이 샛별을 숭배하는 이교도 민족 정도라는 것만 알았다. 하지만 그를 가장 우려하게 만든 것은 그들이 정복자로서 엄청난 힘을 발휘한다는 사실이었다. 비드는 사라센의 카르타고 파괴가 행군의 간이역에 지나지 않는다는 것을 알았다. 725년은 천지 창조로 시작되는 《영국 교회의 역사》의 마지막 부분에 해당하는데, 여기서 비드는 사라센 침공에 대하여 다음과 같은 사실을 기록했다. 그들은 콘스탄티노플을 공격했으나 3년간의 공성전 끝에 퇴각했다. 사라센 해적들이 서부 지중해 지역에서 준동하고 있다. 히포의 아우구스티누스의 유해가 약탈되는 것을 피하고자 그것을 이탈리아로 수송하는 절망적인 시도를 했다. 그리고 4년 뒤에 꼬리에 불이 붙은 두 혜성이 하늘에 나타났다. 마치 북부 전역을 밝히려는 것 같았다. 비드는 그것이 앞으로 다가올 일, 즉 사라센이 좀 더 북부 쪽으로 행군할 것을 알려 주는 나쁜 조짐이 아닐까 생각했다. 그리고 그런 우려는 사실로 드러났다.

731년에는 콜룸바누스가 뤽쇠유에 설립한 대수도원이 아랍 기병대의 침공을 받았다. 피신하지 못한 수도자들은 그들의 칼 아래 스러졌다. 스페인 땅에 무슬림 군대가 도착한 이후 겨우 20년이 지난 시점이었다. 그 짧은 기간에 서고트 왕국은 완전히 파멸했다. 이베리아 반도의 기독교인 영주들은 무슬림 통치에 굴복했다. 반도 북쪽의 험준한 산간 지대에 자리 잡은 소수의 영주들만이 여전히 도전적인 태도를 유지하고 있었다. 그리고 아랍인들은 피레네 산맥 너머, 프랑크 왕국의 풍성한 부를 노리고서 더 광범위한 약탈전에 나섰다. 아키텐 공작의 딸은 포로로 잡혀 전리품으로서 시리아에 보내졌다. 이어 732년에는 아키텐 공작이 아랍인들과 벌인 전면전에서 패배했다. 보르도는 불태워졌다. 그러나 아랍인들의 침략은 아직 끝나지 않았고 그들은 여전히 배가 고팠다. 보르도에서 아주 가까운 루아르 강둑의 도시[투르]에는 프랑크 왕국의 풍성한 보물이 자리 잡고 있었다. 그 보물을 약탈하려는 유혹은 너무나 강력해서 도저히 물리칠 수가 없었다. 그해 10월, 원정전을 치르기에는 다소 늦은 계절이었으나 아랍인들은 북쪽으로 행군에 나섰다. 그들의 목표는 투르에 있는 성자 마르탱의 예배당이었다.

그러나 그들은 그 도시에 들어가지 못했다. 마르탱은 위협해서 간단히 굴복시킬 수 있는 성인이 아니었다. 신성 모독의 더러운 손이 마르탱의 예배당을 허물어 버릴지 모른다는 상상에 프랑크족 사람들은 경악하며 온몸을 떨었다. 그들은 결사 항전에 나섰고, 그 결과 아랍인들은 푸아티에 북쪽에서 프랑크족 전사들의 필사적 저항에 봉착했다. 프랑크족 보병대의 밀집 방진方陣은 "얼어붙은 북부의 빙하처럼"[26] 단단히 고정되어 아랍의 침공에 맞섰다. 아랍인들은 후퇴함으로써 마르탱 성인에게 깨끗이 패배했음을 인정하려 들지 않고 오히려 그 단단한 방진을 깨부수려 했다. 그들은 실패했다. 아랍 기병대는 프랑크족의 단단한 보병대를 뚫지 못했고, 오히려 프랑크족의 칼날 아래 스러져 갔다. 더욱이 그들의 사령관이 그 칼날에 맞아 죽자 잔존 아랍 병사들은 야음을 틈타서 달아났다. 그들은 퇴각하면서도 불태우고 약탈하는 행위를 멈추지 않았으며 그런 식으로 알안달루스al-Andalus●로 퇴각했다.

그리하여 아랍인들의 서진 팽창 정책의 도도한 물결은 최고 수위에 이르러 퇴조하기 시작했다. 아랍 기병대는 그 후 성 마르탱의 안식처를 다시는 위협하지 못했다. 피레네 산맥을 넘어와 프랑크 왕국을 공격하려는 아랍인의 시도는 그 후 수십 년 동안 계속되었지만 알안달루스에서처럼 프랑크 왕국을 정복하려는 희망은 결정적으로 사라지고 말았다. 오히려 프랑크족이 공세에 나섰다. 푸아티에의 승자는 적들의 땅을 파괴하는 재주가 탁월했다. 비록 샤를 '마르텔'Charles 'Martel'('망치')은 왕족은 아니었지만, 자력自力으로 자신의 도미니언[영지]을 형성하여, 클로비스 왕가의 사람들을 불운한 허수아비로 만들어 버렸다. 그는 루아르강 북쪽 지대의 실권자로 등장했다. 그 지역은 전에 뚜렷이 달랐던 두 프랑크 왕국을 병합한 곳이었는데, 서프랑크 왕국은 파리를 중심으로 하는 지역이었고, 동프랑크 왕국은 라인강 일대에 자리 잡은 지역이었다. 그는 푸아티에 전투에서 승리한 이후 프로방스와 아키텐 지역도 자신의 통치 아래에 두었다. 아를과 아비뇽에 주둔하고 있던 아랍 수비대는 모두 축출되었다. 알안달루스에서 급파된 수륙 양용의 아랍 구원 부대는 나르본 근처에서 궤멸했다. 자신들의 배로 돌아가려고 필사적으로 헤엄치던 아랍 도망병들은 승리를 거둔 프랑크족 병사의 추격을 받아 석호潟湖의 얕은 지점에서 창에 찔려 죽었다. 샤를 마르텔이 사망한 741년에 이르러, 프랑크족 군대는 피

● 아랍인들이 스페인을 부르던 이름. ─옮긴이

레네 산맥에서 도나우강에 이르는 넓은 지역을 석권했다.

그러나 샤를 마르텔의 명성을 지속적으로 유지시켜 준 것은 푸아티에 전투에서 거둔 승리였다. 사실 그는 프랑크 왕국에서 보편적으로 높은 인기를 누리지는 못했다. 그의 권력욕을 수상하게 여긴 일부 인사들은 용이 나타나 그의 시신을 무덤에서 꺼내 지하 세계로 데려갔다고 주장했다. 그러나 이것은 소수 의견이었다. 대다수 프랑크족 사람들은 샤를 마르텔의 탁월한 업적에서 그 시대가 자랑하는 자부심의 증거를 발견했다. 그것은 하느님이 프랑크족을 선민으로 기름 부어주었다는 믿음이었다. 751년에 샤를의 아들 페팽은 클로비스 왕가를 영원히 폐위시키는 쿠데타를 단행했다. 페팽은 아버지 샤를이 사라센족을 물리친 군사적 업적을 전면에 내세우면서 그 쿠데타를 합리화했다. "당신의 민족의 이름은 다른 모든 민족들 위에 높이 치켜세워졌습니다."27 교황 자신이 이렇게 말하면서 왕을 치켜세웠다. 샤를 마르텔은 제2의 여호수아로서 '약속의 땅'을 정복했다는 얘기는 프랑크족이 내거는 자화자찬의 단골 메뉴였다. 사라센족은 그의 칼날 앞에서 그저 베이는 들풀 같은 존재였다. 날이 갈수록 푸아티에 전투에서 죽은 아랍 병사의 수를 부풀리는 소문이 널리 퍼졌다. 그 전투가 벌어진 지 수십 년 사이에 아랍 전사자 수는 40만 명으로까지 늘었다.

프랑크족은 가장 무서운 적수(아랍인)와 공유한 바가 많았다. 두 민족은 하느님으로부터 다른 민족을 정복해도 좋다는 허가를 받았다고 생각했다. 또 자신들의 호전적 소명에 대한 증거로서 히브리어 성경의 유산을 활용했다. 프랑크 제국의 동쪽 경계 밖에서 온 이교도 여행자, 가령 색슨족이나 데인족은 푸아티에의 들판에서 서로 맞서 싸운 양군을 구분하기가 어려웠을 것이다. 기독교인과 무슬림은 전지전능한 유일신을 믿었고, 천사들의 보호 아래서 싸운다고 주장했으며, 스스로를 아브라함의 유업을 물려받은 민족이라고 생각했다.

그러나 두 민족 간의 이러한 유사성은 오히려 그들의 차이점을 한층 부각시켰다. 사실 푸아티에 전투에는 프랑크족이 생각했던 것보다 훨씬 많은 것이 걸려 있었다. 프랑크 왕국에서 아주 멀리 떨어진 근동의 대도시들에서, 무슬림 학자들은 이슬람에 대한 획기적이면서도 새로운 합법성과 무슬림의 글로벌 통치를 정당화하는 논리를 계발하고 있었다. 아랍인들은 지난 천 년 동안 로마제국의 전통과 법률의 지배를 받은 지역을 정복한 후, 필연적으로 다음과 같은 도전에 직면하게 되었다. 번창하는 국가를 만들려면 어떻게 해야 하는가? 쿠란에는 거대한 제국을 운영하는 데 따르는 모든 의문에 대한 답변이 들어 있지는 않았다. 일상생활의 가장 근본적인 측면에 대한 지도나 안내도 없었다. 가령 이런 사소한 질문들에 대한 답변이 없었다. 신자가 수풀 뒤에서 소변을 보는 것은 용인될 만한 일인가? 비단옷을 입고, 개를 키우고, 남자는 면도를 하고 여자는 검은 머리를 염색하는 것은 괜찮은 일인가? 이는 어떻게 닦는 것이 가장 좋은가?

만약 아랍인이 정복한 지역 민족들의 법률과 관습을 그대로 채택한다면 무슬림 통치의 배타적 특성을 훼손할 수도 있었기에 이런 질문이 나온 것이다. 더 나쁜 것은, 하느님이 인정했다는 그들의 권위를 위태롭게 할 수도 있다는 점이었다. 따라서 그들은 정복 지역 민족의 법률을 채택할 경우, 프랑크족이나 서고트족과는 다르게 그 법률을 차용했다는 사실을 선뜻 인정하지 않았다. 오히려 가장 존경받고 가장 권위 있는 무슬림 원천인 예언자에게서 직접 나온 것이라고 주장했다. 푸아티에 전투가 치러지는 와중에도 예언자 무함마드가 했다는 말들의 수집과 편찬이 이루어지고 있었다. 그리하여 그 모음집이 무슬림 율법의 모음인 순나Sunna를 구성하게 되었다. 순나에는 로마나 페르시아 법률의 세부 사항, 시리아나 메소포타미아 관습의 파편이 얼마든지 들어갈 수 있었다. 그것이 예언자의 입에서 직접 나온 말이라고 주장하기만 하면 이런 일은 설득력을 얻었다. 무함마드가 한 말은 무엇이든 알라의 승인을 얻은 것으로 간주되니까 말이다.

그런데 여기에는 기독교 신자들로서 난처한 도전이 도사리고 있었다. 기독교는 오랜 세월 동안 하느님의 율법은 신자들 개개인의 가슴에 새겨진 것이라는 확신을 간직해 왔다. 이러한 확신이 순나에 의해 결정적으로 반박되었다. 과거에 유대인은 오로지 자신들만이 하느님의 율법, 즉 인간사의 모든 측면에 대하여 하느님이 인간들에게 행하기를 바라는 바를 적어 놓은 율법 모음집을 갖고 있다고 주장했다. 하지만 유대인 학자들〔랍비〕이 편찬해 놓은 율법 모음집인 탈무드는 바울의 가르침에 큰 위협이 되지 못했다. 그런데 이제 순나가 등장하면서 율법을 갖는 것은 유대인만의 특권이 될 수 없었고, 게다가 바울의 가르침마저 크게 위협했다. 무슬림은 온 사방에서 포위된 소수 세력도 아니었고 기독교인 황제나 왕에게 괴롭힘을 당하는 존재도 아니었다. 그들은 방대하고 부유한 제국을 정복했고, 그보다 더 많은 것을 정복하려고 시도했다. 만약 프랑크 왕국이 아프리카가 걸어간 길을 답습하여 기독교의 통치를 영구히 상실했다면, 프랑크족도 결국에는 무슬림식 신관神觀과 율법을 받아들였을 것이다. 또 라틴 서방의 기독교 세계를 지배했던 근본 전제들은 급진적으로 바뀌어 획기적으로 변모했을 것이다. 푸아티에 전투에 참여한 기독교 병사들은 잘 알지 못했겠지만, 그 전투에는 성 바울의 가르침이 유지되느냐 마느냐 하는 아주 중대한 판돈이 걸려 있었다.

"여러분은 선택된 겨레이고 임금의 사제단이며 거룩한 민족이고 그분의 소유가 된 백성입니다."[28] 페팽에게 보내는 편지에서 교황이 신약성경의 이 구절을 인용했을 때, 그는 단지 프랑크족을 기분 좋게 하는 데 그치는 것이 아니라 엄혹한 현실을 인정한 것이었다. 프랑크 왕국은 이제 샤를 마르텔의 후계자인 카롤링거 왕조에 의해 지배되는 제국이었고, 교황청을 위하여 기독교 통치의 특징을 규정해 주는 제국이기도 했다. 교황 바오로 1세는 전임 교황들과는 다르게 자신이 교황으로 선출되었다는 사실을 콘스탄티노플의 동로마제국 황제에게 알리지 않았다. 그 대신 교황은 페팽에게 편지를 보냈다. 무자비한 무슬림의 공격을 받아 생존하기 위해 몸부림치는 비잔티움 사람들은 프랑크 왕국이나 노섬브리아는 고사하고 로마의 기독교인들에게도 전보다 더 낯설고 멀리 떨어진 사람들처럼 보였다. 여러 세기 동안 기독교 신앙의 원천 지역이었던 시리아, 팔레스타인, 이집트, 아프리카도 이제 유령의 땅처럼 보였다. 테오도루스 같은 사람이 타르수스에서 캔터베리까지 자유롭게 통행할 수 있는 시절은 끝났다. 지중해는 이제 사라센의 바다였고, 기독교 신자들이 항해하기에 위험한 수역이었다. 세상은 두 동강 났다. 한 시대가 끝났다.

CHRISTENDOM

2부 기독교 세계

8장

개종

754년, 프리지아

새벽이 밝아 오자 보른 강둑에 설치된 막사에서는 사람들이 움직이기 시작했다. 그 지도자인 보니파키우스는 80세가 다 된 노인이었으나 예전과 마찬가지로 지칠 줄 모르는 사람이었다. 프리지아를 처음 방문한 지 40년이 지나서 그는 그 지역으로 다시 돌아왔다. 그 지역의 외로운 개펄과 습지에서 최대한 많은 영혼을 수확하기 위해서였다. 포교 활동은 오랫동안 그의 생활이었다. 웨섹스의 색슨 왕국에 있는 데번에서 태어난 보니파키우스는 북해 너머의 지역에 사는 사람들을 친척이라고 생각했다. 본국에 보낸 편지에서 그는 정기적으로 이들의 개종을 위해 기도를 올려 달라고 요청했다. "그들을 불쌍하게 생각해 주십시오. 그들 자신이 이렇게 말하고 있으니까요. '우리는 당신과 한 피, 한 뼈입니다.'"[1] 이제 여러 주에 걸쳐서 프리지아의 산재한 가정들을 방문한 끝에, 보니파키우스는 기독교에 입교하여 세례를 받은 사람들을 막사에 모이게 해서 견진성사를 하려고 했다. 그로서는 아주 즐거운 하루가 될 터였다.

　햇살이 이른 아침의 구름을 꿰뚫기 시작하면서 최초의 배들이 강가에 도착했다. 한 무리의 사람들이 육지에 내리더니 강둑을 걸어 올라와 막사에 다가왔다. 그리고 갑자기 칼날의 섬광이 번쩍거렸다. 그들이 돌격해 왔고 비명이 터져 나왔다. 보니파키우스는 자신의 천막에서 밖으로 나왔다. 하지만 너무 늦었다. 해적들이 이미 천막 안에 들어와 있었다. 보니파키우스의 수행원들은 필사적으로 해적들과 싸웠다. 하지만 노인은 저항하지 않았다. 그리스도는 체포될 때 베드로에게 칼을 거두어들이라고 명령했다. 이제 보니파키우스는 주님의 모범을 따르며 수행원들에게 무기를 내려놓으라고 명령했다. 키가 큰 그가 동료 사제들을 주위에 모아 놓고 해방의 시간이 다가온 것을 고맙게 여기라고 말했다. 이어 그는 한 해적의 칼에 쓰러져 난도질을 당했다. 칼날이 너무 강하게 내려와 두 번이나 그가 손에 들고 있던 책을 관통했다. 그는 살해된 지 한참 지난 후에야 발견되었다. 그가 죽음을 맞이한 현장은 그때 이후 그의 순교를 증명하는 보물로 소중하게 관리되었다.

　"그러므로 너희는 가서 모든 민족을 제자로 삼아라."[2] 그리스도는 그렇게 명령했다. 아우구스티누스는 교회가 모든 사람을 위한 것이라고 주장하며 〈창세기〉의 사례를 들어 그 점을 강조했다. 하느님은 인류에게 분노하여 온 세상을 가득 채울 만한 홍수를 내려보냈다. 그때 노아라는 의인이 앞으로 벌어질 일을 미리 듣고 커다란 방주를 지어 모든 피조물의 암수가 그 안에서 목숨을 부지할 수 있게 했다. 기독교 신자들의 사명은 온 세상 모든 것에 피난처를 제공하는 방주를 짓는 것이었다. "천상의 도시는 온갖 민족을 불러들여서, 온갖 언어를 말하는 사람들의 사회를 건설한다."[3] 그러나 아우구스티누스는 바울의 전도 정신을 충실하게 이어받긴 했지만, 원칙을 증명하는 예외 같은 존재였다. 그의 동시대인들은 대부분 야만인들을 몹시 경멸하는 교육을 받았고, 그래서 기독교를 아주 소중하게 여긴 나머지 그 종교를 로마제국 바깥에 살고 있는 야만인들과 공유해서는 안 된다고 보았다. 예를 들어 사제 울필라스가 좋은 사례다. 그는 한 세기 전 고트족 침략자들에 의해 노예로 잡혀간 카파도키아인의 후예였는데 기원후 340년에 "고트족들 사이에 사는 기독교인들의 주교"로 임명되었다. 그러나 울필라스는 도나우강 너머 지역에서 7년간 사목 활동을 했음에도 불구하고, 갑자기 자신의 신자들이 박해를 받자 망설이지 않고 그들을 이끌고 로마 땅으로 피신했다. 결국 그곳이 기독교 신자들이 살아야 할 땅이라는 생각이었다. 그러나 서로마제국이 멸망하고 여러 세기가 지난 후에도 그런 식으로 야만인을 경멸하는 태도는 좀처럼 사라지지 않았다. 가장 진취적인 주교들조차 한때 로마 세계였던 왕국들과 그 이외의 지역으로 지리를 구분하는 것을 당연시했다. 켄트에 전도단을 파견한 교황 그레고리우스는 브리튼이 과거 한때 로마제국의 속주였다는 사실을 의식했다. 브리튼의 새 통치자들이 이교도주의를 받아들이는 것이 기독교인일 뿐만 아니라 로마인이기도 한 교황의 심기를 건드렸던 것이다.

그러나 앵글족과 색슨족에게 그런 고려 사항은 아무런 의미도 없었다. 그들은 브리튼에 기독교를 전파한 교황의 역할을 고맙게 생각하기는 했지만, 오래전에 사라진 로마제국의 질서를 숭상하여 교황청에 충성을 바친 것은 아니었다. 앵글로-색슨 수도자들이 볼 때, 북해 연안에서 내륙의 삼림 지대에 이르기까지, 게르마니아의 동부 지역을 뒤덮고 있는 이교도주의의 어두운 구름은 무시무시한 야만주의 혹은 그냥 내버려 두는 게 좋은 야만족을 상기시키는 대신, 한시 바삐 그곳에 빛을 전파해야 할 필요성을 강조했다. 그들은 온 세상을 그리스도의 빛으로 비추어야 한다고 생각했다. 그들에게 영감을 준 것은 로마 제국주의의 유산이 아니라, 패트릭과 콜룸바누스 같은 수도자들의 모범적 사례였다. 고난을 겪는 것은 선교 과정의 일부였다. 선교사들이 어떤 고난을 당했는지, 끔찍한 얘기들이 전해졌다. 게르마니아 사람들이 신이라고 예배하는 악마들의 대장 오든woden●은 살아 있는 인간의 10분의 1을 희생 제물로 요구한다는 음울한 소문이 들려왔다. 저지低地 국가들에서는 조수가 부풀어 오를 때 포로들을 물에 빠트려 죽였다. 룬 문자는 기독교인의 피로 물들었다. 이러한 소문들은 앵글로-색슨 수도자들을 겁먹게 한 것이 아니라 그들의 목적의식을 더 강화했다. 그리스도에게 속한 땅에서 악마들이 통치를 하다니, 반드시 그들을 쫓아내야 했다.

앵글로-색슨 수도사들은 그 누구 못지않게 거듭 태어나야 한다는 것의 의미를 잘 알고 있었다. "옛것은 지나가고 새것이 왔습니다!"⁴ 바울의 외침에 깃들어 있는 혁명의 어조, 세상 질서가 심판을 받아 결격으로 판정났다는 믿음이 보니파키우스 같은 사람들의 마음속에서는 여전히 신선한 기운을 지니고 있었다. 하지만 기독교 세계의 다른 지역에서는 그렇지 못했다. 가령 로마나 콘스탄티노플의 교회는 그 존재감이 너무나 압도적이어서, 그곳 사람들은 기독교가 한때 아주 혁명적인 종교였다는 사실을 상상하기가 어려웠다. 기독교의 성경과 의례는 분열적인 측면이 있었지만, 그래도 변화를 좋은 것, 수용해야 하는 과정, 인간을 더 좋은 미래로 이끄는 길로 이해하는 인식은 여전히 빛을 발휘했다. 최근에 들어와 기독

● 오딘(Odin) 신의 고대 영어식 표기. 오딘은 스칸디나비아 신화에서 지혜, 시가, 전쟁, 농업의 신이다. 또한 죽은 사람들의 신으로서, 발키리에스가 데려온 망자들의 영혼을 발할라 궁에 모아 놓고 그들을 위한 잔치를 베푸는 신이다. 발키리에스는 오딘의 아홉 시녀들인데 전투가 벌어지는 현장에 직접 뛰어들어, 죽기로 되어 있는 전사들을 골라서 발할라 궁으로 데려간다. ─옮긴이

교를 받아들인 서부 색슨 사람인 보니파키우스는 기독교의 혁명적 특성을 가슴 깊이 새겼다. 그는 거꾸로 뒤집힌 세상을 통찰하는 데 불안감을 느끼지 않았다. 오히려 그 반대였다. 선교의 길에 나선 보니파키우스는 과거 바울이 그랬듯이 깊은 소명 의식을 지니고 있었다. 그는 기존의 사회에 분열을 일으키러 온 사람이었다.

과거를 추방하고 기존의 관습을 전복시키는 것은 아주 힘든 계획이었다. 그것은 다른 장소, 다른 시대의 사람들에게는 이해하기 어려운 일이었다. 대다수 사람들은 새로운 것을 수상하게 여기는 것을 당연시했다. 보니파키우스의 고향 사람들도 별로 다르지 않았다. 앵글족과 색슨족의 많은 사람이 과거를 놓아 버리게 될까 봐 두려워했다. 왕들은 자신들이 오든 신의 후예임을 자랑스럽게 여겼고, 농민들은 "과거의 예배 방식을 철폐해야 한다"[5]라고 말하는 수도사들을 못마땅하게 여겼다. 하지만 이제 시간 자체가 변모하고 있었다. 보니파키우스가 저지 국가들에 도착한 지 10년도 채 안 되어 선교사들은 비드의 방식대로 아노 도미니anno domini(주후) 몇 년으로 시간을 헤아렸다. 이교도들에게 영원한 것으로 보였던 과거의 시간 질서는 기독교의 책력으로 대체되어 그 책력의 한쪽 구석에 작게 기록될 뿐이었다. 왕들에게 권위를 부여했던 오든 신의 존재는 왕들의 가계에서 영원히 지워졌고, 수도사들은 오든을 신의 지위에서 격하시켜 과거의 유물로 만들어 버렸다.

생과 사의 리듬, 한 해의 사이클 모두가 앵글로-색슨 교회의 목적에 맞게 재단되었다. 그래서 죽은 사람들이 모두 간다고 하는, 이교도의 지하세계인 헬hel도 수도사들의 기록 속에서 저주받은 자의 거처로 수정되었다. 비드가 이교의 여신에서 유래했을 것으로 추정한 봄의 축제 에오스트레Eostre도 가장 거룩한 기독교 축제에 그 이름을 내주고 말았다. 그리하여 지옥Hell과 부활절Easter이라는 기독교 명칭이 생겨났다. 그리스도의 가르침을 앵글로-색슨의 옷에다 입힌 것은 이교도의 과거에 승복했다는 뜻이 아니라 이교도가 완전히 패퇴했다는 뜻이었다. 이교도의 신들이 옥좌에서 쫓겨나 그리스도의 빛에 완전히 녹아 버렸거나, 아니면 과거에 괴물들이 배회하던 습지나 황량한 산으로 추방당했기 때문에 그 신들의 매력을 오히려 안전하게 기독교의 목적에 활용할 수 있었던 것이다. 새로운 것의 승리는 옛것의 전리품들로 장식되었다.

이를 아주 감동적으로 증명한 이가 바로 보니파키우스다. 그는 722년에 로마 교황청에 의해 주교로 임명되었고 라인강 동쪽의 이교도들을 개종시키라는 공식 임무를 부여받았다. 중부 게르마니아에 도착한 그는 기독교 세계의 더 먼 경계를 향해 나아갔다. 튀링겐 이교도 색슨족의 땅과 연결되는 곳인 가이스녀에는 엄청나게 큰 참나무가 있었다. 그 나무는 이교도의 투노르 신에게 바쳐진 나무였다. 투노르는 막강하면서도 무서운 신으로, 그의 망치질 타격은 산을 쪼개고 그가 타는 염소가 끄는 전차는 온 세상을 떨게 만들었다. 보니파키우스는 그 참나무를 베어 거기서 나온 목재를 가지고 교회를 지었다. 그 나무꾼의 도끼는 오랫동안 악마들을 굴복시켰다.

라인강 북쪽 둑에 서 있는 위트레흐트 요새는 프리지아인들을 대상으로 선교 활동을 하는 앵글로-색슨 수도사들의 기지였다. 이 요새에 걸려 있는, 반들반들한 돌로 만든 도끼는 한때 마르탱 성인의 소유물이었던 것으로 알려져 있었다. 그리스도의 위력을 증명하는 것으로 이런 얘기가 전한다. 마르탱 성인이 나무가 쓰러지는 길 위에 서 있었는데 전혀 다치지 않고 살아남아 그 사건을 말해 주었다는 것이다. 보니파키우스는 투노르 신의 참나무를 베어 버림으로써 그에 버금가는 용기를 보여 주었다. 보니파키우스가 벼락을 맞아 죽지도 않았고 그런 모욕적인 행위에 분노한 현지 주민들에게 피살되지도 않았다는 사실이 널리 알려졌다. 베어진 참나무의 그루터기는 선교사의 주장을 증명하는 구체적 증거가 되었다. 그리스도가 투노르를 상대로 승리를 거둔 것이다. 순례자들은 그 후 계속 가이스너를 여행했다. 그 참나무를 베어 내 만든 목재로 지은 작은 예배당을 찬양하기 위해서였다.

보니파키우스는 그것으로 자신의 선교 활동이 끝났다고 생각할 정도로 순진한 사람은 아니었다. 사람들을 기독교에 입교시키는 임무는 거대한 참나무 한 그루 베어 냈다고 해서 완수되지는 않았다. 개종자들은 세례를 받은 후에도 여러 유해한 관습을 계속 지켰다. 샘물에 봉헌물을 바치고, 동물을 죽여서 그 내장을 조사해 미래를 예측할 수 있다고 주장했다. 그러나 이보다 더 심한 퇴행도 있었다. 라인강 동쪽의 프랑크족이 지배하는 지역—헤센, 튀링겐, 슈바벤—을 여행하는 동안 보니파키우스는 현지에서 놀라운 일을 많이 목격하고 경악했다. 수세기 전에 지어진 여러 교회가 이교도의 관습을 그대로 따르는 등 부패해 버렸기 때문이다. 상인들은 희생 제물로 쓰라며 노예를 색슨족에게 팔아넘겼다. 귀족들은 "기독교의 겉옷 아래"[6] 우상 숭배를 감추고 있었다. 사제들은 염소와 황소를 희생 제물로 바쳤다. 주교들은 간음을 했고, 아버지에게서 주교좌主教座를 물려받은 다음에는 친족들과 싸우느라 바빴다. 보니파키우스는 이런 사람들을 그들이 하는 대로 내버려 둘 수 없었다.

보니파키우스는 당초 작센의 깊은 오지로 들어가 선교를 할 생각이었으나, 방향을 틀어서 기존 교회들의 개혁 작업에 착수했다. 힘들고 까다롭고 냉정한 일이었지만, 보니파키우스는 동부 프랑크 왕국의 교회들을 그가 원하는 발판 위에 올려놓기 위해 온 힘을 기울였다. 현지 주교들이 그의 지적에 염증을 보이면 그는 조금도 위축되지 않고 그에 맞서 그런 주교들을 경멸의 시선으로 쏘아보았다. 그는 원칙을 철저히 지키는 사람이었을 뿐만 아니라 강력한 후원자들의 호의를 얻어 내는 데에도 진귀한 재능을 발휘했다. 프랑크족의 군벌도 앵글로-색슨 주교 못지않게 동부의 습지 지역을 자신의 통치 목적에 맞게 길들일 필요가 있었다. 그런 만큼 프랑크 군벌은 개혁에 적극적인 보니파키우스를 만족스럽게 여겼다. 보니파키우스는 왕궁의 호의를 얻어 내는 일을 고통스럽게 여겼고 이교도들의 영혼을 구제하는 일이 제대로 진척되지 않아 좌절했다. 그렇지만 생애 말년에 그는 라인강 동쪽의 교회들을 자신의 구상과 비슷한 교회로 만드는 데 성공했다. 생애 마지막 해에는 늘 가슴속 깊은 곳에 품고 있던 선교 활동으로 되돌아왔고, 이미 프랑크 교회에서 우뚝한 인물로 명성을 떨치고 있었다.

개종시키는 것은 곧 사람들을 교육시키는 것이었다. 보니파키우스가 가르친 이 위대한 교훈을 프랑크족은 결코 잊지 않고자 했다. 그의 순교에 따른 거룩함의 후광에 힘입어 그 교훈은 사제뿐만 아니라 왕들에게도 하느님에 대한 엄격하면서도 철저한 의무감을 가르쳤다. 그러나 보니파키우스가 프리지아의 갈대와 진흙 사이에서 칼날에 스러지던 그 순간에도, 선교사들이 게르마니아 동부에서 기독교를 전파하면서 벌어 놓았던 우위가 사라져 가고 있었다. 새롭고 호전적인 이교도가 접근할 준비를 하고 있었던 것이다. 보니파키우스는 수행원들에게 칼을 뽑지 말라고 명령하고 기꺼이 죽음을 맞이했다. 프랑크족 당국은 이런 순교 정신을 공유하고 싶어 하지 않았다. 그가 살해되고 사흘 후, 기독교 전사들의 군대가 학살자들을 추적하여 구석으로 몰아넣은 다음에 모두 죽였다. 그들의 아내와 자식들은 노예로 잡아갔다. 그들이 약탈해 갔던 물품들은 다시 약탈되었다. 프리지아의 이교도 근거지에 널리 퍼져 나간 그 학살 소식은 살아 생전에 보니파키우스가 성취하지 못했던 것을 성취했다. "하느님의 보복이 가져온 폭력에 겁먹은 이교도들은 순교자가 살아 있을 때에는 거부했던 가르침을 그의 죽음 이후에 받아들였다."[7]

그것은 카롤링거 왕조가 결코 잊지 않은 개종의 한 모델이었다.

칼과 펜

보니파키우스가 투노르의 참나무를 베어 버린 지 50년이 지난 772년 여름, 색슨족의 토템 중 가장 큰 나무인 또 다른 나무가 베어져 나갔다. 그 나무의 이름은 이르민술Irminsul인데 무시무시하게 생긴 데다 남근적男根的이어서 작센 전역에 널리 알려져 있었다. 오래전의 신들을 믿는 색슨족 사람들은 이 나무가 하늘을 떠받친다고 생각했다. 그러나 사실은 그렇지 않았다. 그 지극히 신성하다고 여겨진 나무를 베어 내도 하늘은 무너지지 않았다. 그렇지만 색슨족은 세상의 기둥들이 붕괴하는 듯한 느낌이었을 것이다. 일찍이 자신들의 땅에 찾아온 적 없는 대규모 파괴가 이제 다가오고 있었다. 이르민술을 베어 버린 이는 선교사가 아니라 유럽에서 가장 위협적인 전쟁 기계의 우두머리인 왕이었다. 페팽의 둘째 아들인 샤를은 그 전해인 771년 12월에 프랑크족을 단독 통치하는 왕위에 올랐다. 사라진 카이사르들의 시대 이래로 이만큼 군사적 자원을 대규모로 부리는 통치자는 없었다. 정력과 야망이 절륜한 그는 그 규모가 거의 로마제국에 맞먹는 영토에 영향력을 행사했다.

800년에 교황은 로마에서 그에게 걸맞은 공식 봉인을 내려 주었다. 그해 크리스마스에 교황은 이 프랑크족 군벌의 머리에 왕관을 씌워 주면서 '아우구스투스'라는 호칭으로 칭송했다. 그렇게 한 다음, 교황은 샤를의 발밑에 무릎을 꿇었다. 이러한 복종 의식은 지난 수세기 동안에 딱 한 사람, 콘스탄티노플의 동로마제국 황제만 받았던 것이다. 그렇지만 이제 서유럽은 나름의 황제를 다시 갖게 되었다. 샤를은 자신이 이탈리아 주교에게 빚진 것이 있다고 인정하기 싫어했고 또 교황의 계획[로마에서의 대관식]을 미리 알았더라면 허용하지 않았을 것이라고 주장했지만, 그래도 프랑크족의 왕이며 "기독교인 황제"[8]라는 호칭을 거부하지는 않았다. 그는 나중에 후손들에 의해 샤를마뉴 Charlemagne라는 호칭으로 기억되는데, '위대한 샤를'이라는 뜻이다.

그는 정복 활동을 활발하게 벌였다. 40여 년에 달하는 통치 기간 동안에 북부 이탈리아를 병합했고, 아랍인에게서 바르셀로나를 빼앗아 왔고, 카르파티아 분지 깊숙이 쳐들어갔다. 그러나 샤를마뉴의 정복 활동 중 가장 유혈이 낭자하고 가장 피곤했던 것은 색슨족을 상대로 한 전쟁이었다. 그 전쟁은 여러 해 동안 계속되었다. 샤를마뉴는 군사력에서 압도적 우위를 차지했는데도 불구하고 적수를 쉽사리 굴복시키지 못했다. 색슨족과 조약을 맺으면 얼마 못 가 깨졌다. 작센 전역은 습지처럼 보였다. 퇴각하든지 아니면 그 지역을 모조리 준설하든지 둘 중 하나를 선택해야 했던 샤를마뉴는 후퇴 없는 무자비한 지구전을 선택했다. 가을이면 수확해야 할 들판에 그의 병사들이 불을 질러 농민들을 굶어 죽게 만들었다. 정착촌은 하나씩 하나씩 불태워 버렸다. 그 주민들은 다른 곳으로 강제 이주시켰다. 이러한 폭력은 로마제국 시대의 규모에 비길 만했다. 그러나 과거에 라인강 동쪽 지역을 달래려 했던 로마제국의 아우구스투스 황제는 유혈 낭자한 실패를 맛보고 말았다.

샤를마뉴는 아우구스투스의 모델만이 유일한 모범은 아니라고 생각했다. 샤를마뉴의 통치권은 그의 머리에 기름을 부음으로써 성별聖別되었으므로, 이스라엘 왕들에게 주어졌던 것과 똑같이 거룩한 왕권이었다. 그는 새로운 다윗의 자격, 하느님의 기름 부음을 받은 자로 다스렸다. 이스라엘 사람들이 벌인 전투의 기록은 끔찍했다. 여러 세기 전에 성경을 고트어로 번역할 때 울필라스는 의도적으로 그 기록을 검열했다. 야만족들은 싸움을 권유할 필요가 없는, 원래 호전적인 민족이라고 판단했던 것이다. 그러나 프랑크족은 새로운 이스라엘로서 이미 오래전에 야만족 신분은 졸업한 상태였다. 782년에 샤를마뉴는 단 하루 만에 4500명을 단두형에 처했는데 이는 이스라엘 왕 다윗의 사례를 본뜬 것이었다. 다윗도 자기 앞에 놓인 포로들을 그런 식으로 수확했다. "다윗은 모압을 치고 그들을 땅에 눕힌 다음 줄로 쟀다. 두 줄 길이 안에 든 사람들은 죽이고, 한 줄 길이 안에 있는 사람들은 살려 주었다."[9] 프랑크족의 원정전에는 새 이스라엘의 문제 많은 측면에 안전을 확보하는 것 이상의 목표가 있었다. 샤를마뉴는 색슨족에게 기독교를 전파한다는 완전히 새로운 목표가 있었다. 하지만 이 야망은 아주 천천히 성취되었다. 로마제국 이후의 세상에서 대부분의 왕들이 그러했듯이, 샤를마뉴는 이교도를 대체로 귀찮은 장애물 정도로 여겼다. 야만족을 공격하는 주된 이유는 그들을 통제 가능한 상태로 묶어 두고 약탈품을 잔뜩 약탈해 오기 위해서였다. 그러나 샤를마뉴는 보니파키우스와 달리, 값싸게 이교도들을 개종시킬 수 없었다. 거대한 참나무 이르민술을 쓰러트릴 때 그는 이교도의 신 투노르의 자부심을 꺾어 놓을 의사도 있었지만, 동시에 그 나무를 장식했던 황금과 순은을 약탈하려는 속셈도 있었다. 그러나 색슨족을 진압하는 데 시간이 오래 걸리고 재물과 인명 피해가 커질수록, 그는 색슨족은 반드시 세례를 받아 거듭나야 한다고 더 강하게 확신하게 되었다. 색슨족은 반란을 일으키면 교회부터 먼저 불태우고 사제를 죽였다. 색슨족에게는 악마의 얼룩이 아주 진하게 남아 있었다. 그 얼룩을 다 씻어 내고 예전의 야만족 성품을 깨끗이 지워 버린 후에야 비로소 그들을 제대로 복종시킬 수 있을 터였다.

776년, 샤를마뉴는 색슨족에게 세례를 받아들이라고 명령하는 조약을 부과했다. 무수히 많은 색슨족 남녀와 아이들이 강물 속으로 들어가 세례를 받고 기독교인이 되었다. 그로부터 9년 뒤에 또 다른 색슨족의 반란을 진압하고 나서 샤를마뉴는 "세례를 거부하는 행위"[10]는 죽음으로 다스린다고 선포했다. 악마들에게 희생 제물을 바치는 것, 시신을 화장하는 것, 부활절 직전 40일 동안에 고기를 먹는 것 등도 사형에 처해지는 행위였다. 무자비하게, 확실하게 색슨족 사회의 기본 구조가 해체되었다. 이제 그것을 다시 복구하는 것은 불가능했다. 옛 사회 구조의 넝마 같은 잔해는 피가 낭자한 채로 진흙 속에 영구히 남을 터였다. 한 민족 전체를 그리스도의 신자로 만드는 프로그램치고는, 일찍이 본 적 없을 정도로 야만적인 조치였다. 이렇게 하여 유혈 낭자하고 오만한 선례가 수립되었다.

하지만 그 조치는 기독교다웠는가? 칼끝을 들이밀며 이교도를 강제로 개종시키는 것은 보니파키우스가 순교한 대의와는 거리가 멀었다. 그런만큼 그 정책에 대한 가장 날카로운 비판이 축성된 순교자의 동료에게서 나왔다는 사실은 암시하는 바가 많다. "신앙은 자발적 의지에서 나오는 것이지 강요로 나오는 것이 아니다."[11] 노섬브리아 출신의 탁월한 학자 앨퀸은 그렇게 썼다. 앨퀸은 781년에 로마 방문을 마치고 고향으로 돌아가던 길에 샤를마뉴를 만났고 그의 왕궁에 초청되었다. 그는 왕에게 이교도들을 설득으로 감화시켜야지 강제로 개종시키면 안 된다고 권고했다. "새로 그리스도를 받아들인 사람들은 부드러운 방식으로 양분을 주어야 합니다. 만약 그들을 무자비하게 대한다면, 그들은 마음이 여려서 모든 걸 다 토해 내고 말 겁니다."[12] 샤를마뉴는 이 권고를 물리치지 않고 기분 좋게 받아들인 듯하다. 796년에 강제 세례 정책은 완화되었다. 그러고 나서 1년 뒤에는 정복된 색슨족을 다스리는 법률이 좀 더 완화된 형태로 다시 반포되었다.

앨퀸과 함께 뜨거운 탕에서 목욕을 하며 신학 논의하기를 아주 좋아했던 왕은 자신의 고문관을 깊이 신임했다. 그는 앨퀸이 새로운 기독교인 민족이 생겨나게 하려고 단단히 결심했다는 것을 알았다. 앨퀸은 교육으로 성취하지 못할 정도의 급격한 개선은 없다고 확신했다. 바로 그것이 샤를마뉴가 그를 고용한 이유였다. "왜냐하면 교육을 받지 못하면 아무도 선행을 할 수 없기 때문이다."[13] 엄격한 노섬브리아 학문의 분위기에서 공부한 앨퀸은 샤를마뉴 왕국의 모든 사람이 기독교 학문의 과실을 맛볼 수 있기를 바랐다. 그가 볼 때 색슨족을 교화하는 데에는 성채보다 수도원이 더 큰 역할을 해야 했다.

그러나 앨퀸을 불안하게 만드는 것은 색슨족만이 아니었다. 여러 세기 전에 이교도주의가 완전히 축출된 기독교인 지역들도 여전히 빛이 없는 어둠 속에서 신음하고 있었다. 그 사람들이 문맹이고 사제들 또한 절반쯤 문맹이라면 어떻게 아주 오래전 과거에서 이어져 내려오는 기독교 문헌의 유산들의 혜택을 얻을 수 있단 말인가? 구약성경, 신약성경, 니케아 종교회의와 기타 종교회의의 카논들, 원시 교회 교부들의 가르침 같은 것들을 어떻게 알 수 있겠는가? 시간의 제약을 받지 않는 이 같은 불멸의 텍스트들 도움이 없다면 그들이 어떻게 하느님의 목적과 뜻을 적절히 알 수 있겠는가? 어떻게 기독교가 무엇인지 알 수 있겠는가? 그리스도의 빛을 작센의 깊은 숲속으로 가져가는 것만으로는 충분하지 않았다. 그 빛을 프랑크 왕국의 장원, 농장, 가정집에도 가져다주어야 했다. 사회 전체가 개혁되어야 했다.

샤를마뉴는 그 도전을 피하지 않았다. 그는 위대함에는 그에 못지않은 엄중한 책임이 따른다는 것을 알았다. 백성들을 타락하게 하고, 백성들의 잘못을 묵과하고, 백성들을 지도하지 않은 왕은 나중에 하느님의 옥좌 앞에서 그 책임을 져야 할 것이었다. 789년에 백성들에게 "선량한 생활을 영위하라"라는 어명을 내린 샤를마뉴는 구약성경의 왕 요시야에게서 그 힌트를 얻었다. 요시야는 모세에게 주어진 법률을 신전에서 한 부 발견한 왕이다. "짐은 성자 요시야에 대하여 이렇게 읽었다. 그 왕은 순찰, 교정, 훈계 등으로 하느님이 그에게 주신 왕국을 하느님의 진정한 예배로 이끌려 했다는 것이다."[14] 그러나 샤를마뉴는 요시야가 그랬던 것처럼 서면 계약을 인용하지는 못했다. 요시야의 백성들이 모세가 준 법률에 의해 통치된 반면, 샤를마뉴의 백성들은 서면 법률로 다스려지지 않았기 때문이다. 그의 제국에서는 여러 민족이 서로 다른 법률 제도를 운영했다. 그런 법률이 프랑크 왕국의 우월성에 도전하지 않는 한, 샤를마뉴는 그것을 허용했다. 그가 백성들이 따르기를 바라는 법률, 그가 모든 기독교인 백성들을 지도하는 데 도움을 주는 법률은 단 한 권의 책 안에 집어넣을 수 없었다. 단지 그들의 마음에만 새겨 넣을 수 있었다. 하지만 그럼으로써 샤를마뉴에게는 아주 까다로운 의무가 부과되었다. 만약 기독교 신자라는 사람들이 기독교인답게 행동하지 않는다면 어떻게 그들의 마음에 하느님의 율법을 새겨 넣겠는가? 그러자면 무엇보다도 교육이 중요했다. 교육이 없다면 그들은 타락할 수밖에 없다. 교육이 없다면 그들은 그리스도를 영접하지 못한다. 샤를마뉴는 모든 백성에게 하느님에 대한 올바른 지

식을 가르치는 것을 사명으로 삼았고 그것을 코렉티오Correctio (교정)•라고
불렀다.

"성스러운 율법과 교부들의 거룩한 말씀을 필경하는 자들은 여기에
앉아라."15 797년에 투르의 수도원장으로 임명받은 뒤, 앨퀸은 수도사들
이 날마다 필경 작업을 하는 방의 방문 위에다 이런 기도를 쓴 명판을 달
라고 지시했다. 그의 지도 아래 그 수도원은 성경 필경 작업의 본부가 되
었다. 필경실의 주된 목적은 단 한 권으로 된 성경을 필경하는 것이었다.
앨퀸 자신이 편집한 그 성경은 최대한 사용자 친화적으로 필경되었다. 필
경사의 주의력 부족으로 이미 쓴 단어를 또다시 쓴다거나, 양피지의 공간
이 부족한 탓에 만약 단어를 유추할 수 있는 경우에는 그 단어를 생략하
는 일 등이 없었다. 대문자가 사용되어 문장의 첫 시작을 알렸다. 사상 처
음으로 한 줄기 번갯불 같은 기호가 도입되어 의문을 표시했는데 바로 의
문 부호였다. 그렇게 해서 만들어진 한 권짜리 성경은, 한 수도사가 한 말
에 따르면, "비교의 대상이 없는 도서관"16이었다. 고대 알렉산드리아에
서 그 책은 타 비블리아 타 하기아('성스러운 책들')라고 불렸다. 곧 프랑크
왕국의 수도사들은 자신들이 만든 책의 성스러움을 강조하기 위해 그리
스어 '비블리아'를 라틴어에 그대로 가져왔다. 그리하여 구약성경과 신약

• 코렉티오는 샤를마뉴 시대의 카롤링거 르네상스와 관련이 있다. 르네상스는 콰트로센토
(Quatrocento, 15세기)에만 국한되지 않고 세 단계에 걸쳐 진행되었다. 15세기보다 2~3세
기 앞선 시점인 12세기와 13세기 초에도 고전고대에 대한 흠모와 사랑이 분출해 로마네스크
(Romanesque) 르네상스가 꽃피었다. 또 그보다 3~4세기 앞선 9세기 전반기 샤를마뉴 시
대에 유럽 최초의 르네상스가 난만했다. 기원후 800년 이후에 서유럽의 카롤링거 왕조 통치
자들은 고전 문화를 모방할 것을 열심히 장려했다. 엄청난 야망을 품었던 프랑크족의 왕 샤
를마뉴는 의식적으로 고대 로마의 행정과 문화를 찾아내 모방했고 신성로마제국의 발판을
놓았다. 샤를마뉴는 로마 시대의 콘스탄티누스 대제를 모방해 기원후 800년에 로마로 가 교
황의 집전 아래 대관식을 올렸다. —옮긴이

성경은 간단히 비블리아Biblia(책들, 영어로는 바이블Bible)라고 부르게 되었다. 투르에서 제작한 판본들의 개수는 엄청났다. 큰 판형에 읽기 쉬운 성경이 샤를마뉴 제국 전역에 널리 보급되었다. 그 성경은 라틴 서방 전역의 다양한 사람들에게 새로운 것을 가져다주었다. 그것은 바로 단 한 권의 책 안에 하느님의 계시인 말씀들을 갈무리할 수 있다는 공통된 인식이었다.

그러나 앨퀸과 그 동료들은 성경과 기독교 학문의 위대한 유산이 오로지 글을 읽을 줄 아는 사람에게만 제공되는 데 만족할 수 없었다. 그들은 장중한 로마식 성벽 안에도 위축된 정착지가 많다는 것을 잘 알았으므로, 코렉티오가 시골 지방 깊숙이 침투하지 않고서는 진정한 효과를 거두었다고 보기 어렵다고 생각했다. 고대의 심장부 지역에서 최근에 개간된 습지대에 이르기까지, 라틴 서방 전역이 교구들의 커다란 벌집을 구성하여 원활하게 운영될 필요가 있었다. 몹시 축축한 숲 근처에서 힘들게 살아가는 가장 비천한 농부에게도 즉각 기독교의 가르침을 제공해 주어야 했다. 그래서 색슨족의 반도가 교회를 불태울 때마다, 프랑크 왕국의 당국자들은 황급히 그 교회를 재건했다. 또한 교육 문제 때문에, 샤를마뉴의 엄격한 감시 아래에서, 코렉티오 계획은 사제단의 교육에 특히 집중했다. 이는 보니파키우스가 한 세대 전에 강하게 비판하며 시정을 요구했던 문제이기도 했다. 그는 이렇게 비난했다. "프랑크 왕국의 사제들은 방탕, 간음, 온갖 종류의 지저분한 행위에 탐닉하면서 삶을 낭비하고 있다."[17]

어떤 사제들은 농노와 별반 다를 바 없었다. 영주의 지시로 사제가 된 그들은 하느님의 말씀을 가르치기보다는 사냥개의 목줄을 잡고 숙녀용 마필의 고삐를 잡는 데 더 능숙했다. 샤를마뉴 궁정에서 더 자주 지시가 내려오기 시작하면서 그런 사정은 바뀌기 시작했다. 왕은 제국 내의 모든 신하가 니케아 신경을 외울 줄 알아야 한다고 명령했다. 또 제자들이 기도하는 방법을 물었을 때 그리스도가 일러 준 '주기도문'도 모두 외워야 했다. 시골 지방에서 사목하는 사제들의 필요에 부응하기 위해 소책자 형태의 기독교 안내서가 점점 더 많이 발행되었다. 손상되고, 너덜너덜해지고, 손때가 묻은 이런 안내서들은 대규모 교육이라는 혁신적 실험이 얼마나 광범위하게 진행되었는지를 보여 주는 지표였다. 814년 샤를마뉴가 사망한 이후에도 이러한 교육 작업은 늦추어지지 않았다. 그로부터 40년 뒤, 랭스 대주교는 휘하의 사제들에게 대★ 그레고리우스의 설교 마흔 편을 전부 숙지하라고 지시했고 또 그 지시가 충실히 이행되리라는 것을 알았다. 한 사제는 "그가 배운 모든 것을 잊어버렸다는 이유로 투옥되었다."[18] 무지는 이제 글자 그대로 죄악이 되었다.

프랑크 왕국의 점점 더 깊숙한 오지에 이르기까지, 기독교의 가르침이 영향을 미치지 못하는 생활 영역은 없었다. 계약서를 작성하든, 병든 소를 돌보든, 우물을 팔 장소를 선정하든, 사제는 신자들에게 궁극적인 지식의 샘 역할을 했다. '주기도문'과 '사도신경'의 리듬이 프랑크 왕국 전역뿐만 아니라 브리튼, 아일랜드, 스페인의 왕국에까지 퍼져 나갔다. 이는 기독교 신자들이 더욱더 기독교 신자답게 되었음을 뜻했다. 한 해의 일과, 밭 갈기, 씨 뿌리기, 수확하기, 탄생에서 사망에 이르는 인간의 한 평생이 이제 모두 그리스도의 보살핌 아래에서 일정하게 관리되었다. 세대에서 세대가 이어지는 것처럼, 들판의 노동자, 출산을 기다리는 어머니, 임종의 침상에 누운 노인, 첫 기도문을 외우는 어린아이들을 향한 사제들의 가르침이 계속 대를 물려 이어졌다. 이렇게 하여 그 가르침은 시간을 초월한 기반 위에 자리 잡았다. 기독교는 스스로 영원한 종교라고 선언했고 신자들은 그 사실을 믿었다.

반면 지상의 질서는 마치 무지개와도 같았다. "그것은 아름다운 색깔로 둥근 하늘을 장식하지만 곧 사라진다." 840년에 프랑크 왕실에 도착한 아일랜드인 스승 세둘리우스 스코투스는 그렇게 썼다. 그러나 이제 시대는 어두워지고 있었다. 후계자들 사이에서 사분오열된 샤를마뉴 제국은 여러 파편을 기워 맞춘 조각보 같은 형상이었다. 게다가 라틴 세계의 경계 지역들은 어디나 피를 흘리고 있었다. 오랫동안 이탈리아 해안 지대를 항해하며 물자를 약탈하고 사람들을 납치하여 아프리카의 노예 시장에 팔아넘긴 사라센 해적들이 846년에 테베레강을 거슬러 올라와 성 베드로 성당을 약탈했다. 브리튼과 아일랜드는 북해를 통과하여 침략해 온 도둑들의 군대, 위싱가스wicingas(바이킹Vikings)에게 전면적으로 약탈당했다. 하늘에서는 허깨비 군대들이 구름들 사이에서 격돌하는 광경이 곧 보였을 것이고 그 군대의 병사들은 불의 깃털로 이루어져 있을 터였다.• "이제 지상의 왕국은 속절없이 사라지는 덧없는 것이기에 결코 진리를 드러내지 못하고, 단지 진리와 영원한 왕국의 희미한 외양만 보여 줄 뿐입니다." 세둘리우스 스코투스는 샤를마뉴의 증손자에게 보내는 편지에서 불필요하게 말을 돌리지 않았다. "영원히 지속되는 왕국만이 진정한 왕국입니다."[19]

그렇다면 시간은 기독교의 기초가 얼마나 단단하게 놓였는지 보여 주는 결정적 검증 수단이 될 터였다.

• 〈요한 묵시록〉에 나오는 선과 악의 대쟁투인 아마겟돈을 암시한다. ─ 옮긴이

물결 되돌리기

그 위기는 오랫동안 축적되어 왔다. 해마다 이교도들의 군대가 카르파티아 분지의 스텝 지역에서 슈바벤과 바이에른으로 건너왔다. 그들은 놀라운 속도를 자랑하는 기수들이었고 안장 위에서 불화살을 쏘아대는 무서운 능력이 있었다. "흉측한 외모에 쑥 들어간 눈 그리고 작은 키"[20]를 가진 그들은 인간의 피를 빨아 먹고 산다는 음울한 소문이 떠돌았다. 그들은 기독교인들의 재물을 마구 파괴하는 재주가 있었다. 그들이 어디로 가든 그들이 떠나고 난 후에는 연기가 피어오르는 교회와 황폐해진 들판의 흔적을 그 뒤에 남겼다.

그들의 습격을 막기 위해 다양한 정책이 시행되었다. 재정 보조금이라는 당근과 국경 통제 강화라는 채찍이 동시에 사용되었다. 하지만 그 어떤 것도 효과가 없는 듯했다. 이제 동부 프랑크 왕국의 당국자들에게는 진실의 순간이 다가오고 있었다. 그들이 대면해야 할 선택은 황량했다. 그 위기를 결정적으로 해결하거나 아니면 국경의 통제를 완전히 상실하거나, 둘 중 하나였다.

폭풍우는 마침내 955년 여름에 닥쳐왔다. "살아 있는 사람이 어느 한 지역에서 일찍이 본 적 없는, 엄청나게 많은 헝가리인들이 바이에른 사람들의 영역을 침범하여 그 지역을 황폐하게 만들었고 도나우강에서 산지의 가장자리에 이르는 울창한 흑림黑林 지역을 완전히 장악했다."[21] 이들 침공군은 그 규모가 엄청났을 뿐만 아니라 치밀한 사전 준비를 거친 공격이어서 그 광경을 지켜보는 기독교인들은 모골이 송연했다. 전에 헝가리인들은 스텝 지역에서 주로 말을 타고 출격하여 신속하게 이동하면서 진출한 지역을 황폐하게 만든 다음, 자신들보다 중무장한 게르만 기병대가

요격하기 전에 도나우강 유역으로 퇴각했다. 영토 획득보다는 귀중한 물자의 약탈이 그들의 목적이었다. 그런데 이제 그들은 다른 전략을 구사했다. 그들의 기병들은 바이에른 영역으로 건너와 일정한 속도로 말을 달렸다. 그들 곁에는 엄청난 수의 보병 대열이 행군하고 있었다. 그들의 뒤에는 공성기들이 삐걱거리는 소리를 내며 따라왔다. 이번에 헝가리인들은 약탈을 하러 온 것이 아니라 토지를 정복하러 온 것이다.

8월 초에 그들은 아우크스부르크 성벽 앞에 도착했다. 그 도시는 부유하고 전략적으로 중요한 곳이었지만 위험할 정도로 공격에 노출되어 있었다. 도시의 방어를 맡은 사람은 학식 높은 고령의 주교 울리히였다. 남자들이 성벽을 보강하는 동안에 여자들은 행렬을 이루어 걸으면서 겁먹은 채 기도를 올렸다. 나이 든 학자 주교는 흉벽을 돌아다니면서 수비대에게 그리스도를 믿으라고 격려했다. 그러나 도시를 포위 공격하는 적군의 규모가 너무나 막강해 보였고 많은 시민이 도시가 함락될 것이라고 생각했다. 8월 8일에 공성기가 성벽 쪽으로 이동했고, 적의 보병들은 채찍을 맞아 가며 그 뒤를 따라갔다. 그리하여 레흐강 위쪽의 출입구가 돌파되었다. "성의聖衣만 입었을 뿐 방패나 미늘 갑옷이나 투구를 쓰지 않은"22 울리히는 말을 타고 밖으로 나가 헝가리인들의 진로를 막으려 했다. 주위에 화살이 날아오고 돌이 쏟아지는데도, 주교는 공격자들을 물리치는 데 기적적으로 성공했다. 일시적으로 돌파되었던 성문은 곧 봉쇄되었다. 헝가리인들은 도시로 들어오지 못했다.

그리고 구원군이 이미 오는 중이었다. 오토 왕은 작센의 경계 지역에서 헝가리인들이 바이에른을 침공했다는 보고를 받았다. 오토는 샤를마뉴의 옥좌가 있는 방에서 대관식을 치렀고 기독교를 경건하게 떠받드는 왕으로 명성이 높았다. 군사적으로도 아주 용맹했고 특히 떡 벌어진 가슴에 털이 무성한 왕으로 잘 알려져 있었다. 그는 버럭 화를 내면서 바이에른을 향해 남진했다. 그는 중무장한 기병 3000명을 이끌었고 그의 영토에서 가장 성스러운 보물도 함께 가지고 갔다. 그것은 십자가형을 당한 그리스도의 옆구리를 찌른 창이었다. 이런 성스러운 유물의 가호 덕분에, 오토 왕의 구원군은 열세였는데도 이어지는 무시무시한 전투에서 놀라운 승리를 거둘 수 있었다. 과감한 기병대 공격은 헝가리인들을 분쇄했다. 기독교인 기병대는 레흐강 유역으로 도망치는 적들을 뒤쫓아 가서 칼로 내리치고 창으로 찔러댔다. 아우크스부르크를 포위 공격하던 헝가리 대군은 거의 흔적조차 남지 않게 되었다. 헝가리인들은 나중에 겨우 일곱 명만이 학살을 피해 살아 돌아왔다고 주장했다. 그 전투의 영광은 엄청났고 의기양양한 승리자들은 승전한 왕을 '황제'라고 소리 높여 칭송했다. 그리고 그로부터 7년 안에 오토는 로마에서 교황에 의해 황제로 대관되었다.

대관식은 중요한 순간이었다. 오래전, 샤를마뉴가 사망한 814년 이후로 겨우 20년이 지났을 때, 한 색슨족 시인은 프랑크인들이 색슨족에게 전파한, 하느님을 칭송하는 글을 쓰면서 그리스도의 "무한히 밝고 아름다운 빛"을 인간의 영고성쇠와 대비했다. "여기 이 세상, 이 지구에서, 사람들은 오고 간다. 늙은 사람들은 죽고 젊은이들이 그 뒤를 잇게 되나, 그 젊은이들마저 늙어서 운명의 처분을 받는다."[23] 세상의 오래된 수도에서 오토가 대관식을 올린 사실은 인간사가 얼마나 예측하기 어려운지를 보여 주는 구체적 증거였다. 제국의 옥좌는 근 반세기 동안 비어 있었다. 지난 905년, 옥좌에 오른 샤를마뉴의 마지막 후손은 폐위되어 맹인이 된 채로 투옥되었다. 레그눔 프랑코룸Regnum Francorum(프랑크인들의 왕국)은 여러 왕국으로 분할되었다. 이런 영지들 중 가장 큰 두 지역이 서쪽과 동쪽에 있었다. 이 두 왕국은 시간이 흘러 각각 프랑스와 독일로 알려지게 된다. 오토가 세운 왕조이며 919년에 동부 프랑크 왕국을 다스리도록 선출된 왕조는 샤를마뉴와 아무런 연결고리가 없었다. 실제로 그 왕조는 프랑크족의 왕국도 아니었다. 콘스탄티누스의 후계자이고 서부의 방패이며 성스러운 창의 소지자인 오토 대제는 200년 전만 해도 기독교 군대에 철저하게 저항했던 색슨족 출신이었다.

"나는 그리스도의 병사입니다. 그래서 내가 싸움을 하는 것은 옳지 않습니다."[24] 나중에 투르의 주교가 되는 마르탱은 군대에서 사직하면서 율리아누스 황제에게 그렇게 보고했다. 칼끝의 위협 아래에서 세례를 받았던 종족의 후예인 오토는 평화주의자로서 세상을 다스리라는 구세주의 가르침에 별 매력을 느끼지 못했다. 설령 오토가 그렇게 하기를 원했다 할지라도 시대가 허락하지 않았을 것이다. 지난 100년 동안, 라틴 서방의 국경 지역들은 거듭하여 침략당하고, 뿌리 뽑히고, 불태워졌다. 그 지역을 수복하고 기독교인 백성들을 보호하려면 "하느님의 교회를 계속 공격해 오는 악마들"[25]과 싸워야 했다. 지옥에서 솟구쳤다고 생각되는 이런 적수를 물리치려면 엄청난 용기와 강인함이 지속적으로 필요했다. 오토가 레흐 강변에서 거둔 대승만이 이제 사태의 물결이 되돌려지고 있다는 유일한 조짐은 아니었다. 40년 전, 로마에서 남쪽으로 160킬로미터 정도 떨어진 가릴리아노 강둑에서는 사라센 해적들의 대소굴이 철저히 파괴되어 연기가 피어올랐다. 승리한 군대와 함께 말 타고 달리던 교황은 너무나 흥분하여 두 번이나 적들의 소굴로 돌격했다. 하늘이 교황의 잘못을 용서했다는 사실은 전선戰線에 성 베드로와 바울이 나타났다는, 널리 보고된 놀라운 사실로 증명되었다.

한편 북해 지역에서는 기독교 세계의 군대들이 내파內破할 뻔한 위기에서 회복되는 중이었다. 937년에 바이킹이 브리튼을 침공해 왔으나 웨섹스의 왕이자 뛰어난 전사인 애설스탠이 물리쳤다. 그러나 그 승리는 애설스탠 혼자만의 것은 아니었다. 그의 아버지와 조부를 포함하여 3세대 동안 웨스트 색슨 사람들은 생존하기 위해 처절한 투쟁을 겪어야 했다. 앵글로-색슨 민족들 중에서 웨스트 색슨 사람들만이 바이킹의 정복으로부터 왕국을 지켜 낼 수 있었다. 지켜 내기는 했지만 간신히 그렇게 한 것이다. 한동안 가경자可敬者 비드가 새로운 이스라엘이라고 명명했던 땅에서 기독교의 장래는 실오라기 하나에 매달려 있었다. 그렇지만 하느님은 그 실이 잘려 나가지 않게 해주었다. 바이킹족은 그리스도에게 복종하게 되었을 뿐만 아니라, 옛 왕국의 폐허 위에 완전히 새로운 기독교 왕국이 세워졌다. 애설스탠은 평생 동안 수행해 온 무자비한 싸움에서 벗어나 그 왕국의 초대 왕으로 즉위했다. 그가 사망할 무렵에 왕국의 영토는 노섬브리아에서 시작하여 해협까지 펼쳐졌다. "하느님의 은총 덕분에 그는 전에 여러 사람이 나누어 통치하던 지역을 혼자서 통치하게 되었다."²⁶ 재앙의 문턱에서 간신히 구조되어, 비드가 일찍이 꿈꾸었던 앵글족과 색슨족은 단일 민족이라는 웅대한 계획이 마침내 성취되었다.

오토와 애설스탠 같은 위대한 정복자들은 야만인들의 그늘에 서 있는 법이 없었다. 반전과 패배의 한 세기가 지나간 후 기독교 왕권은 그 위용과 신비를 회복했다. 하느님은 색슨족을 일약 무명에서 위대한 종족으로 만들어 주었고, 웨섹스 가문이 무수한 적들을 늑대와 까마귀의 밥으로 만들도록 해주었다. 어떤 신이 이런 천상의 황제의 권력에 맞설 수 있겠는가? 이 문제를 오래 생각해 볼수록 이교도의 군벌들이 기독교 군대에게 패배하는 것은 너무나 당연한 일이었다. 전투는 하느님의 권위가 증명되는 최후의 시금석이었다. 그뿐만 아니라 그리스도에게 호소하면 그 보상이 넉넉하게 주어진다는 주장의 증거이기도 했다. 세례를 받는다는 것은 곧 공화국의 영역으로 들어가는 것이었다. 공화국이라 함은 그 유구함, 그 세련됨, 그 풍요로운 부富 등으로 정의되었다.

스칸디나비아에서 중부 유럽에 이르기까지, 이교도 군벌들은 동일한 가능성을 생각하기 시작했다. 다시 말해 기독교 세계에서 이득을 볼 수 있는 가장 확실한 노선은 그 세계를 박살내는 것이 아니라, 그 세계의 조직 속으로 편입하는 것이었다. 그리하여 레흐 강변에서 자신의 종족이 학살된 사건이 벌어진 지 20년 후, 헝가리 왕 게자는 기독교 신자가 되었다. 한 수도사로부터 "다양한 가짜 신들"에게 아직도 희생을 바치는 행위를 비난받자, 그는 판돈을 이렇게 나누어 거는 것이 "내게 부와 커다란 권력을 가져다주었다"[27]라고 대답했다. 그리고 한 세대가 흘러서 그의 아들 버이크는 그리스도에 대한 헌신이 더 굳건해졌다. 새로운 왕은 이슈트반이라는 이름을 선택했다. 그는 헝가리 전역에 교회를 세웠고, 교회 내에서 거행되는 의례를 조롱하는 자는 지위 고하를 막론하고 머리카락을 삭발하라고 지시했다. 반란을 일으킨 이교도 군벌에게는 사지거열형四肢車裂刑을 선고한 후, 그 잘린 팔다리를 사람들 눈에 잘 보이는 곳에다 못 박아 걸어 두고 보게 했다. 이처럼 하느님을 드높이는 조치들을 취한 덕분에 많은 보상이 뒤따라왔다. 가령 이교도 족장의 손자인 이슈트반은 오토 대제의 종손녀〔조카의 딸〕를 왕비로 맞았다. 오토의 친손자로서 당시에 통치 중이던 황제는 이슈트반에게 성스러운 창의 복제품을 하사했다. 교황은 그에게 왕관을 보냈다. 장기간에 걸쳐 번창하는 나라를 다스리다가 이슈트반은 마침내 성인 시호를 얻었다.

이슈트반이 사망한 해인 1038년에 이르러, 라틴 교회의 지도자들은 점점 더 도취된 눈을 하고 세상은 무한한 가능성을 가진 곳이라고 생각하게 되었다. 그리스도의 품안으로 들어온 사람들은 헝가리인들만이 아니었다. 보헤미아 사람, 폴란드 사람, 덴마크 사람, 노르웨이 사람 들도 기독교 세계로 편입되었다. 야심이 큰 족장들은 일단 기독교의 왕으로 환영받고 나면 조상신들의 숭배를 재개하려 하지 않았다. 그 어떤 이교도 의식도 세례받은 왕의 기름 부음 의식에 필적하지 못했다. 끈적끈적한 성유가 그의 피부에 발라져 모공을 뚫고 영혼 깊숙이 스며든 통치자는 자신이 그 체험[성유식]을 거치며 다윗과 솔로몬, 샤를마뉴와 오토의 대열에 합류한 왕이라는 사실을 의식했다. 그리스도가 가장 위대한 왕중왕이 아니라면 무엇이겠는가? 지난 수세기 동안 그분은 "많은 왕국을 얻었고, 막강한 통치자들을 상대로 승리를 거두었으며, 그분의 권능으로 오만하고 숭고한 자들의 뻣뻣한 목을 꺾어 놓았다."[28] 이러한 사실을 인정하는 것은 비할 데 없이 위대한 왕이어도, 더 나아가 최고로 막강한 황제여도 전혀 부끄러워할 일이 아니었다. 동부에서 서부에 이르기까지, 가장 깊은 숲에서 가장 깊은 대양에 이르기까지, 그리고 볼가강의 강둑에서 그린란드의 빙하에 이르기까지, 그리스도는 그들 모두를 통치하기에 이르렀다.

그러나 거기에는 한 가지 역설이 있었다. 왕들이 무릎을 꿇는 순간에도 그분이 인류를 위해 겪은 그 일의 끔찍함, 그분이 골고다에서 겪은 고통과 고립무원, 그 모든 고뇌는 전보다 더 강렬하게 기독교 신자들의 정신을 사로잡았다. 이슈트반에게 전해진 거룩한 창은 그리스도의 고통을 상기시키는 음울한 유물이었다. 오토 대제와는 다르게, 기실 그리스도는 그 창을 가지고 전장에 나선 적이 없었다. 그분의 십자가형에서 보초를 섰던 로마 병사가 그 창으로 그리스도의 옆구리를 찔러서 거룩한 유물이 된 것이다. 그 옆구리에서는 피와 물이 흘러나왔다. 그리스도는 숨이 끊어진 채로 십자가에 매달려 있었다. 그때 이후 기독교인들은 구세주를 주검으로 묘사하는 일을 기피해 왔다.

그러나 이제 그로부터 천 년이 지나간 시점에 화가들은 그 금기를 깨트리기 시작했다. 생전에 대주교 자신이 건설하라고 지시한 퀼른의 대주교 무덤 위에는 커다란 조각상이 제작되었다. 숨이 끊어진 채 두 눈을 감고 축 처진 채로 십자가 위에서 늘어져 있는 그리스도를 묘사한 조각이었다. 다른 사람들은 환시 속에서 그와 유사한 모습을 보았다. 리모주의 한 수도사는 한밤중에 깨어나서 "십자가에 못 박히신 분의 형상을 보았다. 그 형상은 근 한 시간 동안 밝은 불과 선혈의 색깔로 어두운 남쪽 하늘에서 마치 공중에 심어 놓은 것처럼 빛났다."[29] 그리스도 사망 1000주기인 1033년이 다가올수록, 더 많은 사람들이 동경, 희망, 공포가 뒤섞인 환희의 감정 속에서 광장에 모여들었다. 일찍이 서유럽의 여러 지역에서 이런 대규모 움직임이 목격된 적은 없었다. 프랑스 전역에서 많은 사람이 도시 밖의 들판에 모여 "양 손바닥을 하느님께 내밀면서 한목소리로 '평화! 평화! 평화!'라고 외쳐댔다. 그들이 일찍이 하느님과 맺은 영원한 계약의 표시로 그렇게 외친 것이다."[30] 다른 사람들은 헝가리인들이 기독교로 개종하면서 열린 육로를 따라 콘스탄티노플로 갔다가 그곳에서 다시 예루살렘으로 갔다. 1033년에는 "전 세계 모든 지역에서 무수히 많은 사람이 몰려들어 출발했는데, 일찍이 사람들이 본 적 없는 대규모 인원이었다."[31] 그 여행의 목적지는 그리스도가 처형된 곳, 그분의 부활을 목격한 성묘였다.

그들은 무엇을 희망했는가? 그들은 좀처럼 그 희망을 드러내 놓고 말하는 법이 없었지만, 어쩔 수 없이 말해야 하는 상황이면 아주 낮은 목소리로 가만가만 말했다. 기독교인들은 아우구스티누스의 금지 사항을 잊지 않았다. 그들은 정통 교리가 무엇인지 알고 있었다. 성인들이 천 년간 통치했다는 〈요한 묵시록〉의 언급은 글자 그대로 해석되어서는 안 되었다. 그러는 사이에 그리스도 사망 1000주기가 왔다가 갔고 그분은 천상에서 내려오지 않았다. 그분의 왕국은 지상에 수립되지 않았다. 타락한 세상은 전과 마찬가지로 흘러갔다. 그렇지만 개혁, 혁신, 구원에 대한 동경은 사라지지 않았다. 어느 의미에서 보면 이런 일은 새로운 것도 아니었다. 일찍이 그리스도는 제자들에게 거듭 태어나야 한다고 말씀하셨으니까. 모든 기독교 신자가 그들의 죄악을 깨끗이 씻어 버리는 광경을 보고 싶다는 동경은 그 뿌리가 아주 깊었다. 그것은 그 당시에서 250년 전에 샤를마뉴로 하여금 코렉티오라는 거대한 프로젝트를 구상하게 만든 힘이었다. 그의 후계자들은 백성의 목자로서, 또 샤를마뉴가 그렇게 했듯이 사제 겸 왕으로서 통치하기를 바랐으나, 기독교 세계를 새로운 기반 위에 올려놓겠다는 야망은 이제 왕궁만의 전유물이 아니었다. 그 열기 때문에 수많은 사람이 들판에 나와 몸을 떨면서 기도를 올렸고, 무수히 많은 순례자가 터벅터벅 흙길을 걸어서 예루살렘으로 여행했던 것이다. 이 슈트반 왕 시절에 순례자들은 헝가리를 관통하여 예루살렘으로 갔다. 그 여행은 세상이 얼마나 크게 바뀔 수 있는지를 보여 주었다. 그리하여 헝가리는 기적이 벌어지는 장소가 되었다. 1028년에 바이에른 출신의 아르놀트라는 수도사는 헝가리를 여행했는데, 그곳에서 용이 헝가리 들판 위로 내려오는 모습을 보고 깜짝 놀랐다. "용의 깃털 달린 머리는 산의 꼭대기만큼 높았고, 그 몸은 쇠 방패 같은 비늘로 덮여 있었다."[32] 그렇지만 진짜 경이에 비한다면 이것이 무어 그리 놀라운 일이라고 할 수 있으랴. 한때 피를 빨아 먹는 악마들의 고향이었던 땅이 그리스도의 품안에 안기었고, 그 땅의 왕은 예루살렘으로 가는 수천 명 순례자들의 수호자가 되었으며, 그 도시들에는 하늘 높은 곳까지 하느님을 칭송하는 종을 울리는 대성당과 교회가 가득 들어찼다. 이것보다 더 경이로운 일이 있을 수 있을까? 아르놀트는 새로운 광경을 보면 그 충격을 알아보는 사람이었다. 그러한 변화의 풍경이 그를 놀라게 한 것이 아니라, 앞으로 더 변화할 수 있다는 생각이 눈앞이 아찔해지는 흥분을 안겨 주었다. 일찍이 전에는 본 적 없는 성령의 불길에 생기를 얻은 세상에서, 왜 사물이 그저 가만있어야만 하는가? "전능하신 하느님의 처분은 이러하다. 과거에 존재했던 많은 것들이 이제 그것들을 뒤쫓아서 나타나는 새로운 것들에 밀려나고 있다."

아르놀트는 그런 거대한 변화를 옳게 예측했다. 과거에 당연시되던 많은 것들이 이제 거대한 붕괴 일보 직전에 와 있었다. 새로우며 불가역적 규모인 혁명이 라틴 서방에서 태동하고 있었다.

9장

혁명

1076년, 캉브레

열띠고 흥분하는 시대정신은 위험했다. 캉브레의 주교 제라르는 그 점을 의심하지 않았다. 자신이 하느님의 목적에 대해 계시를 받았다고 믿는 기독교도는 교회에 위협이 되는 존재였다 그리스도 사후 천 년 동안에 온갖 고민과 노력 끝에 구축된 교회의 대조직도 위협적이었다. 밀레니엄의 그늘 속에서, 여러 세기 동안 완전히 불태워 죽인 줄 알았던 이단이라는 거대한 뱀이 그 꼬리를 다시 흔들기 시작했다. 오를레앙의 고위 성직자들(그중 한 명은 왕실의 높은 평가를 받고 있었는데)은 이렇게 말한 것으로 알려졌다. "교회라는 것은 없다."[1] 밀라노 근처의 성에 사는 주민들은 순결을 맹세하고 청결한 삶을 살겠다고 주장하여 결혼한 사제들을 부끄럽게 했다. 캉브레에서 약 160킬로미터 떨어진 곳에 사는 한 농부는 한 무리의 벌 떼가 자신의 항문 속으로 들어와 사제들의 불공정한 짓을 알리는 꿈을 꾸었다고 말했다. 이런 광기는 사회의 모든 계층을 감염시킬 듯했다. 그들의 주장은 한결같았다. 무가치한 사제들은 교회의 의례와 의식을 집전하는 일에서 퇴출되어야 한다. 그들은 오염되고 부패하고 타락했다. 그들은 진정한 기독교인이 아니다. 수세기 동안 메아리를 울리던 도나투스파의 반향反響이 생생하게 느껴지는 비난이었다.

이러한 광기의 결말이 어디일지를 불안하게 생각하던 제라르는 긴장하며 경계에 나섰다. 그에게 이런 보고도 올라왔다. "라미르트라는 남자는 교회가 가르치지 않는 많은 것들을 설교하고 있으며, 남녀 불문하고 많은 제자를 거느리고 있다."² 주교는 재빨리 행동에 나섰다. 라미르트는 캉브레로 소환되었다. 거기서 그는 수도원장들과 박식한 학자들로 구성된 심문단에 의해 심문을 받았다. 그러나 그의 답변은 흠잡을 데 없는 정통파 교리였다. 그는 이어 제라르 주교와 함께 성찬식을 집전하도록 초대받았다. 성찬식은 장엄한 신비에 의해 빵과 포도주가 그리스도의 몸과 피로 변하는 의식이었다. 사제만이 이 거룩한 성사를 집전할 수 있었다. 그러나 라미르트는 주교가 죄악으로 물든 더러운 사람이라고 비난하면서 그를 사제라고 부르기를 거부했다. 그 결과 소동이 일어나 폭력 사태로 번졌다. 제라르의 하인들은 주인을 모욕한 자를 강제로 붙잡아 나무 오두막에 처넣었다. 군중은 그 오두막에 불을 붙였다. 라미르트는 무릎을 꿇고 기도하면서 산 채로 불타 죽었다.

이런 군중의 폭력 사태는—제라르에게는 난처한 일이었지만—유익한 효과가 없는 것은 아니었다. 이단자를 사형에 처하는 선례가 있었다. 반세기 전에 교회의 존재를 조롱했던 오를레앙의 사제들은 공개적으로 화형을 당했다. 라틴 서방의 역사를 통틀어서 이단의 죄목으로 처형된 최초의 사람들이었다.● 추악한 분위기는 추악한 조치를 요구했다. 라미르트의 추종자들은 황급히 현장으로 달려와 그의 유골을 수습했고 그를 순교자로 축성했다. 이러한 사실은 그의 가르침에 열광하는 태도가 일종의 광기가 되었음을 보여 주는 사례였다. 그들의 요구는 황당무계하고 비현실적이었다. 교회가 타락한 세상의 어둠 속에서 가장 성스러운 수도원처럼 환히 빛나야 한다고 했다. 사제들은 수도사들과는 달리 독신을 서원해야 할 의무가 없었다. 하지만 이것조차 근년에 들어와서는 엄청난 소요를 일으키는 건수가 되었다. 사제들이 오랫동안 공개적으로 아내를 거느리고 살았던 밀라노에서는 소요 사태가 근 20년 동안 그 도시를 뒤흔들었다. 결혼한 사제들은 보이콧되었고, 학대를 받았으며, 공격을 당했다. 그들의 손길은 공개적으로 '개똥'[3]이라는 소리를 들었다. 준準 군사 요원들이 대주교궁 내부에다 바리케이드를 구축했고, 대주교가 사망하자 그들이 일방적으로 선택한 후보를 그 도시 시민들에게 받아들이라고 요구했다. 몇 달 전에 주교로 임명된 제라르는 이런 소요 사태가 캉브레까지 밀려오는 것을 원하지 않았다. 바로 이 때문에 주교는 라미르트 살해자들을 처벌하지 않았으며 오히려 그들을 더 높은 목적을 실천한 대리인들이라고 생각했다. 아무튼 이단은 근절되어야 마땅했다. 라미르트의 추종자들은 단지 직공, 농민, 노동자였을 뿐이다. 이런 사람들의 불평이 주교에게 무슨 영향을 미친단 말인가?

그러나 나중에 드러난 사실이지만, 라미르트는 훨씬 폭넓게 추종자들을 거느렸다. 1077년 파리의 대주교 앞으로 편지 한 통이 도착했다. 그것은 충격적인 어조로 라미르트의 운명을 전하는 보고서였다. "우리는 그 일을 괴이하게 여기고 있습니다."[4] 그 편지는 라미르트가 범죄자가 아니었다고 선언했다. 오히려 그를 살해한 자들이 범죄자였다. 이는 제라르를

• 385년에 처형된 스페인의 주교 프리스킬리아누스가 때때로 최초의 사례로 인용되기도 한다. 그러나 그는 이단이 아니라 마술을 했다는 죄목으로 단죄되었다.

막연히 비난하는 것이 아니라 맹공을 퍼붓는 것이었다. 그 편지는 주교에 의해 작성되었는데 아무 데서나 만날 수 있는 그런 주교가 아니었다. 라미르트를 불태워 죽인 사건을 교황이 직접 비난한 것이다.

힐데브란트는 언제나 과격한 사람이었다. 일설에 따르면 토스카나 목수의 아들로 태어난 그는 장래 크게 될 인물임을 보여 주는 여러 조짐이 있었다. 유아 때 그의 옷에 기적적이게도 환한 불빛이 일었다거나, 그의 머리에서 불꽃이 튀어나왔다는 이야기가 그런 예다. 그는 자신의 비천한 출신에 도전하면서 하느님이 자신에게 운명적인 사명을 맡겼다는 사실을 믿어 의심치 않았다. 젊은 시절 그는 바울 성인이 로마의 수도원에서 소똥을 치우는 환시를 보았다. 그리하여 그는 평생 동안 소중하게 여기는 야망을 품었다. 그것은 교회의 모든 지저분한 죄악을 깨끗이 씻어 내겠다는 것이었다. 이런 야망만으로도 그는 이단으로 지목되기에 충분했다.

그러나 힐데브란트의 청년 시절에 로마는 사람을 도취시키는 혁신의 몸살을 앓고 있었다. 왜냐하면 교황청은 너무 오랫동안 현지의 왕가들이 제멋대로 차지하고 쟁탈하는 기관이었기 때문이다. 교황마다 추문의 대명사가 되곤 했다. 교황청의 추문이 너무 심각해져서 마침내 황제가 직접 개입하기에 이르렀다. 하인리히 3세는 신앙심이 아주 독실한 데다 기름부음을 받은 왕답게 자신감이 넘치는 황제였다. 그는 여러 사람을 교황 자리에 앉혔다가 폐위시키더니 마침내 1048년에 자신의 먼 사촌을 교황 자리에 앉혔다. 아주 고답적인 조치였으나 수렁에 빠져 있던 교황청을 재빨리 건져 낸 조치이기도 했다. 경건하면서도 명민한 일련의 교황들은 교회를 새로운 방향으로 나아가게 했다. 그들은 이 위대한 프로젝트를 레포르마티오reformatio('개혁')라고 불렀다. 그 목적은 단지 교황청을 세속주의와 편협한 교구제로부터 구제하는 데에서 멈추지 않고 온 세상을 구제하는 것이었다. 점점 더 많은 교황 대리인이 알프스 북쪽으로 파견되었다. 그리고 재주 많은 사제들이 라틴 서방 전역에서 선발되어 교황청에 투입되었다. 그리하여 로마에는 여러 세기 동안 볼 수 없던 분위기가 형성되었다. 다시 말해 세상사의 중심에 있는 도시라는 인상을 풍겼다.

로마 교황청의 여러 단계를 거치며 승진한 힐데브란트는 교황청 영향력의 범위가 온 세상에 미치는 보편적인 것임을 믿어 의심치 않았다. 설정된 목적을 매우 진지하게 여기고, 근엄하면서도 단호하게 밀고 나가는 힐데브란트는 교황청의 엄청난 야망을 실현하기에 아주 적합한 인물이었다. 1073년에 이르러, 그는 모든 기독교 신자들에게 지고한 권위를 주장할 준비가 된 교황청의 막강한 대리인으로 등장했다. 그해에 성 베드로의 옥좌〔교황 자리〕가 비었을 때, 사람들은 하인리히 3세의 아들인 젊고 고집 센 하인리히 4세가 새 교황을 임명해 주는 절차를 기다릴 생각이 없었다. "힐데브란트를 교황으로!"[5] 로마의 군중은 소리 높여 외쳤다. 군중이 선택한 후보는 그들의 어깨에 앉혀서 라테란 궁의 옥좌로 나아갔다. 라테란 궁은 아주 오래전 콘스탄티누스 대제가 로마의 주교에게 하사한 궁전이었다. 힐데브란트는 평생 교회를 종말에 대비하도록 준비시켰던 로마 귀족의 이름을 교황 호칭으로 삼았다. 그는 그 이름을 갖게 되는 일곱 번째 교황이었다. "그는 초대 그레고리우스의 기백을 고스란히 물려받은 교황이었다."[6]

실제로 그레고리우스 7세의 교황청 개혁 방안은 굉장히 독창적이었다. 그의 전임자들이 각 나라의 국왕보다 교황이 기독교 신자들을 영육 간에 다스려야 한다고 일관되게 주장하기는 했지만, 그처럼 과감하고 힘차게 주장하고 나선 교황은 없었다. 먼지 가득 쌓인 교황청 도서관의 무수한 문서들—종교회의의 법령들과 역대 교황의 회칙들—중에는, 그레고리우스의 필요에 딱 알맞은 전례가 수없이 쌓여 있었다. 그리하여 그는 그 문서들을 적절히 수확하기로 결심했다. 그리고 필요하다면 다음과 같은 자신의 개혁안을 기꺼이 도입할 준비가 되어 있었다. 오로지 교황만이 '보편적'이라는 말을 사용할 수 있다. 하급자들이 상급자들을 평가할 수 있게 한다. 지방 영주에게 충성을 맹세한 사람들에게 그 맹세를 해제시켜 준다. 이러한 교황의 특권은 온 세상을 거꾸로 뒤집어 놓을 터였다. 교황이 되기도 전에 그레고리우스는 그런 특권을 시행하고 싶어 했다. 그는 밀라노의 호전적인 시위자들을 단죄하기는커녕 그들에게 직접 축복을 내려 주었다. 그레고리우스가 볼 때, 도덕적 권유를 무시하는 사람들을 폭력으로 위협하면서 그런 권유를 종용하는 것은 죄악이 아니었다. 성 베드로의 후계자는 호전적인 신자들의 지원을 적극 활용해야 했다. 특히 교회의 장래가 걸려 있는 상황일수록 교황은 더 단호하게 나가야 했다.

이런 조치의 필요성에 대한 증거가 분명하게 드러났다. 그레고리우스의 지지자들 중 한 사람은 다음과 같은 사건을 전했다. 한 사제가 성찬식을 집전하고 있는데 교회 신자들이 다 보는 가운데 한 천사가 하늘에서 나타나더니 그 사제의 등을 박박 문지르기 시작했다. 그러자 양동이에 들어 있던 물이 검게 변했다. 이윽고 천사는 그 더러운 양동이 물을 사제의 머리 위에다 쏟았다. 그 사제는 그때까지 흠 없는 명성을 지켜 오던 사람이었는데 갑자기 울음을 터트리며 전날 밤 하녀와 동침한 사실을 신자들에게 고백했다. 그레고리우스는 그 천사 못지않게 자신이 교회를 깨끗이 청소하는 힘든 과업을 맡아야 한다고 생각했다. 사제단은 나병에 걸려 있었다. 오로지 성 베드로의 후계자인 그만이 그 썩어 문드러진 몸을 깨끗하게 고칠 수 있었다. 사제들은 수도사들과 마찬가지로 독신 생활을 해야 마땅했다. "뜯어 내어 허물고, 파괴하여 전복하고, 새로 건설하고 씨앗을 심는 것",[7] 이것이 그레고리우스의 사명이었다.

일찍이 선배 교황들이 기독교 세계를 이처럼 엄청나게 전율시킨 적은 없었다. 그러나 그레고리우스 추종자들의 흥분은 반대파들의 경악에 의해 상쇄되었다. 방향 감각을 잃어버린 사람이 제라르 주교만은 아니었다. 이단이 교회의 최고 상층부를 장악한 것처럼 보였다. 주교들의 권위를 인정해 주던 위계질서가 이제 그 질서의 정점에 있는 사람에 의해 공격을 받았다. 그레고리우스의 개혁 대상은 신체의 욕정을 이기지 못하고 굴복한 사제들만이 아니었다. 라미르트는 제라르 주교와 함께 성찬식을 집전하기를 거부함으로써 아주 구체적인 형태로 교회의 개혁을 주장하고 나섰다. 캉브레 주교는 1076년 6월 선거로 그 자리에 오른 후, 게르만 왕궁을 방문했다. 거기서 기존의 관례에 따라 하인리히 4세에게 충성 서약을 했다. 왕은 그에 대한 답례로 목자의 지팡이와 결혼의 상징인 반지를 주교에게 하사했다. 황제가 다스리는 땅에서 주교 임명권이 황제에게 있는 것은 오래전부터 당연시되었다. 하지만 그레고리우스는 그것을 당연하게 여기지 않았다. 라미르트가 제라르를 사제로 인정하기를 거부한 것은, 로마 교황청의 법령을 직접 따른 결과였다. 그 한 해 전에 반포된 교황의 칙령은 "왕의 주교 임명권"[8]을 공식적으로 금지했다. 이는 획기적인 조치였다. 왕이 교회의 일에 간섭하지 못하게 한 이 조치는 세계 질서의 중심부를 칼로 찌른 것이나 다름없었다.

바로 그런 이유로 그레고리우스는 그 조치를 승인했다. 오염은 여러 형태로 발생했다. 왕이 임명하는 주교는 하녀와 동침하는 사제 못지않게 썩어 문드러진 존재였다. 재물이나 토지, 관직을 얻기 위해 창녀짓을 하는 것은 하늘의 임금을 배반하는 행동이었다. 그레고리우스가 라틴 서방에 강요하는 개혁의 규모가 어느 정도로 큰지는 다음 사실을 생각해 보면 알 수 있다. 불과 30년 전만 해도 그레고리우스 같은 개혁자들도 교황 자리를 얻으려면 하인리히 3세의 힘을 빌려야 했다. 황제들은 상크티시무스sanctissimus('가장 거룩한')라는 호칭으로 불렸고 제국에서 임명한 주교들이 오랫동안 왕실 직할의 영지를 다스려 왔다. 이런 일은 그에게 전혀 문제가 되지 않았다. 세속적 욕심과 그리스도에 대한 헌신, 부패와 순결, 성religio과 속saecularia이라는 두 대립하는 차원이 병존해 왔다. 이러한 오염이 계속되어서는 안 될 일이었다. 주교들은 오로지 하느님에게만 봉사해야 했고, 그렇지 않으면 아무것도 아닌 존재였다. 교회는 국가로부터 해방되어야 했다.

"교황은 황제를 폐위시킬 수 있어야 한다." 이것은 1075년 3월에 그레고리우스 7세의 개인적 용도를 위해 작성된 교황의 권위에 관한 여러 가지 명제 중 하나였다. 이것은 그가 황제의 불가피한 반격을 이미 각오하고 강력하게 대비하고 있음을 보여 주는 명제였다. 그 이전의 교황들은 이런 권리를 요구한 적이 없었다. 또 어떤 교황도 감히 이처럼 노골적이면서도 직접적으로 황제의 권위에 도전하겠다는 생각을 하지 못했다. 그레고리우스는 기독교 신자들에 대한 단독 지휘권을 요구하고 오랜 전통으로 내려온 황제의 특권을 짓밟음으로써 하인리히 4세를 몹시 화나게 했다. 젊은 황제는 과거에 마음대로 골칫거리 교황들을 갈아치웠던 오래된 황가의 후예로서, 권리와 전통 모두 자기편에 있다고 확신하면서 자신 있게 교황에게 대응하고 나섰다. 1076년 초, 황제가 독일 도시 보름스에 제국의 주교들을 소환했을 때, 거기에 모여든 주교들은 자신들에게 무엇이 요구되는지 잘 알았다. 그래서 그들은 힐데브란트를 교황으로 선출한 선거는 무효라고 의결했다. 이러한 결정이 내려지자마자 하인리히 4세의 필경사들은 깃펜을 집어 들고 이렇게 썼다. "다른 주교가 성 베드로의 옥좌에 앉게 하라." 로마의 그레고리우스에게 보낸 메시지는 그보다 더 투박할 수는 없었다. "하야하라, 하야하라!"

그러나 그레고리우스 또한 투박해야 할 때에는 한없이 투박했다. 양위하라는 황제의 명령을 보고받자 교황은 거부했을 뿐만 아니라 재빨리 내기의 판돈을 높였다. 라테란 궁에서 성명을 발표하여 하인리히 4세가 "저주의 밧줄에 묶였고"⁹ 교회에서 파문되었다고 선언했다. 황제의 백성들은 그에 대한 충성 맹세를 지키지 않아도 된다는 지시도 내려졌다. 폭군이며 하느님의 적인 하인리히 4세는 폐위 처분되었다. 이러한 선언의 충격은 아주 파괴적이었다. 황제의 권위는 뜨거운 햇볕 아래의 얼음처럼 녹아 버렸다. 그의 파문이 불러온 기회를 호시탐탐 노리던 여러 지방 영주들은 하인리히의 왕국을 분할하기 시작했다. 그해 말에 이르러 하인리히는 궁지에 몰렸다. 황제의 권위가 이처럼 참담하게 추락하자 그는 아주 절망적인 시도를 했다. 그는 한겨울에 알프스를 넘어 카노사로 갔다. 그곳은 아펜니노 산맥 북쪽에 있는 성인데 그레고리우스가 겨울에 그곳에 머무르고 있다는 사실을 그는 알고 있었다. 사흘 동안, "맨발로 양털만 몸에 두른 채"¹⁰ 콘스탄티누스와 샤를마뉴의 후계자는 몸을 떨며 카노사 성의 내측 벽 출입문 앞에 서서 교황의 호출을 기다렸다. 마침내 성문을 열고 하인리히를 안으로 맞아들이라고 지시한 그레고리우스는 참회하는 자의 볼에 키스를 해줌으로써 사면해 주었다. "로마의 왕은 온 세상의 군주로서 높이 칭송된 것이 아니라, 한 인간, 말하자면 진흙으로 빚어진 존재 취급을 받았다."¹¹

그 충격은 지진처럼 거대했다. 하인리히가 곧 참회의 약속을 위반하고 8년 뒤인 1084년에 로마를 점령하고 불구대천의 원수를 그 도시에서 도망치게 만들었지만, 그 사실이 그레고리우스 교황청이 수많은 기독교 신자들에게 미친 파급 효과를 감소시키지는 못했다. 사상 처음으로 라틴 서방의 공적인 사건이 모든 지역, 모든 사회 계층 사람들의 관심사가 되었다. "여자들의 옷감 짜는 방이나 장인들의 공방에 그 사건이 아니면 무슨 화제가 있겠는가?"[12] 그레고리우스에게 반대하는 사람들은 여기에 교황의 또 다른 오점이 있다고 비난했다. 양모 노동자들과 신발 장수들에게 그들의 상급자를 심판하라고 권유하는 것은 불을 가지고 노는 장난이었다. 하인리히에게 퍼부어진 프로파간다—그는 변태이고, 방화범이며, 수녀 강간범이다—의 엄청난 폭력은 사회의 조직을 갈가리 찢어 놓겠다고 위협했다. 교황의 '개혁' 프로그램에 반대하는 사제들을 공격하라고 군중을 사주하는 그레고리우스의 조치 또한 위험하기는 마찬가지였다. 사제들을 향해 고함을 내지른다면, 그것이 어떻게 끝나게 될지 누가 알겠는가?

캉브레 주교의 노고는 아주 놀라운 결과를 가져왔다. 여러 도시가 반란을 일으킨 것이다. 1077년, 하인리히 4세에게서 반지를 받은 사실 때문에 주교 자리에서 내려와야 하는 일을 막기 위해 제라르는 로마까지 먼 길을 여행하여 그곳에서 자신의 처지를 호소하려 했다. 그러나 그레고리우스는 그를 만나 주지 않았다. 그가 북부로 발걸음을 돌려 부르고뉴의 교황대리청에 도착하여 호소했을 때, 비로소 교황청은 제라르의 선출을 최종적으로 승인했다. 한편 주교가 자리를 비운 사이에 노동자와 농민은 캉브레를 장악했다. 그들은 자치를 하겠다고 선언하고서 주교를 다시 주교좌에 받아들이지 않겠다고 맹세했다. 이러한 노골적 반란에 직면한 제라르는 인근 도시의 백작에게 도움을 요청하는 수밖에 없었다. 주교로서는 굴욕적인 도움 요청이었다. 반란군이 패주하고 그 지도자들이 처형된 후에도 세상이 뒤집혔다는 느낌은 좀처럼 사라지지 않았다. "기사들은 영주를 상대로 반란을 일으켰고, 아이들은 부모를 상대로 덤벼들었다. 백성들은 왕들을 상대로 저항했으며, 선과 악이 혼동되었고 맹세의 신성함은 준수되지 않았다."[13]

그러나 제라르는 캉브레가 수복된 후에도 그레고리우스에게 바친 충성 맹세를 취소하지 않았다. 반란이 진압되자마자 주교는 예하 사제들에게 '개혁' 조치를 강요했다. 1년 전만 해도 라미르트가 굳건히 주장하다가 오두막에서 불타 죽게 되었던 바로 그 조치였다. 그레고리우스가 로마에서 도망쳐 그 직후 사망했음에도 제라르의 '개혁' 의지는 꺾이지 않았다. 제국 전역의 다른 주교들과 마찬가지로 그는 두 눈을 활짝 떴다. 하인리히 4세의 굴욕은 아주 멋지고 훌륭한 것을 가시적인 대상으로 만들었다. 그레고리우스와 그 추종자들의 꿈은 위에서 아래로, 호화로운 왕궁에서 한미한 마을에 이르기까지, 세속적인 차원과 명확하게 구분되는 교회를 건설하는 것이었다. 그런 꿈은 이제 판타지가 아니었고 실현 가능하게 보였다. 일단 독신 사제들이 타락한 세상의 유혹과 올무로부터 벗어나면, 순수함의 모범이 되어 기독교 신자들에게 더 잘 봉사할 수 있고 또 그들을 하느님의 품안으로 인도할 수 있을 터였다. 세속의 흐름에서 완전히 벗어난 곳은 수도원과 수녀원뿐만 아니라, 온 교회도 그렇게 될 수 있었다. 이런 과격한 비전[획기적인 교회 건설의 꿈]에 헌신하겠다고 맹세한 주교들은 그것이 실제로는 새로운 것도 아니고 더 나아가 구세주의 가르침과 어긋나는 것도 아니라고 스스로 다짐할 수 있었다.

복음서에는 이런 기록이 나온다. 예수를 함정에 빠트리려고 다가온 어떤 질문자가 이교도인 로마에 세금을 내는 것이 타당한 일이냐고 묻는다. 그러자 예수는 그들에게 동전을 하나 내보라고 한 후에 그 동전에 누구의 초상이 새겨져 있느냐고 묻는다. "카이사르의 얼굴이요"라고 그들이 대답한다. 그러자 예수는 말한다. "그러면 황제의 것은 황제에게 돌려주고, 하느님의 것은 하느님께 돌려 드려라."[14]

그레고리우스의 '개혁'이 기독교적 가르침의 토양 깊숙이 뿌리를 내렸다고는 하나, 그 꽃은 정말 새로웠다. 아우구스티누스가 처음 씨앗을 심은 '세속'이라는 개념은 콜롬바누스에 의해 잘 가꾸어졌고, 그 후 멋진 꽃으로 피어났다. 그레고리우스와 동료 개혁자들은 '성'과 '속'이라는 구분을 발명하지 않았지만 그것을 "사상 처음으로 그리고 영구적으로"[15] 서구의 근본적인 개념으로 만들었다. 이것은 획기적인 순간이었다. 사라진 로마제국과 동부에 있는 좀 더 부유하고 세련된 제국들의 그늘 속에 들어 있던 땅들이 마침내 그들 나름의 새로운 행동 노선으로 나아가게 된 것이다. 이는 단지 유럽 사회를 교회와 국가라는 항구적인 두 차원으로 분리하는 것만을 의미하지는 않았다. 기독교의 영향력이 얼마나 충동적이었는지, 그리고 사회를 변모시키는 것이었는지를 잘 보여 주는 사례이기도 하다. 그레고리우스와 동료 개혁자들이 볼 때, 개개의 죄인들이나 더 나아가 수도원들이 '성聖'의 차원에 헌신하는 것만으로는 충분하지 않았다. 기독교 세계 전체가 성의 차원에 헌신하여 축성될 필요가 있었다. 죄악은 참회하여 씻어 내야 한다. 강력한 자는 그 권좌에서 내려와야 한다. 온 세상 질서를 순결함의 개념에 입각하여 다시 구축해야 한다. 이러한 요구들은 가혹하면서도 호전적이었다. 이러한 교황의 선언이 나온 결과로 카이사르는 교황 앞에 무릎을 꿇었다. 그레고리우스는 이렇게 썼다. "아무리 존경받고 아무리 흔한 관습이라 할지라도 철저하게 진리에 굴복해야 한다. 만약 그 관습이 진리에 위배된다면 철폐되어야 한다."[16] 교황은 그것을 노바 콘실리아Nova Consilia('새로운 조언')라고 불렀다.

'개혁'의 새로운 모델이 승리를 거두었다. 그것은 그 후 여러 세기에 걸쳐 많은 군주제를 뒤흔들 것이고 많은 이상가들로 하여금 세상이 다시 태어나야 한다는 꿈을 꾸게 만들 터였다. 지진은 아주 멀리까지 퍼져 나갈 것이고 그 충격파는 심대할 것이다. 이렇게 하여 라틴 서방은 최초로 혁명을 맛보게 되었다.

법률 제정하기

개혁가들의 구호 중에 사람을 가장 도취하게 하는 것은 리베르타스libertas('자유')라는 말이었다. 다른 어떤 곳보다 수도원이 그 자유의 상징 노릇을 했다. 수도원은 거룩함의 느낌이 너무나 충만해서 그레고리우스는 그곳을 모든 교회의 모범으로 삼았다. 일찍이 910년에 부르고뉴의 언덕 사이에 자리 잡은 클뤼니 수도원은 그 창설자의 조치에 의해 멀리 떨어진 교황청의 보호를 받았다. 사실상 현지의 주교는 이 수도원의 운명에서 철저히 배제되었다. 클뤼니의 독립성은 곧 그 위대함의 든든한 지주가 되었다. 여러 명의 유능한 수도원장은 현지 군벌들의 악명 높은 폭력과 강탈에 도전하면서 그 수도원을 하느님의 도시의 난공불락 전초 기지로 만들었다. 그들은 아무런 오점이 없었기에 방문자들의 구두와 발을 씻어 주려 했으며, 너무나 천사 같아서 찬송가를 부르는 동안에 공중 부양을 한다고 알려져 있었다. 그 숭배자들이 보기에 클뤼니의 수도사들은 타락한 인간들 중에서는 천상에 가장 가까이 다가간 존재들이었다. 설립 후 근 200년 동안, 그 수도원은 열악한 환경을 버텨 냈을 뿐만 아니라 크게 성공하기까지 했다. 마치 번데기에서 나비가 나오듯이, 일찍이 본 적 없는 규모로 엄청나게 새로운 교회가 옛 껍질을 벗고 새롭게 태어났다. 절반쯤 완성된 아치형 건물의 뼈대는 하늘을 향하여 손을 내뻗으면서 점점 몸집이 커졌다. 그 수도원을 방문하는 것은 석조 건물로 자유의 의미를 선언하는 현장을 직접 보는 것을 의미했다.

1095년에 이르러 그 교회의 동쪽 동은 충분히 완공되어 거대한 제단 두 개를 들일 수 있었다. 클뤼니는 어디까지나 클뤼니이므로, 그 낙성식을 축하하기 위해 초대된 사람은 교황이었다. 우르바누스 2세는 그 수도원에서 부수도원장을 지내다 이탈리아로 가서 그레고리우스 교황의 유능하고 충실한 고문관으로 일했으며 마침내 1087년에 교황 자리에 올랐다. 클뤼니로 여행한 교황은 그 수도원을 향해 영광의 축사를 했을 뿐 아니라 독립과 자유라는 교회의 높은 이상을 한껏 선양했다. 9월 18일 그 수도원에 도착하여 일주일 뒤에 두 제단의 봉헌식을 올린 다음, 그곳이 천상의 예루살렘을 그대로 반영하는 곳이라고 칭송했다. 그 칭송은 감동적이었다. 그러나 우르바누스는 좀 더 먼 지평선에 시선을 멈추었다. 교황은 부르고뉴의 수도원을 떠나 중부 프랑스를 향해 가다가 클레르몽으로 갔다. 그곳에서도 교황의 이야기는 클뤼니에서와 마찬가지로 온통 자유에 관한 것이었다. 주교들과 수도원장들이 모인 그 종교회의에서, 그들은 지상의 영주들에게 경의 바치는 일을 더는 하지 말라는 교황의 말씀을 들었다. 그리고 11월 27일에 교황은 도시의 성벽 밖으로 여행하여 진흙 들판에 모여 환호하는 군중을 향해 연설을 했다. 그레고리우스 못지않게 우르바누스는 군중의 열광이 어떤 가치를 지녔는지 잘 알았다. '개혁'의 대의는 단지 종교회의의 화제로 그쳐서는 안 되었다. 만약 그것이 전 세계의 기독교 신자들을 해방시키지 못하고, 하늘과 땅을 밝히지 못하고, 이 타락한 세상을 그리스도의 재림과 심판의 날에 대비시키지 못한다면, 그 '개혁'은 아무것도 아니었다. 클레르몽에 모인 주교들과 수도원장들은 이렇게 선언했다. "교회는 모든 악의 전염에서 동떨어져 순결해야 한다."[17] 멋진 야망이기는 하나, 예루살렘이 아직도 사라센의 통치 아래에 있는 상황에서 이를 어떻게 성취할 수 있겠는가?

클뤼니에서 퍼져 나오는 순결한 빛도 그 오욕을 씻어 낼 수 없었다. 개혁이 기독교 왕국들에 가져온 파급 효과를 영광스럽게 생각하는 우르바누스는 더 큰 파급 효과를 꿈꾸고 있었다. 그는 클레르몽 들판에 모여든 군중에게 구원을 위한 새롭고 짜릿한 공식을 제안했는데, 클레르몽 종교 회의의 공식 포고 중 하나였다. 그것은 전사들에게 무력으로 구원을 얻는 수단을 제시했다. 그러면 무력이, 그리스도를 화나게 해서 용서받으려면 회개해야 하는 그런 것이 아니라, 그들의 죄악을 씻어 주는 수단이 될 수 있다는 것이었다. "어떤 전사가 명성이나 금전적 소득이 아니라 종교적 헌신 때문에 예루살렘에 있는 하느님의 교회를 해방시키는 여행에 나선다면, 그의 여행은 전대사全大赦(모든 죄악을 사면받음)를 받는 것으로 간주될 것이다."[18]

〈요한 묵시록〉은 종말의 날을 이렇게 서술한다. 천사가 지상의 포도밭에서 포도를 따서 하느님의 분노라는 와인 압착기에다 그것을 짓밟으면 그 틀에서 피가 흘러나올 텐데, 그 높이가 말의 고삐에 이를 것이다. 그레고리우스의 추종자들은 이 문장을 잘 알았다. 클레르몽까지 따라간 우르바누스의 수행원들 중 한 사람은 최후의 추수 때 그처럼 압착될 사람이 '개혁'의 반대자들일 것이라고 노골적으로 말했다. 그러나 그처럼 피가 흘러내릴 곳은 교황청과 하인리히 4세 사이의 싸움터가 아니라 예루살렘의 거리가 되어야 할 터였다. 우르바누스의 연설은 기적적인 공감을 불러일으켰다. 라틴 서방 전역에서 자원한 무수한 전사가 그 여행길에 나섰다. 밀레니엄의 시기가 시작된 이래 순례자들이 그렇게 했듯이, 전사들은 헝가리를 가로질러 콘스탄티노플로 갔다. 그리고 이어 콘스탄티노플에서 성지로 출발했다. 그들은 사라센의 반격을 모조리 물리쳤다. 마침내 1099년 여름, 전사 순례자들의 대군은 예루살렘 성벽 앞에 도착했다. 7월 15일, 그들은 성벽을 강습했고 도시는 함락되었다. 학살이 끝나자 그들은 피가 뚝뚝 떨어지는 칼을 말린 뒤 그리스도의 성묘를 향해 갔다. 이어 기쁨과 불신 속에서 그들은 하느님에게 찬양의 기도를 올렸다. 수세기 동안 사라센의 통치를 받은 예루살렘이 다시 기독교인의 땅이 된 것이다.

그 업적은 너무나 놀라워서 쉽게 믿어지지 않았다. 그 소식은 온 세상에 영광스럽게 울려 퍼지면서 교황청의 훈공을 한껏 드높였다. 우르바누스는 예루살렘 점령 2주 후에 사망하는 바람에 그토록 간절히 원하던 대승 소식을 생전에 듣지는 못했다. 그러나 그가 평생을 헌신한 '개혁' 프로그램은 성스러운 도시를 얻음으로써 더욱 빛났다. 샤를마뉴 시대 이래로 황제들은 그리스도의 기치 아래에서 정복전을 수행했다. 그러나 그어느 황제도 순전히 순례자들로만 구성된 대군을 파견한 적은 없었다. 예루살렘 점령 당시 현장에 있었던 전사들은 "하얀 말에 올라탄 아름다운 사람"[19]을 보았다고 보고했다. 그들 중에는 그 말 탄 이가 혹시 그리스도가 아닐까 생각하는 사람도 있었다. 그 신비한 기사의 정체가 무엇이든 간에 한 가지 사실은 분명하다. 성스러운 도시가 왕이나 황제의 이름으로 획득된 것이 아니라 매우 보편적인 대의의 기치 아래 획득되었다는 것이다.

그러나 이런 대의에 어떤 명칭을 붙여야 할까? 전사들의 고향 라틴 서방에서는 예루살렘 수복 이전에는 들어 본 적 없는 단어가 사용되기 시작했다. 전사 순례자들은 크리스티아니타스Christianitas('기독교 세계')의 기치 아래 싸웠다는 것이다. 이러한 범주—세속적 왕들의 왕조나 봉건 영주들의 영지로부터는 완전히 독립된 것—는 교황청의 야망에도 잘 들어맞았다. 그 기독교 세계의 으뜸으로 성 베드로의 후계자 말고 누가 있겠는가? 하인리히 3세가 1년 사이에 교황을 세 명이나 갈아치운 지 100년도 채 지나지 않아 로마 교회는 굉장히 막강한 지도력을 구축했고, 그리하여 하인리히 3세의 손자는 1122년에 교황청에 평화를 호소하기에 이르렀다. 그해 보름스에서 하인리히 5세는 로마 교황청과 획기적인 협정을 맺었다. 그 협약에 의하여 50년 동안 갈등의 대상이 되었던 제국 내 주교 임명권 문제는 마침내 결론이 났다. 겉보기에는 하나의 타협안이었지만, 시간이 흘러가면서 교황청이 결정적 승리를 움켜쥐었음을 증명해 주었다. 개혁자들의 또 다른 핵심 요구 사항도 전반적으로 수용되었다는 말이다. 즉, 사제들은 독신 생활을 수용함으로써 일반 기독교 신자들laicus('재속 평신도')과는 구분되는 존재가 되어야 한다는 것이다. 1148년에 이르러 사제들이 아내나 첩을 두는 것을 금지한다는 교황청의 또 다른 칙령이 선포되었을 때, 대다수 사제들은 눈알을 굴리며 놀라워했다. "쓸데없고 우스꽝스러운 지시다. 그게 이미 불법이라는 걸 모르는 사람이 있을까?"[20]

교회와 국가의 분리는 기독교 세계 전역에서 점점 더 뚜렷한 현상으로 드러났다. 사제가 재속 평신도를 상대로 사목 활동을 할 때, 심지어 가장 한적하고 외딴 마을에서조차 '개혁'의 파급 효과가 느껴질 정도였다. 로마 교회는 동등한 여러 교회 중에서 첫 번째라는 것 이상의 의미를 획득했다. 그것은 "모든 사제와 모든 교회의 일반적인 포럼forum●"[21]으로 자리매김되었다. 로마 교회는 라틴 서방 전역의 사제들에게 전에는 누리지 못한 공통의 정체성을 부여해 주었다. 기독교 세계를 형성하는 다양한 왕국, 봉건 영지, 도시 등에서는 전례 없는 새로운 권위를 갖춘 기관이 등장

● 고대 로마 등 이탈리아 도시의 중앙 대광장으로, 상거래나 정치, 재판의 중심지. ―옮긴이

했다. 그것은 로마 교회, 즉 교황청이었다. 이제 기독교 세계의 전 사회적 계층이 현지 영주들에게 충성을 바치는 것이 아니라, "전 세계를 통하여 보편성"²²을 자랑하는 위계제에 충성을 바치게 되었다.

황제들과 왕들은 교황청을 상대로 저항해 보았지만 거듭하여 부상을 입었을 뿐이다. 콘스탄티누스와 그 후계자들의 시대 이래로 세상의 수도[로마]에 거주하는 주교[교황]처럼 유럽 전역에 그처럼 광범위한 권위를 행사한 사람은 없었다. 그는 자신이 "천상과 지상의 제국에 대한 권리"²³를 갖고 있다고 공개적으로 주장했다. 로마 교황 특사들은 야만인들의 땅으로 파견되었고 자신들의 말이 현지에서 존중되기를 기대했다. 교황청은 과거 로마의 원로원이 모임을 가졌던 건물의 영향을 받아 '쿠리아Curia'●라는 이름으로 알려졌다. 하지만 교황은 카이사르가 아니었다. 그의 최고 지배권은 무력에 바탕을 두지 않았고, 또 그의 휘하 각료들은 그 지위를 가계家系나 부에 바탕을 두지 않았다. 그레고리우스의 '개혁'으로 생겨난 교회는 전에는 존재하지 않은 일종의 기관이었고, 스스로를 주권자라고 생각했을 뿐 아니라 그렇게 될 것이라는 강력한 의지를 발동했다. '교황' 그레고리우스 7세는 이렇게 주장했다. "교황은 그 누구에게도 심판받지 않는다."²⁴ 모든 기독교 신자, 심지어 왕이나 황제도 교황의 지배에 고개를 숙여야 했다. 쿠리아는 기독교 세계에서 최종 법정의 역할을 수행했다. 그것은 엄청난 역설이었다. 세속으로부터 자유로워진 교회가 그 자체로 하나의 국가가 되었으니 말이다.

게다가 아주 신기한 종류의 국가였다. 교황의 포고령은 법적 문서였다. 그가 사제들을 상대로 지닌 최고의 지배권, 교회와 왕궁 사이의 경계 지

● 쿠리아는 원로원을 가리키기도 하고 귀족이나 특수층의 회의·집회 장소 등을 가리키기도 한다. 가톨릭교회에서 쿠리아 로마나(Curia Romana)는 교황청을 가리킨다. ─옮긴이

역을 결정하는 힘, 카노사의 굴욕 이후 '세속의 무력'이라고 불리는 것으로부터 원상회복을 바라는 사람들에게 정의를 베푸는 능력, 이 모든 것이 법률가들의 부대에 의존했다. 교황청의 돌격 부대는 장창을 든 기사들이 아니라 손에 펜을 든 서기들이었다. "인간의 가슴에다 자연법을 새긴 분이 하느님 말고 누가 있겠는가?"[25] 아우구스티누스는 한때 이렇게 물었다. 바로 여기에 보편적 권위를 주장하는 교황의 확실한 기반이 있었고 그것은 궁극적으로 바울 성인의 시대까지 거슬러 올라갔다. 로마 교회가 규정한 질서는 이교도주의의 구덩이, 왕들의 변덕에 의해 작성된 일시적 칙령, 곰팡이 핀 칙허장 등을 바탕으로 하는 원시적 관습에 의식적으로 반기를 드는 질서였다. 기독교 세계 전역에서, 기독교 사회를 정의와 자비로 묶어 주는 단 하나의 법률은 "천지를 창조하고 지배하는 영원한 법률"[26]뿐이었다. 이것은 사제들만의 힘으로 지탱할 수 있는 질서가 아니었다.

과거 개혁의 첫 물결이 밀려올 때 법률가들은 그리 중요하지 않았다. 그들이 기독교 세계의 위대한 단계에 진입한 것—이는 전사 순례자들이 우르바누스 2세에게서 영감을 받아 예루살렘으로 행군한 것에 비교될 만하다—은 연대기나 노래에서 별로 기록되지 않았다. 그러나 장기적으로 볼 때 그들의 역할은 아주 결정적이었던 것으로 판명될 터였다. 우르바누스가 교황 자리에 올랐던 1088년에 그의 저명한 지지자들 중 한 사람이 기독교 사회를 변모시키는 새로운 학문의 중심지로서 이탈리아의 볼로냐에 법과 대학을 설립한 것이다. 토스카나의 광대한 땅을 물려받은 마틸다 백작 부인은 경건하면서도 의지가 굳은 여성이었다. 그녀는 그레고리우스가 몰고 온 폭풍의 눈 같은 존재였다. 1077년에 카노사 궁에 초대되어 교황 옆에 있었던 사람도 그녀였다. 교황의 사후 10년 동안 하인리히

4세에게 심각한 군사적 피해를 입힌 사람도 그녀였다. 그 결과 하인리히 4세는 이탈리아에서 영구 철수하게 되었다. 그녀가 '개혁'의 대의를 위해 가장 지속적으로 공헌한 일은 볼로냐 법률가인 이르네리우스를 적극적으로 후원한 것이었다.

이르네리우스는, 고대의 도서관에서 먼지를 뒤집어쓰고 있었으나 근년에 발견된 방대한 로마법 판례들에 주석 작업을 함으로써 기독교 서양에 온전한 사법 체계를 제시했다(이슬람 세계에서는 이런 법체계가 오래전에 정비되어 있었다). 그 법체계는 인간 생활의 모든 양상을 아우른다는 원대한 목표를 갖고 있었다. 이르네리우스가 연구한 법조문들은 신성한 근원에서 나온 것이 아니라 인간이 만든 것이었다. 그렇지만 그는 그 법률이 시간을 초월하는 의미를 지니고 있다고 생각했다. 다시 말해 그 법률은 카이사르들의 시대에 적용되었던 것처럼 당대에도 충분히 적용될 수 있었다. 그의 조사 연구는 열광적인 지지를 받았으며, 그는 여러 학문 분야를 개척했고 그 영향이 엄청났다. 진취적인 젊은이들이 볼로냐로 몰려들기 시작했다. 안전한 법률적 발판을 마련하기 위해, 이탈리아 출신 젊은이들과 알프스 북쪽 출신 젊은이들은 두 개의 대학 길드universitates를 결성했다. 그로부터 수십 년 동안, 볼로냐는 전에는 없던 대학 도시의 원형이 되었다. 이르네리우스 자신은 '개혁'을 열광적으로 지지하는 사람은 아니었지만, 그의 법률 연구가 누구에게 이득이 되는지는 의심의 여지가 없었다. 대학에서 쿠리아로 가는 길이 곧 출세 가도가 되는 데에는 그리 오랜 시간이 걸리지 않았다.

그러나 볼로냐의 대학이 교황청 직원으로 취직하기 위한 최종 예비 학교인 것만은 아니었다. 그 도시에는 좀 더 넓은 지평선을 내다보는 학자들이 있었다. '개혁'의 참여자들은 로마법 체계를 다시 발견하면서 교회

내에 교회법이 없다는 사실에 주목하지 않을 수 없었다. 콘스탄티누스가 니케아에 온 세상의 주교들을 불러 모아 종교회의를 개최한 이래로 여러 종교회의가 개최되어 각종 교회법을 제정했다. 그러나 아무도 그 법을 취합할 생각을 하지 못했다. 밀레니엄 직후의 수십 년 동안 이를 시정하려는 시도가 여러 번 있었다. 하지만 이르네리우스의 집중적인 연구 결과, 마침내 그런 시도가 완결되었다.《데크레툼Decretum(판결, 교령教令)》은 전통적으로 그라티아누스라는 수도사 한 사람이 1150년에 집대성했다고 알려졌지만, 실은 수십 년에 걸친 작업이었다.[27] 말할 것도 없이 그것은 엄청난 시간과 노력이 들어간 작업이었다. 교회법은 단지 교령으로만 이루어지지 않았다. 교황의 판결도 추적해야 했고, 다른 주교들의 포고령도 참고해야 했으며, 고해 성사 편찬도 필요했다. 이런 자료들은 흩어져 있을 뿐만 아니라 종종 서로 배치되기도 했다. 그라티아누스는 이런 자료들을 서로 일치시키려고 하면서 엄청나게 고생했는데, 그런 노력은 그가 《데크레툼》에 부여한 다른 이름인 '데크레툼: 서로 불일치하는 교령들의 조화'에서 잘 드러난다.

그런 불일치를 어떻게 일치시킬 것인가? 그라티아누스와 그 동료들은 두 가지 수단을 갖고 있었다. 하나는 성경의 지침이었고, 다른 하나는 에이레나이오스, 오리게네스, 아우구스티누스 같은 교부들의 가르침이었다. 그러나 이런 권위의 근거도 그라티아누스에게 무슬림 법률가들이 당연하게 여긴 것, 즉 하느님에게서 직접 나온 서면 판결의 종합 모음집을 제공해 주지 않았다. 이런 종합 모음집을 가진 기독교인은 없었다. 하느님은 인간의 마음에다 그분의 판결을 쓰셨다. 이 점에 관한 한 바울의 권위는 결정적이었다.● "그 모든 법은 단 하나의 명령으로 요약될 수 있다. '네 이웃을 너 자신처럼 사랑하라.'" 그라티아누스가 볼 때 이것이야말로 정의의 반석이었다. 그 명령이 너무나 소중하여 그는 《데크레툼》을 펼쳐 들 때마다 그 문장을 암송했다. 바울이 그러했듯이, 그라티아누스는 스토아 철학의 정신에 입각하여 그것을 자연법으로 규정했고, 자연법이야말로 기독교의 법체계를 세우는 데 핵심 주춧돌이었다. 모든 사람은 하느님의 눈으로 볼 때 동등한 존재였다. 교회법이 이런 전제 위에 구축된다면 정의가 진정으로 실현될 터였다. 그것을 가로막는 것은 무엇이든지 제거되어야 했다. "교회법이든 세속법이든, 자연법에 위배되는 사항들이 있다면 그런 것들은 완전히 배제되어야 한다."[28]

초창기에는 이해하기가 상당히 힘들었을 이런 규정에서 많은 것이 흘러나왔다. 오랜 세월 위력을 발휘해 온 다음과 같은 전제들—관습이 궁극적 권위이고, 위대한 사람은 비천한 사람보다 더 좋은 대접을 받아 마땅하며, 불공평은 자연스러운 것이니 당연하게 받아들여져야 한다는 생각—은 완전히 뒤집혔다. 볼로냐에서 훈련받은 서기들은 법질서뿐만 아니라 혁명의 행동가들이었다. 법적 교양을 갖추고 대학에서 훈련을 받은 그들은 새로운 세대의 전문가들이었다. 그라티아누스는 혐오스러운 관습을 제거할 기준과 벌칙을 그들에게 제공함으로써 법에 대한 근본적 이해를 바꾸어 놓았다. 이제 법은 로마 법률가들과 프랑크족 왕들이 당연시

• 이 책의 3장에서 바울은 인간의 양심이 곧 하느님의 판결이라는 말을 하면서, 〈코린토 신자들에게 보낸 둘째 서간〉 3장 3절, 〈로마 신자들에게 보낸 서간〉 2장 15절에서 인용된 〈예레미야서〉 31장 33절을 언급했다. 〈예레미야서〉의 관련 문장은 이러하다. "나는 그들의 가슴에 내 법을 넣어 주고, 그들의 마음에 그 법을 새겨 주겠다." 저자는 바울의 양심은 구약성경의 하느님 말씀과, 스토아학파의 시네이데시스, 즉 양심의 개념을 절묘하게 종합한 것이라고 판단한다. 당시 기독교는 유대교 신자들을 상대로 포교하면서 유대교 율법의 준수 문제로 번민했는데, 바울은 다음과 같이 주장함으로써 그들을 해방시켰다. 인간의 양심이 곧 하느님의 율법이므로, 자신의 양심에 비추어 할례나 돼지고기 금식 등을 지킬 필요가 없다고 생각한다면 그렇게 하지 않아도 무방하다는 것이었다. —옮긴이

했던 신분의 차이를 존중하지 않았다. 법의 목적은 신분, 재산, 가계 등과 상관없이 모든 사람에게 평등한 정의를 제공하는 것이었다. 모든 사람이 똑같이 하느님의 자녀이니 말이다.

그라티아누스는 《데크레툼》에 이런 확신을 새겨 넣음으로써 법률학을 완전히 새로운 길 위에 올려놓았다. 교령 법률가의 임무는 정원사의 그것과 비슷하여 결코 끝나는 법이 없었다. 잡초는 계속 생겨나 꽃들을 위협했다. 볼로냐의 학자들이 완전하고 불변이라고 여겼던 로마법 체계와는 다르게, 교회법은 과거뿐만 아니라 미래도 지향했다. 《데크레툼》의 주석가들은 그것이 언제나 개선될 수 있다는 전제하에서 작업했다. 고대의 권위를 인용하기 위해서는 지금 여기에서 어떤 법적 승인이 이루어져야 하는지 깊이 생각해야 했다. 예를 들어 인간의 사회에는 부자와 빈자의 불공평이 만연해 있다. 기독교 신자들은 이런 현상을, "모든 재물은 모든 사람이 공통으로 사용해야 한다"[29]라는 교부들의 일관된 가르침과 어떻게 조화시켜야 하는가? 이 질문은 수십 년 동안 볼로냐의 저명한 학자들을 괴롭힌 문제였다. 《데크레툼》이 완성되고 나서 50년이 흐른 1200년, 마침내 한 가지 해결안이 마련되었다. 미래에 대한 암시가 아주 풍성한 해결안이었다.

다수의 법학자들에 따르면, 부자에게서 음식을 훔친 배고픈 거지는 '이우레 나투랄리iure naturali(자연법에 의거하여)' 그렇게 한 것이다. 그러므로 그 거지는 범죄를 저지른 것이 아니라고 법률가들은 주장했다. 그는 단지 자신이 가져갈 수 있는 것을 가져갔을 뿐이다. 하느님의 분노의 대상이 되어야 할 사람은 그 굶주리는 도둑이 아니라 인색한 부자다. 그리하여 교회 법률가들은 이렇게 결론을 내린다. 이런 사건을 판결해야 하는 주교는 부자가 반드시 자선을 베풀도록 유도할 의무가 있다. 자선은 이제 자발적인 것이 아니라 법적 의무가 되었다.

물론 부자는 빈자에게 베풀어야 한다는 원리는 기독교만큼이나 오래되었다. 예전에 사람들이 생각해 내지 못한 것은 빈자도 생활필수품을 누릴 자격이 있다는, 그에 대응하는 원리였다. 그 원리는 교회 법률가들이 규정하기 시작했는데, 그것은 바로 인간의 '권리'였다.

라틴 서방에서 법률은 그 세계가 추진하는 혁명의 핵심 도구가 되었다.

거인의 어깨 위에 올라서서 앞을 내다보기

우르바누스 2세가 클뤼니를 방문한 지 반세기가 흐른 1140년에 기독교 세계에서 가장 유명한 남자가 그 수도원에 도착했다. 피에르 아벨라르의 명성은 무력의 훈공이 아니라 학문의 소명에 그 밑바탕을 두고 있었다. 그는 어린 시절에 기쁜 마음으로 기사가 되기보다는 학자가 되기로 선택했다. 아벨라르는 "엄청난 총명함, 타의 추종을 불허하는 기억력, 초인간적인 능력"[30] 등으로 명성이 자자했다. 그는 라틴 세계의 가장 화려한 도시인 파리가 크게 도약하던 시대에 학문적 명성을 날렸다. 파리는 프랑스 왕의 왕궁이 있는 곳이자 학문의 중심지이기도 했다. 볼로냐를 위시하여 그 어떤 도시도 파리 지식인들의 눈부신 화려함, 자만심, 과감함 등에 필적하지 못했다. 그중에서도 아벨라르의 별은 더 화려하게 반짝거렸다. 그의 강의에는 수천 명의 학생이 몰려들었다고 한다. 그가 길을 걸어가면 다들 목을 쭉 빼고서 그를 쳐다보았다. 여자들은 기절했다. 아벨라르만큼 파리 학파에 학문적 광채와 국제적 명성을 선양한 사람은 없었다. 그 스승은 전형적인 겸손한 태도를 보이며 자신을 "세상의 유일한 철학자"[31]라고 생각하기를 좋아했다.

그러나 아벨라르의 명성은 그 후 오랫동안 악명에 의해 흐려졌다. 그는 자만심이 강한 데다 전투적이었다. 위기에서 반등하는 그의 능력은 먼저 그런 위기를 자초하는 무모한 능력과 쌍벽을 이루었다. 파리 학파의 지도자라는 그의 위상은 자기 스승들과의 거듭된 싸움으로 확보된 것이었다. 그러다가 1115년에 그는 그동안 저지른 모험들 가운데 가장 위험한 스캔들을 저질렀다. 굉장히 조숙한 여자 제자와 비밀 연애를 벌인 것이다. 그녀는 "아주 뛰어난 학식을 갖춘 데다 용모도 그리 밉지 않은"[32] 엘로이즈였다. 그녀와 비밀 결혼을 한 직후, 아벨라르는 엘로이즈의 숙부가 고용한 폭력배들에게 납치되어 침대에 온몸이 묶인 채로 거세를 당했다. 굴욕을 당한 피해자는 수도원으로 은퇴했다. 그리고 엘로이즈는 그의 고집에 따라 수녀원에 들어갔다. 그러나 아벨라르는 심지어 수도사가 되어서도 골치 아픈 일을 멀리하는 데 서툴렀다. 그에게 피난처로 제시된 생드니 수도원은 파리 북방 6마일[9.5킬로미터] 지점에 있었는데, 프랑스 왕국의 최고 수도원으로 여겨지는 곳이었다. 그런 수도원에 들어갔다는 것은 아벨라르의 위상이 어느 정도였는지를 보여 주는 하나의 지표다.

그러나 아벨라르는 그 수도원의 초기 역사를 탐구하는 과정에서 그 근원에 대해 전통적으로 전해 온 이야기가 실은 가짜임을 증명했다. 당연히 이런 태도가 동료 수도사들에게는 좋게 받아들여지지 않았다. 그래서 아벨라르는 수도사는 명시적 허가 없이는 수도원을 떠나면 안 된다는 규칙을 위반하고 다시 길 위에 올랐다. 그는 은자로 살기도 했고, 대서양 연안한 수도원의 원장으로 있기도 했으며, 다시 파리로 돌아와 교수 노릇을 하기도 했다. 이런 식으로 세월이 많이 흘렀지만 그의 카리스마는 예전과 조금도 달라지지 않았다. 적개심과 존경심을 동시에 이끌어 내는 그의 능력도 여전했다. 마침내 그가 70대가 되었을 때 가장 심각한 위기가 찾아왔다. 교회에서 공식적으로 그를 이단이라고 선언한 것이다. 그에 대한 징벌은 1140년 여름에 로마 교황청에서 보낸 두 통의 편지에 적시되었다. 기독교 세계의 가장 뛰어난 학자에게 그의 저서가 "발견될 때마다"[33] 불태워 버리라는 지시가 떨어졌다. 또 기독교 세계의 가장 훌륭한 웅변가에게 영원히 침묵하라는 명령이 내려졌다.

아벨라르는 이러한 운명을 전에도 에둘러 피한 적이 있었다. 지난 1121년에 그는 삼위일체에 대한 자신의 가르침이 이단이라는 유죄 판결을 받았다. 그가 나중에 고백한 바에 따르면, 그러한 선언은 고환을 잃어버린 것보다 더 큰 고통이었다. 1140년에도 그러했지만 1121년에도 그런 판결을 내린 판관은 교황 특사였다. 교황청은 기독교 세계 전체에 정의를 확립해야 한다는 판단 아래 용납 가능한 사상의 경계 지역을 철저하게 단속했다. 이것은 그리 놀라운 일이 아니었다. 기독교의 가르침이라는 커다란 틀이 없다면, 왕이나 농민이나 똑같이 심판할 수 있는 로마 교회의 권리는 아무것도 아닌 게 될 터였다. 주교와 수도원장의 권위에 좌충우돌하며 도전해 온 아벨라르 같은 학자는 교황청에 경계심을 불러일으킬 수밖에 없었다.

1140년 그가 두 번째로 재판을 받게 되었을 때, 교회 법률가들은 20년 전에 비하여 정통 교리의 범위를 더 단단한 기반 위에 올려놓고 있었다. 프랑스 왕은 아벨라르의 두 번째 법정 소환 현장에 직접 참석했다. 아벨라르는 자신을 고소한 자들에게 답변하기보다는 교황에게 직접 호소했다. 선고 소식이 도착하자 그는 교황청의 정의는 "그 누구도 무시하지 않는다"라는 확신을 품고 즉각 로마를 향해 출발했다. 그의 재판은 교회 법률가들이 다룬 사안들 중 대중의 관심을 대단히 크게 불러일으켰다. 그것은 동시에 그 법률가들이 기독교 신자가 믿어야 할 것과 믿지 말아야 할 것을 철저하게 단속하고 있음을 보여 주었다.

그렇지만 아벨라르가 영원히 침묵을 지켜야 한다는 데 대해서는 합치된 의견이 나오지 않았다. 이단이라는 비난은 맹렬한 반론에 직면했는데, 그중에서도 아벨라르 자신의 반론은 매우 치열했다. 첫 번째 유죄 판결에서 회복되어 파리의 교단으로 다시 돌아가는 데 10년이 걸렸으나, 아벨라르는 자신을 고소한 자들이 잘못했다고 믿어 의심치 않았다. 하느님에 대한 아벨라르의 헌신은 그의 자부심만큼이나 단단했다. 엘로이즈는 수녀원에서 그에게 편지를 보내 성체성사에 참여할 때조차 그에 대한 꿈을 꾼다고 고백했고, 그에 대한 열정을 포기하느니 차라리 천국을 포기하겠다고 말했다. 이런 편지에 아벨라르가 보낸 답변은 준엄했다. 과거의 사랑에 대한 기억에 집착하지 말고 수녀의 의무에 더 헌신해야 한다고 타이르면서 자신의 아내를 구원으로 가는 길 위에 올려놓고자 애썼다. 아벨라르 자신은 그런 헌신의 정신에 입각하여 기독교 교부들의 연구에 몰두했다. 그들의 저서에서 기독교 교리와 모순되고 또 교리에 도전하는 사항들을 거듭하여 발견하고서 그런 것들의 목록을 작성하고 주제에 따라 분류했다.

그러나 교회의 가르침에 도전하려는 야심이 있어서 그렇게 했던 것은 아니다. 오히려 그 가르침을 더욱 공고히 하기 위해서였다. 아벨라르는 교회법의 편찬자들이 교회를 보호하기 위해 그런 편찬 작업을 했듯이, 기독교 정통 교리의 커다란 조직을 찢어 놓기보다는 보호할 생각으로 그렇게 했다. 그의 목적은, 그라티아누스가 그랬듯이, 분열이 있는 곳에 조화를 가져오려는 것이었다. 그는 또한 진보를 믿었다. "우리는 의심함으로써 탐구하게 되고, 탐구함으로써 진실을 알게 된다."[34] 이것이 아벨라르의 신학을 규정하는 원리였고, 그 덕분에 자신이 교부들보다 더 심오하게 교리를 이해할 수 있게 되었다고 제자들에게 말할 수 있었다. 그는 제자들에게 이렇게 가르쳤다. 교부들의 저서에 이성의 기준을 적용하면 기독교의 교리를 분명하고 폭넓고 논리적으로 조망하게 된다고. 그러나 아벨라르는 자신이 오리게네스나 아우구스티누스와 동일한 위상에 놓인 신학자라고 주장할 정도로 오만하지는 않았다. 그러나 그는 그들의 어깨 위에 올라섬으로써 그들보다 더 멀리 볼 수 있기를 열망했다. 그렇지만 이런 점이 그를 고소한 자들에게는 흉측하기 짝이 없는 오만으로 보였다. "하느님의 위대한 본성을 인간의 이성으로 파악할 수 있다고 생각함으로써 기독교 신앙의 명성을 위협한다"[35]는 것이 그들의 생각이었다. 하지만 그를 존경하는 사람들에게는 아주 멋진 생각으로 보였다. 그런 숭배자들 중에는 교회의 고위직들도 있었다.

그런 이유로 1140년 여름에 로마로 가는 길에 클뤼니 수도원에 들렀을 때 아벨라르는 귀빈 대접을 받았다. 수도원장은 그에게 굉장히 안전한 피신처를 마련해 주었다. 그의 별명이 암시하듯이 가경자可敬者 페트루스는 흠결 없는 거룩함의 소유자였고, 그 위대한 수도원은 페트루스에게 교황 다음가는 위상을 부여했다. 페트루스는 아벨라르에게 내려진 이단 판정을 막아 줄 수는 없었지만 자신의 위상과 연줄을 활용해, 위험에 처하여 피신해 온 자에게 개인적으로 용서를 베풀 수는 있었다. 클뤼니에 도착한 지 2년이 되어 마침내 아벨라르가 피로와 고령에 굴복하여 사망했을 때, 그를 추모하는 열기는 대단했다. 페트루스는 일반 관례를 무시하고 그의 시신을 엘로이즈에게 보내 매장하게 했을 뿐만 아니라 시신을 운구할 때 직접 호위했다. 장차 널리 읽히게 될 묘비명에서 수도원장은 죽은 철학자를 가리켜 "우리 시대의 아리스토텔레스"라고 했다. 아벨라르의 적들은 그의 명성에 먹칠을 하고, 신성의 신비를 논리로 해독할 수 있다는 그의 주장을 이단으로 몰아가려 했으나 결국 실패하고 말았다. 아벨라르를 둘러싼 신비는 사후에도 그대로 살아남았다. 남편을 묻고 나서 약 20년이 흘러 엘로이즈가 그를 따라 무덤으로 들어가자, 아벨라르는 두 팔을 뻗어 자기 곁에 누우려는 아내를 포옹했다는 말이 전한다. 그 후 여러 세대에 걸쳐서 학자들은 아벨라르의 포옹 속으로 빠져들어 갔다.

1200년에 이르러 파리는 볼로냐 대학 못지않게 활발한 대학을 자랑할 수 있게 되었다. 아벨라르가 평생 동안 견지해 온 확신─신의 질서는 합리적이며 인간이 이해할 수 있는 원리에 따라 움직인다─은 그의 사후 100년도 지나지 않아 교황 특사들이 옹호하는 정통 교리가 되었다. 그런 교리를 가르치는 사람들은 이제 교회에 위협적인 존재가 아니라 지켜 주어야 할 동지가 되었다. 1215년에 교황 명의의 교령이 반포되어, 파리의 대학은 주교로부터 독립된 지위를 누린다는 사실을 법적으로 확인했다. 그보다 1년 전에 대학들의 법적 지위를 확립하는 유사한 조치가 내려졌다. 그리하여 그 후 수십 년 동안 영국의 옥스퍼드에 여러 대학이 들어섰다. 또 기독교 세계 전역에 대학이 우후죽순처럼 생겨났다. 아벨라르가 개척한 탐구의 방식은 그저 허용되는 데 그치지 않고 제도화된 것이다.

"사물의 온전한 구조가 다스려지는 것은 하느님의 법률 덕분이다."[36] 성 아우구스티누스는 광막한 우주를 통찰하면서 그렇게 선언했다. 파리 대학과 옥스퍼드 대학에서는 신학이 학문의 여왕으로 군림했고, 하느님의 법률을 탐구하는 다른 학문 분야도 많이 생겨났다. 자연 현상들─태양, 달, 별, 원소, 물질의 분배, 동물, 인간의 신체 등에 작용하는 자연의 법칙─은 모두 그 법률의 존재를 증명해 주었다. 따라서 이런 자연 현상을 탐구하는 것은 신을 모독하는 일이 전혀 아니었다. 오히려 정반대였다. 그래서 아벨라르는 "기적에 의하지 아니하고 생겨난 모든 사물의 구성 혹은 발전을 이성으로 설명할 수 있다"[37]라고 주장했던 것이다. 우주를 지배하는 법칙들을 알아내는 것은 그것들을 제정한 주 하느님을 더욱 명예롭게 하는 일이었다. 이러한 확신은 새로 설립된 대학들의 감독자들을 당황하게 만드는 것이 아니라 오히려 그들에게 영감을 주었다. 많은 아벨라르 반대자들이 지저분한 단어라고 생각했던 철학은 대학 교과 과정의 핵심을 차지했다. 자연의 작동 방식을 탐구하는 것은 철학이라는 학문의 특별한 밑바탕을 이루었다. 동식물 연구, 천문학, 수학 등은 자연철학으로 분류되었다. 가장 진실한 기적은 전혀 기적처럼 보이지 않았고 오히려 정반대였다. 하늘과 땅의 질서 정연한 운행이야말로 기적 중의 기적이었다.

이렇게 믿는 것은 하느님의 절대 권력을 의심하는 것이 아니었다. 그분에게는 모든 것이 가능했고 그분의 뜻을 측량하는 건 불가능했다. 성경의 기록은 이 점을 분명히 밝힌다. 그분은 바다를 갈라놓았고, 하늘을 가로지르는 태양의 운행을 정지시켰으며, 앞으로 언제든지 다시 그렇게 할 수 있었다. 그러나 성경은 심지어 하느님도 법적 의무를 지켜야 한다고 분명하게 밝힌다. 그래서 그분은 세상을 뒤엎은 홍수가 끝난 뒤에 구름 속에 무지개를 뜨게 하여 계약의 표시로 삼았다. 다시는 지상에 홍수를 내어 "모든 생명을 파괴하는"[38] 일은 없을 것이라고 말이다. 그 후에도 그분은 아브라함과의 대화에서 계약을 지키겠다고 맹세했고, 모세에게도 계약의 조건을 말씀하셨다. 그러나 가장 심오한 약속, 가장 충격적인 굴복은 이런 것들이 아니었다. "그분은 우리를 우리의 죄악으로부터 해방시키고, 그분의 분노로부터 풀어 주고, 지옥으로부터 놓아주었으며, 악마의 힘으로부터 해방시켰다. 우리에겐 악마를 이길 힘이 없으므로 우리를 대신하여 악마를 정복하러 오셨다. 그리고 우리를 위하여 천상의 왕국을 마련해 두셨다. 이 모든 것을 통하여 그분은 우리에 대한 큰 사랑을 드러내셨다."[39] 안셀무스는 아벨라르가 성년이 되던 시기에 그리스도의 십자가형을 이렇게 묘사했다. 죄악에 빠진 인류는 그리스도에 의해 구원되었다.

그러나 어떻게? 이 질문은 아벨라르와 그의 세대를 사로잡은 문제였다. 그에 대하여 여러 가지 답변이 시도되었다. 어떤 사람들은 그리스도의 죽음을 사탄에게 지불한 속상금贖償金으로 해석했다. 다른 사람들은 천상과 지옥 사이에서 벌어진 소송의 해결이라고 보았다. 아벨라르는 안셀무스의 뒤를 이어 좀 더 심오한 해석을 내놓았다. 그리스도가 십자가 위에서 고문에 굴복한 것은 악마의 요구를 충족시키기 위해서가 아니라, 인류를 사랑에 눈뜨게 만들기 위해서였다. "이는 우리를 죄악의 노예 상태에서 해방시키고, 하느님의 자녀들의 진정한 자유를 우리에게 얻게 하기 위한 일이었다."[40] 정의에 대한 요구 사항은 충족되었다. 그렇게 함으로써 그리스도는 모든 인간에게 하늘과 땅은 실제로 하느님의 법률에 의해 구조를 갖추었다는 점을 확인해 주었다. 하지만 그리스도는 그 이상의 것을 해주었다. 아벨라르는 엘로이즈에게 편지를 보내 그리스도의 고통을 고찰하라고 촉구했고 그 고통에서 사랑의 진정한 본질을 배워야 한다고 말했다. 버림받아 고뇌에 빠진 아내에게 그가 이런 주장을 펼친 것은 그녀를 괴롭히기 위함도 아니었고, 평생에 걸친 이성理性에 대한 확신을 저버리기 위함도 아니었다. 아벨라르는 논리학자로서 자신의 경력과 고통받은 그리스도에 대한 열정적 믿음 사이에서 아무런 모순도 느끼지 않았다. 지혜로 가는 길은 십자가에서 나왔다.

신비와 이성, 기독교는 이 두 가지를 동시에 포용한다. 목소리의 힘으로 빛과 어둠을 소환했던 하느님은 그 후에 바다를 땅에서 갈라놓았고, 그분이 창조한 모든 피조물이 조화의 증거가 되도록 질서를 명령했다. "모든 것의 내재적 원리는 숫자의 구분에 의존한다"[41]라고 아벨라르는 썼다. 그의 사후 100년이 흘러, 하느님이 창조한 우주적 질서, 기적과 기하학의 융합에 대한 기념물이 기독교 세계 전역의 도시들에서 생겨나기 시작했다. 아벨라르가 한때 수도사로 지냈던 생드니 수도원에 들어가면 완전히 변모한 수도원의 모습을 볼 수 있었다. 절묘한 무늬가 새겨진 채색 유리창을 통해 들어오는 햇빛은 전례 없이 아름다운 빛으로 내부를 비추었다. 그 밝은 빛은 종말의 날에 하늘에서 내려오는 새로운 예루살렘의 밝은 빛, 즉 "매우 값진 보석 같고, 수정처럼 맑은 벽옥 같은 광채"[42]를 연상시켰다. 생드니는 그 내부를 가로지르는 채색 햇빛을 통해 계시를 흘끗 엿보는 체험을 방문객들에게 제공했다. 솟아오르는 듯한 버팀벽과 둥근 천장의 아치형은 건축사의 균형과 기하학적 감각을 웅장하게 선언했다. 1144년에 프랑스 왕이 참석한 가운데 준공된 그 수도원은 아주 멋진 새로운 스타일의 대성당 모델이 되었다.

"우둔한 정신은 물질적인 것들을 통해 진실에 다가간다."[43] 생드니의 문들에는 그렇게 쓰여 있다. 그 수도원이 지어진 이후, 예전에는 볼 수 없던 규모로 건설된 대성당들은 라틴 서방에 등장한, 뚜렷한 새 질서의 구체적 표현이었다. 그 질서를 열렬하게 환영하는 사람들은 그것을 모데르니타스modernitas라고 불렀는데, 시간의 마지막 단계라는 뜻이다. 그들은 혁명, 즉 성공을 거둔 혁명의 대변인들이었다.

10장

박해

1229년, 마르부르크

파비암 백작은 뼈 빠지게 힘든 병원 일을 보고서 충격을 받았다. 날마다 거친 회색 상의를 입은 여인들이 병자들을 돌보았다. 그들을 목욕시키고, 속옷을 갈아입히고, 상처를 닦아 주었다. 이질을 앓고 있는 마비된 소년이 걱정된 나머지 한 여인은 그를 자신의 침대에 데려가서 간호했고, 그가 설사를 하려고 할 때마다 방 밖으로 데리고 나갔다. 이런 일이 하룻밤에도 대여섯 번씩 벌어져서 여인은 계속하여 잠을 설쳤다. 하지만 낮이 되면 해야 할 일이 너무나 많았기 때문에 야간의 부족한 잠을 보충할 수도 없었다. 병원에서 일하지 않는 때에는 주방으로 들어가 채소를 다듬고, 그릇을 씻고, 귀가 먼 데다 가혹하기까지 한 가정부의 잔소리를 들어야 했다. 만약 식기실에서 더는 할 일이 없으면 방적기 앞에 앉아서 실을 자아야 했다. 실 짜기는 그녀의 유일한 수입원이었다. 몸이 아파서 침대에 누워 있을 때에도 그녀는 맨손으로 실을 감아야 했다. 백작은 그녀의 숙소에 들어갔을 때 찬양의 말을 탄식처럼 터트릴 수밖에 없었다. "왕의 딸이 실 잣는 모습은 일찍이 본 적이 없도다."[1]

성녀聖女 엘리자베트는 지체 높은 신분으로 태어났다. 헝가리의 초대 기독교 왕인 이슈트반의 사촌 가문인 그녀는 어린아이 시절에 중부 독일의 튀링겐으로 보내져 신부 수업을 받았다. 14세에 그녀는 그곳의 통치자인 스무 살의 루이스와 결혼했다. 부부는 아주 행복했다. 엘리자베트는 남편에게 세 아이를 낳아 주었다. 루이스는 아내가 하느님을 늘 가까이하려는 경건한 태도를 보이는 것을 높이 평가했다. 심지어 한밤중에 하녀가 그의 발을 잡아당겨 잠을 깨웠어도 그는 참을성 있게 견뎠다. 하녀가 그를 아내로 오인했다는 것을 알았기 때문이다. 아내는 이른 아침에 일어나 기도를 올리는 것이 오래된 습관이었다. 엘리자베트는 자신의 패물을 가난한 사람들에게 나누어 주겠다고 고집했다. 그녀는 병든 사람들의 얼굴에 묻은 점액과 침을 닦아 주었다. 자신이 가진 최고급 리넨 베일을 가지고 가난한 사람들의 수의를 만들어 주었다. 이런 행위들은 남편의 사후에 그녀가 벌일 엄청난 자기고행의 예고편이었다. 그녀의 유일한 후회는 자신의 고행이 좀 더 철저하게 실천되지 못한 것뿐이었다. "만약 이보다 더 멸시되는 생활이 있다고 한다면, 나는 그것을 선택할 것입니다."[2] 파비암 백작은 마르부르크에서 이처럼 가혹하고 비천한 삶을 살아가느니 차라리 친정아버지의 궁정으로 돌아가자고 제안했다. 하지만 엘리자베트는 일언지하에 거절했다.

그녀는 바실리우스, 마크로나, 파울리누스 등 오랜 역사를 자랑하는 고행 전통의 후계자였다. 튀링겐 또한 엘리자베트에게 역할 모델을 제공했는데 튀링겐의 성녀 역시 왕실 가문의 여자였다. 클로비스 시절에 왕비였던 라데군트는 화장실 청소를 했고 거지들 머리카락에서 서캐를 떼어 내

주었다. 그렇지만 엘리자베트가 지닌 영감의 원천은 그보다 훨씬 더 가까운 곳이었다. 그녀는 개혁가들에 의해 거꾸로 뒤집힌 세상에서 살아왔다. 그들은 이미 근 100년이 넘게 기독교 세계에서 오물을 씻어 내고, 부패한 나병의 부스럼을 털어 내 치료하려고 애썼다. 엘리자베트가 모범으로 삼는 대상은 성인이 아니라 기관, 즉 교회였다. 그녀와 마찬가지로 교회는 군주들의 포옹을 피해 왔다. 그녀와 마찬가지로 교회는 영원한 순결을 맹세했다. 그녀와 마찬가지로 교회는 가난을 하나의 이상으로 삼았다. "설교를 하기에 적합한 유일한 사람은 지상에 재산이 없는 사람이다. 그들은 자기 것을 소유하지 않기에 모든 것을 공동으로 사용한다."[3] 이것이 그레고리우스 7세 시절에 '개혁'의 엄청난 격변을 촉발시킨 전투의 함성이었다. 그것은 엘리자베트가 짐꾼과 주방 하녀들과 한 몸이 되기 위해 전재산을 내놓으면서 소리 높여 외친 함성이기도 했다.

그러나 그녀는 조심스럽게 움직여야 했다. 자발적 가난의 길로 나선 모든 사람이 그렇게 했다. 지난 수십 년 동안 모든 것을 다 휩쓸어가 버린 '개혁'이라는 용암의 흐름은 차가워지면서 굳기 시작했다. 개혁의 지고한 '업적'—기독교 세계 전역에 단 하나의 지고한 위계 제도를 확립한 것—은 이제 혁명의 열기에 의해 지탱되지 않았다. 혁명의 지도자들은 이미 많은 것을 얻은 터라 더는 사회적 동요를 원치 않았다. 그들은 이제 안정이 필요하다고 생각했다. 교황청 관료제에 봉사하는 서기들과 교회법에 밝은 법률가들은 교회 권위의 밑바탕을 단단하게 다지려고 오랫동안 노력해 왔다. 그들은 자신들의 어깨를 짓누르는 엄청난 책임감을 의식했다. 그들의 임무는 기독교 신자들을 하느님 앞에 가까이 데려가는 것이었다. "기독교 신자들에게는 단 하나의 가톨릭〔보편〕교회가 있을 뿐이고 그 밖으로 나가면 구원은 없다."[4] 엘리자베트의 어린 시절이던 1215년 라테란 궁에서 열린 일련의 종교회의 중 제4차 회의는 그렇게 공식적으로 선언했다. 이 교회법에 도전하거나, 그것을 지탱하는 권위의 구조를 거부하거나, 신자들의 영혼을 사목하는 사제들에게 불복종하는 것은 곧 지옥으로 가는 길에 들어서는 것이었다.

하지만 그러려면 "하늘 아래 모든 나라에서 온"⁵ 주교와 수도원장의 집단적 지지 성명이 필요했다. 이는 아주 어색한 진실, 즉 교회의 권위가 보편적으로 인정되지 않는다는 점을 강조했을 뿐이다. 교황 그레고리우스 7세 이후 100년이 흘러가는 동안, 개혁의 잠재력을 더욱더 계발해야 한다고 생각하는 사람들이 많이 생겨났다. 혁명의 열정은 쉽사리 가라앉지 않았다. 교회 내부에서 권력을 잡은 개혁가들이 기독교 세계를 안정시키려 하면 할수록 '개혁'의 주변부에 있는 사람들은 그들을 배신자라고 비난했다. 이렇게 하여 아주 획기적인 양상이 정착되었다. 혁명은 엘리트들을 만들어 냈고 그들은 혁명을 계속해야 한다고 요구했다.

선동가들 대다수는 설교자였는데, 사도들이 살던 방식대로 살아야 한다는 이상을 고수했고, 모든 재산을 공동으로 사용해야 한다고 주장했으며, 세속적인 냄새를 풍기는 모든 것을 경멸했다. 그들은 일찍이 그레고리우스가 오래된 교회에 반기를 들었던 것처럼 새로운 모델의 교회에 반기를 들고 나섰다. 그들은 장식 없는 철제 십자가를 등에 메고 맨발로 시골 지방을 돌아다니면서, 자신들의 설교를 실천하지 않는 사제들을 맹렬하게 비난했다. 제도권의 사제들은 정신적 나병, 오만함, 탐욕으로 온몸이 썩어 버렸다고 성토했다.

가장 극단적인 선동가들은 거기서 한 발 더 나아갔다. 그들은 개혁을 더 밀어붙여야 한다고 주장하는 것이 아니라, 교회의 기존 구조가 아주 절망적인 상태라고 판단했다. 교황과 주교들이 사람의 피를 가지고 지은 그 구조물은 구제 불능 상태였다. 그 전체 조직이 철저하게 부패했다. 그것은 허물어서 철거해 버리는 것 말고는 대안이 없었다. 이런 가르침이 널리 퍼지는 것을 두려워한 고위 성직자들은 그런 주장을 하는 자들을 이단으로 몰아붙였다. 엘리자베트가 출생할 무렵, 교황 측근들의 공포는 최고조에 달해 있었다. 이단자들이 어디에서나 돌아다니는 것 같았다. 제4차 라테란 종교회의에서 이런 이단의 전파를 차단하는 계획이 상세한 교회법으로 수립되었다. "거룩한 정통 가톨릭교회 안에서 생겨난 모든 이단을 우리는 파문하고 단죄할 것이다. 모든 이단자는 그들 자신이 어떤 명칭을 사용하든 간에 단죄될 것이다."[6]

그러나 이단과 성자의 구분은 종이 한 장 차이였다. 아직 궁정에 머물던 엘리자베트 성녀는 하녀들과 함께 장차 거지가 되는 공상을 했다. 그녀는 하녀들의 도움을 받아 자신의 내실에서 거지의 넝마를 입고 있기도 했다. 그러나 이런 일은 그들 사이의 비밀이었다. 엘리자베트는 남편을 당황하게 만들고 싶지 않았다. 그녀의 그런 행동은 남편의 궁정에 출사하는 신하들뿐만 아니라 다른 사람들에게도 스캔들로 여겨질 수 있었다. 루이스가 궁정을 차린 바르트부르크 성채 밖의 여러 도로에는 설교자 무리가 떠돌아다니고 있었다. 그들은 부자들에게 자신들이 했던 것과 마찬가지로 가진 것을 모두 팔아 가난한 사람들에게 나누어 주라고 소리쳤다. 그런 설교자들 중 몇몇은 여자들이었지만 엘리자베트는 그들에게 합류하여 스캔들을 일으키는 일은 삼갔다. 발도파가 되는 것은 저주를 각오해야 하는 일이었다. 발도파는 리옹의 부유한 상인 발데스의 이름에서 유래했다. 발데스는 1173년에 그리스도의 가르침에서 영감을 받아 가진 재산을 모두 팔아서 가난한 사람들에게 나누어 준 인물이다. 하지만 발도파는 자신들의 가르침을 공개적으로 선언하고자 했지만 교회에서 계속하여 승인을 받지 못했다. 그들은 교황에게도 호소했으나 비웃음을 받으며 교황청에서 쫓겨났다. 사제들은 일반 신자들의 성경 해석을 들어 주자고 그 힘든 대학 코스를 마친 것이 아니었다. "지혜의 진주를 돼지에게 던지란 말인가?"[7] 발도파는 이런 판결에 순순히 복종하지 않고 자신들을 심판하려 했던 자들을 공격하고 나섰다. 그들은 도나투스파를 연상시키는 맹렬한 기세로 사제들의 오만과 부패를 성토했고, 이어 사제단이라는 개념마저 경멸하기에 이르렀다. 그리스도만이 그들의 주교였다. 이 음침하고 조잡한 이단은 엘리자베트에게 교회에 대한 불복종이 어느 정도까지 나아갈 수 있는지를 보여 주는 오싹한 사례였다. 발도파가 그녀가 선망하는 삶을 산다는 것, 다시 말해 모든 재산을 공유하면서 동냥으로만 먹고 산다는 사실이 그들을 더욱 경계해야 할 대상으로 만들었다.

그리스도의 이름으로 가난을 받아들인 상인이 발데스만은 아니었다. 1206년 한때 플레이보이였던, 이탈리아 도시 아시시 출신인 프란체스코는 아버지에게서 물려받을 상속 재산을 모두 포기했다. 그는 겉옷을 벗어서 아버지에게 건네주었다. "더욱이 그는 속옷도 입지 않아서 구경꾼들이 보는 앞에서 알몸이 되었다."[8] 현지 주교는 그런 광경에 경악하기보다 깊이 감명하여 자신의 겉옷을 벗어 그의 몸을 부드럽게 가려 주면서 그가 가려는 길을 축복해 주었다. 이 일화를 시작으로 프란체스코의 경력이 시작되었다. 그리스도의 가르침을 글자 그대로 따르고, 그 가르침의 역설과 복잡성을 절묘하게 극화하고, 단 하나의 인상적인 동작으로 단순함과 심오함을 결합시키는 프란체스코의 능력은 그 후 그에게서 사라진 적이 없다. 그는 나병 환자들에게 봉사했고, 새들에게 설교를 했으며, 푸주한으로부터 어린 양들을 구해 주었다. 그의 카리스마를 느끼지 못하는 사람은 거의 없었다.

프란체스코의 청빈한 생활에 대한 칭송은 교회 최상층부에까지 전해졌다. 제4차 라테란 종교회의를 주재한 교황 인노켄티우스 3세는 쉽게 감동하는 사람이 아니었다. 오만하고 무모하고 총명한 그는 황제를 전복시키고 왕들을 파문하는 등 그 누구에게도 밀리지 않았다. 그런 만큼 프란체스코가 열두 명의 거지 '형제들' 혹은 '수도사들'의 맨 앞에 서서 로마에 처음 왔을 때, 교황은 그를 만나 보기를 거부했다. 신성 모독은 물론이고 이단의 냄새가 너무나 강하게 풍긴다고 생각했던 것이다. 그러나 프란체스코는 발데스와는 다르게 교회를 한없이 존중했고 그 권위에 복종했다. 그리하여 인노켄티우스의 의심은 누그러졌다. 위압적이지만 상상력이 풍부했던 교황은 프란체스코와 그 추종자들에게서 위험이 아닌 기회를 보았다. 전임 교황들이 발도파를 일방적으로 탄압했던 것과는 다르게, 그는 프란체스코파에게 교회 내에 합법적인 종단을 만들라고 지시했다. "형제들이여, 주님과 함께 가서 그분께서 당신들에게 영감을 내리시는 대로 모든 이에게 회개를 설교하도록 하라."[9]

이러한 선언이 나온 지 10년도 채 안 된 1217년에 이르러 프란체스코 선교사들이 독일에 도착했다. 엘리자베트는 이 선교사들에게 크게 영향을 받으며 성장했다. 그녀는 은밀하게 거지 복장을 하고서 프란체스코에게 찬사를 바쳤다. 그녀가 프란체스코의 가르침에 바치는 열광적 찬사는 훨씬 더 공개적이었다. 1225년에 그녀는 프란체스코파에게 바르트부르크의 산록에 있는 아이제나흐 마을에 선교 기지를 마련해 주었다. 3년 뒤 남편이 세상을 떠나자 그녀는 그 기지로 들어갔고 이 세상과의 인연을 공식적으로 포기했다. 그러나 그렇게 간절히 원했지만 그녀는 가가호호 방문하면서 걸식하는 것은 하지 못했다. 엘리자베트는 프란체스코의 모범 사례를 철저하게 학습했다. 그녀는 복종심 없이 가난을 포용하면 발도파의 운명에 처할 수 있음을 잘 알았다. 상급자의 지시가 없는 한, 고행이나 인고의 행동을 해서는 안 되었다. 그녀는 많은 하인을 거느린 공주였으므로 다른 형태의 복종을 추구해야 한다는 것을 알았다. 그래서 엘리자베트는 남편 옆의 옥좌에 앉아 있으면서도 '정신적 단련의 스승magister disciplinae spiritualis'을 고용했다. 그것도 그냥 스승이 아니었다. "나는 재산을 지닌 주교나 수도원장에게 복종을 맹세할 수도 있었을 것이다. 그러나 아무런 재산도 갖고 있지 않고 순전히 구걸하면서 살아가는 분에게 복종을 맹세하는 게 더 좋겠다고 생각했다. 그래서 나는 콘라트 스승에게 복종했다."[10]

그러나 콘라트 스승은 개인적 고행으로 명성이 높은 인물은 아니었다. 독일 전역에서, 그리고 저 먼 로마에서까지 콘라트는 무엇보다도 "악행을 가장 혹독하게 비판하는 사람"[11]으로 유명했다. 비천한 가문 출신이었지만 웅변 실력이 뛰어났던 그는 교회와 그 권위를 지칠 줄 모르고 줄기차게 옹호했다. 교황청의 인재 발굴자들은 그를 주목했다. 1213년에 콘라트는 교황의 친서를 휴대하고 작은 노새를 타고서 독일의 전역, 이 마을 저 마을을 누볐다. "남녀노소를 불문하고 각 지방에서 온 엄청나게 많은 사람들이 그의 설교에 매혹되어 그를 따라다녔다."[12] 1225년에 이르러 엘리자베트가 그를 고용했을 때, 그는 이단자들을 교육시키는 일을 여러 해째 하던 중이었다. 이제 공주까지 단련시키게 된 상황에서도 그는 회초리 휘두르기를 조금도 망설이지 않았다. 루이스가 사망하기 전에도 그는 엘리자베트가 자신의 설교 모임에 한 번 빠졌을 때 아주 가혹한 매질을 했고 그 채찍질이 만든 상처가 3주 후에도 다 사라지지 않을 정도였다. 엘리자베트는 속세와의 인연을 끊은 후에 스승의 지시에 따라 튀링겐의 동쪽 끝에 위치한 스승의 고향, 마르부르크로 가서 그곳에 병원을 세웠다. 먼저 자녀를 빼앗기고 그다음에는 몹시 아끼던 시녀들을 빼앗기고도 엘리자베트는 자신을 길들이려는 스승의 시도를 전부 다 끈질기게 참아 냈다. 자신이 저지르지 않은 비행으로 체벌을 받을 때에도 그녀는 기꺼이 복종했다. "그녀는 기꺼이 스승 콘라트의 거듭되는 매질과 주먹질을 참아 냈다. 그때마다 주님이 당한 고통을 마음속에 떠올리며 끈질기게 견뎠다."[13]

고통을 겪는 것은 곧 구원을 얻는 것이었다. 1231년 엘리자베트가 스물네 살의 어린 나이에 고행으로 사망하자 콘라트는 즉각 그녀를 성인으로 호칭했다. 황금이 불로 단련되듯이 그녀는 죄악을 말끔히 씻어 냈다. 그녀를 일찍 무덤으로 들어가게 한 고초가 그녀를 천상으로 들어 올렸다. 이에 대한 증거는 그녀의 무덤 앞에서 나타났다고 보고된 수많은 기적에 의해 밝혀졌다. 어릴 적에 귀에 완두콩이 들어가 귀가 먼 여자가 다시 청각을 회복했다. 여러 명의 꼽추가 병을 고쳤다. 콘라트의 관점에서 볼 때, 그런 기적들 중에서 가장 놀라운 것은 한 발도파 과부의 이야기였다. 그 여자는 코가 끔찍하게 일그러져 있었는데 엘리자베트 성녀에게 호소한 결과, 코가 아주 아름답게 복원되었다. 이런 감동적인 보고가 가르쳐 주는 교훈은 콘라트를 안심시키기에 충분했다. 그의 엄격한 고행 요구, 몹시 비정한 단련 등은 그것으로 정당화되었다. 16년 전 제4차 라테란 종교회의에서, 사상 처음으로 모든 기독교 신자는 해마다 개별적으로 자신의 죄악을 고백하는 것이 의무로 부과되었다. 어떤 잘못이라도 용서받을 수 있다는 콜룸바누스의 자애로운 확언은 교회 당국으로부터 최종적으로 공식 승인을 받았다. 하느님의 자비는 모든 사람에게 열려 있었다. 그 자비를 얻으려면 진정으로 회개하면 되는 것이었다. 가장 완고한 이단자도 궁극적으로는 천상에 오를 수 있었다.

엘리자베트 사후, 바로 이런 새로운 긴급한 위기의식이 발동한 콘라트는 이단자들을 그리스도의 품안에 돌아오게 하는 운동에 착수했다. 그는 매우 창의적인 권력으로 무장하고 그 작업에 나섰다. 지난 수십 년 동안 여러 교황이 이단에 맞서 싸우는 데 필요한 법적 자원들을 힘들게 계발해 왔다. 박해보다 자비를 강조하는 경향이 있는 전통에 역정을 내면서, 교황들은 일련의 징벌적 조치를 도입했다. 1184년, 전에는 잠재적 이단자들을 마냥 내버려 두던 주교들에게 그런 자들을 적극적으로 색출하라는 지시가 떨어졌다. 이어 1215년에 인노켄티우스 3세가 주재한 라테란 대 종교회의에서, 이단 진압을 주 목적으로 하는 제재 방안들이 마련되어 교회에 박해의 수단을 제공했다. 이어 1231년에는 새로운 조정안이 나왔다. 새 교황 그레고리우스 9세는 콘라트에게 이단에 반대하는 설교를 할 뿐만 아니라 이단 색출inquisitio에 전력을 다하라고 지시했다. 이제 이단을 재판에 회부하여 판결하는 사람은 주교가 아니었고, 그 일을 하기 위해 특별히 임명된 사제가 이단 재판을 담당했다. 콘라트는 사제로서 "유혈적 징벌 선고를 결정하거나 내릴"[14] 권한은 없었지만, 세속 당국에 그런 징벌을 부과하도록 강요할 수 있는 권리를 그레고리우스로부터 부여받았다. 일찍이 이런 수준의 권력이 이단 반대 운동가에게 부여된 적은 없었다. 이제 콘라트가 노새를 타고 이 마을 저 마을을 다니면서 현지 사람들을 소환하여 그들의 믿음에 대하여 질문하는 것은, 단지 설교사 자격으로만 그렇게 하는 것이 아니라 종교 심문관inquisitor이라는 새로운 자격으로 심문하는 것이었다.

"그는 모든 일에서 그녀의 의지를 꺾어 놓으려 했다. 그녀가 스승에게 바치는 복종의 공덕을 더 높이기 위해서였다."[15] 콘라트는 그런 식으로 자신이 엘리자베트를 가혹하게 다룬 것을 정당화했다. 가장 친절한 배려는 잔인함이고 가장 진정한 자비는 가혹함이었다. 콘라트가 상대하는 일군의 이단자들은 즉각 저주로부터 구제될 수 있는 자들이 아니었다. 오로지 불로 그들을 단련해야 했다. 화형 장작은 일찍이 불을 지핀 것보다 더 강력하게 지필 필요가 있었다. 이단자들의 화형 — 그때까지는 산발적으로 사용되는 진귀한 수단이었고 또 마지못해 승인되는 징벌이었다 — 은 콘라트 종교 심문의 특징이 되었다. 라인강 연안의 도시들과 마을들에서 불에 탄 살의 악취가 공중에 진동했다. "너무나 많은 이단자가 독일 전역에서 화형에 처해져 그 수를 제대로 파악하기가 힘들었다."[16] 당연히 콘라트 비판자들은 그가 무모한 학살 행각을 벌인다고 비난했다. 그들은 그가 모든 고소장의 내용을 곧이곧대로 믿는다고 주장했다. 법적 절차를 너무 빨리 서둘러서 무고한 사람들을 화형에 처한다고 비난했다. 그러나 아무도 무고하지는 않았다. 모두가 타락했다. 영원한 저주를 받는 것보다는 그리스도가 공개 처형 장소에서 고통을 겪었듯이 그런 식으로 고통을 겪는 것이 더 좋았다. 영원히 화형을 당하는 것보다는 잠시 불에 타는 것이 더 좋았다.

콘라트 스승의 경우, 이 세상에서 죄악을 씻어 내고 이 세상의 나병을 치유하려는 열망은 이제 살인의 열망으로 바뀌고 말았다. 그것이 콘라트의 행위를 더욱 혁명적으로 만들었다. 일찍이 그레고리우스 7세는 이 세상 질서를 의심하여 기름 부음 받은 왕을 카노사 궁의 성문 앞에서 굴복시켰다. 콘라트 또한 이 세상이 부패했다는 교황의 의심을 공유했다. 엘리자베트의 스승으로서, 그는 그녀에게 "명확하게 그 출처를 의식하지 못하는" 음식은 먹지 말라고 지시했다. 남편의 식탁에 오른 음식 중에서 가난한 자를 착취하여 만든 음식, 농부에게서 세금 혹은 공과금으로 빼앗은 음식이라고 생각되는 것을 엘리자베트는 철저히 거부했다. "그 결과 그녀는 종종 심한 영양 부족을 느꼈고, 꿀을 바른 롤빵 이외에는 아무것도 먹지 않았다."[17]

엘리자베트는 성녀였다. 하지만 그녀의 동료 귀족들은 성자가 아니었다. 1233년 여름, 콘라트는 감히 그 동료들 중 한 사람인 자인 백작을 이단으로 고소했다. 독일 왕이 참석한 가운데 긴급히 소집된 주교 회의는 그 고소 건을 기각했다. 콘라트는 거기에 전혀 위축되지 않고 다른 귀족들을 추가로 고소하려고 했다. 그리하여 7월 30일, 그가 라인강 지역에서 마르부르크로 돌아오는 길에, 한 무리의 기사가 잠복해 있다가 그를 살해했다. 그의 피살 소식은 독일 전역에서 기쁜 마음으로 받아들여졌다. 그렇지만 라테란 궁은 크게 분노했다. 콘라트가 마르부르크에서 성녀 엘리자베트 옆에 안치되는 동안, 그레고리우스는 아주 음울한 어조로 그를 추도했다. 그를 살해한 자들은 닥쳐오는 어둠의 전령들이라고 교황은 경고했다. 하늘과 땅이 모두 그들의 범죄에 전율했다. 그들을 사주한 자는 지옥에서 온 자이며 바로 악마 그 자신이었다.

위대하고 성스러운 전쟁

사제들은 이단들의 신비한 등장을 생각할 때마다, 그 그림자 같은 윤곽을 어디서 많이 본 것 같은 느낌을 받는다. 이단은 그래서 더욱 혼란스럽다. 콘라트는 발도파를 심문할 때, 소규모에다 최근에 생겨난 종파를 심문하고 있다는 사실을 받아들이려 하지 않았다. 오히려 그는 그들에게서 실제보다 더 위협적인 어떤 것을 보았다. 콘라트는 그들이 거의 교회의 거울이미지와 비슷한 기관에 소속되어 있다고 생각했다. 그들의 주장은 보편적이고 그 조직은 철저한 위계제라는 것이다. 콘라트는 그레고리우스 9세에게 편지를 보내 이단자들은 악마에게 진정한 충성을 바쳤다고 경고했다. "그들은 악마가 천체의 창조주라고 주장하면서, 주님이 권능을 잃으면 악마가 궁극적으로 영광의 권좌에 돌아올 것이라고 생각한다."[18] 그들의 괴기한 의례는 교회의 의례를 패러디한 것이었다. 사탄의 추종자 반열에 들어선 입문자들은 거대한 두꺼비의 혀를 빨아야 하는 의무가 있었다. 그리스도에 대한 믿음은 얼음처럼 차가운 시체의 입술에 키스함으로써 사라졌다. 의례용 식사에서 악마의 숭배자들은 개만 한 덩치의 고양이의 항문을 핥았다. 이어 온 신도가 사탄을 주님으로 경배했다.

그레고리우스 9세는 이런 선정적인 보고서를 읽고서 전례 없는 조치를 취했다. 이러한 보고가 모두 진실이라고 승인해 주었던 것이다. 그와 유사한 이야기들이 오래전부터 떠돌고 있었다. 그러나 전에는 교황으로부터 그런 승인을 받은 적이 없었다. 기독교 학자들은 전통적으로 악마 숭배 이야기를 미신적인 우행으로 치부해 왔다. 이성적인 사람이나 교양 있는 사람은 그것을 진지하게 받아들이지 않았다. 거기에서는 이교주의 냄새가 너무 심하게 났다. 자기 자신의 그림자를 두려워하는 어리석은 농민이나 초심자만이 악마들이 지상을 횡행하는 것을 두려워하면서 추종자들을 규합하고 마녀 집회를 개최한다고 보았다. 그런 말도 안 되는 얘기를 믿는 것 자체가 악마의 소행으로 간주되었다. 이것이 그라티아누스와 다른 교회법 법률가들이 내린 엄숙한 판결이었다. "제정신이 아닌 사람들만이 꿈속에서, 혹은 야간의 환시 속에서 낮 동안에는 전혀 본 적 없는 것을 잠자면서 보는 게 아닌가."[19]

그러나 학자들은 이렇게 합리적으로 마녀 집회를 의심하면서도 여전히 지옥으로부터 영감을 받은 음모의 존재는 두려워했다. 발도파는 라인란트의 유일한 이단자들이 아니었다. 그들은 콘라트가 목회를 하기 수십 년 전부터 뚜렷이 다른 유해한 종파에 소속되어 있었다고 믿어졌다. 1163년 쾰른에서 여섯 남자와 두 여자가 카타리파Cathari('순수한 자들') 소속이라는 이유로 화형을 당했다. 그 후 여기저기에서 카타리파가 처형되었으나 그 수는 많지 않았다. 그들의 신앙이 구체적으로 무엇인지는 불분명했다. 어떤 사람들은 콘라트처럼, 그들을 악마 숭배자라고 하면서 카타리라는 이름은 악마 숭배자들이 그 항문에다 키스를 하는 고양이 이름에서 나왔다고 말했다. 어떤 사람들은 그들을 발도파와 혼동했다. 어떤 사람들은 카타리파를 역시 수수께끼 같은 존재인 다른 이단자 집단과 동일시했다. "그 다른 집단을 어떤 사람은 파타레네스Patarenes라고 부르는가 하면 어떤 이는 퍼블리컨Publican, 또 어떤 이는 전혀 다른 이름으로 불렀다."[20] 교회의 역사를 잘 아는 학자들만이 카타리파가 누구인지 명확하게 알았다. 카타리파는 콘스탄티누스 시절인 니케아 종교회의에서 제정된 교회법을 무시하는 발언을 한 분리파였다. 그러다가 천 년이 흘러간 시점에 라인란트에서 갑자기 생겨났다. 이는 이단이 얼마나 위험하고 또 얼마나 끈질긴지를 잘 보여 주는 사례였다. 이 상존하는 위험은 언제나 그늘 속에 있으면서 시간과 공간을 가로질러 버텨 왔던 것이다.

그러나 신경질적인 교황청 관리들에 의해 카타리파로 지목된 사람들은 대부분 그들 자신을 이단자로 생각한 적이 없었을 뿐만 아니라, 말이 난 김에 하는 말이지만, 그들 자신을 카타리파라고 생각한 적은 더더욱 없었다. 무식한 사람들의 판타지 때문에 악마 숭배에 대한 두려움이 커지는 것처럼, 과거의 이단은 학자들의 부추겨진 의심 때문에 무덤에서 되살아났다. 교황청에 근무하면서 가톨릭교회의 조직에 관료, 법률가, 교사 들을 제공한 고위 사제들은 그들 자신이 한때 개혁가였다는 사실을 너무 쉽게 잊어버렸다. 과격분자들은 사제들이 '개혁'의 대의를 저버렸다고 비난했다. 그렇지만 대다수 기독교 신자들은 '개혁'의 구체적 내용이 무엇인지 모르거나 그런 '개혁'에 분노하며 살아가고 있었으므로, 그런 과격분자들의 비난이 어느 정도 희석되었다. 대성당과 대학에서 멀리 떨어진 곳에서는 과거의 숭배 습관이 잘 사라지지 않았다. 중앙 정부의 권위가 존재하지 않는 기독교 세계의 외진 지역일수록 더 그러했다. 그런 곳은 왕령이나 주교의 명령이 잘 먹혀들지 않았다. 파리 대학이나 볼로냐 대학에서 공부한 사제들이 출세 가도와 다른 길에 들어선다면 아주 생소한 신자들을 만나게 되었다. 그 신자들은 '개혁'에 대해서 잘 알지 못할 뿐만 아니라 개혁 운동으로 고위직에 오른 사제들을 경멸하기까지 했다. 이렇게 불평하는 사람들을 '카타리파'라고 명명하는 것은 그들의 정체를 노골적으로 무시하는 것이었다. 그들은 시대의 새로운 정통 교리로부터 소외된 기독교 신자들이었다.

그런 긴장이 매우 두드러진 곳은 프랑스 남부 지역이었다. 그곳은 파리에서 멀리 떨어진 곳이었고, 지역에 대한 충성심이 아주 강했으며 또 지역에 따라 분열되어 있었다. 1179년에 교황에 의해 소집된 종교회의는 "알비와 툴루즈 주변 지역들"[21]을 콕 집어서 이단의 배후 거점이라고 지목했다. 그 지역을 방문한 교황 특사들은 그곳 사람들이 분열적이고 논쟁적인 기질을 갖고 있고 '개혁'의 기본 이상을 못마땅하게 여긴다는 것을 발견했다. 그 주민들은 교회가 국제적인 위계 제도를 갖추어야 한다고 주장한 것, 교황청에 대한 복종과 존경을 요구한 것, 십일조를 내라고 한 것, 사제와 일반 신자들을 철저히 구분한 것 등에 저항했다. 특히 교황 특사들에 의해 '알비파'라고 지목된 사람들은 신을 모시는 권위가 사제의 특권이라고 생각하지 않았다. 누구나 그런 권위를 주장할 수 있다고 보았다. 알비와 툴루즈 주변의 들판에서는 농부가 주교 못지않게 존경받는 존재가 될 수 있었다. 정중함과 자기절제의 모범이라고 소문난 홀아비, 세상에서 동떨어져 은둔한 기혼 부인, 이런 사람들은 착한 사람들boni homines, 즉 '착한 남자' '착한 여자'로 존경을 받았다. 가장 거룩한 사람은 그리스도를 가장 온전하게 닮은 사람, '하느님의 친구'가 되는 사람이었다. 그들이 일상생활에서 보여 주는 겸손한 동작은 신성함의 느낌으로 충만했다. 현지의 토양 속에 깊이 뿌리내린, 착한 사람들의 기독교를 '개혁' 운동은 이단이라고 지목했다. "굶주린 늑대, 위선자, 유혹자들"[22]이나 믿는 것이라며 매도했다.

1165년 알비에서 남쪽으로 16킬로미터 남짓 떨어진 곳에서 한 주교가 마을의 광장에서 반대파와 대화를 나누었다. 많은 귀족과 고위 사제가 그곳에 나와 그 대화를 지켜보았다. 그날 '착한 사람들'이 그들의 신앙에 대해서 말한 내용은 거기 모인 사제들에게는 매우 충격적이었다. 그들은 노골적인 언사로 구약성경은 무가치하다고 매도했다. "사제든 일반 신자든 착한 사람이기만 하면" 성체성사를 집전할 수 있다고 했고, 현재의 사제들에게 아무런 복종심도 느끼지 못한다고 주장했다. "그들은 좋은 교사가 아니라 사악한 자들이다. 하인을 고용하고 있으니 말이다."[23] 이처럼 사제들을 비난했지만 그들의 믿음은 아주 정통이었다. "우리는 살아 있는 참된 하느님을 믿으며, 성부, 성자, 성령의 삼위일체를 믿는다."[24] 그리스도는 하느님이 성육신하신 분이다. 그분은 고통을 당하고 돌아가시고 묻혔다. 그리고 사흘째 되는 날에 부활하여 하늘로 올라가셨다. 이것은 주교들 자신도 믿는 교리였다. 하지만 이런 정통적 믿음도 주교들을 안심시키지 못했다. 오히려 그들의 몹시 어두운 공포를 확인시켜 주었을 뿐이다. 이단은 전염병이고, 자신이 감염된지도 모르는 사람들조차 부패하게 만드는 질병이었다. 전염병은 그냥 놔두면 퍼지게 되어 있었다.

"습포로 치료했는데도 낫지 않는 환부는 칼로 도려내야 한다."[25] 1207년 11월, 인노켄티우스 3세는 이런 외과적 절제를 선언했다. 이 무렵 이단이 모든 기독교 신자에게 독약이 될지 모른다는 공포가 최고조에 달해 있었다. 인노켄티우스 자신은 능력과 행운이 결합된 덕분에 그레고리우스 7세가 꿈에서나 휘둘렀을 법한 권위를 행사했다. 그는 어떤 전임 교황보다도 세상의 운명을 바꾸어 놓고 싶은 열망이 컸다. 그러나 그가 휘두를 수 있는 힘의 한계는 그를 조롱하는 듯했다. 그는 동쪽과 서쪽을 두루 살피면서 하느님이 자신에게 맡긴 엄청난 천명을 고통스럽게 의식했지만, 어디에서나 기독교의 행운이 퇴조하고 있다고 두려워했다. 성지 예루살렘은 사라센인들에게 빼앗겼다. 프랑스와 잉글랜드 왕들의 성지 탈환 시도는 실패로 돌아갔다. 인노켄티우스의 명령에 복종하여 1202년에 시작된 2차 십자군 운동은 콘스탄티노플을 공격하는 것으로 끝이 났다. 1204년에 십자군은 그 도시를 급습하여 약탈했다. 수세기 동안 이교도 군벌들의 공격을 버텨 온 요새〔콘스탄티노플〕가 마침내 기독교 군대에게 함락되었다. 그 도시를 함락시킨 군대는 그 도시의 주민들이 교황청에 반항했다고 비난함으로써 그 공격을 정당화했다. 로마와 콘스탄티노플 교회 사이에 생긴 균열은 그레고리우스 7세의 시대 이래로 점점 더 커지고 있었다. 그러나 인노켄티우스는 기독교 세계의 버팀목이 파괴된 데에 경악하면서 콘스탄티노플의 함락을 지옥의 소행이라고 탄식했다.

한편 스페인의 기독교 군대는 알안달루스의 경계 지역을 꾸준히 뒤로 밀어내고 있었다. 그러다가 그 군대의 전진이 최근에 들어와 갑자기 멈추어 섰다. 특히 1195년에 기독교 군대는 야전군 일개 부대가 전멸하고 주교 세 명이 전사하는 대패를 당했다. 무슬림 장수들은 이 승전으로 곧 로마에 마구간을 세워서 자신들의 말을 보관할 수 있을 것이라고 호언장담했다. 인노켄티우스가 볼 때 하느님이 왜 분노했는지 그 이유는 너무나 분명했다. 이단이 기승을 부리는 동안에는 예루살렘을 수복할 전망이 전혀 없었다. 사라센인들도 사악하지만 이단자들만큼 사악하지는 않았다. 1208년 1월에 교황 특사가 론강의 강둑에서 살해되는 사건이 발생했다. 이 일로 인노켄티우스는 마음을 단단히 굳히게 되었다. 이제 그의 의무는 분명해졌다. 그는 알비파에 의해 모든 기독교 신자가 오염되는 것을 그대로 내버려 둘 수 없었다. 수술칼로 이단을 도려내는 것 이외에는 다른 대안이 없었다.

과거 1095년에 우르바누스 2세는 기독교 세계의 전사들을 소환하여 성지로 출발하라고 했을 때, 그들에게 성지 수복의 맹세로서 가슴에 십자가 표시를 달라고 지시했다. 이제 1209년 7월, 우르바누스 시대 이후 최고 규모의 기사들이 리옹에 집결했는데, 그들 또한 크루체시그나티 crucesignati('가슴에 십자가 표시를 단')였다. 그것은 그들이 순례자라는 표시였다. 그들의 구세주와 마찬가지로 그들은 인류에 대한 사랑으로 불타올랐고 인류를 지옥으로부터 구제하는 운동을 위해 목숨을 내놓을 각오가 되어 있었다. 한 설교자가 그들에게 말했다. "당신들의 상의에 부드러운 실로 고정되어 있는 십자가는 곧 쇠못으로 그분의 살肉에 고정되어 있는 것입니다."[26] 그 대군은 라인강 연안을 따라 베지에 마을 쪽으로 행군했다. 그들이 걸어가는 길가에 서 있던 구경꾼들은 그 군대가 자신들의 행군을 그리스도의 고통과 동일시한다는 것을 생생하게 느낄 수 있었다. 그들은 그 운동을 크로차다 crozada('십자군')라고 불렀는데, 나중에 이 용어는 우르바누스 2세가 발진시킨 대운동에 소급 적용되었다. 아무튼 알비파를 상대로 펼쳐진 토벌 운동은 기독교 신자들이 일찍이 싸워 본 적 없는 그런 싸움이었다. 그 싸움은 샤를마뉴가 색슨족을 상대로 벌였던 영토 확장 전쟁은 아니었다. 성지 예루살렘의 수복을 목적으로 삼았던 십자군 운동처럼 초월적 거룩함이라는 목적지를 향한 무장 순례도 아니었다. 그 토벌 운동의 목적은 위험한 신앙을 근절하려는 것이었다. 오로지 유혈만이 이단으로 더럽혀진 기독교 세계를 깨끗이 씻어 낼 수 있었다.

베지에를 급습하면서 전사들 중에는 이단과 정통 신자를 혼동할까 우려하는 이들이 있었다. "특사님, 우리가 어떻게 해야 합니까?" 그들이 교황 특사에게 물었다. "그들을 모조리 죽여 버려. 하느님은 자신의 사람들을 알고 계셔"[27]라는 퉁명한 대답이 돌아왔다. 아무튼 나중에 이런 식으로 사태가 보고되었다. 이 이야기는 십자군들의 마음속에 어른거리는 특별한 공포에 대해 잘 말해 준다. 그러나 이단자는 일견 성실한 기독교 신자처럼 보인다는 점, 병든 사람을 건강한 사람으로 혼동할 수 있다는 점, 감염 상태를 사전에 진단하기 어렵다는 점 때문에 전사들은 흔들리는 마음을 굳게 다잡고 단단히 결심했다. 그 위험은 오싹했다. 만약 전염병에 물든 지역에서 그 병을 완벽하게 퇴치하지 못한다면, 그들 자신이 그 병에 걸려 쓰러질 위험이 있었다. 무자비하고 총체적인 베지에 학살은 하나의 선례를 수립했다. 심지어 교회 안에 피신해 있던 사람들도 십자군의 칼을 맞았다. 유혈이 강물을 어둡게 만들었다. 교회 안에 숨은 자들을 불태워 죽이기 위해 그 건물에 불을 지르자, 나무와 돌이 녹아 흘러내리면서 대성당이 폐허가 되었고 대학살이 완료되었다. 인노켄티우스의 특사는 로마에 이렇게 보고했다. "신의 복수는 맹렬하게 불타올랐습니다."[28]

베지에는 오후 한나절 만에 시체가 즐비한 폐허로 변해 버렸다. 이 사건이 예고한 학살과 폐허의 사이클은 그 후 20년 동안 지속되었다. 인노켄티우스가 사망하고 그레고리우스 9세가 교황 자리에 오른 1229년에 가서야 파리에서 최종 협약이 서명되어 학살이 종식되었다. 전쟁은 그것을 통제할 수 있는 교황청의 능력 범위를 벗어나 더 오랫동안 지속되었다. 폭력이 그 시대의 일상적 질서가 되었다. 수비대 병사들은 맹인으로 만들었고, 죄수들은 난도질했으며, 여자들은 우물 아래로 던져 넣었다. 강철 같은 사명 의식으로 이단 말살을 밀어붙였던 인노켄티우스는 그리스도를 위한 승리에 환호했는가 하면 거기에 들어가는 비용 때문에 고뇌했다. 십자군은 양심의 거리낌이 조금도 없었다. 운동이 행해지는 내내, 이단자들을 교회의 품으로 돌아오게 하는 것이 그들의 목적이었지만, 그 지도자들은 완고한 도전자들을 죽음으로 징벌하는 일을 조금도 후회하지 않았다. 카세스 성을 점령한 후인 1211년에 주교들은 그 지역의 착한 사람들에게 설교하면서 오류에서 벗어나 빨리 전향하라고 재촉했다. 그러나 아무런 효과도 없었고 주교들의 노력은 실패로 끝났다. "순례자들은 단 한 명의 이단자도 전향시키지 못하자 그자들을 모두 체포하여 화형에 처했다. 순례자들은 아주 즐거워하면서 그런 행위를 했다."[29]

그레고리우스는 마르부르크의 콘라트와 또 다른 종교 심문관들에게 박해의 전권을 부여했을 때 그렇게 하면 효과가 있을 것이라고 확신했다. 기독교 세계의 병든 몸을 수술칼로 베어 낸다는 인노켄티우스의 조치는 분명 성공작이었다. 그리스도의 적들은 어디에서나 후퇴하고 있었다. 이베리아 반도 남쪽을 가로지르는 시에라 모레나 아래쪽 지역에서는 하느님의 은총이 기독교 군대에 결정적 승리를 안겨 주었다. 사라센인들은 1212년 여름에 라스 나바스 데 톨로사에서 패전하는 바람에 몹시 취약한 입장에 노출되었다. 그로부터 20년 후 그들의 주요 두 도시인 코르도바와 세비야는 카스티야 왕에게 함락되기 일보 직전까지 내몰렸다. 한편 알비파의 중심지에서, 십자군의 대학살에서 살아남은 일부 착한 사람들은 도망자가 되어 숲속을 방황하거나 소 우리에 숨어 살아야 했다. 그들이 마을 광장에서 주교들을 소리 높여 성토하던 시절은 영원히 가고 없었다. 그레고리우스와 그 외의 여러 사람이 볼 때, 거대한 음모는 완전히 패배했음이 분명해 보였다. 사라센인들은 라스 나바스 데 톨로사에서 패배하기 전에 프랑스 남부로 행군하여 알비파를 구원할 계획을 세웠다고 한다. 이제 착한 사람들이 사라져 그들의 정체가 영구히 왜곡되자, 알비파는 완전히 이교도적인 교회의 대리인들로 인식되었다. 그 교회는 고대부터 존재했다고 알려졌다. 불가리아에서 시작되어 온 세상으로 퍼졌다고 했다. 고대의 이단을 잘 아는 학자들은 그 궁극적 근원이 페르시아의 한 예언자라고 보았다. "그들은 삶에 두 가지 원천이 있다는 그 예언자의 가르침을 믿었다. 한 원천은 좋은 신이고 다른 원천은 나쁜 신, 다른 말로 악마다."[30]

이것이 십자군의 승리에 대한 평가였다. 즉, 착한 남자와 착한 여자의 유령들보다는, 아주 먼 다리우스 시대에서 소환된 유령들이 기독교 신자들의 상상 속에서 뚜렷하게 자리를 잡았다. 알비파가 선과 악의 갈등하는 원리를 믿는 고대 교회—시간이 흐르면서 '카타르'라는 이름을 얻은 교회—소속이라는 생각이 사람들의 머릿속에서 아주 생생하게 자리 잡았다. 또한 그처럼 고대 교회에 뿌리를 둔 것이라고 해서 판타지의 특징이 희석되는 것도 아니었다. 그레고리우스 9세가 사탄의 음모에 대한 믿음을 즉각 승인한 태도는, 알비파 십자군 운동 때 죽은 사람들의 피에 의해 더욱 완고해졌다. 그 학살은 기독교 세계의 몸에서 병든 부분을 잘라 낼 수 있음을 보여 주었다. 그렇지만 부패와 온전함, 빛과 어둠, 이단과 정통을 가려내는 것이 얼마나 어려운지도 증명했다.

이러한 인식에 뒤따르는 두려움—하느님에 의해 기독교 신자들을 보호하라고 위임받은 사람들에 대한 두려움—은 오랫동안 사람들의 머릿속에서 사라지지 않았다.

영원한 유대인

라스 나바스 데 톨로사에서 대승을 거두기 직전, 포르투갈 연안에서 사라센인들을 상대로 전투를 준비하던 또 다른 기독교 군대는 최전선에서 천사 같은 기사들의 부대가 함께 달리는 모습을 보았다. "그들은 하얀 옷을 입었고, 겉옷에는 붉은 십자가를 달고 있었다."[31] 스페인이 선과 악, 천상과 지옥 사이의 각축장이라는 생각은 기독교 세계에서 이미 오래전부터 내려온 유산이었다. '개혁'의 지도자들은 사라센인들에게서 잃어버린 땅을 다시 되찾아 와야 한다는 목표를 거의 강박 관념이나 다름없이 밀어붙였다. 그런 관심은 클뤼니 수도원을 건설하는 데에도 기여했다. 그 수도원의 교회는 온 세상에서 가장 큰 교회였는데 알안달루스의 약탈품에서 나온 돈으로 건설되었다. 1142년에 그 수도원의 위대한 원장인 가경자 페트루스는 사라센인들의 신앙을 더 잘 이해하기 위하여 피레네 산맥을 넘었다. 그는 아랍어에 정통한 학자들을 만났고 그들을 아주 중요한 프로젝트에 고용했다. 쿠란을 사상 처음 라틴어로 번역한다는 계획이었다. 강요보다 설득이 더 좋다는 것이 페트루스의 평소 모토였다. 쿠란 번역이 나오자, 페트루스는 사라센인들을 직접 상대할 수 있게 되었다. "기독교인들이 전에 그랬던 것처럼 무기가 아니라 말로, 폭력이 아니라 이성으로, 증오가 아니라 사랑으로"[32] 상대하려 했다.

그러나 이런 유화적인 감정을 지닌 페트루스조차 쿠란의 내용에 완전히 경악하고 말았다. "유대인의 우화들과 이단적인 교사들"[33]에게서 그러모은 그 이단적 교리들은 상상을 훌쩍 넘어설 정도로 흉측했다. 심지어 무슬림들이 말하는 천국의 모습도 폭식과 섹스를 종합한 것이었다. 그것은 소식과 절제를 강조하는 클뤼니와는 정반대되는 것이었다. 양측 사이에 다리를 놓아 주기는커녕, 페트루스의 쿠란 번역은 쿠란 내용에 대한 기독교 신자들의 깊은 의심을 더욱 공고하게 했을 뿐이다. 이슬람 신앙은 모든 이단적 교리의 종합편이었고 무함마드는 "인간들 중에서 가장 지저분한 자"[34]였다.

그러나 사라센 도서관에서 반출한 책이 쿠란만은 아니었다. 1085년에 서고트 왕국의 수도이며 저명한 학문의 중심지인 톨레도가 카스티야 왕의 수중에 떨어졌다. 카스티야는 당시 스페인의 여러 왕국 가운데 가장 강성한 왕국이었다. 톨레도 점령 후 수십 년 동안, 그 도시의 대주교에 의해 방대한 번역팀이 조직되었다. 번역자들은 주로 무슬림, 유대인, 클뤼니 수도사 들이었다. 그들이 번역해야 할 자료는 많았다. 톨레도는 무슬림과 유대인 학자들의 텍스트 이외에도 그리스 고전들의 보고를 갖추고 있었다. 주로 고대 그리스의 수학자, 의사, 철학자 들이 남긴 저작들이었다. 이런 고전들은 오래전에 아랍어로 번역되어 있었으나 여러 세기 동안 라틴 서방에는 알려져 있지 않았다. 그중 한 저자는 특히 기독교 신자들에게 매우 깊은 관심의 대상이 되었다. "라틴 사람들에게는 아리스토텔레스의 책이 두 권만 알려졌을 뿐이다"[35]라고 아벨라르는 1120년 직전에 탄식했다. 그로부터 10년이 흐르는 사이에 그의 탄식은 이제 옛일이 되었다. 콘스탄티노플에 오래 거주한 베네치아 사제 야코포는 아리스토텔레스의 여러 저작을 그리스어에서 직접 번역하여, 그가 사망한 1147년에

이르러 작업을 완료했다.[●]

이런 번역의 흐름에 톨레도 학파의 번역 결과가 곧 홍수처럼 밀려들었다. 1200년에 이르러 아리스토텔레스의 거의 모든 저작이 라틴어로 번역되었다. 하느님의 천지 창조는 규칙들의 지배를 받고 인간의 이성은 그 규칙들을 이해할 수 있다는 입장을 취하던 대학의 교수들은 고대의 가장 저명한 철학자의 저서들에 탐욕과 안도가 뒤섞인 심정으로 달려들었다. 아리스토텔레스 같은 권위자가 학문의 세계에서 발언권을 얻자, 거기에 고무된 학자들은 예전보다 더 엄격한 학문의 바탕 위에서 우주의 작동을 탐구할 수 있게 되었다. 특히 파리 대학은 아리스토텔레스 연구의 온상이 되었다. 파리 대학이 불러일으킨 지적 흥분 덕분에 기독교 세계 전역의 학생들이 그 대학으로 몰려들었다. 그들 중에는 미래에 교황 자리에 오르는 학생도 두 명 있었는데, 곧 인노켄티우스 3세와 그레고리우스 9세다.

그러나 그리스도 훨씬 이전에 생존했고 성경에 대해 전혀 모르는 철학자의 부활은 기회와 함께 문제를 안겨 주었다. 그가 가르친 많은 것들—종들의 고정성, 태양의 변하지 않는 움직임, 지구 주위를 돌고 있는 달과 별들—은 즉각 기독교 가르침의 교과로 편입될 수 있었다. 그렇지만 다른 것들은 문제였다. 자연철학자들에게는 아주 매력적인 개념—합리적 질서를 가진 우주라는 개념—은 교회의 많은 사람들을 난처하게 만들었다. 천지 창조는 없었으며 우주는 언제나 존재했고 앞으로도 그럴 것이라는 가르침은 기독교의 성경과는 전면적으로 배치되는 주장이었다. 십자군이 남부 프랑스에서 이단을 청소하려고 애쓰고 있는 때에 왕국의

[●] 그는 베네치아에 거주한 그리스인일 수도 있다. 그는 자신을 이아코부스 베네티쿠스 그라이쿠스(Iacobus Veneticus Graecus: 베네치아에 사는 그리스 사람 이아코부스)라고 말했는데, 이 역시 뜻이 모호하다.

수도에서 학생들에게 이런 유해한 원리를 배우도록 허용하는 것이 합당한 일인가? 1210년에 여러 이단자를 색출할 때, 파리의 걱정은 더욱 깊어졌다. 그 이단자들은 아리스토텔레스를 읽고서 사후의 삶은 없다고 믿게 되었기 때문이다. 파리 주교의 반응은 신속했다. 이단자 열 명이 화형대에서 불타 죽었다. 여러 아리스토텔레스 주석가들 역시 화형에 처해졌다. 자연철학을 다룬 아리스토텔레스의 저서들은 공식적으로 금서 목록에 올랐다. "그 책들은 파리 대학에서 공식적으로든 개인적으로든 읽어서는 안 된다."[36]

그러나 그 금지령은 지속되지 못했다. 1231년에 그레고리우스 9세는 파리 대학을 주교들의 간섭으로부터 독립시킨다는 회칙을 반포했다. 그리하여 1255년에 이르러 아리스토텔레스의 저서들은 전부 다 교과 과정에 다시 올랐다. 그 책들에서 배울 수 있는 자격을 가장 많이 갖춘 사람은 이단자들이 아니라 이단 심문자들이었다. 하느님이 자신의 자녀들을 다 알고 계신다는 근거를 가지고 마을 전체를 파괴했던 시절은 끝났다. 이단을 뿌리 뽑는 책임은 이제 수도사들에게 위임되었다. 이 일을 주도적으로 담당한 곳은 지난 1216년에 교황의 포고로 설립된 종단이었는데, 그들은 교회에 지식인들의 기동 타격대를 제공했다.

그 종단의 창시자는 도미니쿠스(도미니코)라는 이름의 스페인 사람이었는데, 그는 착한 사람들이 살고 있는 곳마다 찾아가 그들의 고행을 그대로 실천하면서 활발한 토론을 벌여 그들을 난처하게 만들었다. 베지에를 완전히 파괴하기 이태 전인 1207년에 도미니쿠스는 그 도시의 북쪽에 사는 한 착한 남자를 만나서 그와 일주일 넘게 공개 토론을 했다. 이런 호전적 설교 방법을 훈련받은 수도사들에게 아리스토텔레스는 하늘이 보내준 선물이었다. 도미니쿠스 종단의 의무는 증거를 의심하고, 조사하고,

평가하는 것이었다. 이런 접근 방식의 모범으로서, 역사상 가장 저명한 철학자 말고 누가 또 있겠는가? 아리스토텔레스는 교회의 적들을 지원한 것이 아니라 교회 옹호를 위해 성공적으로 소환되었다. 대학에 의해 제도화되고 교황청의 승인을 받은 아리스토텔레스 저서는 기독교 학자들에게 안전하게 연구할 수 있는 대상이 되었다. 이단 탐구의 기준이 이런 흐름에서 혜택을 보았다면, 우주의 작동을 탐구하는 분야 또한 도움을 받았다. 우주의 작동을 탐구하는 것은 곧 하느님의 법칙을 탐구하는 것이었다.

아리스토텔레스의 철학을 기독교의 교리와 합치시키는 작업은 쉽게 이루어지지 않았다. 많은 사람이 그 작업에 기여했으나 가장 크게 공을 세운 사람은 도니미쿠스 종단의 토마스였다. 그는 로마 남쪽에 있는 자그마한 마을 아퀴노 출신이었다. 그가 1265년부터 사망한 해인 1274년까지 작업한 저서는 "기독교에 관련된 것들"[37]을 집대성했는데, 신앙과 철학을 종합한 가장 포괄적인 저서였다. 토마스 아퀴나스는 자신의 그런 종합 노력이 실패했다고 생각하며 죽었다. 하느님의 빛나는 불가지성不可知性 앞에서 자신이 쓴 모든 것은 단지 바람에 날리는 왕겨에 지나지 않는다고 보았다. 그가 죽은 지 이태 후에 그 도시의 주교는 그가 내놓은 명제들 중 상당수가 비난받아 마땅하다고 주장했다. 그러나 그의 위대한 업적이 평가되고 뒤이어 고마운 마음으로 인정되는 데에는 오랜 시간이 걸리지 않았다. 1323년에 교황이 그를 성인으로 공식 인정함으로써 그의 명성은 군건하게 확립되었다. 그 결과, 계시는 이성과 공존할 수 있다는 확신이 가톨릭 신학의 밑바탕에 자리 잡았다. 아리스토텔레스의 자연철학 저서들을 파리에서 금서 처분한 지 100년이 흘렀고, 이제 아무도 그 책들을 공부한다고 해서 이단으로 몰릴 우려가 없었다. 그 저서들이 열어젖힌 차원들—시간, 공간, 별들의 불변하는 질서—은 성경 자체만큼이나 기독교적이었다.

아퀴나스 사망 후 수십 년 동안 그의 저서를 읽는 사람들에게 아퀴나스는 빛나는 천상에서 들려오는 목소리 같았다. 이단을 두려워하는 기독교인들에게 그는 이중의 확신을 심어 주었다. 첫째, 교회의 가르침은 진실이다. 둘째, 그 진실의 빛은 교회를 위협하는 듯한 철학의 분야에서도 여전히 밝게 빛난다. 아리스토텔레스는 아퀴나스가 그의 대저에서 인용한 유일한 철학자는 아니었다. 다른 이교도 철학자들도 있었고 그중에는 사라센인과 유대인도 있었다. 그가 즉각 그런 사람들을 권위자로 인정한 것은 문화적 위축의 징표가 아니라 오히려 자신감의 발로였다. 지혜는 어디에서 발견되든 결국 기독교적인 것이라고 그는 확신했다. 이성은 하느님이 주신 선물이었다. 누구나 그것을 소유했다. 십계명은 규범이 아니라 인류에게 그들이 이미 아는 사실을 상기시켜 주는 힌트였다. 십계명은 우주의 조직 속에 분명히 드러나 있다. 피조물에 대한 하느님의 사랑은 원의 중심이며, 원주의 각 부분은 그 중심을 향하여 동일한 관계를 형성한다. "마음과 공간을 통과하는 모든 것이 질서 정연하게 만들어져 있으므로 그 조화를 통찰하는 것은 곧 그분을 맛보는 것이다."[38]

하지만 이런 고상한 사상도 그림자를 드리웠다. 만약 모든 것이 영원토록 기독교적이라면, 이단의 방식을 계속 준수하고 우행을 고집하는 자들은 더욱더 저주받아 마땅한 존재가 된다. 알비파 학살은 좀처럼 잊기 어려운 선례를 확립했다. 도미니쿠스파는 종교 심문가로 활동할 때 극도로 조심했고, 이단자들의 정체를 밝혀내는 작업에 아리스토텔레스의 방식을 적용했다. 그렇지만 도미니쿠스파도 때때로 대규모 학살이 필요하다고 생각했다. 아퀴나스가 자신의 평생 작업이 헛것이라고 생각하며 사망했던 1274년, 도미니쿠스 종단의 단장인 윙베르 드 로망은 리옹에서 개최된 종교회의에서 십자군들에게 샤를 마르텔로부터 영감을 얻으라고 촉구했다. "마르텔은 자기 부하들의 목숨은 별로 잃지 않고 대적해 오는 자들을 37만 명이나 죽였습니다."[39] 사라센인, 이단자, 이교도 등 기독교 세계를 위협하는 자들은 모두 박멸해야 할 대상으로 보아야 마땅하다는 주문이었다.

그러나 그리스도의 적들 중에서 가장 단호한 자들에게는 대학살 운동이 벌어지지 않았다. 윙베르 드 로망은 리옹 종교회의에서 유대인들을 절멸해서는 안 된다고 말했다. 종말의 때가 되면 그들은 세례를 받게 되어 있다고 예고되었기 때문이다. 그때가 오기 전까지 유대인들은 기독교 신자들에게 계속 봉사하면서, 신성한 정의의 작동을 증명하는 운명이라는 것이다. 인노켄티우스 3세는 이를 다음과 같이 설명했다. "유대인의 배신은 어느 모로 보나 단죄되어야 마땅하다. 그렇지만 그들을 통해 우리 신앙의 진실이 증명되므로, 그들은 기독교 신자들에게 가혹하게 압박을 받아서는 안 된다."[40] 자비를 보인 생각이기는 하지만 그리 대단하지는 않고 심지어 조롱하는 듯한 기색도 보인다. 이런 자비는 다음과 같은 확신에 바탕을 둔 것이다. 유대인은 사라센인과는 다르게 기독교 세계에 위협이 되지 않는다. 그들은 유대인이 이미 시대에 뒤떨어진 민족이라는 사상을 당연하게 여겼다. 유대인들의 오래된 특징, 그들의 법률, 관습, 학문 등이 낡은 것이 되어 이제 먼지를 뒤집어쓴 채 시들어 가고 있다고 보았다. 그렇지만 유대인이 지닌 낙후성은 교회 당국자들이 생각하는 만큼 그리 분명하지는 않았다. 발도파와는 다르게, 그들은 어느 정도 교양을 쌓은 이들이라 대다수 기독인들을 부끄럽게 만든다. 그들의 학문적 성취를 칭찬한 사람은 아퀴나스만이 아니었다. 심지어 교황의 관저도 유대인 행정가들이 관리해 왔다. 아벨라르의 한 제자는 이렇게 스스럼없이 인정했다. "유대인은 아무리 가난하더라도 열 명의 아들이 있으면 그들 모두 글을 읽게 한다. 기독교인들처럼 소득을 위해 그렇게 하는 것이 아니라, 하느님의 법률을 더 잘 이해하기 위해서 그렇게 한다. 이는 아들뿐만 아니라 딸에게도 해당하는 이야기다."[41]

따라서 '개혁'의 노선이 경쟁자들에게 초조함을 드러내면서 유대인들에게 큰 고통을 안긴 것은 그리 놀라운 일이 아니다. '개혁'이 내건 이상—기독교 세계에서 부패를 일소하고, 교회에 빛의 갑옷을 입히자—은 유럽 전역의 도시와 마을에서 많은 기독교인으로 하여금 유대인에 대한 적개심을 촉발시켰다. 이단자들이 악마와 놀아나고 있다는 마르부르크의 콘라트가 쓴 편지가 교황에게 발송되기 훨씬 이전부터도, 유대인들은 악마의 자발적 대리인이라는 손가락질을 받았다. 그들은 주술사, 신성 모독자, 교회의 적이었다. 기회 있을 때마다 침, 정액, 똥으로 성체성사에 사용되는 신성한 그릇을 오염시키는 자들이었다. 가장 음울한 사실은 그들이 살인자라는 것이었다. 1144년 영국 노리치 외곽의 숲에서 어린 소년의 시체가 발견되었다. 그 고장 출신의 순교자를 만들어 내기 위해 혈안이 되었던 한 사제가 일련의 선정적인 비난을 날조했다. 그러니까 그 소년이 현지 유대인들에게 납치되어 그리스도가 고문을 당한 것처럼 고문을 받은 다음에 희생 제물로 바쳐졌다고 이야기를 지어냈던 것이다.

이 이야기는 널리 부정되었지만 그래도 완전히 부정되지는 않았다. 그래서 전염병처럼 그 이야기가 퍼져 나갔다. 곧 유사한 이야기들이 보고되면서 더 지독한 에피소드가 추가되었다. 유대인들은 성체성사를 기괴하게 모방하여 그 소년의 피를 그들의 의식용 빵에다 떨어뜨리는 습관이 있다는 것이었다. 이런 주장은 일차적으로 제국 정부의 조사 위원회에 의해 중상모략으로 판결되었고 이어 1253년에 교황청도 같은 판결을 내렸다. 하지만 그런 조치들도 그 이야기가 널리 퍼져 나가는 것을 막지는 못했다. 2년 뒤 또다시 영국에서, 유대인의 선량한 이름에 또 다른 치명타가 가해졌다. 링컨시의 한 우물 바닥에서 휴라는 어린 소년의 시신이 발견되었는데, 이 일로 왕의 명령에 따라 유대인 아흔 명이 체포되었다. 그중 열여덟 명이 교수형에 처해졌다. 죽은 소년은 링컨 대성당에 안치되어 현지인들에 의해 성인으로 받들어졌다. 교황청이 소년에게 시성하기를 거부했는데도 어린 성인 휴를 숭배하는 풍조는 계속 번져 나갔다.

아벨라르는 한 유대인이 이렇게 탄식하는 광경을 상상했다. "우리는 갇혀 있고 압박을 받고 있습니다. 온 세상이 공모하여 오로지 우리만 괴롭히는 것 같습니다. 우리가 목숨을 부지하고 있는 게 기적입니다." 한 세기가 흐른 뒤, 아벨라르처럼 유대인의 입장에서 생각해 보려는 기독교인은 거의 없었다. 모든 종족과 온갖 배경을 가진 사람들에게 구원을 가져다주려는 교회의 야망은 그런 제안을 거부하는 사람들에게는 날카로운 무기가 되었다. 유대인들은 기독교 교회 못지않게 성경의 위대한 유산을 물려받았다고 주장했고, 또 학문에 대한 헌신적 자세는 학문을 등한시하는 일부 기독교인들에게 오랫동안 따끔한 교훈이 되었다. 그들은 착한 사람들[카타리파]과는 비교가 안 될 정도로 무시무시한 교회의 적이었다. 하지만 교회는 이런 위협에 직면해서도 십자군을 보내 그들을 처치해야 할 필요를 느끼지 못했다. 아퀴나스 시대의 기독교 사제들은 유대인들을 전보다 더 잘 단속할 수 있다고 확신했다. 유럽 전역의 대학에서 신학이 학문의 여왕으로 등극하고, 교회의 신앙을 옹호하고 전파하라는 교황의 공식 지시를 받은 수도사들이 대기하고 있는 상황에서, 그들은 유대인들의 주장을 점점 경멸 어린 눈빛으로 바라보게 되었다. 이런 사실을 보여 주는 구체적 사례로 이런 것이 있다. 기독교 사제들은 기독교와 유대교의 공통 유산인 성경을 언급할 때 비블리아biblia라는 복수형을 사용하지 않고 바이블Bible이라는 단수형을 사용했다. 또 다른 방식으로서, 유대인이 기독교인들과 공통으로 나누었던 동료 관계의 표시도 체계적으로 제거되었다. 제4차 라테란 종교회의는 다음과 같은 지시를 내렸다. "유대인들은 그들이 살아가는 공동체의 다른 사람들과 똑같은 복장을 해서는 안 되고, 그들만의 독특한 복장을 함으로서 일반 대중의 눈에 다른 사람들과 금방 구분될 수 있어야 한다."[42] 기독교인 화가들도 사상 처음으로 유대인의 뚜렷한 신체 특징, 가령 두터운 입술, 매부리코, 굽은 허리 등을 그림 속에다 묘사하기 시작했다. 1275년의 한 종교회의는 유대인과 기독교인 사이의 통혼을 금지하는 공식 포고를 발표했다. 독일의 한 프란체스코파 교회는 그런 통혼을 사형으로 다스린다는 법규를 제정했다. 1290년에 잉글랜드의 왕은 이런 혐오 사상을 극단적 결론까지 밀고 나가, 왕국 내 모든 유대인에게 영구히 잉글랜드를 떠나라고 지시했다. 1306년에는 프랑스 왕도 같은 조치를 취했다.•

자신을 보편 교회라고 선언한 가톨릭교회는 그 권위를 거부하는 자들에게는 박해 이외에 다른 방안이 없었다.

• 유대인들은 14세기 내내 간헐적으로 다시 소환되었다가 1394년에 프랑스에서 항구적으로 추방되었다.

11장

육체

1300년, 밀라노

도미니쿠스파와 그들의 대리인들은 키아라발레 수도원에 도착하자 곧장 굴리엘마가 영면한 곳으로 달려갔다. 그녀의 사후 근 20년 동안 순례자들이 끊임없이 그녀의 무덤을 찾아왔다. 그녀는 밀라노 출신은 아니었으나—그녀는 쉰 살이던 1260년에 이탈리아에 왔다—그녀를 둘러싼 신비한 분위기가 그녀의 명성을 크게 높여 주었다. 그녀가 왕족 출신이고 보헤미아 왕의 딸이며 잉글랜드의 왕자와 결혼하여 한동안 그곳에서 시간을 보냈다는 소문이 떠돌았다. 그것이 사실이든 아니든 밀라노에서 굴리엘마가 오점 없는 청빈의 생활을 한 것은 확실했다. 그리하여 그녀 사후에 사람들이 그녀의 무덤을 찾아와 양초와 봉헌물을 바쳤다. 1년에 두 번 키아라발레의 수도사들은 그녀를 추모하는 공식 행사를 개최했다. 그 행사 때에는 많은 사람이 수도원을 찾아와 그녀에게 경의를 표했다. 그녀에게는 헝가리의 엘리자베트처럼 기적을 일으키는 힘이 있었다. 어쩌면 엘리자베트의 사촌일지 모르는 굴리엘마는 성녀로 칭송되었다.

종교 심문관들은 진상을 그보다 더 잘 알고 있었다. 그들은 양초를 바치려고 그 무덤을 찾아온 것이 아니었다. 그들은 굴리엘마의 무덤에 쇠지레를 가지고 가서 비틀어 연 다음에 썩어 가는 시신을 밖으로 꺼내 불을 붙였다. 뼈들은 불타서 재가 되었고 바람에 불려서 온 사방으로 흩어졌다. 굴리엘마의 무덤은 철퇴를 가해 산산조각 냈다. 그녀의 조각상은 발로 밟아 완전히 가루로 만들었다. 이런 조치가 가혹하게 보일지 모르지만 긴급히 해치워야 할 일이었다. 충격적인 사실이 드러났기 때문이다. 그해 여름 내내 종교 심문관들은 아주 흉측한 이단의 냄새를 코끝으로 맡았다. 그들은 그 냄새를 따라 밀라노 사회의 최고 꼭대기까지 올라갔다. 주모자는 마이프레다 다 피로바노라는 수녀였는데 그 도시의 유능한 영주인 마테오 비스콘티의 사촌이었다. 그러나 진상이 드러나자 그 누구도—심지어 그녀의 사촌도—그녀를 구할 수 없었다. 그녀는 화형대에서 불타 죽었다. 그것은 너무나 전복적이고 너무 거만하고 그 이상 기괴할 수 없는 여자에게 내려진 아주 적절한 징벌이었다. 평범한 이단자였다 해도 그런 태도는 충격적이었을 텐데, 여자여서 더욱 그러했다. 마이프레다는 추종자들에게 자신이 기독교 세계를 통치할 운명이고 곧 교황으로 선출될 것이라고 가르쳤다.

밀라노에서는 아주 진귀하고 무모한 숭배 현상이 형성되고 있었다. 마이프레다가 처형되고 난 지 1년 후에 이런 보고서가 나왔다. 굴리엘마는 밀라노에 도착하여 이렇게 가르쳤다. "나는 여자들의 구원을 위해 성육신成肉身한 성령이다. 나는 성부, 성자, 나 자신의 이름으로 세례를 준다."[1] 기독교 세계가 급격한 새 출발의 선상에 서 있는 시점에 이러한 확신이 굴리엘마의 독창적인 사상은 아니었다. 과거 인노켄티우스 교황 시절에 피오레의 요아킴이라는 수도사가 남부 이탈리아 오지에 있는 피오레 수도원에서 성경을 연구하다가 어떤 페이지에서 예언적 메시지를 읽어 냈다. 그가 가르친 바에 따르면, 세상의 시대는 셋으로 구성되어 있다. 첫 번째 시대는 천지 창조에서 그리스도의 성탄에 이르는 기간으로, 곧 성부의 시대다. 이어 성자의 시대가 왔는데 현재 그 시대는 끝나 가고 있다. 그 자리에 성령의 시대가 밝아 오고 있다. 많은 사람이 이러한 시대 전망을 아주 매혹적으로 여겼다. 프란체스코파의 많은 사람들이 그 시대가 곧 그들의 종단이 주도하는 시대라고 생각했다.

하지만 그 시대를 굴리엘마처럼 명확하게 해석한 사람은 없었다. 그녀가 밀라노에 도착한 해인 1260년은 요아킴에 의해 새로운 시대의 시작으로 예언된 해였다. 굴리엘마 자신이 승인했는지 여부는 알 수 없지만, 그녀의 추종자들은 그녀가 "성령이며 진정한 하느님"[2]이라고 믿었다. 그녀의 사후에도 추종자들의 이러한 확신은 수그러들지 않았다. 마이프레다의 카리스마 넘치는 지도 아래 그녀의 제자들은 굴리엘마가 부활하는 모습을 보았다고 주장했다. 이 새로운 성령의 시대를 맞이하여 교회는 부패한 모습을 완전히 씻어 낼 것이었다. 잔인함, 탐욕, 부패로 악명 높던 당시의 교황 보니파키우스 8세는 폐위되고 그 자리는 마이프레다로 대체될 것이었다. 추기경들—교회의 고위 관리로서 1179년부터 교황 선출의 배타적 선거권을 가진 사람들—은 모두 여자로 보임될 것이었다. 성령의 시대는 여성의 시대가 될 터였다.

종교 심문관이 볼 때 그것은 거의 개인적 모욕으로 느껴질 정도의 이단적 교리였다. 여자 교황은 고사하고 여자 사제 운운하는 것도 웃기는 얘기였다. 하느님은 이브를 에덴동산에서 추방하면서 출산의 고통을 감당해야 할 뿐만 아니라 남편의 지배를 받아야 한다고 명령했다. 그것은 여러 교부들이 지지한 판단이었다. "너희들 각자가 이브라는 것을 알지 못하느냐?"[3] 특히 아우구스티누스는 자신의 저서에서 원죄의 교리를 설파한 후에 여자에 대하여 다음과 같은 음울한 해석을 했다. 모든 자궁의 근육과 피는 하느님에 대한 불복종이라는 지울 수 없는 얼룩으로 물들어 있다는 것이다. 여자들이 교회의 후원자로—왕비, 섭정, 여수도원장 등의 자격으로—엄청난 기여를 하기는 했지만, 사제가 되겠다는 생각은 거의 하지 않았다. '개혁' 운동이 벌어지면서 하느님 가까이 있음의 증거로 순결함을 무엇보다도 중시하게 되었다. 그리하여 사제들은 이런 순결 유지에 엄청난 방해가 되는 여자들을 유혹자로 여기면서 더욱 두려워하게 되었다. 어떤 사제는 이런 꿈을 꾼 후에 육욕으로부터 해방되었다고 한다. "어떤 남자가 그 사제에게 엄청나게 빠르게 달려오더니 들고 있던 칼로 사제를 무자비하게 거세했다."[4] 이러한 꿈은 그 사제가 여성에게서 느끼는 유혹에서 완전히 벗어나고 싶은 동경을 보여 주는 전형적 사례다. 수도원에 틀어박혀 있지 않고 여성들이 넘쳐나는 거리를 걸어 다니는 수도사들은 여성의 머리카락, 가슴, 엉덩이를 보면서 경계심을 더욱 강화해야 했다. 한 도미니쿠스 수도사는 이렇게 외쳤다. "여자는 남자의 혼란, 탐욕스러운 짐승, 지속적인 불안, 끊임없는 전쟁, 날마다의 멸망, 폭풍의 집, 헌신의 방해물이다."[5] 이런 위협적인 존재 앞에서 사제들이 여성을 하느님이 명하신 복종 상태로 유지하는 것 이외에 달리 무슨 대안이 있겠는가?

이것은 물론 남자들이 당연하게 여기는 편견을 부추긴다. 예수도 사도도 모두 남자였다는 사실을 들면서 오로지 남자들만 사제직을 맡아야 한다고 주장하는 신학자들은 복음서보다 더 오래된 권위를 인용할 수도 있었다. 아리스토텔레스는 일찍이 이렇게 썼다. "여자는 말하자면 약간 불

완전한 남자다."⁶ 위대한 철학자는 종교 심문관들에게 구체적인 심문 방법을 가르쳐 주었는데, 이번에는 그의 생물학 저서가 여성의 열등한 지위에 대한 사제들의 믿음을 한층 강화해 주었다. 그리하여 많은 사제들이 그 가르침을 적극 받아들였다. 그들은 자신의 순결함에서 천사 같은 강인함의 증거를 발견한다고 단단히 마음먹기는 했으나, 고대인들이 가르친 생리학에서 그들이 가장 두려워하는 암울한 공포를 다시 확인했다. 여자들은 액체를 배출하고 피를 흘린다. 아주 위험한 습지처럼 젖어 있고, 부드럽고, 남자를 통째로 삼켜 버린다. 그리하여 아리스토텔레스의 저서를 가르치는 대학이나 수도원에서 이브의 딸들은 성경보다는 그리스 고전의 기준으로 이해되었다.

신체적으로 약하고 임신을 하게 되어 있는 여성은 남성과 동급으로 여겨진 적이 없었다. 굴리엘마의 항의는 이런 전제에 대한 격렬한 항의이기는 하지만, 그것이 유일한 항의의 사례는 아니다. 학자들은 여자를 생물학적으로 열등한 존재로 보는 관점을 정당화하기 위해 아리스토텔레스를 인용했지만, 그들은 성경 안에 존재하는 엄청난 모순을 해결해야 했다. 성경에는 남녀 관계에서 남편이 아내보다 우위를 차지한다는 판단만 있는 것은 아니었다. 아리스토텔레스를 깊이 존경했던 토마스 아퀴나스는 여자가 불완전한 남자라는 전제와, 남녀는 각자 다른 구체적 목적을 위해 창조되었다는 〈창세기〉의 사상을 일치시켜야 했다. 이브의 몸은 "생식의 목적을 위해 그렇게 만들어졌으나", 아담의 몸 못지않게 "자연의 보편 저자인 하느님의 창조물"⁷이다. 여기서 하느님의 뜻이 너무나 분명하게 드러나므로 그것을 무시할 수 없다. 그런데 안셀무스는 이런 질문을 한다. "그런데 선하신 주님인 예수님, 당신은 또한 어머니가 아니십니까? 그 날개 밑에 새끼를 품는 암탉처럼 어머니가 아니십니까? 스승님,

진정으로 당신은 어머니이십니다."⁸ 수도원장들은 순결하게 살았지만, 자기 자신을 양육하는 어머니에 비유하는 것을 결코 망설이지 않았을 것이다. 그들의 가슴은 "교리의 젖"⁹으로 가득 차 있었다. 사제가 자기 자신에 대하여 이런 식으로 말하는 것은 결코 부끄러운 일이 아니었다. 왜냐하면 남성이든 여성이든 그것은 신성의 반영이기 때문이다. 하느님 아버지 또한 어머니다.

그런데 이런 가르침이 여성 자신에게는 어떤 의미가 있을까? 바울은 갈라티아 사람들에게 편지를 쓰면서, 이제 남성과 여성을 구분할 필요가 없는데 모두가 예수 그리스도 안에서 하나이기 때문이라고 말했다. 그러나 바울 자신도 이런 메시지의 전복적 성격 때문에 내심 당황스러워했다. 그는 하느님 앞에서 남녀평등이라는 개념을 막상 실천하려면 움찔했다. 그래서 여성이 기도를 주도하고 예언을 해도 되느냐는 난처한 질문에 애매한 둔사遁辭를 피웠다. 어느 순간에는 안 된다고 했다가, 다른 순간에는 비록 간접적인 발언이기는 하지만 된다는 듯이 말했다. 바울의 사후에 작성되어 신약성경에 편입된 편지들은 좀 더 확실히 결정을 내린다. "나는 여자가 남을 가르치거나 남자를 다스리는 것을 허락하지 않습니다. 여자는 조용히 있어야 합니다."¹⁰ 이 한 문장에서 종교 심문관들은 굴리엘마 숭배 현상을 진압하는 데 필요한 근거를 발견했다. 그래서 무덤에서 그 시신을 꺼내 불태웠고, 마이프레다를 화형에 처한 것이다.

도미니쿠스 수도사들은 훌륭한 학자였으며 바울의 가르침을 잘 알고 있었다. 그래서 바울이 교회 내 여성들의 역할을 중시했다는 사실을 모르지 않았다. 종단이 설립되고 2년이 지나지 않아서 종단 설립자 도미니쿠스는 마드리드에 여수도원을 창립했다. 그의 뒤를 이어 종단 대표 자리에 오른 색슨 귀족 출신 조던은 도미니쿠스파 수녀들을 크게 후원한 사람이었다. 그 제자 중 한 사람인 볼로냐 여수도원장에게 편지를 보내 그녀를 영적으로 지도했을 뿐만 아니라, 그녀의 도도한 카리스마를 존경하기까지 했다. 그 후 많은 도미니쿠스 수도사들이 이러한 관계 유형을 따랐다. 수도사들 역시 사제였지만 그들은 자신들과 편지를 주고받는 여성들이 하느님 가까이 가 있는 데 대하여 외경심을 느끼기도 했다. 그들은 사후에 부활하신 예수가 사도들이 아니라 한 여성 앞에 먼저 모습을 드러냈다는 사실을 알고 있었다. 〈요한 복음서〉에는 막달라 마리아 얘기가 나온다. 귀신 들린 그녀는 예수님에게 치료를 받고서 제자가 되었는데, 처음에는 부활하신 그리스도를 정원사로 착각했다가 곧 그분을 알아보았다. "제가 주님을 뵈었습니다!"[11] 도미니쿠스파는 사제의 권위를 조금도 의심하지 않았지만, 그 권위는 한계가 있음을 잘 알았다. 권력—심지어 남자가 여자에게 행사하는 것—은 그 속성상 모순되고 쉽게 배신했다. 하지만 하느님이 총애하는 사람들이 오히려 권력이 없는 사람들이라는 점은 너무나 분명했다.

"내 영혼이 주님을 찬송하고 내 마음이 나의 구원자 하느님 안에서 기뻐 뛰니 그분께서 당신 종의 비천함을 굽어보셨기 때문입니다."[12] 성처녀 마리아는 신의 아들을 임신한 사실을 통보받고서 그렇게 노래했다. 그처럼 영예를 받은 인간은 없었고 그처럼 높이 받들어진 사람은 없었다. 굴리엘마의 뼈는 재가 되었다. 기독교 세계 전역에서 여성의 법적·정치적 지위는 꾸준히 악화되었다. 설교자들과 도덕가들은 전보다 더 지독한 언어로 여성의 신체를 타락의 그릇이라며 비난했다. 그렇지만 은총이 가득하고 여인들 중에 복되신 하늘의 모후가 내뿜는 빛은 가장 밝은 별의 밝기로 환히 빛났다. "오 자궁이여, 오 살이여. 그 안에서 창조주가 창조되시고 하느님이 성육신하셨도다."[13] 이브의 잘못을 구제한 성모 마리아.

자신의 자궁 안에 무시간과 무한의 신성을 회임한 여성. 이 마리아는 가장 비천하고 가장 무식한 농부들을 비롯해 모든 인간을 위해 기독교 신앙의 핵심인 많은 역설을 구체적으로 보여 준다.

어머니가 아들에게 느끼는 헌신을 이해하는 데에는 수년간 대학에서 공부할 필요도 없고 아리스토텔레스의 저서들을 잘 알아야 할 필요도 없다. 그리하여 많은 학자들이 방대한 신학 저서 속에서 하느님의 신비한 목적을 설명하면서 계시와 논리를 아주 심오하고 유식한 방식으로 설명하면 할수록, 오히려 예술은 마리아와 그 아들의 소박한 즐거움을 더 빈번히 묘사하게 되었다. 그리하여 그리스도의 죽음을 다룬 장면에서도 성모가 아들 못지않은 고통과 위엄을 가진 인물로 그려졌다. 천상 모후의 시선은 이제 옛날처럼 평온하지가 않다. 그리하여 모든 사람에게 공통되는 어머니의 사랑이 훨씬 더 기독교적인 특징으로 자리매김되었다. 자식에 대한 어머니의 사랑은 기독교에 의해 밝혀진 저 위대한 신비—사랑과 죽음, 행복과 고통, 소통과 상실—의 핵심에 자리 잡았다.•

이것은 세상이 어디로 흘러가려는지 두려워하는 기독교인들에게 귀중한 확신을 안겨 주었다. 그것은 이단 단속이나 '개혁'의 요구와는 무관한 확신이었다. 제자들에게 자신이 교황이 될 거라고 가르친 마이프레다는 아주 낯익은 전통을 따랐다. 그 전통은 기독교 세계의 모든 사람과 모

• 기독교의 핵심적 가르침 두 가지는, 첫째, '하느님을 사랑하라'이고, 둘째, '네 이웃을 네 몸처럼 사랑하라'이다. 그리고 이 사랑의 모태는 자식에 대한 어머니의 사랑이다. 이런 구체적인 사랑 덕분에 하느님에 대한 사랑이나 이웃에 대한 사랑 같은 추상적이면서 보편적인 사랑을 이해할 수 있다는 말이다. 앞에서 안셀무스가 하느님은 어머니라는 말을 했고 또 예수의 죽음은 곧 인류에 대한 사랑의 표현이므로, 하느님(어머니)-예수의 죽음-인류에 대한 사랑, 이런 식으로 이어지는 기독교 비의 핵심을 이해하게 만드는 최초의 단서가 자식에 대한 어머니의 사랑이라는 뜻이다.—옮긴이

든 사물을 올바른 기반 위에 올려놓고 그 세계에서 온갖 부패를 척결한다는 것이었다. 그녀는 교황청이 확실한 개혁의 수단이라고 생각했기에 로마 교회의 최고 지휘부를 장악하여 그레고리우스 7세처럼 실천하기를 꿈꾸었다. 물론 그런 야망은 헛된 것이었다. 심지어 교황들 자신도 점점 커지는 도전과 시대의 동요에 직면하여 자신들의 권위에 한계가 있음을 깨달았다. 마이프레다가 처형되고 2년 후, 보니파키우스 8세는 프랑스 왕 필리프 4세의 노골적인 도전에 직면하여 가장 강력한 교황의 최고 지배권을 선언하기에 이르렀다. "모든 인간은 구원을 얻기 위해 로마 교황에게 복종하는 것이 절대적으로 필요하다는 사실을 엄숙하게 선언하고, 진술하고, 규정하는 바이다." 인노켄티우스 3세의 입에서 흘러나왔더라면 위협적으로 들렸을 선언이 보니파키우스에게서 나오자 비명처럼 들렸다. 1303년 필리프의 부하들이 로마 교외의 여름 별궁에 있던 교황을 체포했다. 그는 구금 사흘 뒤에 풀려났으나 그 사건의 충격이 너무 커서 감당이 되지 않았고, 그리하여 한 달 사이에 사망했다. 새로운 교황은 프랑스인이었는데 필리프 왕의 지시를 고분고분 따르는 사람이었다. 새 교황은 1309년에 아비뇽에서 착좌했다. 그로부터 수십 년이 흐르는 동안 교황은 오고 갔지만 누구도 로마로 돌아오지 못했다. 연회장, 정원, 교황용 개인 증기실 등을 갖춘 거대한 교황궁이 론강 강둑에 건립되었다. 이런 사치와 부의 과시에 경악한 도덕가들은 바빌론 유수에 대하여 말하기 시작했다. 성령의 시대가 밝아 오리라는 희망은 무참히 깨어졌다.

그러나 그보다 더 심각한 충격들이 찾아올 예정이었다. 기독교인들은 그런 충격들에 힘겹게 대응하면서 새롭고 획기적인 방식으로 정신과 육체 사이의 관계를 정립해야 했다.

그리스도의 신부들

새집을 짓기 위해 터를 파던 인부들이 조각상 하나를 발굴했다. 시에나 전역에서 몰려든 전문가들은 그 발굴된 물품이 아주 아름답다고 찬탄했다. 그들은 곧 그 조각상이 사랑의 여신 비너스라는 것을 밝혀냈다. 수세기 동안 땅속에 묻혀 잊힌 비너스는 시에나에게는 진귀한 트로피였고 고대 조각의 진정한 걸작이었다. 시에나 사람들처럼 그 아름다움을 평가해줄 사람들을 달리 찾아보기는 어려울 터였다. 그 도시가 배출한 화가들로 이탈리아뿐만 아니라 해외에서도 명성이 높은 시에나 사람들은 아름다운 것을 보면 그 아름다움을 금방 알아보았다. 다들 그런 귀중한 조각상을 깊숙한 곳에다 감추어 두어서는 안 된다고 생각했다. 그래서 그들은 그 조각상을 도시의 중앙 광장인 캄포로 가져가 분수대 맨 꼭대기에 설치했다. "그리고 다들 비너스를 명예로운 여신이라며 존경했다."14

그 후부터 모든 것이 잘못되기 시작했다. 시에나 군대가 전투에서 패배하더니 재정 위기가 들이닥쳤다. 이어 비너스 상이 발굴되고 약 5년 후, 도저히 이해할 수 없는 공포가 도시를 사정없이 파괴했다. 동쪽에서 온 전염병이 치명적인 맹독성을 발휘하면서 기독교 세계 전역에 확산되었다. 흑사병으로 알려진 그 전염병은 1348년 5월에 시에나에 도착했다. "감염된 사람은 거의 즉시 사망했다. 겨드랑이와 가랑이에 종기가 나서 점점 크게 부어올랐는데, 심지어 말을 하다가 죽기도 했다."15 땅에 크게 파놓은 구덩이는 시체가 너무 많이 몰려들어 산처럼 솟아올랐다. 전염병이 마침내 가라앉았을 때, 시에나 인구의 절반 이상이 사망한 상태였다. 그런데도 여전히 재앙이 몰려왔다. 용병 부대가 정부에서 엄청난 뇌물을 갈취해 갔다. 쿠데타가 발생했다. 그 도시 인근의 최대 적수인 피렌체는 시에나 군대에게 굴욕적인 패배를 안겼다. 새로 구성된 통치 협의체의 지도자들은 중앙청에 앉아 창밖의 캄포 광장을 내다보다가 분수대 위의 비너스 상을 보았고, 그 순간 무엇을 비난해야 할지 깨달았다.

"우리가 그 비너스 상을 발견한 순간부터 사악한 재앙이 끊이질 않았다."[16] 이런 편집증은 그리 놀라운 일도 아니었다. 고대의 조각품을 아무리 존중한다 치더라도 하느님의 분노라는 저 파괴적인 증거 앞에서는 소용없는 일이었다. 그보다 근 800년 전, 위대한 그레고리우스 교황 시절에 소리 높여 회개를 외친 일이 전염병을 멈추게 한 사례가 있었다. 그 당시 테베레강 위의 공중에 서 있던 미카엘 성인은 불타는 칼을 높이 쳐들고 로마를 막 내리치려 하고 있었다. 그때 로마인들의 간절한 기도 소리가 들려왔다. 그래서 성인은 그 칼을 칼집에다 도로 집어넣었고 그 즉시 전염병이 멈추었다. 이제 거듭된 재앙에 제정신이 아닌 시에나 사람들은 황급히 회개하기 시작했다. 1357년 11월 7일, 인부들이 비너스 상을 분수대 꼭대기에서 끌어내려 광장 바깥으로 가져가서 산산조각 냈다. 거기서 나온 파편들은 피렌체와의 국경 바로 너머 땅에다 묻었다.

시에나 사람들이 비너스 상을 중시함으로써 기독교에 가한 모욕은 아주 심대했다. 시에나는 성처녀의 도시였다. 그녀가 도시 곳곳에서 수호성인으로 군림하고 있었다. 중앙청Palazzo Pubblico의 경우, 통치 협의체 지도자들이 근무하는 커다란 방이 성처녀를 그린 프레스코 벽화로 장식되어 있었다. 캄포 광장의 부채 모양 디자인은 성처녀가 입은 보호 망토의 주름에서 아이디어를 가져온 것이었다. 비너스 상을 파괴해야 한다고 생각한 사람들은 그 유혹적이고 노골적인 누드가 성모 마리아가 상징하는 모든 것에 대한 도전이라고 옳게 생각했다. 당초 비너스 조각상이 땅속에 묻힌 로마 시대에서 천 년의 세월이 흘러갔다. 그 세월 동안 에로스에 대한 사람들의 이해는 크게 달라졌다. 고대 로마 세계의 모든 도시에서 사랑의 여신에게 봉헌 제물을 바쳤던 사람들이라면 전혀 상상하지도 못할 정도로 바뀌었던 것이다.

'개혁'의 여파가 아주 충격적이긴 했으나, 그것은 기독교의 도래라는 대규모 지진 같은 사건의 여파에 지나지 않았다. 기독교의 영향이 가장 분명하게 드러난 영역은 욕망이었다. 세상에서 추방된 것은 비너스만이 아니었다. 인간 처녀들을 능욕하는 것으로 악명 높은 신들도 사라졌다. 권세 있는 사람이 하급자를 성적으로 착취하는 것을 당연한 권리로 여기고, 노예와 창녀를 마치 요강처럼 신체적 욕구를 분출하는 대상으로 여기던 성적 질서는 완전히 종식되었다. 인간의 몸은 성령이 깃드는 거룩한 신전이라는 바울의 사상이 승리를 거두었다. 로마인들이 당연시했던 본능은 죄악으로 다시 규정되었다. 수도자들과 주교들, 황제들과 왕들은 여러 세대에 걸쳐 성욕의 사나운 격류를 길들이기 위해 거대한 댐과 제방을 세웠고, 그 조류를 다른 곳으로 돌려놓으려 했으며, 그 흐름을 적절한 곳으로 우회시키려 애썼다. 기독교의 도래 이전에는 성도덕을 이처럼 대규모로 재조정하려는 시도가 없었다. 그리고 이처럼 커다란 성공을 거둔 적도 없었다.

"우리는 사도 바울과 함께 이렇게 말합니다. '내 안에 기거하시면서 나에게 힘을 주시는, 십자가형을 받으신 그리스도를 통하여 우리는 뭐든지 할 수 있습니다.' 우리가 이렇게 하면 악마는 패배하여 물러가게 되어 있습니다."[17] 시에나에 흑사병이 들이닥친 지 30년 후, 그 도시 출신의 카테리나라는 젊은 여성이 한 수도사에게 편지를 보내, 우주의 운행이 너무나 차갑고 불가해하다고 말했다. 그렇지만 질병도 절망도 하느님이 모든 인간을 사랑하여 내려 주신 선물인 자유 의지를 꺾어 놓을 수는 없다고 카테리나는 이어서 말했다. 자유 의지는 아주 오래된 족보를 가진 용어였다. 그것은 에이레나이오스가 등장하기 전의 시대에 가장 위대한 호교론자였던 유스티누스가 만들어 낸 용어였다.

자유 의지는 기독교인들에게 획기적인 확신을 심어 주었다. 그들은 천상의 별들로부터 영향을 받는 존재도 아니었고, 운명이나 악마의 지배를 받는 존재도 아니었다. 그들은 자기 인생의 주인이었다. 이 타락한 세상의 무수한 악들에 도전하며 자유롭게 자율적으로 살아가는 것, 그게 곧 자유 의지였다. 그것을 보여 주는 가장 확실한 방법으로 금욕만 한 것이 없었다. 카테리나는 1377년에 이르러 기독교 세계에서 가장 모범적으로 금욕을 실천하는 사례가 되었다. 그녀는 어린 시절부터 자신의 욕구를 억제해 왔다. 한 번에 며칠씩 단식을 했고, 가끔 음식을 먹을 때 그녀의 식단은 거친 푸성귀와 성찬식에 나온 성체뿐이었다. 그녀는 또한 허리에 사슬을 단단히 졸라맸다. 악마가 그녀를 가장 심각하게 유혹한 것은 성적 욕구였다. "악마는 그녀의 머릿속에 남녀가 성교하는 사악한 그림을 가져왔고, 그녀의 눈앞에 지저분한 모습을 보여 주었고, 그녀의 귀에다 음란한 말을 속삭였다. 부끄러운 줄 모르는 남녀 군중은 그녀 주위에서 춤을 추면서 소리치고 낄낄거리면서 그녀에게 어서 합류하라고 손짓했다."[18] 하지만 그녀는 그 무리에 합류하지 않았다.

그러나 카테리나는 처녀성 자체를 목적으로 삼지는 않았다. 그것은 언제나 적극적으로 또 영웅적으로 지켜야 할 신체의 상태였다. 남자의 손길이 닿지 않은 그녀의 몸은 성령의 그릇이었고 권능으로 환히 빛났다. 염색공의 딸이고 글을 읽을 줄 몰랐던 카테리나는 모든 사람에게 돈나 donna('자유로운 여인')로 인정을 받았다. 돈나는 '그녀 자신이 자신의 몸을 소유한 주인'이라는 뜻이기도 했다. "그림자들의 삶이라는 이 폭풍우 치는 바다"[19]에서 그녀의 순결한 몸은 그 바다를 건너가는 배였다. 심한 혼란을 겪는 시대의 조류와 격랑을 헤쳐 나가면서 그녀는 무수히 많은 기독교인들에게, 거룩함이 이 지상에서 실현될 수 있다는 소중한 확신을 안겨 주었다. 심지어 대단히 위대한 사람조차 그녀의 카리스마에 빨려들어갔다.

1376년 6월, 그녀는 아비뇽에 도착하여 교황 그레고리우스 11세에게 로마로 귀환함으로써 하느님에 대한 헌신을 만천하에 공표해야 한다고 재촉했다. 교황은 석 달 뒤에 로마로 가는 길에 올랐다. 하지만 교황의 로마 귀환은 재앙으로 끝나서 카테리나를 크게 실망시켰다. 로마에 도착한 지 1년도 채 되지 않아 그레고리우스 11세는 사망했다. 그의 자리에 두 라이벌 교황―한 사람은 이탈리아인, 다른 한 사람은 제네바 출신의 귀족―이 선출되었다. 두 교황 사이에는 교황청을 라테란과 아비뇽 중 어디에다 둘 것인가 하는 문제가 걸려 있었다. 카테리나는 이탈리아인 교황 우르바누스 6세에게 신자들의 충성을 규합하면서 황급히 그의 편에 섰다. 그녀가 로마에서 벌인 활동은 그의 기반을 크게 강화하는 핵심 요소가 되었다. 한때 우르바누스는 휘하 추기경들을 로마 시내의 한 교회로 소집하여 교회 분열의 시비를 논하는 카테리나의 설교를 듣게 했다. 교황은 존경하는 어조로 이렇게 말했다. "이 연약한 여인이 우리 모두를 부끄럽게 합니다."[20]

1380년 봄, 카테리나가 사망한 후에도 교황의 이런 확신은 흔들리지 않았다. 카테리나의 수척한 시신은 그녀가 실천한 단식을 웅변으로 말해 주었고, 교황과 교황청에 앞으로 교회가 어떤 모습을 갖추어야 하는지 알려 주는 유익한 교훈이 되었다. 카테리나는 처녀일 뿐만 아니라 신부였다. 소녀 시절 그녀는 그리스도에게 온몸을 바쳤다고 맹세했다. 그녀는 머리카락을 몽땅 잘라 버림으로써 그녀를 결혼시키려는 부모의 계획에 도전했다. 그녀는 자신이 이미 약혼한 몸이라고 부모에게 말했다. 부모가 아무리 당황하면서 화를 내도 그녀의 결심을 바꾸어 놓지 못했다. 그녀가 스무 살이 되던 1367년에 시에나는 축제의 종료를 축하하는 행사를 벌였다. 그때 그녀에게 하나의 축복이 찾아왔다. 부모님 집의 작은 방에서 그녀가 단식을 하고, 명상을 하고, 기도를 하는데 그리스도가 그녀를 찾아왔다. 성모, 바울과 도미니쿠스 등 여러 성인이 증인 역할을 했다. 다윗왕은 하프를 켰다. 결혼반지는 그리스도가 어린 시절 할례를 받으면서 잘라 낸 귀두의 포피였고 아직도 피가 묻어 있었다.● 그 반지는 다른 사람들에게는 보이지 않았으나 카테리나는 그 순간부터 그것을 계속 끼고 있었다. 신성에 이 정도로 친밀함을 유지하는 것은 보통 사람으로는 할 수 없는 일이었다. 실제로 카테리나의 주장을 비웃는 사람들도 있었다. 그녀가 아비뇽에서 황홀경에 빠져들었을 때, 한 추기경의 정부는 거짓이 아닌지 확인하기 위해 핀으로 카테리나의 발바닥을 찌르기까지 했다.

그러나 그레고리우스 11세와 우르바누스 6세는 의심하지 않는 게 좋다는 것을 잘 알았다. 그들은 카테리나가 그들에게 계시한 신비가 무엇인지 이해했다. 교회 또한 그리스도의 신부였던 것이다. 바울이 쓴 것으로 추정되고 신약성경의 일부로 들어간 한 편지는 이렇게 말한다. "아내는 주님께 순종하듯이 남편에게 순종해야 합니다. 남편은 아내의 머리입니다. 이는 그리스도께서 교회의 머리이시고 그 몸의 구원자이신 것과 같습니다."[21] 주님에 대한 카테리나의 헌신―그녀는 불타는 듯한 뜨거운 어조

● 그녀의 고백 성사를 보아준 사제의 말에 따르면, 그 반지는 금반지였다. 하지만 카테리나는 자신이 쓴 편지들에서 다르게 말했다.

로 그것을 욕망으로 규정하기를 망설이지 않았다—은 모든 교회를 비난하면서도 동시에 영감을 안겨 주었다.

결혼을 이처럼 거룩한 성사로 여기는 태도는 기독교가 에로스 분야에 일으킨 또 하나의 혁명이었다. 성경은 남녀가 결혼하여 한 몸이 되는 것은 그리스도와 교회가 한 몸이 되는 것과 마찬가지라고 말했다. 이런 생각은 부부와 교회 모두에게 진귀한 위엄을 부여했다. 아내가 남편에게 복종해야 한다는 지시를 받은 반면에, 남편 또한 아내에게 정절을 지켜야 한다는 지시를 받았다. 이러한 지시는 기독교가 탄생한 시대 환경인 로마 시대의 기준으로 본다면 거의 영웅적 수준의 자기부정을 요구하는 의무였다. 로마법은 탈무드나 그 외의 다른 고대 민족들의 관습과는 다르게, 결혼을 일부일처제로 규정했다. 하지만 남편이 평생 동안 아내에게 정절을 지켜야 한다는 뜻은 아니었다. 남편들은 그들이 좋을 대로 이혼을 강요할 법적 권리—또 하급자에게 성적으로 강요할 권리—를 갖고 있었다. 바로 이 때문에 교회는 기독교인들의 성적 욕구를 규제하는 장기간에 걸친 힘든 싸움에서, 결혼을 가장 주목해야 할 핵심 사항으로 보았다. 오랫동안 결혼 윤리의 주된 특징이었던 이중 기준은 이제 기독교에 의해 엄격하게 단속을 받게 되었다. 그리스도의 감시의 눈 아래 결합되었으므로, 남편들은 아내 못지않게 배우자에게 정절을 지켜야 한다는 명령을 받았다. 이혼은 아주 예외적인 경우가 아니라면 금지되었다. 아내를 내친다는 것은 "그녀를 간통한 여자로 만드는 것"[22]이었다. 예수는 그렇게 선언했다. 기독교식 결혼은 호혜적이면서 해지할 수 없는 것이 됨으로써 전보다 더 강력하게 결혼한 남녀를 서로 묶어 놓았다.

그리스도는 카테리나의 손가락에 결혼반지를 끼워 줌으로써 구원을 "천상에서 벌어지는 영원한 혼인 잔치"[23]로 규정했다. 그 결혼은 성사였고, 신의 은총의 가시적 상징이었으며, 교회가 여러 세기에 걸쳐 신자들에게 납득시킨 교리였다. 결혼은 두 가문의 결합이라는 전제—아주 오래된 보편적 전제—는 좀처럼 쉽게 물리칠 수 있는 것이 아니었다. 막강한 교회법이 완전히 정착되자 비로소 교회는 결혼 제도를 완벽하게 통제할 수 있게 되었다. 부모가 고른 남편감을 거부하고 자신이 이미 다른 사람과 결혼했다고 말하는 카테리나는 기독교인으로서 자신의 정당한 권리를 주장한 셈이었다. 그 어떤 커플에게도 약혼, 결혼, 동침을 강요해서는 안 되었다. 사제들은 남녀 두 사람이 부모 모르게, 심지어 부모의 동의 없이도 부부가 되게 해줄 권한이 있었다. 결혼의 유일한 기반은 강요가 아니라 합의였다. 교회는 이러한 확신을 맹세했고 그것을 교회법으로 제정함으로써 세상 어디에서나 가부장들의 발등을 밟았다. 이것은 미래에 큰 파급 효과를 일으키게 될 아주 의미심장한 사태 발전이었다. 기독교 신자들 앞에는 완전히 새로운 결혼관으로 가는 길이 열렸다. 결혼은 서로 사랑하여 매혹을 느끼는 남녀 사이에서 이루어지는 것이었다. 그리하여 개인의 권리가 가문의 그것을 압도하게 되었다. 하느님의 권위는 자녀에게 일방적으로 복종을 강요하는 아버지 편을 드는 것이 아니라, 선택의 자유라는 아주 전복적인 원리의 편을 들었다.

기독교의 결혼관은 너무나 기이하여 기독교 세계 이외의 지역에서는 사람들에게 빈축을 샀다. 이슬람의 학문이 정립된 아주 초창기부터 무슬림들은—쿠란은 남자가 여러 명의 아내와 노예를 거느릴 수 있다고 직접 허가한다—교회의 일부일처제 주장에 놀라면서도 우습게 생각했다. 그러나 기독교인들은 이런 경멸에 당황하기는커녕 이교도적인 욕구를 적절히 단속하여 질서를 잡겠다는 결심이 더욱 확고해졌다. 보니파키우스 성인은 타락한 남자는 일부다처제를 매력적으로 생각한다는 것을 인정하면서, 그 야수 같은 제도의 혐오스러움에 온몸을 부르르 떨었다. "그것은 힝힝거리는 말들이나 징징거리는 당나귀들이 잡스러운 욕정을 이기지 못해 교접하는 것만큼이나 모든 것을 더럽히는 비열한 짓이었다."[24] 성인의 혐오감은 뿌리가 아주 깊었다. 서로 엮이지 말아야 할 사지가 함께 뒤섞이는 것, 늘 서로 떨어져 있어야 할 육체가 하나로 합해지는 것은 정말 혐오감을 불러일으키는 행위였다.

그러나 그리스도의 사랑과 법률을 모르는 무지몽매한 자들이 보이는 가장 극악하게 혐오스러운 행태는 근친상간의 경향이었다. 보니파키우스는 로마에 거듭하여 편지를 보내 친족 간의 결혼 금지 범위를 다룬 이 화급한 문제에 대한 결정을 요구했다. 교황은 회신에서 매우 진보적인 태도를 보였다. "규율의 엄격함보다는 절제하는 태도가 더 중요합니다. 특히 문명화되지 않은 민족을 상대로 할 때에는 더욱 그러합니다. 4대〔증조부에서 손자〕를 벗어나는 친족 관계에서는 결혼이 가능하다고 봅니다."[25] 그로부터 500년이 지난 후, 인노켄티우스 3세에 의해 라테란 궁에 소집된 종교회의는 동일한 판단을 내렸다. 그래도 이는 교회의 진보적 태도를 보여 주는 조치였다. 그 이전의 종교회의가 내린 친족 간 결혼 금지의 범위는 7대였다.

교회가 기독교 신자들의 정신을 형성하고 구축하기 위해 내린 조치들 중에서 결혼 제도처럼 지속적인 결과를 미친 것은 찾아보기 어렵다. 시에나에서 천 년이 흐른 뒤에 발굴한 비너스 상이 살아 있는 여신으로 숭앙받던 고대에 파밀리아familia라는 단어는 여러 세대가 함께 모여 사는 아주 큰 집안을 의미했다. 씨족, 식객, 하인, 노예 들도 모두 가족이었다. 그러나 그 개념이 바뀌었다. 야심만만한 가부장보다는 결혼한 부부를 기독교 사회의 핵심으로 보는 교회의 확고한 태도는 사촌에서 사촌으로 가지를 쳐 나가던 방대한 가문의 본능을 순화했다. 교회법에 의해 승인된 인간관계만이 합법적인 것으로 간주되었다. 모든 가정은 교회가 승인한 범위 이외의 사람과 결혼하는 것이 허용되지 않았다. 그리하여 '인척in-laws'이라는 개념이 생겨났다. 그 결과 가문의 장악력은 쇠퇴하기 시작했다. 인척들 사이의 유대 관계는 점진적으로 약화되었다. 가정의 규모는 크게 줄어들었다. 기독교 세계의 사회 조직은 아주 뚜렷한 구조를 소유하게 되었다.

라틴 서방의 중심 지역에서는 남편, 아내, 자녀가 점점 더 가정의 핵심 요소로 여겨졌다.

첫 번째 돌 던지기

그리스도가 시에나의 카테리나에게 나타났을 때, 그분을 따라서 막달라 마리아도 함께 왔다. 엄청난 사랑의 느낌으로 눈물을 흘리던 카테리나는 마리아의 옛날 일을 생각했다. 막달라 마리아는 일찍이 예수님 앞에 무릎을 꿇고서 눈물로 그분의 발등을 적셨다가 이어 머리카락으로 그 눈물을 닦아 내고 발등에 키스를 했고 이어서 성유를 발라 드린 일이 있었다. 이제 그리스도는 카테리나에게 말했다. "착하디착한 딸아, 너를 위로하기 위해 내가 막달라 마리아를 네 어머니로 삼겠노라." 카테리나는 감사하는 마음으로 그 제안을 받아들였다. 그녀의 고해신부는 이렇게 보고했다. "그때 이후로 카테리나는 막달라 마리아와 자신이 완전히 한 몸이 된 느낌이었다."[26]

그리스도의 부활을 처음 목격한 여성과 한 짝이 된다는 것은 물론 신성한 은총의 진귀한 징표였다. 카테리나는 어릴 적부터 막달라 마리아를 특별한 역할 모델로 삼아 왔다. 이는 카테리나의 자기만족을 드러내는 것이 아니라 오히려 정반대 현상을 증명한다. 카테리나는 내심 죄를 짓는 느낌에 번민했던 것이다. 〈루카 복음서〉가 보고하듯이, 예수 앞에서 울었던 여인은 "죄 많은 삶을 살아왔다."[27] 이 죄 많은 여인의 이름은 밝혀져 있지 않았으나 막달라 마리아일 것이라는 추정이 널리 유포되었다. 이것은 대 그레고리우스가 591년에 설교할 때 동일인물설을 말한 이후 죽 그렇게 믿어졌다. 그리하여 시간이 흘러가면서—복음서에는 구체적 증거가 나와 있지 않는데도—그녀의 "죄 많은 삶"의 구체적 내용은 널리 알려진 지식이 되었다. 용서를 청하며 예수의 발 앞에 무릎을 꿇은 그녀는 회개하는 창녀였다. 카테리나는 막달라 마리아를 어머니로 받아들임으로써 그리스도의 놀랍고도 과격한 경고를 받아들였다. 즉, 창녀가 사제보다 하느님의 나라에 더 먼저 들어간다는 것 말이다.

교회는 사제들의 독신 생활을 요구했고 결혼 생활의 신성함을 가르쳤다. 그런데 그리스도는 여기서 아주 놀라운 메시지를 던진 것이다. 구세주는 육신의 죄악을 비난하지만 동시에 그것을 용서해 줄 수도 있다는 것이었다. 당연히 많은 도덕가들은 이러한 가르침을 적극적으로 수용하는데 상당히 어려움을 겪었다. 남자를 타락하도록 유혹하여 생계를 벌어들이는 여성은 교부들이 이브에게서 발견했던 모든 못된 점을 그대로 드러내는 구체적 사례였다. 아벨라르의 한 제자는 이렇게 말했다. 창녀가 매력적일수록 그녀의 성을 사들인 자의 회개는 그만큼 덜 부담스럽다. '개혁'을 강조하면 할수록 오히려 창녀의 유혹적 특징은 더 강렬해져 남자들은 그만 그 오수汚水 구멍 속으로 빠져든다. 이단을 제압하는 운동이 강화되는 데 발맞추어 그 오수 구멍의 더러운 물을 퍼내는 일련의 조치가 취해졌다.

예를 들어 파리에서 노트르담 대성당이 건설되던 시기에 창녀들의 조합이 대성당의 창문 하나를 건설하는 비용을 내놓아 성처녀에게 봉헌하겠다고 제안했다. 하지만 저명한 신학자들로 구성된 파리 대학의 건설 위원회는 그 제안을 거절했다. 그로부터 20년 뒤인 1213년, 그 신학자들 중 한 사람이 교황 특사로 임명되면서 창녀로 단죄된 모든 여성을 파리에서 추방하라는 명령을 내렸다. 마치 그들이 나병 환자라도 되는 것처럼 말이다. 그리고 1254년에 경건하기로 소문 높은 왕은 창녀들을 프랑스 전역에서 추방하라는 명령을 내렸다. 그 명령이 성공을 거두지 못하자 교회 당국은 초조한 마음에 창녀들을 격리 조치했다. 창녀들은 유대인과 마찬가지로 그들의 불명예스러운 직업을 밖으로 노출해야 한다는 지시를 받았다. 창녀들은 베일을 사용하는 것이 금지되었고, 입고 있는 드레스 위에다 어깨부터 발끝까지 매듭진 끈을 매달아야 했다. 다들 창녀의 손길을 두려워했다. 그래서 런던이나 아비뇽같이 멀리 떨어진 도시들에서도 창녀들은 상가의 가게에서 물건에 손대는 것이 금지되었다.

그러나 아주 근엄한 설교자의 마음속 깊은 곳에서는 그리스도의 모범이 어른거리고 있었다. 〈요한 복음서〉에는 간통하다가 걸린 여자가 바리새인에 의해 그리스도 앞에 끌려온 이야기가 나온다. 바리새인들은 예수를 함정에 빠트리려고 모세의 율법에 따라 그 여자에게 돌을 던져야 하느냐고 물었다. 예수님은 몸을 굽혀 손가락으로 땅에 무엇인가를 쓰기 시작했다. 이어 몸을 일으키고 그들에게 말했다. "너희 가운데 죄 없는 자가 먼저 저 여자에게 돌을 던져라." 군중은 그 말에 부끄러움을 느끼고 망설이더니 이어 곧 흩어졌다. 마침내 그 여자만 남았다. 예수님이 물었다. "너를 단죄한 자가 아무도 없느냐?" 그 여자가 "선생님, 아무도 없습니다"라고 대답했다. 그러자 예수님이 말했다. "나도 너를 단죄하지 않는다. 가거라. 그리고 이제부터 다시는 죄짓지 마라."

따라서 성적 유혹에 빠진 여자가 독실한 기독교 신자들에게 일으킬 수 있는 반응은 경멸의 감정만이 아니었다. 그들에 대한 동정과 공감도 있었다. 이단자들에게 가장 무서운 적이었던 인노켄티우스 3세는 구세주가 세리와 창녀 같은 가장 낮은 자들과 함께 어울렸다는 사실을 결코 잊지 않았다. 교황은 로마에 병원을 건설하면서 병든 창녀들에게도 도움의 손길을 내밀라고 명시적으로 지시했다. 또 창녀와 결혼하는 것은 가장 숭고한 믿음의 표시라고 설교하기도 했다. 수도사들은, 독신 서원을 했으므로 결혼까지 갈 수는 없었지만, 그리스도가 창녀들에게 해준 것처럼 해주어야 한다는 사명감을 느꼈다. 그래서 그들은 타락한 여성들이 하느님의 왕국으로 들어오는 것을 환영했다. 그리하여 도미니쿠스 수도사들을 가리키는 프랑스식 별명, 즉 자코뱅jacobin이 창녀를 가리키는 별명이 되었다. 창녀들도 막달라 마리아의 사례를 잘 알고 있었으므로, 눈물 어린 회개를 하면서 하느님은 다른 죄인들 못지않게 자신들도 사랑한다는 확신을 가졌다. 카테리나는 창녀를 만날 때마다 그녀에게 그리스도의 자비를 말해주는 것을 잊지 않았다. "성모에게 기도하세요. 성모는 당신을 그분의 아들 앞으로 데려다 주실 겁니다."[28]

그러나 용서받지 못하는 죄악도 있었다. 카테리나 사후 수십 년 동안, 기독교 신자들은 공포를 느끼며 하늘을 바라보았고 너무나 분명하게 드러나는 하느님의 분노에 몸을 부르르 떨었다. 전염병, 전쟁, 교황청의 분열, 이런 대규모 재앙은 기독교 세계에 대한 하느님의 심판이라고밖에 볼 수 없었다. 구약성경을 잘 아는 도덕가들은 그다음에 무슨 일이 벌어질지 잘 알았다. 〈창세기〉에는 소돔과 고모라라는 두 도시가 완전히 멸망한 애기가 기록되어 있다. 그 도시의 사람들이 죄악으로 완전히 부패해서 하느님이 그들에게 집단 징벌을 내린 것이었다. 하늘에서 불타는 유황이 비처럼 쏟아졌고 한때 두 도시가 들어섰던 벌판 위로 용광로에서 나오는 것 같은 연기가 솟아올랐다. 잡초를 비롯해 살아 있는 모든 것이 파괴되었다. 불에 녹은 바위만이 원래 있었던 도시의 자리를 알려 주었다. 그 순간부터 소돔과 고모라의 기억은 인간 사회가 그런 죄악으로 물들 경우에 그 사회에 어떤 일이 벌어지는지 보여 주는 무서운 경고로 기독교 신자들에게 인식되었다. 구약성경의 예언자들은 동포들의 죄악을 비난하면서 그들의 멸망을 예언했다. "내게는 그들 모두가 소돔처럼 되었다."[29]

그렇다면 소돔의 죄악은 구체적으로 무엇인가? 이 질문에 대한 답은 〈창세기〉가 아닌 바울의 편지에 있다. 로마의 신자들에게 편지를 쓰면서 사도 바울은 이교도 사회의 성적 타락이야말로 하느님의 사랑으로부터 멀리 떨어진 인간의 가장 확실하고 무서운 사례라고 지적했다. 그런 타락 중 어떤 한 측면은 더욱 심한 혐오감을 그에게 안겨 주었다. "남자들이 남자들과 파렴치한 짓을 저질렀습니다."[30]

이러한 바울의 지적에는 로마 남자들이 전혀 의식하지 못한 성관계의 관점이 제시되어 있다. 로마 남자들은 동침의 상대가 남자인지 여자인지 구분하지 않았고, 단지 성관계 중에 남자 역할을 하는지 혹은 여자 역할을 하는지를 중요한 문제로 삼았다. 로마 남자가 볼 때 성적으로 타락한 것은 남자가 동성애 관계 중에 여자 역할을 하는 것이었다. 바울은 남자 주인이 노예 소년의 몸에다 사정하는 것을 맹비난했듯이 구강이나 항문 삽입을 허용하는 남자 또한 격렬하게 비난했다. 이렇게 비난한 바울은 로마의 성생활 방식에 아주 낯선 기준을 제시한 것이었다. 이런 기준은 그가 유대인으로 성장했다는 사실에서 유래했다. 바울은 토라에 정통했다. 모세의 율법은 "여자와 동침하듯 남자와 동침해서는 안 된다"[31]라고 두 번이나 명령했다. 그러나 바울은 로마인에게 보낸 편지에서 이 명령을 그 나름으로 새롭게 비틀었다. 이교도 중에는 남자와 파렴치한 짓을 저지르는 남자들만 있는 게 아니라고 바울은 경고했다. "그리하여 그들의[이교도의] 여자들은 자연스러운 육체관계를 부자연스러운 관계로 바꾸어 놓았습니다."[32] 이는 획기적인 비난이었다. 여자와 동침하는 여자들을 남자와 동침하는 남자들과 같은 부류로 분류함으로써, 바울은 완전히 새로운 성적 행동의 범주를 창조했다. 그 결과 기독교는 에로스의 차원에 또 다른 형태의 혁명을 가져왔다. 교회의 맹비난이 없었다면 이교도라는 개념이 성립하지 않았을 것처럼, 동성의 상대와 성관계하는 남녀는 자연질서를 문란하게 하는 죄악을 범하는 것이라는 개념은 순전히 기독교 교회의 창조물이었다.

바울의 성 개념이 독창적이었다는 사실은 원시 교회의 몇 세기 동안에 그 개념을 나타내는 용어가 분명치 않아 사람들이 애먹은 사실로도 알 수 있다. 그리스어, 라틴어, 심지어 구약성경의 히브리어에도 그것[동성애]을 가리키는 용어가 나오지 않는다. 그러나 마침 편리하게도 소돔의 이야기가 있었다. 기독교 학자들은 그 도시의 운명에 주목하면서 그 도시의 주민들이 무슨 짓을 했기에 하느님께서 전멸시킬 수밖에 없었을까 하고 궁금해했다. 대 그레고리우스는 이런 의견을 내놓았다. "성경의 역사는 이런 사실을 증명한다. 하느님이 소돔에 불과 유황을 비처럼 내리셨다고 하는데, 유황은 살이 불타는 냄새를 지적하는 것이다."[33]

그렇지만 '소도미sodomy(소돔 사람이 하는 짓)'라는 용어가 널리 유포된 것은 그레고리우스 7세의 혁명적 시대 일이었다.[34] 그러나 그때도 이 용어의 뜻은 불분명했다. 동성애가 그 주된 뜻이었으나 유일한 뜻은 아니었다. 도덕가들은 다양한 성적 일탈을 가리키면서 이 용어를 사용했다. 그리하여 그 뜻을 분명하게 밝히는 것은 토마스 아퀴나스의 몫으로 돌아갔다. "사도 바울이 말한 것처럼, 남자와 남자, 여자와 여자 간의 성행위를 가리켜 소도미의 악덕이라고 한다."

기독교 신자들을 도덕적으로 수호해야 하는 책임자들 사이에서 소도미의 분명한 뜻은 하느님을 분노하게 만드는 행위에 대한 그들의 불안을 가중시켰다. 특히 이탈리아의 경우, 나머지 기독교 세계에 비해 더 부유하고 주민수도 많은 도시들에서 소돔과 고모라를 멸망시킨 암울한 운명의 그림자가 더욱 어둡게 드리웠다. 1400년에 이르러 전염병이 계속 재발하는 상황에서, 도시에서 소도미를 싹 쓸어 내지 못한 두려움 때문에, 온 도시가 멸망할지 모른다는 공포가 반도 전역의 도시들을 휩쓸었다. 베네치아의 경우, 1418년 일련의 엄청난 섹스 스캔들이 발생하자 도시 정부는 소돔 위원회Collegium Sodomitarum를 설치했다. 이것은 "도시의 멸망을 위협하는 범죄"[35]의 박멸을 위해 특별히 설립된 행정청이었다. 소돔 위원회 위원들은 무용 학교나 검술 학원처럼 동성의 남녀가 함께 어울리는 곳에서 소도미의 냄새를 맡으려고 혈안이 되었다. 6년 뒤, 피렌체에서 당대의 가장 유명한 설교자가 부활절 무렵에 소도미에 대해 세 번에 걸쳐 연속 강의를 해달라는 요청을 받았다. 그는 즉시 그 초청을 수락했다. 시에나 출신의 프란체스코파 수도사인 베르나르디노는 군중의 마음을 사로잡는 스승이었다. "때로는 부드럽고 점잖게, 때로는 슬프고 엄숙하게, 아주 유연 무쌍한 목소리로 그는 대중을 상대로 자신이 하고 싶은 것은 뭐든지 다 했다."[36] 그리고 소도미의 죄악은 그가 특히 열변을 토하는 주제이기도 했다.

고향 도시의 거리를 걸어 내려가면서 베르나르디노는 태어나지 못한 아이들의 유령 같은 고함을 때때로 들었다. 소도미를 저지르는 자들 때문에 그들이 이 세상에 태어나지 못한다는 외침이었다. 어느 날 밤 그는 놀라 잠에서 깨어나면서 그 태어나지 못한 아이들이 시에나의 모든 건물에게 그들의 외침을 반사하게 만드는 소리를 들었다. "불태워 버려라! 불태워 버려라! 불태워 버려라!"[37] 이제 베르나르디노는 피렌체에 설교하러 왔다. 그 도시는 성적 타락이 너무나 심각하여 소도미를 가리키는 독일어는 플로렌처Florenzer라고 할 정도였다. 수도사 베르나르디노는 청중의 정서를 최대한 자극하면서 소도미에 대한 그들의 수치, 혐오, 공포를 최대한 끌어올렸다. 그가 신자들을 향해 소돔과 고모라가 그들 도시의 운명이 될 수 있다고 위협하자, 그들은 몸을 흔들고 신음을 내지르며 흐느껴 울었다. 그가 군중에게 바닥에 침을 뱉음으로써 소도미에 대한 혐오감을 표시해 달라고 요구하자, 침 뱉는 소리가 천둥소리처럼 울려왔다. 그가 교회 밖의 대광장에서 소도미 행위자들이 매우 좋아하는 장식품과 의상을 산더미처럼 쌓아 놓고 불을 붙이자, 군중은 존경스럽다는 듯이 지켜 서서 그 불길의 열기를 양 뺨으로 느끼며 그 잡동사니의 화톳불을 겁먹은 눈빛으로 쳐다보았다.

70년 전인 1348년, 피렌체가 흑사병의 첫 번째 파괴적인 영향으로 비틀거리고 그 도시가 시체들의 산더미로 숨이 막힐 지경이었을 때, 아고스티노 디 에르콜레라는 남자가 베르나르디노의 소도미 장신구들과 마찬가지로 화형에 처해졌다. 그는 "지독한 소도미 행위자"[38]였고 그런 죄악을 수년간 저질렀다. 그런데 신의 분노를 알리는 가장 무서운 증거가 피렌체를 철저히 파괴하고 있는데도 그는 회개하기를 거부했다. 더 나아가 자신의 행위가 죄악이라는 것도 시인하려 하지 않았다. 아고스티노는 자신의 내부에서 활활 타오르는 욕망의 용광로를 소화消火시키는 것이 불가능하다고 말했다. 그렇게 행동하는 자기 자신을 어떻게 할 수가 없다는 말이었다. 당연한 일이지만 그런 변명은 판사들에게 아무런 호소력이 없었다. 죄를 저지른 자는 먼저 죄를 선택했기에 그런 행동을 저지른다고 보았기 때문이다. 남자와 동침하는 남자는 죄악을 저지르려는 변태적 충동 때문에 그런 것이 아니라, 그게 원래 그의 본성이라는 변명 혹은 호소는 예의 바른 기독교 신자라면 도저히 승인할 수 없는 얘기였다. 심지어 베르나르디노 자신도 소도미를 박멸해야 한다는 강박증을 가졌음에도 불구하고 아퀴나스의 소도미 정의를 명확하게 파악하지 못하는 경우가 있었다. 그는 수간獸姦, 자위행위, 부부 사이의 항문 성교 등에도 소도미라는 용어를 사용하는 착오를 여러 번 저질렀다. 아퀴나스와 아고스티노는 각각 성인과 죄인, 독신자와 소도미 행위자였으나 둘 다 시대를 앞서간 사람들이었다. 바울 사후 근 1500년이 흘렀는데도 남녀가 동성의 상대방에게 성적으로 매혹된다는 개념은 대부분의 사람들에게 너무나 낯설고 너무나 이해하기 어려운 일이었다.

다른 문제들에서도 그렇지만 육체의 문제에서도 기독교의 혁명은 아직 가야 할 길이 멀었다.

12장

종말

1420년, 타보르

그와 비슷한 곳은 아마도 다시 찾아보기 어려울 것이다. 루지니체 강둑 위에 우뚝 솟은 암벽에 세워진 성은 수십 년 전에 버려졌고, 한때 그 성을 둘러쌌으나 지금은 검은 폐허가 된 마을에는 잡초만이 무성했다. 그곳은 피난처로 하기에는 마땅치 않은 곳이었다. 그 부지는 깨끗이 청소되어야 했고 무無에서부터 마을을 새롭게 건설해야 했다. 또한 성은 긴급히 축성 작업을 해야 할 필요가 있었다. 야간에는 매서운 추위가 몰려왔다. 그렇지만 피란자들이 계속 몰려왔다. 3월 내내 보헤미아 전역의 모든 계층 출신의 피란민들이 꾸준히 산행을 하여 그 성을 찾아왔다. 3월 말에 이르러, 절반쯤 세워진 경계 벽 근처의 천막들에는 그곳을 찾아오던 중에 싸움을 하다가 피를 흘린 남자들이 모여들었고, 여자들은 불타는 마을에서 달아나 아이를 품에 안고 피신해 왔다. 프라하 출신의 여관 주인들과 농민들은 도리깨로 무장을 했다. 기사들, 사제들, 노동자들 그리고 방랑자들도 있었다. "신자들은 재산과 재물을 팔아 모든 사람에게 저마다 필요한 대로 나누어 주었다."[1] 〈사도행전〉에 나와 있는 대로, 그들은 이제 그렇게 했다. 모든 사람이 위험을 공유했고 공통의 지위를 누렸다. 모든 남자가 형제였고 모든 여자는 자매였다. 위계질서도 임금도 세금도 없었다. 개인 재산은 불법이었다. 부채는 전부 탕감되었다. 가난한 사람들이 온 세상을 물려받은 것 같았다.

그곳으로 이주해 온 사람들은 그 마을을 타보르라고 불렀다. 그 마을 이름은 점점 더 늘어나는 적들을 향한 도전적 메시지였다. 신약성경에 예수가 기도를 하기 위해 어떤 산에 올랐다는 기록이 나온다. "예수님께서 기도하시는데, 그 얼굴 모습이 달라지고 의복은 하얗게 번쩍였다."[2] 이 기적이 벌어진 장소는 오래전부터 기독교 학자들에 의해 갈릴리에 있는 타보르산으로 확인되었다. 그 산 꼭대기에는 신성의 빛이 감돌았고 하늘은 땅과 연결되어 있었다. 그런데 그 일이 지금 다시 벌어지고 있었다. 루지니체 강둑 위의 커다란 암벽 주위로 몰려든 보헤미아 사람들은, 과거 탁 트인 하늘 아래에서 주님의 설교를 들었던 사람들의 뒤를 따르는 셈이었다. "불행하여라, 너희 부유한 사람들! 너희는 이미 위로를 받았다. 불행하여라, 너희 지금 배부른 사람들! 너희는 굶주리게 될 것이다."[3] 이는 펠라기우스의 과격한 추종자들을 사로잡은 말이었고, 파울리누스 시절 이래로 부자들을 괴롭힌 말이었다. 그러나 그 누구도, 마르탱, 프란체스코, 발데스도 타보르 사람들이 지금 하려고 하는 행동을 시도하지 않았다. 그들은 이제 완전히 새로운 사회를 건설하고자 했다. 귀족들이 농민들과 함께 밤낮 없이 일함으로써 타보르에 난공불락의 성채를 마련하려 했다. 그들은 단지 강력한 성채를 짓는 데 그치지 않고 온 세상을 새로 건설하고자 했다.

이러한 야망을 성취하려는 타보르 사람들은 잘 닦인 길을 따라 걸어가고 있는 것이었다. 기독교 신자들의 욕구에 부응하기 위해, 세속의 군주들에게 맞서서 엄청나게 무모한 노력 끝에 세워진 가톨릭교회의 거대한 구조물은 혁명이 성취할 수 있는 업적의 궁극적 기념물이었다. 그러나 그 과격한 조치의 용암은 오래전에 굳어 버렸다. 아직 익숙하지 않은 역설에 의해 교황청의 질서는 현상 유지를 지향했다. 그레고리우스 7세의 영웅적 시대 이후 300년이 흘러가는 동안, 교황청의 보편적 통치라는 명제를 생각할 때, '개혁'의 대리인들에게서 그런 통치를 찾아보기 어렵다고 생각하는 기독교인이 늘었다. 오히려 그들은 교황청이 진정으로 간절히 필요한 변화를 가로막는 장애가 되었다고 생각했다. 현재의 상태를 하느님이 못마땅하게 여긴다는 징후가 분명하게 나타났다. 기독교 세계의 인구 중 3분의 1이 흑사병으로 죽은 것으로 추정되었다. 전쟁은 기독교 세계의 번성하던 왕국들을 파괴했다. 동쪽의 비잔틴 제국은 1261년 콘스탄티노플에서 십자군을 몰아낸 이후, 인노켄티우스 3세가 제국의 등에 가한 타격으로부터 힘들게 회복하던 중에 더 강력한 적에게 위협을 당하고 있었다. 새로운 무슬림 세력인 오스만튀르크 제국은 헬레스폰트 너머로 세력을 확장하면서 콘스탄티노플을 직접적으로 위협했다. 오스만 군대는 심지어 헝가리의 방어 능력을 시험해 보기 시작했다.

그러나 그리스도의 신부가 되겠다고 하는 로마 교회의 주장에 교황청의 혐오스러운 분열만큼 지장을 주는 것은 없었다. 교황청의 분열을 수습하려는 시도는 사태를 더욱 악화시켰다. 1409년 주교와 대학 총장들로 구성된 피사 종교회의는 기존의 라이벌 관계인 두 교황을 폐위시키고 그 회의가 추천한 새로운 교황 후보를 옹립했다. 그러나 이 조치는 기독교 세계에 단독 교황을 옹립한 것이 아니라 오히려 교황 수만 셋으로 늘린

꼴이 되었다. 이런 스캔들이 계속되자 몇몇 대담한 사람들은 악몽 같은 가능성을 생각하기 시작했다. 이제 교황청은 천국 문의 열쇠를 지닌 기관이 아니라, 실상은 지옥의 대리인일지 모른다고 여겨졌다.

그렇다면 교황은 적그리스도가 되는 것이었다. 요한 성인이 예언한 바에 따르면, 종말의 날에 열 개의 뿔과 일곱 개의 머리를 가진 괴물이 바다에서 솟구치게 되어 있었다. 존경받는 전승에 따르면, 이 괴물은 가짜 예언자이고 교회의 신성을 모독하는 자인데, 한동안 이 세상을 지배하도록 되어 있었다. 라이벌 교황들은 기회만 있으면 지지자를 규합하여 상대방에게 적그리스도라는 오명 붙이기를 주저하지 않았다. 그러나 일부 기독교인들은 그런 프로파간다를 거부하면서, 그 어느 쪽도 지지하지 않았고 오히려 전부 다 경멸했다. 그들의 반대 의견은 교회에 엘리트 사제를 공급하는 대학들의 네트워크를 통해 기독교 세계 전역에 퍼져 나갔다. 옥스퍼드 대학의 신학자 존 위클리프는 라이벌 교황들의 파당을 악마의 집단이라고 비난했고 교황청 자체도 아무런 신성한 근거가 없다고 통박했다. 그리고 가장 폭발적인 반응을 일으킨 전복의 불꽃은 프라하에서 피어올랐다.

위클리프가 사망할 즈음인 1384년에 이르러, 그 도시는 부싯돌이 되어 있었다. 보헤미아의 귀족들은 오토 대제 때부터 내려오는 황가의 황제에게 복종했지만 실은 독일의 지배를 받고 있었다. 프라하 대학에서 근무하고 체코어를 사용하는 학자들 역시 비슷한 불이익을 받고 있어서 불만이 많았다. 한편 빈민촌에서는 부자들에 대한 불만이 대단했다. 대중적 인기를 누리는 설교사들은 황금과 사치스러운 양탄자로 장식된 수도원의 부를 비난하면서 원시 교회의 엄숙한 소박함으로 되돌아가야 한다고 주장했다. 설교사들은 기독교 신자들이 아주 잘못된 방향으로 가고 있다고 경고했다. 그레고리우스의 개혁이 교회를 구제하기는커녕 오히려 부패의 길 위에다 올려놓았다는 것이다. 세속적 영광의 유혹에 넘어간 교황청은 복음서가 가난한 사람들, 비천한 사람들, 고통받는 사람들을 철저히 옹호한다는 것을 잊어버렸다. "예수 그리스도의 십자가와 십자가형을 당한 예수의 이름은 인기가 없어졌고, 기독교인들 사이에서 낯설고 공허한 것이 되어 버렸다."⁴ 오로지 적그리스도만이 이런 운명적이고 악마적인 혐오감을 만들어 낼 수 있었을 것이다. 프라하 거리에서는 공공연하게 교황을 성 요한이 예고한 괴물로 보았고, 교황은 삼중관三重冠을 쓰지 않고 흉측한 새의 다리 같은 물건을 머리에 쓴다고 묘사했다.

사회 질서 전체를 뒤집어야 한다고 상상하는 것은 사람들이 좀처럼 하지 않는 일이었다. 바빌로니아에서 백성들이 명예롭게 여긴 왕권의 이상은 수천 년 전, 그러니까 문명의 초창기부터 생겨났다. 그리스에서 철학자들은 사회를 신성한 질서가 부여된 패턴의 표현이라고 보았다. 로마에서, 레스 노바이res novae('새로운 것들')의 냄새를 풍기는 것은 무슨 수를 써서라도 피해야 하는 재앙으로 간주되었다. 기독교의 혁명적 양상은 혁명이라는 개념 자체를 아주 떳떳하게 승인했음을 의미했다. 그레고리우스 7세 시절에는 다른 기관들이 감히 생각하지 못했던 혁명을 감행했던 교황청이 이제 현상 유지에 굳건히 매달리는 보수적인 기관이 되어 있었다. 과거 12세기에 세상이 이제 영원의 문턱에 서 있다고 선언했던 모데르니 moderni(종말을 알리는 개혁가들)는 착각한 것으로 판명되었다. 모데르니타스modernitas(세상의 종말을 알리는 새로운 시대)는 도착하지 않았다. 그렇다고 해서 앞으로 종말이 아예 닥쳐오지 않을 거라는 얘기는 아니었다. 〈요한 묵시록〉이 말해 준 예후는 너무나 분명했다. 세상이 부서질 것처럼 삐걱거리는 소리에서 성 요한이 예고한 사건들의 도래를 읽어 내는 것은 온

몸에 전율을 일으키는 무서운 일이었다. 그렇지만 동시에 격변과 변화가 최선의 결과를 위한 것이라는 꿈을 꾸는 것이기도 했다.

그 어떤 사람보다 유독 한 사람이 몰려오는 폭풍우의 피뢰침 같은 역할을 하고 나섰다. 1414년에 기독교 세계 전역의 교회 지도자들이 스위스 알프스의 가장자리에 있는 제국 도시 콘스탄츠에서 만나 종교회의를 개최했을 때 그들이 다룬 의제는 몹시 까다로웠다. 교황청의 분열이라는 지속적인 골칫거리 이외에도, 프라하의 가장 유명한 설교사가 주장하고 돌아다니는 도전적인 이단적 교리라는 문제가 있었다. 엄청난 카리스마, 지적 총명함과 개인적 성실성을 갖춘 설교사 얀 후스는 프라하 대학이라는 학문적 울타리를 벗어나 보헤미아 전역에서 칭송받는 인물이 되었다. 그는 프라하 교회의 위계질서를 비난했고, 오랫동안 제국의 혜택을 누리고 독일어를 사용하는 엘리트 계급을 성토했다. 그는 이미 뜨거워진 분위기를 비등점까지 끌어 올렸다. 그의 설교가 열광적으로 받아들여질수록 그의 가르침은 한층 더 과격해졌다. 위클리프에게서 영감을 받은 얀 후스는 하느님이 승인했다고 하는 교황의 수위권首位權을 노골적으로 조롱했다. 후스가 극단까지 내달리면서 교황청을 적그리스도라고 비난하는 일은 자제했는데도 그는 파문을 당했다. 하지만 파문 이후에도 그는 도전을 멈추지 않았다. 오히려 도전 정신은 더 굳건해졌다. 후스는 프라하 빈민촌과 체코 귀족들의 성채 양쪽에서 지원을 받고 있었으므로 자신의 입장을 굳건하게 유지했다. 곧 보헤미아의 권위 구조가 붕괴할 것처럼 보였다. 이런 상황은 교황청을 경악케 하는 동시에 제국 정부에도 그에 못지않은 경고 신호였다.

특히 1410년에 황제로 선출된 지기스문트는 그런 사태를 깊이 우려했다. 지기스문트는 튀르크 전선에서 싸운, 빨간 머리의 노전사이며 왕실의 왕자 출신이었다. 그는 보헤미아 내의 모든 종파 사이에 타협을 이루어 내고자, 후스를 콘스탄츠로 초청하여 대표자들과 직접 협상해 보라고 요청했다. 후스는 그 초청을 받아들였다. 후스가 교황의 대리인들로부터 피신해 있던 보헤미아의 성채를 나서서 출장길에 오른 것은 지기스문트가 친히 후스의 신변 안전을 보장했기 때문이다. 11월 3일, 후스는 콘스탄츠에 도착했고, 3주 뒤에 체포되었다. 재판에 회부된 후스는 태도 변화를 거부했다. 이단으로 사형 선고를 받은 그는 화형대에서 불타 죽었다. 그의 유분은 라인강에 뿌려졌다.

"그리스도가 성경에서, 사도들이 편지에서, 성 요한이 〈묵시록〉에서, 그리고 예언자들이 말로써 예언한 엄청난 고통의 시간이 이제 임박했다. 그것은 막 시작되었다. 그것은 문 앞에 서 있다!"[5] 후스가 처형된 지 5년 후, 암벽 주위의 요새에 집결한 타보르 사람들은 후스는 물론이고 부활한 성인들을 곧 만날 것이라고 확신했다. 콘스탄츠 종교회의는 후스파가 일으킨 전복의 불길을 꺼트리기는커녕 오히려 그 불길을 더 부추겼다. 마침내 교황청의 분열을 종식시키고 성 베드로의 옥좌와 단일 교황을 옹립했음에도 불구하고 보헤미아에서 추락한 교황청의 명성은 회복되지 못했다. 후스가 처형된 이후, 교황청을 적그리스도라고 비난하는 현상은 프라하 전역에서 노골적으로 터져 나왔다. 지기스문트 또한 맹비난의 대상이 되었다. 그가 배신해서 후스가 화형대에 오르게 되었다고 다들 믿었기 때문이다. 이어 1419년 보수파에 의한 노골적인 탄압은 반란을 촉발했다. 후스파는 시청을 급습하여 반대파 사람들을 창문 밖으로 내던졌고, 프라하 전역의 교회를 장악했다.

그러나 진정한 혁명이 터져 나온 곳은 산간 지대였다. 신자들은 집에서 탈출하여 그곳으로 모여들었고 프라하가 바빌론이라고 굳게 믿었다. 성경의 여러 책에서 분명하게 드러난 과거와 미래가 이제 보헤미아의 외곽 지역에서 구체적으로 드러났다. 특히 타보르의 증축되는 성벽 뒤에서 그 모습이 뚜렷이 보였다. 타보르산에 오른 그리스도의 옷이 신성한 빛으로 번쩍였듯이, 타보르의 성채도 온갖 보석으로 치장한 듯 밝게 번쩍였다. 일찍이 새 예루살렘은 환한 빛으로 눈부실 것이라고 예언된 바 있었다. 적어도 타보르 성채의 사람들은 그렇게 생각했다. 그들은 진흙을 주무르고, 모르타르를 섞고, 돌을 나르면서 장차 어떤 일이 벌어지리라는 것을 알았다. 그리스도는 몇 달 안에 재림하게 되어 있었다. 죄인은 죄다 멸망할 터였다. 성인들의 통치가 시작될 것이었다. "그러면 하느님의 선민들만이 지상에 남을 것이다. 선민이라 함은 산으로 도망친 사람들을 가리켰다."[6]

타보르 사람들이, 종말의 그늘 속에서 살고 있다고 믿은 최초의 사람들은 아니었다. 새로운 사실은, 그들로 하여금 그런 믿음을 갖게 만든 위기의식이었다. 그들은 사회의 전통적인 지지대, 기존의 모든 권위의 틀이 완전히 붕괴되기 직전이라고 생각했다. 교회는 적그리스도의 부어 오른 몸이었고 황제는 가장 사악한 배신행위를 저지른 자였다. 이런 사악한 자들 앞에서 타보르 사람들은 혁명을 끝까지 완수하겠다고 맹세했다. 그러나 원시 교회의 이상, 즉 형제자매처럼 평등하게 대우하면서 모든 것을 공유하는 생활을 하는 것만으로는 충분치 않았다. 타보르 이외의 세상, 산속으로 도망쳐 오지 않는 사람들의 세상이 부패에 빠져 허우적거리고 있으니, 이들을 깨끗이 청소해야만 했다. 그 세상의 질서는 전반적으로 부패했다. "모든 왕, 모든 군주, 모든 교회의 고위 성직자가 더는 존재해서는 안 된다." 타보르 사람들의 이러한 선언은 다가오는 싸움에 대비하여 스스로를 강화하기 위한 것이었다. 지기스문트는 후스파를 무력 진압하려고 결심했고 교황청은 후스파를 상대로 십자군 운동을 전개하겠다고 선언했다. 하지만 타보르 사람들은 오로지 황제와 교황만 제거하겠다는 것이 아니었다. 타보르로 오라는 소환을 거부한 자들, 타락한 세상에서 구원받기를 거절한 자들, 이런 자들은 모두 죄인이었다. "신자들은 저마다 그리스도의 적들의 피로써 자신의 양손을 씻어야 한다."[7]

후스 지지자들 중 많은 이들이 이런 노골적인 반항을 보고서 경악했다. 그들 중 한 사람은 타보르 사람들을 가리켜 "이단과 독재적 잔인함의 결합"이라고 말했다. 다른 사람들은 도나투스파의 환생 같다고 울적하게 말했다. 1420년 여름에 이르러 온건파들은 이제 더는 원칙 위에 가만히 서 있을 때가 아니라고 판단했다. 지기스문트는 5월에 기독교 세계 전역에서 차출한 대규모 십자군을 이끌고 프라하로 진격했다. 200년 전 베지에에 내려졌던 멸망의 운명이 프라하를 직접 위협했다. 온건파와 과격파는 이제 공동의 대의를 위해 뭉칠 수밖에 없다며 그 진격을 받아들였다. 한편 타보르 사람들은 뒤에다 소수의 수비대만 남겨 놓은 채 바빌론을 구하기 위해 행군에 나섰다. 그들의 선두에는 탁월한 장군이 말을 타고 있었다. 애꾸눈에 예순 살인 얀 지슈카는 일찍이 알비파에게는 없던 군사적 구원자였다.

1420년 7월, 지슈카는 프라하 사람들을 굶어 죽게 만들어 항복시키려 한 황제의 포위군을 외곽에서 공격했다. 지슈카의 급습은 너무나 파괴적이어서 지기스문트는 황급히 군사를 철수시킬 수밖에 없었다. 그 후 여러 번의 승리가 뒤따랐다. 지슈카는 무적이었다. 1421년 적의 화살에 하나 남은 눈을 잃어버렸지만, 그 일은 그를 조금도 좌절시키지 못했다. 그는 십자군, 황제의 수비대, 라이벌 후스파 등을 모조리 물리쳤다. 창의적이면서도 그에 못지않게 잔인했던 지슈카는 타보르 혁명의 살아 있는 구현체였다. 그는 빙 둘러 세운 무장 수레들로 준마에 올라탄 귀족들에게 맞섰다. 그 수레는 진흙투성이 농가에서 끌어온 것으로, 그 안에는 머스킷 소총으로 무장한 농민들이 타고 있었다. 그는 수도사들을 화형대에서 불태워 죽이라고 명령했고, 그가 직접 몽둥이를 들고서 때려죽이기도 했다. 그 음침한 노인은 전투에서 패배한 적이 없었다. 그가 병들어 죽은 1424년에 이르러 보헤미아 전역이 타보르 사람들의 통치 아래에 들어왔다.

지슈카의 적들은 그의 죽음을 이렇게 보고했다. 임종의 자리에서 지슈카는 타보르 사람들에게 자신의 살가죽을 벗겨서 살은 야생 동물의 먹이로 던져 주고 가죽으로 북을 만들라고 지시했다. "그리하여 당신들은 그 북을 앞세우고 전쟁터에 나가도록 하라. 적들은 그 북소리를 듣는 순간 등을 돌려 도망칠 것이다."[8] 이 일화는 지슈카의 무서운 명성에 대한 찬사인가 하면, 그의 사후 그의 추종자들이 전투에서 거둔 일련의 승리를 예고하는 것이기도 하다. 그러나 타보르 사람들이 사용한 북은 지슈카가 살아 있을 때에도 천으로 싼 북이었다. 1420년 여름, 지기스문트의 군대를 상대로 대승을 거두었을 때, 타보르 사람들은 여전히 그리스도의 재림이 임박했다고 믿었다. 주님의 도착에 대비하여 프라하를 준비시키기 위해 그들은 특혜의 상징물들을 조직적으로 공격했다. 수도원들은 파괴되었고, 보헤미아 엘리트 계급이 선호했던 더부룩한 턱수염은 발견되는 족족 면도되었다. 최근에 사망한 왕의 시신을 무덤에서 파내 그 머리에다 밀짚으로 만든 왕관을 씌웠다.

몇 달이 지나고 몇 년이 지나도 그리스도는 나타나지 않았고, 그리하여 타보르 사람들의 과격주의는 시들기 시작했다. 그들은 주교를 선출했고, 왕을 옹립하기 위해 협상에 나섰으며, 그들 중에서 가장 과격한 자들을 이단으로 몰아 타보르에서 축출했다. 지슈카는 예전의 이단 심문관도 감히 상상하지 못한 방식으로 법적 절차를 무시한 채 50명의 이단자를 일괄 검거하여 불태워 죽였다.* 1434년에 좀 더 온건한 후스파 군대에 의해 타보르 사람들이 패배하기 훨씬 이전에 타보르 운동의 불길은 잦아들고 있었다. 그리스도는 재림하지 않았다. 세상에서 왕들은 청소되지 않았다. 결국 타보르는 새로운 예루살렘이라는 왕관을 쓰지 못했다. 1436년에 후스파의 대사들은 교황청과 직접 성공적인 협약을 맺었는데, 이단 종파가 거둔 것으로는 최초의 성공이었다. 사태가 이렇게 돌아가자 타보르 사람들도 상황을 받아들일 수밖에 없었다. 세상의 종말이 다가올 때 이 세상의 질서에 도전할 시간이 충분히 있을 터였다. 그 시간이 올 때까지, 그리스도가 영광 속에서 다시 올 때까지 타협하는 것 이외에 무슨 선택안이 있겠는가?

새로운 땅

성경의 예언들에서 베일을 걷어 내는 것은 위험한 일이었다. 프란체스코파는 피오레의 요아킴을 존경하기는 했지만 조심스럽게 발걸음을 내디뎌야 한다는 것을 잘 알았다. 타보르 사람들처럼 성경에 의거하여 종말의 날을 예측하려는 수도사는 엄중하게 감시받았다. 1485년 독일의 프란체스코파 수도사인 요한 힐텐이 성경 속의 예언 문구들을 정밀하게 연구하는 작업을 끝냈을 때, 그의 상급자들은 그리 유쾌하지 못했다. 힐텐은 교황청의 수명이 다되었다고 예언했다. 그 기관의 "혼란과 멸망"[9]은 확실하

---

* 그들 중 한 명만 목숨을 살려 주었는데, 소속 종파의 신앙에 대한 증거를 남겨서였다.

다고 했다. 힐텐은 성녀 엘리자베트가 종단에 기증한 아이제나흐의 소수
도원에 가택 연금을 당하자, 전보다 두 배로 세게 치고 나왔다. 교황청만
사라지는 것이 아니라 수도원주의 또한 철폐될 것이라고 그는 경고했다.
교황청을 멸망시킬 운명을 타고난 위대한 개혁가가 곧 지상에 올 것이라
는 예언도 했다. 힐텐은 이런 생각을 너무나 확신하여 구체적인 날짜까지
제시했다. "그리스도의 탄생 이후 1516년이 지난 해."●

　힐텐의 마음을 짓누르는 것은 교회의 부패한 상황만이 아니었다. 지정
학의 문제도 그를 괴롭혔다. 콘스탄티노플은 1453년에 마침내 튀르크족
에게 함락되었다. 기독교 세계의 단단한 버팀목이던 그 도시는 무슬림 제
국의 수도가 되었다. 오스만 제국은 제2의 로마를 정복한 사실에 커다란
흥분을 느꼈고, 로마도 이슬람에게 함락될 것이라는 무함마드의 예언을
상기하면서 그 후 계속 서쪽으로 밀고 나왔다. 1480년에 그들은 이탈리
아의 발등에 있는 오트란토를 점령했다. 이 소식은 교황청 세력에게 엄청
난 공포를 불러일으켰다. 그다음 해인 1481년에 오트란토에서 무슬림 세
력을 몰아내기는 했지만 여전히 놀란 가슴이 진정되지 않았다. 무슬림들
이 그 도시를 점령하고 있던 동안에 무서운 보고가 계속해서 올라왔다.
그들은 그 도시의 대성당에서 대주교의 목을 쳤다. 그 외에 약 800명의
시민이 그리스도를 위해 순교했다는 것이다. 사실이든 아니든 이런 이야
기들은 힐텐이 했던 또 다른 예언의 신빙성을 높여 주었다. 그는 이탈리
아와 독일이 튀르크족에게 정복될 운명이라고 예언했었다. 이 두 나라의
도시들은 오트란토처럼 순교자들의 피로 흘러넘칠 거라는 얘기였다. 사
람들이 느끼는 공포는 너무나 심각하여 적그리스도의 출현을 예상하게

───────────────

● 어떤 사람들은 1514년이라는 대체 연도를 제시했다.

만들었다. 다시 한 번 힐텐은 종말을 예언하면서 정확한 날짜를 내놓았다. 그는 1650년대에 이 세상의 종말이 올 것이라고 예언했다.

힐텐의 예언은 저 오래된 성 요한의 〈묵시록〉에 바탕을 둔 것이었다. 성 요한은 종말의 때에 사탄이 온 세상 네 구석에서 모든 나라를 이끌 것이며, 그 수는 "해변의 모래알처럼"[10] 많을 것이라고 예언함으로써 그런 원초적 공포의 시초를 열었다. 그리하여 정착지에 사는 사람들은 자연히 이민자들을 두려워하게 되었다. 야만인들을 '거짓'의 대리인이라고 비난했던 다리우스는 나중에 카이사르들도 공유하게 되는 전망을 표명했다. 그렇지만 기독교인들은 단지 로마 시대의 편집증을 그대로 물려받은 것이 아니었다. "온 세상 사람들에게 복음을 전하여라."[11] 부활한 예수는 제자들에게 이렇게 지시했다. 복음이 세상의 구석구석에 미친 다음에 비로소 그는 영광 속에서 돌아올 것이다. 온 세상이 그리스도 속에서 하나가 된다는 꿈은 바울의 시대 이래로 내려온 아주 오래된 꿈이었다. 힐텐은 기독교 세계가 튀르크족에게 함락될 것이라고 예언하면서 튀르크족이 기독교로 개종할 것이라고 예언했다. 종말의 날이 다가오면 이슬람은 사라질 운명이고 유대인들 또한 그리스도의 품안으로 돌아올 것이라는 믿음은, 미래의 윤곽을 그려 보는 기독교인이라면 누구나 갖고 있는 믿음이었다. 힐텐은 피를 얼리는 오싹한 예언을 했지만, 이 믿음은 결코 의심하지 않았다.

기독교 세계 전역에서 미래에 대한 두려움은 새로운 시대에 대한 희망과 연결되어 있었다. 새로운 시대에 모든 사람은 성령의 날개 아래에서 단결할 것이라고 희망했다. 일찍이 성령은 예수가 세례를 받을 때 비둘기의 모습으로 지상에 내려온 바 있었다. 그리하여 보헤미아에서는 타보르 사람들이 바야흐로 새로운 시대의 가장자리에 서 있다는 믿음 아래 공산주의를 수용했던 것이다. 이런 종말 의식으로 인해 다른 지역의 기독교인들은 온 세상이 곧 그리스도의 품안으로 들어오는 미래를 기대하게 되었다. 스페인은 무슬림 실권자들을 상대로 전쟁을 벌이는 것이 지난 700년 동안의 생활 방식이었기에 이런 미래에 대한 희망이 아주 강렬했다. 사람들은 엘 엔쿠비에르토El Encubierto('감추어진 사람'), 즉 최후의 기독교 황제에 대해서 말했다. 종말의 때가 오면, 그 황제가 은신처에서 나와 스페인의 다양한 왕국을 통합하고, 이슬람을 영구히 멸망시키고, 예루살렘을 정복하며, 모든 지역에서 "잔인한 왕들과 짐승 같은 족속들"[12]을 진압하여 마침내 온 세상을 다스린다고 했다.

오트란토 시민들이 대성당이 입은 피해를 복구하고 요한 힐텐이 튀르크족의 독일 정복을 예언하는 동안, 엘 엔쿠비에르토가 마침내 나타났다는 소문이 온 스페인에 퍼져 나갔다. 카스티야의 여왕 이사벨라는 혼자서 통치하지 않았다. 그녀의 옆에는 모든 면에서 동등한 그녀의 남편, 이웃 아라곤 왕국의 왕인 페르난도가 있었다. 이 두 군주의 합동 세력 앞에서, 상당 부분 절단된 알안달루스는 위험스럽게 노출되었다. 한때 피레네 산맥과 그 너머까지 지배했던 위대한 무슬림 제국 중에서 이제 남은 곳이라고는 스페인 남단의 해안 근처 그라나다 왕국뿐이었다. 산으로 둘러싸인 그 왕국이 아직도 독립적인 지위를 유지하고 있다는 사실은 경건하고 야심만만한 페르난도와 이사벨라에게는 노골적인 모욕이었다. 1482년 두 군주의 군대는 정복전에 나서서 성채와 항구를 하나씩 하나씩 점령해 나갔다. 그런데도 1490년까지 그라나다는 여전히 명맥을 유지했다. 2년 뒤인 1492년 1월 2일, 그라나다 왕은 마침내 항복했다. 페르난도는 그라나다 왕궁의 열쇠를 건네받고서 아주 흐뭇해했다. 스페인의 마지막 무슬림 요새를 정복한 것은 엘 엔쿠비에르토에게 합당한 업적이었다.

마지막 황제든 아니든, 페르난도는 이제 자유롭게 더 넓은 지평선을 바라볼 수 있게 되었다. 왕실 사람들이 그라나다에 입성하는 것을 환영하는 군중 중에는 크리스토퍼 콜럼버스라는 제노바 항해가가 있었다. 하지만 그는 비관적인 상태였다. 수년 동안 그는 페르난도와 이사벨라를 상대로 서쪽 바다의 해도海圖 없는 지역을 항해할 자금을 지원해 달라고 요청해 왔으나 성공을 거두지 못했다. 세상은 지리학자들이 계산한 것보다 훨씬 좁다고 확신하며 지원을 요청하는 콜럼버스는 기독교 세계 전역의 왕궁에서 허풍선이로 악명이 높았다. 그는 대서양을 가로질러 동양, 즉 유럽인들이 '인도'라고 부르는 곳의 부富에 이르는 직접적인 항해 노선이 있다고 줄기차게 주장해 왔다. 하지만 부 그 자체가 목적은 아니었다. 그라나다 함락 직전에 콜럼버스는 자신의 주장을 다시 강력하게 펼치면서 해양 사업에서 나오는 수익을 예루살렘의 정복이라는 특정한 대의를 위해 모두 바치겠다고 맹세했다.

페르난도와 이사벨라는 그의 말을 듣고 미소를 지으면서 그런 십자군 계획이 마음에 들며 그것이 자신들의 소원이라고 말했다. 하지만 그것뿐이었다. 콜럼버스의 제안은 두 군주가 그 제안을 검토하기 위해 설치한 전문가 집단에 의해 거부되었다. 콜럼버스는 이제 그 꼭대기에 십자가가 내걸린 그라나다 왕궁에 등을 돌리고 몹시 낙담한 채 말을 몰아 떠났다. 길에 나선 지 하루가 지났을 때, 왕국에서 보낸 전령이 그를 따라잡았다. 전령은 두 군주가 마음을 바꾸어서 그의 항해를 후원하기로 결정했다는 소식을 전했다.

콜럼버스는 그해[1492년] 8월에 항해에 나섰다. 스페인을 떠난 지 근 두 달 동안 육지 구경을 하지 못한 그는 결국 인도에 도착하지는 못했다. 서인도 제도(그는 처음 도착한 섬을 이렇게 불렀다)에서 첫 크리스마스를 보낸 하루 뒤에, 그는 하느님에게 자신이 예상했던 황금과 향료를 곧 발견하게 해달라고 기도를 올렸다. 그러나 동양의 부유한 화물 창고는 언제나 그의 손이 미치지 않는 곳에 있었다.* 그렇지만 이런 사실을 어렴풋이 인식하면서도 콜럼버스는 아무런 실망감도 드러내지 않았다. 그는 자신의 운명을 알고 있었다. 1500년에 그는 스페인 궁정에 편지를 쓰면서 자신이 종말이라는 위대한 드라마에서 수행해야 할 역할에 대하여 자신 있는 어조로 말했다. "하느님은 제게 새로운 땅과 하늘의 메신저가 되라고 명령하셨습니다. 하느님의 신천지는 먼저 이사야의 입을 통해 말해졌고 그 다음에는 성 요한의 〈묵시록〉에서도 언급되어 있습니다. 그리고 그분은 제게 그것을 발견할 장소를 보여 주셨습니다."[13]

폭풍우로 항로를 잃어버리고, 적대적인 원주민들을 만나고, 그런 뒤에는 1년 동안 자메이카섬에 발이 묶이는 등 3년이 지나간 후에, 콜럼버스의 탐사 여행은 하늘에서 내려온 목소리로 직접 그 사명을 인정받았다. 부드럽게 말하는 그 목소리는 콜럼버스의 절망감을 비난하면서, 그를 새로운 모세로 치켜세웠다. '약속의 땅'이 이스라엘의 자녀들에게 약속된 것처럼, 신세계가 스페인에 허락되었다는 것이다. 이런 놀라운 발전에 대하여 페르난도와 이사벨라에게 편지를 쓰면서 콜럼버스는 그 모든 것이 피오레의 요아킴이 예언했던 바라고 자신 있게 보고했다. 그의 이름이 '비둘기'를 뜻한다는 사실이 결코 아무 의미 없는 것이 아니었다. 비둘기는 성령의 상징이니 말이다. 그리스도의 복음이 신세계에 전파될 것이고, 그 보물은 예루살렘에 신전을 건설하는 데 사용될 터였다. 그런 다음 세

---

* 콜럼버스는 1501년 후반 혹은 1502년 초반에 인디아스 옥시덴탈레스(Indias Occidentales: 서인도 제도)라는 말을 처음 사용했다. 그 용어는 그 섬들이 인도와는 전혀 다른 반구에 있다는 사실을 암묵적으로 인정하는 것이었다.

상의 종말이 찾아올 것이다. 콜럼버스는 그 날짜까지 제시할 수 있었다. 요한 힐텐이 이미 예언했듯이, 그도 1650년대라고 명시했다.

시간이 그 목적지〔종말〕를 향해 쏜살같이 날아간다는 시간관은 콜럼버스가 당연하게 여기는 사상이기도 했다. 비록 하느님의 거대한 계획이라는 엄청난 힘 앞에서 자신의 왜소함을 느끼고 곡절 많은 인생이 시시하게 느껴졌지만, 그런 시간관은 그에게 자기확신, 목적의식, 운명적인 느낌을 안겨 주었다. 그러나 신세계, 아직 서쪽 수평선 너머에서 발견되지 않은 도시들에는 아주 다른 시간관이 존재했다. 콜럼버스가 사망하고 10여 년 흐른 1519년, 에르난 코르테스라는 스페인 모험가가 부하 500명을 이끌고 아메리카로 알려지고 있던 거대한 땅덩어리의 해안에 도착했다. 내륙에 거대한 제국의 수도가 있다는 사실을 통보받은 코르테스는 그 수도를 향하여 직진한다는 대담한 결단을 내렸다. 그와 그의 부하들은 그 도시의 웅장한 광경에 깜짝 놀랐다. 호수들과 우뚝 솟은 탑 모양의 신전들이 가득 들어차 있었고 "케찰 깃털 같은 빛"[14]이 번쩍거렸다. 그 수도는 스페인의 어느 도시보다도 훨씬 컸다. 운하에는 카누들이 돌아다녔고 수로에는 꽃들이 활짝 피어 있었다. 부유하고 아름다운 테노치티틀란은 그 도시를 건설한 정복자들인 멕시카의 엄청난 용맹을 보여 주는 금자탑이었다. 그것은 그보다 훨씬 더 소중한 것, 다시 말해 원주민들의 시간관을 보여 주는 기념물이었다. 최근에 지어진 그 도시는 그보다 전에 지어진 도시들의 그림자에 지나지 않았다. 과거의 도시들은 이에 못지않게 웅장했으나 오래전에 버려져서 폐허가 되어 있었다. 맨발로 돌아다니는 멕시카의 황제는 종종 그 거대한 폐허를 순례했다. 황제는 그런 도시의 폐허를 방문하면서 세상은 위대함과 쇠망의 순환으로부터 지배를 받으며 끊임없이 변한다는 끔찍한 경고를 상기했다. 그래서 그들은 테노치티틀란 전역에 거대한 피라미드를 세웠다. 우주의 미래가 아주 아슬아슬한 균형을 잡고 있는 듯한 위기의 때가 닥쳐오면 사제들은 이 피라미드의 꼭대기에 올라가 죄수들의 가슴에 돌칼을 깊숙이 찔러 넣었다. 멕시카는 희생 제물을 바치지 않으면 신들의 힘이 약해지고, 혼란이 지상으로 내려오며, 태양은 빛이 흐려진다고 믿었다. 오로지 펄떡거리는 심장에서 뽑아낸 "귀중한 물"인 찰치우아틀만이 우주에 양분을 줄 수 있었다. 모든 점을 감안할 때, 오로지 피만이 우주가 폭삭 내려앉는 사태를 막을 수 있었다.

스페인 사람들이 볼 때, 테노치티틀란의 피라미드 계단에 말라붙은 피떡과 선반 위에 얹힌, 웃고 있는 듯한 해골들의 광경은 글자 그대로 지옥의 풍경이었다. 코르테스는 전례 없는 대담함과 공격적인 태도를 과시하면서 그 거대한 도시의 주인으로 등극하자, 그 신전들을 모조리 파괴해 버렸다. 과거에 샤를마뉴가 쇠사슬 갑옷을 입은 기사들을 데리고 물이 뚝뚝 떨어지는 울창한 숲속을 달려서 오든과 투노르의 신전들을 파괴한 일과 비슷했다. 대포는 물론이고 말과 쇠가 없는 멕시카는 코르테스의 부대 앞에서 무기력했다. 과거 색슨족이 기독교인 군대를 감당하지 못한 것과 같았다. 그러나 진정한 충돌은 톨레도의 칼과 돌도끼 사이의 싸움이 아니라, 세상의 종말에 관한 두 라이벌 시간관 사이의 싸움이었다. 스페인 사람들은 예전의 어떤 기독교인 신자들보다 세상의 종말에 잘 대비되어 있는 사람들이었다. 그라나다를 정복하기 10년 전에 페르난도는 스페인을 "하느님의 사업에 바치겠다"[15]라는 뜻을 선언했다. 1478년에 그는 교황에게서 아라곤과 카스티야 두 지역을 공동으로 관장하는 왕실 산하의 종교 심문 기관을 설치해도 좋다는 허락을 받았다. 그라나다가 함락되고 콜럼버스가 첫 항해에 나선 해인 1492년, 스페인은 온 세상을 상대로 복음을 전파하는 일과 관련하여 획기적인 첫걸음을 뗴었다.

유대인들은 그리스도의 재림을 미리 알리기 위해 기독교로 개종되어야 할 운명이었다. 언제 시간의 종말이 닥쳐올지 알지 못하는 상황에서 유대인은 기독교인으로 개종하거나 추방되는 것 중 한 가지를 선택하도록 강요되었다. 많은 유대인이 스페인을 떠나는 쪽을 선택했다. 그러나 카스티야의 수석 랍비를 비롯해 그보다 더 많은 사람들이 세례를 받아들였다. 따라서 30년 뒤, 스페인 군주정의 대리인들이 이스라엘의 하느님에 대하여 전혀 모르는 사람들에게 제단을 마련해 주려 한 것은 전혀 예상하지 못한 일이었다. 코르테스를 뒤따라 멕시코로 여행한 프란체스코회 수도사들은 멕시카의 신들이 요구했다는 희생 제물에 심한 혐오감을 느꼈다. 그 신들이 악마라는 사실을 아무도 의심하지 않았다. 멕시카의 가장 위대한 후원 신인 후이칠로포치틀리의 신전은 테노치티틀란에 있었는데, 8만 명에 달하는 희생자의 피가 희생으로 봉헌되었다고 한다. '껍질 벗겨진 자'라는 뜻을 지닌 크시페 토텍 신에게 봉헌하는 자들은, 신에게 바쳐진 인간 희생의 살갗을 벗겨서 옷처럼 입었고, 선인장 가시로 인간 희생의 페니스를 마구 찔러서 죽였다. 비雨의 신인 틀라록은 처음으로 울음을 터트린 인간 어린이를 희생으로 바쳐야만 흡족하여 은총을 내리는 신으로 알려져 있었다. 이런 잔인함은 하늘에까지 그 비명이 들리게 했다. 한 프란체스코회 수도사는 이렇게 썼다. "너무나 많은 영혼의 외침과 너무나 많이 흐른 피가 창조주 하느님을 분노하게 만들어서 하느님은 코르테스를 서인도 제도로 보냈다. 마치 이집트의 모세처럼."[16]

그렇지만 코르테스 자신도 그 대가를 슬퍼했다. 테노치티틀란의 영광은 파괴되었고 운하는 시체로 가득 찼다. 스페인 사람들에 뒤이어 더 무서운 살인자, 즉 유럽에서 건너온 질병들이 도착했다. 인디언들은 그런 질병들에 면역력이 전혀 없었다. 수백만 원주민이 병으로 사망했다. 그리고 스페인 사람들 역시 그에 못지않은 살인자들이었다. 기독교인들의 손에 떨어진 인디언들의 부는 이 세상을 그리스도의 품안으로 돌아오게 하는 데 사용되지 않았다. 그것은 프랑스 왕을 상대로 벌인 전쟁 자금으로 활용되었다. 스페인 제국의 발굽 아래 짓밟힌 인디언들은 노예처럼 일해야 했다. 저항은 무자비하게 처벌되었다. 원주민들에게 그리스도의 복음을 전파하기 위해 신세계로 여행한 수도사들은 자신들이 목격한 포악한 행위들을 경악하는 어조로 다음과 같이 보고했다. 인디언 남자들은 밀짚에 둘둘 싸서 불태워 죽였다. 여자들은 도살장의 양처럼 살을 난도질해서 죽였다. 신생아들은 바위에 던져 죽이거나 온천에 내던져서 죽게 했다.

도대체 콜럼버스와 코르테스는 어떤 종류의 모세란 말인가?

늑대들 사이의 양

1516년 페르난도가 마지막 황제가 되리라는 희망은 그의 죽음으로 물거품이 되었다. 그는 예루살렘을 다시 정복하려는 대십자군 운동을 주도하지도 않았고 이슬람도 파괴되지 않았다. 그렇지만 페르난도가 통치하던 시기에 세운 업적은 혁혁했다. 그의 손자 카를로스는 기독교 세계에서 가장 강력한 왕국의 보위에 올랐고 카이사르의 권력보다 더 세계적인 범위로 권위를 휘둘렀다. 스페인 사람들은 그들의 제국을 로마제국과 비교해도 꿀릴 게 없다고 생각했다. 오히려 자신들이 로마제국보다 더 낫다고 생각했다. 고대인들에게는 알려져 있지 않던 땅[신세계]으로부터 알렉산드로스 대왕급의 업적을 세웠다는 소식이 들려왔다. 굉장히 불리한 조건 속에서도 강력한 현지 왕국들을 전복시키고 엄청난 재물을 획득했으며,

미천한 출신의 사람들이 왕처럼 살게 되었다고 했다.

그러나 이런 화려한 업적들 위에는 불안의 어두운 장막이 드리워져 있었다. 만약 고대인들이 정복된 사람들을 마음대로 죽이거나 노예로 삼을 권리를 의심했더라면 그들은 제국을 획득하지 못했을 것이다. 그러나 기독교인들은 자신들의 잔인한 행위에 대하여 고대인들처럼 아무렇지도 않게 생각할 수 없었다. 유럽의 학자들이 스페인의 신세계 정복을 합리화하려고 했을 때, 그들은 교부들이 아니라 아리스토텔레스에게 시선을 돌렸다. "철학자가 말한 것처럼, 어떤 사람들은 타고나기를 노예이고, 다른 사람들은 본성상 자유인이다."[17] 그러나 서인도 제도에서도 과연 이 주장이 진실인지 걱정하는 스페인 사람들이 있었다. 코르테스가 테노치티틀란으로 가는 길로 나서기 8년 전에 한 도미니쿠스파 수도사는 동료 정착자들에게 물었다. "내게 말해 주시오. 당신들은 어떤 권리와 정의로 이 인디언들을 이런 잔인하고도 끔찍한 예속 상태로 묶어 두는 겁니까? 당신들은 무슨 권위에 입각하여 이 사람들을 상대로 혐오스러운 전쟁을 벌이고 있는 겁니까? 자신들의 땅에서 조용하고 평화롭게 살고 있는 사람들을 상대로 말입니다."[18]

도미니쿠스파 수도사의 항의를 들은 대부분의 정착자들은 너무나 화가 나서 그런 질문을 곰곰 생각해 볼 겨를이 없었다. 그들은 현지 주재 지사에게 한바탕 불평을 늘어놓으면서 그 수도사를 해임하라고 요구하는 것으로 만족했다. 그러나 양심의 가책을 느끼는 식민지 정착자들도 있었다. 신세계에 진출한 모험가들은 자신들의 착취 행위가 잔인, 억압, 탐욕으로 비난받는 현상에 대응해야 했다. 가장 극적인 사례는 1514년에 벌어졌다. 서인도 제도의 한 식민지 정착자는 갑작스럽게 가슴을 찌르는 통찰로 인해 그때까지의 생활을 접어 버렸다. 인디언들을 노예로 부리는 행위는 치명적인 죄악임을 깨달은 것이다. 다마스쿠스 노상의 바울처럼, 혹은 정원에서 아이들의 노래를 들었던 아우구스티누스처럼, 바르톨로메 데 라스카사스는 자기 자신이 다시 태어났음을 발견했다. 그는 자기 소유의 노예들을 해방시키고는 그 순간부터 인디언을 압제로부터 보호하는 데 전적으로 헌신했다. 그들을 하느님 앞으로 인도하는 것만이 스페인의 신세계 통치를 정당화해 준다고 바르톨로메는 주장했다. 그리고 인디언들을 잘 설득하는 것만이 그들을 합법적으로 하느님 앞으로 데려오는 행위라고 말했다. "왜냐하면 그들은 우리의 형제이기 때문입니다. 그리스도는 그들을 위해 자신의 목숨을 내놓으셨습니다."[19]

라스카사스는 대서양의 이쪽에서 왕궁을 찾아가 호소할 때나, 대서양의 저쪽 밀짚을 지붕으로 두른 식민지 정착촌에 살 때나, 자신의 확신이 기독교 가르침의 본류에서 나왔다는 것을 의심하지 않았다. 그는 스페인의 제국주의에 대한 반론을 작성하면서 아퀴나스의 저작을 인용했다. "왕중왕인 예수 그리스도는 이 세상을 얻기 위해 군대를 데리고 오신 것이 아니라 거룩한 설교자들을 데리고 오셨다. 그분은 늑대들 사이의 양이었다."[20] 이것이 토마스 카예탄이 내린 판단이었다. 이 이탈리아 수도사의 아퀴나스 논평서는 평생에 걸친 노작이기도 했다.• 1508년 도미니쿠스파의 수장, 1517년에 추기경으로 임명된 카예탄은 매우 권위 있는 목소리로 말했다. 인디언들에게 가해진 폭력에 관한 소식은 그를 특히 분노하게 만들었다. 그는 로마를 찾아온 한 스페인 방문객에게 이렇게 말했다. "당신의 왕이 지옥에 있다는 것을 의심하십니까?"[21] 여기서 카예탄은

• 본명이 보른 데 비오(Born de Vio)인 그는 토마스 아퀴나스에게 경의를 표하고자 '토마스'라는 이름을 취했다. '카예탄'은 그가 태어난 고향 도시 가에타(Gaeta)에서 온 이름으로, 가에타는 로마와 나폴리의 중간쯤에 있는 도시다.

기독교인 통치자가 십자가형을 당한 예수의 이름으로 정복과 야만을 정당화한다는 사실에 대한 충격을 표현한 것이다. 하지만 그런 정당화는 앨퀸 시절까지 거슬러 올라가는 오래된 학문적 전통의 표현이었다. 카예탄은 인디언들에게 압제자에 대항하여 법적 수단을 제공하려고 시도하면서, 자신이 완전히 새로운 경지에 들어섰음을 알지 못했다. 아퀴나스가 상상하지 못한 아메리카 대륙과 그 원주민들이 발견되었다고 해서, 위대한 도미니쿠스 수도사(아퀴나스)가 원주민들을 어떻게 대우해야 할지 그 지침을 알려 줄 자격이 없는 것은 아니다. 교회의 가르침은 그 범위가 보편적이기 때문이다. 가령 이런 가르침이 그러하다. 인디언들의 왕국은 합법적인 국가다. 기독교는 상대방에게 강요가 아니라 설득으로 선교해야 한다. 왕도 황제도 교회도 식민지의 주민들을 정복하라고 명령할 권리가 없다. 카예탄이 볼 때, 이러한 가르침은 글로벌 시대에 적용하기에 적합한 원리들이었다.

국제법의 이런 창의적 프로그램에는 지속적인 기반을 만들려는 의식적인 노력이 깃들어 있었다. 카예탄은 신세계의 발견이 그리스도의 재림을 예고하는 사건이라고 생각하지 않았다. 교황들 자신이 현재 종말의 시기에 살고 있다고 믿던 시대는 사라졌다. 이제 교황청과 그 관리들의 관심사는 장기적인 투자였다. 로마의 경우, 이에 대한 증거는 망치질과 끌질의 시끄러운 소음에서 발견되었다. 라테란 궁에서 테베레강 건너편에 있는 바티칸은 성 베드로가 묻힌, 아주 오래된 지역이다. 1506년 이 지역에 세계 최대 규모의 새 교회를 건설하는 공사가 시작되었다. 1513년에 거행된 라테란 종교회의는 적그리스도의 임박을 설교하는 행위를 금지하는 포고령을 내렸다. 1518년 봄, 카예탄이 최초의 해외 출장차 아우크스부르크에 도착했을 때, 그의 목적은 튀르크족에게 대항해 독일 연합 전선을 결성하자는, 굉장히 외교적인 것이었다. 그는 오스만 제국이 기독교 세계를 공격해 오는 사건을 〈요한 묵시록〉에 나온 예언의 실현으로 보기를 거부하고, 오히려 아주 현실적인 대응 방안을 내놓았다. 그것은 군사적 도발이니 세금을 인상하여 반격에 나서는 것이 좋겠다는 방안이었다.

그러나 카예탄은 알프스 산록 북쪽 지역으로 출장 나오고 보니 막상 주위에서 벌어지는 종말론적 기대감의 밀고 당김을 주목하지 않을 수 없었다. 힐텐은 16세기 초에 아이제나흐의 골방에 연금된 채 사망했다. 들리는 말에 따르면, 그는 생애 말년에 자신의 피로 글을 썼다고 한다. 하지만 그가 강력하게 주장한 예언, 즉 교황청이 멸망하고 위대한 개혁가가 곧 나타날 것이라는 예언은 여전히 널리 유포되고 있었다. 힐텐이 위대한 개혁가가 나타날 거라고 말했던 1516년은 왔다가 갔다. 그러나 카예탄은 느긋하게 쉴 수가 없었다. 그가 독일 군주들을 상대로 튀르크족에게 대항하는 십자군 운동에 투자하라고 권유하는 동안에도 교회의 재정적 요구에 대한 신자들의 분노가 광범위하게 퍼져 나가고 있었기 때문이다.

1517년에 도미니쿠스파가 교황청 건설 작업에 들어갈 자금을 거두는 방법을 두고 벌인 신학 토론은 비텐베르크라는 작센의 요새 마을에 엄청난 동요를 일으켰다. 최근에 설립된 그곳 대학의 성경 교수로 근무하는 한 수도사가 '95개조'라는 서면 주장으로 교황청에 반기를 들고 일어섰기 때문이다. 이런 건방진 태도에 단결한 여러 도미니쿠스파 수도사들은 분노의 반격으로 대응하고 나섰다. 이러한 학문적 논쟁은 그리 이례적인 일도 아니었고 그에 대한 해결 조치는 아벨라르 시절부터 익숙한 절차를 따라갈 터였다. 현지 대주교가 보고한 95개조를 받아본 교황청은 8개월 동안 숙고하다가 마침내 1518년 8월에 그것이 이단이라고 선언했다. 95개조의 저자는 로마로 소환되었다.

하지만 이 조치는 문제를 진정시키기는커녕 오히려 불길을 부추겼다. 이미 비텐베르크에서는 현지의 이단 심문관이 작성한 문서가 시장의 광장에서 불태워졌다. 아우크스부르크의 숙소에서 사건을 추적하던 카예탄은 논쟁의 작은 불길이 걷잡을 수 없이 번져 나갈까 우려했다. 그는 교황 특사로서 그런 불길을 미연에 꺼야 할 책임이 있었다. 이 문제를 해결하는 가장 좋고 가장 기독교적인 방식은 95개조를 작성한 골치 아픈 저자를 아우크스부르크로 초청해 잘 설득함으로써 기존의 의견을 취소하게 만드는 것이었다. 근엄하고 박학하고 독실한 카예탄은 평소 이단 심문관을 의심하는 사람들조차 신임할 수 있다고 여기는 고위 성직자였다. 그의 초대는 수락되었다. 마르틴 루터는 1518년 10월 7일에 아우크스부르크에 도착했다.

카예탄은 골치 아픈 손님을 맞아들이면서, 거의 400년 전에 가경자 페트루스가 이단 혐의로 로마에 소환된 수도사를 환영하면서 그의 마음을 편안하게 해주었던 고사를 상기했다. 아벨라르와 마찬가지로 루터도 신학자였다. 과감하게 추론하는 능력과 자기홍보의 이례적인 재능까지 겸비한 인물이었다. 그가 아우크스부르크까지 여행하면서 일부러 걸어간 것은 그런 홍보의 측면이 강했다. 지적으로 총명한 루터는 그렇게 함으로써 자신을 보통 사람으로 내세울 수 있다는 사실을 잘 알았다. 그는 라틴어 인용문을 잘 꺼내 드는 것처럼 농담도 잘했고, 학자들과 전문적인 용어로 논쟁하는 것 못지않게 술집의 언어도 잘 구사했다. 그는 95개조를 발표한 이후에 엄청난 분량의 팸플릿을 발행하여 보충하는 후속 작업을 했다. 루터의 발언에 일반 대중이 보인 반응은 폭발적이었던 터라, 아주 가난하고 외진 마을이어서 변변한 경제 활동이 없던 비텐베르크 마을은 일약 유럽에서 가장 번성한 출판업 중심지로 변모해 가는 중이었다. 루터가 겸손하게 말한 바와 같이 1년 사이에 "하늘은 내가 사람들의 화젯거리가 되는 것을 기쁘게 생각하는 듯했다."²² 이런 화제 만발한 인물을 이단의 가장자리에서 되돌려 놓는다면 카예탄의 종단에 큰 영광이 될 것이었다. 과거에 아벨라르를 구원한 일이 클뤼니 수도원의 영광을 드높였던 것처럼. 그리하여 추기경 카예탄은 처음 루터를 맞이했을 때, 이단 심문관의 분위기를 전혀 풍기지 않았다. 그는 아버지가 아들을 대하듯이 자기 앞에 선 수척하고 호리호리한 남자에게 부드럽게 말했다. 카예탄은 루터에게 호통을 치는 대신 부드러운 어조로 그의 오류를 시정하여 로마에서 벌어질 재판을 면제해 주려고 했다. 당연히 추기경은 인디언들에게 폭력 쓰는 것을 비난하는 철학자의 입장에서 이야기했다.

그러나 그의 희망은 곧 산산조각이 났다. 루터와의 첫 만남에서 카예탄은 자신의 언성이 서서히 높아지는 것을 느꼈다. 첫 만남이 끝나 갈 무렵, 그는 상대방을 향해 고함을 쳤다. 추기경은 문제의 핵심을 깨달았다. 중요한 것은 95개조의 세부 사항이 아니라, 기독교인은 신자로서의 거룩함을 어떻게 추구해야 가장 좋은가 하는 것이었다. 카예탄이 볼 때 그 대답은 자명했다. 로마 교회의 바깥에는 구원이 있을 수 없었다. 교황청의 거대한 구조는 곧 하느님의 도시였다. 세대에서 세대를 거치면서 기독교인들은 그 구조물을 완공하려고 노력해 왔다. 성 베드로에서부터 계속하여 대를 이어 내려오는 교황들, 교회법을 편찬한 법률가들, 이교도 철학을 신성한 계시에 통합시킨 학자들은 모두 그 구조물에 기여해 왔다. 그러나 카예탄이 보기에 루터는 그 모든 것을 의심의 대상으로 보고 있었다. 그는 교회 권위의 버팀목인 아퀴나스, 교회법, 교황청 자체를 모두 경멸하는 것 같았다. 거기에 더하여 도전적이면서도 무모하게, 성경의 증거가 더 우위에 있다고 주장했다. "교황은 하느님의 말씀 위에 있지 않고 그 아래에 있다"[23]라고 단언했다. 카예탄은 이름 없는 수도사가 자신의 성경 해석을 이처럼 높게 평가하는 태도에 깜짝 놀라면서 루터의 주장을 "단 순한 말"에 지나지 않는다고 물리쳤다. 그러나 루터는 성경 교수답게 아 주 능숙하게 성경 어구들을 인용하면서 자신이 바울에게서 발견한 개념 을 가지고서 처음으로 호소에 나섰다. "나는 내 양심의 증언에 따라 믿어 야 합니다."[24]

회담은 아무런 진전이 없었다. 세 번 만나는 동안에 루터는 점점 더 고 집스럽게 자기 입장을 고수했고, 카예탄은 루터에 대한 인내심을 영구히 잃고 말았다. 수도사 루터에게 물러가라고 하면서 기존의 의견을 취소할 생각이 아니면 다시는 돌아오지 말라고 지시했다. 루터는 추기경이 말한 대로 했다. 루터는 아우크스부르크까지 따라온 자신의 종단 우두머리에 게서 수도원 맹세를 해제한다는 조치를 받았고, 이어 그 도시의 성벽을 넘어 재빨리 퇴각했다. 그리고 비텐베르크에 돌아온 즉시, 카예탄과의 면 담 결과를 자세하게 쓴 보고서를 발간했다. 루터는 그의 적수보다 더 분 명히, 이야기를 장악하는 것이 매우 중요하다는 사실을 알았다. 이제 그 의 목숨이 그 이야기에 달려 있는 것 같았다. "나는 혼자였기에 외로웠습 니다."[25] 그러나 루터는 공포만이 아니라 흥분과 열광도 함께 느꼈다. 그 는 이제 더는 수도사가 아니었고 가톨릭 종단과의 유대가 영원히 끊어졌 으므로 완전히 다른 새로운 것을 자유롭게 만들어 낼 수 있었다. 그것은 바로 종교에 대한 새롭고 개인적인 관점이었다.

그런 관점을 만들어 내야 할 필요는 시급했다. 시간이 빠르게 흘러가고 있었다. 심판의 시간이 가까이 다가오고 있었다. 그런 징후는 어디에서나 포착되었다. 아우크스부르크를 떠난 지 두 달 만에 루터는 자신의 내면에 서 점점 커지는 어두운 의심을 토로했다. "바울이 말한 진정한 적그리스

도는 로마 교황청을 지배하는 자다."²⁶

그리하여 루터는 이렇게 믿게 되었다. 새로운 '개혁' 조치를 통해서만, 기독교 신자들은 교황청의 점점 어두워지는 그림자로부터 구원을 받을 수 있다.

13장

종교개혁

1520년, 비텐베르크

교황청은 마르틴 루터에게 발표된 의견을 취소할 수 있는 말미를 60일간 주었다. 그 기간이 지나면 그는 이단자로 단죄될 예정이었다. 그리고 12월 10일이 되자 그 시간은 만료되었다. 그날 오전 아홉 시에 루터는 도시의 세 성문 중 하나를 걸어 나가 쓰레기 소각장으로 갔다. 거기에는 많은 군중이 모여 있었다. 루터가 봉직하는 대학의 동료 교수인 신학자 요한 아그리콜라가 불을 붙였다. 그곳은 인근 병원에서 사망한 환자들의 옷가지를 불태우는 곳이었다. 그러나 아그리콜라는 불쏘시개로 넝마가 아니라 책들을 사용했다. 그와 루터는 이른 아침부터 도서관들을 뒤져서 교회법 모음집만 골라냈다. 만약 두 사람이 아퀴나스의 저서를 발견할 수 있었다면 그것도 같이 불태웠을 것이다. 하지만 교회법 책자만 불태우는 것으로도 충분했다. 불은 곧 옮겨붙기 시작했다. 아그리콜라는 그 불 속으로 계속 교회법 책들을 던져 넣었다. 이어 루터가 군중 사이에서 앞으로 나왔다. 그는 몸을 떨며 자신의 가르침을 이단으로 단죄한 교황청의 포고령을 높이 쳐들었다. 그는 낭랑한 목소리로 그 내용을 읽었다. "당신은 하느님의 진리를 뒤흔들어 놓았으므로 오늘 주님은 당신을 단죄하노라. 그리하여 당신을 화형에 처할 것이다."[1] 그는 그 포고령을 타오르는 불길 속에 던졌다. 양피지는 곧 검게 되었고 보기 흉하게 오그라들더니 연기로 변했다. 루터가 몸을 돌려 도시의 성문을 통해 성안으로 들어가는 동안, 재가 겨울의 미풍을 타고 공중에 솟아올라 온 사방으로 날아갔다.

루터는 자신이 화형에 처해질지 모른다는 위기의식이 발동하기 훨씬 오래전부터도 이단자를 화형에 처하는 조치를 반대했다. 그가 3년 전 비텐베르크 교회의 현관에 붙인 95개조에는 화형이 성령의 의지에 위배되는 조치라고 비난하는 내용도 들어 있었다. 그러나 교황청이 포고령에서 화형을 명시적으로 언급한 것은 불길한 조짐이었다. 루터는 아우크스부르크에서 도망쳐 오면서 카예탄이 자신을 체포하려는 계획을 세우지 않을까 두려워했다. 그의 고향 비텐베르크는 로마에서 멀리 떨어져 있었다. 그 도시는 또한 그에게 막강한 후원자의 보호를 제공했다. 작센의 프리드리히는 일곱 선제후 중 한 사람이었다. 선제후는 신성로마제국●의 황제가 사망하여 그 후임 황제를 뽑는 군주를 말한다. 이런 자격 덕분에 프리드리히는 엄청난 영향력을 행사했고 또 사람들에게 존경받았다. 프리드리히는 그 이상의 것을 원했다. 자신의 영지가 다른 곳에 비해 심하게 낙후된 점을 절감한 프리드리히는 비텐베르크에 대학을 설립하여 그 대학이 작센의 진흙 들판을 비추는 문화의 횃불이 되기를 원했다.

루터가 점점 유명해지면서 그 도시는 유럽의 지도에서 크게 부상하기

● 중세에 현 독일 지역에 들어선 여러 제후국을 통칭하는 말.— 옮긴이

시작했다. 프리드리히는 스타 교수가 화형대에서 연기로 사라지는 것을 원치 않았다. 가장 좋은 방법은 루터 문제를 황제가 직접 청문하는 것이라고, 프리드리히는 생각했다. 1521년 1월, 제국의 실력자들 모임인 '종교회의'가 라인 강둑에 있는 보름스에서 개최되었다. 그 회의의 주재자는 스페인의 카를 5세[카를로스 1세]였다. 카를은 페르난도와 이사벨라의 손자로, 같은 이름을 가진 황제로서는 다섯 번째로 1년 반 전에 신성로마제국의 황제로 선출되었다. 프리드리히는 선제후로서 카를에게 투표했기 때문에 황제에게 어느 정도 영향력이 있었다. 그리하여 3월 26일, 비텐베르크의 루터에게 소환장이 도착했다. "당신의 책과 가르침에 대하여 답변할 준비를 하여 보름스로 오시오."[2] 그는 3주 내에 답변해 달라는 요청을 받았다. 그는 또한 보름스 종교회의에 참석하는 데 따르는 신변의 안전을 보장하는 카를 5세의 친서를 받았다.

보름스로 여행하면서 루터는 자신이 후스 같은 개혁가의 운명을 맞이할지 모른다는 어두운 그림자를 느꼈다. "우리는 모두 후스파인데 그걸 몰랐습니다. 심지어 바울도 아우구스티누스도 실제로는 후스파였습니다."[3] 과거를 새롭고 과격한 관점에서 되돌아보지 않으면 도저히 하느님의 목적에 봉사할 수 없다는 것을 루터는 깨달았다. 지난 수세기 동안, 기독교 세계의 정원에서 꽃들은 잡초라고 하면서 뽑혀 나갔고, 그 대신에 잡초를 꽃으로 대접해 왔다. 이제 그것은 영구히 바뀌어야 마땅했다. 카예탄을 만나기 이전에도 루터는 교회법, 교황령, 아퀴나스의 철학 등을 불태워 버리지 않는 한 진정한 '개혁'은 불가능하다고 확신했다. 그리고 추기경을 만나는 과정에서 그는 더 파괴적인 결론에 도달했다. 교회의 권력 남용을 시정하고 교회의 스캔들을 청소하는 등 교회의 조직을 보수하는 것만으로는 충분하지 않았다. 교회라는 구조물 자체가 완전히 부패했다. 그 건물 전체가 붕괴 일보 직전이므로 허물어 버려야 했다. 거룩한 사제인 카예탄이 교황에 대한 복종을 성경 말씀보다 더 중시한다는 사실이 교황청의 문제점을 고스란히 보여 주었다. 로마 교회는 가장 좋은 모습일 때조차 기독교의 본모습을 왜곡했다. 기독교 신자들을 하느님 가까이로 인도하기는커녕 이교도주의와 우상 숭배로 안내했을 뿐이다.

루터는 교황청의 영향력이 미치는 범위를 깊이 생각하고 교황청의 부패가 온 세상 구석구석에 스며든 상황을 개탄하면서, 누가 책임을 져야 하는지 명확하게 깨달았다. "지옥의 낙인이요, 악마의 가면인 그레고리우스 7세는 괴물 중의 괴물이고, 제일가는 죄인이고, 멸망의 아들이다."[4] 그의 교황청은 이 세상의 마지막 임종 단계를 가져왔다. 힐데브란트와 그의 후계자들이 만들어 낸 세상은 지옥 같은 세상이었다. 그것은 "순전한 강탈과 폭력이었다."[5] 루터가 보기에 지난 400년 동안 교황청은 오로지 권력을 움켜잡아야 한다는 욕망 이외에 다른 목적은 갖고 있지 않았다.

그러나 기이하게도 이런 야만적인 권력 남용에도 칭찬해 줄 만한 구석이 있었다. 루터는 그레고리우스 7세의 시대에 교회가 취한 노선을 맹렬하게 비난했지만 동시에 개혁의 야망과 업적이 보여 주는 혁명적 특성만은 인정했다. 그런데 이제 교황청이라는 제도와 그 업적을 공개적으로 비난함으로써 루터는 교황청 못지않은 엄청난 '개혁'을 지향했다. 루터는 홍보 능력이 뛰어났고, 자신의 목적을 달성하기 위해서는 반란을 마다하지 않았으며, 기독교 세계에서 가장 권위 있는 기관인 교황청을 마구 찔러 피 흘리게 할 생각이었다. 이런 방식은 힐데브란트 못지않게 과감했다. 루터가 교황청 포고령을 불태워 버린 날, 비텐베르크의 대학생들은 퍼레이드용 장식 수레를 만들어 교황청의 포고령을 조롱하는 글들로 도배한 후, 요란한 환호성 속에서 도시를 한 바퀴 돈 다음에 그 수레를 불태위 버렸다. 교황의 복장을 한 어떤 남자는 머리에서 삼중관을 벗어 그것을 불속에 던져 넣었다.

종교회의에 참석하기 위해 보름스로 여행을 떠난 루터는 연도에서 그에 못지않은 환영을 받았다. 도시마다 환영 위원회가 구성되어 그를 치하했다. 군중이 교회로 몰려들어 그의 설교를 들었다. 그가 보름스로 들어가자 수천 명이 연도에 나와 최고 화제의 인물을 구경하려 했다. 그다음 날 오후 늦게 카를 5세 앞에 불려 나간 루터는 기존의 가르침을 취소하라는 요청을 받았다. 루터는 자신의 주장을 소명할 기회를 거부당한 데 너무나 실망했으나, 그 문제를 생각해 볼 24시간의 말미를 달라고 요청했다. 주교궁 밖에 서 있던 군중은 계속하여 그를 격려했다. 황제를 만난 주교궁에서 나온 루터는 여러 목소리의 격려를 받았다. "용감하게 남자답게 행동하고, 신체는 죽일 수 있으나 영혼은 죽이지 못하는 자들을 두려워하지 마세요."[6] 어떤 열광자는 그를 예수에 비유했다.

카예탄은 루터에게 전에 이렇게 물었다. 무슨 근거로 당신은 교회의 축적된 지혜에 도전할 수 있다고 생각합니까? 그날 밤 보름스에서, 그 질문이 더욱 무겁게 공기 중에 떠돌았다. 루터의 임무는 힐데브란트의 그것 못지않게 기독교 세계를 어둠에서 구제하고, 부패를 일소하고, 새롭게 세례를 주려는 것이었다. 그러나 그는 예전의 개혁가들처럼 로마 교회의 최상층 부를 장악할 수 없었다. 그리하여 그는 그 교황청의 조치와 업적[혁명]을 완전히 무시해 버리는 전략을 추구하게 되었다. 이튿날 루터는 반혁명가의 자격으로 카를 5세 앞에 우뚝 섰다. 그는 일찍이 그레고리우스가 하인리히 4세를 굴복시킨 것은 잘못된 일이라고 말했다. "사탄이 교황과 함께했다"[7]라고 말했다. 그러나 카를 5세는 그런 호소에 아무런 반응을 보이지 않았다. 루터로서는 크게 실망스러운 일이었다. 왜냐하면 교황청의 오만한 태도를 견제하고 교황청의 보편적 관할권 주장을 분쇄하는 것이 황제의 임무라고 생각했기 때문이다. 하지만 그 책임을 오로지 군주들만이 져야 하는 것은 아니었다. 루터는 모든 기독교 신자에게 '개혁'에 동참하라고 호소했다. 여러 세기 동안 사제들은 그들을 속여 왔다. 그레고리우스 7세가 추진한 교회 조직의 근본적 주장, 즉 사제단은 일반 신자들과는 뚜렷하게 다른 존재라는 주장은 사기이고 신성 모독이었다. "기독교인은 모든 것에 대하여 자유로운 주인이고, 그 누구에게도 복종하지 않는다." 루터는 파문당하기 한 달 전에 교황에게 보낸 한 팸플릿에서 그렇게 주장했다. "동시에 기독교인은 모든 것에 대하여 충실한 종이고, 모든 사람에게 복종한다."[8] 교회의 의례는 선남선녀를 지옥에서 구제할 수 없다. 그런 힘을 가지신 분은 하느님뿐이기 때문이다. 독신 생활을 함으로써 그런 권력을 누릴 수 있다고 주장하는 사제는 신자들과 그 자신을 상대로 사기를 치고 있는 것이다. 인간은 죄악에 너무나 물들어 있어서 무슨 일을 해도, 아무리 순결을 지켜도, 아무리 고행을 해도, 아무리 성지를 많이 순례하고 성물을 숭배한다 하더라도 구원을 받을 수 없다. 오로지 하느님의 사랑만이 그렇게 할 수 있다. 구원은 보상이 아니다. 구원은 선물이다.

수도사로서 루터는 최후의 심판을 두려워하며 살았다. 그래서 매일 밤 단식을 하고 기도를 올렸고, 한 번에 여러 시간씩 죄를 고백했고, 종교적 질문으로 상급자들을 피곤하게 했다. 그가 이렇게 한 것은 천국에 들어가기에 합당한 사람이 되기 위해서였다. 그러나 성경을 연구하고 그 신비를 깊이 통찰할수록 그는 이런 것들이 시간 낭비라는 생각이 들었다. 하느님은 그들의 공로에 따라 죄인들을 대우하지 않는다. 만약 그렇게 한다면 아무도 구제되지 못할 것이다. 이 점은 아우구스티누스가 가르친 교훈이었고 성경 속에서는 더 분명하게 드러나 있다. 모든 면에서 바리새인으로 성장한 바울이 율법을 열광적으로 준수해서 구제된 것은 아니었다. 바울이 부활하신 그리스도를 직접 만나고, 그분의 눈부심에 어지러움을 느끼고, 그 후 완전히 다른 길을 걸음으로써 비로소 하느님은 바울을 선민의 한 사람으로 인정했다. 루터는 바울의 편지를 읽으면서 그와 유사하게 신의 은총에 압도된 적이 있었다. "나는 완전히 새로 태어났고 활짝 열린 문을 통하여 이미 천국으로 들어온 듯한 느낌이 들었다."⁹

루터는 무가치한 사람이었고 구제 불능이고 저주받아 마땅했지만 그래도 하느님은 여전히 그를 사랑했다. 이처럼 황홀하고 즐거운, 전혀 믿기지 않는 사태 발전에 온몸이 불타오른 루터는 하느님을 더욱 사랑하게 되었다. 그것 말고는 다른 평화의 원천, 위안의 원천이 있을 수 없었다. 루터는 카를 5세를 두 번째로 만나기 위해 주교궁으로 되돌아왔을 때 그런 사실을 더 분명히 확신했다. 황제에게서 기존의 저서들을 취소하겠느냐는 질문을 다시 받고서 루터는 취소하지 않겠다고 대답했다. 황혼이 짙어지고 혼잡한 홀에 횃불이 밝혀질 무렵, 루터는 번쩍거리는 검은 눈동자를 심문관에게 고정시키면서 교황과 종교회의의 모든 주장을 경멸하는 어조로 거부했다. 그 대신 성령에 의해 그에게 드러난 성경 말씀의 깊은 뜻만 따르겠다고 대답했다.● "나의 양심은 하느님의 말씀을 따릅니다. 나는 그 어떤 것도 취소하지 않을 것이고 취소할 수도 없습니다. 양심을 거스

● 루터가 말하는 양심은 바울이 이 책의 3장에서 말했던 양심과 같은 것이다. 루터는 신약성경 중 〈로마 신자들에게 보낸 서간〉을 가장 좋아했는데 〈로마 신자들에게 보낸 서간〉 2장 15절에는 이런 말이 나온다. "그들의 양심이 증언하고 그들의 엇갈리는 생각들이 서로 고발하기도 하고 변호하기도 하면서, 그들은 율법에서 요구하는 행위가 자기들의 마음에 쓰여 있음을 보여 줍니다." 루터는 이 문장에 근거하여, 하느님이 자신의 마음에 새겨 준 율법〔양심〕이 교황청이 제정한 교회법보다 더 우위에 있다고 주장한 것이다. ─옮긴이

른다는 것은 안전하지도 않고 옳지도 않기 때문입니다."¹⁰

이런 도전적인 언사를 들은 지 이틀 후에 카를 5세는 교황청에 편지를 썼다. 그는 선제先帝들의 모범을 따라 언제나 가톨릭 신앙, 즉 "신성한 의례, 교황청 포고령, 교황령, 거룩한 관습"¹¹을 옹호할 것이라고 맹세했다. 그리하여 그는 망설이지 않고 루터의 파문이 정당하다고 재확인했다. 그러나 그는 약속을 지키는 사람이었다. 신변 안전 보장은 지켜졌다. 루터는 자유롭게 떠날 수 있었다. 그에게는 비텐베르크로 돌아갈 3주라는 시간 말미가 주어졌다. 그 기간이 지나면 그는 '숙청'¹²의 대상이 될 터였다. 그리하여 루터는 영웅인 동시에 범법자의 자격으로 보름스를 떠났다. 제국을 뒤덮은 팸플릿들에 보고된 이런 극적인 사건 전개는 그의 명성을 더욱 위태롭게 만들었다. 그런데 비텐베르크로 돌아오던 도중에 또 다른 놀라운 일이 발생했다. 마차를 타고서 튀링겐을 지나던 즈음, 루터와 그의 일행은 협곡에서 매복 부대에게 습격을 당했다. 여행자들에게 석궁을 겨누며 달려오던 한 무리의 기사들이 루터와 그의 동료 두 명을 납치했다. 사라져 가는 말발굽은 그 뒤에 먼지만 가득 피워 올렸을 뿐이다. 누가 왜 루터를 납치해 갔는지 아무런 단서가 없었다. 여러 달이 흐른 뒤에도 루터의 소식을 아는 사람은 아무도 없었다. 그는 아예 공기 중으로 사라져 버린 것 같았다.

그동안 루터는 바르트부르크에서 칩거했다. 그 성은 프리드리히 소유였는데, 그의 부하들이 안전을 위하여 루터를 그곳으로 데려갔던 것이다. 루터는 기사로 변장을 했고 두 소년의 시중을 받았다. 그러나 논쟁할 상대도 없고 연설을 할 대중도 없는 상태여서 비참했다. 악마는 계속 그를 유혹했다. 한번은 어떤 낯선 개가 방 안으로 들어왔는데, 평소 개를 좋아하던 루터가 그 개를 악마라고 생각하고 자신이 머무르던 탑의 창밖으로 내던져 버렸다. 그는 심한 변비로 고생했다. "이제 나는 산통을 겪는 여인처럼 고통 속에 앉아 있습니다. 항문이 찢어져서 피를 흘리며."[13] 성녀 엘리자베트는 성에 살 때 고통을 환영했으나, 루터는 고통을 싫어했다. 그는 자신이 선행으로 구제되기는 틀렸다는 것을 알았다. 바르트부르크에서 칩거하던 시절에 루터는 수도사로서 한평생 해오던 단련을 영구히 포기했다. 그 대신에 그는 저술에 몰두했다. 그는 탑의 높은 방에 외롭게 앉아서 아이제나흐 마을을 내려다볼 수 있었다. 그곳은 일찍이 힐텐이 위대한 개혁가의 도래를 예언했던 곳이다. 그 자신이 촉발시킨 대격변으로부터 일시 피신해 있기는 했지만 루터는 자신이 바로 힐텐이 예언한 그 개혁가라고 생각했다. 보름스에서 황제는 루터를 오만하다고 비난했다. 일개 수도사가 "기독교가 지난 천 년 동안 잘못해 왔고 심지어 지금도 잘못하고 있다"[14]라는 생각을 하고 있는데, 무슨 근거로 그런 생각이 옳다고 믿느냐고 힐난했다. 그 질문에 답변하기 위해 또 하느님의 은총에 대한 자신의 복음을 전하기 위해 루터는 책상에 앉아 글을 쓰기 시작했다.

그리고 10월이 되어서야 그는 마침내 자신의 번뇌를 진정시켜 줄 수 있는 프로젝트에 착수했다. 그는 성경을 읽음으로써 성령을 향해 마음을 열 수 있었고 그 덕분에 하느님의 사랑이라는 놀라운 은총을 계시받을 수 있었다. 그렇다면 교육받은 사람과 그렇지 못한 사람을 갈라놓는 장벽을 깨트려서 라틴어를 모르는 사람들에게 그와 유사한 은총을 체험하도록 만드는 일처럼 더 좋은 일이 어디에 있겠는가? 이미 1466년에 성경이 독일어로 발간되기는 했으나 조잡한 번역본에 불과했다. 루터의 야심 찬 목적은 그리스 원어에서 직접 번역할 뿐만 아니라 일상적인 독일어의 아름다움을 한껏 살린 신약성경을 번역하자는 것이었다. 이 작업을 완료하는 데에는 열한 주가 걸렸다. 부엌, 들판, 시장에서 들려올 법한 어구와 단어들이 그의 펜에서 흘러나왔다. 그것은 짧고 간단한 문장이었고 모든 사람이 이해할 수 있는 언어였다. 쉽고 유창한 번역문이었다. 루터가 번역을 완료했을 무렵에 변비도 크게 완화되었다.

"성경을 거대한 나무라고 보고 그 속의 단어를 작은 가지라고 상상할 때, 나는 그 가지들을 다 흔들어 보았습니다. 그것이 무엇이고 그 뜻이 무엇인지 정말로 알고 싶었기 때문입니다."[15] 이제 신약성경 번역서를 내놓았으므로, 루터는 독일 전역의 독일인들에게 그렇게 해볼 수 있는 기회를 제공했다. 로마 교황청의 구조와 전통, 위계 제도, 법령, 철학 등은 성경을 우리 속에 갇힌 미약한 작은 새로 만들었을 뿐이다. 마치 끈끈이가 작은 새의 날개를 붙잡아서 날지 못하게 하는 것처럼 말이다. 루터는 그 새를 해방시킴으로써 자신이 맛본 은총의 즐거움을 온 세상의 기독교인이 한껏 누릴 수 있기를 기대했다. 그들이 하느님의 살아 있는 목소리를 직접 들을 수 있기를 바랐다. 그들의 가슴을 성령에 열어 보임으로써 그가 이해한바 진정한 기독교의 의미를 이해하기를 원했다. 고행으로 심신을 단련할 필요도 없고 권위도 필요 없었다. 적그리스도는 패망하여 달아날 것이다. 마침내 모든 기독교 신자가 하나로 단합될 것이다.

나는 여기에 서 있습니다

그들은 프랑켄하우젠의 출입문 옆에 있는 집의 다락방에 숨어 있는 그를 찾아냈다. 그가 자신을 환자라고 하면서 그동안 벌어진 전투에 대해서는 아는 바가 없다고 주장하자, 그들은 그의 가방을 흔들어서 내용물을 밖으로 털어냈다. 편지 한 통이 그의 신분을 밝혀 주었다. 그는 악명 높은 혁명가 토마스 뮌처였다. 뮌처는 강성한 자들이 곧 멸망하고 짓밟힌 자들의 통치가 시작될 것이며, 그리하여 원시 교회의 사도 시절처럼 모든 사람이 재산을 공유하게 될 것이라고 설교해 왔다. 그는 그 도시의 거리를 가로질러 정복자, 작센의 게오르크 공작의 면전으로 끌려갔다. 그 거리에는 뮌처의 오합지졸 군대에 참여했다가 학살당한 사람들의 시체가 넘쳐났고 그 모습은 참혹한 전투를 말해 주었다. 프리드리히의 사촌인 게오르크 공작은 선제후 사촌이 루터를 일방적으로 옹호하다가 몹시 험악한 꼴을 당할지 모른다고 우려했다. 이제 프랑켄하우젠의 납골당에서, 공작은 그 대답을 알아냈다고 생각했다. 죄수 뮌처를 심문하는 과정에서 공작의 암울한 의심이 모두 확인되었다. 뮌처는 계속하여 공작을 '형제'라고 불렀고, 거듭하여 구약성경을 인용했으며, 가난한 사람들이 부자를 향해 반란을 일으킨 것은 알곡과 왕겨를 구분하기 위해 필요한 일이라고 정당화했다. 공작은 충분히 심문했다고 생각했다. 뮌처는 고문을 당했다. 어떤 사람들은 그가 결국 자신의 생각을 취소했다고 말했다. 그러나 그가 내놓은 마지막 메시지는 그런 사실을 암시하지 않는다. 그는 추종자들에게 이렇게 썼다. "내 죽음이 당신들에게 장애가 되어서는 안 된다. 나는, 선량하지만 아직 잘 이해하지 못하는 사람들에게 혜택을 주려고 죽는다."[16]

뮌처가 처형되어 그 잘린 머리가 효수되었다는 소식을 접한 루터는 울적한 즐거움을 느꼈다. 그가 바르트부르크를 빠져나와 작센으로 돌아온 이후 3년 동안, 그는 해결할 수 없는 수수께끼를 안고서 씨름했다. 그가 번역한 성경을 읽은 사람들이, 루터 자신이 받은 것만큼 성령의 빛을 받지 못한다는 사실이 그것이었다. 바이에른의 귀족 여성인 아르굴라 폰 그룸바흐는 루터의 신약성경 번역본을 극찬했다. 루터 자신이 느꼈던 고양된 사명 의식에 걸맞은 찬사였다. 그녀는 이렇게 썼다. "정말로 멋진 일입니다. 하느님의 성령이 우리를 직접 가르치시고 또 더욱 중요하게는, 우리가 이 문장과 그다음 문장을 잘 이해할 수 있게 해주십니다. 하느님, 찬미받으소서! 이 번역서는 내게 밝게 빛나는 진정한 빛을 계시해 주었습니다."[17]

그러나 그런 계몽의 빛은 다른 사람들에게는 다른 점들을 드러냈다. 루터가 가르친 자유의 사상에서 영감을 받은 많은 루터 추종자들은 루터가 겁먹고 뒤로 빼고 있다고 생각했다. 교황과 황제에게 맞서서 저항했던 사람이 보편적 자유를 위한 투쟁에서는 몸을 사리고 있다는 것이었다. 가난한 사람들을 부자의 압제에서 해방시켜 주는 자유를 거부하는 루터의 태도는 그들에게 커다란 실망을 안겨 주었다. 전직 사제였던 뮌처는 자신이 하느님으로부터, 억압당하는 사람들을 세상의 주인으로 만드는 임무를 부여받았다고 생각했다. 그런 만큼 루터의 겁먹은 듯한 태도를 아주 못마땅하게 여기면서 맹비난을 퍼부었다. 뮌처는 루터의 불어난 몸집을 두고 조롱을 퍼붓기도 했다. 루터는 부드러운 살집을 가진 뚱보니까 악마의 특식으로 요리해서 악마에게 먹이면 아주 좋겠다고 공상하기도 했다.

꼭 뮌처의 이런 공상이 아니더라도, 루터의 가르침은 여러 지역에서 발생한 농민들과 광부들의 반란을 부추기기에 충분했다. 프랑켄하우젠에서 유혈 낭자하게 진압된 반란은 그런 여러 반란들 중 하나였다. 그들은 반란을 일으키면서 그런 행동이 성경 말씀에 복종하는 것이라고 정당화했다. 1525년 수천 명의 농민들이 북부 슈바벤의 마을 발트링엔에 모여서 "복음을 들으면서 그에 따라 살아가고 싶다"[18]라는 뜻을 선언했다. 반란의 책임자는 그들이 아니라 영주와 수도원장이라고 주장하기도 했다. 이들이 과거에 파라오가 이스라엘 사람들을 압제했던 것처럼 농민들을 억누르고 있다는 얘기였다. 그들은 성경이 자신들에게 약속한 것 이상으로 요구하지 않는다고 말했다. 그리하여 농민 반란이 요원의 들불처럼 퍼져 나갔고, 제국의 귀족들은 군대를 규합하여 농민 반란을 무자비하게 진압하면서 약 10만 명의 반도를 학살했으며 제국의 많은 지역이 황폐해졌다. 사태가 이렇게 돌아가자 루터 비판자들은 농민 반란에 루터가 책임이 있다고 비난하고 나섰다. "수많은 농민들이 반란을 일으키다가 죽었고, 많은 광신자가 추방을 당했고, 많은 가짜 예언자들이 교수형, 화형, 익사형, 단두형을 당했다. 이들은 만약 루터가 글을 쓰지 않았더라면 지금까지도 살아 있었을 것이다."[19]

그러나 사람들의 비난은 루터의 양심을 크게 괴롭혔다. 자신이 무수한 사람들을 지옥으로 보냈다는 불안감이 그를 고문했다. 그는 농민 반란에 대하여 책임을 지지 않겠다는 생각이 너무도 강하여 반란이 유혈 낭자한 절정에 도달할 즈음에는 거의 히스테리 발작 같은 어조로 반란을 비난하여, 심지어 그를 존경하는 자들도 그런 반응에 경악했다. 루터는 개의치 않았다. 그는 무엇이 중요한지 잘 알았다. 농민 반도를 자신의 추종자로 인정하면 자신이 평생 쌓아 올린 업적에 위협이 되리라는 것을 잘 알았다. 그를 후원하는 군주들의 뒷받침이 없다면 그의 '개혁' 프로젝트는 아예 미래가 없었다.

"개구리는 황새를 필요로 한다." 루터는 지상의 통치자들이 가져다주는 혜택에 환상을 품지 않았다. 그는 자신이 훌륭한 후원자를 만났다는 것을 알았다. 프리드리히처럼 한결같고 현명한 군주는 그리 많지 않았다. 루터가 인정했듯이 대부분의 군주는 "하느님의 간수이거나 교수형 집행자"[20]였다. 하지만 프리드리히만으로도 충분했다. 타락한 세상에서, 하느님의 영원한 법률을 적절히 반영하는 법률이 지상에서도 실현되리라 기대하기는 어려웠다. 그것을 실현하려고 애쓰는 것이 교회의 임무도 아니었다. 교황청에서 그런 법률 체계를 지상에 만든 뒤에 기독교 신자들에게 그것을 강요한 것은 참으로 기괴한 일이었다. 이 때문에 루터는 비텐베르크에서 교회법 책자들을 쓰레기 소각장에서 불태워 버렸던 것이다. 정의의 틀을 드높이 옹호하는 것은 군주들의 의무이지 교황들의 의무가 아니었다. 그렇다면 정의의 적정한 틀은 무엇인가? 루터는 자신을 법률가로 생각하는 것을 경멸했기 때문에, 오랜 세월에 걸쳐서 법률학자들에 의해 축적된 교회법—그가 그토록 공개적으로 불태워 버렸던 교회법—의 상당 부분을 그대로 받아들이는 것을 당연시했다. 루터의 '개혁' 프로그램을 수용한 통치자들 역시 그 법을 그대로 받아들일 수밖에 없었다. 군주들은 백성들을 적절한 기독교 방식으로 통치하기를 바랐기에 간단하고 편리한 방법을 선택했다. 그들은 교회법의 상당 부분을 그대로 가져와 그들 국가의 법률로 삼았다.

그 결과, 그레고리우스 7세의 시대 이래의 특징이었던 성과 속의 뚜렷한 영역 구분이 해소되기는커녕 더욱 강화되었다. 루터에게서 영감을 받은 통치자들은 자기 백성들에 대한 배타적 권위를 주장하면서 더는 로마에 주권을 양보하지 않는 국가의 모델을 설계할 수 있었다. 한편 그들의 내밀한 영혼을 살펴볼 때, 진정한 기독교인은 아무것도 잃은 것이 없었다. 그들은 이제 종교법 법률가 대신에 하느님을 마음속에 모시고 있었다. 그들은 새로 정립된 세속의 근육질 권력에 복종해야 했지만, 그래도 그와 평행하는 차원(성罪의 차원)에서 자유는 그들의 것이었다. 그리고 이 차원이야말로 정말로 중요했다. 하느님의 은총이라는 선물에 가슴을 활짝 열고 전지전능한 하느님과 직접 소통하는 사람들이야말로 자신을 진정한 자유인이라고 느낄 수 있었다. 이제 종교religio(성)는 성직자들religiones(사제, 수도사, 수녀)만이 가진 것이 아니었다. 모든 신자가 그것을 가지고 있었다. 심지어 라틴어를 모르고 독일어만 하는 사람도 그것을 '성(종교)'이라고 부를 수 있었다.

세상은 두 개의 왕국으로 구성되어 있었다. 한 왕국은 양의 우리다. 이 속의 양들은 전부 다 선한 목자인 그리스도의 부름에 응답하며, 그분으로부터 먹을 것을 받고 또 평화롭게 다스림을 받는다. 다른 왕국은 그 양들을 감시하는 사람들의 왕국이다. 이들은 몽둥이를 들고서 개들과 도둑들로부터 양들을 지킨다. "이 두 왕국은 철저하게 구분되어 그 상태를 유지해야 한다. 한 왕국은 경건한 태도를 만들어 내고, 다른 왕국은 외부적 평화를 유도하고 사악한 행위를 예방한다. 이 세상에서 두 왕국은 상대방의 도움 없이는 온전할 수가 없다."[21] 야심만만한 통치자들이 이런 구분의 잠재적 위력을 재빨리 눈치챈다 해서 그리 놀랄 일은 아니었다. 가장 놀랍고 가장 노골적으로 그 위력을 활용한 군주는 당초 루터를 맹렬하게 비난하던 왕이었다. 그는 루터를 맹렬히 공격하는 베스트셀러 팸플릿의 저자였을 뿐만 아니라 그 책자 덕분에 교황의 칭찬까지 받은 인물이었다.

영국 왕 헨리 8세는 신성로마제국의 황제와 프랑스 왕이 자신보다 더 크게 위세를 누리는 데에 늘 분개했다. 그런 헨리 8세였으므로 로마 교황청으로부터 '신앙의 옹호자'라는 타이틀을 빼앗을 수 있다면 매우 흡족했을 것이다. 그리고 헨리 8세가 그렇게 하는 데에는 오랜 시간이 걸리지 않았다. 그와 교황청의 관계는 한 사건을 계기로 크게 악화되었다. 1527년에 아들을 갖지 못한 데다가 앤 불린이라는 젊은 귀족 여성에게 매혹된 나머지, 헨리는 하느님이 자신의 결혼을 저주한다고 확신하게 되었다. 제멋대로인 폭군 헨리 8세는 결혼의 해지를 요구했고 교황은 거부했다. 교회법 법률가들이 볼 때 헨리의 주장은 가소로웠으며, 게다가 그의 아내 아라곤의 캐서린은 페르난도와 이사벨라의 딸이었다. 그러니 캐서린은 현 황제인 카를 5세의 고모였다. 교황은 잉글랜드 왕을 자기편으로 묶어 두고 싶었기에 기독교 세계에서 강력한 군주의 비위를 건드리지 않으려 했다. 통상적 상황이었다면 헨리는 자신의 패배를 인정할 수밖에 없었을 것이다. 그러나 당시 상황은 결코 통상적인 것이 아니었다. 헨리는 충분히 대안을 추구할 수 있었다. 그는 교황에게 개혁가로서 적개심을 갖기 위해 루터의 은총 사상이나 성경관을 받아들일 필요도 없었다. 과대망상증일 정도로 기회주의자였던 헨리는 기회가 오자 재빨리 붙잡았다. 1534년 영국 의회가 제정한 법에 의하여 교황의 권위가 공식적으로 거부되었다. 헨리는 "영국 교회의 최고 수장"으로 선언되었다. 이 권리를 부정하는 사람은 대역죄를 저지른 것으로 간주되어 사형에 처해지게 되었다.

이와 동시에 독일 도시 뮌스터에서는 또 다른 왕이 루터의 가르침을 정반대이지만 헨리 못지않게 과격한 방향으로 밀어붙이고 있었다. 얀 보켈손—'레이던의 얀'—에게는 왕궁도 의회도 없었다. 그는 왕이 아니라 양복쟁이였다. 추방된 그 도시 주교의 군대가 그 도시를 포위 공격하며 주민들을 굶겨서 항복을 받아 내려 했던 지난 1년 동안, 얀은 스스로 기름부음을 받은 세상의 왕, 제2의 다윗으로서 그 도시를 다스렸다. 〈요한 묵시록〉에서 예언된 성인들의 천 년 통치 시기가 가까이 다가왔다고 확신한 그 도시의 설교자들은 신자들을 불러 모아 정의롭지 못한 자들을 학살하라고 요구했다. "하느님은 그분의 사람들과 함께하실 것이다. 그 사람들에게 쇠뿔과 청동 발톱을 주어 적들을 상대하게 할 것이다."[22] 이것은 어디서 많이 들어 본 구호였다. 10년 전 뮌처가 프랑켄하우젠에서 그런 구호를 소리 높여 외쳤다. 뮌처 당시의 무서운 전투에서 간신히 목숨을 건져 도망친 몇몇 사람들은 그 후에도 새로운 세대에게 영감을 불어넣었다.

그중 한 사람이고 전직 도서 판매상이던 한스 후트는 아우크스부르크로 피신하여, 성경의 승인이 없는 전승들을 철저하게 거부하라고 설교했다. 그가 특히 분노를 터트린 대상은 유아세례였다. 유아세례는 교회의 초창기 시절로 거슬러 올라가는 오래된 관습이었으나 성경에 명시되어 있지 않았다. 그래서 후트는 유아세례가 "모든 기독교 세계를 상대로 하는 교활한 술수"[23]라며 비난했다. 1526년, 성령이 최초의 사도들에게 내려온 것을 기념하는 날인 성령강림절에, 그는 두 번째 세례(재세례 anabaptismos)를 받았다. 그다음 해에 후트는 감옥에서 죽었지만, 그의 추종자 수천 명은 여전히 그의 모범을 따랐다. 얀 보켈손이 뮌스터를 다스리게 된 일은 재세례파의 쿠데타를 뜻했다. 성경의 근거를 즉시 인용할 수 있는 일련의 정책들이 재세례파에 의해 실시되었다. 가령 우상을 파괴하고, 재물을 공유하고, 일부다처제를 허용하는 것 등이었다. 그들이 반란을 일으키면 가혹한 진압이 벌어지는 사태가 반복되었다. 레이던의 얀이 첩자로 의심되는 자의 목을 손수 베었다. 그 스캔들과 공포가 기독교 세계 전역으로 퍼져 나갔다. 뮌스터가 마침내 함락된 1535년 6월에 이르러 루터파 군주들은 뮌스터 주교와 힘을 합했고, 재세례파는 폭력과 타락의 동의어가 되었다.

"나는 여기에 서 있습니다. 나는 다르게 행동할 수 없습니다." 보름스에서 황제 앞에 나타난 루터는 그렇게 말했다. 역시 하느님의 말씀에 복종해야 한다고 확신한 레이던의 얀은 더 끔찍한 고통을 겪었다. 그의 살은 빨갛게 달군 쇠집게로 지져졌고, 그의 혀는 펜치로 뽑혔다. 그의 시신은 쇠우리에 넣어져 부패하도록 방치되었다. 뮌스터 소식이 들려오는 동안, 잉글랜드에서 오스트리아에 이르는 지역의 다른 재세례파는 철저히 토벌되었다. 그들 또한 하느님의 말씀에 복종해야 한다고 확신하면서 죽어 갔다. 그들 또한 다르게 행동할 수 없었다. 가톨릭이든 루터파든 재세례파를 비난한 사람들은 제2의 뮌스터를 막고 있다고 생각했지만 실은 그들은 공격 대상을 오해하고 있었다. 많은 재세례파는, 레이던의 얀과 그 추종자들더러 불의한 자들에게 하느님의 복수를 가하라고 가르친 저서들을 읽으면서, 그 저서들이 정반대의 것, 즉 칼을 휘두르지 말라고 가르쳤다고 이해했다. 성경의 문장들은 아주 많았고 그것을 해석하는 방식은 그 독자들 수만큼이나 많았다. 재세례파는 성경에서 하느님의 적들을 하느님의 분노라는 술틀에다 집어넣고 마구 짓밟아야 한다는 문장을 읽었는가 하면, 다른 사람들은 구세주의 삶과 죽음을 통찰하면서 다른 교훈을 이끌어 냈다. 후트 자신도 프랑켄하우젠의 학살을 간신히 모면하고서 군인으로 보낸 시절을 후회했다. 철저한 평화주의를 지키겠다고 맹세한 다른 재세례파 사람들도 이 세상의 질서를 전복하는 대신 그 세상에서 물러나기로 결심했다. 외딴 계곡에서 외롭게 살아가거나 혼잡한 도시에서 이름 없는 시민으로 살아가거나, 어느 쪽이 되었든 재세례파는 세속의 권력에 등을 돌렸다. 그들이 볼 때 그것이야말로 제대로 된 기독교 신자가 추구해야 할 일이었다.

바울은 코린토스 사람들에게 보낸 편지에서, "주님의 성령이 있는 곳에 자유가 있습니다"[24]라고 말했다. 이처럼 성령을 중시하는 주장과, 하느님에게 가는 길은 하나요, 진리도 하나요, 생명도 하나라는 사상 사이에는 언제나 긴장이 존재했다. 그레고리우스 7세와 그 추종자들은 기독교 세계를 상대로 아주 광범위한 '개혁' 프로그램을 밀어붙였고, 그 후 기독교 세계는 완전히 새롭고 획기적인 노선으로 나아갔다. 그러나 자유의 이상과 권위의 원리를 구현한다는 교황청의 주장이 보편적으로 받아들여지지 않았다. 수세기 동안, 기독교인들의 다양한 집단은 성령을 내세우고 그에 호소하면서 교황청의 권위에 도전해 왔다. 루터는 그런 도전에 불을 붙였다. 하지만 그에 앞서서 여러 사람이 화약의 길을 깔아 놓았다. 이 때문에, 보름스에서 황제에게 도전적인 자세를 취한 이후, 루터는 그 자신이 촉발한 무수한 후속 폭발을 전혀 통제할 수가 없었다. 그런 통제 불능은 루터만 느낀 것이 아니었다. 어떤 개혁가가 동료 기독교인들에 대하여 권위를 주장하면 그들은 곧바로 성령에 호소하면서 그 권위에 반박하고 나섰다. 그리고 성령에 대한 호소는 곧바로 권위에 대한 주장에 의해 반박되었다. 그 결과 기독교 세계 전역에서 항의의 연쇄 작용이 발생했다.

그리하여 다섯 명의 루터파 군주들은 이러한 항의의 과정을 공식적인 절차로 만들려고 했다. 1529년 제국 회의에 초청된 다섯 군주는 다수인 가톨릭 신자에 의해 의결된 조치에 대하여 공식적인 '항의protestation'를 발표함으로써 반대하고 나섰다. 1546년에 루터는 자신의 영혼을 진리의 하느님 손에 맡긴다고 말하고 세상을 떠났는데, 이 무렵 다른 군주들도 '항의하는 자(프로테스탄트protestant)'로 여겨졌다. 이런 군주가 신성로마제국에만 있는 게 아니었다. 덴마크는 1537년 이래로 루터파였고, 스웨덴도 그렇게 되어 가고 있었다. 그리고 다른 곳에서도 이른바 프로테스탄트〔개신교〕의 스펙트럼이 넓게 펼쳐져 이제 그것을 메우기는 거의 불가능해졌다. 그 유명한 독설로 기독교 세계 전체를 흔들어 놓았던 루터는 단지 교황을 모욕하는 것만으로는 만족할 수 없었다. 루터는 자신과 마찬가지로 로마 교황청을 반박하는 사람들도 실은 성령을 제대로 이해하지 못했다면서 그들을 상대로 분노를 터트렸다.

먼저 루터의 성체성사 해석에 이의를 제기하는 스위스와 독일의 다른 신학자들이 있었다. 유아세례와 세속의 권위를 부정하는 재세례파도 골칫거리였다. 자신이 하느님이나 되는 것처럼 행동하는 헨리 8세도 문제였다. 루터는 이들 모두를 맹렬하게 비난했다. 루터는 그런 제멋대로의 해석이 무서운 결과를 가져올 것이라고 노심초사했다. 그 결과는 악몽 같은 세상이 될 것이다. 진리의 개념이 녹아서 사라지고 모든 것이 상대적으로 파악될 것이다. "신앙에서 길을 잃은 자는 누구든지 그 후에 자신이 원하는 것은 무엇이든지 믿게 된다."[25]

루터가 사망하고 나서 몇 년 동안, 암석과 사주 사이로 '개혁'이라는 커다란 배를 몰고 나가는 일은 아주 힘들어 보였다. 루터파 군주들은 전투에서 카를 5세에게 패배했고 라이벌 개혁가들의 열정적인 토론에 오랫동안 호응한 도시들은 황제에게 굴복했다. 많은 유배자들은 피신처를 얻기 위해 잉글랜드로 갔다. 그곳에서는 1547년 헨리 8세가 사망한 후, 그의 어린 아들인 에드워드 6세가 프로테스탄트들에 의해 새로운 요시야 왕으로 칭송받고 있었다. 이런 칭송이 쓸데없는 아첨은 아니었다. 에드워드는 소년에 불과했지만 프로테스탄트의 대의를 굳건하게 지켰다. 그가 프로테스탄트 운동 중에서 특히 싫어하는 대목이 있다면 독일의 프로테스탄트들이 턱수염을 기르는 방식이었다.

영국 성공회의 수장으로서 어린 왕은 각의閣議에서 과격파들에게 아주 강력한 개혁의 수단을 제시했다. 그들은 그 수단을 최대한 활용했다. "세상이 존재한 이래 어느 한 국가에서 짧은 기간 내에 그처럼 많은 변화가 시도된 적은 없었다."[26] 하지만 이 모든 것이 매달린 실은 여전히 튼튼하지 않았다. 교회 행정을 마음대로 주무를 수 있는 군주제가 어떤 것을 주었다면, 역시 마음대로 그것을 다시 가져갈 수도 있었다. 1553년에 에드워드가 죽고 그의 누나이며 아라곤의 캐서린의 딸인 메리가 즉위했다. 독실한 가톨릭 신자인 메리는 곧 잉글랜드를 로마와 화해시키려는 작업에 나섰다. 많은 저명 개혁가들이 화형에 처해졌고 또 다른 사람들은 해외로 도피했다. 프로테스탄트들은 세속의 권위를 깊이 믿는 것은 아주 위험하다는 사실을 뼈저리게 느꼈다. 그러나 국가의 보호를 받지 못하는 유배자 신세도 위험하기는 마찬가지였다. 메리의 잉글랜드를 피하여 해외로 달아난 유배자들은 그 두 가지 상황을 조화시킬 수 없었다. 하느님에게 흡족한 방식으로 예배를 드릴 수 있는 자유는 그것을 유지하는 데 필요한 규율이 없으면 아무것도 아니었다. 그렇다면 이 둘을 어떻게 조화시킬 것인가? 시대의 격랑과 폭풍 속에서 험한 바다를 헤쳐 나갈 수 있는 배를 건조하는 일이 과연 가능할까?

이런 질문에 답하기 위한 가장 강력하고 가장 영향력 있는 시도가 그자신 유배자인 개혁가에 의해 수행되었다. 장 칼뱅은 프랑스인이었다. 그는 지적으로 뛰어난 학자이면서 세부 사항을 잘 살피는 근면한 정신과 어려운 행정 사무를 뚝심 있게 밀어붙이는 지구력까지 갖추고 있었다. 그는 법률 공부를 했으므로 통상적인 상황이었다면 법정에서 수익을 많이 내는 경력을 쌓았을 것이다. 그러나 그는 프랑스 당국이 괴기한 해외 이단으로 규정한 종교를 받아들인 탓에 스물다섯 살이던 1534년에 고국을 버리고 해외로 이주해야 했다. 젊은 도피자에게는 다행스럽게도, 국경 너머에는 개혁의 온상으로 명성 높은 여러 도시가 버티고 있었다. 자기 나름으로 한몫하고 싶어 했지만 내심 불안했던 칼뱅은 취리히, 스트라스부르, 베른 등의 도시를 차례로 방문했다. 그러나 그가 정착하기로 결심한 제네바는 대다수 프로테스탄트의 심중에 별로 각인되지 않은 도시였다. 칼뱅은 그 도시를 1536년에 처음 방문했다. 그러나 신의 공동체를 건설하려고 이태 동안 애쓰다가 그 도시에서 축출되고 말았다.

1541년 두 번째로 그 도시에 초청되자 그는 도시 행정관들에게 자신을 공식적으로 지지한다는 확약을 요구했다. 그들은 지지를 확약했다. 제네바는 정치적·사회적 긴장으로 분열된 도시였고, 도시의 지도자들이 볼 때 엄청난 재주를 가진 칼뱅은 그런 긴장을 치유할 수 있는 적임자였다. 그리고 그 예상대로 되었다. 진귀한 기회를 발견하면 금세 그 기회를 알아보는 칼뱅은 엄청난 속도로 일을 처리해 나갔다. 칼뱅이 제네바 교회를 새로운 기반 위에 올려놓고, 민간 당국과 교회의 관계를 재조정하고, 그 도시에 도덕적 부활 프로그램을 실천하도록 밀어붙이는 데에는 두 달이면 충분했다. 칼뱅은 도시의 정부에 이렇게 경고했다. "만약 나를 당신들의 목사로 삼을 생각이라면, 먼저 당신들 삶의 무질서를 시정하십시오."[27] 그는 자신의 요구를 철저하게 밀고 나갔다.

당연히 반발이 심했다. 그러나 칼뱅은 그런 반발을 무자비하면서도 냉정하게 제압했다. 그러나 그가 사용한 수단은 언제나 적법했으며 폭력적이지 않았다. 그는 무장도 하지 않았고 경호원 없이 살았다. 그는 거리에서 적들에게 가래침 세례를 받으면 반대편 뺨을 돌려 댔다. 그의 유일한 무기는 설교단이었다. 공직을 맡지도 않았고 1559년까지 시민권도 갖지 못했던 칼뱅은 오로지 말씀의 권위에 의존하여 제네바 시민들을 자신의 목적 쪽으로 끌어당길 수 있었다. 도시 너머의 다른 지역에 사는 칼뱅 숭배자들은 칼뱅의 이러한 업적이 하느님의 승인 아래 이루어졌다고 생각했다. 1555년 잉글랜드의 유배자들 무리가 제네바에 도착했을 때, 그들은 기독교인 공화국의 전범 같은 도시를 놀란 눈으로 바라보았다. 그 도시는 자유와 규율이 완벽하게 균형을 이룬 사회였기에 그들은 그곳을 직접 목격한 체험을 영구히 잊지 못했다.

칼뱅은 개혁가로서는 이례적일 정도로 하느님의 질서를 규정하는 실용적인 문제들과 씨름했다. "자유의 특권"[28]은 모든 기도교인이 누릴 수 있는 특권이라는 사실을, 칼뱅은 당연하게 여겼다. 따라서 그가 생각하는 이상적인 교회의 모습은 모든 기독교 신자가 자유롭게 교회에 가입하거나 떠나는 것을 최고의 가치로 여기는 교회였다. 칼뱅은 양심의 명령을 굉장히 중시했다. "온 세상이 짙은 무지의 어둠 속에 싸여 있을 때조차 양심의 명령은 결코 꺼지지 않는 한 줄기 작은 빛이었다."²⁹ 그러나 모든 사람에게 구제의 은총이 주어지는 것은 아니었다. 신앙으로 하느님에게 손을 내뻗은 소수의 사람들만 하느님의 은총을 받을 수 있었다. 아담의 모든 후손에게는 천당 혹은 영원한 죽음〔지옥〕이 미리 예정되어 있었다. 이것이 "무서운 교리"³⁰라는 것을 칼뱅 자신도 솔직히 인정했다. 하지만 그는 그 교리에서 물러서지 않았다. 많은 사람들이 성령의 은총을 거부한다는 사실을 알았기에 칼뱅은 열심히 일했다. 선민들의 공동체를 수립하기 위해서가 아니라, 신자들의 공동체를 하느님의 계획과 일치시키기 위해서였다.

그 일을 하기 위해 네 개의 사무국이 설치되었다. 먼저 하느님의 말씀을 설교하는 목사국局이 있었다. 젊은이들의 교육을 담당하는 교사국도 있었다. 그리고 불행한 사람들의 필요를 헤아려서 지원하는 집사국이 있었고, 신자들의 도덕을 감시하는 '장로'국이 있었다. 이 장로를 가리켜 프레스비터presbyter라고 했다. 매주 목요일에 만나는 장로들은 도시의 목사들과 함께 교회에 장로회의Consistory(노회)라는 통제 조직을 제공했다. 일요일 예배에 참석하지 않은 것, 십계명을 위반한 것, 교회의 교리를 규정하기 위해 칼뱅이 고안한 법률을 위반한 것 등의 비행을 저지른 자는 그 신분이 어떻게 되었든 관계없이 소환장이 발부되었다. 해마다 거의 열다섯 명 중에 한 명 꼴로 제네바 시민은 노회 앞에 출석하라는 소환장을 받았다.³¹ 칼뱅을 싫어하는 시민들, 칼뱅 신학을 받아들이지 않는 시민들,

설교단에서 계속 흘러나오는 칼뱅의 설교와 외침에 분개하는 시민들에게 소환장은 가장 나쁜 사생활 침해였다. 그들은 노회의 시선이 언제나 자신들을 감시하고 기록하고 판단한다는 두려움을 느꼈다. 반대로, 박해를 피해 도망쳐 온 프로테스탄트들, 고향에서 뿌리 뽑히고 타락한 세상의 무질서가 그래도 하느님의 계획과 조화를 이룰 수 있다고 믿고 싶은 사람들은 죄인들을 교정하려는 칼뱅의 노력에 깊이 감동했고 제네바가 프로테스탄트들의 모범 도시라고 생각했다. 한 숭배자는 칼뱅을 이렇게 묘사했다. "그는 사도의 시대 이래로 지구상에서 가장 완벽한 그리스도의 학교를 세운 사람이다."[32]

그 도시가 도망자들에게 제공한 피신처는 목말라 헐떡거리는 사슴이 마시는 한 줄기 물과 같았다. 자선은 칼뱅의 비전[이상적인 기독교 신자 상]에서 핵심을 차지하는 덕목이었다. 심지어 도움을 필요로 하는 유대인이 있다면 그에게도 도움을 주었다. "이것을 기억하십시오. 씨를 적게 뿌린 사람은 적게 거둘 것입니다. 그리고 씨를 풍성하게 뿌린 사람은 풍성하게 수확할 것입니다."[33] 칼뱅이 볼 때, 제네바가 피란민들에게 즉각적인 지원을 제공한 것은 그의 성공을 보여 주는 결정적 사례였다. 그는 많은 제네바 시민들이 돈 없는 외국인들이 도시로 유입되는 데 분개하고 있다는 사실을 잘 알았다. 하지만 그는 그들을 새롭게 교육시켜야 하는 자신의 책임에 결코 의문을 품지 않았다. 제네바가 많은 피란민을 수용한 업적은 결국 나중에 가서 위대한 업적이었음이 밝혀질 터였다. 제네바가 피란민들에게 제공한 자선, 하느님의 공동체를 지상에서 실현할 수 있다는 확신, 그들의 고통에 목적이 있다고 말함으로써 박해받는 유배자들을 위로해 준 것, 생활 속의 모든 일은 하느님의 의도에 의해 이루어졌다는 것 등은 피란민들이 제네바에 둥지를 틀 때마다 논의되는 화제였다. 그들은 적들에게 '칼뱅주의자'라는 소리를 들었다. 그 말은 욕설인가 하면 찬사이기도 했다. 그들이 이해하는바 하느님의 목적에 충실하기 위하여, 칼뱅에게서 영감을 받은 사람들은 엄청난 대가를 치르고서라도 그의 가르침을 따르고자 했다. 그들은 그 과정에서 자신들의 과거를 기꺼이 내던졌고, 고향집도 자발적으로 잊어버렸고, 필요하다면 지구 끝까지 여행하는 것도 마다하지 않았다.

안개 걷어 내기

1581년의 어느 날 밤, 한 무리의 남자들이 슈루즈베리의 어두운 거리를 지나며 처형당한 도둑의 시신을 운반했다. 그들 앞, 세번강을 내려다보는 언덕 위에는 잉글랜드에서 가장 높은 첨탑이 서 있었다. 애설스탠의 시대에 세워진 세인트메리 교회는 잉글랜드가 웨일스를 점령하기 이전의 시절에 일련의 교황 특사들이 본거지로 사용했던 곳이다. 웨일스는 잉글랜드에서 서쪽으로 약 16킬로미터 떨어진 곳에 있는 지방이었다. 그러나 이는 이미 오래전의 일이었다. 프로테스탄트들이 '교황주의'라고 불렀던 것은 이미 잉글랜드에서 추방되어 버렸다. 가톨릭 여왕인 메리는 1558년에 사망했고 그녀의 이복동생이며 앤 불린의 딸인 엘리자베스가 이제 영국 왕위에 앉아 있었다. 한 교회의 문에는 메리의 문장紋章과 성경 문구가 새겨져 있었다. "훌륭한 일을 한 여인이 많지만 당신은 그 모든 이보다 뛰어나오."[34] 그러니까 여왕이 바뀌어도 교황 제도의 흔적이 깨끗이 지워진 것은 아니었다. 교회 마당에는 거대한 십자가가 세워져 있었다. 그 십자가가 슈루즈베리에서 널리 경배되고 있었기에 그것을 없애 버리는 일이 한층 긴급했다. 야음을 틈타서 시체 도굴꾼 무리가 그 십자가의 철거 작업에 들어갔다. 십자가 제거 작업이 완료되자, 그들은 그 자리에다 무덤을 파고서 운반해 온 강도의 시체를 처넣었다. 교황 제도의 기념품을 그대로 놔두기보다는 처형된 강도의 무덤으로 삼는 게 더 낫다는 뜻이었다.

"우상을 끊임없이 만들어 내는 공장."[35] 칼뱅은 인간의 마음을 이런 식으로 묘사했다. 타락한 인간들은 언제나 하느님을 향해 등을 돌리는 경향이 있다. 그들은 개혁의 순수한 빛을 오염시킨다. 그가 성스럽게 여기는 성소에 황금 송아지를 세우려는 경향이 있다. 이러한 확신은 칼뱅이 추구하는 개혁 주위에 언제나 그림자를 드리우는 두려움이었다. 칼뱅이 죽고 10년이 지난 지금, 미신을 경계해야 한다고 주장한 그의 저서는 제네바 이외의 지역에서도 독자들을 만나고 있었다. 칼뱅의 저작들이 다른 도시들보다 활발하게 재판되는 런던의 인쇄업자들은 수요를 맞추기 위해 애를 썼다. 어떤 진취적인 편집자는 칼뱅의 위대한 저서들만 발췌한 책을 주문하기도 했다. 칼뱅이 거의 하룻밤 사이에 베스트셀러 저자가 된 것은 잉글랜드에서만 벌어진 일이 아니었다. 그의 영향력은 멀리 스코틀랜드까지 전파되었다. 그곳은 현지 귀족들에게 "거의 인류의 경계 너머에 있는 땅"[36]으로 인정된 바 있었다.

1559년에 제네바에서 돌아온 유배자 존 녹스의 설교가 대중에게 큰 인기를 끌면서 스코틀랜드 왕국 전역에서 신상을 파괴하는 운동이 벌어졌다. 어떤 신도들은 우상 숭배를 맹렬하게 비난하는 녹스의 설교를 들은 뒤, 현지 성당을 파괴해 버렸다. 또 다른 열광적인 신자들은 현지 수도원에 불을 질렀고, 소수도원의 과수원을 박살냈으며, 수도원 정원의 꽃나무들을 모두 뽑아 버렸다. 그로부터 1년 뒤, 치열했던 단기간의 내전이 끝났고 스코틀랜드 의회는 현지 교회를 칼뱅주의 색채가 강한 교회로 개혁했다. 그리하여 우상 숭배를 근절하려는 야심 찬 계획이 국가에서 공식적으로 그 지위를 인정받았다. 브리튼에서는 이제 아주 먼 오지에도 교황제도의 유물이 남아 있지 않아서 합법적 파괴의 대상이 될 만한 게 없었다. 콜롬바누스 시대에 아일랜드 수도사들이 히스 관목과 암석 사이에 십자가를 세웠던, 대서양의 강풍이 거센 섬들이든, 혹은 이끼 덮인 교회들이 용출하는 샘물을 내려다보던 웨일스의 황량한 오지에서든, 인부들이 큰 망치를 들고 와서 교회를 마구 부수어 버렸다. 칼뱅에게서 영감을 얻은 행정관들은 아주 먼 지역에까지 자리 잡고 있었다.

사정이 이러한데 왜 세인트메리 교회의 마당에서는 그 십자가를 밤중에 은밀하게 없앴을까? 그것은 이제 시간이 없을지 모른다고 두려워하는 사람들의 소행이었다. 도버 해협 건너 유럽 대륙에서는, 지옥으로 가는 포악한 어둠의 세력이 유명한 기독교인 도시들을 선민의 피로 물들이고 있었다. 1572년, 성 바돌로매[바르톨로메오]의 축일에 수천 명의 프로테스탄트 신자들이 파리 거리에서 대학살을 당한 것이다. 칼뱅의 고향인 프랑스 전역의 다른 도시들에서도 칼뱅의 추종자들에 대한 학살이 대대적으로 벌어졌다. 리옹에서는 새로운 순교자들이 배출되고 있었다. 한편 저지 국가들에서는 그보다 더한 살육전이 벌어지고 있었다. 명망 높고 부유한 그 도시들은 오랫동안 각종 프로테스탄트들을 배출해 왔다. 1523년에 이르러 카를 5세는 안트베르펜에서 수도사 두 명을 교수형에 처했고 그들의 수도원을 파괴했다. 뮌스터의 왕, 레이던의 얀은 네덜란드 사람이었다. 그 후 수십 년 동안 그 어디에서보다 저지 국가들에서 아주 많은 프로테스탄트가 사형에 처해졌다.

그렇지만 여전히 개신교 신자들의 수는 계속해서 늘고 있었다. 신세계의 부를 등에 업고 군주제에 반기를 내건 반도들은 칼뱅의 가르침에서 생활을 바꾸어 놓는 확신을 얻었다. 칼뱅은 숫자가 적은 것이 결코 잘못된 일이 아니라고 가르쳤다. 폭군에게 맞서서 무장봉기하는 것은 죄악이 아니라 의무였다. 하느님은 그분의 사람들을 돌보실 터였다. 기독교 세계의 가장 강성한 군사력을 상대로 성공적인 도전을 한 업적과 비교가 되지는 않겠지만, 그래도 잉글랜드의 시장 마을●에서 십자가를 제거하는 일은 그에 못지않게 하느님을 섬기는 행위였다. 네덜란드 반도는 하느님의 뜻에 철저히 복종하는 충성심을 보였다. 그들은 재산과 목숨까지 내놓을 각오를 했다. 그들이 우상 숭배에 맞서 싸우기 위해 보여 준 용기와 총명함은 대단했다. 그것은 볼 수 있는 눈을 가진 사람에게 당연히 영감을 불어넣는 일이었다.

잉글랜드에서도 네덜란드 공화국 못지않게 정결함에 대한 동경이 있었다. 세인트메리 교회의 십자가가 철거되고 1년이 지난 후, 새로운 목사가 그 교회에 부임해 왔다. 그는 자신의 군주를 하느님의 충실한 종복이라고 하면서, "정신적 압제에 맞서 승리를 거둔 고매한 분"[37]이라고 칭송했다. 그러나 그의 신자들 중에는, 그리고 잉글랜드 전역에는 그런 칭송에 동의하지 않는 사람이 많았다. 잉글랜드는 네덜란드 공화국이 아니었다. 그 공화국에서는 칼뱅주의자들이 독립의 대의를 내세우면서, 그들의 교회—그들은 자랑스럽게 '개혁 교회'라는 명칭을 붙였다—에 아주 탁월한 공적 지위를 부여했다. 그러나 엘리자베스 여왕의 개신교는 매우 자의적인 양상을 띠었다. 여왕이 교황 제도의 흔적—주교, 성가대, 십자가—을 좋아하는 듯한 태도는 진정한 개신교 신자들을 경악하게 만들었

● 특허에 의해 정기적으로 장이 서는 마을. —옮긴이

다. 여왕이 개혁을 더 강하게 밀어붙여야 한다는 그들의 주장을 멀리할수록, 그들은 여왕이 수장으로 다스리는 잉글랜드 교회가 진정한 개신교 교회인가 하는 의문을 품었다. 이런 의문을 품은 개신교 신자들에게 한 가톨릭 유배자가 1565년에 붙여 준 이름이 청교도Puritans였다.• 그 이름은 모욕이기보다는 그들을 잘 묘사하는 명칭이었다.

그들은 오직 소수의 사람들만 구원받는다는 것을 알고 있었다. 그들은 여왕과 그 각료들이 고집스럽게 교황 제도의 흔적을 유지하려는 태도를 보면서 자신들이 선민의 핵심을 차지하는 신분임을 확인할 필요가 있다고 생각하게 되었다. 따라서 개혁에 대하여 책임을 지는 것은 그들의 권리일 뿐만 아니라 의무였다. 주교라는 직명이 "교황의 가게에서 가져온"[38] 장난감이 아니라면 무엇이겠는가? 군주제라는 허울만 둘렀을 뿐 실은 폭군이 아닌가? 진정한 권위는 선발된 목사들과 장로들이 이끄는 거룩한 신자들의 모임에만 있었다. 그들은 이렇게 주장했다. 이 세상에서 망상을 말끔히 청소하고, 기독교라는 방주에 달라붙은, 인간이 만들어 낸 각종 따개비와 해초를 말끔히 제거하는 작업을 계속 밀고 나가야 한다. 청교도들은 이런 임무를 긴급하게 수행해야 한다는 의식을 갖고 있었기에, 전통적으로 교회와 국가의 수호자였던 대주교와 왕 들의 격분하는 태도를 아예 무시할 수 있었다. 청교도들의 임무는 우주의 무질서를 바로잡는 것이었다. 인간을 하느님과 연결시키는 것이었다.

관습을 무시하고 미신을 경멸하는 혁명적 프로그램에도 불구하고 청교도들은 그 지지자들이나 적들의 주장에 비하여 그리 과격하게 과거에

• 이 용어는 이 기독교인들이 거의 강박적일 정도로 정결에 집착했음을 보여 주는 증거다. 하지만 이 용어는 계속 모욕의 뜻으로 사용되어, 나중에는 '카타르(Cathar)'조차 '퓨리턴(청교도)'으로 번역될 정도였다.

서 이탈한 세력이 아니었다. 기독교인들이 우상을 파괴한 근거는 성경에만 국한되지 않았다. 메리 여왕이 아직 왕좌에 앉아 있던 1554년, 잉글랜드가 다시 교황청 품안으로 들어온 것을 환영하기 위해 잉글랜드로 파견된 교황 특사는 잉글랜드 의회에 나가 연설을 하면서, 잉글랜드가 그리스도의 선물을 처음으로 받은 것은 교황청의 배려 덕분이라고 말했다. 그런 조치 덕분에 잉글랜드는 나무와 돌을 무서워하던 우상 숭배로부터 벗어나 구제되었다고 했다. 한편 저지 국가들에서 가톨릭 지도자들은 신자들의 마음을 강하게 만들기 위해 성 보니파키우스를 경배하라고 독려했다. 보니파키우스는 그들의 선조들에게 복음의 빛을 전파했고 이교도 신 투노르의 거대한 참나무를 잘라서 교회를 건설한 성인이었다. 이러한 공격적 노선은 개신교도들을 몹시 불안하게 만들었다. 그리하여 개신교도들은 그에 맞서 다양한 방어 수단을 강구했다. 어떤 개신교도들은, 잉글랜드에 도착한 기독교인 선교단은 대 그레고리우스 교황 시대에 파견된 것이 아니라 그보다 훨씬 이전인 사도들의 시대에 도착했으므로, 로마의 적그리스도에게 빚진 바가 전혀 없다고 주장했다. 다른 개신교도들은 비드에 의해 축성된 성인들은 실제로는 존재하지 않았으며, 사라져 버린 이교도 신들의 빈자리를 메우기 위해 급조되었다는 반론을 폈다. 이러한 주장들이 널리 퍼져 나가지는 못했다. 많은 개신교도들에게 앵글로-색슨 교회는 전범이요, 영감이었다. 교회의 부패와 기독교 세계 전역의 부패는 분명 그레고리우스 7세의 책임이었다. 그래서 청교도들은 오래되고 익숙한 것들을 거부하면서도 그 뒤에 어른거리는 역설을 전적으로 부정하지는 못했다. 전통을 거부하는 그들의 태도 자체가 하나의 기독교인 전통이었던 것이다.

잉글랜드 교회의 초창기 때 일이다. 처음으로 복음을 들은 노섬브리아

의 왕이 세례에 동의하고서 추종자들과 함께 강으로 내려갔을 때, 까마귀
가 현장에 나타나 까악까악 울어댔다. 이교도들은 그런 현상이 불길함을
경고하는 조짐이라는 걸 알았다. 그러나 그들에게 설교를 한 선교사, 즉
대 그레고리우스가 파견한 로마인은 그 새를 활로 쏘아 죽이라고 지시했
다. 선교사는 이어 이렇게 말했다. "저 부주의한 새는 자기 죽음을 피하
지 못했습니다. 그러니 하느님의 형상대로 다시 태어나고 다시 세례받은
사람들의 미래는 더더욱 알려 주지 못합니다."[39] 청교도들은 이런 주장에
반대할 생각은 하지 못했을 것이다. 그들은 교황주의자들이 말하는 허황
한 이야기들을 조롱했다. 바위 위에 찍힌 악마의 발자국을 발견할 수 있
다는 그들의 어리석은 주장도 조롱했다. 성자들의 뼈가 거룩한 유물이라
거나 성체성사를 하는 동안에 그리스도가 실제로 신자들 사이에 존재한
다는 얘기 등도 믿지 않았다. 하지만 교황주의자들이 이런 황당한 얘기
를 한다고 해서 하느님이 우주의 삼라만상에 스며들어 있다는 사실에 의
문을 표하는 것은 아니었다. 칼뱅도 아벨라르 못지않게 이를 믿었다. 설
사 인간의 이성이 신앙의 신비를 이해하는 데 아무런 역할을 하지 못할지
라도 신성은 적절한 영역에서 그 모습을 드러낸다. 별들이 그 필연적인
노선을 따라 운행하고, 새들이 창조주를 향해 노래 부르고, "풀과 꽃들이
그분을 향해 웃는"[40] 그곳에서 신성은 인간들을 향해 하느님의 흔적과 의
도를 드러낸다.

　루터의 등장 이후 100년이 흐른 뒤, 프로테스탄트들은 자신들이 기독
교 세계를 완전히 바꾸어 놓은 혁명의 후계자라고 자부했다. 그들은 이제
장구한 '개혁'의 과정에서 하나의 이정표로만 존재하는 것이 아니라 충격
적이면서도 독특한 에피소드로 인정받았고, 종교개혁이라는 명칭이 붙
게 되었다. 종교개혁을 찬양하는 사람들의 관점에서 볼 때, 그것은 오류

와 무지로부터 인류를 해방시킨 것이었다. 과거에, 세상이 암흑 속에 빠져 있었을 때, 기독교인들이 탐욕스럽게 받아들인 경이와 이적의 이야기는 끝이 없었다. 그러다가 "안개가 걷히면서 그 이야기들은 허황한 우화, 사제들의 사기, 정신의 망상, 적그리스도의 징표"[41]로 간주되기에 이르렀다. 만약 하느님이 신자 개인의 내면적 체험 속에서 발견될 수 있다면, 우주의 광대무변한 복잡함 속에서도 충분히 이해될 수 있었다.

교황청이 없어도 가장 진실한 기적들은 얼마든지 기적으로 인정받을 수 있었다.

14장

우주

1620년, 레이던

파라오의 마차와 말에서 구원되었다는 민족이라는 자각, 그것은 절대로 네덜란드인에게서 사라지지 않았다. 레이던이 해방되고 46년이 지났지만, 끔찍한 포위를 당한 기억이 여전히 도시에서 강력한 위세를 떨쳤다. 카를 5세의 아들인 스페인 왕 펠리페 2세가 보낸 부대가 도시를 포위하고 주민들을 굶주리게 하는 데 거의 성공하여 항복 직전까지 몰아넣었던 것, 절망적인 상황에서 네덜란드 반역자들이 제방을 파괴하여 구원 부대가 도시 성벽까지 운항해 올 수 있도록 한 것, 엄청난 폭풍우가 불어와 홍수를 두려워한 포위군을 물러나게 한 것 등도 그들은 모두 기억했다. 매년 9월 3일은 이 기적적인 사건을 기념하는 날이고, 속죄와 감사를 표시하는 공휴일이다. 이날에는 많은 사람이 단식을 택하기도 했지만, 또 다른 이들은 레이던이 "전능한 하느님의 통치에 따라 기적적으로 구원받고 자유롭게 된 것"[1]을 기념하며 식사하는 것을 더 좋아했다. 1574년에 구원 부대가 굶주린 주민들에게 나눠 준 청어와 빵이 인기 높은 음식이었지만, 설치류를 끓인 것 역시 인기 있는 음식이었다. 1620년이 되자 레이던은 "온갖 부와 부자들이 넘쳐흐르는"[2] 도시가 되었다. 하지만 이런 상황은 주민들을 안심시키기도 했지만, 동시에 쉽게 불안거리가 될 수도 있었다. 그들은 모든 좋은 것이 유혹하는 악마라는 걸 알았다. 소명에 따라 노동하는 것이 사람의 의무이듯이, 모든 포상이 전능한 하느님에게서 나온다는 걸 기억하는 것도 사람의 책임이었다. 성경에 정통한 네덜란드인들은 하느님과의 약속을 어긴 이스라엘의 자손들에게 벌어진 일을 떠올릴 필요가 없었다. 홍수와 강풍이 몰려오기 전에 스페인인들을 혼비백산하게 만들었던 똑같은 신의 분노가 자신들에게도 등을 때리는 채찍이 될 수 있었다. 다시 죄악과 방탕에 굴복하면 레이던 주민들은 쥐고기를 먹어야 할지도 몰랐다.

도시의 칼뱅주의자들은 도시의 그런 상황을 염려해야 할 타당한 이유가 있었다. 그들은 네덜란드 공화국의 국교 일원으로서 특권을 누리고 있었지만 레이던은 제네바와 뚜렷이 다른 도시였다. 그들의 장로회의[노회]는 기꺼이 입회시키려는 자들만 훈육했는데, 그런 사람들은 인구의 10퍼센트도 채 되지 않았다. 이러한 결과는 분명하게 드러난 만큼 개신교 신자들에게 해로워 보였다. 대학 교수들은 칼뱅의 운명예정설이 미치는 나쁜 영향을 완화하려고 애썼다. 서로 대립하는 파벌들이 거리에서 충돌했다. 서로에 대한 분노가 맹렬하게 치솟은 나머지, 1617년엔 시청 주변에 바리케이드가 설치되기도 했다.

1619년에 반체제 설교자들을 제거했는데도 종교적 논란이 완벽하게 진정되지는 않았다. 그러는 사이 레이던의 다른 주민들은 춤, 연극 관람, 엄청난 치즈 탐식에 빠져들었다. 부모들은 사람들이 보든지 말든지 아랑

곳하지 않고 자식을 껴안았다. 루터파, 재세례파, 유대인은 전부 그들 멋대로 하느님을 숭배했다. 이런 과도한 행위들을 행정 장관들이 못마땅하게 여기는 모습을 보이자 1620년엔 개혁 교회 구성원들이 열변을 토하며 항의하는 일이 벌어졌다. 레이던 전역의 설교단에서는 네덜란드인을 이스라엘의 자손과 동일시하는 설교가 나왔는데, 그런 설교가 시민들을 안심시키기는커녕 오히려 경고하는 말이 되었다.

우상 숭배를 혁파하고 전능한 하느님께서 흡족하게 여기실, 경건하면서도 풍성한 땅을 만들고자 하는 야심에도 비난의 기색이 어른거렸다. "아아, 주님, 우리에게 모든 상황이 좋지 않을 때 당신께서는 우리를 좋은 땅으로 데려다 주셨고, 그곳에서 우리는 무역과 상업을 통해 풍요로운 삶을 살 수 있었나이다. 주님께서는 우리를 상냥하게 대하셨나이다."[3]

그렇지만 홍수가 닥쳤을 때 발을 적시지 않고 그 홍수를 건너지 못하여 파라오의 압제를 고스란히 겪어야 하는 사람들은 어떻게 해야 하는가? 엄청난 노력과 꿋꿋함으로 세워진 네덜란드 공화국 이외의 다른 지역에 사는 사람들은 어떻게 되는가? 레이던 주민들이 스페인으로부터 해방된 것을 기념하고 개혁 교회의 설교자들이 어느 때보다도 강렬한 결의를 품고서 조국 네덜란드를 새로운 이스라엘로 만들려 했던 1620년 10월, 라인 지방과 보헤미아의 개신교도들은 전쟁 발발의 위험에 처해 있었다. 얀 지슈카가 생존해 있던 시기에 가톨릭 황제는 프라하로 진군하기 위해 군대를 동원했다. 그의 야망은 개신교를 완전히 제거하는 것이었다. 네덜란드인들은 하느님께서 하신 약속은 온 세상에 적용되며, 인간 세계에 신의 뜻에서 나오지 않은 권위는 없다는 신념을 갖고 있었다. 그런 생각에 충실하게, 그들은 마음을 단단히 먹고 황제 군대에 맞서 싸우고자 했다. 그들의 부대는 개신교 군주들을 지원하고자 국경을 건넜고 기병대는 라인

강까지 나아갔다. 프라하 외곽의 산악 지역 산등성이는 백악白堊을 채굴하기 위해 파놓은 구멍이 듬성듬성 나 있었다. 그곳에 진을 친 네덜란드 군대는 적그리스도의 맹공격으로부터 도시를 지켜 내겠다고 단단히 각오했다. 이 군대엔 네덜란드인이 자금을 대어 제공한 병력 5000여 명이 포함되어 있었다.

중심부는 버티지 못했다. 11월 8일, 백산白山의 개신교 군대가 무너졌다. 프라하도 같은 날 함락되었다. 하지만 전쟁은 전혀 끝난 게 아니었다. 오히려 정반대였다. 전쟁은 이제 막 시작되었다. 빙빙 돌아가는 끔찍한 기계 장치의 칼날처럼, 가톨릭 군주들과 개신교 군주들 사이의 경쟁은 제국의 더 넓은 지역을 파괴했고, 더 많은 외국군을 시체 더미로 만들었다. 이런 신·구교 간 경쟁은 끝없이 계속되다가 30년이 지난 뒤에야 비로소 멈췄다. 기독교의 가르침은 증오를 완화하기는커녕 오히려 더 자극했다. 수백만 명이 죽었다. 늑대들은 타버린 마을의 폐허를 어슬렁거리며 돌아다녔다. 상부의 명령으로 자행된 극악무도한 악행이 사람들을 망연자실하게 했다. 한 목사는 이렇게 언급하기도 했다. "우리의 후손들은 절대 우리가 겪은 참사를 믿지 못할 겁니다."[4] 악행은 대규모로 저질러졌다. 남자들은 거세되었고 여자들은 화덕에서 구워졌다. 어린아이들은 밧줄에 묶여 개처럼 질질 끌려 다녔다.

굳건한 저항 의지가 점점 흔들리던 네덜란드인들은 국경 너머의 도살장으로 군대를 보내려는 생각을 포기했다. 그것은 합당한 전략이었을 뿐만 아니라 신의 뜻에 따르는 일이기도 했다. 공화국의 주된 의무는 독립을 유지하는 것이었고, 그렇게 함으로써 공화국의 개혁 교회를 유지하는 것이었다. 이는 기독교 세계 전체를 위한 일이기도 했다. 레이던에선 방위 예산이 필요했기에 빵과 맥주에 착취나 다를 바 없는 세금이 매겨졌고, 심지어 극빈층도 납세의 의무를 다하고 있다는 생각을 할 정도였다. 칼뱅주의자들은 자신이 믿는 신앙의 원리를 고수했고 그것을 지탱해 주는 재력도 있었기에 난민에게 관대한 자선을 베풀었다. 시대의 어둠이 널리 퍼지고 있는 가운데, 온 세상에 영감을 줄 만한 기독교적 행동의 모범이 여기 이 도시에서 벌어지고 있었다.

하지만 모두가 이런 시각을 공유하지는 않았다. 독일과 중부 유럽의 인간 도살장에 있는 많은 이들이 볼 때, 네덜란드 공화국이 보여 주는 위대함의 뿌리는 피를 자양분으로 삼고 있었다. 군수품, 철, 경쟁하는 군대에 들어가는 자금 등은 모두 네덜란드 기업인들이 독점하고 있었다. 개신교도들의 위대한 꿈―그들의 본보기로써, 신의 은총으로 영원한 기쁨과 부흥에 도달할 수 있다고 고뇌하는 인류에게 알리는 꿈―은 산산조각 난 기독교 세계의 악몽으로 길게 그림자가 드리워졌다. 이런 참사의 격통 가운데서, 어떻게 해야 하느님의 선택을 받은 자들이 타협과 위선의 오명을 모면할 수 있을까? 어떻게 해야 그들은 시대의 악폐를 멀리하는 동시에 언덕 위의 도시로서 세상의 빛 역할을 할 수 있을까?

맥주에 부과되는 세금 인상이 레이던의 이러한 질문들에 답하려는 유일한 시도는 아니었다. 1620년 11월 9일, 그러니까 백산의 전투가 종료된 다음 날에 메이플라워호가 신세계의 북쪽 지역, 바다로 비죽 튀어나온 비좁은 반도에 도착했다. 선창에 화물처럼 잔뜩 쑤셔 넣어진 승객 100명은 대서양을 가로지르는 두 달 동안 몹시 힘겨운 여정을 견뎌 냈다. 그렇게 한 이유는, 한 승객의 말을 빌리자면, "그들이 순례자이기 때문"[5]이었다. '순례자'들의 절반은 레이던에서 출발했다. 하지만 이들은 네덜란드인이 아닌 잉글랜드인이었다. 레이던은 신세계에 도달하는 장구한 여정에서 중간 지점이었을 뿐이다. 잉글랜드에서 시작된 이 여정은 순례자들이 죄악을 피해서 떠나온 여행이었다. 우선 1607년 그들은 조국을 떠났다. 이어 13년 뒤 신세계로 떠나며 레이던에도 등을 돌렸다. 네덜란드 공화국의 개신교도들조차 순수성을 향한 그들의 갈망―하느님과 완전한 일체를 이루어야 한다는 갈망―을 잘 수긍하지 못했다. 순례자들은 자신들이 마주한 도전이 엄청나다는 것을 잘 알았다. 그들은 포부를 펼칠 뉴잉글랜드에서 분발하지 않으면 구세계에서 그랬던 것처럼 죄악에 굴복하게 되리라는 점도 명심했다.

하지만 신세계는 그들이 쉴 수 있는 곳이었다. 미개간지에 새로운 이스라엘을 봉헌할 기회를 얻은 것이다. 개별적 죄인이 자기가 죄인임을 인식하고 신에게 다가가면 신의 은총이라는 축복을 받을 수 있는 것처럼, 신세계로 피란한 사람들도 그렇게 될 터였다. 이런 신념을 품고 메이플라워호의 순례자들은 아메리카에 상륙했고, 정착지를 세운 뒤 플리머스라고 이름 붙였다. 이 마을은 온 세상에 본보기가 될 곳이었다. 10년 뒤에 해안 바로 위인 매사추세츠만에 두 번째 정착지가 세워졌을 때, 그곳 지도자들은 경건한 공동체의 이상을 똑같이 실현하기를 간절히 바랐다. 그들 중 한 사람인 법률가이자 설교자 존 윈스럽은 신세계로 떠나는 여정에서 다음과 같이 분명하게 말했다. "이처럼 하느님과 우리 사이에 대의가 존재하므로 이 일을 위해 하느님과 약속을 맺었습니다."[6] 자유라고 하면 이 약속을 실천할 수 있는 것이 되어야 마땅했다. 그것은 은총으로 주위에 울타리를 친 경건한 사회에 합류하는 것이었다.

하지만 뉴잉글랜드 지도자들은 시작부터 역설을 극복해야 하는 상황을 맞았다. 그들은 광대하고 탐험되지 않은 황야로 보이는 땅에 정착했음에도 불구하고 오히려 시선을 온 세상을 향해 고정시키고 있었던 것이다. 하느님과의 약속을 지키지 못할까 염려한 윈스럽은 동료 정착민들에게 여기서 추문이 생기면 온 세상에 나쁜 전형으로 널리 소문날 거라고 경고했다. 타락한 인류의 운명이 그들의 어깨 위에 달린 셈이었다. 그들은 인류에게 최후이자 최고의 희망이었다. 하지만 그런 이유로 그들은 배타적으로 행동하게 되었다. 하느님에게 선택받은 자들의 모임이라는 지위를 위협하는 자는 누구든 그들의 공동체에 들어올 수 없었다. 반드시 이렇게 해야 했고 그 이행 여부에 많은 것이 달려 있었다. 선출된 행정 장관들은 공동체가 나아가고자 하는 경건함의 길을 따라 식민지를 인도할 책임이 부여될 테니 오로지 거룩한 사람들만 투표에 참여할 수 있었다. 윈스럽은 유권자들에게 이렇게 말했다. "여러분과 우리 사이의 약속은 여러분이 우리를 선택했다는 맹세입니다. 이 목적에 맞게 우리는 최대한 기량을 발휘하여 하느님의 법률, 그리고 우리 인간의 법률에 따라 여러분을 통치하고, 여러분의 소송을 판단할 것입니다."[7]

이러한 주장은 실로 엄청난 생각이었다. 고대 이스라엘의 예언자들이 그랬듯이, 하느님의 사람들을 벌하고 격려하려면 성경을 아주 정확하게 알아야 했다. 이 임무를 충실하게 수행하는 데에는 그 어떤 노력도 게을리해서는 안 되었다. 때로는 매우 융통성 없는 태도로 임무를 수행해야 할 때도 있었다. 1638년에 정착민들이 뉴헤이븐에 식민지를 세웠을 때, 그들은 하느님께서 모세에게 내렸던 황야 생활의 계획을 그대로 따랐다. 오로지 선택받은 사람들이 되기 위해 그들은 그렇게 했다. 단지 뉴잉글랜드는 사막을 주위에 거느린 시나이산과는 다르게 황야가 아니라는 점만 달랐다.

정착 생활의 초창기에도 청교도 생활을 기피하는 식민지 주민들이 있었다. 청교도들에게 이들은 사라지지 않는 불안감의 근원이었다. 두 번째 겨울을 보내는 동안, 순례자들은 거듭나지 않은 자들이 크리켓 놀이를 하면서 성탄절을 기념하자 즉시 크리켓 방망이를 몰수했다. 식민지들의 규모가 커지면서 하느님에게 선택받지 못한 자들의 사악한 기질을 억누르자는 결의도 그만큼 높아졌다. 그들에게는 투표권이 없었지만, 행정 장관들을 적극 지지해야 했고, 교회에 가서 자신들의 잘못을 비난하는 설교를 들어야 했다. 행정 장관들은 그들을 교육하고 훈육해야 한다는 욕구가 아주 강했다. 이런 욕구는, 신세계는 하느님께서 청교도들에게 내린 선물인 만큼 귀중하기 그지없는 정원과 포도밭을 잠시라도 소홀히 하지 말고 풍성하게 가꾸어야 한다는 내면의 깊은 확신을 보여 주었다.

순례자들은 이렇게 생각했다. "신세계는 살기에 유익하고 적합한 곳이다. 개화한 주민이 아예 없는 상태다. 원주민들은 야만적이고 짐승 같은 자들이며, 그 정도는 서로 다르지만 짐승과 거의 다를 바 없다."[8] 전능하신 하느님께서는 그들에게 정착할 수 있는 땅인 뉴잉글랜드를 주셨고, 완벽한 본보기로서 온 세상을 환히 밝히라고 하셨으니, 그런 의무들 중에는 인디언들에 대한 의무도 포함되었다(잉글랜드인들은 스페인 사람들을 따라 아메리카 원주민들을 인디언으로 부르길 고집했다). 존 윈스럽 탐험대의 인장에는 에덴동산의 아담처럼 알몸을 한 인디언이 새겨져 있었는데, 그 인디언의 입에서 나온 말은 다음과 같은 호소였다. "이리로 와서 우리를 도와주십시오." 하느님의 은총은 무상으로 내려오는 것이므로, 영국인에게 부여되었듯이 야만인에게도 선뜻 허락되지 않아야 할 이유가 없었다. 결국 주님의 형상은 모두의 마음속에 있으니 뉴잉글랜드의 목사 중 적을 사랑하는 법을 모르는 사람은 없었다.

순례자들이 처음으로 플리머스에 상륙한 지 몇십 년도 지나지 않아 본연의 임무에 헌신하는 것과 똑같은 의무감으로 지역 인디언 부족에게 전도하려는 순례자들이 나타났다. 선교사들은 인디언들의 말로 설교했으며, 성경을 번역하는 데 공을 들였다. 그러나 하느님은 모든 인류에게 자신의 뜻을 전하라고 했으면서도 하느님 자신이 선택한 사람들을 지키기 위해서라면 기꺼이 분노의 신으로 나타났다. 1622년 순례자들에 의해 지휘관으로 선출된 한 잉글랜드 군인은 매사추세츠족 전사 무리가 식민지를 공격할 계획이라는 소식을 접하자 정당한 선제공격을 실시했다. 플리머스의 정착자들 중 많은 이가 양심의 가책을 표출했음에도 불구하고 그는 매사추세츠족 인디언 추장의 수급을 막대에 꽂아 정착지 요새에서 효수했다.

15년 뒤, 식민지 주민군은 원주민 동맹군에 합류하여 다른 적대적 부족인 피쿼트족에게 훨씬 더 파괴적인 공격을 가했다. 400명의 남자, 여자, 아이가 원형 천막이 타오르는 가운데 죽은 채 누워 있었다. "불길 속에서 새까맣게 타오르는 시신과, 흘러나온 피가 불을 끄는 광경은 보기에도 무시무시했다. 거기서 풍기는 악취 역시 끔찍했다." 이런 행위에 혐오감을 드러내는 순례자들도 있었다. 하지만 그들은 이스라엘을 지키고자 하느님께서 학살을 허락하셨다는 대답만 들었을 뿐이다. "때로 성경은 여자들과 아이들을 부모와 함께 죽여야 한다고 분명하게 말했소. 우리는 하느님의 말씀에서 우리의 일에 관해 충분히 은총을 얻고 있소."9 그들은 이런 호언장담을 들었다.

샤를마뉴 대제 역시 앨퀸에게 그리 대답했을지 모른다. 신세계에 정착한 청교도들은 구세계의 타락에서 도망쳐 와서 자랑스럽게 다시 태어났을 것이다. 하지만 그들이 기독교인으로서 직면한 도전들과 그들의 해결책에서 드러나는 모순은 그에 못지않게 아주 오래된 내력을 지니고 있었다.

모든 사람의 비위를 맞추다

1629년의 어느 여름날 아침, 조악한 물막이 판잣집과 나무 울타리가 세워진 플리머스 지구 정반대편에 있는, 세상에서 가장 큰 도시 위의 하늘이 어두워지기 시작했다. 북경의 천문학자들은 일식日蝕을 익숙하게 기록해 왔다. 황제의 거대한 궁궐 남쪽에 있는 정부의 여러 건물 중 하나인 예부禮部에선 중국의 기원에까지 이르는 기록을 보관했다. 역법曆法, 즉 정확하게 달력을 계산하는 과학은 왕조에 왕조를 이어 지속적으로 후원을 받았다. 중국 사회에서 별의 움직임을 무시하는 건 참사를 각오하겠다는 뜻이었다. 중국의 학자들은 하늘에서 벌어지는 일과 지상에서 벌어지는 일들은 서로 정확하게 일치한다고 믿었다.

이것이 바로 중국에서 달력을 편찬하고 공표하는 일을 국가 독점 사업으로 삼은 이유였다. 황제는 정확하게 일식을 기록하는 것만으로도 국가의 재난을 피할 수 있다고 생각했다. 하지만 최근 몇십 년 동안 예부는 연달아 당혹스러운 실수를 저질렀다. 1592년에 예부의 일식 예상 날짜는 하루를 통째로 틀렸다. 따라서 예부는 개선이 필요했다. 6월 23일로 예측된 일식 날짜에 대하여 예부시랑禮部侍郎은 경쟁을 고집했다. 상해의 이름난 학자 서광계徐光啟는 중국 천문학자들이 늘 의존하던 방법론 자체를 불신하게 되었다. 아득히 먼 서양 야만인들의 땅에서 개발된, 천문을 이해하는 또 다른 방식이 최근 북경에 소개되었다. 외국 천문학자들의 후원자일 뿐만 아니라 친구였던 서광계는 몇 년 동안 그들에게 공직을 주려고 시도해 왔다. 이제 그는 기회를 얻었다.

일식이 왔다가 사라지고 햇빛이 북경에 돌아오자 중국 천문학자들의 예측과 야만인들의 예측이 서로 비교되었는데, 결과는 야만인들의 승리였다. 그에 대한 보상은 빨리 주어졌다. 그해 9월, 황제가 직접 야만인들에게 달력을 개선하라고 지시했다. 야만인들은 길게 늘어져 바닥을 쓸고 다니는 중국 관복을 갖춰 입고서 북경의 천문대를 접수하는 작업에 착수했다. 그들의 승리는 그들의 학문, 하늘에 대한 그들의 지식, 별을 추적하는 그들의 능력을 증명해 주었다. 이는 그보다 더한 것, 즉 그들이 믿는 하느님의 목적을 그들이 이해하고 있다는 것도 증명했다. 하지만 먼 서양에서 온 외국인들만 하느님의 목적을 믿었던 건 아니다. 서광계도 그들과 마찬가지로 신을 믿었다. 야만인 천문학자들과 명나라 대신 서광계는 똑같이 세례를 받은 사람들이었다. 그들 모두가 가톨릭교회의 충실한 종이었다.

유럽에서 출발하면 꼬박 3년은 여행해야 할 정도로 머나먼 곳에 있는, 강력하고 불가사의한 중국 제국의 심장부에서 기독교인들이 활동하고 있다는 소식은 자연스럽게 로마 교황청을 크게 기쁘게 했다. 당시의 시대 상황은 그리 녹록하지 않았다. 100년이 넘도록 기독교 세계의 전반적 구조는 부패하는 중이었다. 유럽의 오래된 왕국들은 이단에 물들어 있었다. 다른 왕국들은 튀르크족에게 함락되었다. 성자 이슈트반과 성녀 엘리자베트의 고향인 헝가리는 대부분의 지역이 오스만 제국 술탄의 통치를 받고 있었다. 많은 전선에서 싸우는 가톨릭교도들은 전선을 안정적으로 유지하고자 전력을 기울였다. 그 외에 로마 교황청이 직면한 위험은 (온갖 종파를 거느린 이단처럼) 수많은 교회 가운데 하나로 전락할 수 있다는 우려였다. 로마 교황청이 더는 가톨릭〔보편〕이 되지 못하는 상황에 처한 것이다.

이런 섬뜩한 전망을 마주한 교황과 그 측근은 내부와 외부로 두 갈래의 전략을 채택했다. 가톨릭 중심지 내부에서는 규율을 강조하는 움직임이 다시 등장했다. 1542년엔 스페인을 본떠 이단 심문소가 로마에 세워졌고, 1558년엔 기다란 금서 목록이 작성되었다. 1년 뒤에는 베네치아에서 1만 권의 금서가 공개적으로 불태워졌다. 동시에 대양 건너에선 스페인과 포르투갈 모험가들에 의해 신세계가 열렸다. 가톨릭 선교사들에 의해 어마어마하게 많은 영혼도 기독교의 품으로 포섭했다. 기독교 군대에 멕시코가 함락된 이후 남아메리카의 다른 거대한 땅도 정복되었다. 페루, 브라질, 그리고 펠리페 2세를 기리고자 이름 지어진 필리핀 제도가 그런 땅이었다. 하느님께서 이런 정복을 명하셨으니, 기독교인들은 정복된 자들을 다스릴 권리뿐만 아니라 그럴 의무도 있었다. 이런 생각은 많은 정복에 뿌리내린 굳건한 신념이었다. 우상 숭배, 사람을 희생 제물로 바치기, 그 외 이교도의 모든 역겨운 의례가 여전히 광대한 스페인의 식민 제국에서 널리 정당화되고 있었다. "문명화되고 도덕적인 군주들"[10]에게 통치를 받는 것이 야만인들에게도 혜택이 된다는 아리스토텔레스의 멋진 주장은 기독교 신학자들에 의해 계속 강조되었다.

그런데 아리스토텔레스를 달리 해석하는 방식도 있었다. 1550년에 스페인의 도시 바야돌리드에서는 인디언들에게 자치권을 부여할지 여부를 두고 논의가 열렸다. 이때 고령인 바르톨로메 데 라스카사스는 자신의 주장을 아주 강력히 개진했다. 그는 누가 진짜로 야만인이냐고 따졌다. "온화하고, 참을성 있고, 겸손한" 사람들인 인디언과, 황금과 순은을 노리며 잔인하고 게걸스러운 욕망을 드러내는 스페인 정복자들을 비교하면, 과연 누가 더 야만인이냐는 주장이었다. 그는 이교도든 아니든 모든 인간은 하느님에 의해 창조되었으며, 모두 똑같은 이성의 능력을 부여받았다고 주장했다. 라스카사스의 상대 토론자는 인디언이 스페인 사람보다 열등한 건 원숭이가 인간보다 열등한 것과 마찬가지라고 주장했지만, 그것은 분명 신성 모독의 발언이었다.

"세상의 모든 사람은 똑같은 인간이며, 모든 인간과 각각의 인간에게 적용되는 유일한 정의는 그들이 이성적이라는 것이다."[11] 모든 인간은 기독교인이든 아니든 하느님께서 주신 권리를 갖고 있다는 말이다. 라스카사스는 그런 권리를 스페인어로 데레초스 우마노스Derechos humanos라고 명명했는데, '인권'이라는 뜻이다. 이 인권 개념을 받아들인 기독교인은 자신이 단지 기독교인이라는 이유로 이교도보다 우월하다고 생각할 수 없었다. 세상의 광대함이나 그 세상에 거주하는 사람들의 겉으로 드러나는 무한한 기질 등은 선교사들에게 하나의 자극인 동시에 경고였다. 인디언들이 스페인과 포르투갈 모험가들에게 야만인으로 취급되어 멸시받는다면, 그와 반대로 유럽인들이 야만인으로 보이는 땅도 이 세상에는 있을 수 있었다. 이런 생각을 정신이 번쩍 들도록 분명하게 해주는 곳이 바로 중국이었다.

중국 주변부의 삶조차 "무척 문명화되어 있어서 독창적인 과학자들에게 놀라움을 안겨 주었고, 정부 체제와 그 외의 모든 것이 유럽에 비하여 전혀 열등하지 않았다."[12] 선교사들은 명나라의 길과 강을 따라 여행하며 중국의 부에 놀라고 도시의 규모에 감탄했다. 그들이 받은 느낌은 사도 바울이 로마가 통치하는 세상을 여행하며 받았던 느낌과 비슷했다. "나는 모든 사람의 비위를 맞추고자 합니다."[13] 그래서 사도 바울은 그리스도를 세상에 알리는 것을 자신의 전략으로 삼았다. 멕시카를 분쇄한 코르테스는 바울의 전례를 따라야 한다는 의무감을 느끼지 못했다. 하지만 중국의 경우, 마치 스페인이 신세계를 다루는 것처럼 제멋대로 다룰 수 없었다. 중국은 아주 오래되고 강력하고 세련되어 그런 방식이 안 통하는 곳이었다. 대양을 건너 북경에 도착한 첫 선교사는 이렇게 말했다. "이곳은 다른 땅과 무척 다릅니다."[14] 모든 사람에게 복음을 전파하라는 구세주의 명령을 따르는 선교사들은 중국을 여행할 때 자신을 유럽인이라고 내세워서는 안 되었다. 기독교인의 메시지는 유럽이든 중국이든 보편적으로 통하는 것이어야 했고 그런 보편성이 없다면 그 메시지는 아무런 의미도 없었다.

역법을 개선하라고 서광계가 임명한 사람은 평생을 그런 가톨릭의 신념을 신봉하며 살아온 사람이었다. 요한 슈레크는 놀라운 능력을 가진 박식가였다. 그는 천문학자였을 뿐 아니라 의사, 수학자, 언어학자였다. 무엇보다 그는 사제였고 1540년에 설립되어 세계적인 규모로 활동을 펼치는 수도회의 일원이었다. 예수회에 가입한 사람은 수도사처럼 가난과 정숙과 복종을 스스로 맹세하지만, 거기에 더해 교황이 내리는 임무는 무엇이든 기꺼이 수행하겠다는 복종의 맹세도 했다. 몇몇 예수회 회원은 평생 교육에 헌신함으로써 그런 맹세를 실천했다. 어떤 회원들은 잉글랜드를 이단에서 구원하려다가 순교함으로써, 또 다른 회원들은 세상의 끝까지 항해하며 복음을 전파하면서 그 맹세를 실천했다. 그들은 명령에 따라 유럽 너머에 있는 땅으로 여행할 때 기독교의 가르침이 허용하는 범위 내에서 현지의 관습을 최대한 많이 받아들였다. 인도에서 그들은 인도인처럼 살았고, 중국에서는 중국인처럼 살았다. 이런 현지 적응 방침은 눈에 띌 정도로 과감하게 추진되었다.

그 결과 북경에 도착한 첫 예수회 수도사는 대성공을 거두어 중국 엘리트 계층에 잘 녹아들었고, 1610년 그곳에서 사망한 뒤엔 황제가 그를 매장할 땅을 내주기까지 했다. 그런 조치는 외국인으로서는 전례가 없는 명예였다. 1582년에 중국에 도착한 이탈리아인 마테오 리치는 도착 당시에는 중국어를 한마디도 할 줄 몰랐지만, 열심히 중국어를 배워서 이름도 이마두利瑪竇로 바꾸었다. 자신이 숙식하던 중국인의 집에서 고전을 엄청나게 학습한 이 서양인 학자는 중국 관료들에게 동료로 인정을 받았다. 중국에서 고대 철학자인 공자의 가르침은 중국 도덕성의 근원이었다. 리치는 공자가 기독교인이 아니라고 해서 그를 이교도로 일축하지도 않았다. 리치는 두 가지 특정한 생각 덕분에 공자를 받아들일 수 있었다. 하나는 공자가 아리스토텔레스의 글에서 명백하게 드러난바 이성의 힘을 굳게 믿었다는 것이고, 다른 하나는 공자의 가르침이 오랜 세월을 거치는 동안 추종자들에 의해 변질되었다고 보아서였다.

리치는 그런 변질된 부분을 제거함으로써 유생들로 하여금 그리스도에게 나아가게 할 수 있다고 생각했다. 공자의 철학은 그 근본이 기독교와 완벽하게 호응했다. 그래서 리치는 천문학자들을 보내 달라고 로마에 요청할 때, 자신이 역법을 개선시킨 업무로 중국 황제에게 봉사한 사실을 변명할 필요가 없다고 보았다. "신의 섭리에 따르면, 기독교 신앙에 사람들이 흥미를 갖게 하고자 다양한 시기, 다양한 인종에 다양한 방법이 활용되었다."[15] 슈레크는 고향인 콘스탄츠에서 북경으로 건너와, 이러한 현지 적응 정책을 실천하면서 한평생을 보냈다.

하지만 그의 예수회 상급자 몇몇은 여전히 의심을 품었다. 슈레크가 흠천감欽天監으로 부임하는 계기가 되었던 운명적인 일식이 일어나기 몇 달 전, 예수회 상급자가 북경에 도착하여 선교단을 점검했다. 상급자 앙드레 팔메이로는 북경에서 일하는 다양한 사제들의 역량에 깊은 인상을 받긴 했지만, 그들의 현지 적응 방식을 다소 못마땅하게 여기며 눈살을 찌푸렸다. 그는 공자의 철학이 본질적으로 기독교와 유사하다는 것을 명확하게 알아볼 수가 없었다. "사제들이 중국의 고전 중에 미덕을 함양시키는 어떤 도덕적인 문서가 있다고 한다면, 나는 이렇게 묻는 걸로 답하고자 한다. 과거와 현재의 교파 중에 올바른 삶을 권장하는 규칙이 없는 교파가 어디에 있는가?"[16]

아침에 북경의 하늘이 검게 변하던 일식의 날보다 일주일 먼저 북경을 떠난 팔메이로는 자신을 혼란스럽게 만든 중국인들의 다양한 행동도 곰곰 생각해 보았다. 가난한 자들에게 중국 관료들이 보인 오만한 태도, 교회와 국가의 차이를 파악하지 못하는 관료들의 무능함, 터무니없는 축첩 제도 등은 납득하기 어려웠다. 하지만 그가 가장 동요를 느꼈던 점은, 이스라엘의 하느님인 하나뿐인 창조주를 진정으로 믿는 어떠한 흔적도 찾아볼 수 없다는 점이었다. 중국인들은 피조물이나 신에 관해 어떠한 개념도 없는 것처럼 보였다. 그들은 우주가 전능하신 신의 법칙에 따라 움직인다고 믿기보다는 화수목금토火水木金土라는 오행伍行[다섯 가지 원소]의 자연적 발생 순서에 따라 움직인다고 믿었고, 이 세상은 순차적으로 증감되는 오행의 과정을 반복함으로써 운영된다고 믿었다. 모든 사물은 일정한 주기를 갖고 있었다. 상호 영향을 미치는 유대 관계로 얽힌 우주와 인류는 음양이라는 양극 사이에서 영원히 오갔다. 하늘이 승인한 황제의 임무는 이런 음양과 오행의 움직임을 미리 예측하여 잘 처리함으로써 최대한 질서를 유지하는 것이었다. 따라서 황제에겐 무엇보다도 정확한 역법이 필요했다. 그런 역법이 없다면 어떻게 하늘과 땅을 조화시키는 의식을 거행할 수 있겠는가? 이젠 공식적으로 황제를 위해 공무를 수행하게 된 슈레크는 바로 그 문제를 관장하는 책임자였다.

팔메이로는 공자의 철학은 경멸했지만 예수회 회원들이 북경에서 공직을 맡는 데에는 반대하지 않았다. 그는 중국 같은 거대한 제국의 통치자를 그리스도 품으로 이끄는 건 아주 귀중한 기회이므로 절대 날려서는 안 된다고 생각했다. 또한 그는 희망을 걸어 볼 이유가 있었다. 중국인 관료

서광계는 선교사들의 희망이 어떻게 달성되는지를 잘 보여 주는 구체적인 본보기였다. 다른 중국 관리처럼, 한때 서광계는 인류가 별과 함께 하나의 물질이라고 생각했다. "사람은 하늘과 땅 사이에서 태어나고, 이는 그 기원이 근본적으로 하늘과 같다는 걸 뜻한다."[17] 하지만 그 이후 서광계는 마테오 리치를 만났다. 1603년에 그는 세례를 받았고, 바울이라는 세례명을 얻었다. 마테오 리치는 자신과의 대화가 친구에게 어떤 영향을 미치는지 알아챘고, 중국 관리들이 하층민 개종자들에게 신경 쓰는 것을 유심히 관찰했다.

그리하여 서광계가 우주를 이해하는 시각은 크게 변했다. 그가 예수회 회원들을 흠천감에 추천한 행위에는 우주에 대한 새로운 기독교적 이해가 반영되어 있었다. 그것은 우주엔 시작이 있으며 앞으로 끝이 있을 것이라는 믿음이었다. 우주는 신이 창조한 법칙에 의해 움직였다. 우주를 만든 하느님은 가장 탁월한 기하학자였다. 서광계는 중국 관리들이 여러 세대에 걸쳐 어둠 속에서 일해 왔다며 탄식했다. "우리는 세상의 창조주에 대해 무지했다. 우리는 이런저런 것들에 관심을 쏟느라고 태초의 상태를 아예 생각하지 못했다. 아아! 얼마나 많은 걸 잃고, 얼마나 많이 기만당했는가!"[18]

하지만 서광계조차 우주에 관한 기독교 사상이 중국의 전통을 대신하게 될 때 나타날 엄청난 위험을 온전하게 인식하지 못했다. 황제의 충신이던 그는 황제가 우주의 조화를 유지하는 중심적 존재라는 사실을 단 한 번도 의심하지 않았다. 세례를 받지 않은 다른 관리들과 마찬가지로, 서광계는 예수회 수도사들의 천문학을 녹여 중국의 틀 안에서 다시 주조하는 건 간단한 일이라고 생각했다. 이런 목적을 달성하기 위해 유일하게 필요한 일은 야만인들의 책을 중국어로 번역하고 별을 관측하는 최신 도구를 획득하는 것이었다. 그런 것들이 황제가 필요한 윤허를 내려 주면 서광계가 충실히 수행해야 할 일이었다.

하지만 북경을 최첨단 유럽 천문학 중심지로 탈바꿈하는 작업은 서광계가 주의 깊게 생각했던 것보다 훨씬 힘든 일이었다. 지극히 독특한 학문의 전통에서 영향을 받은 사람이 중국 관리들만은 아니었기 때문이다. 별이 어떻게 고유의 경로를 따라 도는지, 그 이유는 무엇인지에 관한 슈레크의 이해도 그만큼 독특한 학문 전통에서 기인한 것이었다. 예수회의 일원이 되기 전 그는 파도바 대학에 다녔는데, 그곳은 볼로냐 대학 다음으로 이탈리아에서 오래된 대학이었다. 그보다 앞서 수많은 세대의 학생들이 그와 똑같은 의학과 수학을 배우는 과정을 거쳤으며, 그것은 온 기독교 세계에 있는 대학에 공통되는 교과목이었다. 그러한 대학의 자율성은 1215년에 교황의 법령으로 보장되었으며, 전쟁과 개혁이 진행되는 와중에도 바뀌지 않고 지속되었다. 학문적 사업을 국가에서 엄격하게 통제해 온 중국에는 그러한 학문적 자유가 사실상 전혀 없었다. 예수회 수도사는 교황에게 철저하게 복종하는 것이 일차적 의무이고, 자유롭고 방해받지 않는 자연철학 연구를 통해 하느님의 목적을 알아내는 것 또한 그에 못지않은 의무로 여겼다.

아퀴나스는 이런 글을 남겼다. "성경은 자연스럽게 인간이 천체를 숙고할 수 있도록 이끈다."[19]

그런 길을 걷는 것은 기독교인이 되는 과정의 핵심 코스였다.

별의 메신저

미지의 것을 탐구하려면 때로 위험을 감수해야 했다. 우주의 작용 못지않게 인체의 작용에도 매료되었던 슈레크는 별을 추적하는 데에만 몰두하지 않았다. 1630년 5월 11일, 사람의 몸에서 땀을 흘리게 한다는 약초를 연구하면서 그는 자신의 몸으로 직접 실험을 하기로 했다. 하지만 그 약초를 먹은 지 몇 시간 뒤에 그는 죽었다. 역법을 개선할 사람으로 임명된 지 채 1년도 안 되어 뛰어난 천문학자가 사망했다. 참으로 통탄할 일이었다. 하지만 나중에 밝혀진 일이지만, 예수회 임무에 치명적인 사건은 아니었다. 슈레크는 앞날의 임무를 미리 잘 대비해 두었다. 곧 그보다 젊은 예수회 동료 두 사람이 중국으로 왔는데, 그들의 자연철학 지식은 슈레크를 대체할 정도로 훌륭했다. 이렇게 할 수 있었던 건 두 사람이 필요한 능력을 갖추기도 했지만, 슈레크가 자신의 분야에서 가장 뛰어난 인물들과 밀접한 관계를 맺어 둔 덕분이었다. 유럽에서 굉장히 먼 곳이긴 했으나 북경의 예수회 수도사들이 고립된 채로 일한 것은 아니었다. 슈레크의 노력 덕분에 그들은 천체 관측을 할 때 세상에서 가장 진보한 장비를 사용했다. 그들은 또한 최근에 발간된 별의 목록을 활용하기도 했다. 예수회 선교사들은 역사에서 전례 없는 우주 연구의 혁명을 몸소 체험했다.

슈레크는 죽기 2년 전에 중국 독자들에게 그런 혁명을 설명해 주려고 했다. 그는 이런 글을 남겼다. "최근 몇 년 동안 서양 왕국의 유명한 수학자가 아득히 먼 곳을 볼 수 있게 해주는 렌즈를 만들었다."[20] 슈레크는 그 '유명한 수학자'를 잘 알고 있었다. 1611년 4월 14일에 두 사람은 바티칸 위의 언덕에서 개최된 만찬 행사에서 만났다. 슈레크의 스승 중 한 사람이자 비교적 무명이었던 파도바 대학 교수 갈릴레오 갈릴레이는 하룻밤 사이에 유명해졌다. 그의 '렌즈' 덕분이었다. 그것은 원래 네덜란드에서 만들어진 렌즈를 확대, 발전시킨 것이었는데 예전에는 관측하지 못했던 하늘을 자세히 관측하게 해주었다. 그는 달을 관측했고 그 표면 여기저기에 큰 구멍이 나 있고 산이 많다는 걸 알아냈다. 은하수는 굉장히 많은 별들로 구성되어 있었다. 목성엔 네 개의 위성이 있었다. 그는 한껏 자화자찬하는 소논문을 통해 이런 주장들을 알렸고, 곧장 학계에 돌풍을 일으켰다. 슈레크가 갈릴레오를 만난 만찬에서 갈릴레오의 렌즈는 처음으로 '망원경'이라는 이름을 얻었고, 손님들도 그런 명칭에 동의했다. 또한 갈릴레오는 이 만찬에서 그 지역의 군주에게 명예로운 대접을 받았다. 그의 발견은 널리 축하를 받았지만, 동시에 불안을 유발하기도 했다. 아리스토텔레스의 우주 모델은 여러 세기 동안 기독교의 우주론에 일방적으로 권위를 행사해 왔는데, 갈릴레오는 그에게 엄청난 일격을 가한 셈이었다. 그리스 철학자는 달이 변하지 않고 불멸하며 썩지 않는다고 말했는데, 갈릴레오가 전한, 분화구로 온통 팬 달의 외양은 아리스토텔레스의 설명을 전면 부정하는 것이었다.

갈릴레오는 명성을 갈망하는 사람이었고 자신의 유명세를 가로막으려는 자들을 비웃었지만, 이것이 중대한 문제가 되리라고는 예측하지 못했다. 그는 아리스토텔레스를 무시했고 그 철학자를 자신이 삶에서 가장 구질구질하다고 생각하는 것들—"전염병, 요강, 빚"[21]—과 비슷한 존재라고 생각했다. 그런 만큼 아리스토텔레스의 숭배자들, 즉 "그리스 철학자의 저술을 근거로 인간의 재능에는 한계가 있다고 생각하는 배불뚝이 신학자들"[22]을 참을 수가 없었다. 하지만 갈릴레오는 루터가 아니었다. 그의 본능은 반역자보다는 출세주의자를 지향했다. 그는 유명 인사가 되기를 갈망했고 가톨릭교회의 지도자들, 즉 예수회 상급자들, 추기경들, 교황을 설득하여 우주의 작용에 관한 이론에서 아리스토텔레스가 차지하는 권위를 자신의 것으로 만들고 싶어 했다. 그러면 명성은 저절로 따라오리라고 생각했다. 이것이 바로 1611년 봄에 그가 로마로 와서 자신의 망원경을 알리고 다닌 이유였다.

도시 유력자들에게 자신의 이름을 알리려는 그의 노력은 대성공을 거뒀다. 아리스토텔레스의 우주론은 사실상 몰락했다. 슈레크는 갈릴레오의 열성적인 팬들 중 한 사람이었다. 다른 예수회 회원들 역시―이들 중엔 기독교 세계에서 가장 탁월한 수학자들도 있었다―갈릴레오의 주장을 맞는다고 거들어 주었다. 추기경인 마페오 바르베리니는 시를 써서 갈릴레오에게 찬사를 보낼 정도였다. 추기경이 갈릴레오에게 호감을 갖고 있다는 더 결정적인 징표는 12년 뒤에 드러났다. 1623년 바르베리니가 교황에 선출되었다. 이제 우르바누스 8세로 등극한 그는 자신의 친구에게 교황만이 승인할 수 있는 명예를 부여했다. 교황을 독대할 권리, 장려금, 훈장 등을 내린 것이다. 자연스럽게 갈릴레오는 사람들의 주목을 받게 되었다. 하지만 그는 여전히 더 많은 걸 바랐다.

중국인들에게 이 위대한 천문학자를 칭송했던 슈레크는 갈릴레오의 한 가지 발견을 특히 찬양했다. 갈릴레오는 자신이 고안한 망원경으로 금성을 면밀히 추적해 왔다. "때로 그것은 보기 어려웠고, 때로 그것은 완전히 환하게 빛났으며, 때로 그것은 상위 부분이나 하위 부분이 빛났다." 이런 진술의 의미가 불분명할 수도 있으므로, 슈레크는 이를 간결하게 풀이했다. "이는 금성이 태양의 위성이며, 그 주위를 돈다는 걸 증명한다."[23] 예수회 일원들은 그런 주장을 선뜻 받아들였지만, 이는 교회가 아리스토텔레스에게서 물려받은 우주 모델에 또 다른 강력한 충격을 주었다. 그 행성이 지구 주위를 도는 것이 아니라 태양 주위를 돈다는 주장은 아리스토텔레스가 지지하는 천문 이론이 아니었다.

그렇다면 이를 어떻게 설명해야 하는가? 슈레크가 선호한 모델은 40여 년 동안 존재한 것으로, 행성들을 태양 주변 궤도에 두고 태양과 달을 지구 주변 궤도에 두는 모델이었다. 복잡하기는 했지만, 대다수 천문학자는 당시 이용할 수 있는 증거에 비추어 그런 설명이 가장 타당하다고 생각했다. 하지만 더 급진적인 가능성을 선호하는 학자들도 있었다. 그들 중엔 체코인 예수회 일원인 바츨라프 키르비처가 있었는데, 그는 로마에서 갈릴레오를 만난 적 있었고 나중에는 슈레크와 함께 중국으로 건너가 1626년에 그곳에서 죽었다. 중국으로 떠나기 전에 그는 태양중심설을 지지하는 내용의 짧은 소논문을 썼다. 그의 가설은 금성과 다른 행성들처럼 지구도 태양 주위를 돈다는 것이었다.[24]

이 가설이 키르비처만의 주장은 아니었다. 태양중심설을 제시한 최초의 책은 1543년에 출판되었다. 이 책의 저자인 폴란드 천문학자 니콜라우스 코페르니쿠스는 파리와 옥스퍼드의 이전 학자들 연구에 기대어 그런 가설을 세웠다. 그들은 자연철학자로서, 지구가 자체의 축을 중심으로 회전하고, 우주가 운동 법칙에 의해 통제되고, 심지어 그 공간이 무한하다는 가능성을 주장했다. 코페르니쿠스의 가설은 대담해 보이기는 했지만, 그래도 오래되고 존중할 만한 기독교 학문 전통을 이어받은 것이었다. 그에게 설득된 천문학자는 키르비처만이 아니었다. 그런 여러 다른 사람들 중 가장 세간의 이목을 끌고, 가장 글을 많이 쓰고, 가장 호전적인 천문학자가 바로 갈릴레오였다.

아리스토텔레스의 가르침과 어긋나는 태양중심설은 갈릴레오에게 아주 매력적인 이론이었다. 하지만 성경의 가르침이라는 또 다른 어마어마한 권위가 있었고 그것을 쉽게 무시할 수는 없었다. 〈여호수아기〉에서 하느님은 태양에게 가만히 서 있으라 명하셨다. 〈시편〉에서 세상은 "움직일 수 없다"[25]라고 했다. 그 나름의 독실한 기독교도인 갈릴레오는 성경이 틀렸다고 주장할 생각은 없었다. 성경의 모든 것은 진실이었다. 하지만 모든 성경 구절을 문자 그대로 읽어야 할 필요가 있다는 뜻은 아니었다. 이런 의견을 가진 갈릴레오는 오리게네스, 성 바실리우스, 성 아우구스티누스 같은 교부들의 권위를 언급했다. "성경의 많은 부분에서 단어의 명백한 뜻과는 다른 해석을 할 수 있고 또 그렇게 해석하는 게 필요하다는 점을 고려하면, 자연 현상들에 관한 논의에서 문자적 의미는 가장 마지막으로 미뤄야 할 것으로 보인다."[26]

갈릴레오가 딱히 새로운 것을 말한 것도 아니었다. 그의 주장은 아벨라르 시대 이래로 자연철학 연구에 대한 면허장 같은 것이었다. 그럼에도 불구하고 루터교의 유황 악취를 신경질적으로 경계하는 고루한 교황청 주변 집단에게 갈릴레오의 이론은 화를 내며 코를 벌름거리게 하기에 충분했다. 종교 재판소[이단 심문소]는 갈릴레오가 망원경을 통해 관측하여 보고한 내용에 더할 나위 없이 만족했지만, 그가 자기 마음대로 성경을 해석하도록 내버려 둘 생각은 전혀 없었다. 그럼에도 웃음거리를 모면하기 위해, 로마의 이단 심문관들은 코페르니쿠스의 가설이 실제로 어떤 것인지 살피려고 애를 썼다. 그들은 특히 그것이 자연철학과 성경에 모순되는지를 조사했다. 저명한 천문학자들이 의견을 제시했고, 해당 문제에 관한 전문가 의견들도 신중하게 고려되었다.

그리하여 1616년 2월 24일, 열한 명으로 구성된 신학자 위원단이 숙고하여 판결을 내렸다. 태양중심설을 뒷받침하는 특정한 증거는 존재하지 않으며, 따라서 "어리석고 터무니없는 철학"[27]으로서 규탄되어야 한다는 것이었다. 이어 며칠 뒤 두 번째 경고가 갈릴레오에게 내려갔다. 이단과의 투쟁으로 다져진 추기경 로베르토 벨라르미노는 예수회의 가장 유명한 신학자였는데, 갈릴레오를 초대하여 함께 이야기를 나누었다. 벨라르미노는 태양중심설[지동설]을 단순히 가설이 아닌 기정사실로서 계속 주장한다면 종교 재판소로부터 심각한 제재를 받을 수 있다고 정중한 말투로 경고했다. 천문학자는 자신을 초대한 호스트의 미소 뒤에 칼날이 번뜩이는 걸 알아보고 어쩔 수 없이 고개를 숙였다. 벨라르미노의 서기는 이런 기록을 남겼다. "갈릴레오는 이 경고에 순순히 따랐고, 순종을 약속했다."[28]

실증적 증거 요구[교황청의 입장]는 변덕스러운 추정[갈릴레오의 입장]과 정면으로 충돌했고, 전자가 승리했다. 어쨌든 그것이 종교 재판이 그 판결을 바라보는 시각이었다. 지구가 태양 주변을 돈다는 추정은 완벽하게 허용 가능한 주장이었다. 지동설 자체도 그것을 조사하고자 설립된 위원단의 촉구에도 불구하고 이단으로 비난받지 않았다. 그렇지만 지동설에 대한 실증적 증거를 내놓으라고 요구한 것이다. 벨라르미노는 갈릴레오에게 그런 증거를 제시한다면 교황청은 기존의 입장을 재고하겠다고 확언했다. "하지만 그런 증거가 없다고 생각하네. 나는 그것을 내 앞에 내놓기 전까지는 지동설을 믿을 수가 없어."[29] 그러나 갈릴레오는 그런 도전에 맞서서 충분한 증거를 내놓을 수 없어서 좌절했다.

시간은 계속 흘렀고, 갈릴레오의 조바심은 커져만 갔다. 개신교 천문학자들은 아무런 위험이나 검열의 우려 없이 분주하게 태양중심설을 연구하면서 옹호했다. 그런 사실을 잘 알고 있던 갈릴레오는 스스로를 웃음거리로 만들고 있는 오류에서 교황청을 구제하고 싶었다. 1623년에 행해진 교황 선거 이후 갈릴레오는 교황을 직접 만나 그런 주장을 다시 개진했다. 우르바누스 8세는 자신의 친구가 태양중심설이 가설이라는 전제를 확실히 달아 둔다면, 그 문제를 다시 거론해도 무방하다고 생각하면서 갈릴레오에게 그 문제를 다시 연구해도 좋다고 허락했다. 갈릴레오는 6년 동안 공들여서 자신의 걸작—아리스토텔레스파 학자와 코페르니쿠스파 학자 사이의 가상 대화라는 형식을 취한 것—을 완성했다. 우르바누스 8세의 지시에 복종한 갈릴레오는 자신의 책에서 분명하게 지동설을 지지하면서도, 교황의 엄중한 경고를 언급하면서 그런 입장을 은근히 희석시키려 했다. 교황은 자연철학자가 "자신의 특수한 공상에 타당성을 부여하면서 하느님의 권력을 제한하고 방해하는 것"[30]은 어리석은 짓이라고 엄중히 경고한 바 있었다. 하지만 이런 경고는 《대화》에서 아리스토텔레스파 학자의 입을 통해 흘러나온다. 갈릴레오는 그런 명백한 어리석음을 발설하는 자의 이름을 심플리키오 Simplicio 라고 명명했다. 교황은 측근들에게서 자신의 친구가 쓴 내용을 경계해야 한다는 보고를 받았다. 이어 갈릴레오에게 적대적인 측근들의 말—교황이 베푼 너그러움이 배은망덕으로 되돌아왔다는 것—을 곧이곧대로 믿었다.[31]

우르바누스 8세는 이탈리아 귀족 출신으로서 평소 자신의 개인적 위엄을 늘 생각하는 사람이었다. 게다가 그는 보편 교회의 권위 역시 지켜야겠다고 생각했다. 그리하여 갈릴레오는 이단 심문소에 의해 로마로 소환되었고 이어 재판에 회부되었다. 1633년 6월 22일, 그는 "지구가 움직이며 세상의 중심이 아니라는" 가설을 "개연성이 있다"라고 옹호한 혐의로 유죄 판결을 받았다.[32] 그러자 참회자의 흰옷을 입은 갈릴레오는 재판관 앞에서 관절염 걸린 무릎을 꿇고 떨리는 목소리로 자신의 이단을 전부 다 포기하겠다고 말했다. 그의 책은 금서 목록에 올랐고, 가톨릭 신자들은 그것을 읽을 수 없었다. 갈릴레오는 이단 심문소의 판단에 따라 지하 토굴 구금형을 받았다. 우르바누스 8세의 사면으로 지하 감옥행을 모면한 세계 최고의 자연철학자는 생애 마지막 9년을 가택 연금 상태로 보냈다.

일련의 오해, 경쟁, 상처받은 자존심 등이 이런 참사를 낳았다. 하지만 이런 스캔들은 기독교 세계 전반에 엄청난 반향을 일으켰다. 많은 이들이 볼 때 그것의 위험성은 엄청나게 컸다. 태양중심설은 성경과 자연철학이 정면으로 충돌하는 문제가 아니었다. 추기경 벨라르미노가 1616년에 지적했듯이, 추기경과 갈릴레오는 코페르니쿠스를 확실하게 지지해 주는 증거가 없다는 걸 확인했으니 말이다. 결론적으로 말해서, 태양의 움직임 여부는 핵심적인 논의 대상이 아니었다. 그보다 더 큰 문제가 종교 재판에 달려 있었다. 독일에서 신·구교의 갈등으로 인간 도살장이 생겨나면서 가톨릭교회가 몹시 곤궁한 상황에 처해 있을 때 갈릴레오가 종교 재판에 회부되었다. 루터파인 스웨덴 왕은 동료 이단자들〔개신교도들〕을 지키며 연달아 극적인 승리를 거뒀고, 남쪽으로 알프스까지 진출했다. 기세등등하던 스웨덴 왕은 1632년에 전사했지만, 그래도 가톨릭의 운명은 여전히 극히 불안정한 상태였다. 우르바누스는 동맹 관계와 적대 관계의 복잡한 그물망에 휘말려 있었기에 거만하고 이기적인 자연철학자에게 자신의 권위를 조금이라도 보태 줄 여력이 없었다. 신교도들, 즉 독일에서 벌어지는 신·구교 전쟁의 추이를 가톨릭만큼 두려워하며 지켜보던 사람들은 갈릴레오 재판 사건을 통해 모든 사악한 동기의 원인이 교황에게 있다고 확신했다. 신교도들은 갈릴레오에게 내려진 유죄 판결이 교황의 권위를 강화하려는 절박한 시도라고 보지 않았다. 그보다는 그들이 생각하는 바 로마 교황청의 가장 혐오스럽고 겁나는 모습을 그대로 보여 주는 사례로 받아들였다.

1638년에 젊은 잉글랜드 청교도 존 밀턴은 이탈리아로 여행을 떠났는데 이때 일부러 피렌체를 방문했다. "그곳에서 나는 종교 재판으로 죄수가 된 고령의 저명한 자연과학자 갈릴레오를 찾아갔다. 그는 프란체스코 파와 도미니쿠스파 검열관들의 생각과 다른 천문학을 생각했다는 이유로 그렇게 가택 연금 신세가 되었다."[33] 이것이 그 후 여러 해 동안, 개신교도들이 일관되게 가톨릭 신도들을 바라보는 관점이 되었다. 가톨릭 광신자들의 편견은 너무나 지독해서 천체 연구를 제대로 허용하지 않는다는 생각이었다. 그러면서 개신교도들은 갈릴레오를 자기들의 동료나 다름없이 대접했다. 미신에 대항하여 순교한 그는 거물이기도 했다. 그는 루터의 가장 고귀한 전통에 입각하여 그 나름의 탁월한 발견으로 가톨릭과 아리스토텔레스의 암흑을 쫓아낸 영웅이었다.

그러나 자연철학자들은 그보다 더 잘 알고 있었다. 그들은 자신들이 하나의 공통된 노력으로 결합된 기독교인이라고 생각했다. 북경의 예수회 회원들은 포교에 도움이 된다고 생각하면 이단자와 논의하는 일도 주저하지 않았다. 슈레크는 한 루터파 신자가 자신에게 보낸 별의 목록을 적극적으로 활용했다. 개신교도와 가톨릭 신자는 지구 반대편에서 서로 소통하며 중국인들이 그리스도에게 귀의할 거라는 희망을 공유했다. 자연철학의 기독교적 이해가 진정으로 얼마나 독특한지, 그런 이해가 기독교 세계의 토양에 얼마나 깊이 뿌리내렸는지, 이 문제에 대하여 중국의 예수회 일원만큼 잘 인식하는 사람들은 없었다. 1634년에 중국 황제에게 망원경이 증정되면서 갈릴레오는 예기치 않게 세계적으로 인정을 받게 되었다. 하지만 북경에선 로마에서만큼 달의 분화구를 응시하는 문제를 두고서, 군주들이나 학자들이 서두르거나 크게 흥분하지 않았다.

"중국에 서양인을 들이느니 훌륭한 천문학이 없는 편이 더 낫다."[34] 예수회가 흠천감을 완전히 장악한 데에 분개한 학자 양광선楊光先은 슈레크의 죽음 이후 이렇게 불평했다. 정확히 말하면, 그는 서양인들이 천체를 이해하는 능력은 전적으로 기독교적 목적에서 나온다는 사실을 알아본 것이다. 양광선은 예수회가 우주를 다스리는 법칙을 알아내는 데에만 몰두하여, 유학이 제시한 천문학의 고유한 목적, 즉 복점卜占을 무시한다고 비난했다. 그는 일시적으로 예수회 수도사들을 사직시키는 데 성공했다. 여섯 달 동안 예수회 수도사들은 감옥에 갇혔고, 나무 말뚝에 쇠사슬로 매여 있었다. 우연히 지진이 나지 않았더라면 그들은 처형을 면치 못했을 것이다. 하지만 4년 안에 예수회 수도사들은 다시 흠천감에 복직하게 된다. 일식을 예측하기 위한 양광선의 노력은 참혹할 정도로 실패했다. 그보다 더 낫게 예측할 수 있는 다른 중국 천문학자가 있는 것도 아니었다. 정확한 역법을 도출하는 예수회의 능력, 즉 우주에 관한 이해는 철저히 다른 전통을 따르는 중국의 학자들에게는 쉽게 이해되지 않았다. 자연철학에 관련된 기독교적 유산은 속속들이 기독교인이 아니라면 아무것도 파악할 수 없었다.

그 시대에 벌어지던 학살에도 불구하고, 개신교와 가톨릭의 경계선을 넘나들며 양측의 학자들이 소통했다는 점은 서로를 증오하면서도 여전히 두 진영은 공통점이 많았다는 걸 보여 준다. 콜럼버스와 루터가 세상의 종말을 알리는 시기라고 생각했던 1650년에 독일은 30년 전쟁 이후 처음으로 평화를 회복했다. 세상에 종말은 오지 않았다. 튀르크족의 침공은 저지되었고, 여전히 기독교는 명맥을 유지했다. 분명 기독교는 많은 것을 잃었다. 그리스도 안에서 일치를 이룬다는 존경할 만한 이상—수많은 세월 동안 수많은 사람이 헌신하고 심지어 목숨까지 바쳤던 이상—은 돌이킬 수 없을 만큼 훼손되고 부서졌다. 기독교 세계의 파편들은 수습하여 용접할 수도 없었고, 기독교의 분열 과정을 뒤집으려는 시도도 없었다. 그럼에도 불구하고 부서진 석조 건축물에서 나온 가루는 여전히 공기

중에 짙게 남아 떠돌았다. 유럽이라고 불리기 시작한 곳에 있는 사람들이 그 가루를 가장 깊이 빨아들이긴 했지만, 북대서양 해안의 인적 드문 정착지들, 멕시코, 저 멀리 태평양의 땅에 사는 사람들도 마찬가지로 그 가루를 들이마셨다. 갈릴레오는 장래의 일을 생각하며, 자신으로선 생각조차 할 수 없는 방향으로 자신의 후계자들이 나아가는 광경을 상상했다. "거대하고 훌륭한 학문으로 나아가는 입구와 길이 열릴 것이다. 이는 나보다 더 날카로운 정신을 지닌 사람들을 출현시킬 것이며, 아주 깊은 곳에 감추어져 있는 심오한 진리를 더 깊이 파고들게 할 것이다." 그렇지만 기다려지는 건 학문의 등장만이 아니었다. 그 외의 다른 분야로 나아가는 많은 입구와 길이 있었다.

유일한 상수常數는 그 입구와 길이 모두 기독교 세계에 근원을 두고 있다는 점이었다.

MODERNITAS

3부 모데르니타스

15장

성령

1649년, 세인트조지 힐

1649년 5월 26일, 총사령관 토머스 페어팩스 경은 동행한 장교들과 함께 세인트조지 힐로 말을 타고 갔다. 그곳 황야에서는 열두 명이 일을 하고 있었다. 그들은 각양각색으로 땅을 파고, 씨앗을 심고, 거름을 주고 있었다. 그들의 모험은 대담했다. 고대부터 이 땅은 왕실 재산이었다. 무단 침입을 금하는 법률이 있어서 그곳에 씨를 뿌리는 걸 엄격하게 금지했다. 하지만 힘든 세월이라 몇몇 지역 주민은 극도의 궁핍을 면치 못했고, 그래서 사유 재산이라는 개념을 무시해 버렸다. 그들의 지도자 격인 소작농은 제러드 윈스탠리로, 전에는 의류 상인이었다. 1643년에 파산한 이후 런던에서 나와 이곳 서리의 시골로 오게 되었다. 그는 온 세상의 땅이 "가난한 자와 부유한 자를 가리지 않고 모두에게 주어지는 보물"[1]이라고 선언했다. 1649년 4월 1일, 성령이 직접 내린 명령에 따라 그는 삽을 들고 세인트조지 힐 근처로 가서 땅을 팠다. 여러 다른 남녀가 그의 작업에 가담했다. 이제 거의 두 달이 지났고, 인근 지주들이 그들에게 적대감을 보였지만 이 '디거들Diggers'은 여전히 옥수수, 당근, 콩을 키우느라 바빴다. 윈스탠리는 도전적으로 이렇게 주장했다. "이 복원 작업을 하는 동안 새로운 이스라엘에는 거지가 없을 것입니다."[2]

　보통 왕실의 땅에 무단 침입한 자들은 말 탄 군인들이 접근해 오면 공포에 떨기 마련이었다. 하지만 그 당시는 정상적인 시기가 아니었다. 넉 달 전 지독히 추운 겨울날, 잉글랜드의 왕은 화이트홀 궁전 바깥에서 반역죄라는 죄명으로 단두형을 받았다. 그 후 곧바로 군주제가 폐지되었다. 왕정주의자들―잉글랜드에는 아직 이런 이들이 많았다―이 볼 때 하늘이 내린 왕인 찰스 1세의 처형은 단순한 범죄가 아닌 신성 모독이었다. 전례 없는 일이 벌어졌던 것이다. 하지만 새로운 잉글랜드 공화국의 지지자들에겐 바로 그 점이 처형의 핵심 사유였다. 국왕이 의회를 상대로 무력 분쟁을 벌인 이유는 여러 가지였고, 그를 처형대로 올라가게 만든 과정은 길고 험했다. 하지만 국왕을 재판했던 이들 중에 하느님의 손가락이 잉글랜드의 국제國制를 전면 개조해야 한다는 쪽을 가리킨다는 걸 의심하는 이는 아무도 없었다.

　윈스탠리도 그런 의견에 동의했다. 그는 군주제가 신의 권력을 찬탈한 체제라고 주장했다. 따라서 귀족의 통치도 그와 똑같이 찬탈이라고 보았다. 아주 오래전, 부는 압제壓制라는 사상을 내세운 펠라기우스의 추종자들처럼, 윈스탠리는 "부자들에게 고통을 안기고, 그들을 울부짖고 눈물 흘리게 하는"[3] 성경의 경고를 문자 그대로 받아들였다. 그는 그리스도의 재림이 임박했다고 생각했다. 그리스도는 하늘에서 내려오는 것이 아니라, 구체적인 선남선녀의 모습으로 다시 올 것이라고 생각했다. 모두가 이 세상의 보물을 공평하게 나누어 가져야 마땅했다. 그러면 아담의 타락이 초래한 죄악이 말끔히 속죄될 것이었다. 윈스탠리는 이런 행복한 결말을 준비하며 맡은바 자기 임무를 다하지 않으려는 자들에게 채찍질하는 것을 흔쾌히 승인했다. 그리고 거기서 한 발 더 나아가 극단적인 경우에 그들을 노예로 삼는 것도 허락할 생각이었다. 이런 생각은 그가 자신의 대의에 얼마나 철두철미하게 자신감을 갖고 있었는지를 보여 준다. 따라서 세인트조지 힐의 땅을 열심히 파는 건 낙원을 되찾는 일이었다.

하지만 토머스 페어팩스 경이 이 모든 걸 어떻게 이해했는가 하는 문제는 논란의 여지가 있었다. 페어팩스 경은—1645년에 휘하의 군대를 개편한 후, 유럽에서 가장 막강한 전력을 이끌고 국왕에게 패배를 안겼지만—국왕의 처형은 찬성하지 않았다. 이미 4월 16일에 그는 디거들의 활동을 보고받았다. 화이트홀에 소환되어 해명에 나선 윈스탠리는 자신과 자신의 활동은 공화국의 질서를 문란하게 만들지 않는다고 페어팩스를 설득했다. 하지만 한 달이 지나자 상황은 변했다. 디거들의 반란이 벌어진 것이다. 페어팩스와 그의 부장인 경건하면서도 아주 유능한 장군 올리버 크롬웰은 빠르게 나서 그 반란을 진압했다. 반란을 일으킨 자들은 옥스퍼드 서쪽 마을 버퍼드에서 밤중에 기습을 당했다. 그다음 날 아침에 그들 중 세 명이 교회 경내에서 처형되었다. 사회 질서는 곧 회복되었다.

하지만 페어팩스는 런던으로 돌아오면서 디거들을 새롭게 의심해야 할 이유가 충분히 있었다. 부유한 자들의 멸망을 예언하고, 재림하여 가난한 자들이 세상을 물려받는 걸 지켜볼 그리스도는 윈스탠리에 의해 "세상에서 언급된 평등주의자 중 가장 위대하고, 가장 진실하고, 가장 먼저 나타난 분"[4]이라고 칭송되었다. '평등주의자 Leveller'라는 칭호는 사실 그가 독창적으로 사용한 것은 아니다. 반란에 가담한 자들도 이미 그런 칭호를 스스로 주장한 적 있었다. 윈스탠리처럼 그들은 계급과 부는 사악하며 모든 사람이 날 때부터 평등하다고 믿었다. 그리스도가 강조한 임무는 "사람이 잃고 몰락한 걸 복원하고 바로잡는"[5] 것이 되어야 마땅했다. 하지만 군인은 디거가 될 수 없었다. 계급 없이는 규율도 없고 규율 없이는 군대도 없었기 때문이다. 당시 잉글랜드에서 기독교 신앙은 아주 안정된 반석 위에 오른 것이 아니었다. 따라서 디거가 군인 노릇을 하는 것은 용납될 수 없었다. 버퍼드를 떠난 크롬웰은 가톨릭의 악명 높은 소굴인 아일랜드를 상대로 원정을 준비하기 시작했다. 그곳에선 왕정주의자들이 끊임없이 잉글랜드에 군주제를 복원하려는 음모를 계획했고, 잉글랜드 의회의 군대가 그토록 오래 싸워 힘들게 성취한 모든 것을 전복시키려 했다. 그러는 사이 페어팩스의 임무는 부관 크롬웰의 후방을 안전하게 지키는 것이었다. 런던으로 가는 공공 도로에서 벗어나 수행원들과 함께 세인트조지 힐을 시찰하러 간 페어팩스는 머릿속으로 생각할 것이 많았다.

디거들 앞에 도착한 그는 짧게 책망하는 연설을 했다. 하지만 윈스탠리는 전혀 기죽지 않았다. 모자 벗기를 거절한 그는 자신의 견해를 일부 수정하는 것도 거절했다. 윈스탠리는 침착하면서도 자신의 성령이 시키는 대로 솔직하게 말했다. 100년도 전에 종교 개혁의 첫 격통이 있었고, 그 당시에도 반란의 지도자 토마스 뮌처는 하느님께서 영혼에 직접 내려 주시는 말보다 성경이 더 확실한 진실의 증거가 될 수는 없다고 주장했다. 이제 잉글랜드 공화국의 온상을 찾아온 성령은 다시 한 번 평범한 남녀에게 깨우침을 주었다. 윈스탠리는 이렇게 주장했다. "제겐 아무것도 없습니다. 내면에서 자유로이 발견한 것을 빼면 말입니다."[6]

하느님께서 목표로 삼으시는 것을 보여 주는 증거는 교회의 성직자들보다 인류의 본질적인 선을 내심 깨달은 시골 사람에게 더 확실하게 나타났다. 윈스탠리는 목사들이 책을 붙잡고 논쟁 벌이는 짓을 경멸했다. "이

기적인 성직자들과 통치자들이 어디에서나 혐오스러운 짓을 벌이고 있습니다. 그들의 썩은 냄새가 온 세상에 진동합니다." 진정한 지혜는 성령에 마음을 열면 모든 인간이 갖게 마련인 하느님에 대한 지식이었다. 윈스탠리는 주님은 이성理性이라고 선언했다. 그는 이성이 소유의 개념을 포기하도록 유도할 거라고 말했다. 이는 다르게 말하면 지상에 천국을 세우는 일에 합류하라는 것이었다. 윈스탠리의 적들은 그를 몽상가라고 일축할지도 모르지만, 그는 광야에서 혼자 외치는 사람이 아니었다. 세인트조지 힐의 점유는 희망의 선언이었다. 언젠가 다른 이들도 디거들에게 가담할 것이고, 온 세상은 하나가 될 것이었다.

이런 허황한 이야기는 늘 사회에 불안을 낳았다. '재세례파'는 유럽 전역에서 추악한 단어로 남았다. 평범한 남녀가 상급자들의 지도를 거부한 채 자기 자신을 성령이 담기는 그릇이라고 주장한다면, 앞으로 어떤 일이 벌어질지 누가 알겠는가? 진실은 오류와 타협할 수 없었다. 목사와 장로들―자신이 맡은 영혼들이 천벌을 받지 않도록 애쓰는 사람들―은 이런 미래에 대한 우려를 이단 심문관 못지않게 공유했다. 토마스 뮌처에 대한 공포는 그 후에도 오랫동안 사람들의 뇌리에서 잊히지 않았다. 자유는 쉽게 위협이 됐다. 이단, 우상 숭배, 분열은 전부 엄격하게 단속해야 마땅했다. 죄인이 계속 반항한다면 궁극적인 처벌을 내려야 했다. 1553년에 칼뱅도 특정한 악명 높은 이단자를 말뚝에 묶어 화형에 처하는 걸 승인했다. 이 이단자는 삼위일체에 관해 독특한 견해를 홍보하고 돌아다녔는데, 그 내용이 너무 충격적이어서 완전히 삼위일체를 부정하는 자 같아 보였다. 아직도 이 사건의 기억이 생생한 1612년에 어떤 이단자가 잉글랜드에서 그리스도와 성령의 신성에 대하여 그와 비슷한 의문을 표명하다가 화형대에서 불타 죽었다.•

대다수 청교도는 1642년에 찰스 1세를 상대로 무장봉기하여 관용은 "바빌론 뒷문의 창녀"[7]라는 신념을 가지고 싸웠다. 영국 국교회의 천주교 요소가 명백한 악이라면 개신교 분리파들의 신성 모독도 마찬가지로 사악한 것이었다. 하느님께 직접 계시를 받은 땜장이와 하녀의 주장이 성경보다 더 가치가 있다면, 하느님조차 결국엔 의심의 대상이 될 수밖에 없다는 게 많은 청교도의 생각이었다. "판단의 자유가 주장되었고, 의문이 제기되었다. 그리하여 흔들림이 없는 건 아무것도 없고, 확실한 건 아무것도 남지 않게 되었다."[8]

하지만 국왕을 상대로 승리를 거두었다고 해서 규율의 통제력이 더 엄격해진 것은 아니었다. 오히려 정반대였다. 1648년에 신성 모독 법령blasphemy ordinance이 통과되어 반삼위일체론anti-trinitarianism을 사형으로 처벌하고, 다수의 이단을 구금으로 처벌했는데도 이단을 철저하게 단속하기는 불가능했다. 캔터베리 대주교와 국왕이 단두대로 끌려가는 걸 목격한 런던 시민들은 이제 권위라는 개념을 대놓고 무시했다. 그리하여 이전에 어둠 속에 숨어 있던 관습과 신념이 화려하게 만개했다. 신교도 첫 세대의 급진주의자가 그랬듯이, 침례교도Baptists는 초기 침례를 성경에 대한 모욕이라고 비난하며 일축했다. 퀘이커교도Quakers는 성령에 강하게 집착하여 몸을 떨고 입에 거품을 문 채 분노를 표출했다. 초기 감리교도Ranters는 모든 인간이 동등한 존재로서 하느님의 일부라고 믿었다. 이

● 칼뱅이 화형에 처한 이단자는 미카엘 세르베투스(Michael Servetus, 1511~1553)다. 그는 삼위일체 중에 성자와 성령은 위격(位格)이 아니라 성부에게서 나오는 발현물이라는 주장을 폈다. 또한 자유 의지를 중시하여 칼뱅의 예정설을 정면으로 부정했다. 가톨릭이든 개신교든 개인의 양심 문제와 관련하여 그 개인에게 폭력을 행사해서는 안 된다고 주장했다. 칼뱅은 파리에서 세르베투스를 만났을 때 이러한 이단 교리를 버리라고 권유했으나 그가 말을 듣지 않자, 그를 화형시키는 데 동의했다. ─옮긴이

들 종교적 분파들은 잉글랜드에는 성공회 교회 단 하나만이 존재해야 마땅하다는 개념을 조롱했다. 엄격한 훈육을 강조하는 장로교 교인들이 볼 때 그런 분파들의 확산은 전염병이 퍼지는 것이나 마찬가지였다. 잉글랜드의 기독교 종단은 철저히 붕괴될 위기에 처해 있었다.

하지만 한 신자가 보기에 아나키[무질서]인 것은 다른 신자의 입장에서는 자유가 될 수도 있었다. 성령의 은총을 강조하는 다른 개신교도를 범죄자로 만들고자 하는 장로교는 매우 신중하게 행동해야 했다. 하느님의 은총이라는 막강한 효과에 도취되기는 그들도 마찬가지였지만, 그들 또한 쉽게 위선자 취급을 받을 수 있었다. 갈릴레오를 방문했던 존 밀턴은 검열 제도를 더욱 혐오하게 되었고, 그리하여 동료 청교도들에게 칼뱅의 사례는 사람을 현혹시킬 위험이 있다고 경고했다. 종교 개혁 초창기의 개혁자들을 우상처럼 숭배하는 건 결국 가톨릭 신자의 우상 숭배와 비슷한 행동이 될 공산이 컸다. 진정한 개혁 과정은 절대 끝나지 않고 항상 진행되는 중이었다. 모든 기독교인은 하느님께 이르는 자신만의 길을 자유롭게 찾아 나서야 했다. 성령의 작용을 제약하는 건 국가가 할 일이 아니었고, 교회의 일은 더더욱 아니었다. "이런 시절에 어떤 사람이나 무리도 자신 말고 다른 사람이 자신의 양심에 따라 종교를 선택한 것을 두고 확실한 판단이나 결정을 내릴 수는 없다."[9]

하지만 개신교 국가에서 '종교'란 무엇인가? 잉글랜드가 정신적 지주였던 가톨릭과 단절하자 종교라는 단어는 두 가지 독특한 의미로 진화했다. 첫째, 찰스 1세가 선언했던 대로, 종교는 "모든 권력의 유일하게 견고한 토대이며, 그것이 해이하거나 타락하면 어떤 정부도 안정을 유지할 수 없다."[10] 장로교는 이에 동의했다. 둘째, 내전에서 싸운 양측에게 종교의 개념은 본질적으로 같았다. 그것은 곧 잉글랜드가 하느님과 맺는 올바른 관계는 무엇인지 이해하는 것이었다. 그런 올바른 관계에 대하여 내전의 어느 한쪽이 가진 생각만 진실로 여겨진다면, 그것은 분명 경쟁자를 용인하지 않겠다는 태도였다. 양측 다 종교 개혁은 완성되어야 하고 그 승리는 완전해야 한다고 생각했다.

하지만 이것이 사태의 전모는 아니었다. 종교는 친밀하고 사적인 것이기도 했다. 한때 수도원이나 수녀원에서의 공동생활을 묘사할 때 쓰이곤 했던 단어가 이제는 사뭇 다른 뜻을 갖게 되었다. 개신교도가 성령의 작용과 관련하여 맺는 사적인 관계라는 뜻 말이다. 디거들을 책망하는 총사령관 페어팩스는 장로교 교인이자 잉글랜드의 진정한 종교를 유지하는 직무를 맡은 책임자 자격으로 말했지만, 디거의 지도자 윈스탠리는 하느님에 대한 자신의 의무를 말하면서 세인트조지 힐을 떠날 수 없다고 노골적으로 거부 의사를 밝혔다. 이때 윈스탠리는 페어팩스 못지않게 자신의 종교에 순종했다. 페어팩스는 상대방의 그런 태도를 파악하고 빠른 결정을 강요하지는 않았다. 디거들이 공공질서를 위협하지는 않으리라는 사실을 다시 한 번 깨닫고서, 페어팩스는 다시 도로로 나와 런던으로 계속 이동했다. 반면에 윈스탠리와 그의 동료들은 다시 땅 파는 일에 돌입했다.

하나의 진정한 종교만 있다고 믿는 자들의 요구와, 하느님께선 모든 사람이 자신의 종교를 자유롭게 실천하길 바라신다고 믿는 자들의 요구 사이에서, 조화가 쉽게 이루어지기는 힘들었다. 페어팩스조차 총사령관으로서 공화국의 어떤 민간인보다 현저하게 정부의 권위를 내세워야 했기 때문에 중립을 지키고자 했다. 그래야 정부의 권위를 지킬 수 있을 테니 말이다. 국왕을 상대로 한 전쟁에서 진정한 승리를 거둔 세력은 의회가 아니라 군대였다. 군대를 지휘하는 건 결국 동그라미와 네모를 서로 일치시키려는 책임을 맡는 것이었다.

1650년이 되자 페어팩스는 그 조화를 유지하는 일에 진절머리가 났다. 그는 회의장보다는 말을 탈 때 훨씬 행복한 사람이었기에 정부 책임자의 자리를 내려놓았다. 그의 후임자는 올리버 크롬웰이었는데, 그는 권력을 행사하는 데 전적으로 편안함을 느끼는 사람인 데다 페어팩스와 달리 장로교 교인도 아니었다. 1653년 말이 되자 그는 공화국의 호국경Lord Protector으로 임명되었고, 군부 독재자로서, 또 양심의 자유를 지지하는 잉글랜드 최초의 개신교도 국가 원수로서 국가를 통치했다. 왕정과 의회정이라는 두 독재 권력 사이에서 벌어진 잉글랜드 내전은 이제 크롬웰의 선전원들에 의해 자유를 위한 투쟁으로 다르게 설명되기 시작했다. 호국경 정부의 기본 국제國制는 이러한 시각을 명쾌하게 드러낸다. 그것은 이렇게 선언했다. "예수 그리스도의 이름으로 하느님을 믿는다고 고백하는 자들은 신앙 고백과 종교적 실천을 저지당하는 것이 아니라, 오히려 보호받을 것이다."[11]

이는 강력한 선언이었지만, 그 체제의 이중적 속성 때문에 그 뜻이 모호했다. 예수 그리스도의 이름으로 하느님을 믿는다고 고백하는 자들은 정확히 누구를 말하는가? 확실한 건 가톨릭 신자는 아니었다. 1649년 5월 크롬웰이 아일랜드로 원정을 떠나기 전날, 다가올 학살을 한탄하는 전단이 버퍼드의 반란자들 사이에서 나돌았다. "우리는 (이미) 무고한 기독교인의 피로 형성된 진홍색 개울을 너무 멀리까지 헤치며 걸어왔다."[12] 여기에선 유럽 대륙에서 지난 30년의 학살을 마침내 종결시킨 혐오감과 절망이 고스란히 드러난다. 독일 베스트팔렌 영토에서 서명된 일련의 협정 조건에 의해 "기독교적이고 보편적이며 영구적인 평화"[13]가 제국의 유혈 낭자한 땅에 찾아왔다. 협정에 서명한 군주들은 백성들에게 자신의 종교를 강요하지 않겠다고 맹세했다. 가톨릭 신자, 루터교 신자, 칼뱅교 신자는 전부 자기 의사대로 하느님을 숭배할 자유를 허락받았다. 이 협정은 국가의 기능에서 종교를 제거하려는 것이 아니라, 그와는 정반대, 즉 적절한 기독교적 질서를 수립하려는 계획이었다. 이 방식은 추종자들에게 원수를 사랑하고 왼쪽 뺨을 맞으면 오른쪽 뺨도 대주라고 권유했던 그리스도를 배반하기보다 그의 가르침을 따르려는 의도적인 목표를 제시했다. 이제 종교적 차이를 용인하는 건 기독교의 미덕으로 높이 떠받들어졌다.

크롬웰은 유럽 대륙의 어떤 장군도 상대가 안 될 정도로 전쟁에서 승리를 거두었다. 그는 하느님께서 자신을 지지해서 그런 승리를 거뒀다고 확신했다. 따라서 아일랜드의 가톨릭 반도에게 관용을 베풀 필요가 없다고 보았다. 그곳에서 펼쳐진 크롬웰의 원정전은 독일을 폐허로 만든 전쟁과 같은 규칙으로 수행되었다. 하지만 크롬웰 자신은 그로 인한 공포를 한탄하기는커녕 신의 정의를 실현할 도구로서 자신이 역할을 다하고 있다며 의기양양한 태도를 보였다. 호국경으로서 그는 아주 단호하고 비타협적이었다. 가톨릭 신자들은 자신들이 믿고 싶은 대로 자유롭게 믿을 수 있었지만, 그들의 사악한 의식을 실행하는 것은 허락되지 않았다. 잉글랜드의 개신교도들은 대담하게도 이런 조치를 위선이라고 지적하며 비난했지만, 크롬웰은 흔들리지 않았다. 한때 밀턴의 책을 출판했던 출판인이 "가톨릭 미사가 개신교에게 우상 숭배인 것처럼, 개신교의 설교는 가톨릭 신자들에게 우상 숭배다"[14]라고 주장하자, 크롬웰은 크게 분노했다. 급진주의자들이 자신이 받아들일 수 있는 의견의 한계를 넘어서서 주장하고 나서자 그는 당혹스러워하며 버럭 화를 냈다. 그는 급진주의자를 "비열하고 경멸받아 마땅한 무리"[15]라고 비난했다.

과거 찰스 1세 시절에 잉글랜드의 혁명은 전투와 처형의 소용돌이 속에서 이루어졌다. 그런데도 크롬웰의 호국경 임기 내내 혁명은 더욱 냉철하게 교환과 협상의 양상을 띠었다. 정화된 공화국을 바라는 장로교 교인들의 갈망과, 완전한 종교의 자유라는 급진주의자들의 요구 사이를 호국경은 아주 조심스럽게 걸어 나갔다. 반삼위일체론자가 추방되고 그리스도를 흉내 낸 어떤 퀘이커교도가 양손절단형에 처해졌을 때, 장로교 신자든 급진주의자든 그 어느 쪽도 만족하지 못했다. 하지만 크롬웰이 개인적으로 개입하여 위의 두 사람이 사형을 모면하도록 하여 다음과 같은 사실을 분명하게 밝혔다. 즉, 크롬웰의 신념이 궁극적으로 담긴 1648년의 신성 모독 법령은 실패했고, 크롬웰 자신이 그 사실을 기꺼이 받아들였다는 것이다. 물론 크롬웰은 베스트팔렌 협정을 작성한 외교관들처럼, 기독교인의 의무로서 관용을 받아들이고 적과 화해하여 평화를 이룩하자는 생각은 아니었다. 그보다는 크롬웰 자신이 스스로를 성령의 그릇이라 생각하고 성경을 주의 깊게 읽었기에 그런 관대한 행동을 했던 것이다. 바울은 로마인들에게 이렇게 말했다. "그런데 그대는 왜 그대의 형제를 심판합니까? 그대는 왜 그대의 형제를 업신여깁니까? 우리는 모두 하느님의 심판대 앞에 서게 될 것입니다."[16]

크롬웰은 지방의 무명 인사에서 일약 잉글랜드의 통치자로 올라설 정도로 야망이 큰 사람이었지만, 신의 특권을 잘 알고 있었기에 그 특권을 찬탈하려고 하지는 않았다. 그는 "하느님의 자녀가 박해받는 것보다는"[17] 차라리 이슬람 신앙이 잉글랜드에서 실천되는 편이 더 낫다고 말했다. 책들은 불태울 수 있었지만, 책을 쓴 사람이 화형을 당하지는 않았다. 크롬웰은 가톨릭을 혐오했지만 가톨릭 신자들조차 호국경과 같은 탁자에 손님 자격으로 앉기도 했다. 1657년에 그는 특히 깜짝 놀랄 만한 모습을 보여 줬다. 메릴랜드는 신세계에 세워진 식민지인데 특히 잉글랜드 가톨릭 신자들에게 피란처를 제공한 곳이었다. 그런데 그는 이 메릴랜드를 세운 사람의 아들에게 메릴랜드 소유권을 빼앗기는 일은 없을 거라고 약속했다. 그렇다면 관용은 하느님께 가장 충실한 종도 다양한 방식으로 받들어야 하는 원칙이었다. 성령의 가르침을 국가 정책으로 구체화하는 것이 늘 쉬운 일은 아니었다. 그것은 때때로 확실성의 황홀감 속에서 이루어지는 대신 타협의 결과로 나왔다. 그리하여 개신교도의 경건함은 때때로 애매모호하게 표현되었다.

빛 이외에는 스승이 없다

크롬웰은 이슬람에 대하여 농담을 던졌을 때 무심코 그런 말을 했다. 물론 이슬람교도들이 잉글랜드에 정착할 전망은 거의 없었다. 하지만 경건한 공화국이 그리스도를 주님으로 인정하지 않는 자들을 용인할지 여부는 문젯거리였다. 1655년에 암스테르담에서 거주하던 한 랍비가 런던에 도착했다. 메나세 벤 이스라엘은 호국경에게 민원을 제출하러 온 사람이었다. 그는 크롬웰에게 직접 호소하면서 유대인들에게 잉글랜드에서 거주할 법적 권리를 부여해 달라고 간청했다. 1290년에 부과된 유대인 추방령은 그 이후 단 한 번도 철회되지 않았다. 많은 개신교도는 그 명령을 절대로 철회해서는 안 된다고 생각했다. 유대인들에 대한 기독교인의 적대감은 개혁으로 완화되기는커녕 오히려 여러 면에서 더 강력해지고 순수해졌다.

루터는 바울이 갈라티아 사람들에게 보낸 편지를 읽고 거기서 직접 교황 제도에 맞서 싸워야 한다는 영감을 받았다. 루터의 생각에는 성령이 가장 중요했다. 하느님께 나아가는 길로 신앙을 최고로 여기지 않는 자들은 가톨릭 신자이건 유대인이건 간에 사악한 율법주의의 죄를 짓는 이들이었다. 그런 사악한 사람들은 생기 없고 메말라서, 헐떡이는 죄인으로 하여금 새 생명을 주는 진실의 물에 접근하지 못하게 하는 자들이었다. 루터는 자신들이 하느님께 선택받은 민족이라는 유대인의 주장을 견딜 수 없는 개인적 모욕으로 생각했다. "과거에 비유대인인 우리 어리석은 사람들은 하느님의 민족이 아니었지만, 이젠 하느님의 민족이 되었다. 이렇게 되자 유대인들은 정신이 산만해져서 우둔하게 행동하기에 이르렀다."[18] 하지만 누군가 산만해진 사람이 있다면, 그건 바로 루터였다. 생애 말년에 이르러 그는 교황청이 실천했던 박해보다 훨씬 심각한 박해를 구상했다. 그는 유대인들을 모아 한 지붕 아래에 거주하게 하고 고된 노동을 시켜야 한다고 요구했다. 또 유대인들의 기도서, 탈무드, 유대교 회당은 전부 불태워야 한다고 보았다. "타지 않는 건 무엇이든 땅에 묻고 흙으로 덮어야 한다. 그래야 아무도 그들의 돌이나 재를 다시는 보지 못할 것이다."[19]

루터 숭배자들조차 그런 생각은 너무 극단적이라고 생각했다. 개신교도들 사이에서 유대인에 대한 분노가 널리 퍼지긴 했지만, 유대인에게 동정을 느끼는 사람도 조금 있었다. 잉글랜드에선 청교도들이 자신들이 세우려는 나라를 새로운 이스라엘이라고 생각했으므로 유대인 연구 열풍이 불었고, 이렇게 하여 때때로 유대인에 대한 악감정이 서서히 감탄으로 바뀌기도 했다. 심지어 메나세가 런던에 도착하기 전부터 "유대인이 우리 사이에서 그들의 종교를 공공연하게 고백하고 실행하는 걸 거부하는 것"[20]은 죄악이라고 주장하는 분리파 개신교도도 생겨났다. 몇몇은 유대인 축출을 회개하지 않으면 주님의 분노가 잉글랜드에도 떨어질 것이라고 경고했다. 또 다른 이들은 유대인들의 재입국을 요구했는데, 그렇게 해야 그리스도의 호의를 얻고 세상의 종말도 좀 더 앞당길 수 있다고 보았다.

화이트홀에 의원 전원을 모아 놓고 메나세의 요청을 논의한 크롬웰은 그런 친親 유대인 관점에 호의적이었다. 그럼에도 공식적인 지지를 얻는 데엔 실패했다. 그래서 크롬웰은 일반적인 방식으로 절충안을 냈다. 유대인들이 잉글랜드에 정착하는 서면 허가는 거부했지만, 크롬웰이 메나세에게 개인적으로 허락의 뜻을 전했고, 생활 보조금으로 100파운드를 주었다. 어떤 일기 작가는 이 사건이 미친 실질적인 영향을 1655년 12월에 이렇게 적었다. "이제 유대인들은 입국할 수 있게 되었다."[21]

하지만 잉글랜드의 친 유대인 인사들을 만족시키기에는 턱없이 모자란 조치였다. 자신을 프렌드파Friends라고 부르는 퀘이커교도들은 유대인에게 뭔가 해주어야 한다는 생각이 머릿속에 가득했다. "주님께선 내 안에 있는 그분의 훌륭한 성령을 움직이게 하셨고, 주님의 말씀은 내게로 와 내 안에서 불꽃처럼 타올랐다."[22] 하느님의 왕국을 선포하는 이 불타는 충동—이로 인해 몇몇 프렌드파 일원이 벌거벗은 채로 설교했고, 다른 몇몇은 재가 묻은 삼베로 지은 옷을 입고 설교하기도 했다—을 진압하고자 당국에서는 갖은 노력을 했지만 허사였다. 해당 지역의 지주들에 의해 지역 사회에서 쫓겨난 디거들과 달리, 퀘이커교도들은 공공연하게 적대적인 대접을 받으면서도 크게 번창했다. 여성 퀘이커교도들은 특히 활동적이었다. 한 여성 교도는 화이트홀의 크롬웰 개인 거주 공간에 찾아가 대담하게도 호국경을 "타락한 자"라 부르며 회개하라고 한 시간 동안 촉구했다. 또 다른 여성 교도는 한때 하녀로 일했는데, 어떻게 그리 되었는지는 모르겠지만, 콘스탄티노플로 찾아가 술탄을 직접 만나 설교를 하기까지 했다.

하지만 퀘이커교도가 특히 기대를 건 대상은 유대인들이었다. 크롬웰이 유대인들의 입국 자격을 공식적으로 거부하자 선교사들은 암스테르담으로 향했다. 초기엔 조짐이 그리 좋지 않았다. 그곳의 유대인들은 퀘이커교도들이 보내는 메시지를 아예 무시했고 관계 당국은 적대적이었다. 오로지 선교사들 중 한 사람만 네덜란드어를 할 수 있었다. 그런 역경 속에서도 퀘이커교도들은 절망하지 않았다. 퀘이커 선교사들 중 한 사람이 보고한 것처럼, "많은 유대인의 마음속에 있는 불꽃"[23]은 시간이 지남에 따라 활활 타오르는 불길로 바뀌었다.

그것은 퀘이커교도들에게 충분히 격려가 되었다. 퀘이커교도들은 성경에 정통했지만, 다른 급진주의자들처럼 성경이 진리의 가장 직접적인 원천이라고 생각하지 않았다. 그들 중 가장 흥분하기 쉬운 자들은 때로 사람들이 보는 앞에서 성경을 불태웠다고 알려졌으며, 이런 과격분자들 때문에 퀘이커교 지도자들은 골머리를 앓았다. 성령을 열린 마음으로 받아들이는 태도 덕분에, 퀘이커교도는 다른 기독교 종파를 괴롭히는 파벌적 태도를 초월할 수 있었다. "그리스도를 가리켜 빛이라고 하는 문장이 있을 때, 그 문장이 곧 빛이라고 생각하는 자는 장님이다."[24] 이 빛이 어떻게 정의되어야 하는지—바울이 언급한 대로 모든 인간에게 자연스러운 양심으로서 정의할지, 성령으로 정의할지, 그리스도로 정의할지, 이 세 가지를 모두 섞은 것으로 정의할지, 아니면 완전히 다른 무언가로 정의할지—는 퀘이커교도들이 일관된 답을 내놓을 수 있는 문제가 아니었다. 하지만 그들은 거기에 그리 신경 쓰지 않았다.

빛을 느끼면 곧 그 빛을 아는 것이었다. 이것이 퀘이커교 창립자 중 한 명인 마거릿 펠이 메나세에게 직접 전달한 메시지였다. 퀘이커교도들의 두 번째 팸플릿인 《유대인들 사이에 있는 아브라함의 씨앗에게 전하는 애정을 담은 인사A Loving Salutation, to the Seed of Abraham Among the Jews》가 빠르게 출판되었다. 암스테르담의 퀘이커교 선교사들은 그 팸플릿을 유대인들에게 전하려는 펠에게 번역자를 구했다는 기쁜 소식을 전했다. 이 번역자는 능숙한 언어학자였을 뿐만 아니라 크롬웰을 방문했던 메나세의 제자이기도 했다.[25]

바뤼흐 스피노자는 평범한 유대인이 아니었다. 실제로 그는 자신을 거의 유대인으로 여기지 않았다. 1656년 7월에 그는 암스테르담의 유대교 회당에서 악담과 저주를 들으며 공식적으로 축출되었다. 그런 판결은 전례가 없는 것도 아니었고, 죄를 저지른 이들을 공동체에서 영원히 단절시키려고 하기보다는, 그들이 몸부림치며 회당의 지도층과 화해하게 만들고자 하는 기대감 속에서 내리는 것이었다. 하지만 스피노자는 화해를 거부했다. 그에겐 대안이 될 기항지들이 있었다. 암스테르담의 퀘이커교 선교사들이 그에게 접근한 게 아니라, 오히려 그가 먼저 그들에게 접근한 것이다. 선교사들 중 한 사람은 마거릿 펠에게 보내는 편지에서 스피노자가 "빛 말고는 다른 스승이 없다고 해서 내쫓겼다"[26]라고 전했고, 이는 스피노자 자신과 다른 이들도 그렇게 증언했다는 말도 첨언했다.

이것이 정확한 보고였든 아니든, 스피노자 사건에서 분명한 건 유대교에서 제명된 이후 그에게 교제와 지원이 부족하지 않았다는 것이다. 하지만 스피노자가 피신한 쪽은 퀘이커교도들이 아니라, 그들과 가장 가까운 네덜란드 교파였다. 그 교파는 컬리지언트Collegiants•라고 불렸는데, 잉글

• 1619년 네덜란드에서 창설된, 칼뱅주의의 예정설을 부정하는 종파. 자신들의 공동체를 컬리지(colleges)라고 했기 때문에 '컬리지의 사람들'이라는 뜻의 이런 이름이 붙었다. 레인즈

랜드에 있는 그들의 동료 급진주의자들과 같은 토양에서 자라났다. 그들은 공공 교회가 권위를 내세우는 걸 경멸했고, 위계 제도와 사제직의 모든 이상을 무시했으며, 종파 사이에서 벌어지는 경쟁과 다툼에 절망했다. 스피노자의 네덜란드 친구들은 자신들과 연락하며 지내는 퀘이커교도들처럼 진정한 거룩함만이 계몽의 빛이라고 생각했다. "이것이 사람을 진실로 이끌고, 하느님께로 가는 길로 들게 한다. 이것은 사람이 선행을 행하는 이유가 되고, 사람의 양심에 평화를 주고, 하느님과의 합일에 이르도록 한다. 그 안에 모든 행복과 구원이 있다."[27]

스피노자는 1660년에 컬리지언트 삶의 중심지가 된 레이던 외곽 마을 레인즈부르흐로 이주했다. 그처럼 개신교도들 틈에 정착한다는 건 네덜란드 사회의 중요한 분파를 의식적으로 지지한다는 뜻이었다. 반체제 설교자들을 숙청한 1619년의 사건은 개혁 교회에 일시적인 승리만 안겼다. 몇십 년 동안 규율과 관용을 옹호하던 경쟁 종파들은 실질적으로 교착 상태에 빠져 있었다. 그러는 사이 잉글랜드에선 새로운 격변이 일어나 위기의식을 고조시켰다. 1658년에 크롬웰이 죽고 2년 뒤 군주제가 회복되면서 영국 국교회도 다시 돌아왔다. '교식教式 통일령Act of Uniformity'에 의해 퀘이커교도와 다른 국교회 반대자들은 극단적으로 위험한 처지에 내몰렸다. 이러한 사태 전개는 네덜란드의 개신교도들에게 음울한 경고를 전했다. 그들은 제도권 교회들의 주장을 거부하고, 개인적인 계몽이 진리로 가는 가장 확실한 지침이라고 확언하며, 하느님의 말씀이 특히 사람의 양

부르흐 근처에서 처음 모임을 가졌다고 하여 '레인즈부르흐 사람들'이라고도 한다. 이들은 교회는 보이지 않는 모임이므로 외형을 지닌 교회는 모두 부패한 조직이라고 본다. 이들은 그리스도가 메시아이고 성경이 중요하다는 가르침 이외에 신앙 고백이나 조직된 사목 활동을 인정하지 않는다. 17세기 말에 이르러 스피노자의 범신론으로부터 크게 영향을 받았다. 18세기 말에 이르러 아르미니위스파 혹은 메노파에 흡수되어 사라졌다. ─옮긴이

심에 적힌 것으로 받아들였다. 이제 관용의 적들은 어디에나 있었다. 자유는 당연한 것으로 여겨지지 않게 되었다. 심지어 네덜란드 공화국에서조차 관용과 자유가 쇠퇴했다. 1665년에 스피노자가 종교의 자유를 옹호하는 책을 준비하기 시작했을 때, 조국에 바치는 찬사에는 감사함이 가득했지만 그 속에는 역설도 깃들어 있었다. "우리는 모든 사람의 스스로 판단할 자유가 존중되고, 모두가 자신의 마음에 따라 하느님을 숭배하는 것이 허용되며, 자유보다 더 귀중하거나 좋은 것이 없다고 생각하는 공화국에서 드문 삶의 행복을 누릴 수 있어서 아주 다행이다."[28]

하느님에게 진정으로 순종하는 건 자유를 토대로 해야 한다고 주장한 사람은 칼뱅이었다.[29] 스피노자가 관용을 옹호해야 한다고 주장했을 때, 그는 실은 개신교도들이 핵심으로 여기는 논쟁에 참여한 셈이었다. 그렇다고 그 자신이 개신교에 얽매인 것은 아니었다. 오히려 정반대였다. 스피노자의 포부는 종교를 두고 싸우기는커녕 종교 전반을 두고 언쟁하는 행태가 저능한 행위임을 보여 주려는 것이었다. 망원경과 현미경에 사용되는 유리를 미세 조정하는 렌즈 제조공으로 일한 그는 육안에 보이지 않는 경이로운 것들을 보여 주는 도구를 어떻게 연마해야 하는지 잘 알았다. 스피노자는 기독교인이 아닌, 그렇다고 유대인은 더더욱 아닌 철학자의 시각으로 우주를 관찰했다. 그는 신학의 지극히 어려운 실타래를 풀어 보려고 하는 대신, 칼을 들어 그 실타래를 잘라 버림으로써 문제를 해결하려 했다.

1662년 무렵, 이미 그의 충격적인 사상에 관한 소문이 암스테르담 주변에 나돌기 시작했다. 전하는 바에 따르면, 스피노자는 모든 실체subtance는 무한하며, 또 다른 실체를 생산할 수 없다고 믿었다. 그런 까닭에 오직 단 하나의 실체만 존재할 수 있었다. 신은 "다름 아닌 우주 전체"[30]였다. 하느님은 여러 세대의 자연철학자들이 확인하고자 했던 법칙, 즉 우주를 다스리는 법칙 너머에 존재하지 않았다. 하느님이 바로 그런 법칙이었다.●

아벨라르는 "기적 없이 비롯된 모든 것은 적절히 설명될 수 있다"라고 말한 바 있는데, 이 말은 그 자신의 생각보다 훨씬 더 진실한 말이었다. 기적은 존재하지 않았다. 기적은 불가능했다. 오로지 자연만이 있었다. 신의 모든 명령, 계명, 섭리가 실은 자연의 질서였다. 칼뱅만큼이나 스피노자는 모든 인간의 운명이 이미 정해져 있으므로 변경할 수 없다고 봤다. 하지만 신은 신성한 재판관이 아니었다. 신은 기하학이었다. "신의 영원한 명령을 따르는 만물의 필요성과, 세 각의 합이 두 직각의 합과 같다는 삼각형의 본질을 따르는 삼각형의 필요성은 같다."[31]

물론 이것은 대다수 목사가 알고 있는 신의 모습이 아니었지만, 스피노자는 바로 그런 기존의 신학을 공격하고자 했다. 기독교 신앙의 근본에 의문을 제기하는 그의 공격은 정치적이었을 뿐만 아니라 철학적이었다. 그는 이렇게 말했다. "신성한 것을 다루는 성직자들에게 법령을 만들고 정부의 일을 다룰 권한을 주는 건 종교와 국가 모두에게 얼마나 위협적인 일인가."[32] 수많은 개신교도가 그런 주장에 동의했다. 하지만 네덜란드 공화국의 사태 전개는 점점 그들에게 적대적으로 바뀌는 것처럼 보였

● 스피노자는 자연이 곧 신이라는 범신론적 입장을 취한다. 그는 자연을 '능산하는 자연(natura naturans)'과 '소산되는 자연(natura naturata)'으로 나누는데, 전자는 하느님이 자연을 초월하면서도 그 안에 내재하는 존재라는 뜻이다. 이 경우, 하느님은 자연의 모든 부분에 스며들어 자연과 하나가 되므로 이를 가리켜 능산(能産: 적극적으로 생산하는) 자연이라고 한다. 그렇게 하여 하나인 하느님이 만들어 낸 무수한 피조물들은 소산(所産: 생산된) 자연을 이룬다. 그러나 정통 유대교와 기독교에서는 하느님이 천지를 창조한 창조주라고 보기 때문에, 하느님과 하느님이 만든 물건을 같다고 보는 것은 이단으로 여긴다. —옮긴이

다. 1668년에 스피노자의 영향을 강하게 받은 개혁 교회의 설교자가 체포되었다. 그 설교자의 형제는 신성 모독죄로 유죄 판결을 받고 1년 뒤에 감옥에서 죽었다. 스피노자는 책을 마무리하면서 개혁 교회의 권위를 완전히 지우는 유일한 방법은 그것이 궁극적으로 의존하는 사상적 토대를 공격하는 것이라고 확신했다. 종교 자체가 불신되어야 했다. 동시에 스피노자는 자신이 나아가는 방향이 얼마나 위험한지 잘 알았다. 1670년 초 암스테르담에서 《신학정치론Theological-Political Treatise》이 출판되었을 때 표지에는 그의 이름이 들어가지 않았다. 또한 책이 출판된 도시를 함부르크로 기재했다. 개혁 교회의 정통 교리를 수호하는 사람들은 속지 않았다. 1674년 여름이 되자 네덜란드 당국은 스피노자의 책을 공식적으로 금서 처리했다. 금서 명령서는 스피노자 책의 극악무도한 신성 모독을 다음과 같이 장황하게 설명했다. "하느님과 그분의 속성, 그분의 경건한 삼위일체, 예수 그리스도의 신성, 그분의 진정한 임무, 더불어 진정한 기독교의 근본적인 신조와 사실상 성경의 권위에 대항하여 불손하기 짝이 없는 신성 모독을 저질렀다."[33] 이렇게 하여 스피노자는 기독교의 적이라는 확고한 악명을 얻었다.

하지만 사실 《신학정치론》은 개신교의 신학 사상에 흠뻑 빠진 사람만이 쓸 수 있는 책이었다. 네덜란드 당국은 이 책이 그들의 신념을 부정하려고 했다기보다 그런 신념을 극단적인 결론으로 몰고 갔기 때문에 불안해한 것이다. 스피노자의 천재는 루터와 칼뱅이 교황청에 반대할 때 사용했던 논리를 기독교 공격에 효율적으로 활용했다는 점이다. 그가 많은 사람들이 "이교도의 미신에 사로잡혀 있는 것"[34]을 한탄할 때, 그가 세례 의식이나 축일의 기념 의식을 그저 나태한 "의식"[35]으로 일축해 버릴 때, 그가 교황들에 의해 그리스도의 원래 가르침이 타락한 것을 한탄할 때, 그는 엄격한 개신교 목사가 내놓을 만한 비난을 제시한 셈이다. 스피노자의 주장 중 가장 악평이 자자했던 것, 즉 기적을 믿는 것은 터무니없는 미신 이며, 성경을 면밀하게 살펴보면 성스러운 근원에서 나왔다기보다 인간 의 손으로 집필되었음을 알 수 있다는 주장도 실은 그저 개신교도들의 주 장을 가장 극단까지 몰고 간 것에 지나지 않았다.

스피노자는 자신의 주장을 입증하려고 할 때, 전에 퀘이커교도들에게 이미 말했던 것처럼 자신을 '빛'의 제자라고 말했다. 당연히 그는 자신만 의 계몽적 경험을 초자연적인 일로 보지 않았다. 그는 성령으로 계몽되었 다고 주장하는 이들을 비웃으며 그건 그들의 공상을 거룩한 것으로 만들 기 위한 조작에 불과하다고 지적했다. 진정한 계몽은 이성에서 나온다는 것이었다. 스피노자는 전에 자신의 제자였던 사람이 가톨릭으로 개종한 데에 경악하여 이런 편지를 썼다. "나는 최선의 철학을 찾았다고 생각한 적은 없지만, 내가 진정한 철학을 이해하고 있다는 건 아네."[36] 여기서도 그는 익숙한 전략을 구사했다. 개신교도들은 루터가 카예탄과 대립한 이 후로 자신들이 성경과 하느님의 목적을 올바르게 이해한다고 주장해 왔 다. 이제 스피노자라는 사람이 나타나, 성령 대신 이성을 내세우며 그 전 통을 파괴하기 시작한 것이다.

하지만 스피노자 자신은 권위에 저항하는 전통을 단순한 프로테스탄 트 이상의 것으로 생각했다. 스피노자는 유대인으로서 선조들의 법률을 배웠고, 자신의 공동체에 급진적이고 불안한 새로운 메시지를 설교하다 가 그 공동체를 떠나야 했던 사람이다. 그런 만큼 권위에 가장 뚜렷하게 저항한 선조가 누구인지 망설이지 않고 말했다. "바울은 처음 개종했을 때 하느님을 커다란 빛으로 봤다."[37] 이 빛은 스피노자가 강력히 시사했 듯이, 진정으로 신성한 것이있다. 바울은 모세나 다른 예언자들과는 달리

철학자의 방법을 받아들였다. 상대와 논쟁하고, 그의 가르침을 다른 사람의 판단에 맡겨 진실을 확증하게 했다. 스피노자의 유대교 비판은 학문적인 객관성의 어조로 위장했음에도 불구하고 누구나 곧바로 알아볼 수 있을 정도로 기독교적인 관점을 보인다. 그는 바울을 루터만큼이나 존경했다. 사도 바울은 모든 인류에게 하느님의 계명이 개인 각자의 마음에 새겨졌다는 희소식을 전했다. 구약성경과는 다르게(구약성경이라는 용어는 《신학정치론》 내내 신랄하게 쓰인다), 신약성경은 한 사람만이 아닌 모든 사람을 위한 법률을 증언했다. 그 법률은 부담스러운 율법주의보다는 "진정한 자유"[38]를 규정했다. 그 법률은 빛에 의해 가장 잘 이해되었다. "법률이 없는 사람에 대항하여 사랑, 기쁨, 평화, 인내, 친절, 선량함, 충실함, 온화함, 자제의 열매를 풍부하게 누리는 사람은 (바울이 갈라티아 신자들에게 보낸 편지 5장 22절에서 언급한 것처럼) 이성으로만 배웠든, 성경으로만 배웠든 진정으로 신에게 배움을 받은 사람이며 전적으로 행복하다."[39]

스피노자는 분명 기독교의 미덕 전부에 찬성하지는 않았다. 겸손과 회개는 비이성적이라고 일축했으며, 동정은 "사악하고 이로울 것이 없다"[40]라고 했다. 그럼에도 그리스도의 가르침을 보편적인 자연법칙과 동일시한 스피노자의 사상은 탁월할 뿐 아니라 대담한 접근이었다. 기독교 신자들은 삼각형〔기하학적 논증〕을 숭배해야 한다는 사실이 다소 떨떠름하기는 했지만, 스피노자의 책은 그들에게 중대한 확신을 제공했다. 그것은 이스라엘의 창조주 신을 믿지 않는다 해도 기독교는 여전히 명맥을 유지할 수 있다는 확신이었다. 비록 스피노자 자신은 개인적으로 예수가 죽음에서 부활했다는 믿음을 경멸했지만, 그는 《신학정치론》에서 주저함 없이 그리스도(스피노자는 늘 예수를 가리켜 그리스도라고 칭했다)가 실제로 초인적일 정도로 완벽함을 달성한 사람이라고 단언하기도 했다. "그러므로 그의 목소리는 신의 목소리로 불릴 수 있었다."[41] 스피노자는 출판되지 않은 글에서도 이런 경외의 어조를 유지했다. 자유는 스피노자가 다른 무엇보다도 귀하게 여기고 평생을 쏟아부어 주장한 대의였는데, 그는 자유로운 생활이야말로 "그리스도의 성령"[42]과 같은 것이라고 생각했다.

스피노자는 유럽 전역에서 종교의 적이라는 악명이 널리 퍼져 나갔지만, 그에게는 예수를 여전히 심오한 수수께끼로 느끼는 태도가 남아 있었다. 1677년 그가 사망한 뒤 몇십 년 동안 그의 적과 숭배자 모두 그를 "우리 시대의 주요 무신론자"[43]라고 말했다. 그리하여 기독교에 대한 그의 양면적 태도, 시작이라기보다는 돌연변이로 여겨지는 그의 철학은 더는 논의되지 않게 되었다. 퀘이커교도들은 설교 중에 진실이 알려질 수 있는 건 내면의 빛 덕분이라고 주장했고, 컬리지언트들은 그리스도가 곧 그 빛이라고 말했다. 이들 모두는 스피노자가 등장할 길을 미리 닦아 준 이들이었다. 성령을 믿었든, 이성을 믿었든, 혹은 둘 다 믿었든 퀘이커교도들과 컬리지언트들은 종파 분쟁을 영원히 해결할 수 있기를 꿈꾸었다. 하지만 그들은 그러지 못했다.

스피노자는 서로 경쟁하는 교리들의 바벨탑을 진정시키지 못했다. 오히려 그런 바벨탑에 또 다른 기독교 신앙의 변종을 추가했을 뿐이다.

꼽추의 전진

기독교인이 되는 건 곧 순례자가 되는 것이었다. 개신교도들이 널리 공유한 이 신념은 교황제의 암흑기에 대해 어떠한 향수도 갖고 있지 않았다. 그 시기엔 수도사들이 신사들을 속여 힘들고 오랜 도보 여행을 한 끝에 가짜 유물 앞에 허리를 굽히며 예배하던 일이 얼마나 많았던가. 순례자의 신념은 순례의 끝에 황금처럼 빛나는 옷을 입은 천사들을 만나 천국, 즉 언덕 위의 도시로 인도된다는 희망을 품고 진행되는 평생의 여정을 의미했다. 그런 헌신을 가볍게 수행하면 안 되었다. 순례의 여정에는 많은 장애가 틀림없이 생겨날 터였다. 낙담의 구렁텅이, 허영이 가득한 시장, 절망이 거인처럼 압도적으로 다가오는 시간 따위를 거쳐야 할 것이었다. 많은 사람들이 그런 순례의 길을 따라 힘겹게 걸어가기보다는 차라리 자신의 죄를 의식하는 부담을 지더라도 현재의 장소에 계속 머물기를 선택했다. 그러나 자신이 파괴의 도시에서 살고 있음을 의식하는 사람들은 절대 그런 안주를 선택할 수 없었다. "나는 밑으로 떨어져 거대한 죄악과 두려운 절망으로 추락하리라. 마치 나무 꼭대기에서 활에 맞은 새처럼."[44] 이것은 어떤 순회 설교자가 다가오는 성령의 빛에 앞서서 나타난 어둠을 지적한 말이다. 그 이후로 그의 나머지 삶은 거룩함을 향해 가는 지칠 줄 모르는 여정이 되었다. 그런 것이 순례자의 길이었다. 진정한 기독교 신앙은 진전하지 않는다면 아무것도 아니었다.

천상의 도시로 나아가는 순례가 물론 기독교인들이 문자 그대로 도로에 먼지를 일으키며 나아가기를 요구하는 것은 아니었다. 순례는 가만히 서서 기다리기만 하는 자들에게도 도움을 주었다. 그럼에도 1620년 플리머스 정착촌을 세우게 한 열망은 구세계의 고통과 유혹을 결별하고 새롭게 시작하려는 신교도들을 계속 격려했다. 몇몇은 기꺼이 지구의 반대편으로 가서 그런 새로운 시작의 목표를 성취하려고 했다. 1688년에 해외로 가는 배에 탄 칼뱅교도 150명은 최근 왕명으로 프랑스에서 쫓겨난 위그노교도였다. 그들의 목적지는 케이프 식민지였다. 케이프타운은 네덜란드 상인들이 아프리카의 최남단에 설립한 정착지였다. 하지만 대다수

신교도들은 계속 나아가 아메리카로 갔다. 1661년에 매사추세츠 식민지는 퀘이커교도를 수레에 매어 매질을 해야 한다는 법을 통과시켰다. 그와 동시에 청교도들은 신앙의 획일성을 계속 고집했다. 조국 잉글랜드에서 크롬웰의 호국경 통치가 영원히 종식시키려 한 그 획일성을 계속 유지하려 했던 것이다.

하지만 신세계는 청교도들이 생각하는 뉴잉글랜드가 아니었다. 보스턴과 플리머스 남쪽엔 종교적으로 반대 의견을 가진 사람들이 자유롭게 정착할 땅이 얼마든지 있었다. 그중에서 선견지명을 가장 잘 발휘한 식민지는 필라델피아Philadelphia였다. 이 말은 그리스어에서 유래한 것으로 '형제애'라는 뜻이다. 그곳을 설립한 윌리엄 펜은 매우 역설적인 인물이었다. 크롬웰 휘하 해군 제독의 아들인 그는 왕실과도 밀접한 관계가 있는 멋쟁이 신사였고, 퀘이커교도로서 신앙 때문에 여러 차례 본국에서 구금을 당하기도 했다. 칙허장에 의해 윌리엄 펜에게 수여된 거대한 영토〔펜실베이니아〕의 수도 필라델피아는 "성스러운 실험"[45]을 위해 설계된 도시였다. 방책防柵이 없는 이 도시는 지역 인디언들과 평화롭게 지냈고, "예수 그리스도 안에서 신앙을 고백하는"[46] 모든 것이 허락되었다. 필라델피아도 전 세계에 본보기가 되고자 하는 뉴잉글랜드의 경건한 식민지들과 같은 이상을 품고 있었다. 동시에 그곳은 관용의 피란처이기도 했다. 필라델피아엔 유대인도 있었고 가톨릭 신자도 있었다. 한때 해외로 진출한 개신교도들의 해외 확장의 선봉이었던 뉴잉글랜드는 점점 시대의 흐름을 따라가지 못하는 것처럼 보였다.

당시 대서양을 건너는 행위는 곧 바울이 모든 기독교인의 것이라고 선언했던 자유의 권리를 주장하는 것이었다. "그리스도께서는 우리를 자유롭게 하고자 해방시켜 주셨습니다."[47] 1718년 가을, 벤저민 레이라는 퀘이커교도가 아내 세라와 함께 카리브해를 항해했다. 그는 자신이 다른 퀘이커교도들과 함께 살게 될 거라고 확신했다. 1707년에 잉글랜드와 스코틀랜드가 통합된 이후 거의 한 세기 동안 잉글랜드의 식민지였던 바베이도스는 대영제국의 속령이었다. 한 정착민의 말에 따르면, 그곳은 "온갖 국적과 신분의 사람들이 모여 떠들썩한 곳"[48]이었다. 하지만 섬의 주요 항구인 브리지타운의 생기 넘치고 시끄러운 분위기 속에서도 레이 부부는 자주 사람들의 눈에 띄는 존재였다. 두 사람은 모두 꼽추였고, 키가 간신히 4피트[120센티]에 이르렀다. 마흔한 살 레이는 두 다리가 "무척 수척하여 상체를 지탱하지 못할 것처럼 보이는"[49] 사람이었으나, 이미 놀라울 정도로 활동적인 삶을 살아왔다. 변변찮은 집안 출신인 그는 장갑 제조인, 양치기, 선원 등 다양한 일을 했다. 그는 시리아에서 예수가 앉았다고 여겨지는 곳 옆의 우물을 찾아가 보기도 했고, 영국 국왕에게 직접 로비를 하기도 했다. 키가 작다고 해서 그가 활동에 방해를 받지는 않았다. 오히려 작은 키는 그를 "성령의 조언과 명령"[50]에 더욱 충실하게 만들었고, 그리스도에게 거역하는 모든 것에 더욱 확고히 반대하도록 만들었을 뿐이다. 이제 많은 퀘이커교도가 체통을 중시하게 된 시절이었으나, 레이는 퀘이커교도의 거칠고 논쟁적인 초기의 모습을 연상시키는 사람이었다. 이 때문에 그는 잉글랜드에 있을 때 적을 많이 만들었다. 바베이도스에 도착한 그는 이제 더 많은 적을 만들게 될 터였다.

신세계로 온 사람들 모두가 자신의 선택으로 온 것은 아니었다. 어느 날 브리지타운에서 몇 마일 정도 떨어진 외곽에 사는 한 퀘이커교도의 집을 방문한 세라 레이는 벌거벗은 아프리카인이 그 집의 외부에 매달려 있는 모습을 보고 충격을 받았다. 그 아프리카인은 막 잔인하게 매질을 당하고 그런 식으로 방치되어 있었다. 땅바닥에는 경련하는 몸에서 떨어지는 피로 핏물 웅덩이가 생긴 상태였다. 상처 위로는 파리들이 윙윙 몰려들었다. 바베이도스에 있는 7만 명 넘는 아프리카인들처럼 이 남자도 노예였다. 집주인 퀘이커교도는 놀라서 입을 다물지 못하는 세라에게, 도망치다가 붙잡힌 노예이니 그리 놀랄 필요 없다고 말했다. 과거 니사의 성 그레고리우스 시절이나 레이 부부의 시절이나, 노예제는 압도적 다수의 기독교인에게 가난, 전쟁, 질병처럼 어쩔 수 없는 엄연한 삶의 현실이었다. 예수 그리스도 안에서 노예도 자유민도 없다고 말한다고 해서, 신분 차별 자체가 없어졌다는 뜻은 아니었다. 노예제가 거의 사라진 유럽 대륙에 사는 사람들도 노예제를 즉각 비난해야 할 이유를 좀처럼 생각해 내지 못했다. 심지어 인디언들을 노예제에서 구해 주는 운동을 평생 펼친 바르톨로메 데 라스카사스조차 특정한 노예제 ─ 가령 특정한 죄악에 부과되는 처벌로 노예 상태로 떨어지는 것 ─ 는 당연하다고 여겼다.

스페인이 지배하는 아메리카에서처럼 카리브해 지역에서도 튼실한 노동력이 필요했다. 열대성 질환에 약한 유럽 노동자들은 쉽게 죽어 나갔다. 그런 일이 없으면서도 덥고 끈적끈적한 기후에서 일을 잘할 수 있는 노동자가 필요했다. 그리하여 농장주들은 아프리카에서 노예를 사들이는 방법에 크게 의지하게 되었다. 어떤 기독교인도 노예 노동에 죄책감을 느끼지 않았다. 아브라함은 노예를 소유했다. 모세5경의 율법은 노예 다루는 방식을 구체적으로 제시했다. 바울의 추종자들이 쓴 편지이지만 나중에 바울의 것으로 인정된 편지[《콜로새 신자들에게 보낸 서간》]는 주인에게 복종할 것을 노예들에게 촉구했다. "종 여러분, 무슨 일에서나 현세의 주인에게 순종하십시오. 사람들의 비위를 맞추기 좋아하는 자들처럼 눈가림으로 하지 말고, 주님을 경외하면서 순수한 마음으로 순종하십시오."[51] 그러므로 도망친 노예에게 가해지는 처벌이 하느님의 징벌이라고 생각하는 건 당연했다. 노예를 소유하지 않은 레이조차 다른 사람의 노예가 자신의 물건을 훔쳤을 때 채찍을 들어야 한다고 생각했다. "때로 나는 그들을 붙잡을 수 있었는데, 그러면 그들의 몸에 채찍질을 해야 했으리라."[52]

　레이는 나중에 굶주린 노예의 등을 채찍으로 후려쳤던 경험을 기억했을 때, 성경 구절을 내세우면서 그것을 정당화하지 않았다. 오히려 자신이 왜 그런 일을 했는지 참담한 자기혐오감을 느꼈다. 그의 죄책감은 자신이 갑작스럽게 파괴의 도시에 와 있는 것을 깨달은 사람의 참담함이었다. "아아, 이런 광경을 보고 들으면서 내 마음은 수많은 고통을 겪었는데도 잘 몰랐구나. 지금, 바로 이 순간 느끼고 있는 그런 고통을."[53] 라스카사스는 그와 비슷한 죄의식을 느낄 때 가톨릭 사상가들의 위대한 유산에서 도움을 받았다. 라스카사스는 카예탄, 아퀴나스, 교회법 편찬자의 가르침을 들추어 보면서 노예제가 잘못되었다고 생각했다. 반면에 레이는 성령의 지도를 따랐다. 레이 부부가 바베이도스의 노예 소유주들과 겁 없이 맞서면서 "자신의 마음을 성찰하라"[54]라고 간청했을 때, 부부는 성경의 궁극적인 의미를 내면적으로 확신했다. 레이가 계몽의 빛으로 느낀 하느님은 이집트에서 자신이 선택한 민족을 노예 상태에서 해방시켜 준 바로 그 하느님이었다. 그분의 아들은 제자들의 발을 씻겨 주었고, 굴욕적이며 극심한 고통을 받다 죽었으며, 인류를 노예 상태에서 구해 냈다.

　노예를 사고팔고, 그들을 자식들로부터 강제로 떼어 놓고, 채찍질을 하고, 팔다리를 묶어 몸을 비틀고, 불로 지지고, 굶겨 죽이고, 죽을 때까지 일을 시키고, 사탕수수의 원당原糖에 그들의 "사지, 창자, 배설물"[55]이 섞여 들어가도 아무런 신경도 안 쓰는 행위. 그것은 기독교도다운 태도가 아닐 뿐만 아니라, 악마보다도 더한 짓이었다. 레이 부부는 자신들의 집의 문을 개방하여 굶주린 노예들을 식탁에 받아들임으로써 노예 제도의 실상을 더 자세히 알게 될수록 더욱더 맹렬하게 그 제도를 비난하게 되었다. 그리하여 부부는 더욱더 사람들에게 인심을 잃었다. 부부는 1720년에 바베이도스에서 강제로 떠나게 되었지만, 노예제의 공포가 드리운 그림자에서 절대 도망치려 하지 않았다. 그들은 여생을 노예제를 폐지하는 운동—당시엔 비현실적으로 보이는 운동—에 적극 헌신했는데, 그것은 결국 그들만의 순례길이기도 했다.

신세계에서 활동한 최초의 노예제 폐지론자는 레이 부부가 아니었다. 일찍이 1670년대에 윌리엄 에드먼슨이라는 아일랜드 퀘이커교도가 바베이도스와 뉴잉글랜드를 순회하면서 아프리카인 노예들에게 기독교를 가르쳐야 한다는 운동을 펼쳤다. 1676년 9월 19일, 그는 갑작스럽게 한 가지 생각이 떠올라 뉴포트의 로드아일랜드 정착지에 있는 동료 퀘이커교도들에게 편지를 보냈다. "여러분 중 많은 사람이 인디언을 노예로 삼는 걸 불법이라고 여기는데, 그렇다면 왜 흑인을 노예로 삼는 건 불법으로 여기지 않는가요?"[56]

이 말은 라스카사스를 상기시켰다. 인디언들의 인권을 강조한 라스카사스는 인디언들이 노예로 전락하는 것을 막으려는 조바심에서, 아프리카 흑인들을 노예 노동자로 수입해 오는 대안을 수십 년 동안 지지했다. 그는 아프리카 흑인들이 죄수이며, 그 죄에 대한 처벌로 노예로 팔렸다고 생각했다. 그러다가 라스카사스는 생애 만년에 아주 끔찍한 진실을 알게 되었다. 아프리카 흑인들은 부당하게 노예가 되었으며, 인디언 못지않게 기독교의 압제로 피해를 본 희생자였던 것이다. 라스카사스는 유럽인들이 천벌 받을 죄를 저질렀다며 심한 혐오감과 두려움을 느꼈다. 그는 자신이 특정 인종은 노예에 적합하다는 아리스토텔레스의 주장을 계속 변명의 근거로 삼아 왔다는 사실을 떠올리면서 더 깊이 부끄러움을 느꼈다.

"그분께서는 한 사람에게서 온 인류를 만드시어 온 땅 위에 살게 하시고…"[57] 윌리엄 펜이 감옥에서 글을 쓰며 이 성경 구절을 인용했을 때, 그는 라스카사스와 정확히 같은 생각을 했다. 인류는 전부 하느님의 형상으로 동일하게 창조되었다. 인간 사회에 주인과 노예의 상하 관계를 설정하는 것은 그리스도의 근본적 가르침을 모욕하는 것이었다. 피부색에 따라 주인이나 노예가 될 사람은 아무도 없었다. 이런 노예제의 주장은 기독교 전통과 맞지 않음이 자명했다. 그리하여 아프리카인들을 노예로 부리는 사람들은 불안감을 느끼며 자구책에 나섰다. 도미니쿠스 수도회의 적이 아리스토텔레스를 인용한 것처럼, 퀘이커교도—노예제 폐지론자—에게 반대하는 사람들은 구약성경의 모호한 구절들을 가져와 노예제를 옹호했다. 특히 자주 인용된 구절은 노아가 자신의 손자에게 저주를 내린 부분이었다. 이 손자의 후손들은 길고 복잡한 추론에 의해 아프리카인들과 동일시되었다. 하지만 이 주장은 너무 설득력이 없어서 아무도 그 이야기를 진지하게 받아들이지 않았다. 일부 양심의 가책을 느끼는 노예 소유주들은 죄책감을 덜어 내려고 그보다 훨씬 단단한 주장으로 자신들을 정당화했다. 그들은 이교도를 노예로 만들어 기독교의 땅으로 데려온 것은 그들의 영혼을 구제하기 위한 일이었다고 주장했다. 벤저민 레이가 바베이도스섬에서 마주했던 이 주장은 퀘이커교도들 사이에서 노예제 옹호의 근거로 널리 받아들여졌다. 심지어 윌리엄 펜도 이런 주장에 설득되었다. 이것이 "자유의 권리"[58]를 열렬하게 지지하는 필라델피아의 설립자가 스스로 노예 소유주가 된 이유였다.•

레이가 볼 때, 그 모든 건 더러운 냄새를 풍기는 위선이었다. 1731년 필라델피아에 도착했을 때, 레이는 형제애의 도시에서 채찍, 사슬, 노예 시장을 발견하고 엄청나게 충격을 받았다. 부부는 그런 악의 도시에 머무르느니 차라리 인근 애빙턴이라는 도시에 정착하기로 결정했다. 성녀 엘리자베트가 그랬던 것처럼, 부부는 그곳에서 다른 생물의 고통을 대가로 마련되는 모든 음식을 배척했다. 그들은 물과 우유 말고 다른 것은 마시지 않았고, 채소에 전적으로 의존하며 살았다. 레이 부부는 엘리자베트 성녀와는 다르게, 부부와 하느님 사이에 맺어진 윤리적 삶의 약속을 사람들에게 공개했다. 그리하여 사람들에게 부부의 생활 방식을 널리 알려서 대중적 관심을 환기시키려고 했다.

1735년 세라가 죽었을 때, 레이는 자신의 행동주의를 새로운 단계로 격상시켜 계속 밀고 나감으로써 평생 노예 해방을 외친 아내를 추모하고자 했다. 1737년이 되자 노예를 소유한 애빙턴의 퀘이커교도들은 레이의 끝도 없는 항의에 질려서 그에게 회관 출입을 금지시켰다. 그다음 해가 되자 필라델피아 퀘이커교도들의 연간 총회에 참석한 레이는 여태까지 한 일 중 가장 극적이고 시선을 끄는 행동을 했다. 동료 퀘이커교도들

• 아프리카인을 노예로 팔아넘기는 노예 무역은 이미 1460년대에 항해가 엔히크 왕 시절에 포르투갈 항해가 고메스 데 수라라에 의해 수행되었다. 처음에는 아프리카 서부 해안 가까운 산야에서 흑인들을 강제 납치하는 형태를 취했으나, 나중에 노예의 수요가 늘어나자 현지 흑인 추장들에게 돈과 문명의 이기들을 제공하여 사오는 형태를 취했다. 노예 무역은 순전히 돈을 벌겠다는 유럽 군주의 금전적 욕망에서 비롯되었으며, 노예 무역에서 나오는 수입이 국가 세금보다 더 많을 정도였다. 노예 무역은 나중에 흑인을 인종 차별하는 결정적 계기가 되었다. 노예 무역 제도가 시행되는 내내 유럽인들은 돈을 벌려고 노예를 수입하는 것이 아니라, 그들의 영혼을 구제하기 위해 수입해 온다는 위선적인 태도를 취했다. 노예 무역은 1807년에 영국에서 제일 먼저 폐지되었다. 그리고 1815년에 유럽 여러 나라가 노예 무역이 인류의 보편 도덕 원칙에 위배되는 혐오스러운 범죄라고 선언하는 선언문에 서명했다. 1833년에 노예 거래가 금지되면서 대영제국 전역에서 노예가 해방되었다. 1854년에 오스만 튀르크 정부는 흑해 전역에서 노예 무역을 금지하는 포고령을 내렸고, 3년 뒤엔 아프리카인 노예 거래도 금지했다. 노예 해방이 가장 늦은 나라는 미국으로, 1863년에 링컨 대통령의 노예 해방령이 나왔다. — 옮긴이

앞에서 연설을 해달라는 초청을 받은 레이는 일어서서 외투를 펼치면서 그 안에 숨긴 칼을 하나 꺼냈다. 그는 장내에 울려 퍼지는 커다란 목소리로, 아프리카인들을 노예로 삼는 것이 "모든 나라와 모든 피부색의 인간을 똑같이 바라보고 소중히 여기는 전능하신 하느님의 눈엔 어떻게 보이겠소? 내가 이 성경을 칼로 찌르는 것처럼, 당신들이 아프리카인들의 심장을 찌르는 거라고 여기실 것이오"[59]라고 했다. 이어 레이는 움푹 파낸 성경 속에 넣어 둔, 피처럼 붉은 포크베리[미국자리공] 주스가 든 주머니를 칼로 푹 찔렀다. 주스가 온 사방으로 튀었다. 회관에서는 일제히 분노가 폭발했다. 레이는 휙 돌아서며 절뚝거리는 걸음으로 회관을 빠져나갔다. 그는 아주 극적인 방식으로 자신의 주장을 충분히 알린 것이다.

그처럼 사람들에게 회개하라고 소리치는 것은 전혀 새로운 일이 아니었다. 성경에는 회개하라고 외치는 소리가 가득하다. 하지만 레이의 운동은 예언자들의 사례와 성경에 근거를 두었으면서도 나름의 독특한 특징이 있었다. 레이가 노예제를 폐지하는 걸 목표로 삼은 것은 사회 자체에 순례자의 특성을 부여하려는 행위였다. 그러니까 사회는 사악함에서 벗어나 빛으로 향하는 여정을 계속해야 한다는 것이었다. 레이의 운동은 노예제를 타락한 인류가 오랫동안 어깨에 메고 온 짐으로 여겼다. 그 짐은 어느 날 신의 은총에 의해 어깨에서 벗겨져 등을 타고 떨어져 마침내 땅바닥에 내팽개쳐야 마땅했다. 그것은 대다수 기독교인이 당연하게 여겨 왔고 기독교의 지원으로 정착된 제도를 즉각적으로 부인하는 것이었다. 그것은 인근 필라델피아에서 보여 주었던 관용의 정신 못지않게, 또 저 먼 암스테르담 사람들이 스피노자의 저서를 깊이 통찰한 것 못지않게, 성령의 작용을 증명하는 것이었다. 그것은 서양 기독교의 땅에서 몇 세기 동안 혁명의 위대한 보육기 역할을 해오던 신념을 밑바탕으로 하는 것이었다. 그것은 인간 사회가 정신적으로 다시 태어나야 한다는 신념이었다. "육에서 태어난 것은 육이고 영에서 태어난 것은 영이다."[60]

레이는 이런 예수의 말씀을 포기한 적이 단 한 번도 없었다. 20년 뒤 중병에 걸려 병상에 누워 있을 때, 그는 새로운 퀘이커 총회에서 노예를 거래하는 퀘이커교도는 누구든 처벌한다는 결정이 내려졌다는 소식을 들었다. 레이는 감격하여 필라델피아 퀘이커 연간 총회에 초대를 받지도 않았는데 그곳에 모습을 드러냈다. "이제 편안히 죽을 수 있겠어."[61] 그는 안도의 한숨을 내쉬었다. 온갖 좌절, 온갖 우울한 이야기, 온갖 도깨비와 악마의 방해에도 불구하고 그의 평생 순례는 목표에서 한 치도 벗어난 적이 없었다. 1759년 숨을 거둘 때, 벤저민 레이는 자신의 공동체를 조금은 더 자신의 이상에 가깝게 변모시켰다. 그것은 좀 더 진보적인 사회로 나아가는 작은 발걸음이었다.

16장

계몽

1762년, 툴루즈

1762년 10월 13일 툴루즈의 상업 지구 중심부, 가게들이 즐비한 필라티에 거리의 평화로운 저녁 분위기는 괴롭고 끔찍한 울부짖음으로 산산이 조각나고 말았다. 이어 더 큰 비명이 들렸다. 이런 비명은 60대 직물 상인 장 칼라스가 소유한 가게에서 들려왔다. 사람들이 모여들기 시작했다. 가게 위에 있는 두 개 층에 거주하는 장 칼라스와 그의 가족들 모습이 창문을 통해 보였다. 그들은 시신으로 보이는 것 주변에 모여 있었다. 외과의의 조수가 도착했고, 자정 무렵에 40여 명의 군인을 대동한 치안판사가 도착했다. 그날 저녁 무슨 일이 벌어졌는지 그 이후 며칠 동안 진행된 경찰 조사를 통해 드러난 사실은 아주 혼란스러웠다. 처음 보고는 장 칼라스의 장남 마르크앙투안이 가게 바닥에서 죽은 채로 가족에게 발견되었다는 것이었다. 외과의의 조수는 청년의 스카프를 풀었고, 그의 목에서 뚜렷한 밧줄 자국을 확인했다. 시신은 목이 졸려 죽은 것처럼 보였다. 처음에 청년의 아버지가 내놓은 타살 증언에 따라 사건 보고서는 그 방향으로 작성되었다. 그러나 그 아버지 장 칼라스는 곧 그 증언을 뒤집고 사실을 실토했다. 아버지는 아들이 바닥에 누운 채로 발견되지 않았으며, 밧줄에 매달린 채로 발견되었다고 진실을 말했다. 그가 아들의 시신을 내리고 바닥에 눕혔다는 얘기였다. 그는 심지어 아들이 아직 살아 있을지 모른다는 애처로운 희망을 품고 베개를 대주며 아들을 편안하게 만들려고 애썼다는 말도 했다. 그러니까 마르크앙투안 칼라스는 살해된 게 아니라 스스로 목매달아 죽었다는 것이다.

타살이 갑자기 자살로 바뀐 사정은 어떻게 설명되어야 할까? 명백한 답이 하나 있었다. 당초 아들의 자살 장면을 목격하고 혼란에 빠진 칼라스는 자살했다고 비난받으며 사후에 수치를 당할 아들의 명예를 필사적으로 지키려 했다. 자살한 자의 시신은 여러 거리로 끌려 다니며 지역의 쓰레기장에 내던져질 것이었기 때문이다. 하지만 사건을 담당한 치안판사는 그런 해명을 납득하지 못했다. 그는 다른 가설을 떠올렸다. 그는 마르크앙투안이 실제로는 아버지에게 살해당했다고 생각했다. 치안판사가 타살이라는 엉뚱한 심증을 굳혀 주는 증거를 찾기까지는 그리 오랜 시간이 걸리지 않았다.

가톨릭 외에 다른 건 무엇이든 불법인 나라에서 칼라스는 위그노였다. 아버지의 이단적인 믿음에 따라 성장한 마르크앙투안이 빛을 발견했다면? 가톨릭으로 개종하겠다는 아들을 막으려고 칼라스가 아들을 죽인 거라면? 자살에 대한 모든 이야기가 은폐 공작이라면?

그 사건에 대한 툴루즈 시민들의 반응이 점점 광분하는 양상을 띠게 되면서 이런 타살 추정은 곧 확실한 사실로 굳어졌다. 11월 8일에 무척 애절하고 엄숙한 의례 속에서 아들 마르크앙투안은 도시의 성당에서 가톨릭 신앙의 순교자로 추모되었다. 열흘 뒤 그의 아버지는 사형 선고를 받았다. 항소에 실패한 노인은 다음 해 3월에 사형을 받게 되어 있었다. 우선 그에게서 죄를 자백 받으려고 물고문을 가했지만, 아무 소용없었다. 그 뒤 그는 사슬에 묶인 채 툴루즈 중심부 광장인 생조르주로 가게 되었다. 그곳에서 그는 바퀴에 묶였고 사지는 철봉으로 박살났다. 두 시간 동안 그는 불굴의 용기로 뼈가 박살나는 고통을 견뎠다. 그는 이렇게 선언했다. "저는 무고한 채로 죽습니다. 저는 저를 불쌍히 여기지 않습니다. 무고하신 예수 그리스도께서는 이보다 더 잔인한 고문을 당하시고 저를 위해 목숨을 버리셨습니다."[1] 그가 마지막 숨을 내쉴 때 그의 옆에서 가톨릭 신앙을 받아들이라고 촉구하던 사제조차 마음이 흔들려 그 아들의 자살을 확신하면서 그 아버지를 초기 교회의 순교자들과 비교하기에 이르렀다.

장 칼라스는 이단자가 아닌 살인자로 처형되었다. 넉 달 뒤에 한 가톨릭교도 농부는 부친 살해로 유죄를 선고받았는데, 생조르주 광장에서 칼라스와 비슷한 방식으로 처형되었다. 칼라스 처형과 비교할 때 달라진 점은, 그 농부의 오른손을 먼저 절단한 다음에 타살하여 처형했다는 것이다. 칼라스 사건에서 핵심적인 비난은 그가 칼뱅주의자였다는 것이다. 기독교 신앙 때문에 그런 참혹한 처형을 당해야 했다는 사실은 위그노교도들에게 엄청난 경고의 신호가 되었다. 칼라스의 비참한 운명이 제네바에 도달하는 데는 그리 오랜 시간이 걸리지 않았다. 그 소식은 그곳 성벽 바로 너머에 있는 저택에도 곧바로 전해졌다. 그 저택은 유럽에서 가장 유명한 지식인이 소유한 세 저택 중 하나였다. 그 사람은 바로 프랑스의 가장 위대한 작가 볼테르였다.

볼테르는 왕들의 친구이자 적이었고, 비할 데 없이 훌륭한 재치만큼이나 독설로 사람들의 공포와 존경을 한 몸에 받는 저명인사였다. 그는 즉시 칼라스 사건의 진상을 파고들었다. 그는 처음엔 칼라스가 유죄일 거라고 생각했으나 곧 생각을 바꿨다. 칼라스의 두 아들이 제네바에 난민이 되어 왔을 때 그는 나이가 더 어린 아들을 면담하고 상세하게 진상을 알아보았다. 이 아들은 "단순하고 순진한 아이로, 아주 온화하고 흥미로운 느낌을 주는 얼굴을 하고 있었다."² 소년의 증언을 통해 볼테르는 도저히 말도 안 되는 오심이 벌어졌음을 확신했다. 그것은 툴루즈의 음울한 과거의 그림자(알비파)가 불러낸 스캔들이었다. 볼테르가 볼 때, 칼라스는 과거 알비파가 당했던 것과 마찬가지로 잔혹한 광신의 희생양이 된 것이었다. 이런 불의한 처사는 절대 있어서는 안 되었다. 무고한 피가 하늘에 큰소리로 비명을 질러댔다. 이 위대한 작가는 자신의 엄청난 재능과 정력을 한껏 발휘하여 처형된 위그노교도의 사후 신원 伸寃 작업에 나섰다.

볼테르는 가톨릭교회에서 세례를 받고 예수회에서 교육을 받았다. 그는 예수회를 권력에 굶주린 소아성애자들이라고 맹공격했지만, 사적으로는 그들의 교육에 경의를 표하기도 했다. 여하튼 볼테르가 개신교에 연민을 느껴서 이런 원한을 풀어 주는 일에 나섰던 건 아니다. 볼테르가 소송을 준비하느라 분주하던 그해 9월, 편지 한 통이 도착했는데, 그를 '적그리스도'라고 비난하는 내용이었다. 이런 칭호는 그의 신랄한 어조와 악명 높은 평판과 어울렸다. 수척하고 키가 작으면서 조롱하듯 미소를 짓는 볼테르는 평소 어딘지 악마 같은 모습이었다. 하지만 활짝 웃는 그의 모습을 악마의 모습과 비교해 보면 온전한 악마는 아니고 절반 정도만 악마였다. 가톨릭 못지않게 개신교의 독실한 여론에 더 충격적인 사실은, 유럽의 가장 유명한 작가, 그의 적마저도 존경할 수밖에 없던 볼테르가 집착에 가까운 증오로 기독교를 바라본다는 사실이 점점 더 분명해지는 것이었다.

지난 몇십 년 동안 볼테르는 그런 증오를 숨겨 왔고, 자신이 얼마든지 그렇게 할 수 있다는 점도 잘 알았다. 그는 모순, 사사로운 농담, 다 알고 있다는 윙크를 다른 누구보다도 능숙하게 활용하면서 자신의 그런 모습을 숨겼다. 하지만 최근에 볼테르는 한결 솔직하게 속마음을 드러내고 나섰다. 프랑스 당국의 영향력 너머 제네바에 저택 한 채, 제네바 당국의 영향력 너머 프랑스에 두 채, 이렇게 도합 세 채의 집을 소유한 볼테르는 그 어느 때보다 안전하다고 생각했다. 비록 매우 충격적인 풍자의 글을 계속 익명으로 출판했지만, 볼테르는 공식적으로는 자신이 가톨릭교회의 신자라고 계속 주장했다. 하지만 아무도 그에게 속지 않았다. 작은 빵 조각으로 변신하여 신자들에게 분배되는 신〔성체성사〕, 몹시 황당한 모순과 어리석음으로 가득한 성경, 종교 재판, 처형대, 서로 죽이는 신·구교의 학살 등을 교묘하게 조롱하는 글 솜씨는 누가 보더라도 볼테르의 것임이 너무나 분명했다. 그가 공개적으로 "혐오스러운 기관l'infâme(교황청)"이 끝장나야 한다고 선언했을 때, 그는 자신의 목표를 구태여 명시할 필요조차 없었다. 그가 볼 때, 일탈과는 완전히 무관한 칼라스를 죽음으로 내몬 광신이야말로 기독교 분파주의의 본질이었다. 기독교의 역사는 오로지 유감스러운 박해의 기록뿐이었다. 기독교의 편협함과 옹졸함은 "시체로 세상을 뒤덮는"[3] 결과를 가져왔다.

기독교인들에게 엄청난 충격을 안긴 이런 신성 모독은 어떤 이들에게는 전투 준비를 하라는 지시로 받아들여졌다. 볼테르를 적그리스도라고 칭한 편지에는 적뿐만 아니라 찬양자의 것도 있었다. 드니 디드로라는 철학자이자 악명 높은 자유사상가가 바로 그 사람이었다. 그것은 볼테르급의 위대한 사람이 마땅히 받아야 할 찬사였다. 광신을 상대로 한 전쟁에서 겸손이 들어설 자리는 없었다. 명성은 무기였고, 자기홍보는 의무였다. 유럽의 법정이나 살롱에서 볼테르 같은 사람이 자신의 영향력을 온전히 휘두르지 않는다면 낭비될 뿐이었다. 그리하여 단단한 확신과 아무도 꺾을 수 없는 자존심으로 무장한 볼테르는 "새로운 철학"의 족장이라는 자신의 지위를 강력하게 주장하고 나섰다.

기독교에 경멸을 표한 사람이 볼테르만은 아니었다. 오히려 디드로의 경멸은 그보다 훨씬 더 뿌리 깊었다. 그들 곁에는 혐오스러운 기관을 볼테르 못지않게 경멸하는 필로조프파philosophes(형이상학자, 백과사전 편집자, 역사가, 지질학자) 무리가 있었다. 에든버러든 나폴리든 필라델피아든 베를린이든, 천재라는 칭송을 받는 유명 인사들은 갈수록 교회와 옹졸함을 동의어로 봤다. 필로조프가 되는 건 새로운 자유의 시대가 다가오는 것을 바라보며 황홀해하는 것이었다. 미신과 부당한 특권의 악마들은 이미 뒤로 물러나고 있었다. 전에 어둠 속을 걷던 사람들은 이제 거대한 빛을 보았다. 세상은 다시 태어나는 중이었다. 볼테르는 때때로 울적해하며, 해로운 사제단의 영향력이 절대 완화되지 않을 거라고 걱정했다. 하지만 대체로 그는 사태를 쾌활한 쪽으로 해석하는 경향을 보였다. 그의 시대는 "계몽의 세기siècle des lumières(빛의 세기世紀)"였다. 콘스탄티누스 대제 이후 처음으로 그는 유럽 문화의 전망 좋은 고지를 기독교 지식인들의 손에서 빼앗아 냈다. 칼라스의 유죄 판결 사건은 필로조프파가 그런 진전을 보였던 바로 그 시기에 전해진 충격이었다. "이성의 진보에 격분한 광신이 격노로 발작을 일으키며 몸부림치는 것 같았다."⁴

하지만 사실을 말해 보자면 세상을 어둠에서 빛으로 이끌어 낸 것은 기독교의 공로였다. 볼테르가 루터와 칼뱅이 당대에 했던 일보다 자기 자신이 현 시대에 해낸 일이 더 많다고 농담했을 때, 그것은 아주 교활한 배은

망덕이었다. 볼테르는 두 위대한 개혁가가 교황 제도에 타격을 주었을 뿐 완전히 끝장내지는 못했다고 불평했다. 그리고 이런 불평은 여러 개신교 급진주의자들에게 커다란 공명을 일으켰다. 젊은 시절 볼테르는 잉글랜드에서 꽤 긴 시간을 보냈다. 그곳에서 그는 귀족의 살롱에서부터 퀘이커교도들의 회관에 이르기까지, 신앙이 계몽의 변화시키는 힘과 결합하면 어떻게 엄청난 관용을 가져오는지 직접 확인했다.

"잉글랜드에 종교가 하나만 있다면, 폭정의 위험이 있을 것이다. 두 개가 있다면, 서로 멱을 따려고 할 것이다. 하지만 서른 개가 있다면, 함께 평화롭게 살아갈 것이다."[5] 자신의 우월감을 드러내며 이런 종교적 풍경을 즐겁게 살핀 볼테르는 거기에 만족하려 들지 않았다. 칼라스의 처형이 그로 하여금 현상에 안주하는 태도에서 벗어나게 했다. 기독교 종파들은 구제 불능이었다. 그들은 조금이라도 기회가 있으면 늘 서로 싸우며 박해할 것이다. 그렇다면 이상적인 상황은 상호 간 증오를 뛰어넘는 종교를 확립하는 것이었다. 볼테르는 칼라스의 무고함을 밝히는 신원 운동을 펼치면서 이렇게 썼다. 현명한 사람은 그런 종교가 존재할 뿐만 아니라 세상의 어떤 종교보다 "가장 오래가고 가장 널리 퍼지는" 종교가 될 것이라는 사실을 안다. 그런 종교를 실천하는 자는 교리의 세부 사항을 두고서 옥신각신하지 않는다. 현명한 사람은 자신이 하느님의 계시를 받지 않았다는 걸 안다. 그는 정의로운 신을 숭배하지만, 그 신의 행위는 인간의 이해력 너머에 있다는 것을 안다. "그런 현명한 사람은 북경에서 카옌에 이르기까지 교우가 있으며, 모든 현명한 자를 그의 형제로 여긴다."[6]

하지만 이러한 볼테르의 주장은 또 다른 종파를 선언하는 것과 마찬가지였다. 더욱이 그런 주장은 이미 사람들에게 무척 익숙했다. 보편 종교의 꿈은 바로 가톨릭교회의 꿈이기도 했다. 루터의 시대 이래로 기독교 세계의 분열을 보수하려는 기독교인들의 여러 가지 시도는 기독교 세계를 더욱 찢어 놓기만 했다. 볼테르가 기독교를 공개적으로 비난한 내용, 즉 기독교가 매우 편협하고, 미신적이며, 성경이 모순으로 가득하다는 주장은 전혀 새로운 것이 아니었다. 모두 지난 두 세기 이상 독실한 기독교인이 거듭 해온 주장이었다. 퀘이커교도와 컬리지언트, 스피노자의 신처럼 볼테르의 신도 모든 문제가 종파 분쟁 탓이라며 인간을 경멸하는 신이었다. "미신은 종교에게, 천문학에서 점성술과 같은 존재였으며, 현명하고 지적인 어머니의 너무 어리석은 딸이었다."[7] 볼테르는 기독교를 괴팍하고 편협하고 흉악한 것으로 취급하면서 인류 형제애의 실현을 꿈꾸었지만, 그 꿈 자체가 기독교의 뿌리를 갖고 있었다. 마치 바울이 예수 그리스도 안에서 유대인이나 그리스인의 구분이 없다고 선언한 것처럼, 온전한 계몽이 빛을 누릴 미래엔 유대인도 기독교인도 이슬람교도도 없을 터였다. 그들 사이의 모든 차이는 사라질 것이며 인류는 하나가 될 것이다.

"여러분은 모두 하느님의 자녀입니다."[8] 바울의 획기적인 신념, 즉 세상에 새로운 체제가 수립되기 직전이라는 것, 그에 관한 지식이 사람들의 마음에 새겨지리라는 것, 낡은 정체성과 분열이 차차 사라지리라는 것. 이러한 것들은 여전히 철학자들을 휘어잡는 꿈이었다. "이성의 빛"[9]에 대한 탐구를 신성 모독적인 극한까지 계속 밀고 나가던 사람들조차 그런 신념의 계승자였다. 젊은 볼테르는 1721년 첫 해외여행으로 네덜란드 공화국에 도착했다. 그런데 그보다 3년 전인 1719년에 "제목만으로도 두려움을 불러일으키는"[10] 아주 끔찍한 책이 출판되었다. 그 책《세 사기꾼에 관한 논문》은 마르부르크의 콘라트 시절부터 은밀하게 존재했다는 막연한 소문이 있었지만, 실제로는 헤이그의 한 위그노 집단이 편찬한 것이었다. 대체 제목인 '스피노자의 정신'이 보여 주듯이, 그 책은 그 시대의 분위기와 무척 잘 맞았다. 그 책은 프랑스에서 위그노파를 추방시킨 경쟁 종교 [가톨릭]의 교리를 마구 비난하는데, 이는 스피노자의《신학정치론》조차 무색하게 만들었다. 스피노자는 그리스도를 "신의 목소리"라고 했는데, 이 책은 그리스도를 헛된 꿈을 팔고 돌아다닌 교활한 사기꾼이라며 비난했다. 그리스도의 사도들은 얼간이들이었고, 그가 이루었다는 기적들은 사기였다. 기독교인들은 성경을 두고 논쟁을 벌일 필요가 없었다. 성경은 거짓말로 친 거미줄에 불과했다. 분명《세 사기꾼에 관한 논문》의 저자들은 기독교 자체가 사기에 불과하다는 걸 논증함으로써 개신교와 가톨릭 사이의 분열을 치료하고자 했다. 하지만 그들의 포부는 그것 하나로 그치지 않았다. 그들은 자칭 기독교인이었으므로 온 세상에 빛을 전하고 싶어 했다. 그들에 따르면, 유대인과 이슬람교도 역시 사기를 당한 이들이었다. 예수는 세 사기꾼 중 한 사람으로서 모세와 무함마드 사이에 나란히 서게 되었다. 모든 종교는 사기였다.

볼테르마저 이러한 주장에 충격을 받았다. 신에 대한 자신의 이해가 어느 성직자 못지않게 굳건하다고 생각했던 볼테르는《세 사기꾼에 관한 논문》의 신성 모독이 노골적인 무신론이라고 봤고, 미신처럼 아주 유해하다고 생각했다. 이에 볼테르는 종파 분쟁을 하는 기독교인들 조롱하는 일을 잠시 멈추고, 반체제적인 급진주의자들이 퍼뜨리는 계몽의 모델을 믿지 말라고 자신의 독자들에게 경고하는 시를 썼다.《세 사기꾼에 관한 논문》자체가 하나의 사기라는 내용이었다. 신성의 존재는 반드시 필요하고 그렇지 않으면 사회는 무너질 터였다. "신이 존재하지 않는다면, 신을 발명할 필요가 있을 것이다."[11]

하지만 어떤 종류의 신을? 볼테르가 이 유명한 논평을 쓰고 있을 때 그는 이미 장 칼라스 신원 운동에서 탁월한 승리를 거둔 뒤였다. 1763년에 프랑스 왕비가 직접 칼라스의 부인과 딸들을 접견했다. 1년 뒤 왕실 국무회의는 칼라스의 유죄 판결을 무효라고 선언했다. 1765년 사형이 선고되고 딱 1년 뒤에 칼라스는 확실하게 혐의를 벗었다. 이 승리에 크게 고무된 볼테르는 추가로 여러 인권 운동에 착수했다. 종교 행렬에 신성 모독을 했다는 이유로 손발을 절단당하고 참수된 젊은 귀족의 추억이 대담무쌍하게 옹호되었다. 한 위그노교도는 살인 혐의에서 벗어났다. 이번에는 그 교도가 아직 살아 있을 때 사면이 이루어졌다. 미신의 편협성과 잔혹함은 늘 볼테르에게 특정한 혐오감을 일으켰다. 오심을 뒤집은 신원 운동의 성공으로 크게 고무된 그는 대담하게도 교황청의 최종적인 완패를 구상했다. 비웃는 잔인한 군중 앞에서 죽을 때까지 고문을 당하면서도 자신의 무죄를 주장한 칼라스의 신원은 계몽의 대의를 위한 승리였을 뿐 아니라 기독교의 패배이기도 했다. "철학만이 홀로 이 승리를 쟁취했다."[12]

기독교인들도 그렇게 생각하는지는 완전히 다른 문제였다. 하지만 볼테르의 개입에 경의를 표한 가톨릭교도도 많았다. 그들이 없었다면 볼테르의 인권 운동은 절대 성공할 수 없었을 것이다. 프랑스의 필로조프파만으로는 온 나라를 뒤흔들 수 없었으니 말이다. 볼테르가 미신의 지옥이라고 표현한 툴루즈에서조차 종교적 편협함을 경고한 그의 말에 동의하고 그런 경고와 가톨릭의 가르침 사이에 모순이 없다고 여긴 사람들이 많았다. "예수 그리스도께서는 성경에 모든 구체적 사례를 남겨 주셨다." 툴루즈의 유력 정치인 중 한 사람의 부인은 자신의 아들에게 남기는 글에서 이렇게 말했다. "길 잃은 양을 찾는 이는 채찍으로 양을 데려오지 않는다. 그는 등에 양을 짊어지고, 어루만지고, 자비심으로 양을 자신과 동일시한다."[13] 나약함이 힘의 근원이 될 수 있고, 희생자가 고문자를 상대로 승리를 거둘 수 있고, 고통이 승리를 구성할 수 있다는 역설은 복음의 핵심이었다. 볼테르는 고문 바퀴에서 온몸이 박살난 칼라스를 상세하게 묘사할 때 독자들에게 십자가에 매달린 그리스도의 이미지를 상기시켰을 것이다. 볼테르가 기독교를 판단하고 기독교의 잘못을 비난한 기준은 보편적인 것이 아니었다. 다시 말해 전 세계 철학자들이 공유하는 것은 아니었다. 그것은 북경에서부터 카옌까지 공통된 것이 아니었다. 볼테르의 기준은 아주 독특한 기독교적 사상이었던 셈이다.

가장 급진적인 필로조프파조차도 때때로 이런 차이를 인식하고 있음을 보여 주었다. 1762년 칼라스 사건의 충격이 퍼져 나가던 초기에, 디드로는 박해당한 가족을 위해 볼테르가 자신의 재능을 기꺼이 발휘하는 모습에 감탄하여 이런 글을 남겼다. "칼라스가 그에게 무엇이었기에? 그는 어디서 그 가족들에게 흥미를 느꼈을까? 어떤 이유로 그는 자신이 사랑하는 일을 보류하고 그들을 지키는 데 몰두하는 것일까?" 디드로는 비록 무신론자였지만, 정직한 사람이었으므로 그 질문에 대한 가장 그럴듯한 답변을 인정할 수밖에 없었다. "그리스도가 있다면, 나는 볼테르가 구원받을 거라고 확신한다."[14]

기독교의 뿌리는 무척 깊고 두껍게 뻗었으며, 프랑스의 사회 구조를 구성하는 모든 기초의 주변에 확고히 휘감겨 있었고, 프랑스의 유서 깊고 거대한 석조물을 단단히 움켜잡고 있어서 쉽게 떼어 낼 수 없었다. 교회의 장녀로서 오랜 기간 칭송된 프랑스 왕국에서, 세상에 새로운 질서를 수립하고 그런 질서에서 미신을 제거하고 폭정에서 구해 내겠다는 야심에는 당연히 기독교의 전제가 한가득 들어 있을 수밖에 없었다. 필로조프파의 꿈은 참신한가 하면 전혀 참신하지 않았다. 그들 이전에 많은 이들이 어둠에서 인류를 구해 내겠다고 애썼다. 루터, 그레고리우스 7세, 바울이 그러했다. 기독교인들은 맨 처음부터 세상의 종말이 찾아오는 때를 기다려 왔다. "밤은 거의 끝났다. 낮이 거의 다가왔다."

한때 기독교 세계였던 땅들에서 벌어진 혁명은 교회들과 왕국들을 뒤흔들어 놓았다. 그렇다면 혁명이 또다시 벌어지지 않으리라고 누가 자신 있게 말할 수 있겠는가?

불행하여라, 너희 부유한 자들아

한때 성 마르탱의 거처였던 거대한 대성당을 싹 뜯어내는 데에는 엄청난 노력이 필요했다. 샤를 마르텔이 사라센인들을 상대로 대승을 거두고 천 년 이상이 지난 뒤 그 건물은 순례의 중심지로 계속 번성했다. 연이은 재앙, 예를 들어 바이킹의 공격이나 화재로 허물어졌어도 그 건물은 반복하여 다시 지어졌다. 그리하여 대성당 주변으로 제멋대로 뻗어 나가며 생긴 건물 단지는 마르티노폴리스Martinopolis로 알려졌다. 하지만 혁명가들은 천성적으로 도전을 즐겼다. 1793년에 혁명가 무리는 대형 망치와 곡괭이로 무장하고 대성당을 점령하고서 힘차게 파괴 작업에 착수했다. 성인상들이 도괴되었고, 제의祭衣는 불탔으며, 무덤은 박살났다. 지붕에선 납이 뜯겨 나갔고, 종은 탑에서 제거되었다. "성소는 창살이 없더라도 문제없지만, 조국은 창 없이 지킬 수 없다."[15] 마르티노폴리스는 무척 효율적으로 그 보물을 몇 주 만에 빼앗겼고 완전히 헐벗고 말았다. 그렇기는 해도 위기 상황에서 삭막한 대성당의 잔해가 헛되이 쓰인 적은 없었다. 투르의 서쪽 방데에서 혁명은 위험한 상황에 처했다. 반역자 무리가 성모상 뒤에 모여 혁명에 저항하는 반란을 일으켰다. 애국자들은 기병대를 모집하여 투르에 도착했는데, 말을 둘 곳이 필요했다. 해결책은 너무나 분명했고,

그리하여 성 마르탱의 대성당이 마구간으로 전환되었다.

한때 기독교 세계에서 가장 신성한 곳 중 하나였던 그곳에 말똥이 흘러넘쳤다. 이런 일은 살롱에서 널리 읽힌 볼테르의 저서가 미신을 조롱하는 경멸적인 내용보다 훨씬 더 신랄한 기독교 비방이었다. 프랑스에 등장한 새로운 통치자들의 야심은 "전 국민을 필로조프파로"[16] 만드는 것이었다. 구질서는 그 무게를 달아 본 결과 함량 미달로 판명되었다. 군주제가 폐지되었다. 그 당시 프랑스 국왕[루이 16세], 즉 클로비스 1세의 세례를 위해 하늘에서 내린 것과 똑같은 성유를 자신의 즉위식 때 발랐던 자, 샤를마뉴 대제의 칼을 허리에 찬 자는 일반 범죄자로 취급되어 단두대에서 처형되었다. 그의 참수형은 환호하는 군중이 다 보는 앞에서 기요틴으로 실행되었다. 이 죽음의 기계는 그 발명자가 개화되고 공평한 사형 집행 장치로 특별히 설계하여 만든 것이었다.

거친 나무판자로 만든 관에 담겨 생석회에 뒤덮인 왕의 시신처럼, 프랑스의 모든 계급, 모든 귀족제의 흔적은 철폐되고 누구나 똑같은 시민이라는 지위만 남았다. 하지만 단순히 새로운 기반 위에다 사회를 올려놓는 것만으로는 충분하지 않았다. 미신의 그늘은 모든 곳에 마수를 뻗쳤다. 시간조차 재조정되어야 했다. 그해 10월에 새로운 달력이 도입되었다. 일요일 제도는 폐지되었다. 한 해를 그리스도의 현현顯現으로 계산하는 관행도 사라졌다. 나중에 프랑스에선 공화국 정부가 시간의 흐름을 적절히 나누는 제도를 선포할 계획이었다.●

이런 혁신이 벌어지는 중이었는데도 해야 할 일이 여전히 많았다. 지난

● 프랑스 공화국이 제정한 공화력은 반기독교 운동의 여파로 생긴 조치인데, 1주 7일제를 폐지하고 1주 10일제를 선택했고 10일마다 휴일을 두었다. 한 해 열두 달의 명칭도 숫자를 사용하는 대신, 브뤼메르, 테르미도르 하는 식으로 바꾸었다. 공화력은 1806년 1월 1일에 나폴레옹이 폐지했다. —옮긴이

1500년 동안 성직자들은 그 추잡한 지문을 역사를 이해하는 방식에 찍어 놓았다. 그들은 줄기차게 "그 봉건적인 정신 속에다 오만함과 야만적인 관행"[17]을 유지해 왔다. 그렇다면 그 전에는? 혁명이 실패하면 어떤 일이 벌어질지 보여 주는 엄숙한 경고는 그리스와 로마의 역사에서 발견되었다. 최근 유럽에 밝게 다가온 빛이 유럽 대륙이 겪는 첫 계몽의 경험은 아니었다. 이성과 반이성, 문명과 야만, 철학과 종교 간의 전투는 고대에도 있었다. "이교도 세계에선 관용과 관대함의 정신이 지배했다."[18] 기독교의 유해한 승리가 완전히 철폐한 것이 바로 관용이었고 그리하여 광신이 팽배했다. 이제 필로조프파의 꿈이 완전히 현실이 되었다. 로마 교회의 미신은 박살났다. 콘스탄티누스의 시대 이후 처음으로 기독교는 정부에 의해 근절 대상이 되었다. 혁명의 불길로 제거된 기독교의 해로운 통치는 이제 제거되었다. 오랫동안 중세를 지배해 온 기독교는 이제 그 통치가 종식되면서 고대와 근대라는 두 시대를 분리했다.

바로 이것이 혁명가들이 과거를 바라보는 태도였다. 그런 태도는 유럽 전역을 휩쓰는 감수성에 딱 들어맞는 것이었으므로 혁명 정부의 임시변통 달력보다 더 끈질긴 지구력을 보여 줄 터였다. 그렇지만 계몽사상의 다른 수많은 특징처럼 이 역시 필로조프파에게서 나온 것이 아니었다. 유럽 역사를 뚜렷하게 다른 세 시대(고대, 중세, 근대)로 이해하는 방식은 원래 종교 개혁에 의해 보급되었다. 개신교도들이 볼 때, 이 세상에서 어둠의 그림자를 걷어 낸 사람은 루터였고, 교황제로 인해 교회가 타락하기 전인 초창기의 여러 세기는 바로 빛이 드는 원시의 시대였다. 1753년 영어에 '중세Middle Ages'라는 용어가 처음으로 등장했을 때 개신교도들은 뚜렷한 역사적 시대 하나가 존재했던 걸 당연하게 생각했다.•

중세는 로마 제국이 저물어 가던 때에 시작되어 종교 개혁 시기까지 계속되었다. 혁명가들은 생드니의 수도원 건물들을 부쉈을 때, 클뤼니에서 수사들을 내쫓은 뒤 수도원 건물이 붕괴하도록 내버려 두었을 때, 노트르담 성당을 "이성의 전당"으로 다시 성별聖別하고 그곳의 둥근 천장 아래에 '자유'로 분장한 가수를 두었을 때, 이전 격변의 시기에 자신도 모르게 경의를 표한 셈이었다. 투르에서도 역시 대성당이 훼손된 것은 최초의 반달리즘[파괴 행위]이 아니었다. 1562년 프랑스 전역에서 가톨릭과 개신교 사이에 무력 분쟁이 벌어졌을 때 한 위그노 집단이 성 마르탱 대성당의 성물함에 불을 질렀고, 성인의 성유물을 불 속에 내던졌다. 그 난리 끝에 남은 건 뼈 하나와 두개골 조각 하나였다. 혁명의 최초 진통 속에서 많은 가톨릭교도가 당혹스럽고 혼란스러운 상황에 빠졌고, 그 모든 게 개신교도의 음모라고 의심한 것은 전혀 놀라운 일이 아니었다.

하지만 클로비스의 후계자[루이 16세]를 거지의 무덤으로 보낸 대격변의 근원은 종교 혁명보다 훨씬 이전으로 소급된다. "불행하여라, 너희 부유한 자들아." 그리스도가 했다는 이 말은 거의 누더기 바지 정도만 갖춰 입을 수 있는 자들, 그리고 "반바지도 없는" 것으로 분류되는 자들(상퀼로트sans-culottes, 과격 공화주의자)의 성명서나 마찬가지였다. 이런 말이 가난한 자들에게 세상을 상속하라고 촉구하는 최초의 말은 아니었다. 모든 남

• 중세라고 하면 보통 내세를 기다리며 이승을 부정하던 광신적 믿음의 암흑시대를 연상하기 쉬운데, 중세를 이렇게 편협하게 정의한 사람은 르네상스 시대의 이탈리아 문인인 페트라르카다. 15세기의 르네상스를 강조하려는 의도에서 중세 천 년을 어두운 시대로 규정하면서 이제 밝고 환한 소생의 시대가 왔다고 했던 것이다. 이런 견해는 계몽사상의 시대에 들어와 최고조에 도달했으나 19세기 말에 접어들면서 다른 견해가 나오기 시작했다. 우선 낭만주의자들이 중세는 곧 암흑이라는 주장을 반박하면서, 중세가 실은 영광스러운 시대였으며 그 시대 사람들도 르네상스 시대 사람들 못지않게 치열하고 진지한 삶을 살았다고 반론을 펼쳤다. 또한 19세기 초의 예술 역사가들은 중세 미술 양식이 르네상스 미술에 견주어 전혀 손색이 없을 정도로 높은 예술적 성취를 이루었다고 말했다. ―옮긴이

녀가 평등해지는 세상을 꿈꾼 펠라기우스주의자들도 그런 말을 했고, 공산주의 원칙에 입각하여 공동체의 마을을 짓고 왕의 주검에 짚으로 엮은 왕관을 씌워 주며 조롱한 타보르파도 그랬고, 재산을 하느님에 대한 모독이라고 맹공격한 디거들도 그랬다.

오래된 도시 투르에선 과격한 공화주의자들에 의해 대성당이 약탈되었는데, 교회의 부와 주교들의 대궐 같은 집이 군중의 분노로 난폭한 짓을 당한 일도 처음은 아니었다. 마르무티에는 앨퀸이 한때 성경을 모든 기독교인의 유산이라고 홍보한 곳이었고, 그곳에서 12세기의 한 수도사가 마르탱의 혈통을 작성하기도 했다. 그 수도사는 이 문서에서 마르탱을 왕과 황제의 후계자라고 서술했지만, 실은 마르탱은 귀족이 아니었다. 비단옷을 입은 갈리아의 지주들은 마르탱의 투박한 태도와 조잡한 복장을 불쾌하게 여겼고, 그들의 후예가 프랑스 혁명기의 호전적인 혁명 투사들을 혐오한 것처럼 마르탱을 혐오했다. 그러나 마르탱은 자신의 성지를 파괴한 급진주의자들처럼 우상을 파괴했고, 특권을 비웃었으며, 힘 있는 자를 괴롭힌 사람이었다. 마르티노폴리스의 외관은 화려했지만, 가장 흔하게 묘사되는 성인의 모습은 거지와 함께 망토를 나누어 입는 모습이었다. 마르탱 또한 상퀼로트였다.

프랑스 혁명이 처음 쇄도할 때 그 점을 알아본 가톨릭 신자들이 많았다. 찰스 1세의 패배 이후 잉글랜드 급진주의자들이 그리스도를 최초의 레블러Leveller(수평파)라고 칭했던 것처럼, 프랑스 혁명을 열광적으로 지지한 자들도 그리스도를 "최초의 상퀼로트"[19]라고 부르며 경의를 표했다.

사실 따지고 보면 혁명이 선언한 자유는 바울이 선언한 바로 그 자유 아닌가? "형제들이여, 그대들은 자유로이 되도록 부름을 받았다." 1789년 8월, 이 성경 말씀은 한 달 전 프랑스 군주정의 가장 위협적인 감옥인,

거대한 요새 바스티유를 공격하다 죽은 사람들의 장례식 추도사로 사용되었다. 혁명을 지배하는 가장 급진적 파벌인 자코뱅 당원들조차 처음엔 성직자들에게 환영을 받았다. 실제로 한동안 성직자들은—어울리지 않게도—다른 어떤 전문직보다 자코뱅 당원들이 많았다. 1791년 11월에 파리 자코뱅 당원들이 선출한 대표는 주교였다. 당시엔 그런 결정이 적절해 보였다. 그들은 도미니쿠스 수도회의 예전 본부를 근거지로 삼았고, 자코뱅이라는 명칭조차 도미니쿠스 수도회에서 유래했다.● 분명 처음에는 프랑스 혁명이 장차 종교계를 공격할 거라는 조짐이 거의 없었다.

대서양 건너편에서는 정반대의 양상이 펼쳐졌다. 바스티유 습격이 있기 13년 전, 북아메리카의 영국 식민지들은 독립을 선언했다. 미국 혁명을 분쇄하려는 영국의 시도는 실패로 끝났다. 프랑스 군주정은 경쟁 국가인 영국을 의식하여 아메리카 반역자들에게 금전적 지원을 했지만, 궁극적으로 그 자신〔프랑스 군주정〕의 붕괴를 가져오고 말았다. 그런 프랑스에서 필로조프파의 이상이 미국 혁명에 진 빚은 아주 분명해 보였다. 초기 프랑스 공화국 상층부의 많은 사람들이 이에 동의했다.

1783년 미국의 첫 대통령이 되기 6년 전, 식민지 주민들을 독립으로 이끈 장군은 미국을 계몽의 기념물로 칭송했다. 조지 워싱턴은 이렇게 선언했다. "우리 제국의 기초는 무지와 미신의 암울한 시대에 있지 않고, 인류의 권리가 이전 다른 어떤 시대보다 더욱 잘 이해할 수 있고 명확하게 규정된 시대에 있습니다."[20] 이런 호언장담은 기독교에 대한 경멸을 전혀 암시하지 않았다. 오히려 정반대였다. 스피노자나 볼테르가 쓴 어떤

● 자코뱅당은 프랑스 혁명 당시인 1789년에 결성된 공화주의적 정치 단체를 말한다. 파리 도미니쿠스회의 자코뱅 수도원을 그 집회 장소로 삼은 데서 이런 당명이 붙었다. 처음에는 온건했지만 후에 과격해져서 1793~1794년의 공포 시대를 불러온 장본인이 되었다. —옮긴이

글보다도 미국 공화국에 민주주의 모델을 제공한 건 뉴잉글랜드였고, 관용 모델을 제공한 건 펜실베이니아였다. 모든 사람은 동등하게 창조되었고, 양도할 수 없는 생명, 자유, 행복 추구의 권리를 부여받았다는 생각은 전혀 자명한 진리가 아니었다. 대다수 미국인은 그런 자명한 진리는 철학보다 성경에 신세를 졌다고 믿었다. 기독교인과 유대인에게, 개신교도와 가톨릭 신도에게, 칼뱅주의자와 퀘이커교도에게 동등하게 주어진 확신은 모든 인간이 신의 형상으로 창조되었다는 것이다. 미국 공화국의 가장 진정하고 궁극적인 사상적 배경은 구약성경의 〈창세기〉였다. 물론 미국의 헌법을 작성한 몇몇 사람은 이와는 다르게 생각했겠지만 말이다.

미국 헌법을 작성한 사람들의 재능은 신생 국가의 주된 종교적 유산인 급진적 개신교에 계몽의 옷을 입히는 것이었다. 1791년 미국 헌법은 하나의 교회를 다른 교회들보다 선호하는 걸 금지하는 수정 조항을 채택했다. 크롬웰이 종교의 자유를 열렬히 옹호한 것이 기독교의 부정이 아니듯이, 이런 조치 역시 기독교를 부정한 것은 아니었다. 미국인들은 종교적 정통성의 기준을 일률적으로 부과하려는 태도를 아주 싫어했다. 그들이 이런 태도를 갖게 된 사상적 배경은 파리의 필로조프 살롱이 아니라 필라델피아의 퀘이커 예배당이었다. "기독교 설교자들이 봉급을 받지 않고 그리스도와 그의 사도들이 했던 것처럼 계속 가르침을 전하고 지금 퀘이커교도가 하는 것처럼 살았다면, 신앙 검증은 절대로 존재하지 않았으리라 생각한다."[21] 한 박식가는 그런 글을 남겼다. 그는 나라의 독립 운동에서 끈질기게 맡은바 역할을 한 것으로 유명하고 또 피뢰침을 발명한 것으로도 유명했다. "최초의 미국인"으로 불리게 된 이 사람, 벤저민 프랭클린은 뉴잉글랜드와 펜실베이니아를 서로 조화시키는 살아 있는 가교 역할을 했다.

보스턴에서 태어난 프랭클린은 청년 시절에 필라델피아로 도망쳤다. 평생 청교도 평등주의를 찬미했으며 신의 섭리를 굳건히 믿은 벤저민 레이에 관한 책을 펴내기도 했다. 그는 퀘이커교도들의 사례에 감화되어 자신의 노예를 해방시켜 주기도 했다. 필로조프파는 식민지 미덕의 화신으로서 프랭클린을 칭송했다. 프랭클린은 필로조프파와 마찬가지로 미신의 냄새가 나는 것은 뭐든지 무익한 도그마로 일축했고 더 나아가 그리스도의 신성에 대해서도 의심을 품었다.

그렇지만 프랭클린은 미국 개신교 전통의 계승자라고 할 만한 미덕도 많이 갖춘 인물이었다. 볼테르는 파리에서 프랭클린을 처음 만났는데, 프랭클린이 자기 손자에게 축복을 베풀어 달라고 볼테르에게 요청했다. 이에 볼테르는 자신이 유일하게 적합한 축복이라고 선언한 것을 영어로 전했다. "하느님과 자유."²² 프랭클린은 미국 혁명의 유능한 대변자로서 유럽 대륙에서 폭넓게 활약했다. 프랭클린의 삶은 미국 혁명과 마찬가지로 미래의 암시를 담은 진실의 사례였다. 기독교를 보편적 가르침으로 홍보하는 가장 확실한 방법은 그것이 기독교가 아닌 다른 것〔계몽주의〕도 일부 받아들였다고 말하는 것이었다.

프랑스에서 미국 혁명은 많은 연구자들에게 교훈이 되었다. 프랑스 역시 권리에 관해 말했다. 바스티유 함락으로부터 한 달이 지나자마자 프랑스 혁명의 근간이 되는 문서가 '인간과 시민의 권리 선언문'이라는 그럴듯한 제목을 달고 발표되었다. 이 글의 일부는 프랑스에 부임한 미국 대사가 미국의 전례에 크게 의존하여 작성한 것이었다. 하지만 두 나라의 역사는 무척 달랐다. 프랑스는 개신교 국가가 아니었다. 이 나라에는 인권에 대한 권리를 주장하는 경쟁자가 있었다. 대서양 양쪽의 혁명가들에 의해 주장된 이것●은 사물의 구조 내부에 자연스럽게 존재했으며, 늘 시간과 공간을 초월하여 존재해 왔다. 하지만 이것은 성경 속의 그 어느 신화 못지않게 환상에 가까운 믿음이었다. 개신교도 법학자와 필로조프파에 의해 종교 개혁 이래로 중재되어 온 인권 개념의 진화는 원래의 인권법 저자들—중세의 교회법학자들—을 무시했다. 인권 사상은 고대 그리스나 로마에서 비롯된 것이 아니라, 올바른 생각을 지닌 혁명가들이 잃어버린 천 년이라고 비난한 역사의 시기—수도원 광신자들이 계몽의 기미가 보이는 책들을 모두 불태웠다고 생각되는 시기—에서 비롯되었다. 그러니까 모든 사람이 평등하다고 주장하는 인권 사상은 중세의 교회법학자에게서 나온 유산이었다.

전성기에 비하면 한참 약화되었지만 가톨릭교회는 보편적 통치권을 주장하는 걸 그만두지 않았다. "모든 통치권의 원칙은 본질적으로 국가에 있다"[23]라고 주장하는 혁명가들에게 교황청의 그런 주장은 거추장스러운 장애물이었다. 합법성의 원천은 국가에서 다른 기관으로 전환될 수 없었다. 그에 따라 미국 입법자들조차 "종교의 설립과 자유로운 활동을 금지하는 법을 제정해서는 안 된다"[24]라고 규정했는데도 1791년에 프랑스 정부는 교회를 국유화했다. 교권을 중시하는 그레고리우스 7세의 유산은 결정적으로 폐지되었다. 가톨릭 신자들이 새로운 정부 체제에 대한 충성 맹세를 거부하자, 프랑스 정부는 기독교를 통제하는 조치를 강화하기에 이르렀다. 종교를 제거하려는 시도에 의문을 표한 혁명 정부의 일부 지도자들마저 가톨릭교회를 참고 봐줄 수 없다는 주장을 수긍했다. 1793년이 되자 성직자들은 더는 자코뱅 당원들에게 환영을 받지 못했다. 중세 미신의 뿌리에서는 어떤 가치 있는 것들이 나타날 수 없었기에 혁명 정부는

• 인권은 자연 속에 원래 들어 있다고 하는 자연법사상. —옮긴이

그것을 진지한 고려 대상으로 여기지 않았다. 혁명의 지도자들이 볼 때, 인권은 기독교 역사의 흐름에 아무것도 빚진 게 없었다. 인권은 영원하고 보편적이었다. 혁명은 인권의 수호자였다. "권리 선언은 모든 사람의 헌법이며, 다른 모든 법은 본질적으로 변화가 심하므로 권리 선언에 종속되어야 한다."[25]

바로 이것이 자코뱅 지도자들 중에서 가장 단호하고 잔인했던 막시밀리앙 로베스피에르가 한 말이다. 과거가 미래에 대하여 권리가 있다는 주장을 로베스피에르처럼 냉정하게 경멸한 사람은 아마 없을 것이다. 오랫동안 사형에 반대해 왔던 그는 왕의 처형을 위해 열성적으로 뛰어다녔다. 성당들이 고의적인 파괴를 당하는 광경에 충격을 받기는 했지만, 그래도 로베스피에르는 공포 없는 미덕은 무기력하다고 생각했다. 혁명의 적에게 보여 줄 자비는 없었다. 그들은 나병에 감염되었다. 그들을 절단하고 그들의 악을 국가로부터 제거해야만 시민들의 승리를 굳건하게 만들 수 있었다. 그런 다음에야 비로소 프랑스는 새롭고 완전하게 태어날 터였다.

하지만 여기서 아주 낯익은 역설이 등장한다. 세습되는 죄와 부조리를 제거하고, 인류를 정화하고, 인류를 악덕에서 미덕으로 이끌겠다는 야심은 루터뿐만 아니라 그레고리우스 7세에게로 소급되는 것이었다. 왕들을 꺾고 법률가들을 소집한 가운데 발견한 보편적인 통치권의 웅대한 계획은 유럽 원시 혁명가들의 족보에서 연면하게 이어져 오는 꿈이었다. 혁명가들이 반대파를 단속하려고 하는 노력도 아주 오래된 내력을 갖고 있었다. 볼테르는 칼라스의 사면을 얻으려고 애쓰면서, 툴루즈의 법률 체제가 알비파에게 대항하는 십자군과 비슷하다고 말했다. 30년 후, 투르의 서쪽 방데로 진군하던 혁명군 부대는 자칭 볼테르의 숭배자들에게서 명령을 받았는데, 훨씬 더 잔인하고 꼼꼼한 방식으로 십자군의 대의를 내세웠다. "모두 죽여라. 하느님께서는 그분의 백성들을 알고 계신다." 이 명령은 교황 특사가 개신교의 거점 도시 베지에의 성벽 앞에서 내린 지시와 똑같았다. "길 가는 도중에 만나는 주민들을 모두 창으로 찔러 죽여라. 이 지역에 몇 안 되는 애국자가 있다는 걸 알고 있지만, 그건 상관할 바 아니다. 우리는 전부 없애야 한다."[26]

　1794년 초에 방데를 진압하기 위해 파견된 장군도 휘하 병사들에게 그런 명령을 내렸다. 그렇게 하여 방데 인구의 4분의 1에 달하는 25만 명의 민간인이 학살되었다. 그러는 사이 수도 파리에선 시민의 적으로 비난받은 자들을 처형하는 건과 관련하여, 혁명의 공포를 열렬히 지지하는 자들이 성경[〈요한 묵시록〉]에 입각한 해석을 내놓으며 대규모 처형을 정당화했다. 선과 악이 최후의 전투에서 서로 맞섰고, 온 세상이 위태로운 상황에 처했다. 저주받은 자들은 분노의 포도주를 마시도록 강요되었다. 새로운 시대가 옛 시대를 대체하는 중이었다. 그것은 〈요한 묵시록〉에 나와 있는 종말 직전의 모습이었다. 혁명 정부는 정의가 무덤까지도 단속할 수 있음을 보여 주려고 생드니의 왕실 공동묘지를 파헤치라고 지시했다. 그리하여 왕가의 시신들이 석회 갱 속으로 던져졌다. 이 일을 맡았던 자들은 그것을 가리켜 '최후의 심판'이라고 했다.

　그러나 자코뱅 당원들은 도미니쿠스 수도회가 아니었다. 그들은 계몽주의를 믿었다. 최종적인 심판은 신의 특권이며, 모든 죄인의 삶은 천국이나 지옥으로의 여정이라는 기독교적 신념을 경멸했다. 영혼의 불멸을 믿은 로베스피에르조차도 그 자신이 지고한 존재라고 칭한 냉정하고 초연한 하느님에게 지상地上의 정의를 맡겨 두어서는 안 된다고 생각했다. 정의를 지키는 것은 지금 여기에서 미덕의 승리를 위해 일하면서 미덕을 소중히 여기는 모든 사람의 책임이었다. 공화국이 순수함을 회복하기 위해서는 정화를 해야 했다. 하느님이 이 정화의 의무를 수행한다고 생각하는 건 가장 부패한 미신이었다. 복음은 이렇게 가르쳤다. 가난한 자들을 탄압하는 자들은 종말의 시기에 응당 대가를 치를 것이며, 그리스도가 영광 속에서 재림할 때 "모든 민족을 양치기가 염소와 양을 가르는 것처럼"[27] 구분할 것이다. 하지만 그런 미신은 절대 발생하지 않을 터였다. 필로조프파의 지지자들은 그것을 한 편의 아름다운 동화라고 생각했다. 따라서 염소와 양을 분류하고 그들을 처벌하는 책임은 하느님에게 맡겨둘 것이 아니라, 자코뱅 당원들이 사심 없이 엄숙하고도 단호하게 짊어져야 했다.

바로 이런 이유로 혁명의 지도자들은 방데에서 반란이 일어나자, 알비파 운동 이후 환부에만 수술칼을 들이댄 수도사들의 방식을 쓰지 않고 전면적인 학살의 칼을 들이댔다. 그리하여 파리에서는 기요틴이 쉴 새 없이 작동했던 것이다. 1794년 봄이 끝나고 여름으로 바뀌던 때에 기요틴의 날은 여느 때와 마찬가지로 쉴 새 없이 떨어지면서 사람들의 목을 쳤고, 피가 고인 웅덩이들에선 핏물이 넘쳐흘러 그 옆의 자갈밭을 흠뻑 적셨다. 유죄 판결을 받는 건 개인들이 아니라 계급 전체였다. 귀족, 온건파, 모든 반혁명주의자의 계급이 시민의 적으로 지목되었다. 혁명가가 그들에게 자비를 보이는 건 범죄였다. 관용은 극악무도한 것이었고, 온정은 존속살인이었다.

그러나 마침내 로베스피에르조차 그 자신이 빈번히 승리를 거뒀던 같은 당파 싸움에서 패배하여 기요틴으로 보내졌다. 이때에도 로베스피에르는 "프랑스 혁명은 인류의 권리를 바탕으로 삼은 최초의 혁명이 될 것이다"[28]라는 신념을 고수했다. 그곳엔 정의를 구현하는 천상의 법정도,

왕좌에 앉은 하느님도 필요하지 않았다. "저주받은 자들아, 나에게서 떠나 악마와 그 부하들을 위하여 준비된 영원한 불 속으로 들어가라."[29] 그렇게 그리스도는 심판의 날에 굶주린 자들을 먹이고, 헐벗은 자들에게 옷을 입히고, 감옥의 병자들을 돌보는 데 무심했던 자들에게 말할 것이다. 그러나 이제 계몽의 시대가 왔고 혁명가들은 그런 허튼소리를 진지하게 들어 줄 이유가 없었다. 유일한 천국은 혁명가들이 지상에 세운 천국이었다. 인권이 규정되는 데에는 하느님이 필요하지 않았다. 미덕이 그 보상이었다.

미덕의 불행

"중세의 어둠은 우리가 주목할 만한 몇 가지 장면을 보여 주었다."[30] 이런 풍조, 즉 과거 중세의 어둠 속에서조차 가끔 꺼질 것 같은 빛이 나타났다고 마지못해 인정하는 태도는 필로조프파에게도 알려져 있었다. 하지만 철저한 혁명가들이 볼 때 야만과의 타협이란 불가능한 얘기였다. 중세는 미신의 온상이었고, 그런 정의定義 하나만으로도 충분히 파악되는 시대였다. 혁명 당시 자코뱅 당원들이 기독교의 승리 이전에 존재했던 고대 세계의 관습과 예절을 크게 환영했던 건 그리 놀라운 일이 아니다. 종교 개혁이 상상했던 초창기 교회의 역할은, 프랑스 혁명이 상상했던 고대 그리스와 로마의 역할과 같았다. 새로운 시대의 출현을 기념하는 축제는 고대의 신전과 조각상에서 얻은 영감을 바탕으로 설계되었다. 파리의 거리에선 기독교 성인들의 이름이 사라졌고, 그 대신 아테네 철학자들이 빈자리를 채웠다.

혁명 지도자들은 집요하게 키케로를 본보기로 삼고자 했다. 프랑스 공화국이 고대 로마사의 침울한 과정을 모방하여 군사 독재의 길로 나아가면서도, 새로운 정권은 계속 고전고대의 분장 도구 상자에서 소도구를 빌려 왔다. 프랑스 공화국의 군대는 유럽 전역에서 승리의 독수리 깃발을 내걸고 행진했다. 혁명 군대의 승리는 파리 중심부에 거대한 아치형 개선문을 세워서 축하했다. 뛰어난 군사적 재능을 지닌 나폴레옹 장군은 일부러 카이사르의 월계관을 썼다. 그러는 사이에 교회―나폴레옹이 황제 대관식에 교황을 초청하고서도 그에게 왕관 씌울 권한을 주지 않는 걸 간신히 참았던 교회―는 국가의 한 부서로서 효율적으로 기능을 발휘했다. 나폴레옹이라는 이름의 성인이 로마 황제를 흉내 내며 황제 대관식을 공식 축제의 행사로 만들자, 교회는 이미 베인 상처에 소금이 뿌려지는 모욕을 느꼈다. 그렇지만 로마 제국의 초대 황제 아우구스투스는 틀림없이 나폴레옹의 그런 대관식 행사를 멋지다고 승인했을 것이다.•

하지만 고대가 현대에 오로지 미덕의 모델만을 제공하고 또 계몽된 진보적 시대에 적합한 모범이 되었다는 주장은 현실과 맞지 않는 얘기였다. 1797년 파리에선 미덕과는 전혀 다른 관점을 보여 주는 책이 출판되었다. 이 책엔 고대인의 "관용과 온화함"을 강조하는 내용은 아예 없었다. "세상에서 고문을 가장 독창적으로 발명한 인종"[31]인 페르시아인들은 스카페를 고안했다. 그리스인들은 도시를 점령했을 때 용맹에 대한 보상으로 강간을 허가했다. 로마인들은 소년들과 소녀들을 집에 재고품처럼 놔

• 고대 로마는 기원전 88년 술라가 야전군 사령관으로 나가면서 군사 독재의 기미가 보이기 시작했고 그 후 기원전 50년에 카이사르가 등장하면서 군사 독재의 길이 완전히 열렸다. 그리하여 그 전 400년에 걸친 공화정은 막을 내리고 카이사르의 양아들 아우구스투스가 기원전 27년 로마 초대 황제 자리에 올랐다. ―옮긴이

두고 자신들의 성욕 충족에 활용했다. 고대의 모든 사람은 영아 살해를 완전히 합법적인 조치로 여겼다. 다른 쪽 뺨을 내주는 것은 멍청한 짓이 었다. "자연은 약자를 노예로 부려 먹으라고 내려 주었다."[32] 이 책은 먼 과거, 기독교의 도래 이전에 제국들은 기독교에서라면 범죄로 여겨지던 행위들을 완전히 합법적인 관습으로 여겼다고 주장하면서 그에 관한 기사를 수백 쪽에 걸쳐 반복적으로 상세히 기술했다. 이 책은 또한 고통의 광경을 보고 즐거워하는 것이 ─고대 로마가 도시의 심장부에서 공공 여흥으로 그런 일을 무대에서 연출했던 것처럼 ─ 고대의 시민들에게 유익한 일이었다는 도발적인 주장도 했다. "로마는 이런 잔인한 광경을 연출하는 동안에도 여전히 세상의 여주인이었다. 기독교 윤리가 짐승이 도살당하는 것보다 사람이 도살당하는 걸 지켜보는 것이 더 큰 잘못이라고 가르치는 데 성공하자마자 그녀는 쇠락의 길로 빠져들었고, 더 나아가 노예 상태로 빠져들었다."[33]

이런 생각이 온전히 독창적인 것은 아니었다. 기독교가 로마제국의 쇠퇴와 몰락에 이바지했다는 건 역사에 관심 많은 필로조프파의 유명한 논제였다. 하지만 다른 방식으로 자신의 독창성을 극한까지 보여 준 저자가 있었다. 그 저자의 책이 정말 충격적이었던 건 저자명을 암시하는 어떤 단서도 없이 출판되었다는 점이었다. 《새로운 쥐스틴La Nouvelle Justine》은 역사서가 아니라 단지 소설 작품이었다. 이 책에서 드러나는 고대 문명에 대한 관찰은, 혼란스러운 주제를 보여 주는 커다란 태피스트리 중 한 올에 불과했다. 그 주제는 다음과 같았다. "미덕은 대단히 귀중한 가치의 보고가 아니라 환경에 따라 다양하게 나타나는 행동 방식일 뿐이며, 따라서 그 자체에 어떤 본질적 가치가 있는 것은 아니다."[34] 이렇게 생각하지 않는 것은 어리석은 짓이었다. 그 소설 ─ 한 여자는 고결하고, 다른 여자는 방탕한 두 자매의 모험을 다룬 작품—의 구성은 도덕의 상대성을 터무니없이 집요할 정도로 세밀하게 보여 준다. 인류의 본질적인 선을 언제나 믿는 쥐스틴은 반복하여 강간당하고 짐승 같은 취급을 받는다. 미덕이라면 아예 경멸해 버리는 쥘리에트는 매음과 살인을 자행하며 어마어마한 부를 쌓아 나간다.

이 두 자매가 각자 겪는 운명은 세상의 방식을 고스란히 드러낸다. 신은 협잡이었다. 오로지 자연만이 있을 뿐이었다. 약자는 강자에 의해 노예가 되고 착취당하기 위해 존재했다. 자선은 냉혹하면서도 무의미한 과정이었고, 인류애를 논하는 것은 사기였다. 그렇게 생각하지 않는 사람은 누구든 끔찍한 사기에 걸린 것이다. "교활한 작은 뱀인 예수의 종교는 시시하고 역겹고 하찮을 뿐 아니라, 오늘날의 폭군들을 노련하게 제압하고, 그들에게 겁을 주어 형제애의 교리를 인정하게 만들어 그렇게 잠시 숨 돌리는 여유를 갖는 종교다. 기독교는 이런 웃기는 형제적 유대를 승인했다."[35]

사드의 소설은 엄청난 물의를 일으켰다. 1801년에 나폴레옹의 경찰국장은 마침내 그 책의 저자를 밝혀내 그를 투옥시켰다. 하지만 사드의 신성 모독은 오로지 기독교만 공격했다. 사드 후작은 계몽주의의 품에서 자란 사람이었다. 어린 나이에 필로조프파의 글을 익혔고, 볼테르와 친한 친구였던 그의 삼촌은 자유사상가였다. 하지만 자유에는 한계가 있었다. 관습을 거부한 사드의 태도는 종종 그가 드러내는 맹렬한 욕망 때문에 더 복잡해졌다. 1741년에 태어난 그는 창녀와 거지조차 유괴되거나 매를 맞거나, 혹은 강제로 칸타리스*를 먹지 않을 권리가 있다고 정한 법률에 억

---

* 스페니시 플라이라는 곤충을 말려 가루로 만든 이뇨제. —옮긴이

눌린 채 성적 전성기를 보냈다. 비록 후작이라는 칭호를 지녔지만, 사드는 바스티유 함락 전 수년 동안 탈선행위를 저지른 탓에 프랑스에서 가장 악명 높은 감옥에 투옥되어 있었다. 사드는 자신이 무척 소중히 여긴 자유가 거부되자, 감옥에서 기독교의 가르침을 곱씹으며 그것을 노골적으로 경멸하면서 시간을 보냈다. "이웃을 사랑하라는 교리는 자연에서 나온 것이 아니라, 기독교에서 나온 환상이다."[36]

하지만 이런 사드조차 혁명으로 자유로운 몸이 되자 자신이 "철학의 통치"[37] 아래 살게 된 상황임을 알게 되었다. 사드는 미신의 지저분한 영향력을 제거하는 데 매진하는 공화국에서, 나약한 예수의 교리가 여전히 지배력을 유지하고 있다는 걸 알았다. 허울만 그럴듯한 인류애에 관한 헛소리는 교회 못지않게 혁명 위원회의 회의실에서도 자주 등장했다. 사드는 황당무계하게도 1793년 파리 지역 위원회의 의장으로 선출된 뒤, 동료 시민들에게 한 사람도 빠짐없이 다음과 같은 구호를 집 안에다 붙여 놓으라고 지시했다. "일치단결, 공화국의 불가분성不可分性[공화국 내부는 결코 분열되지 않음], 자유, 평등, 박애."[38] 하지만 사드는 성직자가 아니었듯이 자코뱅 당원도 아니었다. 사회의 진정한 구분은 친구냐 적이냐가 아니라, 자연적으로 주인인 자들과 자연적으로 노예인 자들을 서로 구분하는 것이었다. 이것이 제대로 인식되고 그에 상응한 조치를 취할 때 비로소 사회에서 기독교의 얼룩이 지워질 것이고, 인류의 삶은 자연이 지시한 바를 따라 살아가게 될 터였다. 계급이 열등한 자는 《새로운 쥐스틴》에서 어떤 필로조프가 냉정하게 말한 것처럼, "그저 사다리에서 침팬지 바로 위에 있는 종種이며, 침팬지와 그를 구분하는 거리가 있다면, 그것은 그와 우월한 카스트에 속한 개인을 구분하는 거리보다 좁았다."[39]

이것이 사드가 생애 말년에 정신 병원에 입원하여 지껄인 이야기였지만, 사회를 바라보는 그의 냉혹하고 무자비한 시선은 분명 정신 이상은 아니었다. 계몽주의를 열렬히 지지하는 많은 사람들이 세심하게 인식했던 것보다 더 분명하게 그는 인권의 존재가 신의 존재처럼 입증하기 힘들다는 것을 알았다. 1794년 프랑스가 서인도 제도에서 지배하던 생도맹그섬에서 벌어진 흑인 노예들의 반란 때문에, 그리고 '인간과 시민의 권리선언문'에 입각한 필연적 논리에 따라, 혁명 정부는 전 프랑스 식민지에서 노예제를 폐지한다고 선언했다. 8년 뒤 생도맹그섬의 흑인들이 자신들만의 공화국을 세우려는 것을 막기 위해 나폴레옹은 절박한 조치로서, 그렇지만 결국에는 아무 소용없는 시도로서 노예제를 부활시켰다.

이런 파렴치한 조치는 결코 사드를 놀라게 하지 않았을 것이다. 권력을 쥔 자들은 위선자였다. 《새로운 쥐스틴》의 전편에 걸쳐, 무신론자 난봉꾼이 아닌 수도원장, 주교, 교황은 아예 존재하지 않았다. 사드는 노예 무역의 문제를 숙고할 때 개신교도들의 경건함도 전혀 믿을 수 없었다. 카리브해 지역의 영국 농장주, 즉 노예의 생사여탈권을 쥔 주인들은 고대의 노예 소유주들과 조금도 다를 바 없는 사람들이었다. "늑대는 양을 먹고, 양은 늑대에게 삼켜진다. 강자가 약자를 죽이고, 약자는 강자에게 희생된다. 그게 자연이다. 그게 자연의 설계이자 계획이다."[40] 영국인은 스파르타인이나 로마인처럼 그런 자연법칙을 이해했다. 그 때문에 영국인이 노예를 잘게 썰어 통에 넣고 끓이거나, 사탕수수 제분기에 밀어 넣고 으스러뜨리는 짓을 하고 있다고 사드는 썼다. 그런 행위는 노예를 "끔찍하고도 천천히 죽이는"[41] 방식이었다. 세월이 흘러도 변치 않는 단 하나의 단어가 있다면 그것은 권력이었다.

진보, 즉 아벨라르가 소중히 여기고 밀턴이 찬미했던 존경스러운 기독교적 이상은 혁명에 전투의 함성을 제공했으나 인권 못지않게 허황한 개념이었다. 사드가 정신 병원에 갇히고 11년이 지난 뒤인 1814년에 프랑스에서는 왕정복고가 일어났다. 야심차게 전 유럽의 왕좌를 뒤흔들었던 나폴레옹은 이탈리아에서 조금 떨어진 섬으로 추방되었다. 귀족들은 파리로 돌아왔다. 그해 9월 외무 장관들은 빈에 모여 유럽의 새로운 세력 균형을 협상했다. 그 회의에서 고상한 인류애 같은 허황한 이야기는 나오지 않았다. 계속 잠긴 채로 있던 수많은 문이 잠시 비틀려 열렸으나 이젠 다시 닫고서 빗장을 지를 때였다. 감옥에 갇히는 게 어떤 건지 잘 알았던 사드는 계몽주의의 세기가 맞이한 종말을 그리 놀랍게 여기지 않았을 것이다. 그해 11월에 병상을 찾아온 조카가 그에게 자유에 관해 말했을 때 그는 아무런 대답도 하지 않았다. 12월 2일, 그는 최후의 숨을 내쉬었다. 그러는 사이 빈에선 다이아몬드가 반짝이는 가운데 포도주 잔을 부딪치면서 황제들과 왕들이 계속 유럽의 지도에 선을 그었고, 진보에 대항하여 유럽을 안전하게 지켜 내려는 작업을 했다.

하지만 심지어 열강의 협약에서조차 진보가 하나의 이상으로서 살아남았다는 증거가 있었다. 그해 6월에 파리의 예비 협상에서 돌아온 브리튼〔영국〕 외무 장관은 의회 의원들에게 기립 박수를 받았다. 캐슬레이 경이 동의한 협정 조건 중에는 특히 깜짝 놀랄 만한 내용이 있었다. 영국과 프랑스가 노예 제도 폐지 운동에 동참한다는 것이었다. 그것은 벤저민 레이에게는 환상적이고 불가능한 꿈처럼 보였을 것이다. 하지만 그 협정은 영국 의회의 일부 의원들이 보기에는 충분히 진전된 것이라 할 수 없었다. 최근 회복된 프랑스 군주정을 흔들고 싶지 않았던 캐슬레이는 프랑스 상인들이 앞으로 5년 동안 계속 노예 무역을 하는 데 동의했다. 그것은 지나친 양보였음이 드러났다. 영국 외무 장관이 겉보기에는 파리에서 승리를 거두고 돌아온 듯한 날로부터 며칠도 지나지 않아 전례 없는 항의 운동이 영국 내에서 벌어졌다. 전에 목격하지 못했던 규모의 청원이 국회에 쇄도했다. 그런 청원에 서명할 수 있는 사람들 중 무려 4분의 1이 서명했다. 노예제 폐지라는 단일 이슈에 영국 대중이 이토록 헌신적으로 항의하고 나선 적은 일찍이 단 한 번도 없었다. 프랑스 외무 장관은 경멸과 흥미로움이 가득한 어조로 "영국 정부가 더는 마음대로 진압할 수 없는 광신으로 치달은 열정"⁴²이라고 그 사태를 언급했다. 캐슬레이는 빈에서 상대 외무 장관들과 협상할 때 자기 뜻대로 할 수 없다는 걸 알았다. 그는 노예 무역을 금지하는 협정의 체결 이외에 다른 수가 없었다.

당시는 필라델피아의 퀘이커교도들이 자신들은 앞으로 노예 무역을 영구히 금지한다고 선언한 뒤로 겨우 60년이 지난 시점이었다. 그 짧은 시간에 벤저민 레이가 조롱을 당하면서 옹호했던 노예제 폐지의 대의가 진화하여 국가들 사이의 중요한 논제가 되었다. 미국과 영국 모두에서 노예 제도는 끔찍한 죄악으로 평가되었고, 그런 제도를 계속 존치하면 개인뿐만 아니라 나라 전체가 하느님의 징벌을 받을 것이라고 생각했다. 양국에서 노예제는 국민 대다수의 반대에 직면했다. "하느님이 이런 엄청난 부당함을 처벌하지 않고 묵인할 거라고 기대하는가?"⁴³ 물론 이런 질문은 더 이른 시기의 기독교인들도 당혹스럽게 만들었다. 그러나 노예제를 승인하는 듯이 보이는 구절들은 여전히 성경 속에 그대로 있었다. 서인도 제도와 미국 남부의 농장주들은 그 구절들을 술술 인용했다. 하지만 그런다고 해서 점점 늘어나는 반反노예제를 외치는 항의를 막지는 못했다.

실제로 농장주들은 당혹스러운 새로운 고발, 즉 진보의 적이라는 고발의 대상이 되었다. 미국 독립 혁명의 시기에 이르러서, 퀘이커교도가 된다는 것은 곧 노예제 폐지론자가 되는 것을 의미했다. 하지만 성령의 선물은 퀘이커교도에게만 내려온 것은 아니었다. 그런 선물은 영어를 사용하는 개신교도가 모인 곳이면 어디든 후하게 내려왔다. 침례교도부터 성공회 신자에 이르기까지 대다수가 에우안겔리온, 즉 복음의 은총을 받았다. 복음주의자가 되는 건 신의 법률이 정의의 법률일 뿐만 아니라 사랑의 법률임을 이해하는 것이었다. 죄의 굴레가 서서히 사라지는 걸 느꼈던 사람들은 "노예제가 하느님이 보시기에 혐오스럽다"[44]는 걸 분명하게 느꼈다. 더는 낭비할 시간이 없었다. 따라서 1807년 생존을 위해 나폴레옹과 치열한 싸움을 벌이는 와중에 영국 의회는 노예 무역을 폐지하는 법안을 통과시켰다. 1814년에는 상황 파악을 제대로 하지 못하는 외국 군주들 사이에서 협상 탁자에 앉은 캐슬레이 경은 노예 거래를 여전히 당연한 일로 받아들이는 다른 국가들에게 노예 무역 근절을 협상하는 책임을 맡았다. 그런 멋진 일을 맡게 되다니, 실로 놀라운 은총이었다.

물론 사드에게 이 모든 일은 어리석은 짓이었다. 인간에게 인류애는 없었다. 강자는 약자에게 아무런 의무감을 느낄 필요가 없다. 진보를 믿은 복음주의자들은 자코뱅 당원들처럼 이른바 인류의 공동 유산─진보에 대한 믿음, 개혁의 잠재력에 대한 확신, 인류가 마침내 어둠에서 벗어나 빛을 보게 되리라는 믿음 등─이라는 개념에 사기를 당한 것이다.

그러나 이런 연대 의식과 협동 덕분에 캐슬레이는 외국 외무 장관들의 고집에도 불구하고 계몽된 절충안을 작성할 수 있었다. 노예 거래를 완전히 불법화하는 게 불가능하자 캐슬레이는 그 대신에 다소 모호하지만 좀 더 포괄적인 합의를 도출했다. 1815년 2월 8일, 유럽의 여덟 강국은 중대한 선언에 서명했다. 그 선언은 노예제는 "인류와 보편 도덕의 원칙에 혐오감을 주는"[45] 제도라고 말했다. 복음주의 개신교의 언어는 프랑스 혁명의 언어와 융합되었다. 그 선언이 서명되고 3주 뒤에 추방되었던 엘바섬에서 빠져나온 나폴레옹은 자신의 복귀에 국제적 지지를 결집시켜야 했기에, 그 선언에 적극 지지를 표명했다. 그해 6월에 브뤼셀 외곽에서 펼쳐진 전투는 나폴레옹의 야심을 완전히 끝장냈고, 양국은 노예제가 혐오감을 주는 제도라는 데 동의했다. 영국과 프랑스의 전통, 벤저민 레이와 볼테르의 전통, 성령을 열렬히 지지하는 자들과 이성을 열렬히 지지하는 자들의 전통은 워털루에서 첫 번째 대포가 발사되기도 전에 이미 타협을 보았다.

그러나 여기에 한 가지 역설이 있었다. 계몽과 혁명의 시대가 국제법으로 수립한 원칙[노예제의 폐지]이 실은 과거 가톨릭교회의 유서 깊은 전통에서 유래했다는 것이다. 하지만 개신교도나 무신론자들은 그런 사실에 대하여 별로 신경 쓰려 하지 않았다. 이제 유럽은 그 가치를 세상에 선포할 때 점점 더 빈번하게 인권의 언어를 사용하게 된다.

17장

종교

1825년, 바로다

1825년 11월 29일 늦은 오후, 한 영국 외과의사가 비슈와미트리강의 강둑에 도착했다. 그곳에선 한 젊은 여성이 산 채로 불태워지고 있었다. 리처드 하틀리 케네디는 그런 광경을 그저 구경이나 하고 말 사람이 아니었다. 그는 인도에서 오랫동안 훌륭하게 근무했다. 지난 몇십 년 동안 동인도회사는 인도에서 자력으로 제국을 형성해 왔고, 1825년이 되었을 때 인도 아대륙 대부분을 지배했다. 회사는 조직의 순조로운 운영을 위해 군인 못지않게 의사에게도 크게 의존했다. 몇 년 동안 외과의사 케네디는 회사 피고용자들의 건강을 관리하는 책임을 맡았다. 처음엔 봄베이에서, 이어 1819년부터는 봄베이에서 약 480킬로미터 정도 북쪽에 있는 바로다라는 도시에서 의료 임무를 수행했다.

바로다는 서류상으로 독립 왕국의 수도였다. 하지만 영국령 인도에서 서류는 언제나 회사의 이익이 되는 쪽으로만 작용했다. 바로다의 마하라자[태수太守]가 체결한 협정 조항에 의해 왕국의 대외 교섭권은 이제 동인도회사가 맡았다. 그 도시에 주재하는 동인도회사의 대표—주재관이라는 이름으로 알려졌는데—는 분명 전권 대사는 아니었지만, 그렇다고 단순한 대사도 아니었다. 바로다에서 영국의 지배는 인도 전역의 다른 군주국들에서 그랬듯이 그 존재를 베일로 가리고 잘 드러내지 않을 때 가장 잘 작동했다. 주재관 공관의 외과의사로 일하던 케네디는 그런 정책을 완벽하게 이해했다. 케네디는 그날 오후에 비슈와미트리강 위에 놓인 커다란 다리에 도착했다. 그는 강으로 접근하면서 그 행사를 직접 목격했다. 행사 진행자들 중 누구도 감히 그에게 그 광경을 보면 안 된다고 제지할 수는 없었지만, 케네디 또한 자신이 그 행사를 막을 수 없다는 것도 잘 알았다.

암바바이는 몇 달 전 그녀의 남편이 아직 살아 있었을 때 케네디를 만났다. 그의 기억에 그녀는 행복한 여인이었다. 하지만 남편이 열병으로 죽자 이제 그녀는 전혀 다른 사람이 되어 있었다. 머리카락은 부스스하게 헝클어졌고, 얼굴에 드러나는 표정은 엄격하고 단호했다. 그날 오후, 사람들이 죽은 남편의 장례 행렬을 따라가고, 이어 장작 더미가 마련되는 걸 지켜보는 과정에서 사람들의 관심을 한 몸에 받은 사람은 그녀의 남편이 아니라, 이제 과부가 된 암바바이였다. 곧 해가 지기 시작했다. 장례식용 침대는 "밤에 휴식을 취하는 가정용 침상"[1]과 똑같이 생겼다. 암바바이는 화장장 옆을 흐르는 강의 얕은 곳으로 들어가 몸을 씻고 헌주를 따랐다. 그런 뒤 양팔을 들고 하늘을 올려다보았다. 이어 강에서 나온 그녀는 젖은 사리를 칙칙한 샛노란 옷으로 갈아입었다. 그녀 주위에 군중이 몰려들었다. 그녀는 자그마한 선물을 나눠 줬다. 곧 나눠 줄 선물이 떨어졌고 군중은 다시 뒤로 물러났다. 암바바이는 잠시 멈추어 섰으나 너무

잠깐이어서 거의 눈에 띄지 않았다. 이어 그녀는 장작 더미 주위를 빙빙 돌았다. 그녀의 시선은 내내 죽은 남편의 주검에 고정되어 있었다. 곧 커다란 금속 접시에 불이 붙었다. 암바바이는 불길을 살피면서 백단향을 불에 던져 넣었다. 그녀는 스스로 일어섰고, 건네주는 거울을 받았다. 거울을 본 그녀는 다시 거울을 돌려주었다. 마치 거울을 통해 자기 영혼의 역사를 이미 봤다고 말하는 것 같았다. 그녀의 영혼은 곧 "창조주의 품과 본질"[2]로 돌아갈 것이었다. 이제 그녀의 남편이 부르고 있었다. 장작 더미 위에 올라간 그녀는 남편의 시신 옆에 편안하게 앉아서 자신의 장송곡을 부르기 시작했다. 장작 더미에 불이 붙었을 때에도 그녀는 계속 노래를 불렀다. 곧 불꽃의 열기가 구경꾼들을 뒤로 물러나게 했다. 하지만 암바바이는 아까 앉았던 그 자리를 고수했다. 그녀는 비명을 내지르지도 않았다. 연기가 자욱하게 피어올랐다. 해가 졌다. 어둡게 흐르는 강 옆에 잉걸불이 발갛게 타오르다 사라졌다. 자정이 되자 회색의 가루 같은 잿더미 외에 장작더미에는 아무것도 없었다. 암바바이는 그녀가 되려던 사티sati, 즉 '착한 아내'가 된 것이다.

이 이국적이고 충격적인 장면은 점잖은 영국인 가족이 아침 식탁에서 유심히 읽어 볼 만한 사건이었다. '사티suttee'—케네디가 암바바이의 자발적 순사殉死에 붙인 용어—기사는 런던의 신문과 정기 간행물의 지면을 가득 채웠다. 아름다운 과부가 불 위에 앉아서 스스로 타 죽는 이미지는 사람들의 호기심을 자극했고 동시에 기독교가 이교도 신앙보다 한참 우월하다는 주장에 필요한 모든 증거를 제공했다. 케네디의 보고서 뒤에서 어른거리는 것은 기독교 역사 내내 깨진 적 없는 우상 숭배에 대한 공포였다. 테노치티틀란에서 두개골이 가득 놓여 있는 선반들을 보았던 코르테스, 작센 지방의 숲으로 대담하게도 깊숙이 들어가서 거대한 참나무를 잘라 버렸던 성인 보니파키우스, 알렉산드리아의 피가 말라붙은 제단들을 경멸했던 오리게네스, 이런 사람들은 모두 우상 숭배의 공포를 입증했다. 우상은 악마들로 이어지고, "사탄 제국의 힘과 크기"[3]를 증명한다는 생각이 영국 복음주의자들을 확고하게 사로잡았다. 케네디조차 암바바이의 순사를 보면서 그녀를 아폴론의 여사제와 비교하기도 했다. 이것이 암시하는 바는 분명했다. 고대 그리스든 영국령 인도든 간에 우상은 늘 똑같은 얼굴을 내밀었다. 지역을 따질 것 없이 이교도 신앙은 그저 이교도 신앙일 뿐이었다.

그런데 케네디는 비슈와미트리 강둑에서 보았던 광경에는 겉보기보다 더 많은 의미가 깃들어 있다는 것을 알았다. 그는 암바바이가 자신의 운명을 받아들이는 용기를 직접 목격하고서 "그녀의 신성해지려는 염원과 작열하는 열의"[4]에 경의를 표했다. 그는 인도의 전통이 얼마나 오래전의 시대로 소급되는지 잘 알았다. 영국인들이 인도인을 가리킬 때 사용하는 명칭인 '힌두Hindoo'는 궁극적으로 다리우스의 궁정에서 유래한 말이었다. 동인도회사의 관리들은 콧대가 높았지만, 인도 문명의 고색창연한 역사에는 경외감을 가질 수밖에 없었다. 인도가 이미 그 부와 교양으로 세간의 입에 오르내리던 시절에 영국인들의 조상은 숲에서 살던 야만인이었다. 그런 점을 생각하면 인도에 진출한 영국인들이 "힌두의 미신"[5]을 단순히 미신으로 일축하길 꺼렸던 것은 그리 놀라운 일이 아니다.

실제로 한 영국 관리는 이런 말을 했다. "힌두교 숭배자를 문명화된 사회의 모든 유용한 목적을 위해 충분히 올바르고 도덕적인 사람으로 만들기 위해"[6] 기독교의 도움이 필요할 일은 거의 없다. 그러는 사이에 인도인들을 단지 이교도로 일축해 버릴 수 없다는 주장을 받아들이는 소수의 기독교인이 점점 더 많이 생겨났다. 인도인들은 성경만큼 오래된 거룩한 종교 경전을 갖고 있었다. 또한 그 규모와 아름다움의 측면에서 유럽의 대성당에 견줄 만한 사원들도 있었다. 인도에는 유럽인들에게 성직자처럼 보이는 '브라만'이라는 사회 계층이 있었다. 암바바이와 비슈와미트리 강까지 동행한 자들은 브라만 계급이었다. 그녀가 올라갈 순장용 장작더미를 마련한 이도 브라만이었다. 그녀가 기꺼이 죽음의 운명을 맞이하도록 권유한 사람도 브라만이었다. 따라서 인도인들에게 종교가 있다는 생각은 아주 합리적이었다.

하지만 영국인 관찰자들은 이런 종교의 프리즘을 통해 인도를 보았을 때 명백한 도전에 직면했다. 종교 개혁이 시작된 지 300년이라는 세월이 흘렀고, 그러는 사이에 종교라는 단어는 중세 잉글랜드의 기독교인을 당황하게 만들었을 법한 뜻을 갖게 되었다. 그러니 인도인에게 종교라는 단어는 아주 이질적으로 느껴졌을 것이다. 인도어에는 그와 조금이라도 비슷한 단어가 아예 없었다. 개신교도에게 종교의 본질은 명확했다. 그것은 신자가 내면적으로 하느님과 맺는 관계였다. 신앙은 개인적이고 은밀한 것이었다. 그리하여 신앙은 사회의 나머지 분야와는 완전히 다른 영역에 존재했다. 다시 말해 정부, 사업, 법률의 영역과는 차원을 달리하는 것이었다. 세상에는 종교적 차원이 있었고 그 외 다른 모든 것들의 차원이 있었는데, 후자를 가리켜 '세속secular'이라고 했다. 다른 사회들도 얼마든지 이렇게 성과 속으로 구분될 수 있었다.

하지만 영국인보다 자신감이 덜한 사람들이 볼 때 그런 구분은 황당무계해 보였다. 그건 세상을 두 쪽 내어 바라보는 아주 독특한 방식이었기 때문이다. 인도인들은 성과 속을 그처럼 칼같이 구분하지 않았다. 학자 같은 성향을 지닌 인도의 영국 관리들은 자신이 통치하는 유서 깊은 땅에 강한 흥미를 느꼈고, 인도가 영국과 얼마나 다른 나라인지 끊임없이 의식했다. 그럼에도 불구하고 인도인들에게 '힌두 종교'라는 것이 존재한다는 생각은 너무나 유용하여 버릴 수가 없었다. 이와 관련하여 그리스 신화의 다음과 같은 일화가 적절해 보인다. 고대 그리스엔 프로크루스테스라는 강도가 있었다. 그는 초대한 손님을 침대에 눕힌 뒤 사지를 잡아당기거나 절단하여 침대의 길이에 맞추었다. 인도 문명의 수많은 풍성함, 복잡함, 이중성 등에 직면한 영국 학자들도 프로크루스테스와 무척 비슷한 생각을 했다. 그리하여 영국인들은 풍성함, 복잡함, 이중성으로부터 인도인의 종교를 만들어 내는 작업에 착수했다.

  그리하여 종교의 정의를 억지로 늘려서 해석하고 편집하는 일이 불가 피하게 많이 벌어졌다. 가장 화급한 건 '인도인'이 정말로 누구인지 결정 하는 것이었다. 인도에서 온 사람들인가, 아니면 '힌두 종교'를 실천하는 사람들인가? '인도 무슬림'이나 '인도 기독교인'에 관한 이야기가 점점 더 혼란을 일으킬 위험이 있었기에 영국인들은 두 번째 정의를 선택하기로 했다. 이는 결국 또 다른 언어적 혁명을 수월하게 만들었다. 영국 관리들은 인도인들이 인도에 고유한 종교를 믿고 있다는 걸 점차 분명히 확인했고, 그럴수록 그 종교의 편리한 약칭을 더욱 필요로 하게 되었다. 그 공백을 훌륭하게 메워 준 '힌두교Hindooism'라는 단어는 원래 1780년대에 만들어졌다. 이 단어를 처음 썼다고 알려진 사람은 복음주의자였다. 찰스 그랜트는 군인이자 무역 위원회 위원으로서 동인도회사에서 일한 스코 틀랜드인이었는데, 처음엔 기독교를 전도해야 한다는 생각을 거의 하지 않았다. 그는 부자가 되겠다는 목적으로 인도로 왔다. 따라서 동인도회사 의 기존 정책에 동의하지 않을 이유가 전혀 없었다. 동인도회사의 유일 한 목적은 수익을 올리는 사업이었다. 인도인들을 기독교도로 개종시키 려는 시도는 동인도회사의 통치 근간을 위태롭게 만들 우려가 있었다. 그

회사의 목적은 신자를 얻는 게 아니라 돈을 버는 것이었다. 하지만 돈만 바라보고 인도에 온 그랜트는 삶의 커다란 위기를 맞는다. 도박 빚이 그의 재정을 위협했다. 그의 두 자녀는 천연두에 걸려서 열흘 만에 모두 죽었다. 깊은 고통을 느낀 그랜트는 신의 은총에서 구원을 받았다. 그 순간부터 그랜트의 삶을 지탱하는 커다란 목표는 인도인들을 그리스도의 품으로 인도하는 것이 되었다. 그랜트는 그들이 무지로 인해 길을 잃었다고 확신하면서 모든 우상 숭배와 미신으로부터 인도인들을 구해 내겠다고 맹세했다. 그는 우상 숭배와 미신을 '힌두교'와 동의어로 보았다.

그는 자신의 임무가 인도인을 우상 숭배와 미신으로부터 해방시키는 것이라고 생각했다. 이러한 이유 때문에 그는 1790년 런던으로 돌아갔을 때 노예제 폐지론자들과 적극 협력했다. 노예제는 여러 형태로 존재했다. 신의 섭리가 대서양을 건너 사람을 노예로 수송하는 노예 무역을 끝장내게 했다면, 동인도회사에도 인도인들을 미신의 노예로부터 해방시키는 좋은 기회를 허락하실 터였다. 1813년 동인도회사가 특허장 갱신을 앞두고 영국 정부와 협상에 휘말려 있는 동안에 그랜트는 좋은 기회를 잡았다. 지난 몇십 년 동안 그는 동인도회사의 이사들이 인도인들의 "종교적·도덕적 개선"7 사업에 법적 책임을 져야 한다고 요구해 왔다. 이제 결정적 순간을 맞이한 그의 캠페인은 권력의 핵심부에까지 도달했다. 복음주의자들은 그의 대의를 열정적으로 지지했다. 그리하여 908개의 청원이 의회로 전달되었다.

그다음 해인 1814년, 영국 정부는 노예 거래 정책을 변경하라는 압박을 강하게 받자 여론에 굴복했다. 동인도회사의 특허장은 종교적·도덕적 개선 사업에 중역들이 법적 책임을 지는 쪽으로 개정되었다. 하지만 그랜트는 이미 확보한 성공에 만족하지 않고 자신의 행동주의를 계속 밀고 나갔다. 그에게는 다른 어떤 것보다도 악몽처럼 보인 인도 관습이 하나 있었다. "우리가 태양의 제단에서 매년 정기적으로 많은 사람을 희생 제물로 바치는 멕시코 같은 왕국을 점령했다면, 이런 지독한 방식의 노골적 살생을 태연하게 묵인했을까요?"[8] 동인도회사의 중역들에게 제기된 그랜트의 질문은 심지어 그가 1823년 사망한 뒤에도 영국 사회에서 깊은 공명을 일으켰다. 멀리 바로다에서 착한 아내에게 요구되는 순장 의식을 암바바이가 수행하는 걸 본 케네디처럼, 영국은 주기적으로 그 도덕적 문제를 어떻게 처리해야 하는가 하는 물음에 사로잡혔다. 살아 있는 과부들이 자신의 생목숨을 제물로 바치는 일을 금지해야 한다는 요구가 영국 사회에서 점점 압도적인 외침으로 번져 나갔다.

이런 일들은 동인도회사를 곤란하게 했다. 특허장의 내용이 변경되었음에도 불구하고 회사는 피지배자인 인도인들의 종교적 관행에 개입하기를 꺼려했다. 하지만 순장이 종교적 관행이 아니라는 걸 증명할 수 있다면? 물론 그런 질문은 영국인이 인도로 건너오기 전까지는 말도 안 되는 소리로 일축되었을 것이다. 하지만 동인도회사의 통치가 수십 년 동안 계속되자 점점 그런 질문의 취지를 충분히 이해하는 인도인들도 생겨났다. 종교, 세속, 힌두교 같은 단어를 사용하는 인도인들은 단순히 그들이 영어에 유창하다는 사실만 보여 주는 것은 아니었다. 그들은 낯설고 새로운 다른 관점도 인도에 받아들이고 있었고, 그것을 자신들에게 유리하도록 적절히 활용했다. 과부들의 순장에 반대하는 사람들로는 복음주의자만이 아니라 일부 인도인도 있었다. 지난 몇 세기 동안 순장을 찬양하는 태도가 있었는가 하면 그것을 노골적으로 비난하는 태도가 교차되어 왔던 것이다. 암바바이가 화장의 불길 속에서 자신을 희생하기 천 년도 더 전에, 한 인도 시인은 순장을 "광기가 낳은 괴물이자 무지의 길"[9]이라며 비난했다.

　영국인들은 정통 교리와 성경을 갖춘 기독교에 필적하는 힌두교라는 종교가 인도에 있다고 확신했다. 영어에 유창한 인도인들은 영국인들의 그런 확신을 접하면서 힌두교가 갖춰야 할 형태에 대하여 나름으로 감을 잡았다. 브라만들은 박식하다는 평판을 받은 덕분에 특히 혜택을 많이 누렸다. 1817년에 그들 중 한 명이 캘커타 정부에 과부의 순장은 순전히 선택의 문제라고 주장하는 서류를 제출했다. 그다음 해엔 또 다른 브라만이 이전 사례보다 한 발 더 나아가 힌두교의 가장 오래된 문헌에도 순장 관습의 증거가 전혀 없다는 주장을 펼쳤다. 이를 영국인들에게 강조한 라자〔태수〕 람 모한 로이는 자신이 무슨 일을 하는지 정확히 알았다. 그는 히브리어와 그리스어를 독학할 정도로 기독교에 매료된 데다 동인도회사의 다양한 부처에서 수년간 근무하여 그 회사가 어떻게 작동하는지도 잘 알았다. 따라서 그는 동인도회사 관리들이 절실히 필요로 하는 것—순장 금지를 인도인들에게 순순히 받아들이게 할 수 있는 타당한 이유—을 정확하게 알고 있었다.

　로이는 장작 위에서 살아 있는 과부를 불태우는 건 순전히 세속적 현상일 뿐이라고 영국인들에게 확신시켰다. 그런 의식을 집전하는 브라만들은 단지 힌두 경전에 무지해서 그렇게 행동한다는 것이다. 원래 진정한 힌두교가 따로 있었고, 나중에 악의적인 성직자들의 탐욕과 미신으로 타락한 힌두교가 생겨났다. 가짜 전통은 손을 쓰지 않고 내버려 두면 덩굴식물처럼 오래된 사원 건물을 먹어치울 것이고, 이어 사원 지역 전체를 정글로 만들어 버릴 것이다. 로이의 이런 주장이 상당 부분 개신교도의 말처럼 들리는 것은 실제로 그런 측면이 있었기 때문이다. 로이는 "먼 나라 인도에 와서 그곳 주민들이 지닌 의견을 뒤집고 전혀 다른 의견을 소개하는 기독교인들"[10]에게 화가 나기도 했지만, 그래도 기독교인들이 해주는 유익한 조언을 못 알아볼 정도는 아니었다. 인도인과 기독교인은 각자 서로에게 제공할 것이 많았다. 로이는 사티〔순장〕가 종교 관습이 아니고, 따라서 합법적으로 금지할 수 있다고 영국인들을 안심시켰다. 영국인들은 힌두교의 정의를 다시 규정하려는 로이의 노력을 지지했다. 1829년 인도 총독은 법령을 제정하여 "사티 관습, 즉 살아 있는 과부를 불태우거나 생매장하는 관습"[11]을 금지한다고 공포했다. 1년 뒤 로이는 영국 정부가 금지 포고령을 번복할지 모른다고 생각하여 런던으로 출장을 갔다. 그는 제국의 수도에서 자신의 최종적인 승리를 확보했다. 그러나 그 출장 직후 로이는 잉글랜드의 험악한 기후 탓에 풍토병으로 사망했고 많은 이들이 그의 죽음을 애도했다. 복음주의자들은 그가 인도인이긴 하지만 자신들과 같은 사상을 가진 사람이라고 생각했다.

한 인도 역사가는 이런 글을 남겼다. "기독교는 개종과 세속화라는 두 가지 방식으로 전파된다."[12] 인도인 기독교 신자를 잔뜩 늘리겠다는 꿈을 꾸던 선교사들은 실망할 수밖에 없었다. 그들이 기독교를 포교한다고 해서 인도의 현지 신들이 굴욕을 당하는 일도 없었고, 인도인들의 우상이 도괴되어 먼지가 되는 일도 없었다. 영국 관리들은 계속 조심스럽고 신중하게 나아갔다. 만약 동인도회사가 인도의 개종을 위해 일한다는 소문이 퍼지면 회사의 인도 지배에 심각한 손상을 입힐 수 있었다. 실제로 1857년에 그런 소문이 굉장히 폭발적인 봉기를 유발하여 몇 달 동안 엄청난 유혈 사태가 벌어졌고, 향후 대영제국의 인도 지배는 아슬아슬한 위기를 맞았다.•

인도에서 기독교를 장려하는 위험한 일을 가만 놔두지 않겠다는 대영제국 당국의 결의는 아주 강고하여 절대로 깨지지 않았다. 그렇지만 기독교 신학에서 나온 여러 가지 전제 조건을 실천하는 데에는 전혀 주저함이 없었다. 힌두교라는 종교가 존재한다는 것, 종교가 인간 활동의 다른 모든 영역—영어로 '세속적secular'이라고 하는 영역—과는 완전히 다른 차원에서 기능한다는 것은 인도 아대륙에 고유한 신념이 아니었다. 그것은 오히려 개신교의 신념이었다. 그렇지만 그런 신념은 영국인이 인도로 들여온 제도 중에서 가장 성공적인 것이었다. 실제로 200년 후에 영국의 통치가 마침내 끝나고 인도가 독립하게 되었을 때 인도는 스스로 세속 국가라고 칭하기도 했다. 인도는 기독교인이 될 필요는 없었지만, 기독교적인 눈을 통해 자신을 바라보기 시작한 것이다.

유대인 정신

1842년 프로이센 왕은 유럽에서 가장 오래된 건축 부지를 방문했다. 프리드리히 빌헬름 4세는 지난 18세기에 독일에서 가장 강력한 나라로 자리 잡은 국가를 통치했다. 프로이센은 나라의 수도인 베를린을 점령하고 영구적으로 중립 지대로 만들려 했던 나폴레옹에게 굴욕을 당했으나, 그 후 곧 권토중래하여 나폴레옹을 물리치는 데 핵심적인 역할을 했다. 1814년에 나폴레옹을 왕좌에서 끌어내린 건 프로이센 군대였고, 워털루에서 그의 운명을 결정한 것도 프로이센 군대였다. 하지만 나폴레옹의 제국만 끝장난 건 아니었다. 지난 여러 세기 동안 크게 존경받은 또 다른 체

• 동인도회사의 식민지 정책에 반대하여 인도 원주민군, 즉 세포이(sepoy)들이 1857~1858년에 일으킨 반란을 말한다. 이 반란은 진압되었고 영국 정부는 그 후 인도 통치권을 동인도회사에서 회수하여 직영 체제로 들어갔다. —옮긴이

제도 종말을 맞이했다. 1806년 8월 6일, 혁명과 전쟁의 해일海溢 가운데 오토 1세가 세운 카이사르의 왕조가 공식적으로 끝났다. 거의 천 년을 버틴 신성함과 로마다움을 자랑했던 신성로마제국이 더는 존재하지 않게 되었다. 제국을 끝장낸 나폴레옹은 그 후 패배했지만 그런 사태 발전조차 죽은 제국을 다시 살리지는 못했다.

신성로마제국이 사라지자, 각 지역의 경계선을 재설정하는 작업이 절실하게 필요했다. 그리하여 빈 회의에 참석한 강대국의 대표들은 노예 거래 문제보다는, 중부 유럽의 지도를 수정하는 데 대부분의 시간을 들이게 되었다. 프로이센은 그 역량을 잘 발휘했다. 과거에 나폴레옹에게 많은 지역을 빼앗겼던 프로이센은 이 회의에서 국가 판도를 훨씬 확장시켜서 신흥 강국으로 부상했다. 프로이센은 작센 지역의 거의 절반을 흡수했다. 비텐베르크 또한 프로이센의 소유로 돌아갔다. 한때 신성로마제국이었던 곳의 서쪽 국경이었던 라인 지방의 방대한 지역도 그들의 소유가 되었다. 프리드리히 빌헬름은 1814년에 처음으로 그 지역을 여행했다. 젊은 왕세자의 여행에서 하이라이트는 쾰른 방문이었다.

그 유서 깊은 도시는 베를린과 달리 기독교 세계의 전통적인 중심지에서 멀리 떨어진 신흥 수도였다. 쾰른의 토대는 아우구스투스 시대로까지 거슬러 올라간다. 그곳의 대주교는 일곱 선제후 중 한 명이었다. 1248년에 지어지기 시작하여 1473년에 공사가 중단된 쾰른 대성당은 남쪽 탑의 육중한 토대에 몇 세기 동안 기중기를 방치한 채 미완의 상태로 전해져왔다. 프리드리히 빌헬름은 절반 정도 완성된 건물을 둘러보았을 때 황홀감을 느꼈다. 그는 대성당의 나머지 절반을 자신이 완성하겠다고 맹세했다. 그 후 프로이센 왕좌에 오르고 2년이 지나자 그는 자신의 맹세를 실천할 준비가 되었다. 그해 여름, 왕은 건축업자들에게 다시 건설 작업을 진행하라고 명령했다. 9월 4일에 그는 새로운 주춧돌을 봉헌했다. 이어 쾰른 주민들에게 마음에서 우러나온 즉흥 연설을 하면서 그 도시에 경의를 표했다. 그는 쾰른 대성당이 "독일 통합 정신"[13]의 기념물로서 우뚝 설 것이라고 선언했다.

대성당 공사 계획을 감독하고자 설립된 집행 위원회도 그런 발언을 지지하는 놀라운 증거를 내놓았다. 위원회의 평생 명예 회원인 은행가 지몬 오펜하임은 엄청난 부자인 데다 무척 교양 있는 유대인이었다. 살아 있는 사람들의 기억에서조차 쾰른에 그런 유대인이 있다는 사실은 하나의 불법으로 여겨질 만했다. 지난 400년 동안 유대인은 이 경건한 가톨릭 도시에 발을 들이지 못했다. 그러나 1798년 프랑스에 점령된 이후, 도시의 그런 오랜 특권은 폐지되었고, 유대인들은 다시 쾰른에 정착할 수 있게 되었다. 오펜하임의 아버지는 1799년에 이 도시로 이주했는데, 쾰른이 프랑스 공화국에 공식적으로 흡수되기 2년 전의 일이었다.

프랑스 혁명 정부는 '인간과 시민의 권리 선언문'에 충실했기 때문에 자국 유대인들에게 온전한 시민권을 허락했고, 그 덕분에 오펜하임 가문은 가톨릭 이웃과 평등한 시민으로 살아올 수 있었다. 1808년에 나폴레옹이 그 선언문을 개정하여 유대인의 사업적 이해관계를 명백히 차별 대우하도록 법률에 반영했음에도 불구하고, 쾰른과 그 자신을 동일시하는 유대인들의 생각을 꺾지는 못했다. 그 도시에서 무척 성공적으로 은행업을 운영하는 유대인들의 능력도 마찬가지로 약화되지 않았다. 프로이센이 라인 지방을 합병하던 당시, 그들의 사업은 나라에 유용했기에 프로이센은 이미 유대인 백성들을 '토박이'이자 '시민'으로 여겼다. 나폴레옹의 차별적인 제정법이 법령집에 남았다는 점, 프로이센 법령이 유대인의 공직 진출을 막았다는 사실 때문에 한층 더 진보하려는 오펜하임의 희망이

꺾인 것은 전혀 아니었다. 대성당은 그에게 무엇이었는가. 그것은 과거의 기독교에 대한 상징이 아니라, 유대인이 독일의 온전하고 동등한 시민이 될 수 있다는 미래의 상징이었다. 프리드리히 빌헬름은 친히 이 유대인을 방문하는 것으로 그의 노력을 보상했고, 그를 기꺼이 애국자로 맞이했다. 유대인은 실로 독일인과 동등한 시민이 된 것처럼 보였다.

그러나 왕은 오펜하임을 방문함으로써 다소 다른 주장을 펼친 것이다. 프리드리히 빌헬름이 볼 때, 쾰른 대성당은 존경스러운 과거 기독교의 상징을 보여 주는 기념물로 그치는 것이 아니었다. 오히려 대성당의 완공은 그의 커다란 꿈을 뒷받침하는 근본적 전제였다. 프랑스 혁명이 대재앙의 조짐이라고 절반쯤 확신한 왕은 신성로마제국 전성기에 군주들이 누린 군주의 신성한 지위를 다시 복구하려는 커다란 꿈을 꿨다. 빌헬름은 심한 근시였고, 머리가 벗겨지기 시작한 데다 뚱보였다. 하지만 그런 신체적 결점이 19세기의 샤를마뉴 대제로 자리매김 되고 싶은 그의 열정을 털끝만큼도 위축시키지는 못했다. "뚱보 넙치"라는 별명을 지닌 빌헬름은 심지어 폐허가 된 중세 성을 보수했고, 횃불을 들고 화려한 옷을 입은 자들의 행렬을 대동하고 그 중세 성의 낙성식에 참석하기도 했다. 당시 빛을 발하는 기독교 국가 프로이센을 만들겠다는 계획을 세운 빌헬름은 유대인들을 통합시켜야 한다는 도전에 직면했고, 당연히 그 해결책도 중세의 사례에서 모색하는 편이 낫겠다고 생각했다. 프리드리히 빌헬름은 오로지 기독교 신자만이 프로이센 사람으로 분류될 수 있다고 주장했다. 따라서 유대인들은 집단 거주지를 형성하여 따로 살아야 했다. 유대인들은 그런 별도의 공동체에 거주함으로써 그들과는 다른 기독교 왕국에서 독특한 정체성을 유지할 수 있을 터였다.

하지만 그것은 오펜하임이 듣고 싶은 이야기와는 완전히 거리가 멀었다. 쾰른에 왕이 도착하기 직전, 그는 공개적인 항의서를 작성하기까지 했다. 도시의 다른 시민들도 그 대의를 위해 결집했다. 쾰른 정부는 유대인의 완전한 해방을 요구했다. 쾰른의 선두적인 신문은 이렇게 외쳤다. "기독교인과 유대인 사이의 불편한 관계는 무조건적인 지위의 동등화를 통해 해결될 수 있다."[14] 그 결과 양측은 교착 상태에 들어갔다. 쇠사슬 갑옷을 입은 중세 황제의 영혼을 이어받았다고 생각하는 프리드리히 빌헬름은 유대인에게 양보하기를 거부했다. 왕은 프로이센이 하나부터 열까지 기독교적인 국가라고 주장했다. 프로이센의 군주제, 법률, 가치는 전부 기독교에서 비롯되었다는 뜻이었다. 그런 까닭에 유대인이 프로이센의 행정에 끼어들 자리는 있을 수 없었다. 그들이 제대로 프로이센인이 되고자 한다면 간단하게 활용할 수 있는 방법, 즉 개종이 있었다. 공직 진출을 고려하는 모든 유대인은 "대중이 지켜보는 가운데 기독교를 믿는다는 걸 고백해야"[15] 했다. 바로 그래서 프리드리히 빌헬름이 기꺼이 오펜하임에게 사교적인 방문을 한 것이다. 유대인이 대성당에 자금을 대겠다고 하는데, 기독교로 개종하겠다는 뜻이 아니면 달리 무엇이겠는가?

하지만 그것은 왕의 착각이었다. 오펜하임은 기독교로 개종할 의사가 전혀 없었다. 그 대신 그와 그의 가족은 유대인 해방 운동을 계속 진행했다. 예전에 쾰른이 맹목적 애국심의 보루로서 명성을 쌓았다면, 이제는 유대인 해방을 위한 개척자로 나서야 할 시기였다. 1845년이 되자 나폴레옹의 차별적인 법률은 확실하게 폐기되었다. 시간이 흘러가면, 쾰른 대성당을 설계한 건축가가 역시 설계하고 오펜하임 가문의 자금 지원을 받은, 호화로운 돔을 가진 유대교 회당이 도시의 훌륭한 랜드 마크로 떠오를 것이었다. 그 유대교 회당이 완공되기 훨씬 전에 중세 모델의 기독교를 부활시키겠다는 프리드리히 빌헬름의 꿈은 수포로 돌아갔다. 1847년에 어떤 까다로운 신학자는 빌헬름 국왕을 가리켜 영영 사라진 세상을 뒤쫓는 현대판 배교자 율리아누스라고 말했다. 마치 이런 말을 실현시키려는 듯 유럽은 다시 혁명의 분위기에 휩싸였다.

역사는 반복되는 것처럼 보였다. 1848년 2월에 프랑스 왕〔루이필리프〕이 폐위되었다. 3월이 되자 독일 전역에서 시위와 봉기가 터져 나왔다. 로베스피에르의 시기에 익숙했던 구호가 베를린 거리에서 들려왔다. 프로이센 왕비는 단지 기요틴만 없을 뿐이라며 그런 혁명적 상황을 두려워했다. 결국 폭동 분위기가 진정되고 위태로운 프로이센 군주제가 안정되었지만, 프리드리히 빌헬름이 상황에 내몰려 제안한 양보 사항들은 지속성을 띠었다. 그의 왕국은 1848년 대위기에서 벗어나 사상 처음으로 성문화된 헌법을 갖춘 나라가 되었다. 대다수 남자 주민은 이제 의회에서 투표할 권리를 갖게 되었다. 그들 중에는 마침내 동등한 시민으로서 대우받게 된 프로이센 유대인도 들어 있었다. 프리드리히 빌헬름은 그가 유지하기로 늘 맹세해 온 신성한 질서가 위협받는 데에 경악하면서 속이 메슥거려 참을 수가 없다고 말했다. "기독교 신자가 아니었다면 나는 아마 스스로 목숨을 끊었을 것이다."[16]

그럼에도 불구하고, 빌헬름 왕이 타당하게 지적한 대로, 해방된 건 유대교가 아니라 유대교를 실천하는 사람들뿐이었다. '인간과 시민의 권리 선언'을 지지하는 사람들은 늘 그 점을 명확하게 밝혔다. 미신이라는 족쇄는 교회뿐만 아니라 유대교 회당에서도 만들어졌다. "우리는 개인으로서는 유대인에게 모든 걸 허락해야 하지만, 그들을 민족 단위로 허락하는 모든 걸 거부해야 한다!" 이것은 1789년 말에 프랑스에서 유대인 해방을 지지하던 사람들이 동료 혁명가들을 안심시키고자 외친 구호였다. "유대인들은 나라에서 정치 조직이나 체제를 형성해서는 안 되지만, 개별적으로는 시민 자격을 허용해야 한다."[17] 실제로 일은 그렇게 돌아갔다. 프랑스 공화국이 유대인에게 시민권을 허락했을 때, 따로 구분되는 민족이라는 의식을 포기한다는 조건을 내걸었다. 모세의 율법은 인정되지 않았고 유대인에게 보호를 제공하지도 않았다. 뚜렷하게 구별되는 공동체로서 유대인이 갖는 정체성은 국가의 '공익'[18]을 방해하지 않는 범위 내에서만 용인되었다. 거창한 계몽의 미사여구로 장식되긴 했지만, 이것이 유대교의 본질을 바꾸려고 한 프랑스 시민들이 내놓은 민권 개선 정책이었다.

천 년도 더 전에 비잔틴 제국의 황제 헤라클리우스는 이와 무척 비슷한 조치를 시도했다. 유대인의 특수성이 전 세계가 공유하는 정체성에 포함되는 꿈—하느님에게서 받은 법률이, 더는 유대인들을 다른 민족과 구분되는 선민으로 만들지 않는다는 꿈—은 저 멀리 사도 바울의 시대까지 거슬러 올라간다. 프랑스 혁명 초기의 예술가들은 '권리 선언'을 그려 달라는 의뢰를 받았을 때, 그 선언을 찬란한 빛으로 석판에 새겨진 새로운 성약聖約으로 표현했다. 유대인들은 이 웅대한 계획에 참가하든지, 아니면 폭풍이 휘날리는 어둠으로 추방되든지 둘 중 하나를 선택해야 했다. 이는 몇몇 유대인에게 최후통첩처럼 들렸고 사실상 최후통첩이었다. '인간과 시민의 권리 선언문'은 기독교의 권위보다 더 보편적인 권위를 가지고 있다고 주장했다. 따라서 그 선언문은 그 규모와 범위가 보편성을 지향한다는 점에서 매우 기독교적인 특징—보편성을 지향하는 특징—을 갖고 있음을 보여 주었다.

자유를 위해 유대인이 치른 대가는 상당했다. 유대인은 시민권을 얻으려면 남들보다 조금 더 기독교적인 사람이 되어야 했다. 이런 점은 프랑스보다 독일에서 더 분명하게 드러났다. 루터는 유대인을 증오했지만 독실한 루터파 신자들은 유대인 해방을 자코뱅 당원들 못지않게 지지했다.

실제로 일부 루터파 신자들은 바스티유 함락 이전부터 그렇게 유대인 해방을 외쳤다. 동시에 그들의 주장은 루터의 글에서 자주 발견되는 수사법으로 가득했다. 가령 이런 주장들이었다. 이젠 시들고 생기를 잃고 황폐한 모세의 율법은 여전히 그 율법을 따르는 자들을 송장같이 포용하고 있다. 교황청은 중세 내내 유대인을 박해함으로써 그들의 성격을 크게 타락시켰다. 그리하여 유대인은 낙후하고 부패한 상태에 계속 머물렀다. 루터교가 맹렬하게 비난하는 저 두 혐오스러운 것[모세 율법과 교황청]으로부터 유대인을 해방시키면 모든 게 좋을 것이다. 유대교는 스스로 개혁할 것이다. 유대인들은 생산적인 시민이 될 것이다, 등등.

독일 유대인들은 개신교의 전제 조건들을 그대로 열거한 듯한 이런 정책을 기꺼이 수용하려 했다. 그들은 모세의 율법이 그리스도의 법률로 대체된다는 얘기에 기분이 상하기는 했지만, 그래도 모세의 율법이 프로이센의 법과 양립할 수 있다고 적극 홍보했다. 유대인 독립국이 팔레스타인에 있었던 시절은 이미 오래전 일이었다. 이스라엘이라는 나라는 없지만, 유대인에게는 이제 유대교가 있었다. 이 단어 ― 기독교가 발명한 유대교라는 단어 ― 는 해방의 전망이 눈앞에서 희미하게 빛나기 시작할 때까지 유대인들이 전혀 쓸 생각을 하지 않던 것이었다. 그들은 개신교 신학자들에게 유대인의 법률[모세의 율법]을 단순히 개인적이고 의례적인 것으로 여기라는 압박을 받았다. 하지만 그들은 이제 그보다 더 심한 압박을 받았다. 그들은 어떤 민족에 소속된 사람들이 아니라 어떤 종교, 즉 유대교에 소속된 사람들임을 받아들이라는 것이었다.

많은 유대인들은 이런 개념을 문제로 여기지 않았다. 실제로 일부 유대인은 그런 개념이 자신들을 해방시킨다고 생각했다. 1845년에 베를린의 한 유대인 지식인 집단은 유대교를 위해 공식적인 호소문을 발표했다. 그 주된 내용은, 율법에 적힌 규칙을 초월하여 유대교가 "현시대 그리고 우리 마음의 정서와 부합하는"[19] 종교로 바뀔 수 있다는 것이었다. 이미 프리드리히 빌헬름이 유대인과 기독교인 사이의 장벽을 다시 세우려 하는데도 불구하고, 독일의 루터교 중심지 전역에서 랍비들은 율법보다 신앙이 우위에 있다는 걸 선언하기 시작했다. 그러는 사이에 또 다른 유대인들은 모세가 시나이산에서 하느님과 맺은 계약이 최종적인 것이 아니라는 주장에 경악하며 그런 주장을 하는 사람들을 이단자라고 비난했다. 그리하여 서로 경쟁하는 두 가지 전통―'개혁'과 '정통'―이 떠오르기 시작했다. 머지않아 프로이센 내에서 이런 분열을 공식화하게 될 터였다. 모세의 율법이 계속 권위를 가진다고 주장하는 유대인들은 분리된 공동체를 설립할 수 있는 허가를 공식적으로 받을 터였다. 이 공동체의 창립자는 "개혁을 말하는 유대교는 종교가 아니다"[20]라고 주장했는데, 그런 항의는 너무 앞서 나간 것이었다. 개인이 은밀하게 지닌 열렬한 신앙은, 개신교도들이 그렇듯이, 차츰 유대인들의 특징이 되었다. 그리하여 기독교인들만 종교 개혁의 필요성을 입증하는 것은 아니었다.

1846년 한 잉글랜드 신문 편집자는 처음으로 '세속주의secularism'라는 단어를 사용했는데, 세속주의는 중립성을 지녀서 매력 있다고 말했다. 하지만 그것은 잘못된 판단이었다. 세속주의는 중립적인 개념이 아니었다. 그 단어는 분향에서 피어올라 기다랗게 나부끼는 자욱한 연기와도 같은 의미의 덩어리에서 나왔고, 그 덩어리는 변경할 수 없을 정도로 오래된 기독교적 전제들이다. 세속적이고 종교적인 두 가지 차원[성과 속]이 존재한다는 가정은 종교 개혁 이전의 먼 과거, 즉 그레고리우스 7세, 콜룸바누스, 성 아우구스티누스까지 거슬러 올라가는 유서 깊은 개념이다. 앞서 세속주의 개념은, 위에서 언급한 편집자가 종교의 광신에 대한 처방으로

이 단어를 발명하고 홍보했음에도 불구하고, 기독교의 쇠퇴가 아니라 기독교의 무한한 진화 능력을 증명했다.

영어 단어에서 나타난 것처럼, 다른 언어에서도 이런 의미가 나타났다. 1842년에 프랑스어에서 라이시테laïcité라는 단어가 처음으로 나타났고, '세속주의'와 비슷한 개념, 비슷한 내력을 보여 줬다. 라이쿠스laicus는 원래 다름 아닌 하느님의 사람을 뜻하는 말이었다. 인도에서처럼 유럽에서도, 기독교인이 아닌 사람들을 종교와 동일시하는 과정은 필연적으로 프로크루스테스의 과정이 될 수밖에 없었다.•

기독교인과 비슷하지만 많이 다르기도 한 유대인들에게 새로운 정체성을 협상하는 일은 특히 미묘한 문제였다. 특히 독일만큼 그 문제가 미묘한 곳도 없었다. 중세 기독교 세상을 부활시키려는 프리드리히 빌헬름의 노력이 실패로 끝났다는 사실이 입증한 것처럼, 기독교인들 역시 빠르게 변화하는 세상에서 자신들의 지위가 점점 불확실해진다고 생각했다. 신성로마제국의 폐허 속에서, 그런 사실은 독일인에게 무엇을 의미했을까?

일부 유대인들은 기독교와 나란히 세속적인 질서에서 자리를 차지할 수 있는 종교를 만듦으로써 이런 수수께끼를 해결할 권리를 얻었다. 하지만 그들의 동료 독일인들이 유대인들의 그런 기여를 환영할지, 아니면 그런 시도를 하는 데 분개할지는 여전히 해결되지 않는 문제로 남았다. 유대인의 해방은 단순한 해결책이 아니라 계속 진행 중인 문제였다. 몇천

• 앞에서 인도 문명의 수많은 풍성함, 복잡함, 이중성 등에 직면한 영국 학자들이 그 풍성함, 복잡함, 이중성으로부터 인도인의 종교를 만들어 내는 작업이, 초대한 손님을 침대에 눕힌 뒤 사지를 잡아당기거나 절단하여 침대의 길이에 맞추었다는 프로크루스테스와 비슷하다는 언급이 나오는데, 여기서는 유대인에게 유대교라는 개념을 뒤집어씌우려는 노력이 그와 비슷하다는 뜻이다. 다시 말해 유대인은 종교란 성과 속을 전부 포함하는 것이지, 그 종교를 성과 속으로 나누어서 세속주의라는 개념을 받아들이기를 거부한다는 뜻. ─옮긴이

년을 거슬러 올라갈 정도로 특유한 유대인들의 반항적 문화를 어떻게 해야 기독교적 전제가 가득한 세속 질서 속으로 편입시킬 수 있을까 하는 문제는 즉각적인 해결책이 없는 문제였다. 하지만 해결책의 탐색을 회피할 수는 없었다. 유대인들은 세속주의의 경계境界를 계속 협상하고 최선의 결과를 기대하는 것 말고 달리 선택안이 없었다.

인류에 대한 범죄

지난 2500년 동안 다리우스의 명령 아래 절벽의 바위에 새겨진 기명—그가 세상을 통치하는 걸 정당화하는 글로, 세 가지 뚜렷이 구분되는 언어로 적혀 있고, 특히 왕의 고압적인 초상을 보여 준다—은 비시툰이라는 산의 한쪽 면에 보존되어 왔다. 이란 고원에서 이라크로 이어지는 길에서 60여 미터 정도 위에 있는 절벽에 새겨진 명문이 지금까지 전해질 수 있었던 건 순전히 접근하기 어려운 위치 덕분이었다. 하지만 기이한 모험가라면 목숨을 걸고 고대 문자를 해석할 수 있는 기회는 분명 기꺼이 선택할 만한 것이었다. 헨리 롤린슨은 그런 모험가였는데, 인도에서 페르시아 궁정으로 파견 나간 영국 장교이기도 했다. 그는 1835년에 처음으로 비시툰을 정찰했고, 최대한 절벽을 높이 기어 올라가 그 명문을 최대한 필사했다. 이어 8년 뒤에 그는 판자와 밧줄을 적절히 갖추고 그곳으로 돌아왔다. 그리고 사다리 위에서 불안정하게 균형을 잡으며 절벽에 새겨진 글을 전부 옮겨 적었다. 그는 나중에 이렇게 회상했다. "일이 워낙 흥미로워서 위험하다는 생각은 전혀 들지 않았다."[21] 1845년에 롤린슨은 페르시아어로 적힌 부분의 번역을 완전히 마쳤고, 그것을 런던으로 보내 출판했다. 이렇게 다리우스 대왕은 다시 한 번 세상을 향해 발언하게 되었다.

비시툰산 절벽 표면에 기록된 대왕의 자부심은 동인도회사에 고용된 장교가 그 진가를 알아볼 법한 훌륭한 문장이었다. 다리우스는 세계적 규모의 포부를 품고 있었고 그것을 충족시키는 데 필요한 온갖 정치적 기술을 습득했다. 그 기술의 구체적 면면은 무자비함, 교활함, 자신감 등이었다. 노련한 스파이이자 군인인 롤린슨은 제국이 마법으로 생겨나지 않는다는 걸 아주 잘 알았다. 영국은 이미 식민지 인도에 안전하고 확고한 권력을 수립했고, 그것을 유지하기 위해 현지에 파견된 대리인들에게 비열한 싸움을 해줄 것을 요구했다. 롤린슨은 고대의 명문을 추적하는 일만 하면서 시간을 보내지는 않았다. 페르시아의 왕인 샤Shah를 감언이설로 꾀거나, 러시아인들을 상대로 계책을 쓰거나, 아프가니스탄에서 발휘한 용맹으로 훈장을 받으며 시간을 보내기도 했다. 그는 1840년에 편지를 보내온 동료 정보 장교가 "거대한 게임great game"[22]이라고 칭한 러시아와의 경쟁에서 탁월한 수완을 발휘한 게임의 선수이기도 했다.

비시툰 명문에서 경쟁자를 발밑에 깔아뭉갠 모습으로 묘사된 다리우스 역시 제국의 발전이라는 거대한 게임에 참가한 선수였으며 승자였다. 총 아홉 왕이 그에게 거역하여 반란을 일으켰으나 패배하고 말았다. 비시툰 절벽에서 조각가는 주인의 의뢰에 순종하여, 그 아홉 왕을 목에 밧줄이 묶인 채로 함께 정복자 앞에서 몸을 웅크린 난쟁이로 묘사했다. 이 비시툰 명문에서 롤린슨 같은 대영제국의 장교는 제국 건설의 야만적인 현실을 보여 주는 영원한 증거를 얻었다.

하지만 다리우스는 야만적이고 말썽 많은 민족들을 정복하고자 나섰을 때, 우주의 평화를 위해 정복을 벌인다는 거창한 주장을 내걸었다. 그의 임무는 거짓과의 전투였다. 어디에서 발견되든 간에 악은 반드시 격퇴해야 하며, 진리는 세상 가장 먼 곳까지 전파해야 한다고 다리우스는 확신했다. 그것은 오래 지속된 막강한 힘을 지닌 제국을 정당화하는 논리였고, 2500년이 지난 뒤 영국 장교 롤린슨도 그 논리의 타당성을 증언했다. "거대한 게임"은 그 자체가 목적은 아니었다. 롤린슨의 동료가 그에게 조언했듯이, 기독교 국가의 의무는 상대적으로 불운한 땅들의 쇄신을 위해 열심히 일하는 것이었다. 다시 말해 "고귀한 역할"[23]을 담당하는 것이었다. 이는 물론 문명의 모범과, 모든 사람의 판단 기준을 제시하기 위함이었다. 이러한 자부심은 너무나 제국주의적이어서, 다리우스 시대의 페르시아인들이라면 적극 수용할 법한 생각이었다.

그러나 영국인 중 다수가 그들의 제국을 이 세상에 내려진 하늘의 축복으로 확신했음에도 불구하고 다리우스 대왕의 허장성세를 완전히 공유하지는 못했다. 야자나무와 소나무를 망라하는 해외 지역을 지배하고 있다는 자신감은 특정한 신경과민을 동반했다. 그들의 하느님이 요구하는 희생은 겸허하고 깊이 뉘우치는 마음을 가지라는 것이었다. 외국 민족을 지배한다는 것 — 그들의 부를 약탈하거나, 그들의 땅에 정착하거나, 그들의 도시를 아편에 빠트리는 것을 포함하여 — 은 그들의 구세주가 몸소 실천한 것과는 너무나 다른 행태였다. 기독교인들은 그들의 구세주가 강대한 제국의 주인이 아닌 노예로 살았다는 사실을 절대 잊지 못했다. 구세주에게 사형을 선고한 사람도 제국의 관리였다. 십자가에 구세주를 못 박은 사람도 제국의 군인들이었다. 로마의 지배는 사라진 지 오래였지만 그리스도의 통치는 여전히 지상에서 힘을 발휘했다.

영국의 역대 외무 장관들은, 얼마나 고집이 세든, 얼마나 허세를 부리든, 그런 구세주의 가르침을 의식하며 살았다. 대양을 지배하더라도 그것이 "섭리의 손"[24]에 도움이 되지 않는다면 아무것도 아니었다. 다른 어떤 것보다 영국인의 양심을 무겁게 짓누르는 죄악은 최근 그들의 목 주위에 매달린 맷돌 같아서, 그들을 파멸 속으로 가라앉힐지도 모르는 것이었다. 1833년에 노예 거래가 금지되면서 대영제국 전역에서 노예가 해방되었고, 노예제 폐지론자들은 성경의 언어로 말하자면 미친 듯이 기뻐하며 승리의 순간을 환영했다. 그것은 대홍수가 끝나고 노아가 공중에서 본 무지개였다. 고대 히브리인이 홍해를 따라 걸은 길이었다. 무덤에서 일어난 그리스도였다. 죽음의 그늘이 드리운 계곡에서 길을 잃은 지 오랜 나라인 영국이 마침내 빛이 드는 곳으로 나온 것이었다. 이제 과거의 죄를 속죄하면서 온 세상이 다시 태어나도록 돕는 것이 영국이 맡아야 할 책임이었다.

그럼에도 불구하고 영국 노예제 폐지론자들은 자신들의 개신교 사명감을 떠벌리며 자랑할 정도로 어리석지는 않았다. 노예제는 결국 널리 퍼졌고, 포르투갈, 스페인, 프랑스의 많은 사람이 그 제도를 통해 과도한 부를 쌓아 올렸다. 노예제 반대 운동은 가톨릭 권력의 지지가 없었다면 진정한 국제적 영향력을 발휘할 수 없었다. 노예 무역선을 찾아 선원들을 재판에 회부하는 일이 영국 해군의 역량으로 가능한지와 무관하게 이런 과정을 허가하는 법적 체계는 단호하게 중립적이어야 했다. 영국 법학자들은 엘리자베스 1세 시대 이후 스페인의 것이라면 무조건 의심하는 성향을 극복하고 바르톨로메 데 라스카사스의 "용기와 고귀한 원칙"[25]에 찬사를 보냈다. 그 결과 국가 간 협정과 국제 재판소를 통해 완성된 전체 법률 기구는 개신교와 가톨릭 전통을 합친 장점을 가져왔다. 1842년 한 미국 외교관은 노예 거래를 "인류에 대한 범죄"[26]로 규정했는데, 이는 그 용어를 모든 기독교 종파의 법률가들이 용인하게 하기 위함이었다. 몇십 년 전만

하더라도 노예제는 거의 보편적으로 당연한 제도로 생각되었지만, 이젠 야만과 후진성의 증거로 재정립되었다. 노예제를 지지하는 건 기독교뿐만 아니라 모든 종교로부터 제재를 받고 비난을 받았다.

이 모든 일은 무슬림들에게 신기한 뉴스였다. 1842년에 모로코의 영국 총영사가 노예제 폐지론의 대의를 압박하면서 아프리카인 노예 거래를 금지해 달라는 요청을 하자 모로코 정부는 아예 무슨 소린지 모르겠다는 반응을 보였다. 술탄이 선언한 것처럼 노예제는 "아담의 시대 이후 모든 종파와 국가가 동의한"[27] 문제였다. 아주 구체적인 증거로서 그는 미국의 경우를 들 수도 있었다. 미국은 건국 문서에서 모든 인간은 동등하게 창조되었다고 선언했지만, 2년 전부터 하원에서는 노예제 반대 청원은 이제 받지 않겠다고 결정했다. 이는 어느 한편으로는 노예제 폐지론자들의 의견을 무겁게 받아들인다는 증거였지만, 자신의 인간 재산〔노예〕을 절대 포기하지 않겠다는 남부 노예 소유주들의 고집 센 결의를 반영하는 것이기도 했다. 미국 노예제 지지자들은 문명과 노예제가 상극이라는 주장을 비웃었다. 그들은 노예제 폐지론을 세상의 어느 조그만 구석에서만 나타난 한심한 운동으로 치부했다. 노예제에 반대하는 근거는 다양했다. 아리스토텔레스의 권위, 고대 로마의 법학자들, 성경의 관련 구절 등이 구체적 근거였다. 미국에는 다른 곳의 개신교도라면 거의 전적으로 무시하는 사례를 확신하는 목사들이 여전히 존재했다. 노예제를 허락한 하느님의 법률은 영원히 옳다는 게 그들의 주장이었다. "하느님께서는 노예를 두도록 허락하셨고, 그렇기에 노예제는 하느님의 도덕적 특성과 틀림없이 조화를 이룬다."[28]

모로코의 술탄도 틀림없이 이런 주장에 동의했을 것이다. 영국 노예제 폐지론자들의 운동은 계속 반격을 받았다. 1844년에 모로코 해안에서 떨어진 어떤 섬의 통치자는 영국인 노예 폐지론자에게 노예제 금지는 "우리 종교에 반하는 일이 될 것"[29]이라고 심드렁하게 대답했다. 그런 노골적이고 적대적인 반응은 그리 놀라운 일이 아니었다. 성경의 정신이 성경의 글과 구별된다는 터무니없는 주장[노예제 폐지론]은 대다수 이슬람교도에게 어리석고 사악한 신성 모독이었다. 신의 법률은 마음속에 적힌 것이 아니라, 예언자의 생애에서 비롯된 위대한 유산인 글에서 찾아볼 수 있었다. 그런 글은 그 자체로 신성하게 빛나므로 거기에 반박할 수는 없었다. 노예 소유는 쿠란과 무함마드의 모범, 그리고 이슬람 전통과 관습의 위대한 총체인 순나가 허락한 것이다. 그런데 노예제 폐지를 요구하는 이 기독교인들은 도대체 누구란 말인가?

그러나 영국인들은 이 문제를 포기하지 않음으로써 무슬림 통치자들을 점점 더 당혹스럽게 만들었다. 1840년 콘스탄티노플에서 오스만 제국에게 노예 거래를 근절하라고 요구한 영국의 압박은, 그 도시 주재 영국 대사가 한 말을 빌리자면, "극도의 놀라움과 인내심을 유발시켰다. 왜냐하면 그 제안 자체가 그곳의 사회 체계와 밀접하게 관련된 제도를 폐지하라는 것이었기 때문이다."[30] 10년 뒤 술탄이 치명적인 군사적·재정적 위기를 맞이하여 영국의 지원을 받게 되었을 때, 거기에는 예측 가능한 요구가 매달려 있었다. 1854년 오스만 정부는 흑해 전역에서 노예 무역을 금지하는 포고령을 내려야 했고, 3년 뒤엔 아프리카인 노예 거래도 금지되었다. 지즈야도 마찬가지로 폐지되었다. 이는 유대인과 기독교인에게 세금을 부과하는 제도로, 이슬람교의 초창기부터 있었고, 쿠란에서 직접 지시한 것이었다.

물론 그런 조치는 술탄에게 엄청난 곤란을 안길 위험이 있었다. 결국 그것은 신앙심이 전혀 없는 영국인의 기준에 따라 순나를 개혁하는 것을 의미했다. 이슬람 전통을 거스르는 무엇이 기독교인에 의해 무슬림 통치자에게 강제되었음을 인정하는 건 분명 상상도 할 수 없는 일이었다. 따라서 오스만 개혁가들은 그것 대신에 자신들이 내세운 개혁안을 승인해달라고 요구했다. 그들은 예언자의 시대 이래로 상황이 변했다고 주장했다. 노예제를 용납하는 것처럼 보이는 이슬람 법률의 판결은 노예 해방이 신을 가장 흡족하게 하는 일이라고 칭찬하는 판결에 비하면 아무것도 아니었다. 올바른 관점에서 쿠란을 읽는다면, 신자들은 진정한 이슬람의 본질을 볼 수 있게 될 터였다. 그리고 그 본질은 무함마드가 죽고 1200년도 더 지난 지금, 철저한 노예제 폐지론으로 드러났다.

하지만 이런 묘책은 술탄의 체면을 살리는 것이었음에도 불구하고 법률의 적절한 기능과 관련하여 기독교의 기본 전제가 이슬람교에 깊이 침투한 결과가 되었다. 순나의 정신은 결국 그 글자를 능가하는 것으로 판단되었다. 자기도 모르는 사이에 이슬람 세계의 엘리트층 사이에서 법적 타당성에 관한 새로운 이해가 촉진되어 갔다. 그런 이해의 바탕은 궁극적으로 무함마드도 이슬람교도 법학자도 아닌 사도 바울에서 비롯된 것이었다.•

모로코의 술탄이 노예제는 태초부터 승인된 제도라고 선언한 지 20년이 지난 1863년, 튀니스 시장은 미국 총영사에게 보낸 편지에서 노예제 폐지를 정당화하는 이슬람 경전의 구절을 인용했다. 미국에선 노예제의 옳고 그름을 두고 긴장이 심화되고 있었다. 그리하여 1861년 남부 주들이 연방에서 탈퇴하고, 연방에 남은 북부 주들과 끔찍한 전쟁을 벌이는 결과로 이어졌다. 미국인들이 내전에서 상대를 계속 학살하는 동안에는

• 바울이 유대교의 율법보다 그리스도의 사랑, 즉 신앙을 가슴에 새기는 것이 더 중요하다고 설파했다는 뜻. ─ 옮긴이

노예제에 관한 최종적인 해결이 매듭지어질 수 없었다. 그럼에도 불구하고 1863년이 밝았을 때 미국 대통령 에이브러햄 링컨은 연방 영토의 모든 노예를 자유롭게 풀어 준다는 노예 해방령을 발표했다. 연방주의자들이 내전에서 승리하면 노예제는 전국에서 폐지될 것이 분명했다. 튀니스 시장이 자신의 격려 의사를 전달하려 한 것도 이런 결말을 지지했기 때문이다.

미국인들이 이슬람 경전의 글귀에서 영향을 받을 일이 없다는 걸 안 술탄은 그 대신 미국인들에게 "인간의 자비와 연민"[31]으로 행동하라고 촉구하는 것으로 편지를 마무리했다. 여기서 개신교도 노예제 폐지론자들이 자신들의 운동을 보편적으로 만들려는 시도가 얼마나 효율적이었는지 잘 드러난다. 고작 100년 전만 해도 그들의 대의는 기이한 소수 퀘이커교도의 전유물이었는데, 노예 폐지론은 성령의 거센 들불처럼 온 세상에 널리 퍼졌다. 전 세계에 복음주의적 교리를 홍보하는 데 선교사도 필요 없었다. 법률가와 대사 들은 노예제 폐지를 더 효율적으로 홍보했다. 그들이 그 일을 은밀하게 추진한 덕분이었다. 인류에 대한 범죄는 기독교 세계의 경계 너머에서도 그리스도에 대한 범죄보다 훨씬 깊이 공감을 얻을 수밖에 없었다. 개혁 운동은 십자가를 사람들 눈에 보이지 않는 곳에다 숨겨야 더 효율적이라는 사실이 드러났다.

이 모든 건 처음으로 그것을 시작한 대영제국에 커다란 이익을 약속했다. 영국인은 냉소적인 미소를 지으며 노예 거래를 근절하려는 폐지 운동을 시작하지 않았다. 그 운동으로 인해 지정학적·경제적으로 즉각적인 손해를 보는 것은 극도로 값비싼 대가였다. 그럼에도 불구하고 세계 여론의 흐름이 노예제 반대 쪽으로 나아갈수록 최초로 노예제를 철폐한 나라의 위신은 필연적으로 더욱 높아지고 빛이 났다. 1862년에 한 페르시아 군주는 이렇게 외쳤다. "잉글랜드는 노예 거래의 단호한 적이 되었고, 아프리카 종족들을 해방하는 데 어마어마한 돈을 들였다. 영국은 아프리카인들과는 같은 인류라는 유대 관계 이외에는 그 어떤 유대에도 매여 있지 않았다."[32]

하지만 그가 영국의 그런 사심 없는 모습에 놀라움을 표하는 동안에도 영국인들은 이미 획득한 특권을 널리 활용했다. 1857년 페르시아의 샤에게 페르시아만에서 노예 거래를 금지하게 한 협정은 샤의 나라에서도 영국의 영향을 공고히 하는 데 도움을 주었다. 그러는 사이에 아프리카 중심부에서는 유럽인들이 들어가 볼 생각을 전혀 하지 못한 곳에서 기독교 선교사들이 모험을 펼치기 시작했다. 그들은 아랍 노예 상인들의 계속되는 약탈을 보고했다. 그것은 아프리카 대륙 전체가 문명사회가 되기 전까지는 노예제가 완전히 사라지지 않을 거라는 대다수 영국인들의 생각을 확인해 주었다. 아프리카인들에게 문명을 가져다주는 것은 자신들의 통치뿐이라고 생각하는 건 너무나 당연했다. 하느님께선 성경에서 이렇게 말씀하셨다. "잃어버린 양은 찾아내고 흩어진 양은 도로 데려오며, 부러진 양은 싸매 주고 아픈 양은 원기를 북돋아 주겠다. 그러나 기름지고 힘센 양은 없애 버리겠다."[33] 이 성경 구절이 의미하는 바는 무엇인가. 영국뿐만 아니라 저마다 권리를 주장하는 다른 강대국들에게도 적당한 때에 앞 다투어 식민지를 조성할 정복을 허용한 것이다. 이것은 기독교 역사에서 참으로 익숙한 아이러니인데, 아프리카 문제를 잘 정리하고 외국의 통치를 받도록 한 사람들은 노예 상인들이 아니라 노예 해방론자들이었다.

18장

과학

1876년, 주디스강

매일 밤 교수는 악몽에 시달렸다. 몬태나주 황무지badlands•의 비도 오지 않는 하늘에서 천둥이 우르르 소리를 내면 에드워드 드링커 코프 교수는 수면 중에도 몸을 뒤척이고 신음했다. 당연한 일이지만, 지질 탐사 작업에 참가한 모든 사람이 극도로 긴장했다. 미국 서부는 위험한 곳이었다. 코프는 미국군이 아직 지도를 작성하지 않은 지역에서 화석을 조사할 계획이었고, 특히 무시무시한 원주민인 수족sioux의 사냥터를 가로지르는 중이었다. 불과 몇 주 전 최근의 남북전쟁에서 연방의 승리를 이끈 노련한 베테랑 장군, 조지 암스트롱 커스터는 리틀빅혼강의 둑에서 수족의 전투원들에게 패배하여 부대가 전멸했다. 코프와 그의 탐사대는 커스

• 비가 적게 내리는 지방에서 침식 작용에 의해 형성되어 기이한 광경을 보여 주는 불모의 땅. ㅡ옮긴이

터 부대가 야영했던 곳—하루 정도 말을 타고 달려야 할 정도로 떨어진 거리—에서 한동안 야영을 했다. 탐사원 한 사람이 말한바 "수천 명의 전사가 커스터와 미국 제7기병연대의 용맹한 군인들의 피를 마신"[1] 곳이 근처에 있었다. 그리하여 지질 탐사대의 한 탐사원과 한 요리사는 수족에게 머리 가죽이 벗겨질까 두려워 현장에서 달아났다.

하지만 코프가 악몽을 꾸게 된 건 수족 생각 때문이 아니었다. 그의 꿈자리를 뒤숭숭하게 만든 건 베이스캠프 주변을 둘러싼 협곡의 엄청난 미로에서 발견한 뼈 조각들이었다. 이 발굴 물품들은 밝은 별빛 아래에서는 전혀 안 보일 정도로 거무튀튀했다. 주변에 산재한 움푹 파인 땅은 그 깊이가 300미터가 넘어 보였다. 단단하지 않은 이판암 위에서 한번 미끄러졌다간 곧바로 추락사할 것이었다. 하지만 지금은 황량하기 짝이 없는 이런 곳에서도 한때 생명이 흘러넘쳤다. 협곡들 사이에 묻힌 건 과거의 한때, 즉 수백만 년 전 연안 평지를 돌아다녔던 괴물들의 뼈였다. 세월이 흐르는 내내 아무도 그런 생물이 존재했다는 걸 알지 못했다. 1841년이 되어서야, 미국에서 멀리 떨어진 잉글랜드에서 그 뼈들은 비로소 이름을 얻었다. 주디스강 위쪽의 고지에 있는 몬태나의 야생 들판에서 야영하던 코프는 주변에 엄청난 괴물들의 잔해가 있다는 걸 알게 되었다. 이곳은 광대한 인적미답의 공룡 무덤이었다.

지구의 오래전 과거가 얼마나 오래되었는지 그 깊이를 재겠다는 야망은 기독교 신자들에게 늘 자연스러운 목표였다. 구약성경 〈시편〉의 저자는 창조주를 이렇게 찬양했다. "예전에 당신께서는 땅을 세우셨습니다. 하늘도 당신 손의 작품입니다. 그것들은 사라져 가도 당신께서는 그대로 계십니다. 그것들은 다 옷처럼 닳아 없어집니다."[2] 기독교인들은 이 세상은 시작이 있으며 역사는 연속적이고 불가역적이라는 시각을 갖고 있었다. 이런 시간관은 고전고대의 그것과는 결정적으로 달랐다. 〈창세기〉를 읽어 보면 시간이 끝이 없는 주기를 따라 돌지 않는다는 걸 알 수 있다. 그래서 성경을 연구하는 학자들은 인간이 태어나기 이전의 시간으로 소급하는 연대표를 작성하려고 노력했다. 루터는 이렇게 선언했다. "우리는 원죄 이전 세상의 모습이 오늘날과 같다고 생각하면 안 된다."[3] 하지만 18세기 말이 되자 지질학이라고 불리는 학문에 열광하는 사람들은 연구의 토대를 〈창세기〉에 두지 않고 신의 피조물을 직접 연구하는 쪽으로 방향을 바꾸었다. 그런 피조물은 바위와 화석, 땅의 윤곽〔지질 상태〕 등이었다.

영국의 성직자들은 이런 탐구에 특히 집착했다. 1650년 당시의 위대한 학자 중 한 사람이었던 아마의 대주교 제임스 어셔는 전 세계의 연대표를 작성했는데, 여러 문서 기록들, 그중에서도 성경에 근거하여 세상이 창조된 시기를 기원전 4004년으로 잡았다. 1822년에 또 다른 성직자인 윌리엄 버클랜드는 바위의 퇴적은 물론이고 세상에 생명이 나타난 시기가 노아의 홍수 때보다 한참 더 오래전이라는 걸 보여 주는 논문을 발표했다. 그는 요크셔 동굴에서 발견한 화석이 생성된 시기를 근거로 그런 주장을 펼쳤다. 2년 뒤 그는 공룡에 관한 온전한 설명을 최초로 작성했다. 1840년에는 스코틀랜드의 지형 전체에서 나타나는 거대한 단층 점토들이 성경과는 무관한 고대의 빙하기를 입증한다고 주장했다. 버클랜드는 청파리부터 알락돌고래까지 온갖 동물을 먹는 기이한 식도락가로 유명했는데, 웨스트민스터 사원의 주임 사제와 옥스퍼드 대학교 지질학 강사를 겸임하는 것이 상호 모순이라고 생각하지 않았다.● 대다수의 기독교인도 그

───────────

● 버클랜드의 가장 놀라운 업적은 프랑스 루이 14세의 것으로 보고된 심장을 꿀떡 삼킨 일이다.

렇게 생각했다. 〈창세기〉를 문자 그대로 받아들이는 걸 고집하는 일부 인사들은 인간의 도래 이전, 헤아릴 수 없이 먼 과거로 세상의 역사가 뻗어 있다는 걸 받아들이지 않았지만, 대다수 사람들은 그런 엄청난 시간 규모로 움직이는 창조주에게 경외감을 느꼈을 뿐이다. 지질학은 당초 성경식 시간관에서 태어난 학문이었기에 기독교 신앙을 흔들기보다 오히려 뒷받침하는 듯이 보였다.

하지만 코프가 미국 서부의 야생 들판에서 화석 발굴 작업을 하던 무렵에는 그런 학문적 시각이 변화하는 기미가 드러나기 시작했다. 그는 바위에 그 뼈가 파묻힌 공룡들이 "그를 공중으로 던지고 차고 짓밟는"[4] 꿈으로 무척 뒤숭숭했는데, 그에 못지않게 신앙의 위기로 동요했다. 윌리엄 펜에게서 땅을 사들여 정착한 필라델피아 퀘이커교도의 후손인 그는 아버지에게서 노아의 홍수를 문자 그대로 믿으라는 가르침을 받으며 성장했다. 조숙한 아이였던 코프는 선사 시대의 괴물인 어룡ichthyosaurus에 매료되었고, 그리하여 노아의 홍수를 객관적 사실로 믿지 않게 되었으나, 그래도 신앙은 굳건히 지켰다. 코프는 불모지에서 고되게 일하며 매일 저녁 기도회를 열고 성경을 읽었다. 그는 죽은 것이든 살아 있는 것이든 각종 동물에 무척 매혹되었는데, 이런 특징 때문에 아주 독특한 부류의 기독교인이 되었다. 그는 이렇게 생각했다. 하느님은 태초에 세상을 생물로 가득 채운 다음, 그것들을 바라보고 훌륭하다고 생각하셨다. 따라서 〈창세기〉를 세심하게 읽은 독자라면 그 생물들이 하느님의 천지 창조 계획을 증명한다고 여겼다.

"그분께서는 자연에 존재하는 모든 것의 근원이시다." 성 아우구스티누스는 오래전 이렇게 서술했다. "그 종류가 무엇이든, 그 가치가 무엇이든, 그리고 형태의 씨앗, 씨앗의 형태, 씨앗과 형태의 움직임이 무엇이든 간에."**5** 동물계의 다양성에 매료되어 어룡의 배설물을 처음으로 확인하고, 맛을 보아 박쥐의 소변을 구분할 수 있었던 윌리엄 버클랜드는 많은 성직자들 중에서 자연계를 대단히 상세하게 조사한 유일한 인물이었다. 영국과 미국에서, 자연에서 나타나는 신의 작용, 즉 '자연 신학natural theology'은 19세기 중반이 되자 기독교 옹호자들의 핵심적인 방어용 무기가 되었다. 한 잉글랜드 목사는 하느님의 위대함을 설명하면서 칼뱅의 신학 못지않게 나비의 수명을 인용하기도 했다. 생울타리에서 곤충들이 바글거리는 현상은 많은 영어권 기독교 신자들에게 어떤 계시보다 더 확실하게 자신의 믿음을 입증하는 것처럼 보였다. 그러나 이제 그런 신념은 아주 잘못되었음이 밝혀졌다. 기독교를 의심할 여지 없이 뒷받침해 주던 것은 전혀 튼튼하지 못한 받침대로 드러났다. 기독교의 강력한 버팀목은 이제 아주 허약한 원천으로 바뀌어 버렸다. 자연 신학은 거의 하룻밤 사이에 아킬레스건이 되었다.

찰스 다윈은 청년 시절 딱정벌레를 강박적으로 수집했고, 성직자인 지질학 교수와 함께 현장 학습을 가기도 했으며, 그 자신 한동안 교회에서 목사로 경력을 쌓았다. 다윈은 윌리엄 버클랜드나 잉글랜드의 다른 자연 신학 옹호자들과 동일한 환경에서 성장한 인물이다. 하지만 다윈은 그들과 같은 구성원이 되기는커녕 반대로 그들의 골칫거리가 되었다. 1860년에 미국의 가장 유명한 식물학자인 아사 그레이에게 보내는 편지에서 다윈은 자신의 집필 목적을 이렇게 고백했다. "나는 무신론적으로 글을 쓸 의도가 없었네. 하지만 우리 주변 사방에 드러난 설계와 은혜의 증거를 내가 남들처럼, 그리고 내가 바랐던 대로 볼 수 없다는 것을 인정해야겠네. 내 생각에 이 세상은 비참한 일이 너무나 많아."**6**

물론 욥도 똑같은 불평을 했다. 다윈도 욥처럼 등에 난 종기와 자식의 죽음으로 고통을 겪었다. 하지만 하느님은 다윈에게 회오리바람의 모습으로 말을 걸지 않았다. 다윈은 자연계를 깊이 관찰하면서 그 안에서 잔인함의 증거를 너무나 많이 발견하여 그것을 도저히 하느님의 설계라고 생각할 수 없게 되었다. 그 어느 것보다 그의 뇌리에서 떠나지 않은 것은 기생벌 종種이었다. "맵시벌이 살아 있는 애벌레의 몸속에서 자기들 배를 채우기 위해 태어났다고? 나는 여기서 도저히 하느님의 은혜와 전능을 읽어 낼 수 없었다."[7]

한 해 뒤, 다윈은 맵시벌의 생활사를 특징으로 다룬 책을 출판했다.《종의 기원On the Origin of Species》에서 다윈이 상술한 논제는 자연 신학 지지자를 극도로 동요하게 만들었다. 다윈은 이렇게 썼다. "이것은 논리적인 추론이 아닐지 모른다. 하지만 나는 이렇게 상상한다. 어린 뻐꾸기가 젖형제를 쫓아내고, 개미가 노예를 만들고, 맵시벌과의 유충이 애벌레의 살아 있는 몸속에서 배를 채우는 그런 본능은, 특별히 부여되거나 창조된 본능이 아니라, 하나의 보편적인 법칙에 따른 작은 결과라고 보는 것이 타당하다. 이 법칙은 모든 유기적인 생물이 번식하고 변화하는 발전을 이끈다. 그것은 가장 강한 것을 살아남게 하고 가장 약한 것을 죽게 하는 법칙이다."[8]

다윈은 이 같은 진화론으로 자연 신학에 심대한 타격을 입혔다. 자연 신학은 이제 맵시벌의 공격을 받은 숙주와 비슷하게 되었다. 다윈이 등장하기 전까지 많은 목사가 나비 채와 꽃 압착기를 지참하고 잉글랜드의 들판을 돌아다녔다. 그들은 다음과 같은 추정을 명백한 것으로 받아들였다. 어마어마하게 풍부한 종은 단 하나의 인도하는 손을 입증했다. 오로지 종의 환경에 의해서만 종의 설계를 온전하고 완벽하게 이해할 수 있으며, 자연에서 드러난 하느님의 목적은 완벽하다.《종의 기원》에서 다윈은 이런 추정들에 전혀 이의를 제기하지 않았다. 하지만 자연 도태에 의한 진화론 대 그런 추정들의 관계는, 맵시벌의 유충 대 애벌레의 내장 같은 관계였다. "창조주는 법칙들에 의거하여 천지를 창조하셨다."⁹ 다윈은 몇십 년 전 여전히 독실한 기독교 신자였을 때 공책에다 그렇게 적었다. 아벨라르도 같은 주장을 폈다. 몇 세기 동안, 기독교 세계에서 피조물을 움직이는 신의 법칙을 확인하고 그것을 통해 하느님을 더 잘 이해하는 것은 자연철학의 위대한 목표였다. 이제《종의 기원》은 생명의 영역에 시간의 영역을 통합시키는 법칙〔진화론〕을 수립했으나, 그 법칙은 신의 존재를 전혀 필요로 하지 않는 것처럼 보였다. 그 법칙은 단순히 하나의 이론으로 그치지 않고 그 자체로 사상이 진화한다는 것을 보여 주는 전시물이 되었다.

그런데 그것은 옳은 이론인가? 1876년이 되자 다윈의 이론을 뒷받침하는 가장 인상적인 증거가 발굴되기 시작했다. 그 증거는 세상에서 제일가는 화석층 현장으로 유명한 미국 서부에서 발굴되었다. 그곳에서 눈부신 발견을 한 고생물학자는 코프뿐만이 아니었다. 예일대 교수이자 턱수염을 기르고 호언장담하는 육중한 중년 남자로 헨리 8세 같은 인상의 오스니얼 찰스 마시도 놀라운 성과를 거두었다. 그는 6년 동안 현장에서 작업하며 무려 30종의 선사 시대 말의 뼈를 발굴하는 데 성공했다. 일련의 증거가 무척 완벽하여 다윈은 "지난 20년 동안 드러난 증거들 중 진화론을 뒷받침하는 최고의 것"¹⁰이라고 칭송하기도 했다. 코프는 마시를 부러워하고 미워했지만—이런 감정은 마시 또한 마찬가지였지만—그래도 코프는 그 발견을 반박하지는 않았다. 코프는 오래전부터 진화를 지지하는 증거가 압도적이라는 사실을 받아들였다. 그럼에도 불구하고 그는 경쟁자와는 달리 진화가 자연 도태에 의한 것이라는 건 인정하지 않았다.

그는 여전히 자연계에서 선을 베푸는 신을 위한 자리를 찾아낼 수 있기를 바랐다.

자연도태론에서 자리 잡은 하느님은, 여기서는 한 종을 망치고 저기서 그것을 어설프게 손보는 엉성한 신이었고, 코프는 그 점이 못마땅했다. 그 이론에 따르면 신성한 계획 같은 건 어디에도 들어갈 자리가 없었다. 하지만 말의 진화는 신성한 계획을 분명하게 보여 주지 않는가. 코프도 그렇게 믿었다. 주디스강에서 돌아온 그는 단호한 어조로 그 점을 주장하는 논문을 발표했다. 그는 1877년에 열린 미국 박물학자 총회에서 마시가 발견한 화석들은 무작위적인 변화로 설명되기에는 지나치게 규칙적인 변화를 보인다고 언급했다. "따라서 고등 동물의 신체 구조에서 나타나는 상승 발전은 십중팔구 정신의 진화와 병진並進한다."[11] 다시 말해 현대의 말은 자기 의지를 발휘하여 그런 존재로 진화했다는 것이다. 종은 주변 환경에 휘둘리지 않고 늘 자신의 운명에 책임을 진다는 주장이었다. 종의 진화 경로는 오래전 창조주가 예견했던 바이며, 혼돈과 혼란을 입증하는 것이 아니라 오히려 자연 전체에 퍼진 정연한 질서를 입증한다. 시간의 흐름과 관계된 모든 종은 하느님이 예정한 목표를 향해 나아간다는 주장이었다.

하지만 이런 주장을 받아들이는 건 당연히 그 이상의 의미를 받아들이는 것이었다. 즉, 인간 역시 진화의 산물임을 인정하는 것이었다. 《종의 기원》에서 다윈은 그의 이론이 인류의 이해를 위해 암시하는 바가 무엇인지 은근히 변죽을 울렸을 뿐이다. 그렇다고 해서 다른 사람들이 스스로 추측에 빠지는 것까지 막지는 못했다. 성공회 주교들은 다윈을 옹호하는 사람들에게 그들의 고릴라 혈통을 정확하고 상세하게 알려 달라고 비아냥거리는 어조로 요구했다. 풍자 작가들은 다윈을 유인원으로 묘사했다.

반면에 코프는 인류가 여우원숭이에서 진화했다는 게 자신의 믿음이라고 선언했다.

하지만 이 모든 토론에서 비아냥거림도, 프록코트를 입은 원숭이를 그린 만화도, 인간의 혈통을 다윈과 다르게 진단하는 이론도 그 뒤에서 입을 크게 벌리고 있는 불안과 의문의 광대한 심연을 완벽하게 숨기지는 못했다. 인류가 다른 종에서 진화했을지도 모른다는 생각에 보인 신경질적인 반응은 단순히 원숭이에 대한 우월 의식에서 나온 것이 아니었다. 그보다 훨씬 중요한 뭔가가 위태로워졌다. 신이 인간이 되어 노예의 죽음을 겪었다고 믿는 건 약함에 강함이 있고 패배에 승리가 있다고 믿는 격이었다. 기독교 문명에서 그 이전의 어떤 이론들보다 급진적인 다윈의 이론은 그런 기독교의 교리를 정면으로 반박하는 것이었다. 진화론의 관점에서 볼 때, 허약함은 가치 있게 여길 만한 구석이 전혀 없었다. 예수는 온순하고 가난한 자들을, 생존 경쟁에서 우위에 있는 강한 자들보다 더 우위에 두었다. 하지만 그것은 결국 호모 사피엔스를 퇴보의 내리막길로 걸어가게 하는 처방이었을 뿐이다.

지나간 열여덟 세기 동안 모든 인간의 삶은 신성하다는 기독교적 확신은 다른 어떤 교리보다 위에 있는 단 하나의 교리, 즉 인간은 하느님의 형상으로 창조되었다는 생각으로 뒷받침되었다. 신성은 극빈자나 죄수 혹은 창녀에게서도 발견되고, 불로 소득이 있으며 책이 가득한 서재를 가진 신사에게서도 마찬가지로 발견된다. 다윈의 저택은 정원, 사유지인 숲, 난초로 가득한 온실을 가졌음에도 불구하고 전례가 없는 벽돌[상업용 건물]과 연기[제조업 공장]를 자랑하는 도시[런던]의 가장자리에 서 있었다. 그가 애정을 다하여 벌레들의 활동을 살폈던 들판 너머엔 아우구스투스 시절 로마가 그랬듯이, 세계에서 가장 큰 대영제국의 수도가 있었다. 로마가 한때 그랬던 것처럼 런던도 혼란스러울 정도로 특권과 누추함이라는 양극단이 숨겨져 있었다.

다윈의 시절 영국에서는 아우구스투스 시절 로마의 누구도 생각조차 하지 못한 일이 등장했는데, 그것은 가난하고 학대받고 병에 걸린 이들을 구하는 운동이었다. 다윈 자신도 두 명의 중요한 노예제 폐지론자의 손자로서 이런 행동이 어디서 솟아나는 충동인지 온전히 알고 있었다. 사회 개혁의 대의는 하나부터 열까지 기독교적이었다. "우리는 정신박약자, 불구자, 병자를 위한 보호 시설을 짓는다. 우리는 빈민구제법을 도입한다. 그리고 우리의 의사들은 있는 힘을 최대한 발휘하여 최후의 순간까지 모든 사람의 생명을 구하려고 한다."[12] 그럼에도 불구하고 이런 자선 행위에 대해 다윈이 내린 판결에는 짜증이 섞여 있었다. 협곡 아래로 병약한 아기들을 내던지는 스파르타인의 생각과 비슷하게도, 다윈은 약자에게 번식을 허용하는 것이 강자에게 미칠 나쁜 결과를 두려워했다. "가축 번식에 참여해 본 사람이라면 누구라도 이런 일이 인류에게 무척 해롭다는 걸 의심하지 않을 것이다."[13]

이는 퀘이커교도라면 몹시 고통스러워할 법한 주장이었다. 코프는 자신이 계승한 퀘이커 전통을 잘 알았다. 최근에 벌어진 남북전쟁에 최초로 불을 붙인 건 퀘이커교도였고, 그 불길이 미국 노예제를 끝장내 버렸다. 영국에서처럼 미국에서도 감옥 개혁을 주장하는 운동을 선두에서 이끈 사람들도 퀘이커교도였다. 그리스도를 믿는 형제자매들 중 가장 미소한 이를 위해 하는 일이 무엇이든 그것은 결국 그리스도를 위한 일이었다. 그렇다면 이런 신념은 어떻게 코프가 경멸과 두려움 속에서 언급한 "'적자생존'이라는 다윈의 법칙"[14]과 일치할 수 있을까? 이런 의문은 다윈마저 당황하게 만들 법한 것이었다. 그는 기독교적 심성이 풍부하여 허약한 자들과 가난한 자들을 비참한 운명에 그대로 내맡기라는 모든 제안을 '악'[15]으로 규정했다. 다윈은 사회적 약자들에게 관심을 보이는 본능이 분명 자연 선택의 산물이라고 주장했다. 그렇다면 그런 사람들은 어떤 진화적 목적에 봉사한다고 보아야 할 것이다. 하지만 다윈은 생각이 흔들렸다. 그는 사적인 대화 자리에서 "현대 문명은 자연 도태를 받아들이려 하지 않지"[16]라고 고백하며 그 때문에 미래를 두려워했다. 그가 개인적으로 얼마나 공감하든, 자선이라는 기독교적 개념은 진화의 관점에서 보자면 부적절했다. 그런 개념을 무제한 그냥 내버려 두면 그것에 매달리는 사람들은 반드시 퇴보할 터였다.

그리고 그런 일이 벌어진다면 인류 전체가 피해를 입을 것이다. 어쨌든 여기서 코프도 다윈과 의견이 완벽하게 일치했다. 그는 광대한 대초원 지대를 가로지르는 열차를 탔고, 수족의 땅에 있는 요새에서 전보를 보냈으며, 최신식 연발 소총에 의해 쓰러진 들소들의 백골이 수십 킬로미터에 걸쳐 널려 있는 수족의 사냥터도 보았다. 그는 커스터의 패배가 일시적인 일탈의 사례라는 걸 알았다. 미국의 원주민 부족은 파멸할 수밖에 없는 운명이었다. 백인종의 진보는 멈출 수가 없는 것이었다. 그것이 미국인들이 생각하는 현시된 운명manifest destiny이었다.● 이는 전 세계적으로도 자

● '현시된 운명'은 19세기 전반기에 많은 미국인이 갖고 있던 사상이다. 미국은 북아메리카 전역으로 지배권을 확장할 운명을 타고났으며, 필요하다면 그 과정에서 폭력을 사용해도 무방하다는 생각이었다. 그리하여 백인들은 서부 개척 과정에서 아메리카 인디언들을 무자비하게 학살했다. 이러한 확장주의는 미국의 남부와 북부가 자기 지역의 정치적·경제적 영향력을 확대하기 위해 노예 제도를 둘러싸고 대립하면서 더 강력하게 불붙었다. 19세기 말에 이르러 '현시된 운명' 사상은 카리브해와 태평양까지 미국의 판도를 확대하는 데 동원되었다. 이 사상과 관련하여 노예 제도는 미국 내에 심각한 정치적 위기를 불러왔고 결국 1861년에 남북전쟁으로 이어졌다. 동족 간의 유혈 학살은 '현시된 운명'과 그를 뒷받침하는 진화론의 위험성을 잘 보여 준다. ─옮긴이

명한 일이었다. 아프리카에서는 여러 유럽 열강이 대륙을 분할할 계획을 세우는 중이었고, 호주, 뉴질랜드, 하와이에서는 백인 식민지 정착민들의 유입에 아무런 저항이 없었으며, 태즈메이니아에서는 이미 원주민 전체가 멸종 위기에 내몰렸다. 다윈이 말한 것처럼 "문명화의 등급은 식민지 경쟁을 하는 국가들이 성공을 거두는 데 가장 중요한 요소였다."[17]

백인과 아메리카 원주민 간의 차이, 유럽인과 태즈메이니아인의 차이를 어떻게 하면 그럴싸하게 설명할 수 있을까? 전통적인 기독교 신자의 반응은 별개의 인종인 두 인간 사이에는 근본적 차이가 없으며 모두 신의 형상을 따라 평등하게 창조되었다고 주장하는 것이다. 하지만 다윈의 자연 선택 이론은 상당히 다른 답변을 시사했다. 청년일 때 그는 세상의 바다를 항해했고 "유럽인이 발 디디는 곳마다 어떻게 학살이 원주민들을 쫓아다니는지"[18] 파악했다. 그는 원주민들을 동정하고 그에 따라 백인 정착자들을 혐오했지만, 냉혹한 결론을 내리는 것을 주저하지 않았다. 그 결론은 인간이 지구상에서 존재해 오는 동안 자연적인 인종 계급이 생겨났다는 것이다. 유럽인은 계속 진보했고 그 덕분에 후대의 유럽인은 선대보다, 그들보다 더 야만적인 민족의 "지적·사회적 능력"[19]을 능가하기에 이르렀다. 어떻게, 왜 그런 일이 생기는지 다윈의 설명을 받아들이지 않았음에도 불구하고 코프는 다윈의 주장에 일리가 있다고 수긍했다. 다른 종에서처럼 인류의 종에서도 분명 진화의 작용은 항구적으로 작동하고 있었다. 코프는 이렇게 인정했다. "우리는 모두 상위 인종과 하위 인종이 있다는 걸 인정한다. 우리는 현재 하위 인종이, 정도의 차이가 있긴 하지만, 유인종에 가깝다는 걸 안다."

이것이 독실한 퀘이커교도가 신의 작용과 자연에서 알게 된 인간관을 상호 조화시킨 결론이다. 인류에 대한 이러한 이해를 벤저민 레이가 알았다면 아마 질겁했을 것이다. 코프는 자신의 신념—종은 자기 의지로 완벽을 향해 나아갈 수 있다는 생각—덕분에 같은 종의 다른 형태들도 공존할 수 있다는 생각을 하게 되었다. 그리하여 코프는 이렇게 주장했다. 백인들은 스스로 새로운 의식意識(사상)의 경지에 올라선 인종이다. 다른 인종은 그렇게 하지 못했다.

몬태나의 화석층 사이에 누워서 잠든 동안 끔찍한 꿈들에 가위눌리던 시절로부터 1년이 지난 1877년, 에드워드 드링커 코프는 공식적으로 퀘이커교에서 탈퇴했다.

새로운 종교 개혁

다윈을 읽은 모든 사람이 그의 이론은 인류 사회에 대하여 아주 황량한 약육강식의 비전을 보여 준다고 해석하지는 않았다. 그렇지만 다윈의 추종자들 중 더 호전적인 사람들은 자연 영역에서 신이 추방된 걸 진정한 축복으로 여겼다. "진보주의의 무기고에 들어온 진정한 위트워스 총."[20] 발간 초기에 《종의 기원》을 아주 긍정적으로 평가한 논평가는 그런 칭찬을 했다. 그 논평가는 해부학자 토머스 헨리 헉슬리인데 주교들을 맹렬히 비판하여 "다윈의 불독"이라는 별명을 얻었다. 그는 자칭 진보의 열렬한 지지자였다. 버클랜드 같은 자들의 영향력이 지질학과 자연사 연구에 개입하는 모습을 참을 수 없던 헉슬리는 그런 영향력이 전문화되길 바랐다. '신학과 사제단Theology & Parsondom'[21]의 완패는 헉슬리 같은 사람들—독학하고, 특권을 경멸하는 중산층 인사—에게 더 많은 기회를 주었을 뿐만 아니라 계몽사상의 축복을 퍼트리는 데도 도움을 주었다. 미신의 안개가 사라질수록 진실의 윤곽은 더 명백해졌다. 햇빛 드는 이성의 고지대가 손짓한다 하더라도 여전히 그곳으로 가는 길에 망상의 안개를 걷어 내야 했다. 인류가 망상을 완전히 내던지려면 죽어 버린 신학자들의 시체 더미를 넘어서야만 했다. 이 과정에서 다윈의 이론을 소총으로 활용해야 한다면, 그렇게 해야 마땅했다. 시대는 바로 그것을 요구했다.《종의 기원》이 출판되기 몇 달 전 글을 쓴 헉슬리는 거대한 갈등이 싹트고 있다는 걸 알았다. "비록 알아챈 자는 적지만, 나는 우리가 새로운 개혁의 전야에 와 있다고 믿는다. 앞으로 30년을 더 살 수 있다면, 나는 과학의 발꿈치가 적의 목을 짓누르는 걸 보게 될 것이다."[22]

그런데 헉슬리가 '과학'이라고 한 건 무엇일까? 그 대답은 전혀 명확하지 않다. 문법에서 시작하여 음악에 이르기까지 지식의 갈래는 전부 전통적으로 과학에 속했다. 신학은 오래전 과학의 여왕 자리에서 물러났다. 심지어 1850년대에도 옥스퍼드 대학교에서 '과학'은 여전히 "아리스토텔레스를 속속들이 파악하는 것"[23]을 뜻했다. 헉슬리는 그런 것에 만족하는 사람이 전혀 아니었다. 19세기 초 몇십 년은 과학이라는 단어가 완전히 새롭게 최첨단으로 정의되는 시기였다. 고생물학자와 화학자가 '과학'이라는 단어를 자연 과학과 물리 과학의 총체를 뜻하는 것으로 사용하자, 동시대인들은 새롭고도 익숙한 개념으로 그것을 받아들였다. '힌두교'라는 생소한 개념이 인도인들에게 받아들여진 현상과 정확히 같은 현상이었다. 헉슬리는 열성을 다해 부지런하게 최근에 병합된 분야를 확실히 굳히고 그 경계를 확보하는 데 공을 들였다. 그는 이렇게 경고했다. "지식에 관한 한 입증되지도 않고 입증될 수도 없는 결론을 확실하다고 가정해서는 안 된다."[24]

그것이 '불가지론agnosticism'의 원칙이었는데, 이 단어는 헉슬리가 직접 제안한 것이었고, 그의 생각으로는 과학을 행하고자 하는 자라면 누구든 이를 필요조건으로 삼아야 했다. 그는 불가지론의 원칙이 "진리를 알아낼 수 있는 유일한 방법"[25]이라고 단호하게 선언했다. 헉슬리의 글을 읽은 사람이라면 모두가 그의 목표를 알았다. 논증될 수도 증명할 수도 없는 진리, 초자연적 계시라고 알려진 주장에 의존하는 진리는 전혀 진리가 아니었다. 최신 유행인 사진술에 종사하는 어떤 사람이 말한 것처럼, 과학은 그 반대편의 것인 종교와 나란히 놓음으로써 정의되었다.

여기에 하나의 놀라운 역설이 있다. 19세기에 나온 과학의 개념은 장편소설의 정반대에 있는 영원하고 보편적인 지식으로 정의되었지만, 그것은 무척 익숙한 부류의 독단이었다. 과학은 정확히 종교의 도플갱어* 역할을 했기에 불가피하게 유럽의 과거 기독교의 희미한 흔적을 지니고 있었다. 그러나 헉슬리는 그런 흔적을 거부했다. 오늘날 현대 조류는 수백만 년 전에 쥐라기의 숲을 날쌔게 움직이던 공룡들의 후예라는 이론이 거의 보편적으로 인정되고 있다. 하지만 그 사실을 19세기 후반에 알아볼 정도로 재능이 뛰어난 해부학자였던 헉슬리는 종교와 무관하게 '과학'이 늘 존재했다는 걸 철저히 믿었다. 식민지 관리들과 선교사들이 인도로 가 그곳에서 발견한 사회에 '종교'라는 개념을 도입했듯이, 불가지론자들은 그와 비슷한 태도로 과거를 일종의 식민지로 만들었다. 고대 이집트인, 바빌로니아인, 로마인은 모두 '종교'를 지닌 것으로 추정되었다. 일부 민족, 특히 그리스인 대다수는 '과학'을 지닌 것으로 추정되었다. 그들의 문명이 진보의 원천 역할을 할 수 있었던 것도 과학 덕분이었다. 철학자들은 과학자들의 원형이었다. 알렉산드리아 도서관은 "현대 과학의 발상지"[26]

---

* 분신(分身). 종교의 뒷바라지를 했다는 뜻. ─옮긴이

였다.

오로지 기독교 신자들만이 과학의 발달을 막았다. 그들은 이성에 대한 광신적인 증오와 이교도 학문을 절멸하겠다는 결의로 고대 세계가 증기 기관과 방적 공장으로 나아가는 길에 제동을 걸었다. 수도사들은 고의로 철학 냄새를 풍기는 것이라면 뭐든지 자신들이 집필하겠다고 나섰다. 이처럼 교회가 승리를 거두자, 인도적이고 문명화된 사회에 이바지하는 모든 것이 좌절되었다. 암흑이 유럽에 내려앉았다. 천 년 이상 교황들과 종교 재판관들은 호기심, 조사, 이성이 조금이라도 번뜩이면 그것들을 철저하게 없애려고 애를 썼다. 이런 광신에 대항한, 가장 주목할 만한 순교자는 갈릴레오였다. 지구가 태양 주위를 돈다는 것을 전혀 의심하지 않고 주장하여 고문을 당한 그는, 볼테르의 말에 의하면 "종교 재판이라는 지하 감옥에서 신음하며 나날을 보냈다."[27] 고릴라의 후예라는 조롱을 던지는 것으로 다윈의 진화론을 비웃었던 주교들은, 기독교 자체처럼 오래된 전쟁의 마지막 전투원이었을 뿐이다.

이러한 이야기는 물론 진실이 아니었다. 하지만 터무니없이 널리 퍼져서 하나의 신화가 되었다. 그런 이야기의 호소력이 불가지론자들에게만 국한된 것은 아니었다. 개신교도들도 마찬가지로 그런 호소에 상당히 솔깃해하며 귀를 기울였다. 중세 기독교 세계를 극심하게 편협하고 퇴행하는 지옥 같은 곳으로 묘사하는 건 멀리 루터에게까지 소급된다. 동시대인들이 빠르게 알아보았던 헉슬리의 특권층 의식은 아주 흔했을 뿐 아니라 급진적인 특성을 띠었다. "그는 도덕적 진지함, 의욕적인 기운, 자기 신념에 대한 절대적 확신, 그런 신념을 온 인류에게 인식시키려는 결의 등을 갖고 있었다. 그것은 청교도의 특성이 지닌 본질적인 흔적이다."[28]

하지만 많은 불가지론자들이 과학만이 삶의 더 큰 목적을 묻는 질문에 답할 능력이 있다고 믿었는데, 이런 점증하는 확신은 훨씬 더 오래된 근원에서 비롯되었다. 옛날, 옛날에 아주 먼 옛날에 자연 과학은 자연 철학이었다. 삼라만상의 작용과 경이로움 앞에서 중세 신학자들이 느낀 경외감은 《종의 기원》에서도 나타난다. 다윈은 책의 결론 부분에서 아주 낭랑한 어조로 자신의 이론을 이렇게 설명한다. "이런 인생관에는 장엄함이 있다." 우주가 인간의 이성으로 이해할 수 있는 법칙에 따라 움직이고, 이런 법칙의 결실이 "가장 아름답고 훌륭하다"는 확신은 다윈을 곧장 저먼 아벨라르의 시대와 연결시켰다.[29] 독일의 진화론자들은 교회들이 제단을 난초로 장식하고 또 천문학을 거론함으로써 기독교의 상당한 영향력을 과학 쪽에다 실어 줄 것이라는 공상을 품었다. 과학과 종교 사이의 전쟁은—적어도 부분적으로—둘 다 공통된 유산을 내세운다는 것을 보여 주었다.

죽는 날까지 기독교인이었던 다윈의 아내는 이런 앞날의 상황에 대하여 많은 사람들이 공유하는 두려움을 표명했다. 그녀는 다윈이 죽고 얼마 지나지 않아 아들에게 쓴 편지에서 이렇게 고백했다. "진화에 의해 '모든 도덕'이 성장한다는 네 아버지의 생각은 내겐 고통이었단다."[30] 이미 기독교적 가르침이 미치는 여러 분야에서 과학자들이 관련 연구를 했고 과감하게 조사 연구를 밀어붙였다. 몇몇 훈련된 이들이 망원경으로 화성을 관찰하고 보이지 않는 광선의 투과를 추적하는 동안, 다른 과학자들은 침실을 연구 대상으로 삼았다. 그동안의 성도덕은 사드 후작이 끈질기게 불평한 대로, 궁극적으로 바울에게서 나왔으며 그 이후 성적 행동의 용인 범위를 계속 규정해 왔다.

하지만 다윈과 그의 이론은 일대 소동을 일으켰다. 자손의 번식은 자연 선택이 활발하게 벌어지는 분야였다. 인간의 짝짓기 습관은 새나 벌의 그것에 못지않게 합법적인 연구 분야가 되었다. 그리하여 다윈의 국가〔잉글랜드〕보다 성에 대해 당혹스러움을 덜 느끼는 국가들 사이에서, 성적 행동의 탐구가 활발하게 이루어졌다. 그 나라들의 과학자들은 사드조차 경탄할 정도로 인간의 성적 행동을 상세하고 다양하게 연구했다. 1886년 독일 정신의학자 리하르트 폰 크라프트에빙이 자칭 "병리학적 페티시즘pathological fetishism"에 관한 조사 보고서를 펴냈을 때, 책의 일차적 독자층이었던 학계學界보다 훨씬 더 폭넓은 층에게 관심을 불러일으켰다. 6년 뒤,《성적 정신병리학Psychopathia Sexualis》이 영어로 번역되어 나왔을 때, 한 비평가는 아주 폭넓은, 분별력 없는 독자층을 두고 탄식했다. 이 비평가는 책 전체가 모호하면서도 품위 있는 라틴어로 번역되지 않은 점이 유감이라고 불평했다.

그렇지만 고전주의자들은 그 책 안에서 흥미를 돋우는 내용을 많이 발견할 수 있었다. 특히 그리스어와 라틴어를 혼합하여 만들어진 단어가 주목의 대상이었다. 동성애Homosexualität는 원래 1869년에 만들어진 단어로, 프로이센 도덕률에 관한 소책자를 쓴 작가가 동성 간 성적 관계를 나타내는 약어로 활용했던 말이다. 물론 이것은 바울이 로마인들에게 보내는 편지에서 대대적으로 맹비난한 성적 행동의 범주에 들었고, 아퀴나스도 소도미로 규정했다. 그럼에도 불구하고 계몽의 시대에 들어와서도 이 단어는 시에나의 베르나르디노의 시대에서처럼 파악하기 힘든 개념으로 남아 있었다.

예를 들어 1772년에 사드가 여자들과 항문 섹스를 한 혐의로 유죄 판결을 받았을 때, 그는 법적으로 소도미를 저지른 죄인이 되었다. 이제 크라프트에빙은 능숙한 해부학자의 정확성을 발휘하여 동성애라는 단어를 바울이 비난한 성적 행동의 범주와 일치시켰다. 당연히 의료 분야에 종사하는 의사만이 그런 일을 해낼 수 있었다. 크라프트에빙은 도덕주의자가 아닌 과학자로서 동성 관계에 관심을 가졌다. 외견상 다윈의 이론[번식의 중대성]에 도전하는 이 행동, 즉 남자나 여자가 동성과 동침하는 이유는 무엇일까? 전통적인 설명으로는 그런 사람들은 욕구를 통제하지 못하는 음란한 포식자로, 신이 자연적인 것으로 규정한 성적 행동에 싫증이 난 자들이었다. 하지만 정신의학자들에게 이런 설명은 부적절해 보이기 시작했다. 크라프트에빙은 '동성애자들'이 근본적으로 병리학적 환경의 피해자라고 생각했다. 동성애를 뭔가 유전적인 것, 즉 세대를 거쳐 내려오는 질병이든, 혹은 자궁에서 겪은 사고의 결과든, 죄악이 아닌 뭔가 아주 다른 것, 즉 당사자 입장에서는 어찌할 수 없는 상황에서 그렇게 된 것으로 봐야 한다고 크라프트에빙은 생각했다. 그는 동성애자들이 도덕적으로 문제가 있는 것이 아니라 기질적으로 그렇게 된 사람이라고 주장했다. 그러니 기독교인들이 불행에 빠진 사람을 걱정하는 것처럼 동성애자들도 너그러움과 연민으로 대우해야 마땅하다는 것이다.

하지만 대다수 기독교인은 그런 설명에 설득되지 않았다. 크라프트에빙의 연구는 기독교 신자들의 성도덕에 두 갈래 문제를 제기했다. 한 갈래는 동성애인데, 《성적 정신병리학》은 성경에서 부도덕하다고 비난하는 성행위를 어찌할 수 없는 이유로 좋아하게 된 사람들이 있다고 주장했다. 또 다른 한 갈래는 사디즘과 마조히즘이었다. 이것은 동성애 못지않게 충격적인 이야기였다. 그의 책은 교회의 역사에서 등장하는 많은 사람들이 이런 일탈적 성욕에 휘말렸을지도 모른다고 주장했다. 크라프트에빙이 고통을 가하는 데서 성적 쾌락을 느끼는 이들을 묘사하고자 '사디즘'이라는 단어를 발명했을 때, 그는 넌지시 사드 후작을 콘라트 폰 마르부르크 같은 이단 심문관들과 연결했다. 하지만 기독교인들의 경건한 감수성에 더 충격적인 건 '마조히즘'이라는 성행동의 분석이었다. 이는 크라프트에 빙이 오스트리아 귀족 레오폴트 폰 자허마조흐가 모피를 입은 귀족 숙녀 들에게 매질을 당하는 기호가 있다는 걸 알고 만든 단어였다. "마조히즘 의 실천자들은 의심할 여지 없이 성욕의 반사적인 자극을 일으키는 온갖 학대와 고통에 스스로 굴복한다."

그 결과 크라프트에빙은 과감하게도 "열렬한 종교 지지자와 순교자의 고행"을 마조히즘의 한 형태로 인정하고 나섰다.[31] 성녀 엘리자베트가 고 해 신부 콘라트의 엄격한 직무 수행에 순응한 지 700년이 지난 뒤, 정신 병리학의 비감상적인 시선은 예전과는 전혀 다른 관점에서 그녀를 바라 보았다.• 크라프트에빙은 마조히스트는 사디스트의 완벽한 데칼코마니라 고 규정했다. "두 행위 사이의 좌우 대칭은 완벽하다."[32]

정신의학은 기독교의 성도덕에 이의를 제기하는가 하면 그것을 더 강 화했다. 크라프트에빙의 결론은 그의 비평가들이나 숭배자들이 생각하 는 것처럼 순전히 병리적 관점에 입각한 것은 아니었다. 가톨릭 신자로 성장한 크라프트에빙은 기독교적 결혼 모델이 최고라는 걸 당연하게 여 겼다. 교회가 일부일처제를 평생의 결혼 제도로 형성하고 유지해 온 엄청 난 노력을 아주 가치 있는 업적이라고 생각했다. "기독교는 여성을 사회 적으로 남성과 동등하게 만들고, 사랑의 유대를 도덕적·종교적 관습으로

• 이것은 이 책 10장 〈박해〉에서 소개된 성녀 엘리자베트의 고행과 그런 고행으로 제자를 훈 련시키는 콘라트 폰 마르부르크를 종교적 관점이 아니라 성적 행동의 관점에서 바라본 것이 다. 그러나 엘리자베트 성녀는 결혼하여 아이를 낳은 후에 종교적 고행의 길로 들어섰고, 콘 라트는 교회의 개혁이라는 관점에서 고행 이외에 이단자 색출에 전념했던 인물이다. 따라서 어느 한 관점으로만 어떤 인물을 바라보는 것은 종합적인 판단이라고 할 수 없다. 설사 행동 의 측면에서 그렇게 볼 수 있는 유사성이 있다고 하더라도, 비유적으로 말해서 주스와 와인 에 물이 들어 있다고 해서 그 둘을 가리켜 물이라고 할 수 없는 것과 마찬가지이므로, 이런 관점에 대해서는 신중한 판단이 필요하다. —옮긴이

높임으로써 남녀 양성의 결합을 숭고한 위치로 끌어 올렸다."[33] 이러한 일부일처제에 대한 믿음이라면 동성애를 반대할 만도 했으나, 오히려 그 믿음 때문에 크라프트에빙은 생애 말년에 소도미를 범죄로 취급하지 말아야 한다고 확신하게 되었다. 그는 동성애자들은 다른 어떤 결혼한 부부 못지않게 "마음의 가장 고귀한 열망"[34]에 익숙하다고 선언했다. 그의 연구에 고무된 많은 동성애자가 그에게 편지를 써 보내면서 그들의 가장 사적인 갈망과 비밀을 토로했다. 이런 편지들에 근거하여 크라프트에빙은 역설적인 결론에 도달할 수 있었다. 교회에서 소도미로 비난받는 성적 관행은, 그가 기독교가 문명에 크게 이바지했다고 본 이상—평생 유지되는 일부일처제의 이상—과 완벽히 양립할 수 있는 것이었다. 동성애는 그것을 상세하게 범주화한 첫 번째 과학자인 크라프트에빙이 정의한 대로, 기독교적 죄악과 기독교적 사랑을 동시에 결합시킨 것이었다.•

크라프트에빙은 냉정하고 감정에 치우치지 않는 언어를 구사하면서, 역사에 유례가 없는 성애性愛 차원의 혁명을 확정했다. 바울은 남자와 동침한 남자, 여자와 동침한 여자를 하나의 쌍으로 파악함으로써 성적 질서를 재조정했는데, 오늘날 과학의 시대에 들어와서도 그것은 최고의 질서로 숭상된다. '동성애'는 《성적 정신병리학》이 세상에 도입한 단 하나의 그리스어와 라틴어의 의학용 합성어가 아니었다. 두 번째인 '이성애heterosexuality'라는 합성어도 있었다. 크라프트에빙이 확인한 다른 성적 행위의 범주들, 가령 사디즘, 마조히즘, 페티시즘적 강박증 등은 거대하고 근본적인 분수령—이성애와 동성애를 갈라놓는 분수령—의 이쪽 혹

• 동성애는 남녀 간의 사랑을 바탕으로 하는 기독교의 결혼관에는 위배되기 때문에 죄악이지만, 그 남녀 간의 사랑에 못지않은 사랑을 그들 사이에 유지하고 있으므로 기독교에서 강조하는 사랑을 실천하고 있다는 뜻. —옮긴이

은 저쪽에 위치한 변형에 불과했다. 진화하는 데 거의 2000년이 걸린 성적 범주들은 이제 견고하게 규정되었다. 곧 유럽인과 미국인 들은 그런 범주들이 그전까지 존재한 적 없다는 사실을 잊어버릴 것이다. 네로의 통치기에 순회하는 유대인(성 바울)에게서 비롯된 욕망을 개념화하는 방식은 선교사들이 전하고 전 세계 식민지의 법적 체계 내부에 깊숙이 침투하여 세계적인 영향력을 누려 왔다. 다른 것들과 마찬가지로 성적 질서에서도 현대성의 뿌리는 기독교적 토양 안에 깊숙이 자리 잡았다.

디플로도쿠스 방문하기

그러는 사이에 미국의 황량한 서부는 길들여지는 중이었다. 고생물학자와 카우보이는 서부의 변경이 모두 개발되어 사라지는 상황에 적응해야 했다. 코프와 마시가 열정적으로 수행하던 오래된 해적 행위 같은 방식은 이제 유지하기 힘들어졌다. 두 사람 다 결국 몰락했다. 1890년에 기자들이 '뼈 전쟁'이라고 부른 사건의 창피한 내막이 언론에 상세히 폭로되었다. 미국의 가장 저명한 두 고생물학자가 노동자 무리를 고용해 상대의 발굴물을 박살내고, 상대의 명성을 훼손할 목적으로 학술 논문을 집필한 행위 등이 알려졌다. 화석 탐사 작업은 예전만큼 비용이 적게 들지 않았고, 코프와 마시 모두 점점 자금이 떨어졌다.

새로운 시대가 떠오르고 있었다. 공룡의 뼈 조각을 찾는 일은 이제 부호들이 좌지우지하게 되었다. 세상에서 현금 재산을 가장 많이 가진 기업가 앤드루 카네기는 엄청난 자원을 가져와, 일찍이 과학자들이 꿈도 꾸지 못한 규모의 선사 시대 유골 탐색 작업을 진행했다. 코프와 마시는 자금이 부족하여 탐사 시장에서 쫓겨났다. 카네기는 중생대의 공룡 이빨 파편을 얻으려고 황무지를 배회하는 일에는 별로 관심이 없었다. 그는 자신의 어마어마한 부에 어울리는 규모의 화석을 원했다. 일꾼들이 약 24미터에 이르는 공룡의 뼈대를 발굴했을 때, 카네기는 그 공룡에게 디플로도쿠스 카네기Diplodocus carnegii라는 이름을 붙여 그게 자기 소유라는 걸 온 세상에 알렸다. 그의 홍보 담당자들이 선전한 바에 따르면, 그것은 "세상에 존재했던 가장 큰 동물"[35]이었다.

전리품을 챙기는 건 사람들이 자기 존재를 드러내는 방식이었다. 카네기는 열정적으로 그 방식을 믿고 추진했다. 카네기는 스코틀랜드 이민자였는데 방적 공장의 노동자 신분에서 출세하여 일약 미국 철강 생산을 독점하는 사업가로 군림하기에 이르렀다. 그의 경력은 고대 그리스인들이 말하는 아곤[투쟁 혹은 경쟁]의 전형이었다. 경쟁자들은 짓밟아서 제압해 버리면 되고, 노동조합은 분쇄해 버리면 되고, 현금 자산은 그의 탐욕스럽고 부지런한 손에 집중시키면 되는 것이었다. 농부, 장인, 소매상 할 것 없이 모두가 카네기의 비평가들이 말한 임금 노예로 전락했다. 한때 자신도 가난했던 카네기는 부자에게 고통이 닥칠 거라는 생각을 할 겨를이 없었다. 카네기는 설교단에서 부자들의 불공정을 비난하는 목사들의 설교에 짜증이 났다. 그는 가난한 사람들이 겪는 고통에 대해 아주 엄격한 태도를 보였다. 그렇게 한 것이 그가 "진화의 진실을 알았기"[36] 때문이었다.

적자생존의 유일한 대안은 적자가 아닌 사람이 생존하는 것뿐이었다. 나태한 자, 술에 취한 자에게 보조금을 주는 것은 무분별한 자선이며 아무짝에도 쓸모없는 일이었다. 초자연적인 것의 개념을 아예 무시한 카네기는 미국에서 가장 유명한 사회학자가 말한, "부유한 자보다 가난한 자를 편애하는 저 오래된 기독교의 편견"도 마찬가지로 무시했다. 예일대

교수인 윌리엄 그레이엄 섬너는 한때 목사를 천직으로 알았던 사람이다. 하지만 목사로서 봉사했던 경험 때문에 그는 가난에 대한 교회의 가르침을 거부하게 되었다. "사람이 기독교의 규칙에 따라 행동하던 시절에 이런 편견들은 자본을 낭비하고 다시 유럽을 야만으로 빠뜨리는 데 이바지했다."[37] 콜롬바누스가 무익하게 숲에 몰래 숨어들지 말고 차라리 목재 사업을 했더라면, 보니파키우스가 이교도들에게 열변을 토하기보다 자유 무역에 관한 복음을 전했더라면 얼마나 좋았을까. 바로 이것이 카네기가 자랑스럽게 신봉하는 가르침이었다.

그럼에도 불구하고 그는 장로교 성장 환경이 만들어 낸 인물이었다. 카네기의 가족은 스코틀랜드에서 미국으로 건너올 때 과거 필그림 파더스 Pilgrim Fathers가 그랬듯이, 타락한 인류는 쉽게 갱생하지 못한다는 생각을 하며 이민 왔다. 사람은 소명에 순응하여 살아야 했다. 마치 모든 게 자신의 노력에 달린 것처럼 열심히 노동해야 하느님에게서 보상이 오는 법이었다. 설혹 카네기가 신의 존재를 의심했다 하더라도 그는 부자가 되려는 자신의 노력이 엄중한 책임감을 불러온 점은 결코 의심하지 않았다. 신세계로 배를 타고 온 존 윈스럽은 자신과 동료 정착민들이 "현재의 세상만 받들고, 육체적 욕망을 충족시키고, 자기 자신과 후손을 위해 커다란 이익만 추구한다면"[38] 어떤 참사가 뒤따를지 경고했다.

200년 넘는 세월이 흐른 뒤, 카네기는 똑같은 불안의 그림자를 느꼈다. 그는 사려 깊은 사람이라면 아들에게 재산을 남기는 것이 저주임을 분명히 알 것이라고 말했다. 그가 이런 말을 한 글에는 '부의 복음'이라는 인상적인 제목이 붙어 있었다. 가난한 자가 자조自助하는 데 도움을 주지 못하는 자선은 무의미했다. "공동체에 유용한 최고의 수단은 출세하려는 자들이 자력으로 오를 수 있도록 손이 닿는 곳에 사다리를 놔두는 것이다."³⁹ 이런 원리에 따라, 카네기는 일하는 내내 돈을 엄청나게 많이 벌었고 은퇴한 뒤에는 그 돈을 쓰면서 보냈다. 그는 "그리스도의 삶을 모방하여"⁴⁰ 스스로 가난 속에서 살아가기보다 빈자가 부자가 될 수 있도록 도와야 한다고 생각했다. 그렇지만 카네기는 누가 봐도 파울리누스의 후계자임이 분명했다. 카네기는 공원, 도서관, 학교, 세계 평화라는 대의 등을 홍보하는 데 큰 액수의 기부금을 내놓았다. 이런 행위들이 그 자신의 위대함을 과시하기는 했지만, 그래도 이기적인 행위는 아니었다. 다른 사람들의 삶을 개선하려는 의도에는 분명 존 윈스럽도 찬성했을 것이다. 카네기는 자신의 디플로도쿠스를 고향인 피츠버그의 지정 박물관에 호화롭게 진열하는 것만으로는 뭔가 부족하다고 생각했다. 그 공룡의 경이로운 모습은 널리 공유되어야 마땅했다. 그리하여 디플로도쿠스의 석고 복사물들이 만들어져 전 세계의 수도로 발송되었다.

　1905년 5월 12일, 카네기는 런던에 와 있었다. 그곳에선 첫 디플로도쿠스 석고 복사물의 뼈 292개가 모여 온전한 뼈대를 이루었고, 거기 모인 귀족 고위 관리들에게 발표할 준비가 되어 있었다. 자연스레 카네기도 그 모임에서 연설을 했다. 그의 공룡은 카네기 기업 왕국처럼 어마어마하고 깜짝 놀랄 정도의 대규모였다. 그것은 적자생존을 적극 장려할 때 생겨날 수 있는 현상의 완벽한 상징이었다. 결국 카네기가 그런 선물을 마련할 자금을 대고 그 결과 영국인과 미국인 사이에 "평화를 위한 동맹"⁴¹이 구축된 건, 그동안 아무런 제약 없이 누적된 카네기의 자본 덕분이었다. 이런 메시지를 전달할 수 있는 무대로 런던의 자연사박물관만 한 곳이 있었을까. 그 박물관은 높이 치솟은 기둥들과 괴물 석상들로 완성된 어마어마한 건물로, 대성당처럼 근엄한 분위기를 자랑했다. 그러한 분위기는 우연히 생겨난 것이 아니었다. 박물관 설립자 리처드 오언은 '공룡ᵈⁱⁿᵒˢᵃᵘʳ'이라는 신조어를 만들어 낸 박물학자였는데, 박물관 설계 당시에 그런 분위기가 풍겨 나오게 해달라고 그가 특별히 주문했던 것이다. 그는 과거 한때 과학이 "원수를 은혜로 갚기 위해"[42] 존재한다고 주장하기도 했다.

런던 방문 당시에 카네기는 자랑스럽게 자신의 디플로도쿠스를 점검하면서 그 뼈에 적합한 성물함이 제공되었다고 생각했을 것이다. 하지만 카네기가 그해 5월에 런던을 방문한 외국인들 중에 과학이 인류에게 세계평화를 가져다줄 수 있을 것이라고 생각한 유일한 사람은 아니었다. 디플로도쿠스가 발표되기 하루 전에 자신을 레닌이라 부르는 러시아인 블라디미르 일리치 울랴노프도 런던 자연사박물관을 방문했다. 카네기와 마찬가지로 그는 진화론의 교훈이 실질적인 효과를 거두게 해야 한다는 주장의 지지자였다. 그러나 카네기와 달리 그는 인간의 행복이 자본의 자유로운 활용으로 가장 잘 충족된다는 말을 믿지 않았다. 레닌이 볼 때 자본주의는 붕괴할 운명이었다. 그에 따라 세계의 노동자들, 즉 '프롤레타리아'가 세상을 물려받게 되어 있었다. "타락과 사치 속에서 뒹구는 소수의 거만한 백만장자와 계속 빈사 직전의 상태로 살아가는 수백만 노동자들"[43] 사이에서 거대한 입을 떡 벌린 심연이 공산주의의 승리를 확실하게 만들어 줄 터였다.

2주 동안 런던에 머문 레닌과 37명의 다른 사람들은 세상에 임박한 이혁명을 어떻게 해야 가장 잘 촉진할 수 있을지 논의했다. 그들은 진화 법칙 덕분에 혁명이 필지의 사실이라는 것을 굳게 믿었다. 레닌은 그런 신념을 가지고 있었기에 동료 대표들을 데리고 마치 성소에 가듯 대영박물관•을 찾아갔다. 하지만 그곳은 한 번 찾아가는 것으로 충분했다. 런던은

• 대영박물관은 마르크스가 연구하면서 《자본론》을 집필한 곳이다. ―옮긴이

거기 말고도 더 거룩한 성소가 있었다. 인간 사회의 작용, 그리고 인간 사회 미래의 포물선을 내다보는 가장 확실한 지침은 다윈이 아니라, 욥처럼 가족을 잃고 종기로 고통스러워하는, 턱수염을 덥수룩하게 기른 사상가가 제공했다. 레닌은 런던에 올 때마다 이 위인의 무덤을 방문했다. 1905년에도 예외 없이 그 묘소를 찾아갔다. 회의가 끝나는 순간, 레닌은 대표들을 도시 북쪽에 있는 묘지로 데려갔다. 그곳엔 22년 전, 그들의 스승이자 다른 누구보다 그들에게 세상을 바꾸는 방법을 확실히 제시한 사람이 묻혀 있었다. 무덤 앞에 선 38명의 제자들은 카를 마르크스에게 경의를 표했다.

1883년 마르크스의 장례식엔 열 명 남짓한 사람이 참석했을 뿐이다. 하지만 누구도 마르크스 사상의 획기적인 중요성을 의심하지는 않았다. 문상객 중 한 명은 땅속에 파놓은 무덤을 내려다보며 그것을 확실하게 설명했다. "유기물에 관해선 다윈이 진화 법칙을 발견했듯이, 인류의 역사에 관해선 마르크스가 진화 법칙을 발견했다."[44] 공산주의자들은 그들 자신의 대의를 확신할 수 있었다. 그것이 도덕적이거나, 정당하거나, 마르크스 자신이 조롱하듯 말한바 "하늘의 수증기 가득한 구름들에 적혀 있어서"[45]가 아니라, 과학적으로 증명되기 때문이었다. 마르크스는 몇 년 동안 대영박물관의 열람실에 앉아 수치들을 계산하고 데이터를 분석했고, 그 결과 마침내 인류사에 형성된, 변경 불가능한 무의식적 힘들을 확인할 수 있었다. 한때 태초에 남자와 여자는 원시적인 평등 상태에서 살았으나, 곧이어 몰락이 있었다. 그리고 다른 계급들이 부상했으며 착취가 표준이 되었다. 부유한 자와 가난한 자 사이의 투쟁은 수그러들지 않았다. 그것은 탐욕과 획득의 냉엄한 이야기였다. 카네기 같은 재벌들이 득세한 시대에 피로 얼룩진 자본과의 투쟁은 전에 없을 정도로 냉혹했다.

노동자들은 기계가 되었다. 마르크스는 60년 전에 이 모든 일을 전부 예언했다. 자본주의의 요란하면서도 가혹한 정신이 어떤 결과를 가져올지 다 계시했다. "모든 단단한 것이 녹아 공기 중으로 사라질 것이고, 모든 신성한 것이 세속적인 게 될 것이고, 사람은 마침내 냉철한 의식으로 자기 삶의 현실적인 여건과 동족 인간과 자신이 맺은 관계를 직면할 수밖에 없을 것이다."[46] 문명의 여명 이래로 역사의 경로를 결정했던 계급 투쟁의 절정에 도달한 대격변이 도출할 수 있는 결과는 단 하나였다. 앤드루 카네기 같은 자본가들은 자기들 손으로 그들의 계급을 끝장낼 것이다. 계급 없는 사회의 탄생을 이끄는 건 바로 자본주의일 것이다.

이제 마르크스가 역사의 과정에 과학적 근거를 제공했고, 신은 전혀 필요하지 않았다. 인간들이 신을 믿는 건 굴욕적인 종속 상태에 놓여 있음을 드러내는 것이었다. 아편처럼 종교는 그 중독자들을 달래 최면적 수동성의 상태로 빠져들게 하고, 신의 섭리와 사후 세계라는 환상으로 그들의 감각을 마비시켰다. 늘 그랬듯이 종교는 착취하는 계급들이 내세우는 주문呪文이었다. 랍비의 손자이자 루터교 개종자의 아들인 마르크스는 유대교와 기독교를 "인간 정신의 발전에서 나타나는 단계들이자, 역사에 의해 벗겨져 나가는 각기 다른 뱀의 허물이며, 그것을 뱀처럼 떨쳐 내는 건 결국 인간"[47]이라고 간단히 일축했다. 마르크스는 프리드리히 빌헬름 4세의 독실한 신앙심을 조롱하여 라인 지방에서 추방되었고, 유럽의 여러 수도에서 연달아 쫓겨났다. 마침내 그는 전제 군주들에 의해 종교가 어떻게 활용되었는지 여실히 경험한 뒤 런던으로 왔다. 종교는 고통받는 이들의 목소리를 크게 편들어 주기는커녕 아예 항의하지 못하도록 재갈을 씌우고 억누르는 억압 도구였다.

세상을 바꾸겠다는 기독교의 야심, 그리고 마침내 그렇게 했다는 주장은 망상에 불과했다. 마르크스는 그런 망상을 가리켜 '부수 현상Epiphenomena'이라고 불렀다. 생산과 교환의 어마어마한 흐름의 표면에 솟구치는 거품일 뿐이라는 말이다. 기독교의 이상, 가르침, 웅대한 계획은 어느 하나 그것들을 발생시킨 물질적인 힘으로부터 독립하지 못했다. 그들이 역사의 과정에 영향을 미쳤다고 상상하는 것은 아편굴에서 잠을 자며 꾸는 꿈에서 영향을 미쳤다고 하는 거나 마찬가지였다. 마르크스는 이제 잠든 사람들을 소리쳐 깨웠다. 종교라는 사악한 마약에 중독된 채로 있는 건 변명의 여지가 없었다. 기독교인들이 그토록 오래 집착한 도덕성과 정의 문제는 이제 공산주의의 과학적 법칙으로 대체되었다. 과학은 도덕이나 정의를 불필요한 것으로 만들었다. 마르크스는 도덕적 편견에 사로잡히지 않은 채 명철한 시선으로 자본주의의 작용을 예리하게 관찰하고 사색했다. 그의 글에는 '부수 현상'의 기미가 머리칼 한 올만큼도 없었다. 그가 시행한 모든 평가, 모든 예측은 관측할 수 있는 법칙에서 비롯되었다. "각자 능력에 따라 일하고 각자 필요한 만큼 가져간다."[48] 이는 과학의 공식처럼 명확한 구호였다.

물론 그것은 과학적인 공식에서 나온 것이 아니었다. 그것의 혈통은 〈사도행전〉에 익숙한 사람이라면 금방 알아볼 수 있었다. "재산과 재물을 팔아 모든 사람에게 저마다 필요한 대로 나누어 주곤 하였다." 기독교 역사 내내 여러 차례 초창기 교회에서 실행된 공산주의는 급진주의자들에게 영감을 주었다. 도덕성과 정의에 관한 문제를 '부수 현상'으로 간단히 처리했을 때, 마르크스는 자본주의에 대항하여 자신이 일으킨 봉기의 진정한 기원을 그 은어 뒤에다 슬쩍 감추었다. 한번은 그가 이런 농담을 한 적이 있다. "어느 예언가도 수염 없이 성공한 적이 없었지."[49]

털이 많기로 유명했던 마르크스는 어쩌면 자신이 아는 것보다 더 진실하게 말했다. 애썼는데도 불구하고 그는 냉정한 어조를 유지하기가 정말로 어렵다고 생각했다. 그는 지주들이 쫓아내 거리에서 굶주리며 고통받는 장인들, 나이가 제대로 차기도 전에 공장에서 밤낮으로 고된 노동을 하는 어린이들, 멀리 떨어진 식민지에서 부르주아가 차에 설탕을 넣을 수 있도록 죽을 때까지 일하는 노동자들을 보고서 깊은 혐오감을 느꼈다. 이런 감정은 자신이 도덕적 판단을 완전히 초탈했다는 그의 주장을 비웃었다. 마르크스의 세상 해석은 여러 가지 확신들로부터 추동되었으나 그가 제시한 경제 모델은 그런 확신들의 근거를 제시하지 못했다. 그 확신들은 경제보다 더 깊은 심연에서 솟아오른 것이었다. 마그마처럼 흐르는 마르크스의 분노는 그의 과학적인 듯한 문장의 껍질을 여러 번 뚫고 밖으로 튀어나왔다. 자칭 유물론자인 그는 이상하게도 기독교의 교부들이 한때 세상을 보았던 방식과 똑같은 방식으로 세상을 보는 경향이 있었다. 다시 말해 그는 세상을 선과 악의 우주적 힘들이 충돌하는 전장으로 보았다. 공산주의는 잘 죽지 않는 '귀신', 그러니까 끔찍하고 강력한 정신을 가지고 되돌아오는 유령이었다. 악마들이 한때 오리게네스를 괴롭혔듯이, 자본주의의 작동 방식이 마르크스를 사로잡았다. "자본은 죽은 노동이다. 흡혈귀처럼 살아 있는 노동을 빨아들여야만 살 수 있다. 더 오래 살수록 더 많은 노동이 피를 빨리게 된다."[50]

이것은 '부수 현상'에서 해방된 사람의 언어가 아니었다. 마르크스가 자신의 계급 투쟁 모델을 구축하기 위해 사용한 단어들, 가령 '착취' '노예화' '탐욕'은 경제학자들의 냉정하고 명확한 용어들보다 훨씬 오래된, 성경 속 예언자들이 신성한 영감을 받았다고 주장할 때 쓰는 그런 표현들이었다. 만약 마르크스가 주장한 대로, 공산주의가 그 추종자들에게 기독교로부터 해방되는 방식을 제공했다면, 그 방식은 기이하게도 기독교를

약간 재조정하여 다시 내놓은 것이다.•

1905년 봄, 런던에서 만난 레닌과 그의 동료 대표들은 물론 공산주의가 기독교 비슷하게 보인다는 이런 얘기를 노골적으로 무시했을 것이다. 인민의 아편인 종교는 프롤레타리아의 승리가 적절히 확보되면 철저히 근절되어야 마땅한 것이었다. 종교의 형태를 띤 모든 억압은 제거되어야 했다. 목적은 수단을 정당화했다. 레닌은 이 원칙에 절대적으로 헌신했다. 이 원칙을 고집하는 레닌의 외골수 같은 측면은 이미 마르크스 추종자들의 대열에서 심각한 분열을 촉진했다. 런던에서 열린 회의는 자신들을 볼셰비키, 즉 '다수'라고 정의한 자들만 독점적으로 참가했다. 레닌에게 반대하고 자유주의자들과 함께 일하는 공산주의자들은 폭력에 대한 양심의 가책을 고백했다. 그들은 단단히 조직되고 엄하게 규율을 적용하는 당을 만들고자 하는 레닌의 야심이 독재의 조짐이라고 판단했다.

하지만 레닌이 볼 때 그들은 진정한 공산주의자가 전혀 아니었고 그저 분열을 획책하는 분파였을 뿐이다. 고집이 셌던 도나투스파처럼, 볼셰비키는 현 상태의 세상과 타협하자는 그 어떤 제안도 일축했다. 타보르파처럼 그들은 열성적으로 파멸이 다가오길 갈망했다. 그래야 낙원이 세상에 확립될 수 있기 때문이었다. 디거들처럼 그들은 귀족과 왕이 한때 거머쥐었던 땅이 인민의 재산, 즉 공동 자금이 되는 세상의 질서를 열렬하게 꿈꿨다. 레닌은 뮌스터의 재침례파와 올리버 크롬웰 모두 칭찬했다고 하며, 과거를 통째로 무시하지 않았다. 앞으로 무엇이 다가올지, 그 증거는 이미 충분히 나와 있었다. 역사는 화살처럼 확고한 경로를 따

• 이 문장은 위에서 나온 "끔찍하고 강력한 정신을 가지고 되돌아오는 유령"과 호응한다. 공산주의가 독창적인 사상이 아니고, 초창기 기독교 공동체에서 사도들이 이미 실천했던 사상이라는 것. —옮긴이

라 앞으로 나아가고 있었다. 자본주의는 붕괴할 운명이고, 태초에 인류가 잃어버린 낙원은 곧 복원될 것이다. 그 점을 의심하는 자들은 위대한 스승의 가르침과 예언을 다시 읽어 본다면 곧 생각을 고쳐먹고 마음을 놓게 될 것이다.

구원의 때는 가까이 다가왔다.

19장

그림자

1916년, 솜강

최악의 상황은 전선이 아니라 전선으로 가는 여정이었다. "사람들이 바지에 똥을 갈겼더라니까, 정말이라고."[1] 전쟁이 터지고 2년, 오토 딕스는 그 모든 걸 봤다. 1914년 그는 주저하지 않고 야전포병으로 자원입대했다. 그때 당시 독일 사람들은 승리가 빠르게 다가오리라 추측했다. 독일은 유럽에서 가장 강대한 군사력을 보유하고 있었다. 프리드리히 빌헬름 4세의 통치 이후 몇십 년 동안 프로이센은 광대한 독일제국의 핵심 지역으로 부상했다. 제국의 카이저[독일제국의 황제, 여기서는 빌헬름 2세를 지칭]는 한때 신성로마제국의 오토 대제가 그러했듯이 카이사르로서 나라를 통치했다. 자연스럽게, 그런 위대한 지위는 주변국들의 질투심을 유발했다. 제국의 동쪽 국경에 있는 러시아와 서쪽의 프랑스는 독일을 짓밟으려 했다. 독일의 급증하는 통치력을 두려워한 영국도 프랑스와 힘을 합했다.

소란스러웠던 몇 주 동안 독일군은 먼저 중립을 지키던 벨기에를 휩쓸었고 이어 프랑스 북부를 침공했다. 당시 기세로는 파리도 곧 함락될 듯이 보였다. 하지만 프랑스는 국력을 결집하여 저항에 나섰다. 프랑스의 수도는 감질나게도 손이 닿지 않는 곳에 있었다. 깊이 갈라진 커다란 도랑이 서부 전선에 나타났다. 어느 쪽도 획기적으로 밀어붙여 승리를 굳힐 수가 없었다. 이제 솜강 위의 경사지에서 영국군과 프랑스군은 병력을 집중하여 미로 같은 독일군 방어 시설에 구멍을 내려는 중이었다. 여름 내내 전투는 격렬했다. 딕스는 솜강에 접근하면서 일찍이 상상조차 하지 못한 대포의 사격 소리에 귀가 먹먹했다. 그가 바라본 서쪽 지평선은 마치 번갯불로 밝혀진 것처럼 환해 보였다. 온 사방이 진흙, 폭파된 나무, 돌무더기 등이 가득한 폐허였다. 꿈에서 딕스는 늘 산산이 부서진 집들을 따라 기어갔고, 문간은 간신히 지나갈 정도로 비좁아서 몹시 답답했다. 하지만 일단 자신의 초소에 도착하면 두려움이 사라졌다. 대구경 기관총 포대에 배치된 그는 흥분과 평온이 뒤섞인 착잡한 감정을 느꼈다. 그 와중에도 그는 심지어 그림을 그릴 여유도 있었다.

작센 지방의 아름답기로 유명한 도시 드레스덴에서 딕스는 미술을 배우는 학생이었다. 그는 다양한 스타일을 실험했다. 전쟁이 발발했을 때 그의 나이 겨우 스물세 살이었다. 빈곤한 배경에서 성장했고, 화가로 성공해야겠다고 간절히 소망했다. 그는 무슨 일이 있어도 유명해지고 말겠다고 단단히 결심했었다. 솜강의 진흙과 학살 가운데서 그는 이전 미술가 세대가 절대 상상할 수 없는 처참한 현장을 목격했다. 밤이 되면 딕스는 유화용 물감과 펜을 든 채로 카바이드램프 옆에서 몸을 바짝 웅크렸다. 그러면 무인 지대 위로 터지는 조명탄이 가시철사에 기괴하게 뒤틀려 엉킨 시체들을 비추었다. 이어 아침마다 움푹 파여 커다란 구멍이 난 죽음의 풍경을 여명이 비추었다. 전투 개시일인 7월 1일에 거의 2만 명에 달하는 영국 군인이 적의 참호를 빼앗으려다 실패한 채 전사했고 무려 4만 명이 다쳤다. 2주 뒤에 독일군 전선의 전 지역이 660파운드 포탄에 강타되었다.

살육의 새로운 방식은 끊임없이 발전했다. 9월 15일, 영국 발명가들이 '탱크'라고 부른 거대한 기계들이 최초로 전장을 우르릉거리며 가로질렀다. 9월 말이 되자 날아다니는 기계들이 정기적으로 지상의 참호에 폭탄을 투하했다. 11월 말이 되었을 때 전투는 마침내 서서히 멈췄다. 사상자는 무려 100만에 이르렀다. 대구경 기관총 뒤에서 몸을 구부리던 딕스에게 온 세상은 완전히 변한 것처럼 보였다. 그는 이렇게 메모했다. "인류는 악마적인 방식으로 변했다."[2]

하지만 자신이 천사의 편에 있다고 생각하는 사람이 많았다. 전쟁이 발발하기 1년 전 작센 지방에선 나폴레옹을 상대로 유혈 낭자한 전투를 치르며 얻은 승리의 100주년을 축하하는 거대한 기념물이 봉헌되었다. 기념물의 중심 작품은 날개가 달리고 불타는 칼로 무장한 대천사 성 미카엘의 거대한 조각상이었다. 적과 대항하여 분투하는 독일군은 미카엘처럼 악마에게 대항하여 우주적 전쟁을 펼치고 있었다. 그런 확신은 제국의 최상층부에까지 뻗친 신념이었다. 전쟁이 계속 지지부진하고 독일에 대한 해상 봉쇄가 서서히 악영향을 주기 시작하자 카이저는 영국이 악마와 작당했다는 걸 점점 더 확신하게 되었다. 영국의 애국자들은 전쟁이 시작되었을 때부터 독일에 대해 똑같은 비난의 말을 했다. 주교들은 신문 편집자들이 각 가정에 그런 메시지를 전달하는 일에 동참했다. 독일인들은 천년도 더 전에 성인 보니파키우스가 구제하려고 애썼던 "잔혹하고 무자비한 호전적인 이교도 신앙"[3]에 굴복했다. 그들은 이교도의 전쟁신 오딘을 숭배하던 시절로 되돌아갔다. 《타임스》는 독일에서 "기독교가 진부한 신념으로 여겨지기 시작했다"⁴라고 보도했다.

하지만 전선에서 직접 뛰는 군인들보다는 안락의자에 편안히 앉아 있는 전사들이 그 말을 더 믿기 쉬웠을 것이다. 솜강의 영국 전선 뒤에 있는 알베르라는 작은 도시엔 성모와 아기 예수의 황금상이 꼭대기를 장식한 대성당이 있었다. 1년 전 이곳의 첨탑은 포탄에 맞았다. 황금상은 마치 기적처럼 온전하게 살아남아서 공중에 매우 위태롭게 걸려 있었다. 독일군과 영국군의 참호에서는 황금상을 쓰러뜨리는 쪽이 전쟁에서 패배할 거라는 소문이 나돌기 시작했다. 하지만 많은 이들이 성모상을 바라볼 때 승패의 계산법 대신 양측의 고통을 먼저 떠올렸다. 한 영국 군인은 이런 글을 남겼다. "대성당 탑에 한때 의기양양하게 서 있던 황금상은 이제 엄청난 슬픔으로 몸을 굽히고 있는 것처럼 보였다."⁵ 성모는 죽은 아들을 애도하는 것이 어떤 것인지 저 오래전에 몸소 체험했다. 유럽 전역에서 공통적 현상이 되어 버린 고통과 비참 속에서, 그리스도가 십자가에서 고통을 당하며 죽어 가는 이미지는 많은 사람들에게 새로운 영향을 미쳤다.

당연한 일이지만, 교전하는 양측은 그것을 자기편에 유리하게 활용하고자 했다. 독일의 목사들은 영국 해군이 실시한 해상 봉쇄를 그리스도를 십자가에 고정시킨 못에다 비유했다. 영국에서는 캐나다인 포로를 십자가에 매단 독일 군인들의 이야기가 프로파간다의 주요 메뉴가 되었다. 전선의 참호에서는 예수의 십자가형이 한층 더 생생하고 오싹한 울림을 가졌다. 병사들은 가시철망에 갇히거나, 기관총에 의해 벌집이 되거나, 폭발하는 포탄에 맞아 내장이 흘러나오지 않는다면, 매일 죽음의 그림자가 드리운 계곡에서 살았고, 그런 불안감은 강박적으로 그들의 마음을 짓눌렀다. 그리스도는 그들과 함께 고통받는 동료라는 생각이 들었다. 솜강의 전장에서 군인들은 길가에 세워진 십자가형의 흔적, 총알로 패고 벌집이 된 시신 더미 속에서 자신이 살아 있다는 사실에 깜짝깜짝 놀랐다. 개신교도만이 아니라 무신론자조차 그런 상황에서는 마음이 흔들리지 않을 수 없었다. 그리스도는 참호들을 따라 건네지는 농담에 동참하는 것처럼 상상되었고, 고통스럽고 무기력한 군인들 옆에 서서 위로해 주는 것처럼 느껴졌다. "우리는 의심하지 않습니다. 우리는 당신이 여기에 있다는 것을 압니다."[6]

대피호에 있던 오토 딕스는 그리스도의 고통을 마음속 깊이 느끼고 있었다. 루터교도로 성장한 그는 성경을 프랑스 전선까지 가지고 왔다. 전선에서 복무하는 동안 그는 대포 공격의 여파가 마치 골고다 같다고 생각했다. 예술가의 눈을 가진 딕스는 금속 파편이 몸에 박힌 병사의 모습에서 십자가형 같은 것을 언뜻 볼 수 있었다. 하지만 딕스는 그리스도의 고통이 어떤 목적에 봉사한다고 보지 않았다. 이는 영국 선전가들이 주장하는바, 독일인은 신앙심이 없다는 선전을 어느 정도 확인해 주는 태도였다. 그리스도의 고통이 뚜렷한 목적을 가지고 있다고 상상하는 건 곧 노예의 가치에 매달리는 것이었다. "십자가에 매달리는 건 삶의 가장 깊은 심연을 경험하는 것이다." 이런 깨달음만으로도 그 보상은 충분했다.

딕스는 삶과 죽음의 양극단을 철저히 알고 싶은 마음에서 1914년에 자원입대했다. 적의 배를 총검으로 찌르는 것, 찌른 총검을 비틀어 돌리는 것, 전우가 갑작스럽게 쓰러지는 것, 그의 양쪽 눈 사이에 정통으로 들이박힌 총탄이 남긴 네모난 자국을 보는 것, 그리고 "굶주림, 벼룩, 진흙"[7]을 체험하는 것이 무엇인지 생생하게 느끼고 싶었다. 그런 경험들을 해보아야만 사람은 사람 이상의 존재, 그러니까 위버멘슈Übermensch(초인)가 될 수 있었다. 자유롭다는 건 위대하다는 것이었다. 위대하다는 건 무시무시하다는 것이었다.

 딕스에게 이런 신념을 부여한 건 성경이 아니었다. 노예의 사고방식을 일축하고 주인으로 나아가는 모든 특징에 집중하는 그의 결의는 기독교의 도덕, 약한 자, 가난한 자, 억압받는 자에 대한 배려를 의식적으로 거부했다. 딕스는 역사상 가장 끔찍한 전쟁에 참가하여 그 전쟁의 한가운데인 참호에서 싸우고 있었다. 딕스가 보기에 그곳은 지난 1900년간 이어진 질서의 붕괴를 관찰하기에 아주 적합한 장소였다. 그는 성경과 함께 두 번째 책을 가지고 왔다. 1912년 아직 드레스덴에서 미술을 공부하던 학생일 때 그는 이 책의 철학에 무척 충격을 받았고 그 저자에게 감동하여 석고로 저자의 실물 크기 흉상을 제작하기도 했다. 그의 첫 조각상일 뿐만 아니라 화랑에 처음으로 팔린 그의 첫 작품이기도 했다. 흉상의 늘어진 콧수염, 빼기는 듯한 목, 짧고 뻣뻣한 눈썹들에 그늘진 시선. 이런 특성들을 점검한 안목 있는 비평가들은 그 작품이 프리드리히 니체의 흉상이라는 걸 금방 알아보았다.

 "신을 묻어 버릴 무덤을 파는 자들의 소리가 들리지 않는가? 신성이 부패하는 냄새가 나지 않는가? 신들조차 부패하기 때문이다! 신은 죽었다. 신은 죽은 채로 있다. 우리가 그를 죽였다."[8] 진흙과 잿더미로 변하고 훼손된 시신이 이리저리 널린 살풍경한 솜강에서 그런 글을 읽노라면, 딕스는 희생을 해도 결국 구원은 없을지 모른다는 생각에 몸을 부르르 떨었다. 니체는 그 글을 1882년에 썼다. 그것은 어떤 광인의 우화였다. 그 광인은 어느 화창한 날 오전에 등잔을 켜고 시장으로 달려가 신은 그들의 칼 아래 피를 흘리며 죽었다는 소식을 전했으나, 그 말을 들은 사람 중에 누구도 그 얘기를 믿지 않았다는 내용이었다.

 니체의 교육 환경에서 그런 신성 모독을 예상할 만한 요소는 거의 없었다. 그는 루터교 목사의 아들로 태어나 프리드리히 빌헬름 4세에서 따온 이름을 부여받았다. 니체의 배경에는 독실한 향토주의가 자리 잡고 있었다. 조숙하고 총명한 니체는 약관 24세에 교수 자리를 얻었지만, 불과 10년 만에 사직하고 초라하게 살아가는 방랑자 신사가 되었다. 그리고 마침내 자신의 인생이 낭비된 것 같다는 느낌을 확인이라도 하는 것처럼, 끔찍한 신경 쇠약으로 고통을 겪었다. 생애 마지막 11년은 줄곧 이런저런 정신 병원에 입원해 있었다. 결국 1900년에 숨을 거뒀을 때, 그가 정신 이상으로 쓰러지기 전에 광분하듯 써냈던 그의 책들을 읽는 사람은 소수에 불과했다. 그러나 사후에 그의 명성은 놀라울 정도로 빠르게 높아졌다. 딕스가 니체의 책을 배낭에 넣고 전쟁으로 나가던 1914년, 니체는 유럽에서 가장 논쟁적인 철학자로 떠올랐다. 니체는 지상에 온 사상가들 중 가장 위험한 자로, 많은 이들에게 비난을 듣는 동시에 또 많은 이에게 예언자로서 칭송받았다. 그가 위험한 자이면서 예언자라고 생각하는 사람도 많았다.

물론 니체가 무신론의 전형이 된 최초의 철학자는 아니었다. 하지만 스피노자도 다윈도 마르크스도, 여하튼 그 누구도 신을 죽이는 일이 문명사회에서 어떤 의미를 지니는지, 니체처럼 대담하고 철저하게 바라본 사람은 없었다. "어떤 사람이 기독교 신앙을 포기할 때, 그는 기독교 도덕성에 대한 권리도 끊어 버린 셈이다."[9] 니체는 이와 다르게 생각하는 사람들에게 아주 강한 혐오감을 내보였다. 그는 철학자들을 은밀한 성직자라며 경멸했고, 사회주의자, 공산주의자, 민주주의자 모두 똑같이 착각에 빠진 자들이라고 비난했다. "순진도 하다. 도덕을 승인한 신이 사라지는 상황에서 도덕이 존속할 수 있다고 생각하다니!"[10] 니체는 남자와 여자가 생득권을 지니고 있다고 생각한 계몽의 열렬한 지지자, 자칭 합리주의자들도 경멸했다. 인간 존엄성에 관한 그들의 신조는 이성이 아니라 제 딴에는 사라졌다고 생각했던 바로 그 신앙에서 나왔다. '인간과 시민의 권리 선언문'은 기독교의 썰물에 의해 남겨진 표류물이자 폐기물이었을 뿐이다. 신은 죽었다. 그러나 한때 기독교 세계였던 거대한 동굴에서 신의 그림자는 여전히 광대하고 끔찍한 그림자를 드리웠다. 어쩌면 그것은 앞으로 몇 세기 동안 계속 남아 있을 것이다. 기독교는 2000년 동안 군림해 왔으니 쉽게 사라질 수 있는 것이 아니었다. 기독교의 신화는 오래 지속될 것이다. 기독교가 스스로 세속주의로 다시 단장한 것은 기존의 기독교 신화들 못지않게 신화적이었다. "인간의 존엄성, 노동의 존엄성 같은 환상"[11]은 하나부터 열까지 기독교적이었다.

니체는 칭찬으로 이런 말을 한 게 아니었다. 그는 칼에서 신의 피가 뚝뚝 떨어지고 있는데도 기독교 도덕성에 매달리는 자들을 경멸했고, 그것을 사기라고 보았다. 니체는 그것을 믿는 이들도 마찬가지로 혐오했다. 정의라는 대의에 전혀 도움이 안 되면서 비천한 자들과 고통받는 자들을 걱정하는 것은 맹독과 다를 바 없었다. 여러 신학자보다 훨씬 급진적이었던 니체는 기독교 신앙의 가장 충격적인 핵심을 파고들었다. "'성스러운 십자가'의 상징, '십자가에 매달린 신'의 끔찍한 역설, '인류의 구원을 위한' 것이라는, 저 상상도 할 수 없는 궁극적이고 가장 지독한 잔혹함과 스스로 받아들인 십자가형의 신비. 저 유혹적이고, 도취시키고, 마취시키고, 타락시키는 힘에 가까이 근접할 수 있는 뭔가를 고안할 수 있을까?"[12]

니체도 바울처럼 그것[십자가형]이 스캔들이 되리라는 것을 알았다. 그러나 바울과는 달리 그것이 역겹다고 생각했다. 고통을 받으며 죽어 간 그리스도의 모습은 힘센 자를 속여 넘기려는 미끼였다. 그런 모습은 강하고 건강한 자, 아름답고 용맹한 자, 강력하고 자신감 넘치는 자를 설득하여 자연적으로 그들보다 열등하며 굶주리고 비천한 자들이 세상을 상속할 자격이 있다고 생각하게 만들었다. "다른 사람을 돕고 보살피는 것은 다른 사람에게 도움을 주는 것이므로 권력의 느낌을 불러일으킨다."[13] 자선은 기독교 세계에서 남을 지배하는 수단이 되었다. 기독교는 약골에다, 허약하고, 힘없는 자들의 편을 들면서 인류를 병들게 했다. 하느님 앞에서 모든 사람이 똑같은 연민과 평등의 대상이라고 가르치는 기독교의 이상은 사랑이 아닌 증오를 불러일으켰다. 그 증오는 가장 깊고 가장 숭고한 질서에 대한 증오이자, 도덕의 특성을 바꾸어 놓은 증오였으며, 세상에서 일찍이 존재한 적 없는 부류의 증오였다. 그것은 바울―"증오로 똘똘 뭉친 거짓의 고안자"[14]―이 시동을 건 혁명이었다. 그리하여 나약한 자가 강한 자를 정복했다. 노예가 주인을 격파했다.

"교활하고, 은밀하고, 보이지 않으며 무기력한 흡혈귀에 의한 파멸! 정복된 것이 아니라 철저하게 흡수당한 것이다! 은밀한 복수심, 하찮은 질투가 '주인'이 되었다!"[15] 니체는 고대 맹수들의 죽음을 애도할 때, 고대 문명 연구에 일생을 바친 학자의 열정을 발휘하여 그렇게 했다. 그는 그리스 사람들이 잔혹함에도 불구하고 탄복한 것이 아니라 바로 그 잔혹함 때문에 탄복했다. 그는 고대 그리스를 화창한 이성주의의 땅으로 보는 사상을 무척 경멸했다. 교수 생활 말기에는 많은 학생이 니체의 그런 주장에 충격을 받아 그의 수업을 포기했다. 사드가 그랬던 것처럼, 니체는 고통을 가하면서 즐거움을 느꼈다는 점 때문에 고대인들을 높이 평가했다. 그들은 처벌이 축제가 될 수 있다는 걸 알았다. "비관주의자들이 존재하고 인류가 자신의 잔인함을 점점 더 수치스러워하기 전의 시절에, 이 세상의 삶은 지금보다 더 즐거웠다."[16] 그러나 니체 자신은 근시에다 병약했고 극심한 편두통에 자주 시달렸다. 그래도 니체는 고전고대의 귀족,

그리고 그들이 병자와 약자에게 보인 무심함에 감탄과 존경을 표했다. 허약한 자들에게 집중하는 사회는 그 자체로 쇠약한 사회였다. 바로 이런 태도가 기독교인들을 그처럼 악의적인 흡혈귀로 만들었다. 니체는 기독교 신자들이 그런 식으로 로마인들을 길들인 것을 개탄했고, 더 나아가 다른 나라들도 그런 식으로 피를 빨아먹은 것을 통탄스럽게 여겼다. 니체는 독일인을 경멸했지만, 그보다 더 경멸한 사람들은 바로 영국인이었다. 그 자신은 애국심을 가지는 걸 싫어했고, 불과 24세에 프로이센 시민권을 포기했으며, 무국적 상태로 죽었다. 하지만 그러면서도 늘 선조들의 운명을 한탄했다. 보니파키우스가 선교하러 오기 전에 과거의 깊고 어두운 흑림黑林은 색슨족을 보호했다. 색슨족은 삶에서 가장 풍성하고 가장 강렬한 것을 맹렬하게 추구했던 민족이다. 그들은 사자들만큼이나 영광스러운 포식자, 즉 "금발 짐승들"이었다. 하지만 그런 전사들 사이에 선교사들이 도착했다. 금발 짐승은 꼬임에 넘어가 수도원으로 들어갔다. "그곳에서 이제 그는 억눌렸고, 병들었고, 초라해졌으며, 자신을 악의적으로 바라보았다. 그는 생생한 충동에 대한 증오, 그리고 여전히 강하고 행복한 모든 것에 대한 의혹을 한가득 품게 되었다. 요약하면, '기독교인'이 되었다."[17] 서부 전선에서 극단적인 상황을 견디던 딕스는 니체를 읽고서 마침내 자신이 자유로워졌다고 느꼈다. 그런 해방감을 갖기 위해 반드시 저 오래전의 색슨족 전사처럼 오든 신의 숭배자가 될 필요는 없었다.

그는 노트에 이렇게 적었다. "전쟁조차 자연적 현상으로 간주되어야 한다."[18] 그것은 하나의 심연이었다. 인간은 그 심연을 가로지르는 밧줄 위에서, 짐승과 초인 사이에 고정된 채 매달려 있었다. 이것이 딕스가 솜강에서 꼭 매달려야겠다고 생각한 철학이다. 그럼에도 불구하고 그것은 암울한 철학으로 보일 수도 있었다. 참호 속의 병사들은 진실, 가치, 의미 같은 것은 없으며, 이 없음을 인식하기만 해도 사람은 노예 상태에서 벗어날 것이라는 니체의 철학에는 별로 관심이 없었다. 유럽을 피 흘리게 만들어 거의 죽게 만든, 전례 없는 대규모 전쟁이 벌어지고 있었지만 그렇다고 해서 사람들이 그 충격으로 무신론자가 되지는 않았다. 오히려 정반대였다. 그런 대참사 때문에 사람들은 자신의 신앙을 더 굳건하게 지켰다. 그렇게 하지 않는다면 달리 어떻게 이 모든 공포에서 벗어날 수 있겠는가? 전에도 자주 그런 일이 벌어졌듯이, 기독교인들은 고통과 학살이라는 진창에 빠졌을 때, 지상과 천상을 나누는 베일의 두께가 아주 얇아진 것을 느꼈다.

전쟁이 계속 시간을 질질 끌면서 1916년에서 1917년으로 넘어가자, 드디어 세상의 종말이 가까이 온 것처럼 보였다. 포르투갈의 파티마라는 마을에서 성모가 계속 나타났고, 마침내 최후에는 어마어마한 군중 앞에 모습을 드러냈다. 태양이 하늘에서 춤을 췄는데, 마치 하늘에 엄청나게 경이로운 징조, 즉 "태양을 입은 여자"[19]가 나타날 거라는 〈요한 묵시록〉의 예언이 충족되는 것 같았다. 팔레스타인에선 영국이 아마겟돈에서 압승을 거두고 오스만 제국으로부터 예루살렘을 탈환했다. 런던에서 외무장관은 유대인의 옛 고향에 유대인의 조국이 수립되도록 지원하겠다는 선언문을 발표했다. 그러한 사태 발전을 보고서 많은 기독교인들은 그리스도의 재림이 임박했다고 생각했다.

하지만 그리스도는 재림하지 않았다. 세상도 종말을 맞지 않았다. 1918년 독일 최고 사령부는 상대방을 영구히 박살내려는 어마어마한 시도를 감행했다. 그 작전의 코드명은 대천사에게서 가져온 '미카엘'이었다. 그 작전은 최고점에 도달했으나 곧 붕괴했고 이어 퇴조했다. 여덟 달 뒤에 전쟁이 끝났다. 독일은 평화 협정을 요청했고 카이저는 제위에서 물러났다. 지저분한 평화가 분열된 대륙에 찾아왔다. 오토 딕스는 전선에서 돌아왔다. 드레스덴에서 그는 화필을 잡고서 불구가 된 장교, 영양실조에 걸린 아이, 초췌한 창녀를 그렸다. 그는 어디서든 거지를 봤다. 거리 모퉁이엔 선동가 무리들이 있었다. 몇몇은 공산주의자였고, 다른 몇몇은 국수주의자였고, 또 다른 몇몇은 맨발로 돌아다니며 세상의 종말을 예언하면서 인류가 회개하고 다시 태어나야 한다고 외쳤다. 딕스는 그들을 완전히 무시했다. 정당에 가입하라는 요청에 차라리 매음굴로 가겠다고 대답했다. 그는 계속해서 니체를 읽었다. "끔찍한 지진 뒤에는 새로운 질문들로 엄청나게 심오한 '명상'을 해야 하리라."[20]

그러는 사이에 맥주와 땀으로 인해 퀴퀴한 냄새가 나는 지하에서 공격적인 목소리를 내는 자들이 유대인에 대해 이야기했다.

의지의 승리

까다롭게 구는 하숙생들은 하숙집 여주인의 일상생활을 괴롭히는 골칫거리였다. 베를린은 전후에 힘든 시절을 겪고 있었다. 과부인 엘리자베트 잘름은 어떻게든 돈을 벌어야 했지만, 그러는 데에는 한계가 있었다. 한 젊은 남자 하숙생이 늘 문제였다. 일단 그는 한 여자 친구와 방을 같이 쓰기 시작했는데, 전직 창녀로서 이름은 에르나 예니헨이었다. 분명, 점잖은 과부가 집 안에 들이고 싶은 부류의 여자는 아니었다. 이어 남자들이 무리로 몰려오기 시작했고, 잘름 부인의 집 대문을 쾅 하는 소리를 내며 열고 들어와 그녀를 지나쳐 방 안으로 들어가서는 밤새 정치 얘기를 큰 소리로 떠들어댔다. 마침내 1930년 1월 14일, 그녀의 인내심은 바닥이 났다. 그녀는 예니헨에게 하숙집에서 나가 달라고 요구했다. 예니헨은 못 나가겠다며 거부했다. 잘름 부인은 경찰서를 찾아갔고, 경찰들은 부인이 알아서 처리해야 할 개인적인 문제라며 심드렁하게 대답했다.

이제 절박해진 그녀는 동네의 한 선술집으로 갔는데, 그곳은 사별한 남편의 친구들이 죽치고 있을 법한 곳이었다. 당연히 그들은 전부 안쪽 구석진 방에 틀어박혀 있었다. 그들은 부인의 이야기를 마지못해 들어 주기는 했지만 도와주려고 하지는 않았다. 왜 도와줘야 하는가? 그들과 부인 사이엔 불화가 있었다. 생전에 잘름 부인의 남편은 열렬한 공산주의 신념을 품고 있었다. 하지만 부인은 생전에 남편이 원했으며 그의 친구들도 돕겠다고 한 공산주의식 장례를 치르지 않고 그 대신에 지역 목사에게 도움을 청해 기독교식 장례를 치렀다. 이제 선술집 베어타베르너를 찾아온 부인은 자신이 배신한 공산주의의 신성한 물품들에 둘러싸였다. 핏빛의 깃발엔 공산주의의 상징들이 바느질되어 있었다. 신성한 공산주의 텍스트에는 손때가 묻어 있었다. 벽에는 아이콘〔성상〕들이 걸려 있었다. 구석의 성스러운 자리는 꽃다발과 레닌의 사진으로 장식되어 있었다.

볼셰비키는 런던의 자연사박물관을 방문한 이래 먼 길을 걸어왔다. 1905년 40명도 채 안 되는 대표들이 회의에 참석했던 공산당은 이제 광대하고 오래된 제국을 통치했다. 러시아는 워낙 거대한 땅이어서 세계 기독교인의 근 4분의 1이 거기에 살았다. 러시아 군주들은 로마 교황청의 주장을 무시하고 비잔틴 제국에서 내려오는 혈통을 주장했으며, 나라의 교회에 '정교회'라는 칭호를 붙였다. 그런데 스스로를 세 번째 로마라고 칭하던 나라에 혁명이 일어났다. 1917년에 러시아 군주제는 타도되었다. 레닌의 지도 아래 볼셰비키는 권력을 장악했다. 마르크스의 선민들인 산업 프롤레타리아 계급은 약속의 땅—공산주의 러시아—에 들어왔다. 그런 낙원에서 살 만한 가치가 없는 자들, 즉 왕족이나 몇 마리 소를 지닌 부유한 농부들에게는 가혹한 숙청이 예정되었다. 교회도 마찬가지였다. 레닌은 기독교 신자들을 건드리면 역효과가 날지도 모른다면서 생각이 오락가락했으나 공산 혁명의 요구 사항은 무자비했다. "실제에서나 이론에서나 공산주의는 종교적 신앙과 양립할 수 없다."[21]

성직자들은 제거되어야 했다. 1918년에 그들의 교회는 국유화되었다. 주교들의 운명은 다양했다. 그들은 총에 맞거나, 십자가에 거꾸로 매달리거나, 감옥에 갇혔다. 1926년에 특히 유서 깊은 수도원을 하루아침에 강제 노동 수용소로 바꾼 건 일석이조의 조치였다. 많은 공산주의자들이 볼 때, 인민이 아편을 끊게 하는 과정은 여전히 시간 많이 걸리는 지루한 일이었다. 그에 따라 1929년에 종교 문제를 담당할 조직이 생겨났는데, 그 조직은 명판에 내건 명칭에 입각하여 일을 처리했다. 그 이름은 '싸우는 무신론자들의 동맹'이었다. 그들의 규정된 목표는 종교를 완전히 제거하는 것이었다. 그들은 5년이면 그 일을 충분히 완수하리라 믿었다. 그들은 임무 실행단을 조직하고 제거 작업에 착수했다. 모든 열차가 강제 징발되었다. 기독교가 산발적으로 자리 잡은 시베리아의 오지들에서, 그들은 샤먼들을 비행기에서 밖으로 내던지며 어디 한번 날아 보라고 소리쳤다. 미신의 보루는 아무리 먼 곳에 있더라도 이성의 빛으로 충분히 그 성지를 무너트리고, 그 지도자들을 제거하고, 그 어둠을 추방할 수 있었다. 근거 없는 주장, 터무니없는 예언, 그리고 무의미한 희망 사항의 잡동사니에 불과한 종교는 세상에서 사라지는 게 당연한 운명이었다. 마르크스가 논증한 것처럼 그것은 과학적 필연이었다.

소련—러시아 제국의 뒤를 이은 국가의 이름—의 국경선 너머에 사는 많은 이들이 그런 주장에 동의했다. 그리하여 1930년 1월의 어느 날 오후에 잘름 부인이 찾아간 남편의 동료들은 그녀의 호소를 무시해 버렸다. 하지만 그들의 분노는 니체가 이미 수십 년 전에 언급했던 역설을 보여 주었다. 교회 장례식을 공산주의에 대한 일종의 신성 모독이라고 주장하는 건 기독교를 거부하는 것이 아니라, 오히려 기독교와의 밀접한 관계를 자기도 모르게 인정하는 것이었다. 1930년이 되자 다음과 같은 당황스러운 가능성을 기꺼이 고려해 보려는 기독교인이 자꾸 늘어났다. 즉, 볼셰비키는 그들의 주장이 매우 보편적이고 또 그 원칙에서 일체의 타협을 거부하고 있으므로, 그들은 어쩌면 '반反교회'[22]의 특공대일지도 모른다는 가능성이 그것이었다. 그레고리우스 7세는 일찍이 신성로마제국 황제의 오만한 태도를 겨울 눈발 속에서 철저히 짓밟았다. 인노켄티우스 3세는 불벼락과 종교 재판을 동원하여 반동 세력들과 맞서 싸웠다. 루터는 사제단의 미신을 쓸데없는 군더더기라고 비웃었다. 윈스탠리는 세상을 공동 자금이라고 선포하고 이에 반대하는 자는 누구든 혹독한 처벌을 받아야 한다고 규정했다. 볼셰비키는 이 모든 반교회의 특공대를 연상시키는 측면이 있었다. 지난 천 년 동안 전 세계가 새롭게 태어나는 걸 보는 게 라틴 서방의 뚜렷한 야망이었고, 온 세상을 종교 개혁의 물로 세례를 하고 싶어 했다.

이 야망은 여러 차례 유럽에 혁명을 불러왔다. 또한 여러 차례 무척 다른 사고방식을 가진 땅에 파멸을 불러왔다. 독일 경제학자의 가르침으로 무장한 레닌은 아스텍 신들에게 코르테스가 그러했듯이, 러시아 정교회에 유독한 인물이었다. 열정적인 포교라는 과거 한때의 기독교 전통이 이제 기독교 자체를 후진시킬 수도 있었다. 대다수 기독교인들은 그런 가능성은 너무 잔인하여 생각조차 하고 싶지 않았다. 그럼에도 불구하고 그들 중 상황 판단이 빠른 자들은 그런 가능성을 생각해 보려 했다. 신을 믿지 않는 소련의 모습은 교회를 거부하는 것이라기보다는 교회를 아주 어둡고 참담하게 패러디하는 것이었다.● "볼셰비키 무신론은 새로운 종교적 신앙의 표현"[23]이었다.

새로운 질서의 꿈은 옛 질서의 폐허 위에서 생겨났다. 먼저 천 년 동안 지속되는 성인들의 통치가 시작될 것이고, 이어 '심판의 날'에 정의로운 자들 사이에서 부정한 자들이 분류되어 불의 호수로 떨어질 것이다. 이것은 초기 교회 시대부터 늘 신자들의 머릿속에서 떠나지 않은 〈요한 묵시록〉의 세계였다. 기독교 당국은 그런 동경이 어디로 나아갈지 신경을 곤두세우며 끊임없이 감시했다. 그러나 오래 동경해 온 〈요한 묵시록〉식 종말의 여러 요소들은 서로 연결되거나 합해져서 끊임없이 새로운 모습으로 되돌아왔다. 그리고 이제 독일 전역에서 그 요소들은 암세포처럼 퍼져 나가고 있었다.

베를린의 모든 준군사 조직이 공산주의자는 아니었다. 거리에서 벌어지는 그들끼리의 경쟁은 치열했다. 잘름 부인이 마지막으로 절박하게 호소하면서 골칫거리 하숙인의 이름을 말하자 선술집 안쪽 방에 있던 사람들이 모두 정색하며 자세를 고쳐 앉았다. 분위기가 즉시 바뀌었다. 몇몇은 벌떡 일어서기도 했다. 선술집을 나온 그들은 잘름 부인과 함께 그녀의 집으로 갔다. 며칠 전, 한 공산주의 일간지는 일방적인 전투적 구호를 게재했다. 그날 밤 잘름 부인의 집 부엌 앞에 선 준군사 조직원 세 사람은 부인이 하숙집의 방문객용 초인종을 울리길 기다렸다. 그들은 공산주의 일간지의 전투 구호에 응답할 준비가 되어 있었다. "어디서든 파시스트

● 기존의 기독교가 종교의 역할을 제대로 하지 못하니까 공산주의라는, 겉모습만 바꾼 채 보편성을 지향하는 새로운 종교가 나타났다는 뜻. ─옮긴이

들을 찾아내면 즉시 두들겨 패라!"**24**

파시스트라는 이름은 고대 로마가 영광스럽던 시절에 사용한 용어에서 유래했다. 권표(파스케스fasces)는 매질을 할 때 쓰는 막대기의 묶음이었는데, 행정 장관으로 선출된 자들의 호위병들에게 주어져 그의 권위를 나타내는 상징이었다. 하지만 로마 역사에서 모든 행정 장관이 반드시 투표로 선출되는 건 아니었다. 국가적 위기의 순간엔 지극히 예외적인 조치가 시행되었다. 율리우스 카이사르는 폼페이우스를 물리치고 독재관(딕타토르dictator)에 임명되었다. 이 직책을 통해 그는 혼자서 국정을 좌지우지하는 권한을 부여받았다. 그의 호위병들은 각자 도끼 주위에 매질용 막대를 뭉쳐서 묶은 권표를 어깨 위에 메고서 독재관을 따라다녔다. 니체는 평등과 연민을 강조하는 비겁한 기독교 신조를 거부하는 대격변이 닥쳐올 거라고 예언하면서, 혁명을 이끌 자들이 "적개심으로 불타올라 상징과 환상을 만들어 낼 것"**25**이라고 내다보았다. 시간은 그의 예언이 옳다는 걸 증명했다. 권표는 훌륭하게 성공한 운동의 휘장이 되었다.

1930년이 되자, 이탈리아는 2000년 전에 그랬던 것처럼 독재자에 의해 통치되었다. 베니토 무솔리니는 한때 사회주의자였다. 그러나 1차 세계대전이 끝나 가던 무렵에 니체의 글을 읽고서 새로운 인종을 형성하고 파시스트 국가에 어울리는 엘리트층을 만들려는 꿈을 꾸기 시작했다. 그는 스스로 카이사르이자 빛나는 미래의 얼굴이 되고 싶었다. 무솔리니는 백열하는 리더십의 재능을 발휘하면서 고대와 현대를 결합시켜 새로운 이탈리아를 만들어 내겠다는 웅대한 계획을 제시했다. 무솔리니는 모여든 추종자들에게 로마식 경례를 하든 혹은 직접 항공기를 조종하면서 자신의 지도자다움을 과시하든, 의식적으로 기독교의 역사를 지워 버리려는 태도를 보였다. 가톨릭의 영향을 깊게 받은 이탈리아 같은 나라에선 교회에 어느 정도 자율성을 양보하는 것 말고 다른 선택안이 없었지만, 무솔리니의 궁극적 목표는 교회를 철저히 국가에 종속시켜 파시스트 국가의 부속물로 만드는 것이었다. 무솔리니의 강성 추종자들은 이런 목적을 노골적으로 환영했다. "그렇다, 우리는 전체주의자다! 우리는 아침부터 저녁까지 오로지 그것만 생각하면서 지내고자 한다."[26]

베를린에도 역시 그런 자들이 있었다. 인종 차별을 하고, 개인적인 이익을 공익에 종속시키려는 운동의 돌격대가 있었다. 그들은 자기 자신을 국가사회주의자Nationalsozialisten라고 불렀다. 그들의 적은 그들의 주장을 조롱하며 나치스Nazis라 불렀는데, 이는 그들이 국가사회주의자들을 내심 두려워했다는 것을 보여 준다. 국가사회주의자들은 일부러 적의 증오를 부추기려고 애썼다. 그들이 볼 때, 적의 증오는 오히려 환영할 만한 것이었다. 그것은 새로운 독일을 만들어 내는 모루가 될 터였다. "생명을 구하는 건 연민이 아닌 용기와 강인함이다. 전쟁은 삶의 피할 수 없는 한 부분이기 때문이다."[27] 이탈리아에서처럼 독일에서도 파시즘은 고대의 매력과 폭력을 현대 세계의 그것들과 결합시켰다. 이 같은 웅대한 미래의 계획에서 기독교의 가냘프게 울어대는 무력함이 들어설 자리는 없었다. 금발 짐승은 이제 수도원에서 해방되어야 마땅했다. 새로운 시대가 밝았다. 나치스의 지도자 아돌프 히틀러는 무솔리니가 스스로 주장한 그런 지식인이 아니었다.

하지만 히틀러는 지식인이 되어야 할 필요가 없었다. 그는 살아오는 동안 싸구려 하숙집에서의 삶을 받아들였고, 솜강 전투에서 다쳤으며, 전후에 정부를 전복하려는 시도를 하다 감옥에 갇혔다. 이런 이력을 거치면서 세상을 바꾸려 하는 신비로운 섭리에 그 실천자로서 자기 자신이 소환되었다고 느꼈다. 그는 철학과 과학 지식이 짧았으나, 이런 사실 한 가지는 본능적으로 알았다. 운명은 잉크가 아니라 사람들의 피로 쓰인다는 것 말이다. 보편적인 도덕이란 없었다. 러시아인은 독일인이 아니었다. 모든 나라는 달랐고, 영혼의 명령에 귀를 기울이지 않는 민족은 멸종할 수밖에 없는 민족이었다. 히틀러는 이렇게 경고했다. "이 세상에서 훌륭한 인종이 아닌 모든 사람은 쓰레기다."[28]

초창기의 행복한 시절에 독일인들은 그들이 살던 숲과 하나였다. 그들은 나무처럼 존재했다. 나뭇가지, 잔가지, 잎의 총합이 아니라, 살아 있는 유기적 전체인 나무로서 존재했다. 하지만 이어서 북부 유럽 인종을 탄생시킨 토양이 오염되었다. 그들의 수액은 중독되었고 그들의 사지는 잘려 나갔다. 오로지 외과적 수술만이 이제 그들을 구할 수 있었다. 히틀러의 방침은 원초적인 인종 의식에 뿌리를 두었지만, 동시에 진화 이론의 임상적 공식에도 근거를 두었다. 독일인에게 순수성을 회복시켜 주는 조치는 고대의 연대기들과 진화론 교과서들에서 똑같은 내용으로 처방되어 있었다. 이제 그 계획의 달성을 방해하는 자들을 제거하는 것은 범죄가 아니라 의무였다. "유인원은 자기 공동체와 맞지 않는 모든 주변 요소를 학살한다." 그리하여 히틀러는 논리적 결론을 도출하는 것을 주저하지 않았다. "원숭이에게 타당한 건 인간에겐 더욱더 타당하다."[29] 인간은 평생 투쟁해야 하며, 다른 동물의 종처럼 인종의 순수성을 보존할 필요가 있었다. 이를 실행으로 옮기는 건 잔인한 행위가 아니었다. 이것이 세상 돌아가는 방식이었다.

석 달 동안 잘름 부인의 하숙집에서 하숙생으로 살았던 청년 호르스트 베셀은 이런 성명서의 주장을 확고하게 믿었을 뿐 아니라 마치 감전된 양 전율하기까지 했다. 목사의 아들인 그는 어릴 때부터 "아돌프 히틀러의 열렬한 제자"[30]가 되었다. 그리하여 교회에 헌신적으로 쓰였을지도 모를 정력을 국가사회주의에 온전히 바쳤다. 1929년에만 그는 거의 60차례나 나치 모임에서 연설을 했다. 그의 아버지가 한때 거리에서 찬송가를 불렀던 것처럼 그도 음악가 동료들을 모아 함께 공산주의 강세 지역을 따라 가두 행진을 하며 나치를 찬양하는 노래를 불렀다. 그가 악단을 위해 만든 노래 중 하나는 그가 만든 것 중에 가장 유명한 곡이기도 한데, 살아 있는 자들의 옆에서 순교한 동지가 진군하는 걸 상상하는 내용이었다. 사정이 이러했으니, 잘름 부인이 베셀의 이름을 언급하자 그 이야기를 들은 공산주의자들이 곧바로 정색하며 자세를 고쳐 앉은 것은 그리 놀라운 일이 아니었다. 그들은 제대로 된 공격 목표를 만난 셈이었다. 베셀은 자존심 있는 공산주의자 무리라면 한번 호되게 다룰 만한 상대였다. 바로 이것이 1월 14일 저녁에 세 공산주의자가 베셀의 방 문 밖에서 잘름 부인이 초인종을 울릴 때까지 기다린 이유였다. 나중에 사람들 사이에서는 그들의 의도를 두고 의견이 엇갈렸다. 그들의 일방적 주장처럼 베셀을 구타만 할 계획이었는지도 모른다. 그의 얼굴에 총격을 가한 건 우연한 실수였을 수도 있다. 어쨌든 진실은 베셀이 심각하게 다쳤다는 것이었다. 병원으로 실려 간 그는 5주 뒤에 죽었다. 일을 더 복잡하게 만든 건 살인자의 신분이었는데, 그는 한때 창녀였던 에르나 예니헨의 기둥서방이었다. 경찰이 사건을 더 조사할수록 속사정은 더 혼란스러워졌다. 이 지저분한 일에서 유일하게 명확한 건 단 한 가지뿐이었다. 죽은 베셀을 위해 길거리 싸움에서 의롭게 죽은 전사의 장례식이 치러졌다는 것이다.

그러나 베를린에서 베셀의 상급자는 이 사건을 전혀 다르게 봤다. 요제프 괴벨스는 히틀러와 마찬가지로 가톨릭 신자로 자랐다. 그는 기독교를 경멸하긴 했지만, 기독교가 여전히 많은 독일인의 마음에 영향을 미친다는 것을 잘 알았다. 그리하여 어떻게 하면 자신의 프로파간다에 이득이 되도록 종교를 활용할 수 있는지도 기민하게 알아보았다. 천재적 선동가인 괴벨스는 순교자 재목을 보는 순간, 단번에 그것을 알아보았을 뿐만 아니라 그 이용 가치까지 파악하는 재주가 있었다. 베셀의 장례식에서 그는 연극조로 말하며 죽은 자가 부활할 것이라고 선언했다. 군중 사이에선 전율이 흘렀다. 애도자 중 한 명은 훗날 이렇게 회상했다. "마치 하느님께서 그런 결정을 내려 그분의 신성한 숨결을 열린 무덤과 깃발에 어리게 하고, 죽은 자와 그에 소속된 모든 이를 축복하는 것 같았다."[31] 한 달 뒤 괴벨스는 베셀을 노골적으로 그리스도에 비교했다. 그 이후 여러 해 동안, 국가사회주의자들이 거리에서 싸우는 무리에서 온 나라를 통치하는 세력으로 발전해 나가는 동안, 살해된 돌격대장Sturmführer은 계속하여 성인聖人의 전형처럼 널리 홍보되고 활용되었다. 그는 나치를 위해 순교한 이들의 지휘관이었다.

대다수 교회 지도자들—나치를 신성 모독의 저급한 무리로 비난하는 게 위험하다는 걸 잘 알았으므로—은 이를 악물고 아무런 말도 하지 않았다. 하지만 몇몇 지도자는 정반대로 나치에게 적극적으로 그들의 일을 승인해 주기도 했다. 1933년 히틀러가 총리로 임명된 해에 독일 전역의 개신교 교회들은 베셀의 전투 찬송가를 부르며 종교 개혁을 추모하는 연례 기념 예배를 올렸다. 베를린의 한 교회에서 담임 목사는 부끄러운 줄도 모르고 괴벨스를 흉내 내는 설교를 했다. 그는 설교하던 중에 베셀이 예수가 죽은 방식으로 죽었다고 말했다. 목사는 여기에 한술 더 떠서 히틀러가 "신이 보낸 사람"[32]이라는 말까지 했다.

하지만 기독교인들이 그렇게 아부하여 나치 리더십에 영향을 미치거나 그들의 환심을 살 수 있다고 생각했다면, 그건 스스로를 속이는 짓이었다. 나치가 기독교를 패러디하는 건 존경을 표하기 위해서가 아니라, 오히려 기독교를 야만화하기 위해서였다. 열정적인 젊은 국가사회주의자들은 숲속으로 들어가 성경을 여러 부 불태우면서, "히틀러의 이데올로기를 제외한 세상의 모든 숭배를 경멸한다는 걸 보여 주기 위해"[33] 〈호르스트 베셀 찬가Horst Wessel Lied〉[나치스의 당가]를 불렀다. 라인 지방에서는 한때 로마 도시들의 극장이었던 여러 원형극장에서 여자들이 베셀의 생일을 기념하고자 밤에 모여 함께 춤을 추고 그의 영혼을 위해 기도를 올리면서 자신들이 "훌륭한 아이들을 낳을 수 있게 해달라"[34]고 빌었다. 이제 목사의 아들은 성인에 그치지 않고 신이 되었다.

1200년 전 라인강을 건너 여행한 보니파키우스는 아주 비슷한 현상을 목격했다. 그는 그리스도의 땅으로 생각된 곳에서 이교도 관습이 벌어지는 광경에 경악을 금치 못했고, 그리하여 생애 대부분을 그런 관습들과 싸우는 데 헌신했다. 하지만 이제 그의 후계자들은 더욱 통탄스러운 위협을 마주하게 되었다. 기원후 8세기에 독일로 파견된 선교사들은 선교 활동을 할 때 프랑크 왕국의 도움을 기대할 수 있었다. 하지만 나치스에게서는 그런 지원을 기대할 수 없었다. 1928년에 히틀러는 당시 자신의 나치스 운동은 기독교적인 운동이라고 소리 높여 선언했지만, 그 후로는 기독교를 아주 노골적으로 적대시했다. 기독교의 도덕, 약자에 대한 배려 등은 그가 항상 비겁하고 수치스럽게 여긴 기독교의 모습이었다. 이제 권력을 잡은 히틀러는 교회가 국가와는 뚜렷하게 구분되는 영역에 속한다는 주장—그레고리우스 개혁 때부터 전해 오는 존경받는 성과 속의 구분—을 나치스의 전체주의적 사명에 정면 도전하는 것으로 받아들였다.

히틀러는 처음에는 무솔리니처럼 신중하게 일을 처리해 나가려 하면서, 심지어 1933년에 가톨릭교회와의 협약에 서명하기도 했다. 그러나 이런 태도를 오래 유지할 의사는 전혀 없었다. 기독교의 도덕은 엄청나게 많은 기괴한 무용지물을 양산했다. 강직한 국가의 동지들이 식탁에 가족의 음식을 마련하려고 분투하는 동안, 알코올중독자들이 난잡한 성관계를 가지면서 아이를 낳고 있었고, 어떤 가정은 침대 하나에 건강한 아이들이 셋이나 넷이 함께 자야 하는 상황에서 정신병자들이 깨끗한 시트를 혼자 차지해 누리고 있었으며, 몸이 온전한 사람들이 마땅히 얻어야 할 돈과 관심을 불구자들이 지나치게 많이 얻고 있었다. 이런 백치 같은 짓들이야말로 국가사회주의가 확실히 끝장내고자 하는 것이었다. 교회는 이제 좋은 시절을 다 누렸다. 새로운 질서가 또 다른 천 년 동안 지속되려면 새로운 인간의 질서가 필요했다. 이 질서는 위버멘슈를 필요로 했다.

그리하여 1937년이 되자 히틀러는 기독교를 완전히 제거하려는 생각을 품기 시작했다. 백치와 불구자를 계속 없애려는 국가 정책에 교회 지도자들이 반대하자 히틀러는 화를 벌컥 냈다. 그는 안락사를 포괄적으로 적용하는 걸 선호했고, 전쟁이 벌어지면 작정하고 그것을 실행에 옮길 생각이었다. 이는 고대의 사례와 가장 진보적인 과학적 사고 양쪽에서 승인한 방침으로, 독일인들이 화급히 받아들여야 할 정책이었다. 독일인들이 연민 같은 한심한 감정을 품고 있다면, 독일의 인종적 운명을 성취할 가망은 아예 없었다. 나치스 친위대Schutzstaffel, 즉 히틀러의 뜻을 가장 효율적으로 완수하는 도구인 엘리트 준군사 조직은 특정한 소명 의식을 가진 부대로 간주되었다. 나치스 친위대장 하인리히 힘러는 자신이 설계한 50년 계획으로 종교가 완전히 사라질 것이라고 믿었다. 그렇지 않으면 기독교는 다시 금발 짐승의 골칫거리로 되돌아올 터였다. 독일인들의 인종적 건강에 꼭 필요한 정책에 계속 반기를 드는 건 정신 이상이나 다름없었다. "나약한 자, 병자, 죄인을 불쌍히 여겨 십자가에서 신이 죽었다는 헛소리를 계속 지껄이는 자들은, 자연에 반하는 동정의 교리와 인류애라는 잘못된 개념을 내세워, 유전병을 앓는 자들을 살려 두라고 요구한다."[35] 과학이 단호히 입증한 것처럼, 강자는 약자를 제거할 본분과 의무를 모두 갖고 있었다.

그러나 기독교가 "인류를 강타한 최고로 강력한 일격"[36] — 히틀러는 이렇게 믿었다 —이라면, 단지 그 종교만 근절하는 것으로는 충분하지가 않았다. 로마제국을 무너뜨리고 볼셰비키 사상을 낳은 치명적인 종교가 갑자기 생겨난 것은 아니었다. 대체 저런 역병을 키운 감염원은 무엇이었을까? 분명 국가사회주의자에게 이보다 더 빨리 답을 알아내야 할 질문은 없었다. 그게 무엇이 되었든, 독일인의 미래가 천 년 동안 유지될 안정적 토대를 확보하려면 그 세균을 찾아 신속하게 박멸할 필요가 있었다.

그리하여 괴벨스는 사색적인 어조로 이렇게 말했다. "이런 문제에서 사람은 절대로 감상적이 되어선 안 된다."[37]

어둠 속에서 그들을 묶어라

4년 동안 영국은 나치스 독일과 전쟁을 벌였다. 그동안 내내 옥스퍼드는 폭격을 받은 적이 거의 없었다. 그렇다고 하더라도 느긋하게 마음을 놓을 수는 없었다. 이것이 바로 1944년 1월 17일 저녁, 옥스퍼드 대학교의 롤린슨과 보즈워스가 도시 북쪽에 있는 지역 사령부에 출두하여 근무하게 된 이유였다. 존 로널드 로웰 톨킨은 1941년부터 공습 대피 지도원으로 일했다. 그가 맡은 임무가 특별히 부담스러운 건 아니었다. 그날 밤 그는 동료 지도원과 함께 앉아 늦게까지 잡담을 나누었다. 톨킨과 마찬가지로 세실 로스는 옥스퍼드 대학교의 교수이면서 메나세 벤 이스라엘의 전기

외에도 많은 책을 펴낸 유대인 역사학자였다. 두 사람은 친하게 지냈고, 자정이 넘어서야 숙소로 물러갔다.

톨킨이 독실한 가톨릭 신자라는 걸 알았던 로스는 그에게 시계가 없다는 걸 알아채곤 자기 시계를 빌려 주겠다고 고집했다. 그래야 동료가 이른 아침 미사를 놓치지 않을 것이었기 때문이다. 일곱 시가 막 되기 전 그는 톨킨이 머무르는 방문을 두드려 그가 일어났는지 확인했다. 이미 잠이 깬 톨킨은 침대에 누워 자신이 성당에 갈 시간이 되었는지 궁금해하고 있었다. "하지만 이 온화한 유대인이 내 방으로 들어와서 침대 옆에 있는 묵주를 진지하게 바라볼 때, 나는 성당에 갈 시간이 되었음을 알아챘다." 로스의 상냥함은 다른 모든 빛이 사라졌을 때 어두운 곳을 찾아오는 빛처럼 톨킨에게 스며들었다. 그는 무척 감동하여 그런 행동에서 에덴동산 같은 느낌을 받았다. 그는 같은 날 이런 글을 남겼다. "타락하지 않은 세상을 잠깐 엿본 것 같았다."[38]

톨킨은 이 말을 비유적 표현으로 쓴 것이 아니다. 그는 모든 이야기는 결국 타락에 관한 것이라고 생각했다. 히포의 아우구스티누스가 그랬던 것 못지않게 그는 역사의 모든 걸 인간 불평등의 기록으로 해석했다. 그가 즐겨 연구한 고대 영어로 쓰인 문헌 속에서 이 세상은 '중간계Middle-earth'라는 명칭으로 불렸는데, 현대의 세상은 여전히 그 중간계, 즉 선과 악이 서로 싸우는 전장이었다.

2차 세계 대전이 발발하기 2년 전인 1937년, 톨킨은 이런 불변의 기독교적 주제를 여실히 보여 주는 소설을 집필하기 시작했다. 《반지의 제왕 The Lord of the Rings》에는 그가 평생 학자로서 살며 연구했던 문화, 즉 중세 초기 기독교 세계의 문화가 깊이 각인되어 있다. 확실히 그가 상상한 중간계는 가경자 비드나 선교사 보니파키우스가 알아볼 법한 세상은 아니었다. 중세에 널리 통용되었던 역사와 지리의 친숙한 윤곽은 그 소설에 나오지 않고, 기독교도 신도 역시 나오지 않는다. 거기에는 인간이 있다. 하지만 다른 종족 역시 있다. 엘프, 드워프, 마법사, 걸어 다니는 나무 같은 것들이 톨킨의 소설 지면을 채웠다. 호빗이라 불린 소인들도 있다. 만약 호빗들—털이 수북한 커다란 두 발과 재미있는 이름을 가진 존재들—이 어떤 동화에서 나온 것처럼 보인다면, 그런 인상이 별로 틀린 건 아니다.

하지만 톨킨은 어린이책을 쓰는 데 만족할 수 없었다. 그의 포부는 장대했다. 아우구스티누스는 과거에 이런 글을 썼다. "도시는 고난의 협곡에서 포위되고 강한 압박을 받고 갇히겠지만, 전투를 포기하지 않을 것이다."[39] 악에 저항하는 투쟁, 그것이 부과하는 희생 등은 기독교 세계의 초창기에 모든 국왕과 성인이 지닌 것이었다. 톨킨은 이에 엄청나게 감명을 받았다. 그들의 언어를 모으고, 그들의 문학에 의지하고, 그들의 역사에서 드러나는 사건들을 종합하면서 그는 그들에게 꿈속의 존재 같은 모습을 부여하게 되었다. 톨킨의 목표는 거기서 멈추지 않았다. 그는 진실이기도 한—그러면서 신도 어느 정도 받아들을 수 있는—판타지를 쓰고 싶어 했다. 톨킨이 《반지의 제왕》에 거는 기대는, 독자들이 그 책을 읽게 되었을 때 그 안에서 진실을 발견해 주었으면 하는 것이었다.

톨킨은 가톨릭 신자로서 자연스럽게 역사의 모든 것이 그리스도를 입증한다고 믿었다. 그는 당시에 자기인식과, 자신이 알고 있는 삶에 대한 부정적 인식을 "신화와 전설의 외투"[40]로 포장하는 것이 부적절하다고 생각하지 않았다. 그러나 그의 소설이 오로지 고대의 노래로만 이루어진 것은 아니다. 톨킨은 당대에 드리운 어둠의 핵심을 들여다보는 것이 어떤 일인지 잘 알았다. 청년 시절 톨킨은 솜강의 진흙탕 속에서 오토 딕스와 아돌프 히틀러를 상대했었다. 1944년에도 대학살의 기억은 여전히 그의 머리에서 떠나지 않았다. "그는 늪지에서 손을 떼어 내고 뒤로 뛰어 물러나며 소리쳤다. '물에 죽은 것들이 있어, 죽은 얼굴이 있다고.' 그가 공포에 휩싸인 채로 말했다. '죽은 얼굴 말이야!'"⁴¹ 현대전의 진창에서 익사하여 그곳에서 둥둥 떠다니는 시체의 끔찍한 광경, 그 기계화 시대의 공포가 중세의 저주받은 자들의 모습과 함께 뒤섞였다. 털이 없는 거대한 새를 타고 다니는 악마들이나 치명적인 전쟁 도구를 집결시킬 때, 톨킨은 도랑 위의 하늘에서 펼쳐지는 공중전을 목격하고 무인 지대를 마구 돌아다니는 탱크들을 본 자신의 체험을 바탕으로 그 장면을 묘사했다. 어둠의 군주 사우론은 모르도르의 땅을 통치했고 중간계 전역을 어둠으로 뒤덮어 위협하려는 야망을 품고 있었다. 모르도르는 대 그레고리우스가 알아보았을 법한 지옥의 왕국이었다. 광대한 군산 복합체, 용광로로 새까맣게 변한 땅, 군수 공장, 광재鑛滓 더미 등이 모두 합해진 그런 곳이었다. 《반지의 제왕》 전편에 드러나는, 나무와 꽃에 가해지는 지독한 훼손은 1차 세계 대전 시기에 프랑스와 벨기에 전역이 입은 상흔과 비슷하다. 그런 파괴와 훼손은 사우론의 특징적인 통치 방식이다.

톨킨이 자신의 소설을 써나가는 동안, 새로운 고통과 새로운 공포가 온 세상을 그 그림자 속으로 밀어 넣고 있었다. 역사는 빛과 어둠 사이의 전쟁을 영겁에 걸쳐 증명하며, 선의 편에 있는 자들에게 악을 무조건 경계하라고 요구한다. 이는 톨킨이 나치스와 공유하는 신념이었다. 그러나 국가사회주의의 임무를 명시해야 할 때, 나치 지도자들은 이런 빛과 어둠의 용어로 그것을 표현하지는 않았다. 그 대신 그들은 진화론의 언어를 선호했다. "가장 예리한 과학적 지식과 그것의 이론적 설명에 기반을 둔 현실의 냉철한 정책."⁴² 히틀러는 폴란드를 침공하고 유럽을 끔찍한 두 번째 대전에 휩싸이게 하기 1년 전, 국가사회주의를 그런 식으로 정의했다. 히틀러의 군대는 연전연승함으로써 독일 민족이 세계의 주인이 될 만한 민족임을 증명했다. 승전은 그것 이외에도 히틀러에게 좀 더 소중한 것을 주었는데 바로 독일인들을 주변의 해악으로부터 보호할 수 있는 기회가 그것이었다.

독일 과학자들은 국가사회주의를 위해 인종 계급을 정의할 때 유대인을 하나의 인종으로 정의하길 주저했다. 그들은 '반反인종'이었다. 바이러스이자 세균이었다. 의사들이 발진티푸스 전염병과 싸우는 것이 범죄가 아니듯이, 유대인을 근절하는 건 전혀 범죄가 아니었다. 1938년 11월 9일, 오펜하임 가문이 자금을 댄 쾰른의 유대교 대회당이 파괴되었다. 그 성당은 독일 전역에서 비슷하게 불타 없어질 수많은 유대교 재산 가운데 하나였을 뿐이다. 하지만 단순히 해충의 소굴을 태우는 것만으로는 충분하지 않았다. 해충 자체도 박멸되어야 마땅했다. 해충이 남자, 여자, 아이의 형태를 띠고 있다고 해서 박멸의 의무를 지연시킬 이유가 되지는 않았다. 기독교 신자들, 즉 "유대인들이 발명하고 그들이 퍼트린"43 광신 집단의 해로운 인도주의에 감염된 자들만이 나치스와 다른 생각을 할 수 있었다. 하지만 히틀러는 유대인을 제거하는 운동을 공중위생의 문제라고 말할 때조차도 종종 그것을 아주 기독교적인 이야기와 병치竝置시켰다. 구원을 받으려면 세상은 정화되어야 마땅하다는 것이었다. 지옥행을 위협받는 사람들은 구원이 필요했다. 천사들의 편에 있는 자들은 해로운 지옥의 대행인들로부터 보호받을 필요가 있었다. "두 가지 세상이 서로 마주보고 있다. 신의 사람들과 악마의 사람들! 유대인은 반反인간이며, 또 다른 신[악]의 피조물이다."44

정복은 히틀러의 증오 어린 덩굴손이 독일 국경 너머로까지 멀리 내뻗는 것을 도와주었다. 심지어 전쟁 전에도 그 덩굴손은 구불구불하게 스르르 움직이며 책이 수북한 톨킨의 서재로 들어갔다. 1938년에 어떤 독일 편집자는 톨킨의 책을 펴내고자 편지를 보내 그가 유대인 혈통인지 물었다. 톨킨은 이런 답장을 썼다. "내게 그 재능 있는 민족의 조상이 없는 것처럼 보였다는 게 유감이로군요."[45] 당연하게도 톨킨은 나치스의 인종 차별은 전혀 과학적 토대가 없다고 생각했다. 하지만 그가 인종 차별에 반대하는 것은 무엇보다도 기독교적 관점에서 기인했다. 중세 문학에 정통했던 그는 유대인들에 대한 고정 관념을 형성하고 박해했던 가톨릭의 역할을 아주 잘 알고 있었다. 하지만 그는 자신의 상상 속에서 유대인을 중상비방을 즐기며 매부리코를 가진 중세의 흡혈귀로 보지 않고, 오히려 "용맹한 사람들의 신성한 인종, 하느님의 정당한 자식들이자 이스라엘의 사람들"[46]이라고 생각했다. 이 인용문은 홍해를 건너간 이스라엘 민족의 사건을 기록한 고대 영어로 쓰인 고시에서 나왔는데, 톨킨은 이 시행을 아주 소중하게 여겼다. 그는 이 고시를 직접 번역하기도 했다. 그 고시에는 비드에게 영감을 주었던바, 이집트 탈출에 대한 공감 의식이 표현되어 있다. 모세는 그 고시에서 용맹한 왕, "행진하는 무리의 군주"[47]로 등장한다.

나치스가 제3제국을 대서양에서 러시아까지 확장하는 동안에도, 톨킨은 《반지의 제왕》 집필을 이어 갔다. 그는 유대인을 중시하는 이 같은 고시에 의존하며 장편 소설의 얼개를 만들어 나갔다. 줄거리의 핵심은 왕의 귀환이었다. 오랫동안 비워 두었던 왕좌의 후계자는 아라곤이다. 모르도르의 군대가 파라오의 군대처럼 사악하다면, 동족을 노예 상태에서 해방시키기 위해 추방되었다가 돌아온 아라곤은 모세와 같은 분위기를 더 진하게 풍긴다. 비드의 수도원에서도 톨킨의 서재에서도 영웅은 기독교인이자 유대인의 모습으로 상상되었다.

이러한 상상은 학자들만이 골몰하는 기이한 생각이 아니었다. 유럽 전역에서 유대인과 자신을 기꺼이 동일시하려는 많은 기독교인이 보인 태도는, 그들의 역사에서 가장 처참한 대참사를 겪고 있는 유대인을 그들이 어떻게 생각하는지 보여 주는 척도가 되었다. 독실한 가톨릭 신자인 톨킨은 교황이 허락하지 않은 일은 아무것도 하지 않았다. 1938년 9월, 병든 비오 11세는 자신이 영적으로 유대인이라고 선언했다. 1년 뒤 폴란드가 독일군에게 패배하고 종속되어 형언하기 힘들 정도로 잔혹한 점령 상태에 처했을 때, 그의 후계자 교황은 신자들에게 첫 공개서한을 보냈다. 비오 12세는 피에 흠뻑 젖은 들판을 칼날로 경작하는 것을 한탄하며 바울의 말을 시의적절하게 인용했다. "그리스도 안에서는 유대인도 그리스인도 없습니다." 이 말은 가톨릭교회 초창기부터 기독교를 유대교와 구분하는 데 활용되던 구절이다. 모든 국가의 어머니로서 교회를 기리는 기독교인과, 행여라도 인류의 거대한 무리에 자신들의 특수성이 녹아들까 두려워하는 유대인 사이엔 오랫동안 극명한 구분선이 존재해 왔다.

하지만 나치스는 그 구분선을 그런 식으로 보지 않았다. 비오 12세가 인류는 공통된 기원에서 비롯되었고, 세상 모든 사람은 다른 이에게 자선을 베풀 의무가 있음을 잊은 자들을 꾸짖고자 〈창세기〉를 인용했을 때, 나치스 이론가들은 맹독성의 비난을 터뜨렸다. 그들이 볼 때, 보편적 도덕성이라는 것은 유대인이 저지른 사기임이 분명했다. "유대인 신화가 그렇게 전했다는 이유만으로, 유대인과 흑인이 독일인이나 로마인과 마찬가지로 아담과 이브의 후손이라고 우리 아이들이 배우도록 놔두어야 하는 이 상황을 아직도 참아야 한단 말인가?" 모두가 그리스도 안에서 하나라는 교리는 아주 유해했을 뿐만 아니라 과학의 근본에 대한 폭거였다. 몇 세기 동안 유럽 인종은 그 유대인의 신화로부터 영향을 받았다. 그 결과 온전히 유지되어야 마땅한 인간의 마음에 할례가 자행되었다. "이 모든 사태의 근원으로 지목되어야 하는 건 유대인 바울이다. 그가 피〔인종〕에 토대를 둔 세계관을 파괴하는 원칙을 아주 의미심장한 방식으로 확립했기 때문이다."

기독교인들은 신앙의 가장 근본적인 교리, 즉 인종의 일체감, 약자와 고통받는 자를 돌봐야 할 의무를 거부하는 나치 체제에 직면하여 선택을 해야만 했다. 목사 디트리히 본회퍼가 일찍이 1933년에 말한 대로 교회는 "기독교 공동체에 속하지 않은 희생자라 해도 사회 체제의 희생자를 향해 무조건적인 의무"[48]를 가지는가, 그렇지 않은가? 이 질문에 본회퍼는 의무를 가지고 있다고 보았다. 그 결과 그는 히틀러를 죽이려는 음모에 가담했고, 끝내 강제 수용소에서 교수형을 받았다. 그런 의무의 시험을 통과한 또 다른 기독교인도 많았다. 몇몇은 공공연하게 큰 소리로 말했다. 다른 몇몇은 더욱더 비밀리에 유대인 이웃을 지하실과 다락에 숨겨주었는데, 그들은 그런 행동이 자신의 목숨까지 위태롭게 할 수 있다는 것을 잘 알고 있었다. 교회 지도자들은 도저히 이해할 수 없는 범죄에 대항하는 예언의 목소리로 말해야 한다는 의무감과, 나치에 노골적으로 반발하는 행동을 했다가는 기독교의 미래를 위태롭게 할 것이라는 두려움 사이에서 갈피를 잡지 못하는 아슬아슬한 상황에 놓여 있었다. "그들은 교황이 아무 말도 하지 않고 있다면서 비난한다." 교황 비오는 1942년 12월에 사석에서 이렇게 한탄했다. "하지만 교황은 말할 수 없습니다. 말을 하면 상황이 더 악화되기만 할 뿐입니다."[49] 교황을 비판하는 자들이 나중에 공격한 것처럼, 교황은 어쨌든 나치의 만행에 대하여 언급했어야 마땅했다. 하지만 비오는 자신의 권력이 지닌 한계를 잘 알았다. 공개적으로 너무 세게 반발했다가는, 교황 자신이 취할 수 있는 소규모 보호 조치마저 할 수 없게 될 터였다. 유대인들도 이를 잘 알았다. 유대인 500명이 교황의 여름 별장으로 대피했다. 헝가리에서 성직자들은 유대인들에게 세례 증명서를 발급하느라 정신이 없었는데, 그 사실이 적발되면 총살당할지 모른다는 걸 알면서도 그렇게 도와준 것이다. 루마니아에선 바티칸 외교관들이 국내에 있는 유대인들을 강제 추방하지 말라고 루마니아 정부를 압박했다. 유대인 수송 열차들은 적절한 때에 '악천후' 때문에 멈춰 섰다. 교황은 나치스 친위대로부터 랍비라고 조롱을 받았다.

하지만 악에 꾀여 어둠의 영역으로 들어선 기독교인도 많았다. 나치스는 유대인들을 역병 취급하면서 그들은 낙후되었는가 하면 과잉 교육을 받았고, 해로우면서도 겉은 유익한 체한다고 말했다. 물론 나치가 그런 비방의 프로파간다를 난데없이 만들지는 않았다. 그들이 의지한 신화는 기독교 신화였다. 유대인을 바이러스와 동일시하려고 과학의 합리적인 공식화를 활용했던 생물학자들도 결국에는 기독교의 복음서로 돌아가는 고정 관념에 의존했다. "그 사람의 피에 대한 책임은 우리와 우리 자손들이 질 것이오!"[50] 유대인들이 그리스도의 죽음에 기꺼이 책임지겠다고 한 것이 기독교 역사 내내 반복된 교리였다. 바로 이 점이 유대인들을 악마의 대리인으로 비난받게 만드는 이유였다. 유대인들이 기독교 아이의 피를 의식용 빵에다 섞는 습관이 있다는 주장을 교황이 명예 훼손이라고 처음 비난한 지 800년이 지난 뒤에도, 여전히 폴란드의 주교들은 그런 엉터리 주장을 잘 떨쳐 내지 못했다. 슬로바키아에서는 처음으로 유대인이 수도에서 추방되었고, 이어 그 나라 전역에서 강제 추방되었는데 그 나라는 독일인들이 어떤 성직자를 국가 수장으로 내세운 괴뢰 정부였다. 프랑스에서 발칸 지역에 이르기까지 다른 나라들도 마찬가지였다. 바티칸 자체에서도 가톨릭 신자들은 종종 공산주의에 대한 증오에 휘말려 나치스를 두 악 중 차악으로 바라보곤 했다. 심지어 한 주교는 때때로 유대인 근절 운동에 관한 이야기를 하며 뱀 혓바닥●과 다를 바 없는 태도를 보이곤 했다. 크로아티아에선 자그레브 대주교가 내무 장관에게 유대인 강제 추방에 대한 항의 서신을 보낼 때 유대인들이 실제로 "범죄들"을 저질렀다는 점과, "유대인 문제"가 실존한다는 점을 기꺼이 인정하기도 했다.[51] 3만 이 넘는 유대인들이 결국 살해되었는데 그것은 크로아티아 전체 유대인 인구의 4분의 3에 해당했다.

하지만 그 어떤 곳도 독일만큼 위협적으로 어둠이 왕좌를 차지한 곳은 없었다. 독일 교회들은 적의 속박에 완전히 굴복하여 총체적 타락을 맹세했는데, 이런 행동은 전혀 놀라운 일이 아니었다. 유대인을 박해하는 나치스 운동에 유용한 수단을 제공한 건 중세 기독교 세계만이 아니었다. 종교 개혁 역시 마찬가지였다. 루터는 유대교를 경멸하면서 유대교가 위선과 율법주의에 의해 정의되는 종교라고 비난했는데, 많은 후계자들이 여전히 루터의 가르침을 그대로 따랐다. 국가사회주의의 활보에 매료된 이들은 자신의 기독교 신앙이 상대적으로 시시하다고 생각했다. 독수리 휘장과 나치 깃발로 빛나는 연병장은 그들의 칙칙한 신도석이 더는 제공할 수 없는 신성과의 교감을 제공하는 것 같았다. 히틀러 자신이 믿었던 것처럼, 예수는 유대인이 아니라 금발에 푸른 눈을 가진 유럽 인종이었을지도 모른다. 이런 논제는 독일의 많은 개신교도에게 매혹적인 전망을 열어 주었다. 그것은 국가사회주의 중심의 새로운 기독교 형태를 구축할 가능성이었다.

1939년에 저명한 학자들이 일찍이 마르키온의 이단을 되살리기 위해

●《반지의 제왕》에 나오는 등장인물. 뱀 혓바닥 그리마(Wormtongue Grima)라고 하는데, 사악한 언동으로 로한 왕국의 국왕 세오덴을 호도하여 나라를 약화시켰다. ─ 옮긴이

루터가 신약성경 번역을 완료한 바르트부르크에 모였다. 기조 연설자는 참석자들에게 두 번째 종교 개혁을 실천하겠다는 맹세를 시켰다. 개신교도들은 기독교에 유대인의 오점을 단 하나라도 남기지 말라는 요구를 받았다. 세계가 대전의 가장자리에 가 있던 당시에, 바람이 어느 쪽으로 불지는 너무나 분명해 보였다. 국가사회주의의 승리는 아주 가까이 다가와 있었다. 그 승리에 도움을 준 이들에게 주어질 보상은 두둑할 터였다. 기독교인들은 자신의 깊은 생각은 계속 안에다 감추어 두고, 저질러지는 악을 개탄하면서도 결국 드높고 궁극적인 목적이 드러나리라 예상하면서 그들의 때를 기다릴 수 있었다. 피의 교회 ─ 마치 유령 같고 인종을 차별하는 교회 ─ 는 히틀러가 파괴하지 않고 보호해 줄 교회였다. 국가사회주의의 지배를 받는 기독교는 히틀러에게 유능하고 무시무시한 하인을 제공할 것이었다. 그런 기독교에 속한 자들은 수백만 명을 제거하는 계획을 작성하거나, 가축 트럭●의 일정을 잡는 데 참석하거나, 창밖으로 흘러나오는 시체 태우는 냄새를 맡으면서도 자기 노력이 성과를 거뒀다고 축배를 드는 사람들이었다. 그리고 그들은 자신이 그리스도의 목적을 위해 일하고 있다고 생각하리라.

"괴물과 싸우는 자는 괴물이 되지 않도록 주의를 기울여야 한다. 심연을 오래 응시하고 있으면 심연 또한 당신을 응시한다."[52] 니체는 자신의 시민권을 포기했고, 국수주의를 경멸했으며, 유대인을 역사에서 가장 뛰어난 민족이라고 칭찬했다. 하지만 니체는 신의 죽음 이후 어떤 혼란이 뒤따를지 경고했다. 선과 악은 단지 상대적 개념이 되고 도덕률은 확고한 기반 없이 표류할 것이었다. 거대하고 끔찍한 폭력 행위가 자행될 것이었

● 이런 트럭에 유대인들을 강제로 실어서 도살장으로 보냈다. ─ 옮긴이

다. 심지어 열성적인 니체 철학자들도 니체의 이러한 경고가 실제로 무엇을 뜻하는지 발견했다면 몸을 움찔했을 것이다. 오토 딕스는 세상을 거꾸로 뒤집으려는 나치스를 존경하기는커녕, 반대로 그들에게 심한 혐오감을 느꼈다. 그러자 나치스는 딕스를 타락한 자로 일축했다. 드레스덴의 교직에서 쫓겨나고 그림을 전시하는 일마저 금지당한 딕스는 영감을 얻을 수 있는 가장 확실한 원천으로 성경에 의지했다. 1939년에 그는 소돔의 파괴를 캔버스에 그렸다. 대화재가 도시를 집어삼켰는데 그곳은 누가 보더라도 드레스덴이었다. 이 이미지는 예언적이었음이 판명되었다. 전쟁의 판세가 독일에게 불리한 쪽으로 바뀌자 영국과 미국 폭격기는 독일의 도시들을 전투기로 폭격하여 폐허로 만들기 시작했다.

1943년 7월, 고모라 작전에서 함부르크의 대부분이 불바다가 되었다. 영국에선 본회퍼와 절친한 사이였던 조지 벨이라는 주교가 공개적으로 항의의 목소리를 냈다. "이런 식으로 공습을 하면서 독일 주민들에게 평화를 기원하게 만들 속셈이라면, 왜 약탈, 방화, 고문, 살인, 폭행 같은 방식은 사용하지 않는가?"[53] 하지만 이런 반대는 무시당했다. 주교에게는 이런 준엄한 통지문이 전해졌다. 히틀러 같은 끔찍한 적과 전쟁을 벌일 때 인도주의적, 감상적 망설임은 있을 수 없다. 1945년 2월, 이젠 드레스덴이 불타오를 차례였다. 독일에서 가장 아름다운 도시는 잿더미가 되었다. 그 외에 다른 많은 도시들도 마찬가지였다. 1945년 5월, 독일이 마침내 무조건 항복을 선언하던 시기에는 독일의 대부분이 폐허가 되어 있었다. 나치스의 집단 처형장은 마침내 해방되었다. 히틀러의 인종 학살 야욕이 얼마나 심각했는지 서서히 알려지기 시작했다. 하지만 영국 내에서 그런 소식에 양심의 가책을 깊이 느끼는 사람은 거의 없었다. 선은 결국은 악을 정복했다. 목적은 수단을 정당화했다.

하지만 몇몇 사람들에게 승리는 거의 패배로 다가왔다. 히틀러가 죽고 3년 뒤인 1948년, 톨킨은 마침내《반지의 제왕》을 완성했다. 작품의 클라이맥스는 악의 왕국 사우론이 타도된 것이었다. 소설의 이야기가 전개되면서 사우론과 그의 종들은 끔찍한 무기, 즉 치명적인 힘을 지닌 반지를 찾았는데, 사우론은 그것만 찾아서 손에 넣는다면 중간계 전체를 지배할 수 있었다. 자연스럽게 사우론의 공포는 적들이—사우론은 적이 그 반지를 발견했다는 것을 알았다—자신에게 반지의 힘을 사용하는 것이었다. 하지만 그들은 그렇게 하지 않았다. 그 대신 그들은 반지를 파괴했다. 진정한 힘이란 그것을 행사하는 대신 기꺼이 포기하는 데서 나오는 법이었다. 톨킨은 기독교인으로서 그렇게 믿었다. 이것이 히틀러를 상대로 한 전쟁 마지막 해에 톨킨이 전쟁을 궁극적으로 사악한 행위라고 개탄한 이유였다. "우리는 반지로 사우론을 정복하려 하고 있어. 우리는 성공할 거야. 하지만 알아 둬야 해. 그렇게 하면 우리는 새로운 사우론을 키우는 벌을 받게 된다는 걸."[54]

톨킨은 비록《반지의 제왕》이 당대의 사건을 반영한다는 소리를 들으면 퉁명스럽게 아니라고 일축했지만, 자신의 창조물이라는 프리즘을 통해 그런 사건들을 바라본 게 틀림없다. 강제 수용소와 원자 폭탄의 세계에는 분명 아주 멀리 떨어진 과거 시대의 패턴이 찍혀 있었다. 그 시대는 천사들의 날개가 전장 가까이에서 날갯짓할 때 중간계에 기적이 벌어지는 그런 시대였다. 소설에선 등장인물들에게서 기독교적인 특징이 노골적으로 드러나는 순간은 별로 없다. 하지만 그런 순간이 한번 나타나면 아주 중요한 의미를 제시한다. 가령 톨킨이 명시한 악의 왕국 모르도르의 몰락일은 3월 25일인데, 이날은 3세기 이래로 그리스도가 마리아의 자궁에서 잉태된 날이자 십자가형을 당한 날로 여겨진 날이다.

오랜 편집 끝에 1954년에 《반지의 제왕》 1권이 출판되었다. 대다수 비평은 이 책을 당황스럽게 여기거나 아니면 경멸하는 내용이었다. 책의 뿌리는 먼 과거에 있었다. 책은 초자연적인 것에 흥미를 보였다. 이 모든 점이 세련된 지식인들에겐 유치하게 여겨지기 십상이었다. 한 지식인은 콧방귀를 뀌며 이렇게 말했다. "이건 어른이라면 한 번 이상 읽을 만한 책이 못 됩니다."[55] 하지만 그는 틀렸다. 책의 인기는 갈수록 높아졌다. 출간 몇 년 만에 출판계의 경이적인 현상으로 자리 잡았다. 2차 세계 대전 중에 완성된 다른 어떤 소설도 매출 면에서 이 책에 상대가 되지 않았다. 그런 성공에 톨킨은 무척 기분이 좋았다. 그가 《반지의 제왕》을 쓴 목적은 단순히 금전적인 이유만은 아니었다. 그의 포부는 에이레나이오스, 오리게네스, 비드가 공유했던 것, 즉 기독교의 아름다움과 진리를 거부하는 자들과 소통하는 것이었다. 그 소설이 인기 있다는 건, 사실은 목적이 성공했다는 걸 그에게 알려 주었다. 《반지의 제왕》은 20세기에 가장 널리 읽힌 소설이 되었으며, 톨킨은 20세기에 가장 널리 읽힌 기독교 작가가 되었다.

《반지의 제왕》은 인간의 상상력에 기독교가 지속적인 영향력을 발휘한다는 걸 증명했을 뿐 아니라 또 다른 점도 증명했다. 많은 비평가가 불평한 것처럼 《반지의 제왕》은 행복한 결말로 끝나는 이야기였다. 악의 왕사우론은 격파되었고, 악의 왕국 모르도르의 힘은 타도되었다. 하지만 선의 승리에 대가가 따르지 않은 건 아니었다. 엄청난 상실이 동반되었고, 한때 아름답고 강하던 것이 약해지고 소멸했다. 인간의 왕국들은 견뎌 냈지만, 중간계 다른 종족들의 왕국은 견디지 못했다. "세상의 여러 시대를 거쳐 오면서 우리는 함께 오래 지속되는 패배와 싸워 왔다."[56] 엘프 여왕이 표명한 이런 정서는 톨킨 스스로 함께 공유한 정서였다. "나는 기독교인이자 로마 가톨릭 신자다. 따라서 나는 '역사'가 '오래 지속되는 패배'가 아닌 다른 것이 되기를 기대하지 않는다. 하지만 역사는—더 나아가 전설은 더 분명하고 감동적인 방식으로—최종적인 승리를 예감하게 하거나 흘낏 엿보게 해준다."

《반지의 제왕》이 거둔 성공은 톨킨의 바람대로 기독교의 "최종 승리"를 입증하는 동시에 기독교의 쇠퇴 역시 증명했다. 소설은 톨킨의 종교를 독자들에게 간접적으로 추천한다. 만약 노골적으로 기독교를 추천했더라면 절대 그런 전례 없는 성공을 거두지 못했을 것이다. 세상은 바뀌는 중이었다. 톨킨이 믿었고 기독교인들이 그토록 오래 믿어 왔던 것처럼, 악을 문자 그대로 사탄의 힘으로 보는 믿음은 이제 퇴조하고 있다. 20세기 전반에 발발한 처참한 두 번의 대전으로 인해, 지옥이 존재한다는 사실을 부정하는 사람은 거의 없다. 그러나 그 지옥은 땅속 깊은 곳 혹은 하늘 어디에 있는 것이 아니라, 한때 기독교 세계의 심장부였던 지상의 땅에서 인간이 만들어 낸 진흙투성이 오물 구덩이, 그 구덩이를 두른 가시철망, 겨울 하늘을 배경으로 음산한 윤곽을 드러낸 화장터, 이런 것들로 자주 상상되었다.

20장

사랑

1967년, 애비로드

1967년 6월 25일 일요일, 런던의 부유한 동네 중 하나인 세인트존스우드의 교인들은 저녁 노래를 들으러 가는 중이었다. 하지만 이 세상에서 가장 유명한 밴드의 음악을 들으러 가는 길은 아니었다. 비틀스는 그날 다른 곳에서 가장 큰 규모의 공연을 하기로 되어 있었다. 방송 역사에서 최초로 다른 여러 나라에서 마련한 퍼포먼스를 생중계하는 프로그램이 전세계에 동시 송출될 예정이었다. BBC는 영국 몫으로 할당된 부분을 존 레넌, 폴 매카트니, 조지 해리슨, 링고 스타에게 맡겼다. 애비로드의 스튜디오에서는 지난 5년 동안 비틀스가 대중음악을 완전히 바꿔 놓고, 그들을 온 세상에서 가장 사랑받는 청년들로 만들어 준 곡들을 녹음했다. 이제 3억 5000만 관중 앞에서 그들은 가장 최근의 싱글 곡을 녹음하는 중이었다. 누구나 부를 수 있는 후렴을 가진 그 노래는 즐겁고 기억하기 쉬운 찬가讚歌풍이었다. 여러 언어로 된 판지 플래카드에 적힌 메시지는 지구촌 사람들이 받아들이기 쉽도록 의도된 것이었다. 노래를 부르고 묵직한 껌 덩어리 씹기를 번갈아 하는 존 레넌은 자신을 바라보는 세상을 향해 이런 메시지를 던졌다. "당신에게 필요한 건 사랑뿐." 그것은 토마스 아퀴나스도 아우구스티누스도 사도 바울도 동의할 법한 메시지였다.

결국 하느님은 사랑이었다. 그것은 성경에도 나오는 말이다. 2000년 동안 선남선녀들은 이 계시를 깊이 생각해 왔다. 사랑하라. 그리고 네 뜻대로 행하라. 오랜 세월이 흐르는 동안 아우구스티누스가 남긴 이 교훈을 실천하려는 기독교인이 많았다.[1] 그렇게 하면 어떤 후스파 목사가 말했던 것처럼, "낙원이 우리에게 열리고, 자선이 갑절이 되고, 완벽한 사랑이 풍성하게 될 것이기"[2] 때문이었다. 하지만 이 세상에 늑대들이 있다면? 그렇다면 양들이 해야 할 일은 무엇인가? 비틀스는 전쟁으로 산산조각 난 세상에서 자라났다. 그들의 고향인 리버풀의 광범위한 지역이 독일군의 공습으로 완전히 파괴되었다. 그들은 아마추어 밴드 생활을 함부르크에서 했으며, 그들이 공연하는 클럽들에서는 팔다리가 온전하지 않은 예전 나치스 당원들이 웨이터로 일하고 있었다.

이제 그들이 평화의 메시지를 노래하는 그 순간에도 세상은 다시 갈등의 그림자 속으로 들어가고 있었다. 애비로드에서의 방송이 송출되기 고작 3주 전에 팔레스타인의 성지에서 전쟁이 발발했다. 한때 성경 속 이스라엘 민족의 조상들이 돌아다녔던 그 지역에는, 6일 전쟁의 여파로 새까맣게 변한 이집트 비행기와 시리아 비행기 잔해가 사방에 널려 있었다. 1917년에 영국인들은 유대인들에게 그들의 고국 이스라엘을 약속했고 그 나라는 마침내 1948년에 수립되었다. 이스라엘은 1967년의 6일 전쟁에서 불과 엿새 만에 이스라엘의 전면 파괴를 맹세한 이웃 중동 국가들을 상대로 놀라운 승리를 거두었다. 다윗의 도시 예루살렘은 카이사르들의 시대 이후 처음으로 유대인의 통치를 받게 되었다. 하지만 예전 팔레스타인 지역에서 쫓겨난 아랍인들의 절망과 고통엔 아무런 해답도 제시해 주지 않았다. 오히려 정반대였다. 베트남 정글에서 터졌던 네이팜탄처럼 전 세계에서 불타오르는 증오심은 통제 불능 상태에 빠지고 말았다.

이 모든 것 중에서 가장 끔찍한 건 세계의 초강대국인 소련과 미국 사이에서 벌어지는 갈등이었다. 러시아 군대는 히틀러를 상대로 승리를 거두자 유럽의 심장부로 진출했다. 공산주의 정부가 오래된 기독교 국가의 수도들, 즉 바르샤바, 부다페스트, 프라하에 들어섰다. 이제 철의 장막은 유럽 대륙 전역에 드리워졌다. 미·소 양국은 핵미사일로 무장했는데, 그것은 아주 치명적이라 세상의 모든 생명을 일거에 말살해 버릴 수 있었다. 세상이 직면한 위험 수위는 점점 더 종말에 가까워져 갔다. 인류는 이전엔 언제나 하느님의 특권으로 보였던 것, 즉 세상을 완전히 끝장내는 힘을 그 손안에 쥐게 되었다.

그렇다면 어떻게 사랑만으로 충분할 수 있겠는가? 비록 이런 메시지로 대대적인 놀림을 받긴 했지만, 비틀스만 그렇게 믿은 건 아니었다. 비틀스보다 10년 전 미국 남부에서 마틴 루서 킹이라는 침례교 목사는 자신을 따르는 제자들에게 적을 사랑하라는 그리스도의 뜻이 무엇인지 깊이 생각하라고 가르쳤다. "실현 불가능한 몽상가의 명령과 거리가 먼 이 명령은 우리 문명의 존속에 절대적으로 필요하다. 그래, 우리 세상과 우리 문명을 구할 수 있는 사랑은 적마저도 사랑하는 것이다."[3] 비틀스가 "올 유 니드 이즈 러브 All you need is love"라고 말하기는 했으나, 킹은 그것이 그리 쉬운 일이라고 생각하지 않았다. 그는 흑인 목사로서 제도화된 억압적 사회에서 사는 흑인 신자들을 상대로 설교했다. 남북전쟁은 노예제를 종식시키기는 했지만, 인종 차별과 분리 정책을 완전히 끝장내지는 못했다.

법 집행자들은 린치를 가하는 무리와 은근히 결탁하여 그런 정책을 계속 유지해 왔다. 수천 명이 쿠 클럭스 클랜Ku Klux Klan에 가입했다. 이 단체는 찬송가를 부르고, 거대한 십자가를 불태우고, 미국 흑인들을 마구 짓밟는 준군사 조직이었다. 백인 목사들은—그들이 쿠 클럭스 클랜에 지도자로 가입하여 적극적으로 활동하지 않을 때에는—조용히 방관했다.

바로 이런 목사들과 그들의 신자들을 상대로, 마틴 루서 킹은 그들의 깊은 도덕적 수면睡眠 상태를 깨트리려 했다. 킹은 천재적인 웅변가로서 경쟁자가 없을 정도로 성경과 그 가르침에 통달했고, 평화로운 시위를 조직하는 일에도 뛰어난 재능을 보였다. 킹은 몇 번이고 파업, 보이콧, 행진을 벌여서 차별적인 법률의 폐지를 강력하게 밀어붙였다. 그런 일로 그는 전국적으로 유명한 사람이 되었지만, 반면에 그런 성공으로 증오의 대상이 되기도 했다. 킹의 집은 소이탄에 맞았고, 그 자신도 감옥에 여러 번 갇혔다. 하지만 킹이 그에 맞서서 증오로 대하는 일은 결코 없었다. 그는 하느님의 말씀을 입증하려는 사람에겐 대가가 따른다는 것을 잘 알았다. 1963년 봄, 킹은 감옥에서 글을 쓰면서 사도 바울이 위험도 개의치 않고 자유의 복음을 가장 필요한 곳에 가져간 일에 대해 깊이 생각했다. 킹은 백인 목사들이 침묵을 깨고 흑인들에게 가해지는 부당함에 대항하여 공개적으로 발언하고 나설 것을 촉구하기 위해, 토마스 아퀴나스 그리고 자신과 이름이 같은 마르틴 루터의 권위를 언급했다. 무엇보다 극단주의라는 공격에 답변하기 위해 구세주 사례에 호소하기도 했다. 한 인종이 다른 인종을 증오하고 박해하는 걸 허용하는 법은 그리스도라면 당장에 폐지시킬 것이라는 말도 했다. "예수는 극단적으로 사랑을 옹호했던 분이 아닌가?"⁴

미국의 민권 운동으로 기독교는 미국 정치에서 중심적인 지위를 차지하게 되었다. 남북전쟁 이전 몇십 년 전 이래로 기독교가 처음 누려 보는 지위였다. 킹은 백인 기독교인들의 잠들어 버린 양심을 뒤흔들면서, 미국이 새로운 변화의 길로 들어서게 하려고 애썼다. 바울이 예전에 말했던 것처럼 예언, 지식, 믿음보다 사랑이 더 중요하다는 얘기는 이제 혁명적 구호가 되었다. 킹의 꿈은 주의 영광이 드러나고 모든 사람이 그것을 함께 바라보며 미국 전역에서, 그러니까 앨라배마의 교회들에서, 서부 해안 커피 가게에서도, 피켓 라인에서도, 신록이 파릇파릇한 캠퍼스에서도, 쓰레기 청소부들과 변호사들 사이에서 커다란 열망이 솟구치도록 활력을 불어넣었다. 그의 꿈은 정의가 강물처럼 흐르고, 공정이 맑은 샘물처럼 쉼 없이 솟구치는 것이었다.

그것은 18세기에 퀘이커교도들과 복음주의자들이 노예제 폐지 운동을 하도록 유도한 진보의 웅대한 포부였다. 하지만 1960년대 들어 새로운 불길을 솟구치게 한 것은 미국 흑인의 믿음이었다. 항의의 목소리는 흑인 교회의 목소리였다. 이런 사실은 킹 특유의 솟구치는 바리톤 목소리에서 분명하게 드러났다. 미국 전역의 트랜지스터라디오와 스테레오에서 들을 수 있던 음악에서도 그 점은 확인되었다. 1950년대에 피켓 라인과 행진 속에서 흑인 항의 시위자들은 예속의 어두운 시절에 만들어진 노래를 불렀다. 모세가 동족을 노예의 굴레에서 구해 준다는 내용이 담긴 노래였고, 여호수아가 여리고의 벽을 무너뜨린다는 내용이 담긴 노래였다. 1960년대에 복음 성가대에서 연마한 목소리가 세상을 변화시키는 것 같았다. 그런 변화는 곧 올 것이었다. 모든 흑인 슈퍼스타 중에 가장 혁신적이고 대담했던 제임스 브라운은 가난을 떨치고 일어나 펑크의 길을 개척했다. 브라운은 특히 어릴 때 활기 넘치는 복음주의 교회에서 보낸 도제 시절의 경험에 크게 의지하면서 자신의 스타일을 정립했다. 그는 자본주의에 찬사를 보내는 노래를 부르면서도 자신이 자랑스러운 흑인이라고 소리 높여 외치기도 하는 변덕스러운 사람이었는데, 자신이 '사도 신앙의 반석 위에 세워진 교회의 신자들을 위한 통합된 기도의 집United House of Prayer for All People of the Church on the Rock of the Apostolic Faith '•에 신세 졌다는 걸 단 한 순간도 잊지 않았다. "정화된 사람들은 더 많은 열정을 얻었다."⁵

하지만 흑인 교회에 단 한 번도 들어간 적 없는 사람들도 민권 운동이 내세운 이상과 구호의 향기를 선향線香의 향기처럼 들이마실 수 있었다. 비틀스는 사랑의 중요성을 강조한 킹에게 동의하면서 흑백이 분리된 인종 차별적 청중 앞에서는 공연을 하지 않았다. 그렇다고 해서 비틀스가—제임스 브라운이 말했을 법한—'거룩한' 성도聖徒가 되지는 않았다. 비록 레넌이 매카트니를 교회 행사에서 처음 만나긴 했지만, 네 멤버는 어릴 때 믿었던 기독교를 오래전에 잊어버린 상태였다. 매카트니의 말로 하자면 그것은 "좋고 좋은 것"⁶이었다. 문 옆에 놓아 둔 외로운 항아리처럼 적적한 표정을 짓는 여자에게는 좋은 것일지 모르지만, 세상을 정복한 보컬 밴드에게 어울리는 것은 아니었다. 교회는 고루하고, 구식이고, 지루했다. 교회에는 비틀스와 영 어울리지 않는 것들이 자리 잡고 있었다. 심지어 잉글랜드에서는 괴짜 주교가 등장하여 기독교의 전통적인 하느님 사상은 시대에 뒤떨어졌다는 의견을 제시하며 유일한 규칙은 사랑뿐이라는 말까지 했다. 1966년 레넌이 신문 인터뷰에서 비틀스가 "예수보다 유명하다"⁷라고 했을 때, 사람들은 거의 다 눈살을 찌푸리지 않았다.

넉 달 뒤 레넌의 말이 미국 잡지에서 다시 등장했을 때, 역풍이 불기 시작했다. 미국 전역의 목사들은 비틀스를 의심한 지 오래되었다. 특히 '바

• 미국 개신교회의 일종. ― 옮긴이

이블 벨트Bible Belt'라고 불리는 미국 남부 지역에서 비틀스에 대한 혐오감이 심했다. 자기도 모르게 레넌의 주장을 지지해 온 그곳의 목사들은 비틀스 열기가 일종의 우상 숭배가 되었다고 걱정했다. 몇몇 사람들은 심지어 이 모든 게 공산주의의 음모라고 걱정하기까지 했다. 많은 백인 복음주의자들은 회개하라는 킹의 호소에 부끄러움을 느꼈고, 그들의 교회 밖에서 생겨난 도덕적 열정을 당황스럽게 느꼈으며, 이상하게 생긴 네 명의 영국인 청년들에게 그들의 딸이 오줌을 지리며 소리를 지르는 광경에 공포를 느꼈다. 그리하여 그들은 비틀스 음반을 부술 수 있는 기회가 찾아오자 그것을 거의 신성한 구원으로 생각했다. 동시에 그 행사는 민권 운동의 정당성을 이해하지 못하는 인종 차별주의자들에게 세력을 결집할 수 있는 기회를 제공했다. 쿠 클럭스 클랜은 프로테스탄트의 가치관을 수호하는 세력으로 돋보일 수 있는 그 기회를 재빨리 붙잡았다. 그들은 음반을 태우는 것으로는 만족하지 못하고 비틀스 가발까지 태워 버렸다. 보컬 밴드의 텁수룩하고 독특한 머리 모양은 말쑥한 클랜 일원에겐 그 자체로 신성 모독이었다. 쿠 클럭스 클랜의 한 회원은 이렇게 으르렁댔다. "나는 저 더벅머리들의 정체를 도저히 알 수가 없어. 저놈들이 백인이건 흑인이건 상관없이 말이야."**8**

하지만 그 어떤 것도 기독교에 대한 레넌의 생각을 바꾸지 못했다. 마틴 루서 킹처럼 비틀스는 사랑이야말로 우주에 활력을 불어넣는 힘이라고 생각했는데, 이런 생각이 성경을 면밀히 읽은 데서 나온 것은 아니었다. 성경과는 상관없이 그들은 그걸 당연하게 여겼다. 신학적 배경과는 무관하게, 기독교적 사랑은 활기찬 민권 운동에 크게 영감을 주었고, 이제는 사이키델릭 음악의 환경에서 더 크게 목소리를 높이기 시작했다. 1967년 여름에 "동성애적 경향을 보이는"**9** 보컬 그룹은 비틀스만이 아니었다. 마리화나와 그것을 흡연하는 파이프가 어디서나 흔히 발견되었다. 복음주의자들은 질겁했다. 그들에게 머리카락을 길게 기르고 머리에 꽃을 꽂은 동성애자들의 등장은 세상이 악마의 소원대로 돌아가고 있음을 구체적으로 보여 주는 일이었다. 마약에 취한 채로 평화와 사랑을 말하는 건 몹시 해로운 구호를 외치는 것이었고, 마약과 섹스를 은폐하기 위한 속임수에 불과했다. 섹스와 폭력의 열정을 지난 2000년 동안 적극적으로 단속해 온 기독교의 노력은 이제 역효과를 내는 것 같았다. 이는 분명한 사실이었지만 그렇다고 해서 기독교인들을 덜 완고하게 만드는 것은 아니었다.• 샌프란시스코의 빈 건물을 무단 점유하고 마리화나를 흡입한 히피의 눈으로 볼 때, 기독교의 목사들은 몹시 완고한 사람으로 보였다. 저 짧게 깎은 머리에 얼굴을 붉으락푸르락하면서 사람을 향해 손가락질을 하는 사람의 어디에서 사랑이 느껴진단 말인가? 그해 '사랑의 여름'에는, 문화 전쟁에 갇힌 양쪽의 메울 수 없는 팽팽한 긴장감이 어른거렸다.

그리고 다음 해인 1968년 4월, 마틴 루서 킹이 총에 맞아 죽었다. 시대 전체가 그와 함께 총에 맞아 쓰러진 것처럼 보였다. 진보주의자든 보수주의자든, 흑인 진보주의자든 백인 복음주의자든, 비록 정도의 차이는 있었지만, 그 암살 사건에 의해 일종의 공유된 목적의식을 함께 느꼈다. 킹의 암살 소식이 미국 전역에 알려지자 시카고, 워싱턴, 볼티모어 같은 도시들에서 저항의 불길이 솟아오르기 시작했다. 킹의 암살 전부터 그의 평화주의와 사랑 이야기에 짜증을 냈던 흑인 투사들은 이제 더 맹렬하게 백인 기득권층에게 도전했다. 많은 사람이 공공연하게 기독교를 노예의 종교

• 기독교가 섹스와 폭력을 너무 억압하다 보니 물극필반(物極必反, 사물이 극단으로 나아가면 오히려 정반대 방향으로 되돌아간다)하여 오히려 섹스와 폭력이 더 기승을 부리게 되었는데도 기독교인들은 여전히 완고하게 섹스와 폭력을 단속하려 한다는 뜻.─옮긴이

라고 조롱했다. 마틴 루서 킹의 인종 차별 반대 운동이 이끄는 방향으로 나아가던 다른 운동가들은 인종 차별 못지않게 통탄할 죄악으로 여기는 것들을 바로잡으라고 정부 당국에 요구했다.

혹인들을 차별 대우하는 것이 잘못이라면, 여성이나 동성애자에 대한 차별 대우 또한 잘못이 아니겠는가? 그러나 이런 질문은—킹의 민권 운동과는 다르게—복음주의자들에게 양심의 가책을 안겨 주지도 못했고 또 그들이 고수하는 가치들을 상기시키지도 못했다. 하지만 그것은 그들이 믿는 신앙의 근본을 공격했다. 그들은 이렇게 소리 높여 외쳤다. 여성이 있을 곳은 집이고, 동성애는 혐오스러운 행위라는 믿음은 성경이 오래전에 갈파한 영원히 정통적인 신념이라고. 복음주의자들은 시대의 도덕적 변전變轉으로 점점 갈피를 잡지 못하는 미국인들에게 굳건히 발 디디고 설 수 있는 토대를 약속했다. 하지만 그들이 말하는 대피소는 포위 공격을 당하는 곳이기도 했다. 많은 복음주의자들이 볼 때, 페미니즘과 동성애자 권리 운동은 기독교 자체에 대한 공격이었다. 그렇지만 많은 페미니스트와 게이 운동가들은 정반대로 생각했다. 기독교야말로 독선과 오만의 보루였다. 페미니스트와 게이 운동가들이 맞서 싸우는 부당함, 편견, 박해, 이 모든 것의 옹호자였다. 기독교는 그들에게, 하느님은 동성애자를 증오한다고 말하지 않았는가.

그런데 하느님은 정말로 그들을 증오했는가? 보수주의자들은 그들의 반대자들이 성경의 계명을 위반했다고 고발하면서 2000년 기독교 전통의 배경을 내세웠다. 하지만 자유주의자들도 양성 평등이나 게이의 권리를 주장할 때 역시 기독교 전통의 배경을 내세웠다. 그들의 즉각적인 모델이자 영감은 침례교 목사였다. "본질적인 가치에 등급을 달리하는 눈금은 있을 수 없다." 마틴 루서 킹은 암살되기 1년 전에 이런 글을 썼다.

"모든 인간의 개성에는 창조주의 지워지지 않는 흔적이 새겨져 있다. 모든 사람은 존중되어야 한다. 하느님께서는 모든 사람을 사랑하기 때문이다."[10] 페미니스트들은 거기에 여성도 추가해야 한다고 말할 터였다. 킹의 이러한 말은 기독교 내부의 가부장적 경향을 증명하는 것이지만, 동시에 서방 세계 전역에서 왜 이것이 문제인지를 각성시켰다. 모든 인간이 동일한 존엄성을 갖고 있다는 것은 전혀 자명한 진실이 아니었다. 로마인이라면 그런 얘기를 대놓고 비웃었을 것이다. 하지만 성별이나 성적 취향에 근거를 둔 차별에 저항하는 운동은 공통적인 전제 조건, 즉 모두가 내재적 가치를 지닌다는 양성 평등 사상을 공유하는 다수의 사람들이 도와주어야만 계속 운동을 펼쳐 나갈 수 있었다. 니체가 무척 경멸하며 지적했던 것처럼, 이 양성 평등의 원칙은 프랑스 혁명도, 미국 독립 선언도, 계몽 운동도 아닌 성경에 그 기원을 두고 있었다.

1970년대에 서방 사회를 혼란스럽게 만든 양면적 가치들은 이미 바울의 편지에서 완벽하게 드러나 있었다. 코린토스인들에게 보내는 편지에서 사도는 남자는 여자의 머리라고 선언했고, 갈라티아인들에게 보내는 편지에서는 그리스도 안에선 남자나 여자의 구분이 없다고 자신 있게 말했다. 그는 동성애 관계를 엄중하게 비난했지만, 사랑을 열광적으로 칭송함으로써 이 문제에서 균형을 잡았다. 바리새인으로 자라 모세의 율법을 배운 그는 양심을 가장 우선적인 가치라고 선언했다. 공정한 사회에 대한 지식은 잉크로 종이에 적힌 것이 아니라, 살아 있는 하느님의 성령으로 인간의 마음에 적힌 것이었다. 그것은 석판이 아니라 사람의 마음에 적힌 것이었다. 사랑하고, 그리고 네 뜻[양심]대로 행하라는 것이었다. 그것은 기독교의 전 역사가 아주 선명하게 증명해 왔듯이 혁명의 공식이었다.

"바람은 저 불고 싶은 대로 분다."[11] 이제 시대가 바뀌고 있다. 이것이 그리스도가 가르친 메시지였다. 기독교인들은 거듭하여 자신들이 하느님 성령의 은총을 받았다는 걸 알았다. 그들은 거듭하여 자신들이 성령의 인도로 빛[진리] 속으로 들어갔다는 걸 알았다. 이제 성령은 새로운 형태를 취했다. 성령은 이제 기독교적인 개념이 아니었고, 하나의 바이브 vibe[감정의 울림 혹은 분위기]였다. 그 흐름을 타고 같이 흐르지 않는 것은 역사가 나아가는 방향에서 벗어나는 것이었다. 그것의 원산지인 신학의 굴레에서 벗어난 진보의 개념은 저 멀리 앞서 나가면서 그 뒤에다 기독교를 낙오시켰다. 교회들은 아주 까다로운 선택에 직면했다. 그들은 진보가 앞으로 내달리며 피워 올리는 먼지 속에 주저앉아 무력하게 주먹을 흔들며 분노하거나, 아니면 재빨리 달려 나가 진보와 발맞추려는 절박한 시도를 해야 했다.

여성이 성직자가 되는 것을 허용해야 하는가? 동성애가 소도미로서 비난받아야 하는가, 아니면 사랑으로서 칭송받아야 하는가? 예전부터 내려오는 성욕을 제한하는 기독교의 계획은 유지되어야 하는가, 아니면 완화되어야 하는가? 이런 질문들 중 그 어느 것도 교회는 쉽게 답할 수 없었다. 그런 질문들을 진지하게 받아들인 사람들은 그것들을 두고서 고통스러운 논쟁을 끝없이 벌였다. 그 질문들을 진지하게 여기지 않는 이들에게 그것들은 기독교가 사라지는 중임을 보여 주는 더욱 확실한 증거였다(그런 증거가 필요할지는 잘 모르겠지만). 존 레넌은 옳았다. "그건 사라지고 줄어들 거야. 그건 논쟁할 필요도 없어. 내가 옳고, 내 말이 옳다는 것은 결국 증명될 거야."[12]

하지만 무신론자들도 그들 나름대로 여러 도전에 직면했다. 전통과 진보의 경쟁하는 요구에 적응하려고 애쓰는 사람이 기독교인만은 아니었다. 매카트니와의 작곡 파트너 관계를 포기한 이후 레넌은 그런 해방을 기념하며 노래를 작곡했다. 그 노래는 자신이 더는 믿지 않는 우상偶像들로 비틀스와 함께 예수를 열거했다. 이어 1971년 10월에 그는 새로운 싱글 〈이매진Imagine〉을 선보였다. 이 노래는 세계 평화를 위한 레넌의 처방이었다. 그는 하늘에는 천국이 없고, 우리 아래에 지옥이 없다는 걸 상상해 보라고 노래했다. 하지만 가사는 하나부터 열까지 종교적이었다. 더 나은 세상과 인류애를 꿈꾸는 건 레넌이 살았던 지역의 존경받는 전통이었다. 비틀스의 전성기 내내 그의 고향이었던 세인트조지스 힐은 300년 전 디거들이 땅을 파며 노동하던 곳이었다. 하지만 레넌은 윈스탠리를 모방하기보다 롤스로이스 승용차와 수영장을 갖춘, 외부인 출입 제한 주택지에 숨어 살았다. "그들은 그 많은 돈으로 무엇을 하고 살지?"**13** 한 목사는 1966년에 그런 의문을 품었다. 최근 사들인 72에이커짜리 버크셔 대저택을 롤스로이스로 미끄러지듯 달려가는 레넌의 모습이 담긴 〈이매진〉의 비디오는 그 대답을 제공했다.

그 노래는 보편적 평화를 주장하는 것 못지않게 위선이 가득했다. 레넌은 노골적인 무신론자였지만 그가 주장하는 사랑은 기독교적 골수에서 나왔음이 너무나 분명했다. 하지만 훌륭한 목사는 신도들을 늘 자기 주위에 불러 모은다. 거대한 대저택에 앉아서 아무것도 소유하지 말라고 노래하는 레넌의 모습은 분명 위선적이었지만, 그렇다고 해서 그 일이 팬들을 떨어져 나가게 하지도 않았다. 니체가 그런 위선에 화를 내며 무덤에서 돌아눕는 동안에, 〈이매진〉은 무신론의 찬가가 되었다. 10년 뒤 레넌이 정신 이상자 팬의 총에 맞아 죽었을 때, 그는 20세기의 가장 위대한 작곡 파트너 관계를 이룬 두 사람 중 한 명으로서가 아니라 순교자로서 애도되었다.

모든 사람이 그렇게 확신한 건 아니었다. "죽은 뒤로 그는 마틴 루서 레넌이 되었죠."[14] 폴 매카트니는 레넌을 아주 잘 알았으므로 성인으로 오해할 사람은 아니었다. 하지만 매카트니의 농담은 마틴 루서 킹에게 바치는 찬사였다. 킹은 칠흑 같은 밤중에 하나의 빛으로 날아간 사람이었다. "삶에서 가장 끊임없이 계속되는 긴급한 질문은 '다른 사람을 위해 무슨 일을 했는가?'입니다."[15] 매카트니는 "좋고 좋은 것"(기독교)을 모두 다 내던졌음에도 불구하고, 이러한 호소(남에 대한 배려)의 매력을 모르지는 않았다. 1985년 에티오피아의 파괴적 기근을 해결하는 데 도움을 줄, 세상에서 가장 큰 규모의 콘서트에 참가해 달라는 요청을 받았을 때 그는 선뜻 동의했다. 런던과 형제애의 도시 필라델피아에서 동시에 진행된 '라이브 에이드Live Aid'는 수십억 명에게 방송되었다. 각종 그룹 섹스를 하고 난쟁이들 머리 위에 받힌 쟁반 위의 코카인을 코로 흡입하며 시간을 보낸 음악가들이 굶주린 사람들을 돕기 위해 공연에 나섰다. 런던에 밤이 내리자 웸블리 스타디움의 공연은 절정에 이르렀고, 조명은 피아노 앞에 앉은 매카트니를 비췄다. 그가 부른 노래는 〈렛 잇 비Let It Be〉였는데, 비틀스가 함께 활동할 때 선보인 마지막 싱글이었다. "곤란할 때 어머니 메리께서 내게 오셨지." 메리는 누구인가? 매카트니가 스스로 주장했던 대로 그의 어머니였을 수도 있다. 하지만 레넌이 희미하게 추측했던 것처럼 많은 가톨릭 신자들은 '어머니 메리'를 성모 마리아라고 생각했다. 진실이 무엇이든, 그날 밤 아무도 그의 목소리를 들을 수 없었다. 그의 마이크는 꺼져 있었다.

그것은 시대의 역설과 완벽하게 어울리는 퍼포먼스였다.

자유를 향한 장거리 행군

'라이브 에이드'를 하기 일곱 달 전에 준비 위원들은 슈퍼 그룹인 '밴드 에이드Band Aid'를 구성하고자 영국과 아일랜드의 많은 거물 공연자를 모았다. 〈두 데이 노우 잇츠 크리스마스Do They Know It's Christmas?(저 사람들은 지금이 크리스마스라는 걸 알까?)〉는 자선 목적을 위해 단 한 번 출시한 음반으로, 기근 구제를 할 수 있는 엄청난 돈을 모았고, 결국 영국 차트 역사에서 가장 잘 팔린 싱글이 되었다.● 온갖 역설, 온갖 복장 도착, 녹음 스튜디오로 밀반입된 코카인 봉지에도 불구하고 이 계획은 기독교의 과거 전통에서 태어난 것이었다. 에티오피아 사람들이 엄청나게 고통받고 있다는 걸 보도한 BBC 특파원은 자신이 목격한 장면을 "성경에서 본" 것 같다고 묘사했다. 이에 자극을 받아 행동에 나선 밴드 에이드의 준비 위원들은 그 궁극적인 영감이 바울과 바실리우스에게까지 소급되는 행동 방침을 수립했다.

필요한 사람들에게 자선이 제공되는 것, 이국의 낯선 이들이 이웃보다 더 형제자매 같다는 것은 언제나 기독교적 메시지의 밑바탕에 깔린 원칙이었다. 먼 곳에서 발생한 참사, 즉 기근, 지진, 홍수로 피해를 본 사람들에 대한 걱정은 한때 기독교 세계였던 곳에서 지나칠 정도로 강했다. 그곳에 국제 원조 단체들이 과도하게 집중된 것은 우연이 아니었다. 밴드 에이드가, 아프리카인들이 지금 크리스마스 때인지 아느냐고 질문을 던진 최초의 단체는 아니었다. 19세기에 똑같은 우려가 복음주의자들을 크게 압박했다. 선교사들은 인적미답의 정글에서 나무를 베고 길을 내면서

● 1997년에 엘튼 존이 웨일스 공주 다이애나를 추모하는 〈캔들 인 더 윈드〉가 기록을 경신하기 전까지.

앞으로 나아갔고, 노예 무역에 반대하는 운동을 전개했으며, 암흑의 대륙에 그리스도의 빛을 가져오는 데 전력을 기울였다. "널리 퍼지는 자선은 기독교 그 자체다. 기독교는 그 진정성을 입증하는 영구적 전파를 필요로 한다."[16] 그것이 바로 당대에 가장 유명한 탐험가 데이비드 리빙스턴의 행동 강령이었다. 선한 일을 하려는 포부의 측면에서 보자면, 밴드 에이드는 분명 리빙스턴의 계승자였다.

하지만 그들의 싱글을 홍보한 방법은 이런 식이 아니었다. 1980년대에 이르러 백인이 아프리카인들에게 명령하는 듯한 인상을 풍기면 무슨 일이 되었든 곤란해졌다. 아랍의 노예 무역에 대항하는 운동을 벌인 리빙스턴 같은 선교사는 매우 영웅적인 사람이었지만, 그런 사람에 대한 존경조차 빛이 바랬다. 리빙스턴은 아프리카 대륙의 지도를 작성하면서 그것이 아프리카인들의 이익을 대변할 것이라고 생각했다. 하지만 그런 기대와는 전혀 다르게 그 일은 오히려 백인이 아프리카 내륙을 정복하고 착취하는 길을 터주었다. 1873년 그가 말라리아로 사망하고 10년이 흐른 뒤, 영국 모험가들은 아프리카의 심장부로 더 깊숙이 들어갔다. 다른 유럽 열강도 그와 비슷한 아프리카 쟁탈전에 착수했다. 프랑스는 아프리카 북부 대부분을, 벨기에는 콩고를, 독일은 나미비아를 병합했다.

1차 세계 대전이 발발하던 때에 아프리카 대륙의 거의 모든 지역이 외세의 통치를 받고 있었다. 에티오피아인들만 간신히 독립을 유지했다. 아프리카인들을 개종시키려는 일을 힘들게 이어 간 선교사들은 유럽 열강의 잔혹한 식민지 수탈로 인해 선교에 크나큰 방해를 받았다. 아프리카인들은 억압된 자와 가난한 자를 돌본다는 하느님의 이야기를 도무지 믿을 수가 없었다. 그런 하느님을 믿는다는 백인들이 흑인들의 땅을 강탈하고 다이아몬드, 상아, 고무를 빼앗아 가는데 어떻게 그런 배려와 사랑 얘기를 믿으라는 말인가? 선교사들은 그리스도가 인류를 위해 십자가에서 자신을 희생했다고 설교했지만, 식민지 사회에서 열등한 위치로 전락한 흑인들은 그런 얘기를 아주 고약하고 씁쓸한 조롱으로 생각했다. 1950년대가 되자 아프리카의 제국주의 물결은 과거에 밀물처럼 밀려들어 왔던 것과 마찬가지로 퇴조하는 썰물처럼 빠르게 물러갔다. 이제 기독교도 그와 마찬가지로 후퇴할 운명이라고 생각되었다. 교회는 굶주린 흰개미들 앞에서 바스러지고, 성경은 흰곰팡이가 핀 펄프로 녹아 버릴 것으로 예상되었다. 하지만 식민 국가들이 마침내 물러갔어도 그런 일들은 전혀 벌어지지 않았다.

밴드 에이드가 영국 차트의 꼭대기로 밀어올린 노래의 가사처럼, 아프리카인들은 지금이 크리스마스인 걸 알았을까? 그들 전부가 알고 있는 것은 아니었을지 모른다. 그들 중 많은 사람이 이교도였고, 더 많은 사람이 무슬림이었다. 하지만 1984년이 되자 아프리카 대륙 인구 중 약 2억 5000만 명이 기독교인이 되었다. 1900년에는 다 합해도 간신히 1000만 명 정도였는데 말이다. 기독교 신자의 성장률은 식민 통치가 끝나면서 크게 떨어지기는커녕 오히려 폭증했다. 중세 초기 기독교 세계의 팽창 이후 이와 비슷한 교세 신장은 그 어디에서도 찾아볼 수 없었다. 그때나 지금이나 기독교는 제국주의적 질서*의 속박을 멋지게 내던졌다. 심지어 20세기 초 유럽 여러 제국의 국력이 무적인 것처럼 보였을 때에도 아프리카인들은 외세 통치로부터의 구원 약속을 성경에서 찾아냈다. 아일랜드 은둔자들과 앵글로색슨 선교사들이 한때 주장했던 것처럼, 천국에서 나오는 권위가 그들의 마음속에 스며들어 현세의 왕을 질책하는 용기를 갖게 했다.

---

* 로마제국과 유럽 열강의 제국주의. — 옮긴이

그리하여 아프리카의 원주민 목사들은 거듭하여 식민지 관리들과 대립했다. 몇몇은 무장봉기를 이끌다가 사형을 당했다. 일부는 천사의 명령에 순응하여 아프리카 주민들의 마을에 들어가 그들의 우상을 불태웠다. 다른 몇몇은 질병에 걸린 사람들을 치료하고 죽은 사람을 살려 내는 소생술을 실시하다가 신경질적인 경찰서장에게 걸려 수갑이 채워져 투옥되기도 했다. 많은 백인 선교사들이 볼 때, 어둠의 힘과 터무니없는 성령 이야기를 하는 이런 예언자들은 야만 그 자체로 보였다. 그들은 원초적 미신으로 기독교의 순수함을 오염시키는 히스테리 환자들이었다. 하지만 이런 신경질적인 반응은 기독교 신앙에다 다른 겉옷을 입히는 것을 상상하지 못하는 유럽인들의 초조한 태도였을 뿐이다. 아프리카 기독교 신자들은 선조들의 이교도 관습과 조화를 이루려 하지 않았고, 반대로 외국 선교사들보다 더 그 관습을 두려워했다. 오래전에 보니파키우스가 그랬던 것처럼, 흑인 기독교 신자들은 그런 관습에서 악마 숭배를 보았기 때문이다. 유럽 열강의 식민 통치가 끝나고 몇십 년이 지난 뒤, 아프리카 전역의 성직자들은 유럽인들이 여전히 흑인들에게 갖는 우월 의식을 못마땅하게 여겼다. "유럽이 우리에게 해준 일에 감사하고, 그들이 우리를 걱정하고 염려하는 것도 고마운 일입니다." 1977년 잠비아 루사카의 가톨릭 대주교 에마누엘 밀링고는 말했다. "하지만 우리는 이렇게 생각합니다. 우리에게 할머니 격인 유럽은 이젠 우리를 걱정하기보다는 구시대에서 비롯된 유럽 문제를 훨씬 더 걱정해야 한다고요."[17]

밀링고는 악령이 실제로 존재한다고 생각했고 또 하느님의 은총으로 사람들을 괴롭히는 악령을 그들의 몸에서 쫓아낼 수 있다고 확신했다. 그는 1970년대 내내 잠비아 전역에서 구마 의식驅魔儀式을 눈부시게 거행하는 놀라운 재주를 보여 주었다. 1982년에 그런 의식을 영 수상하게 여긴 교황청이 그를 로마로 불러들였고, 그는 이탈리아에서도 아프리카에서 한 것에 못지않은 성공적인 치유 사역을 보여 주었다. 유럽의 교회 지도자들이 귀신 들린 자들이 실제로 존재한다는 것을 부정하는 건 그들의 문제였지, 밀링고의 문제가 아니었다. 어쨌든 악마가 불러일으킨 병을 제거하는 건 죄가 아니었다. 밀링고는 그리스도가 여러 차례 수행했던 치유의 기적을 자신이 했다고 하여 사과해야 할 필요를 느끼지 않았다. 오히려 유럽의 주교들이 영적으로 너무나 삭막해져서 성경에서 드러난 기적과 이적을 거부할 뿐이라고 비판했다.

아프리카인이라고 해서 기독교의 심오한 메시지를 읽어 내는 데 장애가 되지는 않았다. 오히려 흑인은 긍정적인 이점을 갖고 있었다. "하느님께서 나를 아프리카인으로 창조하신 게 과연 실수인지는 아직 분명하게 밝혀지지 않았다."[18] 이런 도전적 태도는 다음과 같은 의미를 내포했다. 아프리카는 그리스도의 빛을 맞이한 일과 관련하여 백인 선교사들에게 빚진 게 전혀 없으며, 오히려 흑인들이 적극적으로 그리스도의 빛을 받아들였다. 에티오피아인들이 크리스마스를 들어 본 적이 없을 거라는 생각은 실수라기보다 정말로 황당무계한 헛소리였다. 구약성경의 〈시편〉에서도 에티오피아가 하느님의 뜻을 따를 것이라고 예언했고, 실제로 그 예언대로 되었다.[19] 기독교는 콘스탄티누스 대제 시대 이래로 에티오피아의 국교였다. 지난 1700년 동안 에티오피아는 기독교 국가였다. 어떤 유럽 왕국이 그 정도로 오래된 기독교의 역사를 주장할 수 있는가?

그러니 에티오피아인들은 크리스마스가 무엇인지 당연히 알고 있었다. 그들의 기독교는 오랫동안 아프리카 대륙 전역에서 귀감이 되었다. 대륙의 맨 끝에 있는 남아프리카에서는 다른 어느 곳보다도 더 유익하고 귀중하게 여겨진 귀감이었다. 1892년 한 흑인 성직자는 백인 기독교인들이 자신과 동료 아프리카인들을 위압적으로 대하는 태도에 분개하여 '이반들라 라세티요피야Ibandla laseTiyopiya'라는 이름의 에티오피아 교회를 설립했다. 그로부터 90년의 세월이 흐른 뒤에야 남아프리카를 신성한 땅으로 보려는 인식이 널리 퍼져 나갔다. 이제 남아프리카 교회들은 에티오피아만을 비교 대상으로 삼지 않았다. 새로운 예루살렘들이 나라 전역의 여기저기에서 설립되는 중이었다. 두 번째 모리아산이 트란스발의 북부 지역에 우뚝 서 있었다. 성령의 숨결은 케이프타운에서 줄루란드에 이르기까지 널리 느껴졌다. 유럽인들이 남아프리카에 세운 교회들에서도 흑인 기독교 신자들은 흑인들이 하느님과 맺는 독특한 관계를 기쁜 마음으로 받아들였다. "그것은 기존의 오만하고 암묵적인 전제 조건이 거짓임을 보여 주었다. 유럽인들은 아프리카의 종교와 역사는 백인들이 아프리카 대륙에 출현한 이후부터 시작되었다는 전제를 내걸었으나 그것은 사실이 아니었다."[20]

하지만 데즈먼드 투투는 그러한 유럽인들의 오류를 지적하긴 했어도 자신이 세계적인 영적 교감의 일부분이라는 사실을 의심하지 않았다. 그는 성공회 주교로서 16세기 잉글랜드 국왕이 수립한 교회에 속해 있었다. 투투는 타고난 쇼맨으로, 캔터베리의 전통과 소웨토의 전통을 기꺼이 혼용했다. 1986년에 흑인으로서는 최초로 케이프타운 대주교로 선출되었을 때, 그는 예수 그리스도 안에서 흑인과 백인의 구분은 없다는 걸 보여 주는 살아 있는 상징이 되었다. 하지만 그것은 신학적 선언으로 그치지 않았다. 남아프리카에서 하느님의 목적에 관한 질문들은 시끄럽고 폭발적인 정치적 문제가 되었다. 남아프리카라는 나라를 새로운 이스라엘로 본 건 흑인들만이 아니었다. 많은 백인들 역시 그런 관점을 갖고 있었다. 17세기에 희망봉에 정착했던, 아프리카너Afrikaners로 알려지게 될 네덜란드 칼뱅주의자들은 자신들을 식민지 주민이 아니라, 선택받은 사람으로서 약속된 땅에 건너왔다고 생각했다. 이스라엘 사람들이 원주민 이교도에게서 가나안 땅을 빼앗은 것처럼, 아프리카너들도 자신의 조국을 개척하고자 "알몸 흑인 무리들"[21]의 분노에 맞서서 싸웠다.

그들은 대영제국에 편입되었지만, 그렇다고 해서 하느님과의 약속에 매인 민족이라는 그들의 자각은 조금도 약해지지 않았다. 1948년에 아프리카너 보수주의자들이 지배하는 정부가 집권하자 이러한 신념은 정치적 프로그램 전체에 확고히 자리 잡았다. 그리하여 아파르트헤이트apartheid 정책, 즉 분리 정책이 공식화되었다. 인종 분리는 온 나라를 지배하는 원칙이 되었다. 집을 사든 사랑에 빠지든, 교육을 받든 공원에 앉을 벤치를 선택하든, 남아프리카에서 정부가 규제하지 않는 생활의 양상은 거의 없었다. 백인의 통치는 하느님의 목적을 드러내는 일로서 소중하게 여겨졌다. 아프리카너 성직자들은 특정 민족은 다른 민족보다 구원될 가능성이 더 크다는, 칼뱅의 잘못된 교리를 준수했다. 그리하여 아파르트헤이트 지지자들은 그런 분리 정책을 하나부터 열까지 기독교적인 것으로 여겼다. 그런 지지자들에게 그 정책은 인종 차별이 아닌 사랑의 표현이었다. 남아프리카의 다른 인종들에게 신으로 나아가는 데 필요한 모든 "분리된 발전"을 제공하려는 것이었다. 아파르트헤이트를 유지하는 건 감옥도 총도 헬리콥터도 경찰견도 아니었다. 그것은 신학으로 유지되었다.

"전적으로 비기독교적이고 사악하며 이단이다."[22] 아파르트헤이트에 대한 이런 비난은 투투가 제안하여 성공회에 의해 수용되었지만, 남아프리카 정부 지지자들은 쓸데없는 헛소리라며 그런 비난을 일축했다. 하지만 그 말은 불길한 전조 이상의 의미가 있었다. 그것은 여리고의 성벽을 무너뜨린 것과 같은 나팔 소리였다. 아파르트헤이트가 신학적 구조물로 지어진 것이라면, 해체되어야 할 때에도 사악한 신학적 구조물이라는 관점에서 해체되어야 했다. 불의한 체제는 하느님의 옥좌 앞에서 비난받아야 마땅했다. "그것은 정당한 통치권이 아니라 국민에게서 빼앗아 간 권력이다."[23] 칼뱅 자신이 불의한 체제에 대하여 이렇게 정의했다. 남아프리카의 흑인과 백인 성직자들은 아프리카너들이 가장 숭배하는 신학자 칼뱅을 인용하며 그의 글에서는 인종 분리의 근거를 뒷받침하는 대목이 없고 오히려 그 반대라며 적절하면서도 꼼꼼하게 세부 사항을 들어 증명했다. 그리하여 이 엄중하고 단호한 비난은 무장한 반란군이 정부에 가한 일격만큼이나 아파르트헤이트 체제엔 심대한 타격으로 다가왔다.

넬슨 만델라는 그 교훈을 무척 잘 이해했다. 그는 모든 남아프리카 혁명가 중에서 가장 유명하고 무서운 사람이었다. 그는 1964년에 사보타주로 유죄 판결을 받은 이후 육중한 철창 속에 계속 갇혀 있었다. 감옥에 있을 때 그는 축축한 콘크리트 위에서 잠을 잤고, 고된 노동을 했으며, 강제 노동을 하던 곳인 채석장의 환한 빛 때문에 시력에 영구적 손상을 입었다. 하지만 그는 오랜 세월 투옥된 동안에 용서가 모든 전술 중에 가장 건설적이고 효율적이고 파괴적인 무기라는 것을 깨달았다.

신중하지만 헌신적인 믿음을 지닌 감리교 신자인 만델라는 감옥에서 성경을 읽을 시간이 충분히 있었고, 그리스도의 가르침을 깊이 생각했다. "'네 이웃을 사랑해야 한다. 그리고 네 원수는 미워해야 한다'라고 이르신 말씀을 너희는 들었다. 그러나 나는 너희에게 말한다. 너희는 원수를 사랑하여라. 그리고 너희를 박해하는 자들을 위하여 기도하여라. 그래야 너희가 하늘에 계신 너희 아버지의 자녀가 될 수 있다."[24] 1989년이 되자 하느님의 계획이라고 믿었던 아파르트헤이트에 대한 아프리카너들의 확신이 무너졌고, 새로운 대통령인 F. W. 데클레르크는 하느님의 목적이 무엇인지 알아내려고 필사적으로 노력했다. 만델라는 오랜 세월 깊이 생각해 온 바에 따라 행동할 준비를 했다. 1990년 2월 11일에 마침내 자유의 몸이 된 그는 쓰라림과 증오에서 해방될 것이라는 결심을 하고 세상으로 돌아왔다. 자신을 27년 동안 감옥에 가두고 국민을 오랜 세월에 걸쳐 탄압한 자들을 만난 만델라는, 용서의 구제하는 힘을 믿었기에 분노와 증오에서 해방된 사람답게 행동했다.

그리하며 아파르트헤이트는 종식되었고 만델라는 1994년에 남아프리카에서 선출된 첫 흑인 대통령이 되었다. 만델라의 당선은 기독교 역사의 위대한 드라마 중 하나였다. 그것은 복음의 메아리가 강하게 울려 퍼지는 드라마였다. 그 주인공들은 자신이 말해야 할 대사를 오랫동안 잘 알고 있었다. 그런 주인공들이 없었다면 그 드라마는 성공할 수 없었을 것이다. "잘못했다는 고백을 들었을 때, 부당한 취급을 받던 사람들은 반드시 '우리는 당신을 용서합니다'라고 해야 합니다."[25] 데클레르크는 투투가 이런 말을 하게 된 배경을 잘 알았다. 만약 몰랐다면 데클레르크는 백인들의 운명을 남아프리카 흑인의 즉각적인 용서에 내맡기지 못했을 것이다. 아프리카너들이 자신들을 선택받은 사람으로 여긴 믿음은 장기적으로 보았을 때 그들의 권력을 무너뜨리는 생각이었다. 백인들이 지닌 우월감이 그들 자신의 패배를 가져오는 이러한 패턴은 익숙한 것이었다. 테노치티틀란의 수로水路를 따라 밀고 나아가든, 매사추세츠만의 하구河口 지역에 정착하든, 트란스발 안쪽의 삼림 지역으로 깊숙이 이동하든, 유럽인들은 자신들이 대체하려는 자들보다 더 우월하다는 확신을 거듭하여 품었고, 그런 사상의 배경은 기독교였다. 유럽인들의 이런 오만함에 항거하는 투쟁에서, 식민지의 노예화된 원주민들에게 강력한 후원의 힘을 안겨 준 것 역시 기독교였다.

이러한 역설은 참으로 심오했다. 자신들의 제국을 건설하려는 정복자들은 식민지 관리의 명령에 따라 죽을 때까지 고문당한 사람•의 제자로서 그런 정복에 나섰다. 정복자들은 다른 민족의 신들을 경멸하면서 몰아냈고 그 자리에 권력의 상징[기독교]을 수립했는데, 그 상징은 너무나 이중적인 뜻을 가지고 있어서 오히려 권력의 개념을 아리송하게 만들었다. 자신들에게 특별한 하느님을 정복 지역에 전파하려고 한 정복자들은 오히려 그 종교가 보편적 의미를 갖고 있음을 온 세상에 널리 알렸다.

대통령에 취임하기 한 달 전 만델라는 트란스발로 여행하여 그곳에서 신성한 도시 모리아를 찾아 부활절을 축하했다. 그는 그리스도에게 경의를 표하면서 그분은 온 세상을 위해 돌아가신 구세주라고 말했다. "부활절은 인류 결속의 축제입니다. 이날이 복음의 달성을 기념하기 때문입니다! 그 복음은 하나의 인종을 선택하지 않았고, 하나의 국가를 선택하지 않았고, 하나의 언어를 선택하지 않았고, 하나의 부족을 선택하지 않았습니다. 그 대신에 온 인류를 선택한 구세주께서 내려 주신 좋은 소식입니다!"[26]

하지만 얄궂게도 만델라가 부활절을 온 세상을 위한 축제로 칭송하는 순간에도 기독교 세계의 오랜 중심지에 있는 엘리트들은 그러한 언어 사용에 더 신경질적으로 반응했다. 이렇게 반응하는 것은 그들이 기독교 가치의 보편성을 믿지 않아서가 아니었다. 오히려 정반대였다. 아파르트헤이트의 붕괴는 훨씬 더 격동적인 지진의 여진에 불과했다. 1989년 데클레르크가 만델라를 자유롭게 풀어 주겠다고 결심한 순간에 소련 제국이 붕괴했다. 그 결과, 2차 세계 대전 이후 소비에트가 수립한 동독은 자본

• 빌라도의 명령에 의해 십자가에서 처형된 그리스도. — 옮긴이

주의를 지향하는 서독에 흡수 통합되었다. 소련은 소멸했다. 역사의 저울 위로 올라간 공산주의는 함량 미달이라는 판정을 받았다. 독실한 칼뱅주의자인 데클레르크가 볼 때, 이 모든 일은 하느님이 분명 세상만사에 영향을 미치고 있다는 증거였다.

그러나 미국과 유럽의 정책 입안자들은 그렇게 생각하지 않았다. 그들은 다른 교훈을 도출했다. 마르크스가 예언한 지상낙원은 오히려 지옥에 가까웠다. 이러한 사실은 진보의 진정한 실현은 공산주의가 아닌 다른 곳에서 찾아야 할 것이라는 생각을 더욱 강조했다. 공산주의가 패배하자 서양의 많은 사람들은 궁극적이고 더는 개선할 수 없는 정부 형태를 이루는 정치적·사회적 질서는 자신들의 것이라고 생각하게 되었다. 세속주의, 자유민주주의, 인권의 개념, 이것들은 온 세계가 받아들이기에 적합한 사상이었다. 계몽 운동의 유산은 모든 사람의 것이었다. 그것은 모든 인류의 소유물이었다. 서양은 그것이 서양의 것이어서 소개한 것이 아니라 보편적이어서 널리 알린 것이다. 이제 전 세계는 그 결실을 누릴 수 있었다. 그것은 힌두교, 유교, 이슬람교의 것이 아니듯 기독교의 것도 아니었다. 아시아인이나 유럽인의 구분도 없었다. 인류는 하나가 되어 공동의 길을 따라 출발했다.

마침내 역사의 종말이 도래했다.

야만의 관리

"왜 그들은 우리를 증오할까요?"

미국 대통령은 양원 합동 회의에서 연설하는 도중 이런 질문을 던졌다.

그는 미국 전역의 국민들이 그 연설을 듣고 있는 걸 알았다. 9일 전인 9월 11일 알카에다라는 이슬람교 조직이 뉴욕과 워싱턴의 목표물에 아주 충격적인 공격을 연달아 감행했다. 비행기가 납치되어 세계무역센터, 미국 국방부 건물과 충돌했다. 수천 명이 죽었다. 조지 W. 부시는 자신이 던진 질문에 스스로 답하면서 테러리스트들의 동기는 의심의 여지가 없다고 했다. 그들은 미국의 자유를 증오했다. 미국의 종교 자유, 언론 자유를 증오한다는 것이다. 이런 자유를 미국만이 독점한 건 아니었다. 오히려 그런 자유는 보편적 권리였다. 그것은 기독교인, 아프가니스탄인, 미국인에게 그런 것처럼 이슬람교도에게도 대대로 전해지는 세습 재산이었다. 이로써 이슬람 세계 전역에서 무슬림들이 부시와 미국을 증오하는 현상이 오해에 바탕을 둔 것임을 분명하게 알 수 있다. "대다수 미국인처럼 나는 우리가 얼마나 훌륭한지 알고 있기에 이 상황을 믿을 수가 없습니다."[27]

미국의 가치가 각 나라의 종교나 문화와 상관없이 온 세상 사람들에게 공유되는 보편적인 것이라면 이슬람교 역시 그것을 공유해야 마땅했다. 부시는 미국을 공격한 테러리스트들에 대해 판단을 내리면서 비행기를 납치한 점뿐만 아니라 이슬람 자체를 납치한 것도 비난했다. "우리는 신앙을 존중합니다. 우리는 그런 신앙의 전통을 존중합니다. 하지만 우리의 적은 그렇지 않습니다."[28] 미국 대통령은 미국의 전쟁 기관들에게 알카에다에 끔찍한 복수를 가하라고 지시하는 순간에도 자신이 헌신적으로 믿은 자유가 서양 못지않게 이슬람 세계에도 필요하다고 보았다. 부시 대통령은 그런 정신에 입각하여 연설을 했던 것이다. 처음엔 아프가니스탄에서, 나중에는 이라크에서 지독한 폭정이 타도되었다. 2003년 4월, 바그다드에 상륙한 미군은 실각한 독재자의 전신상을 끌어당겨 땅에다 쓰러뜨렸다. 미군은 감사하는 사람들이 과자와 꽃을 가져오는 걸 기다리는 중에도 이라크에 자유를 전달할 순간을 기다렸다. 그것은 1년 전에 부시가 이슬람 세계 전체에 온전히 가져다주겠다고 약속한 자유였다. "사람의 공통된 권리와 욕구에 관한 문제라면, 거기에는 문명의 충돌이 있을 수 없다."[29]

하지만 이라크 거리에선 과자나 꽃이 전혀 보이지 않았다. 그 대신에 미군은 박격포 공격, 차량 폭탄, 사제 폭발물 따위로 환영을 받았다. 이라크는 무정부 상태에 빠져들기 시작했다. 이라크 침공에 대해 소리 높여 항의하며 반대했던 유럽 국가들은 이라크에 이런 폭동 사태가 일어나자 그것 보라며 노골적으로 고소하게 여겼다. 심지어 9·11 테러 이전에도 많은 이가 "미국이 좋지 못한 일을 당할"[30] 것이라고 예상했다. 2003년이 되자 미군이 두 이슬람 국가를 점령했고, 아프가니스탄과 이라크가 적나라한 제국주의의 피해자가 됐다는 비난이 점점 더 드세졌다. 미국 대통령이 자유에 관해 논한 훌륭한 이야기가 연막이 아니면 무엇이란 말인가? 그 연막이 무엇을 숨기든 간에 가능성은 여러 가지였다. 석유, 지정학, 이스라엘의 이해관계 등이 그런 가능성의 후보였다. 하지만 부시는 현실적이고 거래에 밝긴 했지만, 단지 손익 계산만을 문제로 삼은 것은 아니었다. 그는 자신의 진정한 영감을 숨길 생각을 전혀 하지 않았다. 대통령 후보일 때 좋아하는 사상가가 누구냐는 질문을 받고 그는 주저 없이 대답했다. "그리스도죠. 그분이 제 마음을 바꿨으니까요."[31]

그런 모습은 틀림없이 복음주의적 태도였다. 부시는 인권이 보편적 권리라는 개념이라고 아주 진지하게 생각했다. 노예 무역을 폐지하려고 싸웠던 복음주의자들이 그랬듯이, 그는 자신의 가치―성령에 의해 마음속으로 확인된 것―가 온 세상에 적합한 가치라는 걸 당연하게 여겼다. 영국 해군이 노예제에 맞서서 활발하게 해방 운동을 벌이던 시절에 영국 외무 장관들이 오스만 제국을 개종하려고 하지 않았던 것처럼, 부시도 이라크에 기독교를 전파할 의도는 아니었다. 그 대신 그의 포부는 무슬림의 가치들 중에 미국과 공통되는 것들을 그들에게 일깨워 주는 것이었다. "대다수 사람들이 실천하는 이슬람교는 평화로운 종교이며, 다른 사람들을 존중하는 종교다."[32] 부시는 자신의 종교를 설명해 달라는 요청을 받았더라면 이와 비슷한 말을 했을 것이다. 그러니 그보다 더 대단한 찬사를 무슬림들에게 해줄 수 있었겠는가?

하지만 이라크인들은 이슬람교가 미국의 가치와 유사하다는 사실에 마음을 열지 않았다. 그들의 나라는 계속 불탔다. 부시의 비판자들이 볼 때, 악에 대항하는 전쟁이라는 미국 대통령의 설명은 기괴할 정도로 잘못 적용된 것으로 보였다. 누군가 악을 저지르면 세계 최고의 군사 대국 지도자는 자신의 뜻에 따라 엄청난 자원을 동원하여 무력한 자들에게 죽음과 아수라장의 처벌을 가할 수 있었다. 2004년만 하더라도 이라크에 진출한 미군은 혼인 잔치에 폭탄을 떨어뜨리고, 도시 전체를 깨부수고, 고문당하는 죄수들의 사진을 찍는 등 다양한 만행을 저질렀다. 많은 이들이 볼 때 폭력은 늘 서양의 본질인 것 같았다. "유럽의 안녕과 진보는 흑인, 아랍인, 인디언, 아시아인의 땀과 시체로 구축되었다."[33] 프랑스령 서인도 제도 출신의 정신과 의사 프란츠 파농은 그런 말을 남겼다.

파농은 1954년에 프랑스에 대항하여 일어난 알제리 혁명에 가담했고, 식민지 개척자에게 대항하여 식민지 원주민을 각성시키는 데 평생 헌신했다. 평화와 화해 이야기에 짜증이 난 반란자들에게 파농의 주장—구속으로부터 진정으로 구원되는 것은 무장봉기를 통해 성취될 수 있다—은 마틴 루서 킹의 평화주의가 독약이라고 생각하는 사람들에게 상쾌한 해독제였다. 하지만 파농의 메시지가 식민지 주민들에게만 영향을 미친 것은 아니었다. 자신을 진보의 선봉으로 여기는 많은 서양인이 파농을 예언자라고 생각했다. "그것은 적나라한 폭력이며, 더 큰 폭력과 정면으로 마주쳤을 때에만 굴복한다."³⁴ 파농의 이러한 제국주의 분석은 부시를 대놓고 비판하는 자들이 볼 때 굉장한 선견지명이고 명석한 분석이었다. 이라크 점령은 서양 잔혹사에서 또 하나의 유혈 낭자한 챕터였다. 미국 점령군을 상대로 차량 폭탄 공격을 감행하거나 미국인을 납치하는 건 자유를 위한 싸움이었다. 무장 저항 없이 어떻게 제국주의의 족쇄가 떨어져 나가고 세상의 비참한 자들이 자유로워진단 말인가? 이를 인식하는 건, 2004년 가을에 영국의 운동 단체인 '전쟁 저지 연합Stop the War Coalition'이 말한 것처럼 "목적 달성을 위해 필요하다고 생각하는 모든 수단에 의지하여 이라크인들이 펼치는 분투의 타당성"³⁵을 인정하는 것이었다.

하지만 이런 수사修辭를 어둠 속에 감추는 건 익숙한 아이러니였다. 무슨 근거로 제국들을 악이라고 추정하는가? 모든 나라 중에서도 이라크에선 아주 오래된 제국주의의 증거가 사방에 널려 있었다. 페르시아인, 로마인, 아랍인, 터키인 모두가 그들의 지배 권리를 당연하게 여겼다. 서양의 식민주의적 모험을 즉각 비난하는 반전 운동가들의 사상적 근거는 식민화된 나라의 유산이 아니라 식민지를 개척한 나라의 유산에서 나왔다. 이것은 파농 자신의 경력에서 아주 명백하게 드러났다. 비록 그는 마르티니크에서 태어나고 자랐지만, 교육은 완벽하게 프랑스어로 받았다. 세상을 정화하고, 억압을 제거하고, 가난한 자를 일으키고, 부자를 넘어뜨리는 수단으로서 테러를 생각한 그의 비전은 로베스피에르의 사상과 완벽한 한 쌍을 이루었다. 하지만 드물게 지적 솔직함을 내보인 파농은 이런 혁명적 전통의 궁극적 원천도 잘 알고 있었다. 볼테르의 이름이 붙어 있는 도서관에서 학창 시절을 보낸 파농은 종교를 경멸했지만 그래도 가톨릭 신자로 자랐다. 그는 성경을 읽었다. 파농은 '탈식민지화decolonization' 라는 것이 무슨 의미인지 설명하면서 예수의 말에 기댔다. "그것을 정확히 묘사하고자 한다면 그 정의는 잘 알려진 말로 요약될 수 있다. '꼴찌가 첫째 될 것이다.'"[36]

이라크에서 일어난 폭동을 파농처럼 탈식민지화 운동으로 생각하는 것은, 부시가 착용한 것과 거의 비슷한 기독교식 안경을 통해 무슬림 세상을 바라보는 것과 같았다. 미국인들과 싸우는 반란자들은 제국 자체를 반대한 것이 아니라, 단지 비非무슬림 제국들만 반대했다. 기독교인들과 마찬가지로 무슬림들은 세상의 종말에 대한 꿈이 있었다. 하지만 이라크의 인간 도살장에서, 그 꿈은 사회적 혁명보다는 세계 정복의 판타지를 만들어 내는 경향이 있었다. 세상이 한때 세계 정복을 추구했다면 앞으로도 다시 그럴 것이다. 미국인들을 대상으로 한 싸움은, 과거 이슬람이 흥기하던 초창기 몇 세기 동안에 로마인과 십자군을 상대로 한 싸움을 거울로 비춘 것이었고, 또한 앞으로 다가올 것의 예표豫表이기도 했다. "알라의 허락으로 이라크에서 일어난 불꽃과 그것의 열기는 계속 강해질 것이다. 다비크에서 십자군을 전부 태워 죽일 때까지."[37] 아부 무사브 알자르카위라는 반란자가 표명한 이 자랑스러운 예언은 전쟁 저지 연합이 알자르카위와 그의 준군사 조직 동료들을 지지한다고 발표하기 2주 전에 나왔는데, 가슴속에 소중하게 품어 온 동경, 즉 온 세계가 이슬람에 복종하게 될 것이라는 동경을 뚜렷이 보여 준다. 다비크는 시리아의 작은 도시인데, 무함마드가 했다는 말에 따르면 기독교 군대가 최종적으로 패배를 당하여 전멸하게 될 곳이다. 그 이후 이슬람 제국은 온 세상으로 그 판도를 넓힐 것이다. 종말의 날이 다가올 것이고 신의 계획은 마침내 실현될 것이다.

알자르카위는 꿈속에서, 하늘에서 칼이 자기에게 내려왔다고 주장했다. 하지만 현실은 그보다 훨씬 추악했다. 폭력배에다 강간범인 그는 알카에다조차 비난하는 섬뜩한 잔혹 행위에 대한 취향이 있었다. 하지만 그가 행하는 대포 공격과 참수에는 독특한 방법이 있었다. 그는 거의 문맹이었지만 모든 이슬람교 급진주의자 중에서도 가장 영향력 있다고 하는 스승에게서 만만찮은 교육을 받았다. 1994년에 요르단에서 테러 범죄를 계획하다 체포된 알자르카위는 아부 무함마드 알마크디시라는 팔레스타인 학자와 나란히 재판을 받았다. 5년 동안 징역을 살면서 그는 알마크디시에게서 이슬람이 직면한 위기에 관해 교육을 받았다. 무슬림들은 완벽하고 영원한 법률을 알라에게서 선물로 받았음에도 인간이 만든 법률에 현혹되어 복종했다. 알마크디시는 이슬람교도가 기독교인처럼 되었다고 경고했다. 기독교인들은 "신 대신에"[38] 법률 제정자들을 주인으로 섬기는 이단자였다. 이슬람 세계의 정부들은 순나와 직접적으로 모순되는 구조를 받아들였다. 그보다 더 좋지 못한 건 중립을 주장하면서도 실은 무슬림들에게 생경한 법률을 억지로 떠안기는 국제 조직에 무슬림 정부들이 가입했다는 것이다. 그런 조직 중에 가장 위협적인 건 국제 연합이었다. 2차 세계 대전의 여파로 설립된 유엔의 대표들은 세계 인권 선언을 선포했다. 하지만 무슬림이 된다는 건 인간에게 아무런 권리가 없다는 걸 아는 것이었다. 이슬람교에는 자연법이 없다. 오로지 알라가 승인한 법만 있을 뿐이다. 무슬림 국가들은 유엔에 가입함으로써 쿠란이나 순나에서 온 것이 아닌, 기독교 국가들에서 고안한 법률이 부과한 여러 책무를 지켜야 했다. 그런 책무는 남녀평등, 이슬람교도와 비이슬람교도 사이의 평등, 노예제 금지, 공격적인 전쟁 금지 등이 있었다. 알마크디시는 이런 교리들은 이슬람교에는 없는 것들이라고 잘라 말했다. 그런 것들을 받아들이는 건 변절자가 되는 것이었다. 1999년에 출소한 알자르카위는 알마크디시의 경고를 잊지 않았다. 2003년에 이라크에서 운동을 개시하면서 그는 공격하기 좋으면서도 효과적인 대상을 공격했다. 8월 19일에 이라크의 유엔 본부에서 차량 폭탄이 터졌다. 유엔의 특별 대표가 사무실에서 압사했다. 다른 스물두 명 역시 숨졌다. 100명이 넘는 사람이 불구가 되고 다쳤다. 곧 유엔은 이라크에서 철수했다.

"우리의 전쟁은 종교를 대상으로 한 것도 아니고 무슬림 신앙을 대상으로 한 것도 아닙니다."[39] 부시 대통령이 이라크를 침공하기 전에 했던, 안심시키는 말을 알자르카위는 조금도 믿지 않았다. 대다수 서양인이 말하는 이슬람과 알마크디시 같은 학자들이 뜻하는 이슬람은 전혀 달랐다. 부시가 본 서양의 가치들과 공존 가능한 이슬람의 가치는 알마크디시가 볼 때 빠르게 전이되는 암이나 마찬가지였다. 노예제 폐지에 동의한 첫 무슬림 통치자들이 나타나고 이후 한 세기 반의 세월이 흘러가는 동안에 이슬람교는 그 어느 때보다도 프로테스탄트의 특징을 갖추게 되었다. 성령이 율법의 글자를 능가한다는 교리를 전 세계 무슬림들이 널리 받아들인 것이다. 무슬림 개혁가들은 이에 반대하고 나섰다. 이슬람 율법에 깊이 새겨진 관습이라 할지라도 유엔이 불쾌하게 여기는 관습이면 전혀 이슬람교답지 않다고 매도되었다는 것이다. 알마크디시가 볼 때, 이슬람 정부들이 남녀평등, 혹은 이슬람교와 다른 종교 간의 평등을 인정하는 입법을 하는 것은 그야말로 끔찍한 신성 모독이었다. 세상의 미래가 위태로웠다. 알라의 마지막 계시, 즉 인류가 천벌로부터 구원을 받을 수 있는 마지막 기회가 직접적으로 위협받고 있었다. 이에 대한 유일한 대책은 쿠란으로 돌아가는 것뿐이었다. 다시 말해 최초의 이슬람교도, 즉 '선조(살라프)'에게 알려진 순수한 계시를 가로막는 지난 몇 세기 동안의 장애물을 이슬람에서 모조리 제거하는 것이었다. 이제 필요한 건 철저한 '개혁'이었다.

수니파 이슬람 운동가들은 이슬람교에서 외세의 영향을 씻어 내려고 하면서도 그 영향이 이미 무슬림 세계 안에 들어와 있음을 증명할 수밖에 없었다. 무슬림 학자 케시아 알리는 이렇게 말했다. "현대 이슬람교에는 프로테스탄트의 전통이 충만하다."[40] 지난 천 년 동안 이슬람교도는 학자들이 합의한 쿠란과 순나의 뜻을 정도正道로 여기고 거기서 가르침을 받는 걸 당연하게 여겼다. 그 결과 오랜 세월 동안 엄청난 해설과 해석의 뭉치가 축적되었다. 수니파 이슬람 운동가들은 원래의 이슬람교 형태를 복원하고자 하는 야심을 품고 프로테스탄트의 외장外裝들을 제거하기로 했다. 폭탄과 칼로 무장하여, 이라크인들에게 도살자들의 지도자라고 알려진 알자르카위는 이런 목적을 달성하기 위해 아주 이례적으로 흉포한 짓을 저지르기 시작했다. 그가 무슬림 세계에서 널리 매도당했음에도 불구하고 일부 인사는 그의 본보기를 존경했다. 미군은 2006년에 제트기로 그를 폭사시켰지만, 히드라를 죽이진 못했다. 2011년, 대부분 진정된 것처럼 보이는 이라크의 표면 아래에서 히드라는 숨어서 똬리를 틀고 때를 기다렸다.

기회는 같은 해에 찾아왔다. 시리아를 오랫동안 철권 통치하던 독재자의 권력이 느슨해지기 시작하자 시리아는 내부적으로 붕괴의 조짐을 보였다. 알자르카위의 후예들은 기회를 잡았다. 2014년이 되자 그들은 시리아의 대부분과 이라크 북부의 광범위한 땅에 걸친 제국을 지배하기에 이르렀다. 잔혹하고도 치밀하게, 그들은 그 나라에서 외세의 영향을 받은 모든 흔적을 지우려 했고, 이질적인 법률을 모두 제거한 나라로 바꾸고자 했다. 그것이 바로 이슬람국가IS, Islamic State다. 중요한 건 바로 살라프의 선례였다. 알자르카위의 제자들이 이교도 신들의 조각상을 박살낼 때 그들은 무함마드의 선례를 따른 셈이었다. 그들이 자신을 가리켜 장차 세계 제국이 될 나라의 특공대라고 선언했을 때, 그들은 과거 비잔틴 제국 황제 헤라클리우스를 초라하게 만든 무슬림 전사들의 선례를 따르는 중이었다. 적의 전투원들을 참수하고 지즈야를 다시 도입하고 패배한 상대의 여자들을 노예로 삼을 때, 그들은 영화를 누린 최초의 무슬림들과 똑같은 행동을 하는 것이었다.

　오염되지 않은 미래로 나아가는 유일한 길은 훼손되지 않은 과거로 돌아가는 길이었다. 포함砲艦을 앞세우고, 인류에 대한 범죄 운운하며 무슬림 세계로 흘러든 복음주의자들을 싹 쓸어 내야 했다. 중요한 건 오로지 쿠란뿐이었다. 하지만 이슬람국가가 문자 그대로 아랍 제국의 사라진 영광을 소생시키고자 하는 모습은 정확히 그들을 비정통적인 존재로 만들었다. 항상 이슬람 문명의 특징을 이루었던 아름다움, 절묘함, 세련됨 등을 IS는 전혀 갖추고 있지 않았다. 그들이 숭배하는 알라는 이슬람 철학자와 시인이 숭배하는 한없이 자비롭고 동정적인 알라가 아니라, 인간을 마구 죽이는 도살자였다. 흉포한 짓을 뒷받침하기 위해 그들이 내세우는 자유는 이슬람 학문의 아주 소중한 유산이 아니라 근본주의라는 조악한 전통에서 나왔고, 그것은 본질적으로 프로테스탄트적인 것이었다.• IS는 무슬림의 전통을 표방했지만, 동시에 뮌스터의 재침례파의 후예이기도 했다. 뮌스터는 개신교의 전체 역사에서 가장 섬뜩한 아이러니이기도 했다.

　IS도 니체처럼 서양 문명의 경건한 행위들—고통받는 자들을 향한 배

• 예수의 가르침 이외에 그 나머지 것들. 가령 교황청의 교령 따위는 모두 필요 없다고 주장한 프로테스탄트들과 닮았다는 뜻.—옮긴이

려, 인권의 중요성 역설―에서 역겨운 힘의 원천을 보았다. 사드처럼 그들은 자발적이고 노골적이며 가차 없는 잔혹함이 서양 문명에 대한 가장 확실한 공격이라는 걸 알았다. 기독교에서 십자가형을 다시 가져와야 했다. 쿠란에서 십자가형은 로마 황제들의 통치기에 그랬듯이 적극적으로 활용되었다. 그 형벌은 정당하게 승인된 처벌의 상징이었다. "알라와 그의 메신저〔무함마드〕에게 대항하여 전쟁을 벌이는 자들과 세상에 타락을 조장하려고 애쓰는 자들에게 가해질 처벌은 죽음을 당하거나 십자가형을 당하는 것이다."[41] IS가 심판하는 곳은 어디든 거칠게 만든 십자가들이 들어설 것이다. 범죄자들과 이교도들은 십자가에 묶일 것이다. 새들은 십자가의 가로대 위에 모여들 것이다. 시체는 따가운 햇볕 속에서 썩어갈 것이다. 하지만 몇몇 죄수는 더 공개적인 처벌을 받아야 했다.

2014년 8월 19일, 인터넷에 한 영상이 등장했다. 그 영상에서 미국 저널리스트 제임스 폴리는, 가면을 쓰고 온통 검은 옷을 입고 칼을 든 남자 앞에 무릎을 꿇고 있었다. 영국 영어 억양으로 말하던 그 사형 집행인은 미국이 저지른 죄를 규탄하더니 이어 카메라를 끄고 폴리의 목을 쳤다. 이어지는 몇 주 동안 인터넷에 비슷한 살인 영상들이 올라왔다. 그다음 해에 모하메드 엠와지라는 이름의 런던 사람으로 밝혀진 이 사형 집행인은 IS에 구류된 불운한 사람들에게 '존'으로 알려졌다. 엠와지처럼 가면을 쓰고 영국 영어 억양으로 말하던 그의 동료 보초 세 사람은 별명이 '폴' '조지' '링고'였다. 그들 모두를 합치면 '비틀스'가 되었다.

폴리 살해가 벌어지고 며칠 만에 당시 무명이었던 엠와지는 전 세계 주요 뉴스에서 '지하디 존Jihadi John'으로 보도되었다. 그것은 효과적인 별명이었다. 폴리의 죽음을 알리는 보도 기사에서 폴리가 성장하면서 믿은 종교는 가톨릭이었다는 사실, 인질로 잡힌 기간 동안 폴리가 기도를 통해

"우주의 어마어마한 거리를 뛰어넘어"[42] 어머니와 소통하고 있다고 느꼈다는 사실 등은 거의 언급되지 않았다. 하지만 그런 소통은 '어머니 메리가 내게 온 것이었다Mother Mary comes to me'. 외부 세계에서 볼 때, 폴리의 운명에 가해진 신성 모독은 주님—기독교인들이 공개리에 굴욕적인 죽음을 당했다고 믿는 분—에게 가해진 것이 아니었다. 오히려 그보다 좀 더 추상적인 어떤 것을 욕보이는 것이었다. 구체적으로 말하면, 사람에게 필요한 것은 사랑뿐이며 평화를 다시 한 번 시도해야 한다는 생각에 대하여 엿 먹으라며 내지르는 신성 모독이었다. "그것은 헛소리입니다. 정말 마음에 들지 않습니다. 거기서 그들이 하는 짓은 비틀스가 옹호하는 모든 것을 위반하는 겁니다."[43] 화가 난 링고 스타는 그렇게 항의했다. 그와 이름이 같은 테러리스트도 동의했다. 체포된 뒤에 벌어진 인터뷰에서 '링고'는 비틀스를 따라 별명이 붙은 것을 어떻게 생각하는지 묻는 질문에 칙칙하고 단조로운 목소리로 대답했다. "나는 음악을 듣지 않아. 그러니록 밴드 이야기는 하지 않는 게 좋겠어." 하지만 잠시 정적이 흐른 뒤 그는 불쑥 눈썹을 찌푸리며 참새같이 재빠르게 잠시 마이크 쪽으로 시선을 돌렸다. 그러고는 이렇게 말했다. "존 레넌도 그게 별로 마음에 들지 않았을 거야."[44]

그리고 그것은 언제나 문제의 핵심이었다.●

● 사랑이 가장 중요한 문제인데 과거나 지금이나 그 사랑을 믿는 사람과 믿지 않는 사람들 사이의 갈등은 현재 진행형이라는 뜻.—옮긴이

21장

각성

2015년, 로스토크

"정치는 때로 어렵죠." 학교 체육관에 모인 10대 소년에게 연설하던 앙겔라 메르켈은 자신이 말하려는 게 무엇인지 잘 알고 있었다. 공산주의 통치 아래서 자란 그녀는 유럽에서 가장 크고 중요한 경제 규모를 가진 통일독일의 총리직에 올랐다. 총리로 지낸 10년 동안, 그녀는 대가 없는 결정은 좀처럼 없다는 걸 알게 되었다. 이제 텔레비전 생중계에서 그녀는 자신이 마주 보고 있는 열네 살 소녀에게 자신의 정책 중 하나가 어떤 의미인지 발견했다. 림 사월은 난민 수용소에서 태어난 팔레스타인 소녀로 뇌성마비를 치료하고자 독일로 왔다. 독일어에 능통하고 학급에서도 가장 우수한 그 소녀는 훌륭한 이민자의 사례였다. 그렇다면 왜 소녀와 그 가족이 국외 추방에 직면하게 되었을까? 눈에 띄게 불편한 모습으로 메르켈은 그 일을 설명하고자 했다.

"레바논에 있는 팔레스타인 난민 수용소에 무수히 많은 난민이 있다는 걸 알 거야. 우리가 그 사람들에게 전부 오라고 하고, 아프리카에서도 오라고 하고, 어디에서든 모두 오라고 한다면, 우리는 감당할 수가 없단다."

사회자를 돌아보며 메르켈은 더 자세히 설명하고자 했다. 하지만 말을 하는 도중에 멈추었다. 사월이 울기 시작했기 때문이다. 메르켈은 다가가 소녀를 어색하게 어루만지며 머리를 쓰다듬었다. "힘들 거라는 거 잘 알아." 사월은 눈을 깜빡이며 눈물을 참으면서 어떻게든 미소를 지으려고 애썼다. 메르켈은 소녀의 어깨에 손을 올리고는 최대한 위로하고자 했다. "너는 다른 많은 이들이 처한 상황을 아주 잘 설명하고 있구나."[1]

메르켈 총리가 이해하는바, 정치에서 최고의 자리에 머무르는 핵심은 저항이 가장 적은 길로 나아가는 것이었다. 이주자를 향한 적개심은 아주 오래된 감정이었다. 문명이 시작된 이래로 통치자들은 벽을 세워 왔다. 외양과 말이 다른 사람들에 대한 폭력은 역사 내내 지속되었다. 몇십 년 전 로스토크는 난민을 대상으로 한 이틀간의 폭동으로 크게 동요되었다. 그 당시인 1992년만 해도 도시의 거리에 다른 대륙의 사람들이 보이는 건 흔치 않은 일이었다. 유럽은 문화적 동질성이 이례적일 정도로 오래 유지된 문명이었다. 수세기 동안 가끔 유대인의 공동체가 있는 예외적 상황만 제외한다면 거의 모두가 기독교인이었다. 오토 1세가 헝가리인들을 상대로 거둔 승리는 외부 사람들이 기독교 세계의 심장부에 들어오는 것을 막아 낸 결정적 전환점이 되었다. 유라시아의 다른 어느 곳도 말을 탄 궁수들을 저지시키는 데 그곳만큼 안전한 곳도 없었다. 만약 그들을 막아 내지 못했더라면 말을 탄 궁수들이 중세의 전장을 지배했을 것이다. 그 후 기독교 문명이 기독교를 믿지 않는 외부 세력으로부터 심각한 침략 위협을 받은 것은 오스만튀르크 시절의 일이다. 오스만 제국은 이슬람 군대를 출동시켜 두 번이나 빈의 성문 앞까지 진출했다. 하지만 그것조차 그들이 후퇴하면서 별문제 없이 지나갔다. 유럽의 함대가 저 먼 대양을 차츰 휩쓸고, 그들의 깃발이 저 먼 식민지에서 펄럭이고, 유럽 이민자들이 온 세상에 정착하자 유럽인들은 자기 대륙의 견고함을 당연하게 여기게 되었다. 대량 이주는 비유럽인의 땅에 진출한 유럽인들이 벌이는 일이었고, 그 반대는 있을 수 없었다.

하지만 2차 세계 대전이 종료된 이후 상황은 바뀌었다. 더 높은 생활 수준에 매료된 비유럽 국가들에서 온 많은 이민자가 서부 유럽에 정착하기 시작했다. 몇십 년 동안 독일 이민의 속도와 규모는 세심하게 통제되었다. 하지만 이제 그런 통제가 무너질 것처럼 보였다. 눈물을 흘리는 10대 소녀에게 관련 사실을 설명하는 메르켈은 자신이 말하는 그 순간에도 독일의 국경 너머에서 그런 위기가 커지고 있다는 점을 아주 잘 알고 있었다. 그해 여름에만 이슬람 국가들에서 온 무수한 이주민과 난민이 발칸 반도를 통해 이동하는 중이었다. 이 광경은 무척 원초적인 두려움을 불러일으켰다. 헝가리에선 새로운 오스만 침공이라는 이야기도 나돌았다. 이슬람 군대에 정복된 적이 단 한 번도 없는 서부 유럽에서조차 불안감을 느끼는 사람이 많았다. 그들은 동양의 모든 사람이 기다란 행렬을 이루며 다가올지 모른다는 생각에 두려움을 느꼈다.

"평야는 진군하는 무리로 캄캄했으며, 어둠 속에서 크게 뜬 채로 퍼져 있는 눈들은 마치 자라나는 역겨운 곰팡이 같았다. 포위된 도시 주위에는 온통 검거나 칙칙하게 붉은 막사들이 거대하게 늘어서 있었다."[2] 1946년에 톨킨은 악의 왕 사우론의 군대가 서부의 자유로운 땅을 보호하는 요새 미나스 티리스를 포위하는 장면을 그렇게 묘사했다. 《반지의 제왕》의 절정은 명백히 955년의 중대한 역사적 사건을 연상시켰다. 그것은 오토 대제가 승리를 거둔 아우크스부르크 공격과 레흐 전투다. 소설 속에서 현명하고 전투에 노련한 학자는 초자연적 힘에 의해 자신의 임무를 축성祝聖받았으며, 구멍 뚫린 도시의 성문에 서서 적의 진격을 막으려 애쓴다. 쇠사슬 갑옷을 입은 기병대는 전장에서 승부를 겨루고자 도착했고, 이제 승리를 거의 손아귀에 넣은 것처럼 보였다. 성스러운 무기로 무장한 왕은 비어 있는 왕좌가 자신의 것이라고 주장했다. 2003년에 영화화된 《반지의 제왕》은 레흐 전투가 뭔지 모르는 수백만 관객에게 악의 왕국 모르도르의 으르렁거리는 무리를 상대로 정의의 왕 아라곤이 승리하는 모습을 보여 주었다. 이런 식으로 21세기에 들어와 윤을 내고 다시 포장된, 헝가리인들에게 맞서서 기독교 왕국을 지켜 낸 오토 1세의 모습은 여전히 굉장한 매력을 발산한다.

하지만 그 유산은 2014년 여름에 수많은 역설로 빛을 잃어버렸다. 과거 오토 1세가 했던 역할은 독일 총리 대신 헝가리 총리가 맡았다. 빅토르 오르반은 최근까지 스스로 자신이 무신론자라고 시인했다. 하지만 그렇다고 해서 세례도 받지 않은 이주민들이 헝가리 사회에 통합될 수 있으리라고는 믿지 않았다(오토 1세도 그러했을 것이다). "이건 중요한 문제입니다. 유럽과 유럽 문화는 기독교에 뿌리를 두고 있습니다." 그해 9월, 그는 경찰에 지시하여 기차에서 난민들을 내려오게 하고 헝가리 남쪽 국경을 따라 울타리를 치라고 조치했다. 그는 유럽의 영혼이 위험에 처했다고 경고했다. 이주민 위기를 면밀히 추적했던 메르켈도 동일한 결론을 내렸다. 하지만 그녀의 반응은 오르반의 그것과는 정반대였다. 연립 여당의 장관들은 독일 국경을 폐쇄하라고 압력을 넣었지만 메르켈은 거부했다. 시리아인, 아프가니스탄인, 이라크인의 엄청난 무리들이 바이에른으로 건너오기 시작했다. 곧 하루에 1만 명 가까운 난민이 쏟아져 들어왔다. 철도

역에 모인 군중은 그들을 응원했다. 축구 팬들은 난민들을 환영한다는 플래카드를 경기장에 내걸기도 했다. 독일 총리는 이렇게 선언했다. "이런 장면들은 독일인이 조국을 자랑스럽게 생각하도록 만드는 광경입니다."[3]

메르켈은 오르반에 못지않게 자국自國 역사의 그늘 속에 서 있었다. 그녀는 조국이 이방인에게 삼켜지는 게 아닐까 하는 두려움이 어떤 결과를 가져오는지 잘 알았다. 이전 세대들은 좀 더 순진했다. 톨킨이 중세 초기의 역사적 사건들을 가져와 《반지의 제왕》의 줄거리를 엮어 나갈 때, 헝가리인이나 사라센인을 모르도르의 괴물 같은 악의 세력과 동일시했던 건 절대 아니었다. 당시는 아직 이민자의 시대에서 멀리 떨어져 있었으므로 톨킨은 독자들이 그런 식으로 동일시하지 않을 것이라고 추측했다. 톨킨은 고대든 현대든 민족 전체를 악마로 묘사할 의도는 티끌만큼도 없었다. "나는 그런 식으로 생각하는 것은 전혀 좋아하지 않는다."[4] 악의 왕인 사우론의 군대는 동쪽에서 온 존재로, 1차 세계 대전 당시에 톨킨이 서부 전선에서 직접 목격했던 살육의 힘을 보여 주었다. 지옥의 그림자는 국경을 구분하지 않았다. 악의 힘은 전 세계 어디에서나 보편적으로 맹위를 떨쳤다.

하지만 이미 톨킨이 미나스 티리스 포위 공격 부분을 집필하는 동안에도, 유럽에서 악마[히틀러]의 오랜 통치는 거의 끝나 가는 중이었다. 1946년에 뉘른베르크에서 열린 재판은 나치 지도부의 생존자들 중 가장 중요한 자들을 심판했다. 아우슈비츠 해방 이후 1년이 지난 뒤 공식 기록들이 세상에 보도되어 나치가 저지른 악랄한 범죄의 전체적인 규모가 분명하게 알려졌다. 과거를 소급하여 퍼지는 건부병乾膚病처럼 나치 범죄의 공포는 독일 역사의 전체적인 구조를 오염시켰다. 기독교를 혐오하던 하인리히 힘러도 과거 기독교 황제들의 전쟁 솜씨는 존경했는데, 오토 1세의 아버지를 게르만 민족의 영웅적 자질을 보여 주는 최고의 본보기로 숭배했다. 은밀한 소문에 따르면 힘러는 자신을 색슨족 왕의 환생이라고 생각했다. 힘러의 신비주의 성향을 은근히 경멸하긴 했지만, 총통 자신도 '성스러운 창the Holy Lance'에 집착했다. 십자가 꼴의 이 성물은 나치즘의 상징으로 탈바꿈했다. 히틀러가 자살하고 70년이 지난 뒤에도 독일은 여전히 그가 저지른 범죄를 속죄하는 데 온 힘을 다하고 있다. 나라의 역사적 배경이 그러하기 때문에, 앙겔라 메르켈이 이민자의 유입을 새로운 레흐 전투로 여기면서 오토 1세처럼 적극 맞서서 싸울 전망은 전혀 없었다. 유럽 국경들을 휘감은 고통의 밀물이 몰려오는 상황에서 진정 유일한 기독교적인 행동은 무엇일까. 그것은 유럽이 기독교 세계의 대륙이라는 오래된 생각을 버리고 지상의 비참한 자들에게 문을 열어 주는 것이었다.

교회 초창기부터 그리스도의 제자들은 그리스도가 내린 계명, 즉 세상으로 나아가 모든 피조물에게 좋은 소식[복음]을 전하는 것과, 착한 사마리아인의 우화를 전하는 것 사이에서 늘 긴장을 느꼈다. 메르켈은 이 모든 것에 익숙했다. 그녀의 아버지는 목사였고, 어머니도 그에 못지않게 독실한 기독교 신자였다. 그녀가 어린 시절에 살았던 집은 림 사월 같은 장애인들이 머무르는 쉼터였다. "이웃을 너 자신만큼 사랑하라. 이웃이라 하면 독일인만을 의미하는 게 아니다. 하느님께선 모두를 사랑하신다. 그게 매일 듣는 말이었습니다."5

2000년 동안 기독교인은 이런 가르침을 실행에 옮기고자 최선을 다했다. 메르켈은 난민을 중동 전쟁의 피해자로 규정함으로써 16세기 전 니사의 성 그레고리우스가 했던 일과 같은 일을 하는 중이었다. 자선을 베풀어라. 그레고리우스는 신자들에게 그렇게 말했다. 짐승 같은 비참한 삶을 사는 난민들의 광경을 보고 자선을 베풀지 않는다면 기독교도가 아니었다. "그들의 지붕은 하늘이다. 포르티코,• 골목, 사람들이 떠나 버린 도시의 구석이 그들의 대피처다."⁶ 하지만 메르켈은 국경 개방을 정당화하려고 할 때—개방은 예상과는 180도 다른 극적인 입장 변화였는데—그 일을 기독교적 자선의 표현으로 내세우기를 거부했다. 눈물을 흘리는 소녀에게 독일은 절대 전 세계를 상대로 착한 사마리아인 역할을 할 수 없다고 한 지 6주가 지난 뒤, 메르켈은 자신의 위치에서 누구나 그렇게 했을 법한 일을 했을 뿐이라고 말했다. 그것은 그녀의 신앙과는 무관한 일이었다. 모든 문화 차이와 모든 종교 차이를 뛰어넘는 도덕이 분명 존재했다. 메르켈은 무슬림의 유럽 유입이 대륙의 기독교적 특성을 되돌릴 수 없이 바꿔 놓을 위험이 있다는 오르반의 주장에 맞서서 이런 논리를 내놓았다. 본질적인 면에서 이슬람교는 기독교와 거의 다를 게 없다. 두 종교는 자유롭고 세속적인 국가의 경계 안에서 똑같이 적응하는 능력을 지녔다. 독일 총리는 다른 주장을 내세우는 소속 여당의 의원들을 질타하면서 이슬람이 독일 사회와 공존할 수 있다고 주장했다.

하지만 이런 입장은 겉보기처럼 오르반의 입장과 정반대되는 건 아니었다. "인종이 뒤섞이고 이슬람화된 새로운 유럽"⁷에 대한 헝가리 총리의 불안 속에는 무슬림들이 기꺼이 세례를 받아들이면 대륙의 기독교적 질서 내에 자리 잡게 될지도 모른다는 전제가 내포되었다. 결국 이것은 그의 민족 역사가 가르친 교훈이었다. 레흐 전투에서 몇 세대가 지난 뒤 헝가리 왕은 교황에게서 '성스러운 창'의 복제품을 선물로 받았다. 난민들에게 부여되는 거주 비자는 그 창처럼 거룩한 것은 아니었다. 적어도 메르켈이 볼 때, 그런 성스러운 창은 전혀 아니었다. 600만 명의 유대인을 말살

• 대형 건물 입구에 기둥을 받쳐 만든 현관 지붕.—옮긴이

한 기억이 여전히 생생한 국가의 지도자로서 그녀는 당연히 유럽의 정체성은 이러이러해야 한다고 규범적으로 비치는 것을 원하지 않았다.

그럼에도 불구하고 역사를 피해 가지는 못했다. 독일은 사회가 어떻게 하면 가장 잘 조직될 수 있는가 하는 전제 조건과 관련하여 매우 뚜렷하게 기독교적인 국가로 남았다. 19세기에 유대인들이 프로이센의 시민권을 획득했던 것처럼, 독일 사회에 통합되길 바라는 무슬림들은 뚜렷이 기독교적인 개념인 '종교'를 실천하는 사람이 되는 것 말고 다른 선택이 없었다. 전통적으로 무슬림들에게 단순히 순종의 행위를 뜻했던 이슬람교는 뭔가 굉장히 다른 것으로 주조되고 변형되고 바뀌어야 했다. 물론 이것은 2015년에 시작된 과정은 아니었다. 유럽 식민주의의 전성기 이래로 150년 동안 그런 과정은 계속 가속도가 붙었다. 그 과정은 다음과 같은 전제 조건을 수용한 무슬림들의 숫자로 가늠해 볼 수 있었다.

- 인간이 만든 법률은 신이 만든 법률을 능가한다.
- 무함마드의 사명은 정치적이기보다는 종교적이다.
- 이슬람교와 그 종교를 믿는 사람들의 관계는 본질적인 측면에서 개인적인 관계다.

메르켈은 이슬람이 기독교처럼 독일 사회와 공존할 수 있다고 주장했으나 겉으로만 공평한 것처럼 보일 뿐 실제로는 그렇지 않았다. 어떤 종교에 대하여 세속적인 사회와 공존할 수 있다고 말하는 건 분명 중립적인 태도는 아니었다. 세속주의는 오르반의 가시철망 못지않게 기독교적 역사의 영향력으로부터 나온 것이다.

세속주의 주창자들의 소망처럼 세속주의가 그 기능을 발휘하려면, 그 점이 절대 시인되어서는 안 되었다. 세계적인 헤게모니를 발휘하는 동안 서양은 비기독교인들에게 기독교적 개념을 재포장하는 기술에 능숙해졌다. 그 기원이 중세 유럽의 교회 법학자들에게서 유래했다는 사실을 계속 숨길 수 있다면, 인권은 훨씬 쉽게 받아들여질 수 있는 신조였다. "인권 개념은 무척 오래되고 폭넓게 수용되었다"[8]라고 유엔의 기관들이 주장하는 건, 서양인들이 서양의 관할권을 넘어 세계의 관할권을 주장하려는 필수적 전제 조건이었다. 똑같은 방식으로, 세속주의는 그것의 근원을 숨기는 작전에 의지하여 그 기능을 발휘했다.

만약 유대인, 이슬람교도, 힌두교 신자들이 세속주의를 연결고리로 하여 다른 신앙을 가진 사람들과 연결 관계를 맺을 수 있다고 생각한다면, 그것은 세속주의의 본질을 잘못 이해한 것이다. 왜냐하면 세속주의는 기독교적 맥락 밖에서는 거의 의미가 없는 개념이기 때문이다. 유럽에서 세속주의자들은 아주 오랫동안 세속화되어 그 개념이 어디에서 나왔는지 그 궁극적인 기원을 잊어버리기 쉬웠다. 세속주의의 전제에 가담하는 건 필연적으로 조금 더 기독교적이 되는 일이었다. 메르켈이 독일에 온 무슬림들을 환영한 행위는 종교의 이해에서 전혀 중립적이라고 할 수 없는 대륙에 정착하도록 초대하는 것이었다. 그 대륙은 교회와 국가의 분할이라는 사상〔세속주의〕을 무슬림들에게 고스란히 적용하고자 했다.•

세속주의자들은 기독교의 신화에 맞서서 오랫동안 싸워 왔다. 프랑스의 풍자 주간지인《샤를리 에브도》는 기독교의 신화를 "하느님이 우주의 건축가라는 신화, 성모 마리아의 처녀성에 관한 신화, 그리스도의 부활에 관한 신화"[9] 등으로 요약했다. 그리하여 세속주의자들은 세속주의 역

• 유대인, 이슬람교도, 힌두교 신자들은 기독교처럼 성과 속을 구분하지 않는다. 또 신이 인간 사회에 직접 개입한다고 생각하며 인간이 만든 법률이 신이 만든 법률보다 우위에 있다는 것을 믿지 않는다. 따라서 이러한 기독교적 세속주의를 이주해 온 무슬림에게 일방적으로 적용하려 든다면 문제를 일으킬 수밖에 없다는 뜻.—옮긴이

시 신화에 토대를 두고 있다는 사실을 곧잘 잊어버렸다. 프랑스에서—혹은 유럽의 어떤 곳에서든—세속주의의 기원을 언급하는 이야기는 세속주의의 역사와 상충되는 것들이었다. 라이시테[세속주의]의 열렬한 지지자들은 교회와 국가의 분리보다는 종교와 종교적 신화의 분리를 더 소중하게 여겼다. 《샤를리 에브도》는 스스로를 "즐거운 라이크Laïc[세속인]이자 무신론자"[10]로 자랑스럽게 규정했다. 이 잡지는 교황들과 성직자들을 외설스럽게 풍자하면서 지난 200년 이상 동안 교권 반대주의anti-clericalism[반성직-권력주의]의 프랑스식 모델을 흉내 냈다.

하지만 그 뿌리는 프랑스 혁명 시절보다 훨씬 이전으로 소급된다. 《샤를리 에브도》의 만화가들이 그리스도, 성모 마리아, 성인들을 조롱하는 그 외설스러운 표현은 볼테르에게서는 거의 찾아볼 수 없는 것이다. 그 만화가들은 훨씬 더 난폭한 우상 파괴자 세대의 진정한 후예였다. 종교 개혁의 초창기에 홍청거리는 자들은 우상들 훼손한 일을 즐거워하며 의기양양해했다. 성모 마리아상을 마녀라고 하면서 강에 처박고, 당나귀의 귀를 프란체스코 성인의 상에 꽂고, 십자가상을 들고 사창가, 목욕탕, 선술집으로 가두 행진을 벌였다. 미신을 짓밟는 건 빛[진리]의 권리를 주장하는 것이었다. 계몽되었다는 것은 신의 사람, 즉 라이쿠스laicus로서의 지위를 주장하는 것이었다. 《샤를리 에브도》의 저널리스트들은 두 배로 라이크였다. 그들이 따르는 전통, 즉 풍자, 신성 모독, 훼손의 전통은 기독교 역사의 거부가 아니라 기독교의 본질이었다. 가톨릭 신자는 500년 동안 거듭하여 그런 세속의 비난에 대항하여 신앙을 검증받아야 했다. 이젠 이슬람교도의 차례였다. 2011년에 무함마드를 그린 카툰이 《샤를리 에브도》의 표지에 등장했다. 그다음 해에 무함마드는 사지로 엎드려서 생식기를 그대로 드러낸 모습으로 묘사되었다. 그들의 조롱은 멈추지 않았고, 《샤를리 에브도》의 편집자는 "이슬람교가 가톨릭처럼 따분해질 때까지"[11] 그런 일을 하겠다고 맹세했다. 이것이 세속화된 사회에서 무슬림들이 동등하게 받는 대우였다.

하지만 그들은 동등하게 대우받지 못했다. 세속주의의 토대가 되는 신화―세속주의가 마치 처녀 잉태처럼 무에서 탄생했다고 생각하고, 세속주의는 기독교에 빚진 것이 전혀 없고, 세속주의는 모든 종교 사이에서 중립적 태도를 취할 수 있다고 보는 신화―를 믿는 사람들만 정말 동등하게 대우받았다고 생각했을 뿐이다. 2015년 1월, 《샤를리 에브도》의 사무실에 총잡이 두 명이 들이닥쳐 직원 열두 명을 살해한 사건이 발생했다. 그리하여 이슬람의 감수성은, 당황하고 겁먹은 대중에 의해 여러 차례 저울질 되었고 함량 미달로 판명되었다.

왜 만화 몇 컷에 이처럼 살인까지 저지르는 과잉 반응을 보였을까? 가톨릭 신자는 자기 신앙에 대한 직접적인 신성 모독을 몇 번이고 감내할 수 있음을 보여 주었는데 무슬림들은 왜 똑같이 할 수 없을까? 이슬람교는 기독교가 그랬던 것처럼 성장하여 현대 세상에 들어올 때가 아닌가? 이런 질문을 하는 건 물론 세속주의의 핵심적 자부심, 즉 모든 종교는 본질적으로 같다는 점을 받아들이는 것이다. 세속주의는 종교가 마치 나비처럼 개혁, 계몽, 쇠퇴라는 똑같은 생애 주기를 따라간다고 추정했다. 무엇보다 《샤를리 에브도》가 옹호하는 세속주의의 전통은 그 자신이 기독교에서 영구히 해방되기는커녕 지워 버릴 수 없을 정도로 뚜렷한 기독교의 산물임을 무시한 것이었다. 충격 사흘 뒤 세계 지도자들이 파리의 심장부를 따라 수백만의 시위 참가자들과 함께 행진했고, 그들이 내건 플래카드들은 살해된 저널리스트들과의 유대 관계를 선언했다. "내가 샤를리다 Je suis Charlie."

이 엄청난 광경은 서양의 주도적인 정통파 교리, 즉 수천 년 동안 진화해 온 정통 교리를 강력하게 드러냈다. 오토 1세의 시대에, 이교도 족장들은 세례를 받지 않으면 기독교 세계에 정착할 수 없었다. 이제 《샤를리 에브도》의 시대에 유럽은 새로운 기대, 새로운 정체성, 새로운 이상을 갖게 되었다. 그런 것들은 결코 중립적이지 않았다. 그 어떤 것도 기독교 역사의 결실이 아닌 것은 없었다. 이와 다르게 생각하는 것, 그러니까 세속주의의 가치가—다소 역설적이게도—아주 오래전부터 있었던 무시간적인 것이라고 생각하는 것은, 그 가치가 실은 매우 기독교적임을 가장 확실하게 보여 주는 증거였다.

결실에 복이 있나니

페닌슐라 비벌리 힐스 호텔을 방문하는 건 곧 손님들이 신과 비슷한 대우를 받는 장소를 방문하는 것이었다. 덩굴이 덮인 벽 뒤에 조심스럽게 자리 잡은 이 호텔은 엎어지면 코 닿을 거리에 호화롭게 쇼핑할 수 있는 로데오 드라이브 길이 있었고, 스파와 수영장, 수상 경력이 있는 레스토랑들을 갖춰 모든 손님에게 세상 어느 곳보다도 엄선된 대우를 제공했다. 이 호텔엔 앨범을 녹음하는 가수, 성형 수술을 받고 회복 중인 영화배우, 계약 협상 중인 영화 산업계의 거물 등이 머물렀다. 하비 와인스틴은 지난 몇십 년 동안 세상에서 가장 성공한 독립 제작자 중 한 사람으로, 로스앤젤레스를 방문할 때 여기 말고 다른 곳에서 머무른 적이 없었다. 호텔에 투숙한 그는 4층에 있는 특히 호화로운 스위트룸에서 재미있는 이야기를 들려줄 예정이었다. 다가올 프로젝트를 논의하고자 4층으로 초대받은 여배우들은 얼음이 담긴 버킷에 파묻힌 샴페인과 바닷가재가 높이 쌓인 그릇으로 둘러싸이게 될 터였다. 호텔은 와인스틴의 취향에 적극 맞추고자 갖은 노력을 아끼지 않았다. 그에게 딱 맞는 목욕용 가운을 준비하고자 호텔은 엄청난 주의를 기울였다. 화장실엔 그가 선호하는 브랜드의 화장지가 구비되어 있었다. 그의 조수들에게는 맞춤형 문구류가 제공되었다. 하비 와인스틴처럼 중요한 거물을 접대해야 한다면 그 어떤 일도 번거롭지 않았다.

페닌슐라 호텔의 모든 건 완벽해야 했다. 자연스레 이 일을 위해 한 무리의 직원들이 필요했다. 접수 담당자, 발 치료 전문 의사, 웨이터 등이 대령했다. 매일 이른 아침 유니폼으로 갈아입고 청소용 카트를 채운 객실 청소 담당자들은 오전에 상당한 시간을 들여 침구 정리와 화장실 청소를 했다. 미국에서 객실 청소 담당자의 시급은 평균 9달러 51센트였다. 페닌슐라 스위트룸 숙박료는 하룻밤 2000달러를 가볍게 넘겼다. 맞춤형 목욕 가운을 걸친 영화계 거물과 그가 쓴 젖은 수건을 정리하는 여성 사이에는 거의 아찔할 정도의 권력 불균형이 있었다. 가끔 호텔에 들르는 손님이 자기 마음대로 온갖 변덕을 부리는 데 익숙해져서 직원들을 물건 취급하는 건 어쩌면 당연한 일이었다.

"그들은 호텔 직원을 자기 재산처럼 취급했어요."[12] 2016년에 한 객실 청소 담당자는 마사지를 해주면 돈을 주겠다는 제안을 두 번이나 받고 이렇게 불평했다. 같은 해 또 다른 객실 청소 담당자는 손님에 의해 구석으로 몰려 난폭한 성추행을 당했다. 같은 일을 하는 다른 직원은 동료 직원에게 성폭행을 당했다. 외부로 알려진 이런 사건들은 빙산의 일각이었을 뿐이다. 2016년 한 설문 조사가 보도한 바에 따르면, 미국 전역에서 미국 여성 4분의 1이 직장에서 성희롱을 경험했다. 호텔에서 그 수치는 평균보다 더 높았다. 여성, 특히 불안정한 저임금 노동을 하고 영어를 못 하며 체류 허가증이 없는 여성은 직장에서 모르는 남자와 단둘이 있는 상황에서 일할 때 그런 성희롱을 당할 위험이 있었다. 한 정부 위원회는 객실 청소 담당자로 일하면 "특히 성희롱과 성폭행에 취약하다"[13]라고 결론 내렸다.

성희롱은 늘 있는 문제였다. 중세 시절, 아벨라르의 동시대인인 클레르보의 베르나르는 대단히 거룩한 성품을 지닌 수도원장이었는데, 나중에 성인 겸 교회 박사가 되었다. 하지만 그런 성인도 남자의 불같은 성욕에 한탄을 금치 못했다. "여자와 항상 함께 있으면서 성적인 관계를 맺지 않는 건 죽은 자를 부활시키는 것보다 더 어려운 일이다."[14] 베르나르 같은 수도사가 스스로 맹세한 순결의 결정적 문제는 지키기가 여간 어렵지 않다는 것이었다. 수도사들은 욕망에 재갈과 고삐를 물리고 자제력의 본보기 역할을 해야 할 의무가 있었다. 물론 모든 남자가 수도사 같은 인내심을 지닌 건 아니었다. 하지만 섹스 없이는 못 사는 자들조차 일단 결혼하면 평생 정절을 지키면서 살아가야 할 것으로 기대되었다. 종교 개혁의 지지자들은 순결의 이상을 수도사적인 미신으로 일축하며 경멸했지만, 그럼에도 불구하고 종교 개혁은 오히려 결혼의 신성한 특징을 중시하여 결혼 후의 남녀 정절을 전보다 더 강조했다. 그리스도가 교회의 주인이라면 남편은 아내의 주인이었다. 아내를 잔인하게 대하는 남자, 아내에게 일방적으로 성욕 충족을 강요하는 남자, 아내의 즐거움에 주의를 기울이지 않고 창녀처럼 대하는 남자는 하느님의 명예를 더럽히는 자였다. 상호 존중이야말로 부부 생활의 핵심이었다. 결혼한 남녀 사이의 섹스는 "그들 스스로에게 기쁘고 위로가 되는 신성한 행위"[15]가 되어야 했다.

하지만 비벌리 힐스는 청교도 손님을 받는 일이 거의 없었다. 할리우드는 바빌론이었다. 그곳은 고상함을 팔면서 돈을 버는 곳이 아니었다. 오히려 끝내주는 걸 팔아서 돈을 벌어들였다. 1994년에 와인스틴은 범죄가 흘러넘치는 로스앤젤레스의 암흑가를 배경으로 한 영화 〈펄프 픽션〉을 통해 제작자로서 대성공을 거두었다. 도덕관념이라고는 전혀 없이 짜릿한 전율만 내세우는 이 영화는 섹스와 폭력의 연금술을 활용하여 매표소에서 수백만 달러의 수익을 올렸다. 영화 대본에 가끔 성 베르나르나 필그림 파더스가 옹호했을 법한 가치가 언급되어—가령 지역 건달 두목의 아내인 미아 월리스가 주기적으로 코카인을 코로 흡입하는 장면처럼— 영화의 분위기를 살려 주는 역할을 했다. 〈펄프 픽션〉에서 깡패들이 사람을 마구 구타할 때는 자못 중세적인 분위기가 풍겼다. 구약성경의 문장들은 건달들이 희생자들에게 총을 난사할 때 감탄사로 잘못 인용하기 위해 존재하는 것 같았다. 심지어 한 암살자는 하느님이 친히 개입하는 바람에 자신이 죽음을 모면했다고 확신하는 영적 각성을 드러냈다. 그때 그 영화 속의 다른 등장인물들은 죄다 전혀 이해하지 못하는 멍한 표정을 지으며 그를 쳐다보았다. 암살자는 영국인 강도의 머리에 총을 겨누면서 이렇게 물었다. "성경 읽나, 링고?"● 이에 대한 대답은 미국 연예 산업의 전망 좋은 고지를 점령한 대다수의 사람들이 내뱉을 법한 말이었다. "정기적으로 읽지는 않습니다."

마약, 폭력, 돈이 난무하는 〈펄프 픽션〉은 인간의 기본적 욕구에 비위 맞추는, 아드레날린을 마구 분비시키는 오락물이었다. 쾌락에 대한 유일한 제약은 그러다가 폭력을 당할지 모른다는 위협이었다. 그것 말고 자제를 강제하는 것은 아예 없었다. 바로 그런 점이 영화를 보는 관객에게 스

● 영국인을 약칭으로 부를 때 비틀스 멤버의 이름을 쓰는 행위는 시리아에서 캘리포니아까지 확장되었다.

릴을 안겨 주었다. 〈펄프 픽션〉에 달라붙은 세련됨의 광택은 대체로 말해서 금기禁忌에서 나오는 것이었다. 미국은 지난 2000년 동안 욕망을 규제해 온 유럽의 전통으로 형성된 나라였다. 특히 기독교인들은 늘 성욕을 의혹과 불안이 뒤섞인 시선으로 바라보았다. 바로 이런 이유 때문에 사도 바울 이래로 기독교는 성욕이 단 하나의 수로水路를 통하여 흘러 나가도록 최대한 노력을 기울여 왔다. 하지만 그 수로를 보호하기 위해 세워진 댐과 제방에 점점 균열이 생기기 시작했다. 수로의 전 구간이 약화되었다. 어떤 부분들은 홍수로 불어난 물에 잠겨서 완전히 사라진 것처럼 보였다. 자제가 오히려 사람을 억압하는 것으로 여겨졌고, 성욕을 자제하라는 설교는 위선이 되었다.

교회 지도자들이 신자들에게 저지르지 말라고 주의를 준 바로 그 죄를 스스로 저질러 여러 차례 대중 매체의 보도에 등장한 일도 사태를 악화시켰다. 지난 수십 년간 미국 가톨릭교회의 도덕적 권위는 수천 명의 성직자가 아동 학대를 저지르고, 가톨릭 계층제 내부에서 그런 비행을 은폐한 일로 사정없이 훼손되었다. 그러는 사이 개신교도들 사이에선 성적으로 부적절한 행동을 맹렬히 비난하던 어떤 텔레비전 전도사가 공중 화장실에서 성관계를 가지다가 현장에서 체포되었다. 하지만 이처럼 사제나 목사가 교회의 가르침에 따라 살지 못한 것은 물론 새로운 일은 아니었다. "우리는 모두 자연스레 위선으로 기울어지는 경향이 있다."[16] 칼뱅 자신도 이렇게 인정했다. 육신은 나약했다. 변화는 놀라울 정도로 빠르게 발생했다. 그리하여 사람들은 기독교적 성도덕의 까다로운 이상이 실은 전혀 이상이 아니라는 걸 기꺼이 받아들였다.

성욕은 자연스러운 것이기에 좋은 것이었고, 기독교의 도래가 세상에 잿빛 숨결을 뿜어댔다. 이는 자유사상가들 중 귀족 계층의 사람들 사이에서 오랫동안 인기 높은 생각이었다. "우리의 종교, 우리의 매너와 관습은 우리를 쉽게 기만한다." 사드 후작은 이렇게 말했다. "반면 우리는 자연의 목소리에 의해 길을 잃는 법은 없다."[17] 이것은 1960년대에 수백만명이 공유하는 성명이 되었다. '사랑의 여름'은 정신은 물론이고 몸도 해방시켰다. "전쟁 아닌 사랑을 해요." 히피들은 이렇게 촉구했다. 많은 사람들이 볼 때 지난 2000년 동안의 신경증과 자기혐오는 머리카락에 꽂은 꽃들의 운동으로 사라져 버린 것 같았다. 오랫동안 억눌러 왔던 남녀 간의 자연스러운 욕구는 마침내 자유롭게 복원되었다. 다시 한 번 세상의 눈부신 자궁에서 남근이 움직이는 모습은 뭔가 귀중한 것으로 칭송받았다. 그것은 "승낙과 사랑의 승리"[18]로 칭송되었다. 1967년이 가을로 접어들 무렵, 한 음악 저널리스트는 샌프란시스코에서 쓴 글에서 미국은 침체된 늪이었지만 그 내부에 하느님의 빛이 반짝 빛나면서 갑작스레 활력을 되찾았다고 진단했다. 1960년대의 반문화counter-culture에 의해 영감을 받아 설립된 수많은 잡지 중 가장 성공한 《롤링 스톤Rolling Stone》지의 창간인 랠프 글리즌은 성적 자유의 정신을 가리켜 고대 그리스의 정신과 같다고 했다. 그는 미국 사회가 "디오니소스적 흐름에 의해 깊이 흔들리고 있는 중"[19]이라고 선언했다. 고대의 신들이 이제 되돌아왔다는 것이다.

그러나 자기 마음대로 좋은 때와 방법을 골라 성교하는 자유는 고대엔 사회의 일부, 즉 권력자만 독점적으로 누리는 특전이었다. 제우스, 아폴론, 디오니소스는 모두 상습 강간범이었다. 사도 바울이 사회를 동요시키는 성적 금욕의 메시지를 전파하며 여행했던 로마시에서도 사정은 마찬가지여서, 그런 성적 자유를 누리는 자들은 대체로 가부장이었다. 기독교 윤리학자들의 엄청난 노력, 천 년이 넘는 기간 동안 기울인 노력만이 그런 자유로운 성욕을 간신히 재조정할 수 있었다. 마침내 성적 충족을 얻기 위한 유일하게 합법적인 방법이 결혼이라는 기독교의 주장은 승리를 거두었다. 바울은 코린토스 사람들에게 이렇게 요구했다. "여러분의 몸이 여러분 안에 계시는 성령의 성전임을 모릅니까? 그 성령을 여러분이 하느님에게서 받았고, 또 여러분은 여러분 자신의 것이 아님을 모릅니까?"[20] 이는 2000년 뒤에 미국 전역의 설교단에서 계속 천둥처럼 울려 퍼질 메시지였다. 성욕은 선과 악 사이의 우주적인 전투에 연루되어 있고, 또 지나치게 포식성이며, 지나치게 탐욕스러워서 제멋대로 내버려 두어서는 절대 안 된다는 경고였다. 하지만 그것은 대중적인 오락의 맥박을 늘 살피면서 돈을 버는 자들, 무엇이 영화를 팔리게 해주는지 잘 아는 자들이 경멸하거나 이해하지 못하는 메시지였다. 성적 억압은 따분했다. 그리고 따분하다는 건 영화관 매표소에서 표가 안 팔리는 것을 의미했고 그것은 영화 산업의 사망을 뜻했다.

이것이 대체 얼마나 많은 재량을 그에게 안겨 주었기에, 그 영화계 거물은 마치 올림포스의 신이나 된 양 행동한 것일까? 2017년 10월 5일 하비 와인스틴이 페닌슐라의 4층 스위트룸에서 저질렀던 추행 혐의가 《뉴욕 타임스》에 실렸다. 업무를 겸한 아침 식사라고 생각하고 그를 만나러 간 여배우는 그 영화 제작자가 맞춤 목욕 가운 말고 아무것도 걸치지 않은 모습을 보게 되었다. 게다가 그는 자신에게 마사지를 해줄 수 있느냐, 자신이 샤워하는 걸 보는 것이 어떻겠느냐고 물었다. 스위트룸에서 와인스틴과 만난 조수 두 명도 비슷한 성추행을 폭로했다. 그 이후 몇 주, 몇 달 동안 더 많은 성추행 혐의가 공개적으로 제기되었다. 구체적 내용은 성희롱, 성폭행, 강간이었다. 공개 고발을 한 80명이 넘는 여자들 중엔 〈펄프 픽션〉에서 미아 월리스 역할을 맡아 영화 포스터 주인공이 된 배우 우마 서먼도 있었다.

유명한 여성들이 앞서서 길을 내는 동안 다른 많은 여성도 그 뒤를 따랐다. #미투#MeToo라는 해시태그를 달고 여성들에게 성희롱이나 성폭행을 알릴 것을 촉구하는 캠페인은 가장 소외되고 취약한 자들, 즉 잡역부, 과일 따는 사람, 호텔 객실 청소 담당자에게 고발의 목소리를 내라고 적극적으로 독려했다. 이미 그해에 도덕적으로 크게 각성해야 한다는 호출, 어디에 있든 모두 다 죄를 뉘우치고 회개하라는 요구가 공기 중에 널리 퍼져 있었다. 같은 해 1월 21일, 100만 명에 이르는 여성들이 워싱턴 DC를 행진했다. 또 다른 비슷한 시위가 전 세계에서 열렸다. 하루 전에 신임 대통령 도널드 J. 트럼프는 미국의 수도에서 대통령에 취임했다. 여성 행진의 조직자들에게 그는 해로운 남성성의 상징이었다. 여러 차례 성폭행으로 고발되었고, "여자의 성기"를 손으로 움켜쥐었다는 말을 자랑스럽게 하고, 포르노 스타에게 입막음 돈을 대선 운동 기간에 지급하기도 한, 거들먹거리는 태도의 거물이었기 때문이다. 하지만 미투 운동을 조직한 사람들은 트럼프를 상대로 행진을 하기보다는 그보다 더 고귀한 메시지를 전달하려고 했다. 어디서든 볼 수 있는 부당함, 차별, 억압에 대하여 이제 멈출 때가 되었다고 호소한 것이다. "맞아요. 이건 페미니즘에 관한 것입니다. 하지만 그보다 더한 일이기도 해요. 모든 사람의 기본적인 평등에 관한 이야기니까요."[21]

물론 그것은 마틴 루서 킹에게서 나온 메아리였다. 트럼프의 임기 첫해 동안 미국을 휩쓴, 여성 혐오에 대한 항의에서 여러 차례 위대한 침례교 목사의 이름과 본보기가 언급되었다. 하지만 킹의 민권 운동에서 힘의 원천이었던 기독교가 2017년 여성들의 행진에 가담한 많은 이에게는 문제의 일부로 보였다. 복음주의자들은 대다수가 트럼프에게 표를 던졌다. 성경의 가르침에 반하고 하느님의 목적과 정반대인 것처럼 보이는 문제,

즉 낙태, 동성애자 결혼, 트랜스젠더 인권 등으로 마음이 어지러웠던 그들은 코를 틀어쥐면서, 여성의 성기를 움켜쥐고 포르노 스타와 부적절한 관계를 맺었음에도 불구하고 안색 하나 변하지 않고 자신이 기독교 가치의 기수라고 외치는 남자를 지지했다. 당연히 진보주의자들이 이런 사람들에 대해 제기한 고발장엔 편견에 더해 위선이 기록되었다. 많은 페미니스트에게 미국은 여성을 혐오하는 신정神政 국가가 될 위험이 있는 나라로 보였다.

여성들의 행진이 벌어지고 석 달 뒤에 한 텔레비전 연속극은 이런 두려움을 적나라하게 보여 주었다. 1985년에 출간된 《시녀 이야기》는 악몽 같은 상상이 반영된 17세기 뉴잉글랜드를 배경으로 삼은 소설인데, 이 소설이 텔레비전 드라마로 돌아왔다. 캐나다 작가 마거릿 애트우드가 쓴 디스토피아 소설을 차용한 이 연속극은 트럼프에게 반대하는 여성 항의자들에게 놀라우면서도 새롭고 선명한 항의의 언어를 제공했다. 붉은 망토에 하얀 보닛은 '시녀'의 유니폼이었다. 광범위한 생식 불능으로 제 기능을 하지 못하는 세상에서 번식 능력이 있는 여성은 합법적 강간의 대상이 되었다. 그런 관행을 허가한 건 성경에 나오는 한 일화였다.• 복음주의자들에 대한 패러디는 야만적이면서도 음울했다. 《시녀 이야기》는 모든 위대한 디스토피아 창작이 그렇듯이 예언이라기보다는 풍자였다. 이 텔레비전 연속극은 트럼프의 미국을 둘로 분열된 사회로 봤다. 보수주의자와 자유주의자 사이에서 분열된 사회, 반동주의자와 진보주의자 사이에서 분열된 사회, 음흉한 영혼을 지닌 텔레비전 전도사와 고귀한 마음을 지닌 가부장제의 반대자들 사이에서 분열된 사회.

• 《시녀 이야기》에서 언급된 일화는 〈창세기〉 29장에 나오는 야곱과 레아/라헬의 이야기다. 야곱은 레아와 라헬뿐만 아니라 라헬의 종인 질파와도 관계하여 자녀들을 낳았다. ─옮긴이

그런데《시녀 이야기》가 풍자한 사회 내 분열은 사실 무척 오래된 것이다. 그런 분열은 궁극적으로 21세기 미국 정치의 특성에서 흘러나온 것이 아니라 기독교의 핵심에서 유래한 것이다. 결실에 복이 있나니. 기독교인들의 마음속엔 언제나 긴장이 도사리고 있었다. 전통의 요구와 진보의 주장 사이의 갈등, 권위의 특권과 개혁을 향한 갈망 사이의 갈등, 율법의 글자와 율법의 정신 사이의 긴장. 이런 점에서 볼 때, 21세기는 전에 벌어졌던 일과 급격하게 단절된 시대는 아니었다. 기독교 신자들과 기독교에서 해방된 자들 사이에서 벌어지는 미국 문화 전쟁에서의 대전투는 양쪽 모두 적극적으로 홍보하려 했던 아이디어였다. 그런 점에서 이것은 신화 못지않았다.

실제로 복음주의자와 진보주의자는 쉽게 알아볼 수 있을 정도로 같은 정신적 기반에서 자랐다. 낙태를 반대하는 사람들이 카파도키아의 쓰레기장을 돌아다니며 버려진 아기들을 구하려 한 성녀 마크리나의 후계자라면, 그들에게 반대하는 주장을 펴는 사람들은 그와 비슷하게 깊숙이 뿌리내린 기독교적 전제 조건에 의지했다. 그들은 모든 여자의 몸은 각각 그녀 자신의 것이며, 모든 남자가 그런 것처럼 존중받아야 한다고 주장했다. 동성애자 결혼 지지자들은 일부일처제의 교리〔남녀 간의 사랑의 교리〕에 대해 교회가 보이는 열의에서 영향을 받았고, 그것을 반대하는 사람들 또한 남자와 동침하는 남자를 비난하는 성경의 가르침에서 영향을 받았다. 트랜스젠더용 화장실을 설치하는 건 남자와 여자를 구분하여 창조한 주님을 모욕하는 행위처럼 보였다. 하지만 박해받는 자들에게 친절을 베풀지 않는 것 또한 그리스도의 가장 본질적인 가르침을 위반하는 것이었다. 미국처럼 기독교적 전제 조건들에 흠뻑 젖은 나라에서 그런 전제들의 영향을 벗어날 수는 없었다. 자신이 이미 그런 전제에서 벗어났다고 상상하는 사람들조차도 그것은 불가능한 얘기였다. 미국의 문화 전쟁은 기독교에 저항하는 전쟁이라기보다 기독교 파벌 간의 내전이었다.

1963년에 마틴 루서 킹은 워싱턴에 모인 수십 만 명에 이르는 민권 운동 시위자에게 연설했을 때 자신의 연설이 수도를 넘어 나라 전체, 여전히 당당한 기독교 국가인 미국 전체에 닿는 걸 목표로 삼았다. 2017년이 되자 상황은 달라졌다. 여성 행진의 공동 의장 네 사람 중엔 이슬람교도가 있었다. 워싱턴을 따라 행진하는 이들은 시크교도, 불교도, 유대인도 있었다. 참가자들 중 상당수는 아예 신앙이 없었다. 행진을 조직한 사람들 중에서, 기독교인들조차 마틴 루서 킹의 예언자 같은 목소리를 흉내 내려 하지 않았다. 그럼에도 불구하고 그들의 성명은 시민 평등권 운동 못지않게 신학적 전제에 토대를 둔 것이었다. 해시태그 미투가 내포하는 메시지는 교회의 전 역사 내내 반향을 일으켰던 성적 금욕에 대한 호소였다. 시녀의 붉은 망토를 입고 행진한 시위자들은 청교도들이 그랬던 것처럼 남성들에게 욕정을 통제하라고 요구한 것이었다. 디오니소스 숭배자들처럼 성적 해방을 지지하는 자들이 칭송했던 성적 욕구는 다시 한 번 탐욕스럽고 폭력적인 것으로 비난받았다. 인간의 몸은 부자와 권력자가 그들 마음대로 때와 방법을 가리지 않고 즐기는 대상이나 물건이 아니었다. 2000년 동안 이어진 기독교적인 성적 윤리는 여성은 물론 남성에게도 널리 금욕이 당연하게 받아들여지도록 했다. 그렇지 않았더라면 해시태그 미투는 위력을 발휘하지 못했을 것이다.

기독교 신학의 행로는 니체가 불평했듯이 어디에서나 구불구불한 길을 걸어가는 것이었다. 21세기 초에 그런 행로는—과거 시대에도 그랬던 것처럼—다양하게 교차하는 방향으로 움직여 나갔다. 어떤 행로는 텔레비전 방송국이 텔레비전 전도사를 출연시켜 여성에 대한 남성의 지배권을 설교하는 쪽으로 나아갔다. 어떤 행로는 또한 젠더 연구 방면으로 나아가면서 기독교가 이성애 중심으로 LGBTQIA+〔레즈비언, 게이, 바이섹슈얼, 트랜스젠더, 퀴어 등의 성소수자〕를 소외시켰다고 비난했다. 니체는 이 모든 걸 예언했다. 신은 죽었을지 모르지만, 그 시신은 차갑게 누운 상황에서도 거대하고 두려운 그림자를 계속 지상에 드리웠다. 페미니스트 학자들은 불을 뿜는 설교자들 못지않게 그 그림자에 사로잡힌 사람들이었다. 신은 단순히 그의 존재를 믿길 거부한다고 해서 그 영향력으로부터 벗어날 수 있는 존재가 아니었다. 가부장적이고 억압적인 제도라고 기독교를 비난하는 것은 그 자체로 철저히 기독교적인 가치 체계에서 비롯되는 행위였다. "하찮고 고통받는 자들에 대한 사람들의 동정을 나타내는 척도는 '영혼의 고귀함'을 나타내는 척도가 되었다."[22] 니체가 기독교에 대하여 가장 경멸한 건 바로 십자가에서 죽은 예수가 가르친 이 획기적인 교훈이었다.

2000년의 세월이 흐른 후, 그리스도를 최초로 추종한 사람들이 발견한 것 ─ 희생자가 되는 건 권력의 원천이 될 수도 있다 ─ 은 수백만 명을 거리로 나오게 할 수 있었다. 트럼프의 미국에서 부와 지위는 신분의 지표이기만 한 건 아니었다. 그것은 거리로 나온 수백만 명의 적이기도 했다. 도금한 엘리베이터를 설치한, 팔루스〔남근〕처럼 우뚝 솟은 타워들에 대항하여 여성 행진의 조직자들은 가장 낮은 곳에 있는 자들의 권위를 불러오고자 했다. 꼴찌가 첫째 되고 첫째가 꼴찌 될 것이었다.

하지만 누가 꼴찌이고 누가 첫째인지 어떻게 판단할 것인가? 전에 그랬듯이 모든 다양한 권력의 교차점과 사회에서의 모든 다양한 계층화의 범위는 많은 사람을 사회적 주변 세력으로 만드는 데 동원되었다. 남성과의 평등을 요구하고자 행진하는 여성들은 항상 기억해야 했다. 자신들이 부유하고 교육받았고 백인이라면 그들보다 훨씬 억압을 크게 느낀 다른 많은 여성이 참가자들 사이에 있다는 것을. 그런 억압받는 사람들은 "흑인 여성, 인디언 여성, 가난한 여성, 이주민 여성, 여성 장애인, 여성 이슬람교도, 레즈비언, 동성애자, 트랜스우먼"[23] 등이었다. 그렇게 된다면 사회적 약자들 또한 그들의 계급을 자랑할 수 있을 것이다.

왕좌에서 내려오는 게 통치자의 운명이고 높이 들어 올려지는 게 초라한 자들의 운명이라는 것은 늘 불안한 기독교인들에게 자신들의 특권을 확인시켜 주는 생각이었다. 이런 생각 때문에 파울리누스는 자신의 부를 사람들에게 나누어 주었으며, 프란체스코는 아시시 주교 앞에서 알몸이 되었고, 헝가리의 성녀 엘리자베트는 병원에서 식모로 고된 일을 했다. 이와 비슷하게, 천벌의 두려움, 하느님의 선택을 받은 자들의 대열에 들어가려는 갈망, 원죄를 씻어 내고자 하는 절박함은 필그림 파더스가 아메리카를 향해 출항한 때부터 미국인의 이상에 가장 확실하고 가장 비옥한 못자리를 제공했다. 미국 역사가 진행되는 동안에 설교자들은 거듭하여 미국인들의 죄를 일깨워 느끼게 하고 구원을 제공하려고 했다.

이제 21세기에 들어와 그와 비슷한 각성을 해야 한다는 호출이 나오고 있다. 2017년 10월 여성 행진의 지도자들이 디트로이트에서 대회를 조직했을 때 한 패널은 몰려온 대표들을 돌려보내야 하는 상황에까지 내몰렸다. '백인 여자다움을 직시하며'라는 워크숍은 백인 페미니스트들에게 그들의 권리를 인정하고, 그들의 죄를 고백하고 용서받는 기회를 제공했다. 이 기회는 부유하고 교육받은 백인 여성들의 눈을 뜨게 했다. 그들 앞의 부당한 현실을 응시하고 진정으로 각성하게 했다. 오로지 회개를 통해서만 구원을 얻을 수 있었다. 주최자들은 단순히 회의장에 있는 대표들에게 연설만 한 것이 아니었다. 그들의 시선은 미국 설교자들의 시선이 늘 그러했던 것처럼 저 너머 세상에 고정되어 있었다. 그들의 호출은 모든 곳에 있는 죄인들을 대상으로 했다. 그들의 야심은 언덕 위의 도시〔새로운 예루살렘〕 역할을 했다.

기독교는 그 전제 조건들을 널리 퍼트리는 데 실제 기독교인들의 조력이 필요하지 않은 듯하다. 이것이 단순히 환상인지, 아니면 피해자가 가해자에 대하여 가진 힘이 기독교를 만들어 낸 신화보다 더 오래 존속할 수 있을지는 시간만이 대답해 줄 것이다. 과거에 그랬던 것처럼 기독교 신념의 후퇴는 기독교적 가치의 필연적 후퇴를 시사하지 않는다. 오히려 정반대다. 미국보다 교회 신자석이 훨씬 더 많이 비는 대륙인 유럽에서조차 기독교적 요소들이 사람들의 도덕과 전제 조건에 철저하게 스며들어 있어 많은 사람이 아예 그 존재를 의식하지조차 못한다. 육안으로는 보이지 않는 아주 고운 먼지 입자처럼, 유신론자, 무신론자, 종교에 대해서 별로 생각하지 않는 사람 등 모든 사람이 그 기독교적 요소를 동등하게 들이마시고 있다.

만약 이런 현상이 아예 없었다면, 그 누구도 각성하지 못했을 것이다.

이 세상의 허약한 것들

이 책을 쓸 때 나는 자주 대모님을 생각했다. 데보라 길링엄은 2009년에 세상을 떠났지만, 나는 그녀를 무척 사랑했다. 어린 시절 그녀는 계속 내 옆에 있어 주었고, 그녀에 관한 기억은 날이 갈수록 새로워졌다. 수천 년에 걸친 세월을 다룬 이 책에서 이런 얘기로 끝을 맺는 건 다소 감상적으로 보일지도 모른다. 하지만 이 책이 말하는 이야기, 즉 기독교가 세상을 어떻게 바뀌었는지를 다루는 이야기는 데보라 아주머니 같은 사람들이 없었다면 절대 벌어지지 않았을 것이다. 아주머니는 성공회의 헌신적이고 충실한 신자였고, 나의 대모라는 임무를 아주 진지하게 받아들였다. 나의 세례식에서 내가 기독교 신앙 속에서 성장하도록 옆에서 지켜볼 것이라고 한 맹세를 지키기 위해 최선을 다했다. 그녀는 매년 부활절마다 내게 선물해 준 초콜릿 달걀보다 부활절이 훨씬 더 중요하다는 걸 잊지 말라고 당부했다. 내 첫 아동용 성경도 아주머니가 사주었는데, 애정을 담아 선택한 게 틀림없는 물건이었다. 파라오와 백인대장을 그린 삽화가 아주 선명한 성경이었다. 그래야 내가 흥미를 느끼며 읽을 거라고 생각한 듯했다.

무엇보다도 아주머니는 언제나 변하지 않는 친절함으로 내게 헌신적인 기독교 신자의 본보기가 되었고, 매일 신앙을 실천하는 것이 실제로 어떤 의미인지 구체적으로 보여 주었다. 물론 당시에 나는 그녀를 이런 식으로 생각하지 않았다. 그저 데보라 아주머니였을 뿐이다. 하지만 세월이 흘러 내가 기독교 역사를 더 많이 읽으면서 십자군, 종교 재판, 종교 전쟁, 뚱뚱한 손가락에 보석을 잔뜩 낀 교황들, 찌푸려서 돌출된 이마를 내보이는 근엄한 청교도, 기독교가 세상에 가져온 모든 거대한 충격과 격변을 알게 되었을 때, 나는 점점 더 아주머니가 이 같은 이야기의 일부라고 생각하게 되었다. 그리하여 나 또한 그 이야기의 일부가 되었다.

이 책을 쓰면서 나는 최대한 객관적인 시각을 유지하려고 애썼다. 하지만 기독교 같은 주제를 다룰 때 객관적으로, 다시 말해 중립적으로 되지는 않았다. 기독교 문명의 업적과 죄악을 모두 공정하게 평가하려 한다는 주장은 기독교의 도덕 체계 밖에 서서 그것들을 관찰하겠다는 뜻이 아니다. 니체라면 예리하게 지적할 법한 얘기인데, 오히려 나는 그 도덕 체계의 내부에서 그런 것들을 관찰할 수밖에 없었다. 니체의 유명한 우화에서 신의 그림자를 계속 숭배하는 사람들은 교회에 다니는 사람으로 그치지 않는다. 그런 사람들은 모두 기독교 도덕에 사로잡혔으며, 자랑스럽게 자신을 신의 살해자 무리에 넣어야 한다고 하는 자들조차 그런 도덕적 무리에 포함되었다. 세상에 기독교가 미친 영향을 추적하려면 제국의 부상과 몰락, 주교와 국왕의 행동, 신학자의 주장, 혁명의 경과, 전 세계에 십자가를 세우는 일을 다뤄야 한다. 그것은 특히 사람들의 행동에 집중하는 것이었다. 하지만 그것이 이야기의 전부는 아니다. 나는 이 책에서 교회, 수도원, 대학에 관하여 많은 내용을 기록했다. 하지만 이런 기관들이 많은 기독교인에게 가장 크게 영향을 미치는 곳은 아니다. 아이들이 2000년 동안 거의 인간의 본성처럼 당연하게 여기게 된 혁명적 가르침을 가장 많이 흡수하는 곳은 그 아이들이 어린 시절을 보낸 그들의 가정이다. 기독교 혁명은 무엇보다 여성들의 무릎에서 시작되었다.

인간의 존재를 이해하려고 하는 영향력 있는 사상 체계는 나의 대모 같은 사람들을 이해하려고 해야 성공할 수 있다. 그들은 한 세대에서 다음으로 세대로 이어지는 과정에서 세상의 진행 방식 이상의 것을 지켜보는 사람들이었다. 데보라 아주머니는 자식이 없었지만, 학교 선생님이자 많은 영광을 누린 교장이기도 해서 공적으로 존경받는 분이었다. 아주머니는 자신보다 더 오래 살 사람들을 위해 자신의 경력을 본보기로 제공해야 한다는 의무를 확고하게 느꼈다. 아주머니는 기독교인으로서 그보다 더 많은 걸 믿었다. 사이쿨룸[세속 혹은 일생]은 로마인들에게 살아 있는 기억의 한계였다. 짧고 덧없는 기간이었다. 증조부와 증조모는 증손자를 귀엽게 여긴다. 하지만 궁극적으로 재는 재로, 먼지는 먼지로 돌아간다. 천상의 차원이 없다면 이 세상 만물은 일시적인 것에 지나지 않는다. 나의 대모는 그걸 알았다. 그렇지만 모든 만물이 일시적인 것이라고 생각하지는 않았다. 아주머니는 영원한 생명을 믿었다. 그것은 아주머니가 자신의 어머니로부터 받은 믿음이며, 그 어머니는 다시 자신의 어머니로부터, 그 어머니의 어머니 또한 그 어머니의 어머니의 어머니로부터 물려받은 믿음이었다. 세대, 세기, 수천 년을 거쳐 전해진 믿음이었다. 오로지 유대인만이 그에 견줄 수 있는 믿음을 가지고 있다고 할 수 있다. 그 믿음은 오래전에 사라진 로마제국에까지 소급되는, 중단된 적 없는 살아 있는 전통이었다. 그것은 대모가 내게 전해 준 전통이기도 했다.

하지만 그것이 아주머니가 내게 물려준 것의 전부는 아니었다. 내가 어린아이였을 때 흠뻑 빠져든 일이 하나 있다. 성경 이야기는 아니었다. 상냥하고 다정한 분이었던 나의 대모는 선생님으로서 오랜 세월 어린 소년들과 생활해 오면서 그들이 무엇에 사로잡히는지를 보아 왔던 터라 내가 진정으로 몰두하는 게 선사 시대의 동물이었다는 사실에 조금도 실망하지 않았다. 잉글랜드 남부 작은 마을 외곽에 있는 그녀의 집은 1811년에 최초로 어룡의 온전한 두개골이 발견되었던 절벽들을 탐험하기에 아주 편리한 곳이었다. 그곳으로 나를 데려다주던 어머니의 차 뒷좌석에서 나는 시골 지역을 바라보며 중생대의 꿈을 꾸었다. 그런 꿈을 꾼 사람이 내가 처음은 아니었다. 지역 화석 상점의 벽엔 암모나이트,• 바다나리, 익룡 이빨이 걸려 있었고, 그 위에는 선사 시대 풍경을 최초로 그린 삽화의 복제품이 있었다. 1830년에 인쇄된 그 복제품은 인근 지역이 쥐라기에 어떻게 생겼는지 보여 주었다. 장차 헐벗은 돌덩이가 들어설 자리엔 야자나무가 자라고 있었다. 풍요로운 바다 위로 절반은 용이고 절반은 박쥐인

• 고생대에 번성한 연체동물로 중생대 지층에서 화석으로 발견되었다. —옮긴이

기이한 생물들이 날아올랐다. 긴 목을 한 괴물은 익룡에게 공격당해 창자가 비어져 나와 있었다. 아주 괴기하면서도 짜릿한 광경이었다.

회오리바람으로 나타나신 하느님은 욥에게 레비아탄을 갈고리로 낚을 수 있는지, 줄로 그 혀를 내리누를 수 있는지 물었다. 하지만 나는 욥의 얘기를 내가 아는 익룡에 관한 지식과 일치시키기 어렵다고 생각했다. 서서히 꺼지는 조광照光 스위치처럼, 나는 하느님에 대한 믿음이 천천히 사라지고 있다는 걸 깨달았다. 기독교는 2000년 전 한 사람의 삶과 죽음에 우주적 중요성이 있다고 주장했지만 시간은 그에 앞서서 거의 광대하다고 할 정도로 오랫동안 진행되어 왔던 것이다.

암모나이트에게는 부정되는 자격을 왜 호모 사피엔스에게 허락해야 하는가?

하느님이 존재한다면, 수많은 종을 진화하고 번성하게 해놓고선 철저하게 사라지도록 한 이유는 무엇인가?

하느님이 자비롭고 선하다면, 소행성이 행성 측면을 들이받게 하여 공룡들을 불타 죽게 하고, 중생대 바다를 뜨겁게 들끓게 하고, 지구 표면을 어둠이 덮게 하도록 놔둔 이유는 무엇인가?

나는 오로지 이런 질문들만 곰곰이 생각하며 시간을 보낸 건 아니었지만, 때때로 한밤중에 벌떡 일어나 그것들을 생각해 보기도 했다. 기독교 역사에 의해 제공된 희망, 즉 인류의 삶에 질서와 목적이 있다는 생각은 내 이해 범위를 멀리 벗어나는 것처럼 느껴졌다. 물리학자 스티븐 와인버그가 남긴 유명한 말처럼, "우주가 더 이해되는 것처럼 보일수록 그것은 더 무의미해 보인다."[24]

2009년에 나는 대모가 입원했다는 소식을 듣고 문병하러 갔다. 아주머니는 분명 죽어 가고 있었다. 뇌졸중으로 인해 예전처럼 유창하게 말을 하지는 못했지만, 그녀는 모든 게 잘될 것이며, 모든 사물의 존재가 잘 풀려 나갈 것이라는 확신을 내게 전했다. 병상 곁에서 일어나 아주머니 곁을 떠날 때 나는 문간에서 잠시 서서 뒤를 돌아봤다. 아주머니는 얼굴을 벽으로 돌려놓은 채 누워 있었다. 마치 다친 동물처럼 웅크리고 있었다. 아주머니가 희망하는 것처럼 내가 아주머니를 다시 천국에서 볼 수 있을 거라는 생각은 들지 않았다. 오로지 살아생전의 아주머니를 구성했던, 우주 자체에서 유래한 원자와 에너지만이 앞으로 지속될 것이다. 사랑하는 나의 대모의 것이었던 모든 미립자만 남을 것이다. 마치 인간, 공룡, 미생물 등 지구상에 존재한 다른 모든 유기체의 미립자가 남는 것처럼. 아마 이런 사실에서 위안을 찾을 수 있을지도 몰랐다. 하지만 실제로는 그렇지 않았다. 병원에서 차를 몰고 나오던 나는 그건 단순한 변명이라는 생각이 들었다. 나의 개인적 체험으로 미루어 볼 때 호모 사피엔스라는 한 종種이 들려주는, 그리 현실성이 높지 않은 이야기였을 뿐이다.

"인간에겐 특별한 것이 없다. 인간은 그저 이 세상의 한 부분일 뿐이다."[25] 오늘날 서양에선 하인리히 힘러의 주장에 동의하는 사람이 많다. 힘러는 인류가 그 자체로 특별한 지위에 있으며 다른 피조물보다 월등하다고 생각하는 것은 근거 없는 자부심이라고 말했다. 호모 사피엔스는 그저 하나의 종일 뿐이다. 그렇지 않다고 주장하는 건 종교적 믿음의 부서진 파편에 매달리는 것이다. 하지만 이런 주장—나치가 유대인을 집단학살하면서 인간을 대단치 않게 본 것—은 많은 사람들을 당황스럽게 하는 주장이었다. 니체가 이미 예언했던 것처럼, 자유사상가들은 하느님이라는 개념을 죽은 것, 하늘의 요정, 상상의 친구 따위로 생각하면서도 여전히 독실하게 기독교에서 유래한 금기와 도덕에 매달렸다. 2002년에 암스테르담에서 열린 '세계 인도주의자 회의'는 "개인의 가치, 품위, 자율과 최대 자유를 향한 모든 인간의 권리는 다른 사람의 권리와 양립할 수 있다"[26]라고 단언했다. "독단적인 종교에 대한 대안"[27]을 제공하겠다는 인도주의자들의 확언된 야심에도 불구하고 이런 주장 자체가 신앙의 진술이 아니라면 무의미하다.

아무튼 하인리히 힘러는 기독교를 버림으로써 얻을 수 있는 자유를 알았다. 무신론과 진보주의가 함께 간다는 휴머니스트의 추정은 그저 추정일 뿐이다. 하느님이 자신의 모습으로 인류를 창조했다는 성경의 이야기가 없다면, 인간이라는 종을 향한 휴머니스트의 숭배는 그저 감상적이거나 피상적으로 보였을 것이다. 단순히 감상적인 언동 외에 그런 주장을 지지해 주는 토대가 어디에 있는가? 인도주의자 성명이 선언한 것처럼 "과학적 방법의 적용"[28]을 통해서 그런 토대를 얻을 수 있다는 얘기일지도 모르겠다. 하지만 그것은 〈창세기〉만큼이나 신화적인 얘기다. 다윈과 헉슬리의 시대에 그랬던 것처럼 21세기에도 불가지론자들의 야심, 즉 가치를 "과학적으로 이해할 수 있는 사실"[29]로 바꾼다는 건 환상이다.

그런 주장은 그런 계획의 실행 가능성에서 비롯된 것이 아니라 중세 신학에서 유래했다. 과학은 도덕주의자에게 진리를 제공하지 않았고 거울을 제공했을 뿐이다. 인종 차별주의자는 과학을 인종 차별의 가치들과 동일시했고, 자유주의자들은 과학을 자유주의의 가치와 동일시했다. "도덕성은 다른 사람에 대한 염려와 이해에 토대를 둔 인간 본성의 고유한 부분"[30]이라는 인도주의의 주된 신조는, 생존하기에 부적합한 자는 몰살되어야 한다는 나치스의 신조만큼이나 과학적 확증을 받지 못했다. 인도주의 가치의 원천은 이성도 아니고, 증거를 기반으로 하는 사고방식[과학]도 아니며, 오히려 기독교가 주도해 온 역사에 있었다.

어린 시절, 나는 공룡이 더는 존재하지 않는다는 사실을 아주 애석하게 여겼다. 나는 그저 소를 바라보며 저것이 트리케라톱스라면 얼마나 좋을까 생각했다. 하지만 중년이 된 지금, 나는 공룡이 여전히 존재한다는 걸 발견했다. 새가 작은 육식 공룡과 유사한 뭔가에서 비롯되었다는 헉슬리의 명제는 훌륭하게 입증되었다. 고생물학자들에게 무시당하고 100년 이상이 지난 오늘날 그 증거가 잇따라 대거 등장했다. 이젠 깃털이 적어도 공룡만큼 오래되었을 수도 있다는 점이 분명해졌다. 티라노사우루스는 차골叉骨[Y자형 가슴뼈]이 차 있었고, 알을 낳았으며, 실 모양의 솜털이나 있었다. 한 가지 놀라운 새로운 발견에선 티라노사우루스 화석의 유해에서 최근 콜라겐을 추출했는데, 아미노산 서열이 닭의 그것과 아주 유사하다는 점이 드러났다. 더 많은 증거가 연구되면서 새와 공룡 사이의 구분선은 더욱 흐릿해졌다.

이와 똑같은 얘기를 불가지론자[과학자]와 기독교 신자 사이의 구분선에도 적용할 수 있다. 2018년 7월 16일, 세상에서 가장 잘 알려진 과학자들 중 한 사람이자 자신이 쓴 진화생물학 논문만큼 종교에 대한 격렬한 비판으로 유명하기도 한 리처드 도킨스는 잉글랜드 성당의 종소리를 앞서서 들으며 이런 트윗을 남겼다. "'알라후 아크바르Allahu Akhbar('신은 위대하다'는 뜻의 아랍어)' 같은 공격적인 소리보다 훨씬 훌륭한 소리다. 아니면 내가 받은 문화적 교육 탓인 걸까?"[31] 이것은 다윈의 찬양자들이 깊이 생각하기에 아주 적절한 물음이었다. 인간은 다른 모든 생물학적 유기체처럼 진화의 산물이기에 진화의 작용이 그들의 전제 조건, 신앙, 문화에서 명백하게 드러난다. 교회 종소리를 들으며 알라를 찬양하는 무슬림의 목소리보다 더 낫다고 생각하는 건 마법으로 생겨난 게 아니다. 불가지론자이자 세속주의자이며 인도주의자인 도킨스는 기독교 문명에서 자란 사람의 본능을 그대로 지니고 있는 것이다.

서양의 권력과 영향력의 밀물이 빠지고 있는 오늘날, 유럽과 미국 자유주의자들의 환상은 오도 가도 못할 처지가 되었다. 그들이 완전히 다른 어떤 것으로서 드러나는 보편적인 태도를 취할수록 더욱 그렇게 되었다. 불가지론이라는 단어를 만든 헉슬리가 선뜻 인정한 것처럼, 불가지론은 "프로테스탄트 종교 개혁의 토대인 개인적 판단의 우위●에 대한 확신"32으로 규정되었다. 세속주의는 중세 교황 제도 덕분에 생겨난 것이다. 인도주의는 궁극적으로 성경에 나타난 주장에서 비롯된 것이다. 그것은 인간이 신의 형상으로 창조되었으며, 신의 아들이 모두를 위해 죽었으며, 유대인이나 그리스인도, 노예나 자유민도, 남자나 여자도 그리스도 안에서는 구분이 없다는 주장이었다. 대지진처럼 여러 차례, 기독교는 전 세계에 여진을 보냈다. 처음엔 제1의 혁명, 즉 사도 바울이 설파한 혁명이 있었다. 이어 여진이 닥쳤다. 11세기에 일어난 혁명●●은 라틴 기독교 세계가 중대한 길을 따라가도록 했다. 그 이후 종교 개혁으로 기념된 혁명도, 신을 죽인 혁명도 있었다. 이 모든 혁명엔 똑같은 특징이 있었는데, 그것은 세상을 바라보는 다른 모든 방식을 그 안에 포섭하려는 야망이었다. 그것은 문화적으로 무척 독특한 보편주의의 주장이고, 인간이 권리를 지녔다는 주장이고, 인간이 동등하게 태어났다는 주장이고, 인간에게 생계 수단, 주거지, 박해로부터 피신할 곳이 있어야 한다는 주장이었다. 그러나 이런 것들은 절대 그 자체로 자명한 진실이 아니었다.●●●

나치스도 그 정도는 분명 알고 있었다. 또한 그것이 오늘날의 악마 연구에서 나치스가 주역을 차지하는 이유이기도 하다. 공산주의 독재자들

● 실제로 그런 판단에서 벗어나는 게 불가능하다는 믿음.—옮긴이

●● 교황 그레고리우스 7세의 교회 개혁.—옮긴이

●●● 모두 성경에 근거하여 유래한 주장이라는 뜻이다.—옮긴이

은 파시스트 독재자들만큼이나 흉악한 자들이었다. 하지만 공산주의자들은 오늘날 나치스만큼 악마로 보이지는 않는다. 공산주의 자체가 억압된 군중에 대한 우려의 표현이라고 보기 때문이다. 어떤 사회가 얼마나 기독교적인지 판별하는 기준은, 인종 차별로 촉발된 대량 학살이 계급 없는 낙원을 도입할 야심으로 촉발된 대량 학살보다 훨씬 더 혐오스러워 보이는 경향으로 미루어 판단할 수 있다. 자유주의자들은 지옥을 믿지 않을지도 모르지만, 여전히 악은 믿는다. 그들은 악에 대한 두려움 때문에 그레고리우스 1세 못지않게 악을 그늘 속에 감추어 두려 한다. 그레고리우스 1세가 사탄을 두려워하며 살았던 것처럼 우리도 히틀러의 망령을 두려워한다. '파시스트'를 욕설로 사용하는 배경엔, 그것이 욕설로 간주되지 않으면 무슨 일이 벌어질지 모른다는 두려움이 어른거리고 있다. 세속적인 인도주의가 이성이나 과학이 아닌 기독교의 뚜렷한 진화 과정 — 유럽과 미국의 점점 더 많은 사람들의 주장에 의하면 신은 죽었다고 치부하는 과정 — 에서 비롯되었다면, 그것의 가치들이 어떻게 시체의 그림자 이상이 될 수 있겠는가? 세속적인 인도주의의 도덕적 기반은 신화가 아니라면 무엇이겠는가?

그러나 신화는 거짓말이 아니다. 독실한 가톨릭 신자인 톨킨이 늘 주장했던 것처럼 가장 깊은 곳에 도달하면 신화는 진실일 수 있다. 기독교인이 되는 건 하느님이 사람이 되고, 사람이 된 하느님이 가장 끔찍한 고통으로 죽는다는 걸 믿는 것이다. 이는 고대의 고문 도구인 십자가가 기독교 혁명에 적합한 상징으로 늘 남아 있는 이유다. 기독교 혁명의 대담함은 이런 것이다. 그것은 뒤틀리고 패배한 시신에서 우주를 창조한 주의 영광을 발견했다고 주장하는 대담함이다. 그것이 기독교의 아주 기이한 특징을 설명해 주며, 더 나아가 기독교가 탄생시킨 문명의 특징을 설명해 준다. 오늘날 이 기이함의 힘은 언제나 그랬듯이 생생하게 남아 있다. 그것은 지난 세기 동안 아프리카와 아시아를 휩쓴 격변의 커다란 밀물에서 명백하게 드러난다. 또한 성령의 숨결이 살아 있는 불길처럼 여전히 세상에 불어온다는 무수한 사람들의 확신 속에서, 유럽과 북아메리카의 자칭 비기독교인인 무수한 사람들의 전제 조건 속에서도 뚜렷하게 나타난다. 이들은 모두 동일한 혁명의 상속자다. 그리고 그 혁명은 그 심장에 십자가 위에서 죽은 하느님의 이미지를 갖고 있다.

분명 나는 이 점을 좀 더 일찍 인정했어야 마땅했다. 이 책을 쓰던 초기, 영화를 만들기 위해 이라크를 여행하던 무렵에 비로소 이런 생각이 내 머릿속에 떠오르기 시작했다. 내가 방문했던 당시 신자르는 IS의 국경에 접한 마을이었다. 그 마을은 불과 몇 주 전엔 IS의 전사들로부터 탈취한 곳이었다. 2014년 이슬람국가가 신자르를 점령했을 때 그곳은 많은 야지디스Yazidis —IS가 악마 숭배자로 비난하던 종교적 소수파—의 거점이 된 곳이었다. 그들의 운명은 로마인에게 저항하던 자들의 운명처럼 암울했다. 남자는 십자가형을 받았고, 여자는 노예가 되었다. 탁 트인 평지를 가로질러 3킬로미터 남짓 떨어진 곳에서 IS가 그런 악행을 저지르며 돌아다녔다는 걸 생각하며 신자르의 폐허 가운데 서 있으려니 이런 생각이 들었다. 고대에도 이랬겠구나. 열기로 시체에서 뿜어져 나오는 악취가 정복자들이 그 일대를 소유했다는 표시가 되었겠구나. 십자가형은 단순한 처벌이 아니었다. 그것은 도미니언(지배권)을 성취하는 수단이었다. 그것은 정복된 자들이 마음속 깊이 두려워하는 도미니언을 보여 주는 것이었다. 권력의 공포는 권력의 지표였다. 공포는 권력이 늘 그래 왔으며, 앞으로도 그럴 것임을 보여 주었다. 그것이 세상의 방식이었다.

2000년 동안 기독교인은 그런 방식에 대하여 이의를 제기했다. 하지만 그들 중 많은 이가 그 세월 동안에 오히려 공포의 대리인이 되었다. 그들은 약자를 어둠으로 밀어 넣었으며, 그들이 지나간 자리에 고통, 박해, 노예제를 남겼다. 하지만 그런 행위에 대하여 그들을 비난하는 기준 또한 기독교적이었다. 설혹 서구 전역의 교회들에서 신자들이 계속 사라진다고 하더라도 이런 기준들이 신속하게 바뀔 가능성은 없다. "하느님께서는 강한 것을 부끄럽게 하시려고 이 세상의 약한 것을 선택하셨습니다."[33] 이것은 우리 서구의 사람들이 여전히 고집스럽게 매달리는 신화다. 그런 의미에서 기독교 세계는 여전히 기독교 세계로 남아 있다.

감사의 말

이 책을 쓰는 과정에서 많은 사람들에게 도움과 격려를 받았고 그에 대하여 아주 고마운 마음을 가지고 있다. 나의 멋진 편집자들인 리처드 베스윅, 라라 헤이머트, 조 걸런에게 감사드린다. 인내심을 가지고 조언을 아끼지 않은 수전 드 수아송에게, 그리고 가장 뛰어난 문학 대리인인 패트릭 월시에게 감사드린다. 이 책의 원고가 아직 컴퓨터 화면상의 초고인 상태로 이 책의 전부 혹은 일부를 읽어 준 다음 분들에게 고마움을 전하고 싶다. 리처드 비어드, 나이절 비거, 피어스 브렌던, 퍼거스 버틀러갤리, 폴 카틀리지, 토니 크리스티, 캐럴라인 다즈페닉, 찰스 퍼니호, 디미트라 피미, 존 피츠패트릭, 피터 프랭코판, 주디스 가디너, 마이클 골드파브, 제임스 해넘, 데이미언 하워드, 래리 허타도, 크리스토퍼 인솔, 줄리아 조던, 프랭크 맥도너, 앤서니 맥고원, 숀 올리버디, 개브리얼 사이드레이놀스, 앨릭 라이리, 마이클 스네이프, 가이 월터스, 키스 워드, 팀 휘트머시, 톰 라이트. 이 책에서 다루어진 주제들에 대한 관심을 불러일으키는 책을 쓰고, 아주 관대하게 조언을 많이 해주고, 집필되는 족족 챕터들을 읽어 준 밥 무어에게 감사드린다. 원고가 완성되었을 때 초고를 제일 먼저 읽어 주고 가장 든든한 친구 역할을 해준 제이미 뮤어에게도 고맙다. 나에게 호감을 가지고 나의 얘기를 끈질기게 들어 준 케빈 심에게 감사드린다. 내가 무기력해질 때마다 나의 사기를 충전해 준 찰리 캠벨과 니컬러스 호그에게 감사한다. 이 두 사람이 없었다면 내가 이 책을 집필하는 수년 동안 작업의 즐거움이 절반으로 줄어 버렸을 것이다. 나의 사랑하는 아내 새디와 역시 사랑스러운 두 딸 케이티와 엘리자에게 고마움을 표한다. 이들의 가치는 루비를 훨씬 상회한다.

모순, 갈등 그리고 사랑

이 책은 영국의 세계적 저술가 톰 홀랜드의 최신작《도미니언Dominion》 (2019)을 완역한 것이다. dominion은 넥서스 영한사전(2008)을 찾아보면 지배권, 권력, 지배, 통치, 주권 등의 뜻이 나온다. 이 책에서 도미니언은 기독교의 가르침이 유럽인의 정신과 육체를 지배해 온 강력한 힘을 가리킨다. 또한 원서의 부제는 '서유럽인의 정신은 어떻게 형성되었는가?'이다. '서유럽인의 정신'에 해당하는 원어는 'western mind'이므로 유럽인 전체를 가리킨다고 볼 수도 있겠으나, 저자가 서문에서 동유럽과 그리스 정교는 다루지 않는다고 명시적으로 밝혔으므로, '서유럽인'으로 읽는 것이 타당할 것이다. 또 한 가지 주목할 대목은 '서유럽인의 정신'이라고 했지, '서유럽인의 기독교 정신'이라고 하지 않았다는 것이다. 그러니까 기독교 도래 이전의 로마 사회와 그 이후의 유럽 사회, 그리고 중세를 거쳐 근대로 들어와서 현대에 이르기까지, 기독교의 정신뿐만 아니라 반기독교적인 정신에 대해서도 동시에 다루고 있음을 밝힌 것이다.

한국어판 기준 800쪽이 넘는 이 책《도미니언》은 21개 장으로 구성되고 각 장마다 세 가지 주요 주제를 다루므로, 총 60여 편에 이르는 주요 사건을 소개한다. 그러니까 고대 그리스와 로마의 시대에서 시작해 현대의 비틀스에 이르기까지 근 2500년 동안에 벌어진 중요한 역사적 사건들과 기독교 세계의 동향을 기술한 것이다. 따라서 이 책을 처음 읽으면 그 방대한 양에 압도되어 도대체 저자는 무엇을 말하려고 하는가, 하고 길을 잃어버리기 쉽다. 그러나 책을 관통하는 3대 주제를 파악한다면 그 무수한 사건이 각각 독립된 실들이기는 하지만 결국에는 훌륭한 태피스트리를 만들어 내고 있음을 알 수 있다. 저자는 이것을 미리 보여 주려고, 책의 첫머리에 세 인용문을 제시한다. 첫 번째는 성 아우구스티누스, 두 번째는 독일의 철학자 니체, 그리고 세 번째는 영국의 보컬 그룹 비틀스다.

성 아우구스티누스(354~430)는 《고백록》에서 자신이 어릴 적에 과수원의 배를 훔친 일을 회상하면서, 자신이 이미 좋은 배를 많이 가지고 있는데도 훔친 배를 즐기려는 것이 아니라, 훔치는 행위에서 흥분과 사악함의 전율을 느끼려고 일부러 그런 행동을 했다고 고백했다. 이 예를 통해 그는 인간이 사악함으로 기울어지려는 경향이 있음을 지적했다. 성인은 젊은 시절 여러 가지 방탕한 행위를 일삼다가 그 후 기독교에 귀의하여 예수 그리스도를 사랑하게 되는데, 제10권에서 그리스도를 아주 오래되었으나 아주 새로운 아름다움이라고 칭송한다. 그분이 이미 자기 안에 들어와 있었으나 그것을 모르고 밖에 있는 사랑스러운 것들을 헛되이 찾으려 했다고 탄식한다. 그분의 향기에 도취하여 그 향기로운 공기를 자꾸 들이마시게 되나, 언제나 부족하여 배가 고프고 목마르다고 말한다. 그분이 나를 어루만져 주시어 이제 곧 그분의 것인 영원한 평화를 얻게 되기를 바란다고 소원한다. 이 문장에서 가장 유명한 부분은 이러하다. "나는 너무 늦게 당신을 사랑하게 되었습니다. 아주 오래되었으나 아주 새로운 아름다움이여. 나는 너무 늦게 당신을 사랑하게 되었습니다! Sero te amavi, pulchritudo tam antiqua et tam nova, sero te amavi!"

두 번째 인용문의 저자인 니체는 주저 《선과 악을 넘어서》에서 이런 주장을 폈다. 인간은 창조적으로 살아가기 위해 관습적인 가치를 전복시켜야 한다. 기존의 사회에 정착되어 있는 가치들은 약자가 만들어 낸 것으로, 그들로 하여금 강자를 상대로 승리를 거둘 수 있게 하려는 것이다. 그러면서 니체는 그것이 결국 기독교적 가치라고 말하면서 고대의 그리스-로마의 가치를 그 대안으로 제시한다. 고전고대의 가치는 고상한 사람의 것이고, 기독교 시대의 가치는 비열한 자의 것이라고 하면서 기독교의 가르침을 맹렬하게 비난한다.

비틀스는 누구나 다 아는 보컬 그룹인데, 제시된 인용문은 그들의 노래 〈당신에게 필요한 건 사랑뿐〉에 나온 가사 한 줄이다. 이 노래는 1967년 여름에 발표되어 크게 히트를 쳤고, 대립과 갈등이 아니라 사랑과 평화를 주장하는 플라워 파워 운동의 주제가가 되기도 했다. 비틀스는 데뷔 초기부터 사랑에 관심이 많아서, 첫 앨범으로 《나를 꼭 사랑해 주세요Love me Do》(1962)를 내놓기도 했다. 저자는 이 책의 코다 바로 앞의 장인 20장에서 비틀스를 다시 언급하면서, 존 레넌이 1971년에 발표하여 세계 평화를 촉구한 〈이매진〉이라는 노래를 언급한다.

이 세 가지 인용문은 하나의 암사지도暗射地圖로서 독자에게 제시되어 있다. 아우구스티누스는 인간의 모순과 그것을 극복하는 사랑을, 니체는 새로운 주인의식(계몽사상과 인간의 이성)이 '노예근성'인 기독교 정신과 벌이는 갈등을, 그리고 비틀스는 그 모순과 갈등을 모두 이겨 내는 새로운 시대정신인 사랑을 노래한다. 옮긴이는 독자들이 이 세 주제를 유념하면서 이 방대한 책을 읽어 주기를 바라는 마음에서 모순, 갈등, 사랑이라는 3대 주제를 간략하게 서술하고자 한다.

모순의 주제

간난 속에 인내하고, 오른뺨을 맞으면 왼뺨을 돌려 대고, 자신의 적들을 위해 기도하고, 우리를 미워하는 자들을 사랑하라. 꼴찌가 첫째 되고 첫째가 꼴찌가 될 것이다. 나약함이 힘의 근원이 될 수 있고, 희생자가 고문자에게 승리를 거둘 수 있고, 고통이 승리를 달성할 수 있다. 이러한 역설 내지 모순은 그리스도가 가르친 복음의 핵심이었고 〈마태오 복음서〉 5장에 나오는 "행복하여라, 마음이 가난한 사람들!"로 시작되는 팔복으로 완결되었다. 그리스도는 이것을 말로만 가르친 것이 아니라, 스스로 십자가형을 당함으로써 직접 실천했다. 가장 비참하고 가장 무기력하게 죽은 사람의 모범이 지난 2000년 동안 로마제국, 신성로마제국, 대영제국 그리고 오늘날의 미국을 정신적으로 지배하는 도미니언을 형성해 온 것이다. 이 역설에 대하여 사도 바울은 〈코린토 신자들에게 보낸 첫째 서간〉에서 이렇게 말했다. "여러분 가운데 자기가 이 세상에서 지혜로운 이라고 생각하는 사람이 있으면, 그가 지혜롭게 되기 위해서는 어리석은 이가 되어야 합니다. 이 세상의 지혜가 하느님에게는 어리석음이 되기 때문입니다." 그러니까 그리스도가 가르치는 지혜는 이 세상이 가르치는 지혜와는 다르다는 말이다. 실제로 기독교는 세상이 가르치는 것과 정반대 방향을 지향했기 때문에 막강한 도미니언을 구축했다.

이러한 가르침의 역설 혹은 모순은 인간의 본성과 호응하는 측면이 있다. 인간은 물건이든 생각이든 사람이든 간에 자기 것에 대한 소유욕이 아주 강해서 자기가 소중히 여기는 것을 빼앗기면 두고두고 잊지 못한다. 걸핏하면 그 잃어버린 것의 필요성을 느끼며, 설혹 필요성이 없더라도 일부러 필요성을 만들어 내서 그것을 빼앗아 간 사람들에 대한 원한을 키운다. 이것은 사람들이 사랑보다는 원한으로 기울어지는 경향이 더 강하다는 것을 보여 준다. 또한 사람의 마음속에 선과 악이 공존하는데 적절한 감시가 없으면 악을 저지르려는 충동이 늘 어른거린다. 이러한 인간의 복잡한 심성은 이성이 가르치는 중용의 미덕과는 반대된다. 가령 용기는 무모함과 비겁함의 중용이 되지만, 우리는 중용 지키기의 어려움을 생활 속에서 자주 체험한다. 인간은 이성을 신봉하면서도 비이성적일 때가 많고, 한평생 교양을 강조하지만 그와는 정반대되는 충동에 사로잡혀 무모한 행동을 하는가 하면, 황당한 근거로 무고한 사람을 의심하기도 하고, 사소한 질투심에 사로잡혀 상대방에게 공격적인 태도를 보이는가 하면, 돌아서서 금방 후회할지도 모르는 한심한 일을 한다. 다시 말해 인간성은 언제든 정반대로 기울어질 수 있는 유동적인 것이므로, 이러한 인간을 상대로 하는 기독교의 가르침도 그에 따라 모순 혹은 역설의 형태를 취한 것이다. 다시 말해 강자 위주의 그리스-로마 문명을 약자 위주의 기독교 문명으로 바꾸어 놓을 수 있는 가능성을 보았던 것이다.

톰 홀랜드는 《도미니언》의 초반부에서 십자가형과 그 형벌을 당한 예수에 대해서 서술하면서 어떻게 이런 역설을 강조하는 기독교의 가르침이 그처럼 강력한 도미니언을 형성하게 되었는지 그 과정을 세밀히 추적한다. 기독교는 온갖 박해와 학살을 이겨 내고 마침내 로마제국의 중심부인 로마시로 들어가서 제국의 국교로 자리 잡는다. 허약함과 온유함을 가르치는 종교가 정복과 살육을 강조하며 성장한 로마제국의 국교가 된 것이다. 이것 자체가 하나의 역설이며 모순이다.

이 역설을 못마땅하게 여긴 18세기 역사학자 에드워드 기번(1737~1794)은 저서 《로마제국 쇠망사》에서 이런 설명을 내놓았다. 로마제국이 쇠망한 데에는 기독교가 상당한 기여를 했다. 즉, 고대 로마의 강건한 상무 정신 대신에 기독교의 어리석고 온유한 심성이 득세하는 바람에 로마제국 전체가 허약해졌다는 것이다. 특히 기번이 같은 책에서 배교자 황제 율리아누스를 아주 호의적으로 기술한 부분은 기독교에 대한 기번의 적개심이 그대로 반영되어 있다. 따라서 기번은 로마제국의 국력과 기독교의 발전을 서로 상충하는 힘으로 보았다.

그러나 기번 이전의 많은 역사가들은 기독교와 로마제국을 신의 섭리라는 틀 안에서 조화롭게 연결시켰다. 가장 대중적인 설명은, 하느님이 그리스도를 로마제국 이전에도 지상에 보낼 수 있었으나, 제국의 보편적 평화를 이용하여 이 종교의 전파를 더욱 용이하게 하려고 제국의 완성을 기다렸다는 것이다. 또 다른 설명은 인간의 지적 수준이 로마제국에 이르러서야 비로소 부활과 영생의 신비를 이해할 정도로 성숙했으므로 이 시기에 맞추었다는 것이다. 세 번째이자 마지막 설명은 첫 번째 것과는 정반대된다. 기독교는 최악의 상황에서 지상에 왔으며, 인간을 유혹하는 매력적인 요소보다는, 금욕과 도덕을 강조하는 등 혐오감을 느끼게 하는 요소가 더 많은 종교라는 것이다. 이런 역설적인 종교가 엄청난 박해의 폭풍우 속에서도 죽지 않고 살아남은 것은 오로지 신의 섭리와 기적이라고밖에는 달리 설명할 길이 없으며, 그 찬란한 발전은 제국의 쇠망과는 극명한 대조를 보인다는 것이다.

기번은 이러한 조화의 역사관을 거부하고 기독교의 발전이 로마제국의 쇠망을 가져왔다는 주장을 편다. 《로마제국 쇠망사》 15장에서 그는 기독교가 성장한 이유를 세속적 요소들 혹은 사회적 요소들로써 설명한다. 즉, 원시 기독교인들의 배타적 열광, 저승에 대한 즉각적인 기대, 기적 사역에 대한 주장, 엄격한 미덕의 실천, 원시 교회의 행정 구조 등 현세를 부정하는 아주 역설적인 이유들이 로마제국의 쇠망에 큰 작용을 했다는 것이다.

이에 대하여 길버트 하이트Gilbert Highet(1906~1978)는《고전의 전통: 서양 문학에 나타난 그리스-로마의 영향The Classical Tradition: Greek and Roman Influences on Western Literature》(1949)에서 기번의 기독교 망국론을 비판한다. 하이트는 기번이 기독교를 공격한 것은 그가 살았던 시대의 합리적 계몽주의의 영향을 받아서 종교적 불관용을 두려워하고 미워했기 때문이며, 그래서 여러 종교를 포용했던 기독교 도래 이전의 로마의 종교 정책을 옹호한다고 지적했다. 하이트는 기독교가 로마의 국교로 인정되기 전에는 파괴적 요소로 작용했지만, 국교가 된 뒤에는 오히려 로마 세계를 지탱해 주는 힘이 되었다고 본다. 그러면서 로마제국이 멸망한 것은 기독교 때문이 아니라 야만족의 침입 때문이라고 진단한다.

그런데 야만족의 침입이 가능했던 것은 결국 제국의 내부가 허술했기 때문이다. 기독교의 도래 이전에도 이미 로마는 쇠퇴의 씨앗을 그 안에 가지고 있었다. 로마공화국은 해외 진출로 세력 판도가 넓어지자 해외로부터 막대한 전리품이 국고에 들어오기 시작했다. 마리우스와 술라의 시대에 이르러 군사령관과 병사들 사이에는 개인적으로 보호자-피보호자 관계가 형성되었다. 사령관은 전리품과 현금으로 사병들의 환심을 샀고, 사병들은 자신들에게 돈을 마련해 주는 사령관을 국가보다 더 중시하기에 이르렀다. 군대를 이처럼 개인 물건 취급하다 보니, 술라가 군대를 이끌고 조국 로마로 쳐들어오는 일까지 벌어졌다(기원전 88년). 이렇게 볼 때 로마제국의 번영은 곧 쇠퇴의 원인이 되는 모순을 드러냈다. 해외 정복이 끝났을 때 제국은 경제적으로 쇠퇴하기 시작했다. 더는 돈 들어오는 곳이 없어지자 재정이 불안정해졌고 로마 군단은 동요했으며 황제의 통치권은 흔들렸다.

이러한 제국 쇠망을 막기 위한 선제 조치로 콘스탄티누스는 313년에 기독교를 공인했고 더 나아가 테오도시우스는 391년에 기독교를 국교로 선포했다. 그리하여 로마제국은 4세기 이후에는 기독교의 도움으로 존속할 수 있었으며, 당연히 기독교는 그리스-로마 문명을 온전하게 보존하는 데에도 기여했다. 야만족이 로마 세계를 침입해 올 때 기독교 신자들은 있는 힘을 다해 저항했으며, 야만족에게 정복당한 이후에는 그들을 가르쳐서 문명화하는 데 결정적 역할을 했다. 하이트는 기독교가 때때로 종교적 불관용을 저지른 것은 사실이지만, 야만적인 세력들을 다스려서 그 힘을 적절히 배출시킨 공로가 심대하다고 말한다. 기독교는 기번이 생각한 것보다 훨씬 더 위대한 힘이었고 인간 사회가 현재와 같이 구축되는 데 가장 크게 기여했다는 것이다. 그러나 현대와 같은 사회가 시간의 경과에 따라 저절로 구축된 것은 아니다. 기독교 세계 내에서도 국가와 교회 사이에 갈등이 있었고, 근대에 들어와 프랑스 혁명이 기독교를 부정하면서 그리스-로마 문명으로 다시 돌아가려는 움직임이 있었으며, 니체의 시대에 이르러서는 기독교는 사망했다고 선언하면서 그리스의 디오니소스 정신을 회복해야 한다는 주장까지 나왔다.

갈등의 주제

콘스탄티누스 대제가 기독교를 공인한 이후, 로마 황제들은 성과 속의 분야를 구분하지 않고 황제의 권위가 최종적이라는 입장을 취했다. 그러다가 밀라노의 대주교 성 암브로시우스(340~397)가 정신적인 문제에 대해서 교회의 우위권을 주장하고 나섰다. 이러한 주장은 당시의 황제인 테오

도시우스가 독실한 정통파 신자였기에 가능했다. 그 후 황제들은 이런 주장을 거부했고, 샤를마뉴 시대(재위 768~814)에는 마침내 왕권이 교권을 압도하기에 이른다. 교회와 국가는 중세 사회를 지배한 두 기관이었고 그 시대의 정신적·물질적 발전을 주도했다. 교회는 왕을 축성하면서 그의 안녕과 국가의 부강을 빌었고, 왕과 국가는 성직자들을 보호하면서 이단을 퍼트리는 자들을 처벌했다.

그러나 정신적 영역과 물질적 영역의 구분이 명확하지 않은 경우, 두 권력 기관은 종종 갈등을 빚었다. 두 기관 사이에 심각한 갈등이 벌어진 시기는 교황 그레고리우스 7세(재위 1073~1085) 때였다. 교황은 주교 서임 문제로 하인리히 4세와 갈등을 벌였다. 교회는 주교의 선임권이 교회에 있다고 주장했고 국왕은 국가 내에서 벌어지는 모든 인사권은 왕에게 귀속된다고 주장했다. 갈등이 격화되자 교황은 하인리히 4세를 파문했다. 하인리히는 신성로마제국 내의 다른 군주들이 자기편을 들지 않자 할 수 없이 1077년 겨울 밤에 카노사를 찾아가 그레고리우스 7세에게 용서를 빌었는데, 이 사건이 바로 저 유명한 '카노사의 굴욕'이다. 그 후 갈등이 지속되다가 1122년에 보름스에서 양측은 타협을 했는데, 주교의 선임은 교회가 하되, 그 선임된 인물은 국왕이 수용 가능한 사람이어야 한다는 것이었다.

그러나 왕권은 14세기 초에 다시 교회와 갈등을 빚었다. 당시 교황 보니파키우스 8세(1294~1303)는 잉글랜드의 에드워드 1세와 프랑스의 필리프 4세가 교회 재산에 세금을 매기려 하자 반발하고 나섰다. 하지만 보니파키우스 교황은 왕들의 뜻을 꺾지 못했고 그 후 아나니에서 쓸쓸하게 죽었다. 이 사건은 지난 천 년 동안 있었던 교회와 국가의 갈등이 국가의 일방적 승리로 끝났음을 보여 준다. 1300년 이후부터 두 기관 사이에서 더는 갈등이 없었다. 중세가 끝나갈 무렵, 유럽의 대다수 왕들은 교회를 제압할 수 있는 실권을 장악했으므로 더는 갈등을 일으키지 않았다. 중세의 교회와 국가에 대한 생각은 토마스 아퀴나스에 의해 잘 정의되었다. 아퀴나스 이전의 신학자들은 인간이 죄에 빠져서 국가가 존재하게 되었다고 보았다. 국가, 즉 군주의 강제적인 권력은 죄의 교정 수단이자 형벌로서, 하느님이 인간 사회에 부과하신 것으로 생각되었다. 그러나 아퀴나스는 국가가 인간의 본성에 합치된다고 주장했다. 인간 사회에는 공통된 이해관계가 나타나게 마련인데 그것을 보호하는 공인된 권위가 국가라는 것이다. 인생의 목표가 현세에서 행복한 삶을 꾸리는 것이 전부라면, 국가만으로 그런 욕구를 충족시킬 수 있을 것이다. 그러나 인간은 내세에서 하느님과 함께 살아야 하는 초자연적 운명도 지니고 있으므로, 이 목적을 달성하기 위해서는 교회가 반드시 필요하다고 아퀴나스는 주장했다.

이렇게 하여 서구의 국가들은 사회를 성과 속으로 구분하는 세속주의를 확립했다. 세속주의는 인간이 만든 법률은 신이 만든 법률을 능가하고, 예수 그리스도의 사명은 정치적인 것이 아니라 종교적인 것이며, 종교와 신자들 사이의 관계는 본질적으로 개인적인 관계(즉 믿든 말든 개인이 알아서 할 문제)라는 주장이다. 이러한 세속주의는 성과 속을 명확히 구분하지 않는 유대인, 힌두교 신자, 무슬림 들과 갈등을 일으킬 수밖에 없었다. 유대인들과의 갈등은 서양 역사 내내 전개된 문제였고, 힌두교 신자와의 갈등은 대영제국이 인도를 지배하면서 불거진 문제였고, 무슬림과의 갈등은 성과 속을 구분하는 기독교 세계와 세속주의를 거부하는 이슬람교 사이에서 문명의 충돌을 일으키며 현재 진행 중이다.

교회와 국가의 갈등 다음에는 권위와 성령의 갈등이 또 다른 문제로 등장했다. 1517년 10월, 마르틴 루터(1483~1546)는 교황의 면죄부 판매에 항거하는 95개 논제를 써서 비텐베르크 성당의 문 앞에 붙였다. 이어 루터는 개인적/사적인 것으로서의 신앙(개인이 느끼는 성령)이 교황청의 권위보다 더 중요하다고 주장했다. 16세기 서방 기독교에서 벌어진 루터 사건은 존 위클리프, 윌리엄 틴들, 얀 후스 같은 선배 지도자들의 영향 아래 벌어진 것이다. 루터의 종교 혁명은 엄청난 정치적·경제적·사회적 파급 효과를 가져왔고, 그리하여 가톨릭, 그리스 정교와 함께 기독교의 3대 분파를 이루는 프로테스탄티즘을 정립시켰다.

마르틴 루터는 1521년 1월 27일부터 5월 25일까지 보름스에서 열린 제국 의회에 참석하여 황제 카를 5세 앞에서 자신이 생각하는 기독교의 교리를 열렬히 옹호하면서 이런 유명한 말을 남겼다. "Hic stehe ich. Ich kan nicht anders. Gott helff mir. Amen. 나는 여기에 그대로 서 있다. 나는 다르게 할 수가 없다〔그 어떤 것도 취소할 수 없다〕. 하느님, 저를 도와주십시오, 아멘." 카를 5세는 루터의 신변 안전을 보장했기에, 루터를 체포하지 않고 귀향을 허락했다. 그러나 5월 25일 보름스 칙령에 의해 루터의 가르침은 공식적으로 이단으로 단죄되었다.

루터의 핵심적 주장은 다음 세 가지다. 첫째, 가톨릭교회에서 거행되는 7대 성사 중 성찬과 세례만 빼고 모두 폐지해야 한다. 둘째, 독일의 귀족들(통치자)이 교회의 개혁을 직접 맡아야 하고, 사제의 독신 제도를 철폐해야 한다. 이에 따라 루터는 자신의 주장을 실천하기 위해 1525년에 수녀인 카타리나 폰 보라와 결혼하여 그 후 여섯 자녀를 낳았다. 또 세속 통치자를 개혁의 주체로 내세움으로써 16세기와 17세기에 대두된 절대 왕권을 지지하는 결과를 가져왔다. 셋째, 은총에 의한 의화義化(의인이 되는 것)를 중시한다. 아우구스티누스는 이미 루터보다 앞서서 은총에 의한 의화를 말했다. 구원은 하느님의 은총으로 아무 조건 없이 주어지지만, 하느님께서 선택한 사람들에게만 주어진다. 아우구스티누스의 이러한 예정론은 훗날 장 칼뱅에 의해 더 강화되었다. 이러한 루터의 주장은 '오로지 믿음으로만sola fide' '오로지 성경으로만sola scriptura' '오로지 은총으로만sola gratia'으로 요약된다. 기독교의 모든 권위는 성서에서 나오고 구원은 개인의 노력이 아니라 은총에서 온다는 것이다. 이에 대한 가톨릭 측 반박은 이러하다. 믿음만을 말한다면, 선행을 게을리하여 신자들이 태만해진다. 성경만으로 믿음을 따진다면, 누구나 자신의 주관적 견해에 따라 성경을 해석하게 되어 결국 중구난방이 된다. 은총으로만 구원을 얻는다고 말하면, 신자 개인의 자유 의지와 공로를 말살하게 된다.

세 번째 갈등은 18세기에 들어와 계몽사상이 널리 퍼지면서 신앙과 이성 사이에 벌어진 문제다. 볼테르는 교황청을 비판하는 자유사상 캠페인을 벌였다. 프랑스의 필로조프파는 18세기 자유주의 계몽사상가들을 통칭하는 말인데, 이들 대부분이 백과전서파에 가담하고 있어서, 이 용어와 상호 교환적으로 쓰인다. 이들은 중세에 온갖 오만과 악행을 저지른 기독교를 경멸했다. 이들이 신봉하는 계몽사상은 인간의 이성을 중시했고 이것은 결국 이신론理神論을 탄생시켰다. 이신론은 이성적인 관점에서 신을 이해하려는 태도를 말한다. 주로 17세기와 18세기에 프랑스와 영국에서 벌어진 자유사상 운동을 가리킨다. 이 신학 사상은 하느님의 계시를 부정하고 이성의 힘을 강조한다. 이신론의 주요 주장은 하느님이 이 세상을 창조한 것은 맞지만, 그 후 계시의 방법이든 기적의 방법이든 현재의 세상 돌아가는 일에는 일절 간섭하지 않으며, 따라서 예수 그리스도는 하느님의 아들이라고 보기 어렵다는 것이다. 이처럼 이성을 중시하는 신관은 결국 무신론으로 가는 중간 기착지가 된다.

계몽사상과는 전혀 어울릴 법하지 않으나, 따지고 보면 그 사상이 만들어 낸 인물이 하나 있는데 바로 사드 후작(1740~1814)이다. 사드는 사디즘(가학증)이라는 용어에 이름을 내주었고, 반이성을 내세우며 쾌락을 중시한 인물이다. 사드는 모든 도덕을 위반할 때 쾌락이 생겨난다고 말한다. 도덕적 사랑이란 옳지 못하며 그런 것은 언어적으로만 존재할 뿐 실제로는 존재하지 않는다고 주장한다. 오로지 자연만이 있을 뿐이고, 약자는 강자에 의해 노예가 되고 착취당하는 것이 자연의 질서다. 자연 상태에서 결혼과 성폭행은 동일한 행위다. 사드는 또 자선은 약자의 구질구질한 목숨을 연명시켜 주는 무의미한 과정이었고, 인류애라는 것은 사기꾼이나 하는 말이라고 주장한다. 이웃을 사랑하라는 얘기는 결코 자연에서 나온 것이 아니라, 기독교에서 나온 환상이라는 것이다.

여기서 우리는 계몽주의의 반작용을 읽을 수 있다. 계몽주의는 인간의 이성과 의지가 작용하여 도덕률이 수립된다고 보았는데, 마찬가지 논리로 그것들은 정반대 방향인 쾌락 추구의 반도덕으로 나아갈 수도 있다. 인간은 태어나면서 나와 남, 운명과 의지, 이성과 반이성이라는 이중 의식에 시달리는데, 이성이 그 위력을 한없이 추구하다 보면 물극필반하여 반이성으로 나아가게 된다. 이성을 그토록 중시하여 종교를 미신이라고 부정한 프랑스 혁명이 1793~1794년의 무시무시한 공포 시대를 불러와 기요틴으로 무수히 많은 사람을 학살한 현상은 무엇인가? 그것이 바로 물극필반의 구체적 사례인 것이다. 사드는 이러한 시대적 배경을 반영하는 인물이다. 사드는 반이성의 쾌락을 주장하면서, 그것이 진정으로 용감한 인간이 해야 할 일이며 나머지는 모두 기독교적 도덕에 짓눌리는 위선적 행위라고 보았다. 이신론이 무신론으로 가는 이정표이듯이, 반도덕적인 사드는 신은 죽었다고 외친 니체로 가는 중간 기착지가 되었다.

프리드리히 니체(1844~1900)는 초인超人의 개념을 제시한 철학자다.

요즘에는 독일어 원어대로 '위버멘슈'라는 단어를 쓰기도 한다. 니체의 주장에 따르면, 삶은 결국 힘(혹은 권력)에 대한 의지이므로, 진정한 삶을 원하는 사람은 평범한 사람들의 신념과 관습을 극복해야 한다. 사회에서 말하는 선과 악이라는 것은 순전히 상대적인 개념이다. 모든 사람에게 적용되는 단일한 도덕은 있을 수 없으며, 강인하고 정력적이고 효율적인 사람을 위한 도덕과 허약하고 평범하고 복종적인 사람을 위한 도덕, 이렇게 두 가지 도덕이 있다. 전자는 주인의 도덕으로서 힘에 대한 의지가 작동하며, 힘센 사람이 허약한 사람을 제압하고 또 강자의 개성을 마음껏 펼치는 것을 허용한다. 후자는 노예의 도덕으로 연민, 복종심, 겸손함 등을 가르친다. 이런 심리적 태도는 보호를 필요로 하는 허약하고 병든 사람들에게 호소력이 있다. 니체는 이런 수동적인 도덕이 기독교의 핵심이라고 지적하면서 기독교를 맹렬하게 공격한다. 그의 저서 《선악을 넘어서》와 《도덕의 계보》의 핵심 주장도 결국 이와 비슷하게, 기존 사회의 선과 악의 구분도 임의적이며 결코 항구적이지 않다는 것이다. 여기서 《도미니언》의 제사로 인용된 니체의 말을 다시 한 번 가져와 보자.

"당신이 옳다고 믿는 것은 그 원인이 어디에 있을까. 그것은 어린 시절부터 옳다고 지목된 것을 당신이 맹목적으로 받아들인 다음에 그것에 대하여 깊이 생각해 보지 않은 데 있다."

이 문장은 니체의 핵심 주장이기도 하다. 기존의 도덕이라는 것은 기독교가 어릴 때부터 강제로 주입한 것이므로 모두 타파해야 한다는 것이다. 기독교의 도덕을 따르는 사람들은 깊은 잠에 빠져서 현실을 도피하고, 신체보다 정신을 더 소중히 여기고, 전쟁보다는 평화를 추구하려 한다. 따라서 이런 태도를 혁파하기 위해서는 적극적이고 창조적인 이교도의 행동 규범, 즉 그리스-로마 시대의 투쟁적이고 상무적이며 쾌락 지향적인 정신을 다시 소생시켜야 한다. 여기서 초인의 미덕이 등장하는데, 신은 죽었다고 외치면서 신으로부터 자기 자신을 해방하고, 내생이라는 헛된 믿음을 내던지는 것이다. 초인은 어중이떠중이 같은 대중에게 혐오감을 느끼며, 그들을 완전히 능가함으로써 진정한 즐거움을 얻는다. 그 어떤 형태가 되었든 뭔가를 예배하는 것은 유아 시절로 되돌아가는 것이다.

이러한 니체의 사상은 한 세대 후에 나치스에게 영향을 주었고 히틀러는 사랑과 동정이라는 기독교의 가르침은 약자의 가르침이라고 경멸하고 무시했으며, 초인 사상을 강조하여 주변 국가들을 우습게 보고서 2차 세계 대전을 일으켰다. 대전 중에는 강자를 더 우대하는 우생학적 방식을 강조하며 인종 학살이라는 잔악한 범죄를 저질렀다. 2차 세계 대전이 끝난 후, 인류는 계몽사상이 그토록 강조하고 자랑스럽게 여겼던 인간의 이성이라는 것이, 실은 그리 대단한 것이 아니며 그것 이외의 다른 힘에 의해 견제되지 않으면 어떤 결과를 가져오는지를 분명하게 알게 되었다.

네 번째이자 마지막은 남녀 사이의 갈등이다. 중세에 남자는 여자가 복종하기를 원했고 여자는 반항했다. 아리스토텔레스는 여자를 불완전한 남자라고 정의했다. 오늘날의 여성들이 들었더라면 심한 모욕감을 느꼈을 법한 이런 정의는 중세 시대에 들어오면서 더욱 확고한 가르침으로 자리 잡았다. 그리하여 구약성경 〈창세기〉가 가르친바, 인류의 타락은 이브 탓이라는 전승이 굳건히 확립되었다. 이 전승에 따르면, 여자는 유혹하는 사람 혹은 일단 처녀성을 잃으면 성적으로 만족을 모르는 존재로 치부되었다. "여자에게서 죄악이 시작되었고 여자 때문에 우리 모두는 죽는다"라고 가르쳤다. 여자 때문에 죽게 되는 것은 역사적으로 여자가 언제나 권력의 통화通貨였기 때문이다. 베르길리우스는 《아이네이스》 제1권에서 "두크스 페미나 팍티dux femina facti"라고 하여 여자가 모든 사건의 지배자라고 노래했다. 프랑스 소설가 알렉상드르 뒤마는 "셰르셰 라 팜므Cherchez la femme!(여자를 찾아라!)"라고 했는데, 모든 사건의 밑바닥에는 여자가 있다는 뜻이다. 여자는 재물과 함께 권력이 집중하는 두 가지 중요한 지향점으로, 모든 야심만만한 남자들이 걸려서 넘어지는 올무다. 인간의 한평생은 죽음의 두려움과 삶의 지겨움 사이에서 지속적으로 발생하는 욕망의 파도 타기인데, 그중 권력이 가장 큰 욕망이고 그것을 배후에서 풀무처럼 부추기는 존재가 바로 여자다.

여자는 또 변덕스럽고 위험한 습지여서 언제 발이 빠져 죽을지 모르는 위험이 있고, 남자를 통째로 삼켜서 흐물흐물한 존재로 만들어 버린다고 생각했다. 어떤 남자들은 여자가 이성적 능력이 없고 감정을 통제하지 못하고 자기의 잘못을 상대방에게 뒤집어씌우는 일을 잘한다고 생각했다. 소인과 여자는 상종할 상대가 되지 못한다고 말한 사람도 있다. 여자는 변덕스러운 달처럼 조수간만의 영향을 받으며 그것은 여자의 생리 주기가 증명한다고 주장했다. 또한 여자들은 혓바닥을 제대로 통제하지 못하므로 그들의 가장 높은 미덕은 당연히 침묵이 되어야 마땅하다고 보았다.

남성들이 사회에서 지배적인 위치에 있었음에도 불구하고, 여성의 성욕은 남성들에게 강력한 위협이 되었다. 불륜을 저지르는 아내는 남편을 아주 우스꽝스럽거나 한심한 남자로 만들 수 있었다. 재산을 가진 남자들에게 부정한 아내는 골칫거리가 아닐 수 없었다. 자신의 아이들에게만 재산을 물려주어야 하는데, 자신의 소생인지 아닌지 확실히 알 수 없다면 엉뚱한 자에게 재산이 돌아가는 낭패가 발생할 수도 있었다. 재산을 목숨과 동일하게 여긴 중세 사회에서, 남편이 아내의 정절을 확신하지 못한다면 사회의 안정된 구조 자체가 위협받을 터였다. 그리하여 여성의 입과 질은 남성들이 가장 심한 불안감을 느끼는 여성의 핵심적 기관이었고, 중세의 가부장적 담론에서 서로 같은 것으로 간주되었다. 그 둘이 제멋대로 놀아나는 것은 반드시 막아야 했다. 이렇게 볼 때 여성의 침묵 자체가 하나의 성적 암시가 되었다.

중세 시대 수도사들이 여성에 대해 보인 불안감은 대단하여, 클레르보의 베르나르는 "항상 여자와 함께 있으면서 성적인 관계를 맺지 않는 건 죽은 자를 부활시키는 것보다 더 어려운 일이다"라고 말했다. 한 수도사는 이런 말까지 했다. "여자는 남자의 혼란, 탐욕스러운 짐승, 지속적인 불안, 끊임없는 전쟁, 날마다의 멸망, 폭풍의 집, 헌신의 방해물이다." 이런 위협적인 존재였으므로 여성에게는 절대적 복종을 요구하는 것이 가장 현명한 방책이라고 생각되었다. 이처럼 남녀 간의 관계는 일종의 파워 게임 같은 양상을 보이지만, 남녀가 진정으로 사랑한다면 그런 갈등은 한낱 바람에 흩날리는 지푸라기에 지나지 않는다.

사랑의 주제

2차 세계 대전이 끝나고 15년 정도의 극심한 혼돈기가 경과한 후, 1960 년대에 들어서서 새로운 길로 가자는 외침이 터져 나오게 되었는데, 그것은 기존의 사상가들이나 철학자들이 아니라 사람들 사이에서 폭넓은 정서를 공유하는 대중적 뮤지션인 비틀스에 의해 주장되었다. 비틀스의 주장은 모순과 갈등을 이겨 내는 방법은 사랑뿐이라는 것이다. 비틀스는 "당신에게 필요한 건 사랑뿐"이라는 마지막 소절을 노래하기 전에 대립과 갈등의 사례들을 말한다. "당신이 할 수 있는 것은 무엇이든 못할 것이 없다. 노래할 수 있는 것은 얼마든지 노래할 수 있다. 그 게임을 플레이하는 방법을 알면, 말하지 못할 것이 없다. 만들 수 있는 것은 뭐든지 만들 수 있고, 구제할 수 있는 것은 뭐든지 구제할 수 있다. 때맞추어 당신 자신이 되는 방법만 안다면, 이 세상에 못할 것이 없다. 알아낼 수 있는 것은 뭐든지 알아낼 수가 있고, 볼 수 있는 것은 뭐든지 볼 수가 있다. 당신이 가서는 안 되는 곳? 그런 곳은 아예 있을 수가 없다. 당신에게 필요한 건 사랑뿐." 여기서 나온 "게임을 플레이하는 방법"은, 비틀스의 대표곡 〈예스터데이〉에서도 나오는 "사랑은 플레이하기가 아주 쉬운 게임Love was such an easy game to play"과 호응한다.

비틀스는 데뷔 초기부터 일관되게 '사랑'을 노래한 보컬 그룹이었다. 그러나 스스로 무신론자임을 자처한 비틀스가 《도미니언》에서 탐구된, 사랑이라는 개념의 저 오래된 모순과 갈등을 모두 알고서 그런 노래를 불렀는지는 불분명하다. 하지만 지구가 어떻게 자전하면서 태양 주위를 돌았기에 가을이 오는 것인지 그 천문의 이치를 모두 다 알아야 은행나무 한 잎이 땅에 떨어지는 가을의 정서를 노래할 수 있는 것은 아니다. "비틀스는 전쟁으로 산산조각 난 세상에서 자라났다. 그들의 고향인 리버풀의 광범위한 지역이 독일군의 공습으로 완전히 파괴되었다. 그들은 아마추어 밴드 생활을 함부르크에서 했으며, 그들이 공연하는 클럽들은 팔다리가 온전히 없는 예전 나치스 당원들이 웨이터로 일하고 있었다"(20장). 가객이 먼저 그러한 세상을 노래하고, 그다음에 사람들은 그 노래의 메시지에 반응한다. 이런 면에서 비틀스는 시대의 풍향계였다. 또한 비틀스는 1970년 해체 직전에는 인도의 요가 사상에 심취했던 것으로 알려져 있다. 따라서 그들이 말하는 사랑이 기독교적인 것인지 아니면 세속적인 것인지 혹은 다른 종교에서 유래한 것인지 더욱 아리송하다. 그러나 사랑은 기독교가 되었든 인도 요가가 되었든 한국의 성리학이 되었든 불교의 가르침이 되었든, 세계적으로 공통되는 보편 언어다. 인간이 그 자신의 모순과 갈등을 이겨 내기 위해 만들어 낸 가장 위대한 무기인 것이다.

인간을 모순적인 존재라고 하고 그 허약함과 강인함 중 어느 하나를 선택해 그것만 강조한다면 니체와 같은 위버멘슈의 철학이 되었을 것이고, 정반대로 허약함만을 선택한다면 온유한 원시 기독교의 도덕이 되었을 것이다. 그러나 니체의 철학이 오로지 강인함만 강조한 부작용이 무엇인지 2차 대전으로 분명하게 드러났듯이, 기독교의 온유함도 그것이 가르침의 전부였다면 멀게는 로마제국을 지탱해 주고 가깝게는 넬슨 만델라 같은 사람을 만들어 낸 힘으로 작용하지 못했을 것이다. 기독교는 처음부터 온유함 이외에 사랑이라는 가장 강력한 무기를 내놓았다. 그 사랑은 행동하는 믿음으로 실천되는 것이었고 강력한 의지인 동시에 행동이었다. 네 이웃을 너 자신처럼 사랑하라는 것이었다. 기독교는 팔복을 가르치면서도 율법의 준수냐 거부냐, 성이냐 속이냐 하는 이분법을 초월하는 제3의 가르침을 내놓았는데 그것이 바로 사랑이다. 이 사랑을 가장 완벽하게 실천한 분이 예수 그리스도인데, 이 책의 11장에서 인용된 〈요한 복음서〉 8장의 간음한 여자 일화가 그 점을 잘 보여 준다.

바리새인들은 예수를 시험하기 위하여 간음하다 붙잡힌 여자를 끌고 와서 예수에게 이런 말을 했다. 모세는 율법에서 이런 여자를 돌로 쳐서 죽이라고 되어 있는데 당신의 생각은 어떤가? 예수가 율법에 위배되는 대답을 하면 그것으로 구실을 만들어 고소할 계획이었던 것이다. 예수가 허리를 굽혀 손가락으로 땅에 무엇인가 쓰면서 대답을 하지 않자 바리새인들은 대답을 계속 재촉했다. 그러자 예수가 몸을 일으키며 그들에게 말했다. "너희 중에 죄 없는 자가 먼저 저 여자에게 돌을 던져라." 그러고는 다시 몸을 굽혀서 땅에다 무엇인가 썼다. 바리새인들은 그 말을 듣자 하나씩 떠나갔다. 마침내 여자와 예수, 이렇게 둘만 남게 되었다. "여인아, 그자들은 어디 있느냐? 너를 단죄한 자가 아무도 없느냐?" "선생님, 아무도 없습니다." "나도 너를 단죄하지 않는다. 가거라. 그리고 이제부터 다시는 죄짓지 마라."

예수는 율법만 가지고는 세상의 모순과 갈등을 극복할 수 없음을 이 일화를 통해 보여 준다. 자기가 잘못했는데도 용서를 받아 본 적 있는 사람은 그 용서의 훈훈한 기억을 잊지 못하고 이어 다른 사람을 용서함으로써 그 용서의 빚을 갚고 싶어 한다. 이때의 용서는 곧 사랑이며 그 호소력과 전염력은 아주 강력하다. 실제로 용서는 예수의 가장 핵심적인 가르침이다. 동일한 잘못에 대해서 일흔 번씩 일곱 번을 용서해 주라고 하지 않았는가. 이 용서야말로 저절로 부패하려는 경향이 있는 사회를 정화시키는 가장 강력한 힘이다. 그러나 이러한 용서와 사랑은 오롯이 기독교에서만 가르친 개념이라고 말하기는 어렵다. 인간이 모순적인 존재라는 사실은 양洋의 동서와 시時의 고금을 가리지 않고 똑같고, 그래서 그 모순을 극복하는 방법은 지구촌 어디에서나 비슷했다. 가령 중국과 한국의 성리학에서도 인의예지仁義禮智의 사단四端을 가르치면서 인仁을 가리켜 측은지심惻隱之心(상대방을 측은하게 여기는 마음)이라고 했는데, 이는 기독교의 '사랑'과 그리 다르지 않은 개념이다. 이것을 보여 주는 구체적 일화를 두 가지만 들어 보겠다.

사마천의 《사기》 중 〈범수열전〉에는 이런 얘기가 나온다. 춘추전국 시대에 위나라에 살았던 범수는 친구인 수가에게 심한 모욕을 당했다. 수가가 범수를 위나라 임금에게 무고하는 바람에 범수는 변소에 내버려지고 위나라 임금의 빈객들이 술에 취해 번갈아 가며 범수의 몸에다 방뇨를 했다. 그 후 범수는 절치부심하며 훗날 반드시 복수할 것을 결심한다. 드디어 범수는 강성한 진나라의 재상이 되었는데, 진나라가 위나라를 침공할지 모른다는 소문에 위나라는 수가를 진나라에 강화 사신으로 파견했다. 이 사실을 알게 된 범수는 복수할 절호의 기회라고 생각하여 일부러 거지 행색을 하고서 영빈관의 수가를 찾아간다. 수가는 거지꼴을 한 범수가 측은한 생각이 들어서 술과 밥을 내어 먹이고 이어 조잡한 비단으로 만든 도포인 제포 한 벌을 그에게 내주었다. 며칠 후 수가는 재상의 자리에 앉아 있는 범수를 만나는데, 범수는 이때 이런 말을 한다. "너를 죽이기 전에 네가 누구의 손에 죽는지를 미리 알려 주려고 전일 너를 찾아갔다. 그러나 오늘 너를 죽이지 않는 까닭은 제포 한 벌을 나에게 주며 옛정을 못 잊어하는 태도를 보였기 때문이다. 그러니 너는 이제 그만 돌아가라."

오긍의 《정관정요》에는 이런 얘기가 나온다. 거물 정치가가 정적을 암살하기 위해 뛰어난 자객 두 명을 파견했다. 새벽이 오기 전 야음을 틈타 그 정적의 집에 침투한 자객은 암살 표적이 그 집의 작은 방에 누워 있는 모습을 발견했다. 그런데 주변 상황을 살펴보니, 그는 전일 모친상을 당하여 날밤을 새우고 이제 막 잠이 든 상태였다. 두 자객은 그런 상황에 처한 표적을 죽이는 것은 너무 잔인하다는 생각이 들어서 죽이지 못하고 암살을 포기한 채 되돌아갔다. 두 자객은 측은지심이 발동하여 차마 죽이지 못한 것이다. 범수 또한 수가를 죽이려다 그 측은지심에 감동하여 예전의 봉욕을 다 잊어버리고 측은지심으로 갚은 것이다. "그러니 너는 이제 그만 돌아가라"라고 말하는 범수는, "나도 너를 단죄하지 않는다. 가거라. 그리고 이제부터 다시는 죄짓지 마라"라는 예수의 말씀을 상기시킨다. 여기서 우리는 사단 중의 측은지심이 예수가 말하는 사랑과 같은 것임을 알 수 있다.

사실 정의(율법)만을 앞세우면 만인의 만인에 대한 싸움은 끝날 길이 없으므로 사랑이라는 인간 공동체 특유의 개념이 생겨났다. 이처럼 정의에 더하여 사랑이 있어야 한다고 가르치는 것은 어느 사회, 어느 종교든 다 마찬가지다. 가령 《묘법연화경》의 '여래수량품'에서 부처는 이런 말을 한다. "나는 언제나 여기에 있다. 단지 사람들의 눈에 오고 가는 것처럼 보일 뿐이다." 이 말씀은 온 세상이 사랑(자비심)으로 넘쳐흐르는데 우리 우매한 인간들이 겉모습에 현혹되어 보지 못할 뿐이라는 것이다.

"서로 사랑하라"라는 말은 누구나 할 수 있다. 그러나 사랑이 그렇게 말하는 사람의 실제 행동으로 이어지기까지는 아주 많은 내력과 단련을 필요로 한다. 이 책에서 다루어진 사건들은 그런 내공의 과정을 잘 보여준다. 이 책 《도미니언》의 부제에 들어간 말이 '서유럽인의 기독교 정신'이 아니라 '서유럽인의 정신'이라는 점을 다시 한 번 주목하고 싶다. 저자는 서양인의 정신적 바탕은 당사자가 기독교 신자든 아니든 결국에는 기독교에서 나온 것이라고 주장한다. 서양의 대표적 사상인 세속주의, 자유민주주의, 남녀평등의 인권, 보편적 사랑 등에 대하여 일부 서양 사람들이 마치 자신들의 독창적 발명인 것처럼 말하지만 실은 기독교 성경 속에서 모두 그 근거를 찾아볼 수 있다고 주장한다. 그중에서도 특히 사랑은 기독교가 없었더라면 원천적으로 불가능했다고, 톰 홀랜드는 일관되게 말한다. 하지만 우리 한국인의 입장에서 보자면, 그것이 러브든 인仁이든 자비慈悲든 결국 인류 전체의 문화유산, 좀 더 구체적으로는 각 나라의 독특한 문화적 배경에서 나온 것이 아닌가 생각하게 된다. 따라서 이 책에서 다루어진 60여 편의 일화는 서양 이야기지만, 바로 우리의 얘기로도 읽을 수 있다.

이종인

미주

서론

1. 호라티우스. 《풍자시》 1.8.8.
2. 호라티우스. 《서정시》 5.100.
3. 타키투스. 《연대기》 15.60.
4. 세네카. 《분노에 대하여》 1.2.2.
5. 타키투스. 《연대기》 14.44.
6. 세네카. 《위로에 대하여, 마르키아에게 보내는 편지》.
7. 키케로의 다음 연설문을 참조할 것. 《베레스에 대한 반론》 2.5.168과 169.
8. 바로. 단편 265.
9. 신약성경 〈마르코 복음서〉 15장 22절.
10. Vermes, p. 181.
11. 요세푸스. 《유대 전쟁》 7.202.
12. 신약성경 〈필리피 신자들에게 보낸 서간〉 2장 9~10절.
13. 핀다르. 《네메아 서정시》 3.22.
14. 바로. 단편 20.
15. 순교자 유스티누스. 《트리포와의 대화》 131.
16. 안셀무스. 〈그리스도에게 바치는 기도〉, 79~84행.
17. 이드머(Eadmer). 《성 안셀무스의 생애(Life of Saint Anselm)》 23.
18. Fulton, p. 144.
19. 이드머. 《성 안셀무스의 생애》 22.
20. 신약성경 〈마태오 복음서〉 20장 16절.
21. 〈마태오 복음서〉 16장 19절.

22. Boyarin (1994), p. 9.

23. 구약성경 〈시편〉 9장 5절. Rana Mitter, *Forgotten Ally: China's World War II, 1937—1945* (London, 2013), p. 362에서 재인용.

24. http://www.abc.net.au/radionational/programs/religionreport/the-god-delusion- and-alister-e-mcgrath/3213912.

25. Gibbon. *The Decline and Fall of the Roman Empire* (로마제국 쇠망사) 3, 28장.

26. Swinburne. 'Hymn to Proserpine'.

27. *Acts of Thomas*(토마스 행전) 31.

1장 아테네 | 기원전 479년, 헬레스폰트

1. 헤로도토스.《역사》9.120.

2. 다리우스: 비시툰(Bisitun), 32. 그다음 행은 동일한 처벌이 두 번째 반도에게 가해졌다고 기록했다.

3. 플루타르코스.《아르타크세르크세스의 생애》16.

4. 다리우스: 비시툰, 5.

5. 같은 곳, 8.

6. 함무라비: 서언.

7. 아슈르바니팔(Ashurbanipal). 1221 r.12. `

8. 키루스의 원주(圓柱) 기명(記銘) 20.

9. 다리우스: 비시툰, 49.

10. 같은 곳, 72. 그렇게 단죄된 사람들은 엘람이라는 땅에서 왔다.

11. 같은 곳, 75.

12. 같은 곳, 76.

13. 투키디데스.《펠로폰네소스 전쟁사》2.41.

14. 크세노폰.《키루스의 교육(Cyropaedia)》8.2.12.

15. 같은 책.

16. 'Pseudartabas'라는 이름에 대한 또 다른 설명은 '거짓된 조치'라는 것인데, 다소 신빙성이 떨어진다.

17. 호메로스.《일리아스》24.617.

18. 헤시오도스.《노동과 나날》158.

19. 호메로스.《오디세이아》20.201.

20. 플라톤.《이온》530b.

21. 호메로스. 《일리아스》 6.610.

22. 같은 책. 5.778.

23. 같은 책. 4.51~3.

24. 테오그니스(Theognis). 《신통기》 381~2.

25. 아리스토텔레스. 《유데미아 윤리학》 1249b.

26. 데모스테네스. 《티모크라테스에게 반대하는 연설》 5.

27. 소포클레스. 《오이디푸스 왕》 866~9.

28. 소포클레스. 《안티고네》 456~7.

29. 같은 책. 453~5.

30. 같은 책. 1348~50.

31. 헤시오도스. 《신통기》 925.

32. 크세노파네스. 섹스투스 엠피리쿠스의 《교수들에 대한 반론》 1.289에서 인용.

33. 헤라클리토스. 스토바이우스 3.1.179에서 인용.

34. 아리스토텔레스. 《형이상학》 12.1072a.

35. 같은 책. 12.1072b.

36. 아리스토텔레스. 《동물의 역사》 1.2.

37. 아리스토텔레스. 《정치학》 3.1287a.

38. 디오게네스 라에르티우스. 1.33.

39. 아리스토텔레스. 《정치학》 1.1254a.

40. 같은 책. 7.1327a.

41. 투키디데스. 5.89.

42. 〈데메트리우스 찬가〉. 15~20.

43. 테오프라스투스. 카이레몬의 《그리스 비극 단편》, 단편 2(p. 782)에서 재인용.

44. 폴리비오스. 29.21.5.

45. 같은 책. 1.3.4.

46. 키케로. 《법에 대하여》 1.6.18.

47. 알렉산드로스. 《뒤섞임에 대하여》 225.1~2.

48. 클레안테스. 《제우스 찬가》 1.537.

49. 키케로. 《복점에 대하여》 1.127.

50. 스트라보. 11.16.

2장 예루살렘 | 기원전 63년, 예루살렘

1. 요세푸스.《유대 고대사》14.4.4.

2. 바로. 성 아우구스티누스의《복음서들의 조화에 대하여》1.22.30에서 인용된 것.

3. 타키투스.《역사》5.9.

4. 디오도로스 시켈로스: 34.2.

5. 키케로.《투스쿨룸 담론》2.61.

6. 《솔로몬의 시편》2.1~2.

7. 디오 카시우스: 37.6.1.

8. 구약성경 〈창세기〉22장 2절.

9. 〈창세기〉22장 18절.

10. 에우폴레무스(Eupolemus)는 폼페이우스가 예루살렘을 점령하기 한 세기 전
    에 살았던 인물로, 그리스어를 사용한 유대인이다. Isaac Kalimi, "The Land
    of Moriah, Mount Moriah, and the Site of Solomon's Temple in Biblical
    Historiography" (*Harvard Theological Review* 83, 1990), p. 352에서 재인용.

11. 구약성경 〈이사야서〉2장 2절.

12. 구약성경 〈신명기〉11장 26~28절.

13. 구약성경 〈열왕기하〉25장 9절.

14. 구약성경 〈하까이서〉2장 3절.

15. 《솔로몬의 시편》2.3~4.

16. 구약성경 〈하바쿡서〉. 2장 8절.

17. 〈하바쿡서〉. 1장 8절.

18. 예언자 하바쿡에 대한 쿰란 문서 9.6~7. 이 문서에서 로마인들은 '키팀(Kittim)'이
    라고 언급된다.

19. 아리스테아스의 편지 31.

20. 구약성경 〈신명기〉4장 7절.

21. *Enuma Elish*. Tablet 5.76.

22. 같은 책. Tablet 6.7~8.

23. 〈창세기〉1장 31절.

24. 〈창세기〉2장 9절. 하느님은 아담과 이브가 두 번째 나무인 '생명의 나무'에서 과일을
    따 먹을까 봐 우려하지만, 그들에게 따 먹어서는 안 된다고 명시적으로 금지하지는
    않는다.

25. 벤 시라. 25.24.

26. 구약성경 〈판관기〉 5장 8절.

27. 〈신명기〉 30장 3절.

28. 〈시편〉 68장 5절.

29. 〈이사야서〉 44장 6절.

30. 〈이사야서〉 41장 24절.

31. 〈이사야서〉 45장 6절.

32. 구약성경 〈탈출기(출애굽기)〉 15장 11절.

33. 〈판관기〉 5장 4절.

34. 〈시편〉 89장 6절.

35. 〈시편〉 82장 1절.

36. 〈시편〉 82장 6~7절.

37. 구약성경 〈말라키서〉 1장 11절.

38. 구약성경 〈욥기〉 1장 7절.

39. 〈욥기〉 1장 8절.

40. 〈욥기〉 1장 11절.

41. 〈욥기〉 2장 8절.

42. 〈욥기〉 8장 3~4절.

43. 〈욥기〉 42장 7절.

44. 〈창세기〉 1장 21절.

45. 〈욥기〉 40장 25절.

46. 〈욥기〉 42장 2절.

47. 〈이사야서〉 45장 7절.

48. 〈이사야서〉 41장 17절.

49. 《솔로몬의 시편》 2.25.

50. 같은 책. 2.29.

51. 〈탈출기〉 1장 13절.

52. 〈탈출기〉 12장 29절.

53. 〈탈출기〉 14장 28절.

54. 〈탈출기〉 33장 17절.

55. 〈탈출기〉 20장 3절.

56. 〈탈출기〉 20장 5절.

57. 〈신명기〉 34장 6절.

58. Assman, p. 2.

59. 〈탈출기〉 20장 2절.

60. 〈신명기〉 7장 19절.

61. 〈열왕기하〉 22장 8절.

62. 〈열왕기하〉 23장 2절.

63. 〈판관기〉 8장 24절.

64. 〈신명기〉 4장 6절.

65. 〈이사야서〉 11장 6절.

66. 〈이사야서〉 11장 4절.

67. 《솔로몬의 시편》 17.30.

68. 베르길리우스. 《농경시》 4.6〜9.

69. 요세푸스. 《유대 전쟁》 2.117.

70. 요세푸스. 《아피온에 대한 반론》 2.175.

71. 타키투스. 《역사》 5.4.

72. 스트라보. 16.2.35.

73. 〈시편〉 47장 2절.

74. 〈이사야서〉 56장 6절.

75. 스트라보. 16.2.37.

76. 타키투스. 《역사》 5.5.

77. 필론. 《가이우스에게 가는 사절》 319.

78. 같은 저자. 《모세의 생애》 2.20.

3장 선교의 임무 | 기원후 19년, 갈라티아

1. 리비우스. 《로마사》 38.17.4.

2. 이 칙령들에 대한 기록은 전하지 않는다. 그러나 아우구스투스를 신격화한 동판은 적어도 세 군데 갈라티아 도시에서 재생산되었으나, 우리가 아는 한, 그 외의 로마제국 전역에서는 발견되지 않는다. 이 사실은 그 칙령들이 갈라티아 공화국에 반포되었음을 강력히 시사한다. Hardin, p. 67 참조.

3. 다마스쿠스의 니콜라우스. Fr Gr H 90 F 125.1.

4. 세네카. 아우구스티누스의 《신국》 6.10에서 인용.

5. 베르길리우스. 《아이네이스》 6.792〜3.

6. 신약성경 〈갈라티아 신자들에게 보낸 서간〉 4장 8절. 여기서 바울의 질병이 안질이었

다는 암시가 발견된다.

7. 〈갈라티아 신자들에게 보낸 서간〉 4장 14절.

8. 〈갈라티아 신자들에게 보낸 서간〉 4장 15절.

9. 〈갈라티아 신자들에게 보낸 서간〉 1장 14절.

10. 신약성경 〈코린토 신자들에게 보낸 첫째 서간〉 9장 1절.

11. 〈코린토 신자들에게 보낸 첫째 서간〉 15장 9절.

12. 신약성경 〈로마 신자들에게 보낸 서간〉 8장 6절.

13. 〈갈라티아 신자들에게 보낸 서간〉 5장 11절.

14. 〈코린토 신자들에게 보낸 첫째 서간〉 1장 23절.

15. 〈갈라티아 신자들에게 보낸 서간〉 6장 17절.

16. 〈신명기〉 14장 1절.

17. 〈갈라티아 신자들에게 보낸 서간〉 5장 6절.

18. 플루타르코스. 《알렉산드로스》 18.1.

19. 신약성경 〈필리피 신자들에게 보낸 서간〉 3장 8절.

20. 〈갈라티아 신자들에게 보낸 서간〉 3장 28~9절.

21. 〈갈라티아 신자들에게 보낸 서간〉 2장 20절.

22. 〈코린토 신자들에게 보낸 첫째 서간〉 4장 13절.

23. 이 추정은 Hock의 것. p. 27.

24. 〈갈라티아 신자들에게 보낸 서간〉 3장 1절.

25. 〈갈라티아 신자들에게 보낸 서간〉 2장 4절.

26. 〈갈라티아 신자들에게 보낸 서간〉 5장 12절.

27. 〈갈라티아 신자들에게 보낸 서간〉 7장 19절.

28. 〈갈라티아 신자들에게 보낸 서간〉 5장 13절.

29. 〈갈라티아 신자들에게 보낸 서간〉 5장 14절.

30. 〈코린토 신자들에게 보낸 둘째 서간〉 12장 4절.

31. 〈코린토 신자들에게 보낸 둘째 서간〉 3장 6절.

32. 〈코린토 신자들에게 보낸 둘째 서간〉 3장 17절.

33. 호라티우스. 《서한집》 1.17.36.

34. 〈코린토 신자들에게 보낸 첫째 서간〉 1장 28절.

35. 〈코린토 신자들에게 보낸 첫째 서간〉 7장 22절.

36. 〈코린토 신자들에게 보낸 첫째 서간〉 10장 23절.

37. 〈코린토 신자들에게 보낸 첫째 서간〉 9장 21절.

38. 〈코린토 신자들에게 보낸 첫째 서간〉 13장 1절.

39. 〈코린토 신자들에게 보낸 첫째 서간〉 9장 22절.

40. 〈갈라티아 신자들에게 보낸 서간〉 3장 28절.

41. 〈코린토 신자들에게 보낸 첫째 서간〉 11장 3절.

42. 〈코린토 신자들에게 보낸 둘째 서간〉 3장 3절.

43. 구약성경 〈예레미야서〉 31장 33절. 바울은 〈로마 신자들에게 보낸 서간〉 2장 15절의 문구를 되풀이한다.

44. 〈로마 신자들에게 보낸 서간〉 2장 14절.

45. 〈로마 신자들에게 보낸 서간〉 13장 12절.

46. 신약성경 〈테살로니카 신자들에게 보낸 첫째 서간〉 5장 23절.

47. 세네카. 《바보의 신격화(Apocolocyntosis)》 4.

48. 디오. 62.15.5.

49. 〈로마 신자들에게 보낸 서간〉 1장 7절.

50. 〈로마 신자들에게 보낸 서간〉 8장 16절.

51. Musonius Rufus. Fr. 12.

52. 〈코린토 신자들에게 보낸 첫째 서간〉 6장 15절.

53. 〈코린토 신자들에게 보낸 첫째 서간〉 6장 19절.

54. 〈로마 신자들에게 보낸 서간〉 8장 11절.

55. 〈로마 신자들에게 보낸 서간〉 2장 11절.

56. 〈코린토 신자들에게 보낸 둘째 서간〉 11장 24절.

57. 〈로마 신자들에게 보낸 서간〉 13장 1절.

58. 〈테살로니카 신자들에게 보낸 첫째 서간〉 5장 2절.

59. 타키투스. 《연대기》 15.44.

60. 클레멘트의 편지 1. 5.5~6.

61. 요세푸스. 《유대 전쟁》 6.442.

62. 〈코린토 신자들에게 보낸 첫째 서간〉 1장 22~23절.

63. 〈마태오 복음서〉 23장 10절.

64. 〈로마 신자들에게 보낸 서간〉 1장 4절.

65. 〈이사야서〉 49장 6절.

66. 신약성경 〈요한 복음서〉 1장 5절.

67. 〈요한 복음서〉 21장 17절.

4장 믿음 | 177년, 리옹

1. 에이레나이오스.《이단 교리에 대한 반론》3.3.4.

2. 에이레나이오스. 에우세비우스.《교회의 역사》5.20에서 재인용.

3. 에이레나이오스.《이단 교리에 대한 반론》3.3.2.

4. 신약성경〈콜로새 신자들에게 보낸 서간〉3장 22절.

5. 신약성경〈베드로의 첫째 서간〉2장 17절.

6. 에이레나이오스.《이단 교리에 대한 반론》4.30.3.

7. 미누키우스 펠릭스.《옥타비우스》8.9.

8. *Martyrdom of Polycarp* (폴리카르포스의 순교) 9.

9. 〈코린토 신자들에게 보낸 첫째 서간〉4장 9절.

10. 에우세비우스.《교회의 역사》5.1.17.

11. 같은 책. 5.1.11.

12. 같은 책. 5.1.42.

13. 같은 책. 5.1.41.

14. 에이레나이오스.《이단 교리에 대한 반론》3.16.1.

15. 같은 책. 1.24.4.

16. 같은 곳.

17. 같은 책. 3.18.5.

18. 같은 책. 1.13.1.

19. 같은 책. 1.10.1.

20. 이그나티우스.〈스미르나 사람들에게 보내는 편지〉8.2.

21. 에이레나이오스.《이단 교리에 대한 반론》2.2.1.

22. 마르키온이 '신약성경'이라는 용어를 처음 만들어 냈을 가능성에 대해서는 다음 자료 참조. Wolfram Kinzig, "*Kaine diatheke*: The Title of the New Testament in the Second and Third Centuries" (*Journal of Theological Studies* 45, 1994).

23. 에이레나이오스.《이단 교리에 대한 반론》4.26.1.

24. 같은 책. 1.8.1.

25. 에우세비우스.《교회의 역사》5.1.20.

26. 〈디오그네투스에게 보내는 편지〉5.

27. 켈수스. 오리게네스.《켈수스에 대한 반론》5.59에서 재인용.

28. 파피루스 파편에 기록됨 (P. Giss. 40).

29. 미누키우스 펠릭스.《옥타비우스》6.2.

30. 헤로디아노스. 4.8.8.

31. 에우세비우스.《교회의 역사》6.3.6.

32. 오리게네스.《여호수아에 관한 설교》9.1.

33. 같은 저자.《〈요한 복음서〉 논평》10.35.

34. 그가 보낸 세 통의 편지. 마그네시아인, 필라델피아인, 로마인에게 보냈다.

35. Hans Urs von Balthasar: *Origen: Spirit and Fire: A Thematic Anthology of His Writings*, tr. Robert J. Daly (Washington DC, 1984), p. 244에서 재인용.

36. 〈테살로니카 신자들에게 보낸 첫째 서간〉 4장 12절.

37. 켈수스. 오리게네스.《켈수스에 대한 반론》7.66에서 재인용.

38. 오리게네스.《켈수스에 대한 반론》7.5.

39. 그 두 비교는 오리게네스의 구약성경 〈아가〉 해석에서 이루어진다. 해당 장절은 각각 8장 8절과 1장 13절이다.

40. 오리게네스. Trigg, p. 70에서 재인용.

41. 순교자 유스티누스.《두 번째 변명》13.4.

42. 그레고리우스 타우마투르구스. *Oration and Panegyric Addressed to Origen* (오리게네스에게 바치는 추도사와 찬사) 6.

43. 같은 책. 12.

44. 켈수스. 오리게네스.《켈수스에 대한 반론》3.44에서 재인용.

45. 에이레나이오스.《이단 교리에 대한 반론》3.2.2.

46. 오리게네스.《〈요한 복음서〉 논평》10.237.

47. 같은 저자.《켈수스에 대한 반론》7.38.

48.《솔로몬의 지혜》7.26.

49. 오리게네스.《제1원리들에 관하여》2.6.2.

50. 같은 저자.《켈수스에 대한 반론》8.70.

51. 테르툴리아누스.《변명》50.

52. 실리우스 이탈리쿠스. 1.211~12.

53. 에우세비우스.《교회의 역사》10.6.4.

54. 락탄티우스.《박해자들의 죽음에 관하여》48.2.

55. 같은 책. 48.3.

56. 오프타투스. 3.3.22.

57. 같은 저자. 부록 3.

58. 에우세비우스.《콘스탄티누스의 생애》2.71.

59. 락탄티우스.《신성한 제도》4.28.

60. 에우세비우스.《콘스탄티누스의 생애》3.10.

61. 테르툴리아누스.《변명》24.

62. 밀레비스의 오프타투스.《도나투스파에 대한 반론》2.11.

5장 자선 | 362년, 페시누스

1. 율리아누스.《갈릴리 사람들에 대한 반론》194d.

2. 율리아누스. 편지 22.

3. 같은 곳.

4. 포르피리오스. Brown (2016), p. 3에서 재인용(번역).

5. 같은 곳.

6. 〈갈라티아 신자들에게 보낸 서간〉2장 10절.

7. 니사의 그레고리우스.《빈자의 사랑에 관하여》1. (Rhee, p. 73.)

8. 카이사레아의 바실리우스, 〈설교 6: '나는 내 헛간을 철거하리라'〉. (Rhee, p. 60.)

9. 니사의 그레고리우스.《〈전도서〉에 대하여》4.1.

10. 니사의 그레고리우스.〈전도서〉에 대한 설교 4. (Hall, p. 74.)

11. 카이사레아의 바실리우스.〈설교 8: 기근과 한발의 시대에〉. (Rhee, p. 65.)

12. 니사의 그레고리우스.《마크리나의 생애》24.

13. 니사의 그레고리우스.《빈자의 사랑에 관하여》1. (Rhee, p. 72.)

14. 율리아누스. 편지 19.

15. 술피티우스 세베루스.《성 마르탱의 생애》9.

16. 같은 책. 4.

17. 〈마태오 복음서〉19장 21절.

18. 오리게네스.《〈요한 복음서〉논평》28.166.

19. 술피티우스 세베루스.《성 마르탱의 생애》3.

20. 파울리누스.《서한집》1.1.

21. 같은 책. 5.5.

22. 같은 책. 29.12.

23. 같은 책. 22.2.

24. 신약성경〈루카 복음서〉16장 24~25절.

25. 파울리누스.《서한집》13.20.

26. 《부자들에 대하여》17.3. Trans. B. R. Rees in *The Letters of Pelagius and His*

Followers (Woodbridge, 1998).

27. 같은 곳. 16.1. 〈루카 복음서〉 6장 24절을 인용한 것.
28. 펠라기우스. 《데메트리아스에게 보내는 편지》 8.3.
29. 신약성경 〈사도행전〉 2장 45절.
30. 《부자들에 대하여》 12.1.
31. 아우구스티누스. 《돌베아 설교(Dolbeau Sermon)》 25.25.510. Brown (2000), p. 460에서 재인용.
32. 같은 곳.
33. 〈마태오 복음서〉 26장 11절.
34. 아우구스티누스. 《서한집》 185.4.15.
35. 같은 저자. 《설교》 37.4.

6장 천상 | 492년, 가르가노산

1. *Book of the Appearance of Saint Michael*(성 미카엘의 현신에 관한 책) 2.
2. 그레고리우스 1세. 《서한집》 5.38.
3. 아우구스티누스. 《신국》 2.28.
4. 〈루카 복음서〉 14장 32절.
5. 신약성경 〈유다 서간〉 9장.
6. 구약성경 〈다니엘서〉 12장 1절.
7. 그레고리우스 1세. 《복음서에 관한 설교》 1.1.
8. 술피티우스 세베루스. 《성 마르탱의 생애》 21.
9. 신약성경 〈히브리인들에게 보낸 서간〉 2장 14절.
10. 〈이사야서〉 14장 15절.
11. 아우구스티누스. 《신국》 11.33.
12. 같은 책. 5.17.
13. 투르의 그레고리우스. 《프랑크족의 역사》 10.1.
14. 그레고리우스 1세. 《에제키엘에 관한 설교》 2.6.22.
15. 투르의 그레고리우스. 《프랑크족의 역사》 10.1.
16. 그레고리우스 1세. 《서한집》 5.36.
17. 같은 책. 3.29.
18. 〈마태오 복음서〉 13장 49~50절.
19. 신약성경 〈요한 묵시록〉 12장 9절.

20. 〈요한 묵시록〉16장 16절.

21. 아우구스티누스. 《신국》 12.15.

22. 투르의 그레고리우스. 《프랑크족의 역사》 5. 서문.

23. 아우구스티누스. 《신국》 20.7.

24. 그레고리우스 1세. 《복음서에 관한 설교》 1.13.6.

25. 〈마태오 복음서〉 24장 14절.

26. 플라톤. 《파이돈》 106e.

27. 아우구스티누스. 《신국》 8.5.

28. 보비오의 요나스. 《콜룸바누스의 생애》 1.11.

29. *The Bangor Antiphonary* (뱅거 교창성가집).

30. 콜룸바누스, 《설교집》 8.2.

31. 아우구스티누스. 《신국》 2.29.

32. 조시무스(Zosimus). 2.

33. 아우구스티누스. 《신국》 16.26.

34. 보비오의 요나스. 《콜룸바누스의 생애》 2.19.

7장 엑소더스 | 632년, 카르타고

1. 〈성 막시무스의 편지〉. Gilbert Dagron and Vincent Déroche. *Juifs et Chrétiens en Orient Byzantin* (Paris, 2010), p. 31에서 재인용.

2. 〈마태오 복음서〉 27장 25절.

3. 아우구스티누스. 《〈시편〉에 대한 설명》 59.1.19.

4. 그레고리우스 1세. 《서한집》 1.14.

5. 《시케온의 성 테오도루스의 생애》 134.

6. 아무튼 《야곱의 가르침(The Teaching of Jacob)》에 대한 증거가 이러하기 때문에 대다수 학자들은 이 책이 개종한 유대인에 의해 집필되었다고 본다. Olster, pp. 158~75 참조.

7. *The Teaching of Jacob* 5.16.

8. 세베오스 30.

9. 쿠란. 90장 12~17절.

10. 같은 책. 4장 171절.

11. 같은 책. 3장 19절.

12. 같은 책. 4장 157절.

13. 〈신명기〉9장 10절.

14. 쿠란. 5장 21절.

15. 무함마드의 생애에 대한 연대기가 모세의 연대기를 반향한 점에 대해서는 Rubin (1995) 참조. 무함마드가 팔레스타인 공격을 이끌었다는 전승에 대해서는 Shoe-maker (2012) 참조.

16. Ibn Ishaq. *The Life of Muhammad*, tr. Alfred Guillaume (Oxford, 1955), p. 107.

17. *The Teaching of Jacob* 1.11.

18. 아우구스티누스. 《파르티아 사람들에게 보내는 요한의 편지에 관한 설교》 7.8.

19. 비드. 《〈아가〉에 관하여》, 서문.

20. 비드. 《교회사》 2.13.

21. 같은 책. 4.2.

22. 비드. 《웨어머스와 재로의 수도원장들의 생애》.

23. 비드. 《교회사》 4.3.

24. 같은 책. 3.24. 이 점을 내게 지적해 준 톰 윌리엄스에게 감사한다.

25. 같은 책. 2.1.

26. 754년의 *Mozarabic Chronicle*. Bernard S. Bachrach. *Early Carolingian Warfare: Prelude to Empire* (Philadelphia, 2001), p. 170에서 재인용.

27. 바오로 1세가 페팽에게. Alessandro Barbero. *Charlemagne: Father of a Continent*, tr. Allan Cameron (Berkeley & Los Angeles, 2004), p. 16에서 재인용.

28. 같은 책. 인용문은 〈베드로의 첫째 서간〉 2장 9절.

8장 개종 | 754년, 프리지아

1. 보니파키우스. 《서한집》 46.

2. 〈마태오 복음서〉 28장 19절.

3. 아우구스티누스. 《신국》 19.17.

4. 〈코린토 신자들에게 보낸 둘째 서간〉 5장 17절.

5. 비드. 《커스버트의 생애》 3.

6. Willibald. *Life of Boniface* 6.

7. 같은 책. 8.

8. Einhard. 31.

9. 구약성경 〈사무엘기하〉 8장 2절.

10. 《제1차 색슨족 법령집》 8.

11. 앨퀸. 《서한집》 113.

12. 같은 책. 110.

13. 〈교육을 권장하는 편지(De Littoris Colendis)〉에서 인용. 이 편지는 샤를마뉴의 이름으로 되어 있으나 앨퀸이 집필했음이 거의 확실하다.

14. *Admonitio Generalis* (일반적 교훈). 서문.

15. 앨퀸. *Poetry of Carolingian Renaissance*, ed. Peter Godman (London, 1985), p. 139에서 재인용.

16. *Gesta abbatum Fontanellensium*, in MGH SRG 28 (Hanover, 1886), p. 54.

17. 보니파키우스. 《서한집》 50.

18. Flodoard, *Historia Remensis Ecclesiae*, III, 28, p. 355.

19. Sedulius Scottus. *On Christian Rulers*, tr. E. G. Doyle (Binghamton, 1983), p. 56.

20. Otto of Freising. *The Two Cities*, tr. C. C. Mierow (New York, 1928), p. 66.

21. Gerhard, *Vita Sancti Uodalrici Episcopi Augustani:* cap. 12. Tr. Charles R. Bowlus, in *The Battle of Lechfeld and its Aftermath, August 955: The End of the Age of Migrations in the Latin West* (Aldershot, 2006), p. 176.

22. 같은 책. p. 177.

23. Heliand, tr. G. Ronald Murphy (Oxford, 1992), p. 118.

24. 술피티우스 세베루스. 《성 마르탱의 생애》 4.

25. Haymo of Auxerre. *Commentarium in Pauli epistolas* (*Patrologia Latina* 117, 732d) (바울 서신에 대한 논평).

26. 엑세터(Exeter)에 보관 중인 유물을 기록한 11세기 목록에서. Patrick Connor. *Anglo-Saxon Exeter* (Woodbridge, 1993), p. 176에서 재인용.

27. 메르제부르크의 티트마르. 《연대기》 8.4.

28. Radbod of Utrecht. Julia M. H. Smith. *Europe After Rome: A New Cultural History 500—1000* (Oxford, 2005), p. 222에서 재인용.

29. 샤반의 아데마르. 《연대기》 3.46.

30. Rudolf Glaber. *Histories* 4.16.

31. 같은 책. 4.18.

32. Arnold of Regensburg. *Vita S. Emmerami*, in MGH SS 4 (Hanover, 1841), p. 547.

9장 혁명 | 1076년, 캉브레

1. Andrew of Fleury. *Miraculi Sancti Benedicti*, ed. Eugene de Certain (Paris, 1858), p. 248.

2. *Chronicon s. Andreae* (MGH SS 7), p. 540.

3. 밀라노의 아르눌푸스. 3.15.

4. 그레고리우스 7세. 《서한집》 5.17.

5. Bonizo of Sutri. *To a Friend, in The Papal Reform of the Eleventh Century*, tr. I. S. Robinson (Manchester, 2004), p. 220.

6. 베른리트의 파울루스. 《교황 그레고리우스 7세의 생애》.

7. 〈예레미야서〉 1장 10절.

8. 밀라노의 아르눌푸스. 4.7.

9. 그레고리우스 7세. 《공식 기록(Register)》 3.10a.

10. 같은 책. 4.12.

11. Otto of Freising. *The Two Cities*, 6.36.

12. Sigebert of Gembloux. Moore (1977), p. 53에서 재인용.

13. Wido of Ferrara. *De Scismate Hildebrandi* 1.7.

14. 〈루카 복음서〉 20장 25절.

15. Moore (2000), p. 12.

16. 그레고리우스 7세. 《서한집》 67.

17. Morris, p. 125에서 재인용.

18. H. E. J. Cowdrey, "Pope Urban II's Preaching of the First Crusade" (*History* 55. 1970), p. 188에서 재인용.

19. Rubenstein, p. 288에서 재인용.

20. 솔즈베리의 요한. 《사목의 역사》 3.8.

21. Huguccio. Morris, p. 208에서 재인용.

22. 클레르보의 베르나르. 《반성에 관하여》 2.8.

23. 그라티아누스. 《법령집(Decretium: Distinction)》 22 c. 1.

24. 그레고리우스 7세. 《교황의 지시(Dictatus Papae)》.

25. 아우구스티누스. 《산상수훈에 관하여》 2.9.32.

26. 성 베르나르. 편지 120.

27. '그라티아누스'는 두 편찬자를 대신하는 이름임이 거의 확실하다.

28. Berman (1983), p. 147에서 재인용.

29. 더 구체적으로 말하면 성 클레멘트. Tierney, p. 71에서 재인용.

30. Clanchy가 p. 29에서 인용한 조사(弔辭)에서.

31. 《피에르 아벨라르와 엘로이즈의 편지 모음》. 1.14.

32. 같은 책. 1.16.

33. 인노켄티우스 2세. *Revue Bénédictine* 79 (1969), p. 379.

34. *Sic et Non*, ed. B. B. Boyer and R. McKeon (Chicago, 1976), p. 103.

35. 클레르보의 베르나르. 편지 191.

36. 아우구스티누스. 《신국》 5.11.

37. Huff (2017), p. 106에서 재인용.

38. 〈창세기〉 9장 15절.

39. 안셀무스. 《왜 하느님이 인간이 되었나?》 1.6.

40. 아벨라르. 《〈로마 신자들에게 보낸 서간〉에 대한 논평(Commentary on the Epistle to the Romans)》, tr. Steven R. Cartwright (Washington DC, 2011), p. 168 (adapted).

41. 아벨라르, *Theologia 'Scholarium'*, ed. E. M. Buytaert and C. J. Mews, in *Petri Abelardi opera theologica III* (Turnhout, 1987), p. 374.

42. 〈요한 묵시록〉 21장 11절.

43. Abbot Suger. *On What Was Done in his Administration* 27.

10장 박해 | 1229년, 마르부르크

1. *Reports of Four Attendants* (네 시종의 보고), in Wolf (2011), 40.

2. 같은 책. 45.

3. Peter Damian, *Against Clerical Property* (사제의 재산 소유에 반대하는 글) 6.

4. 4차 라테란 종교회의 첫 번째 법령.

5. 4차 라테란 종교회의에 참석한 한 독일 관찰자. Morris, p. 417에서 재인용.

6. 4차 라테란 종교회의 세 번째 법령.

7. Walter Map. *Of the Trifles of Courtiers* (궁정 신하들의 사소함에 관하여), 1.31.

8. Thomas of Celano. *The Life of Blessed Francis* (축복받은 성자 프란체스코의 생애), 1.6.

9. 같은 책. 1.33.

10. 헝가리의 엘리자베트. 《어록》, 45.

11. 하이스터바흐의 카이사리우스(Caesarius of Heisterbach). 《헝가리의 엘리자베트

의 생애》, 4.

12. 같은 책.

13. 《네 시종의 보고》, 31.

14. 4차 라테란 종교회의 열여덟 번째 법령.

15. 하이스터바흐의 카이사리우스. 《헝가리의 엘리자베트의 생애》, 5.

16. Alberic of Trois-Fontaines. Sullivan, p. 76에서 재인용.

17. 《네 시종의 보고》, 15.

18. 그레고리우스 9세. 《라마의 소리》. 우리는 콘라트가 그레고리우스에게 보낸 편지를 갖고 있지 않다. 그러나 교황이 그 편지를 인용하고 있다는 점은 분명하다.

19. 그라티아누스. Peters (1978), p. 73에서 재인용.

20. 3차 라테란 종교회의 스물일곱 번째 법령.

21. 같은 곳.

22. *Acts of the Council of Lombers in Heresies of the High Middle Ages: Selected Sources* (중세의 이단 교리를 다룬 롱베르 종교회의의 회의록: 여러 출전), tr. and annotated by Walter L. Wakefield and Austin P. Evans (New York, 1969), p. 191.

23. 같은 책, p. 192.

24. 같은 책, p. 193.

25. 인노켄티우스 3세. 《공식 기록(Register)》 10.149.

26. Jacques de Vitry. Pegg (2008), p. 67에서 재인용.

27. 하이스터바흐의 카이사리우스. 《기적들에 관한 대화》 5.21.

28. Arnau Amalric. Pegg (2008), p. 77에서 재인용.

29. Peter of Les-Vaux-de-Cernay. *Hystoria Alibigensis* (알비장파의 역사) (2 vols. Edited by Pascal Guébin and Ernest Lyon, Paris, 1926), vol. 1, p. 159.

30. 하이스터바흐의 카이사리우스. 《기적들에 관한 대화》 5.21.

31. 같은 책. 8.66.

32. 가경자 페트루스. *Writings against the Saracens* (사라센에 반대하는 글) (tr. Irven M. Resnick), p. 75.

33. 같은 책, p. 40.

34. 같은 책, p. 31.

35. 아벨라르. 《대화》. Clachy, p. 98에서 재인용.

36. van Steenberghen, p. 67에서 재인용.

37. 아퀴나스. 《신학대전》. 서문, 1부.

38. 단테. 《신곡》〈천국 편〉 10.4~6.

39. Humbert of Romans. William J. Parkis, *Writing the Early Crusades: Text, Transmission and Memory*, ed. Marcus Graham Bull and Damien Kempf (Woodbridge, 2014), p. 153에서 재인용.

40. 인노켄티우스 3세. 《공식 기록》 2.276.

41. Smalley, p. 55에서 재인용.

42. 4차 라테란 종교회의 예순여덟 번째 법령.

11장 육체 | 1300년, 밀라노

1. 《콜마르 연대기》(1301). Newman (2005), p. 10에서 재인용.

2. 재판 기록에서 나온 증인의 진술. 같은 책, p. 12에서 재인용.

3. 테르툴리아누스. 《여성의 의복에 관하여》 1.1.

4. 하이스터바흐의 카이사리우스. 《기적들에 관한 대화》 4.97.

5. 뱅상 드 보베(Vincent de Beauvais)의 《거울(Speculum)》을 번역한 13세기의 영역본. G. Owst, *Literature and Pulpit in Medieval England* (Cambridge, 1933), p. 378에서 재인용.

6. 아리스토텔레스, 《동물의 기원에 대하여》 2.3.737a. 중세의 학자들은 peperomenon〔아리스토텔레스가 암컷을 묘사하기 위하여 사용한 형용사〕을 뭔가 부족한 것이라는 뜻으로 번역했다.

7. 아퀴나스. 《신학대전》, 1.92.1.

8. Bynum (1982), p. 114에서 재인용. 안셀무스는 예수의 말씀을 되풀이한다(〈마태오 복음서〉 23장 37절).

9. 클레르보의 베르나르. 같은 책, p. 118.

10. 신약성경〈티모테오에게 보낸 첫째 서간〉 2장 12절.

11. 〈요한 복음서〉 20장 18절.

12. 〈루카 복음서〉 1장 46~48절.

13. 투르네의 오도(Odo of Tournai). Miri Rubin, p. 163에서 재인용.

14. Lorenzo Ghiberti. *I Commentari* (논평), ed. O. Morisani (Naples, 1947), p. 56.

15. Agnolo di Tura. John Aberth. *The Black Death: The Great Mortality of 1348—1350*, p. 81에서 재인용.

16. Ghiberti, p. 56.

17. 시에나의 카테리나. Letter T335. *The Letters of St. Catherine of Siena*, tr. Suzanne Noffke (2 vols) (Birmingham, NY, 1988).

18. Raymond of Capua. *The Life of St Catherine of Siena*, tr. George Lamb (London, 1960), p. 92.

19. 시에나의 카테리나. Letter T35.

20. Brophy, p. 199에서 재인용.

21. 신약성경 〈에페소 신자들에게 보낸 서간〉 5장 22~23절.

22. 〈마태오 복음서〉 5장 32절.

23. Raymond of Capua, p. 100.

24. 보니파키우스. 《서한집》 26.

25. 같은 책.

26. Raymond of Capua, p. 168.

27. 〈루카 복음서〉 7장 37절.

28. 시에나의 카테리나. Letter T276.

29. 〈예레미야서〉 23장 14절.

30. 〈로마 신자들에게 보낸 서간〉 1장 27절.

31. 구약성경 〈레위기〉 18장 22절.

32. 〈로마 신자들에게 보낸 서간〉 1장 26절.

33. 그레고리우스 1세. 《욥기의 교훈》 14.19.23.

34. 그 일은 교황이 되기 전에 힐데브란트의 친밀한 동료였던 페트루스 다미아누스 (Petrus Damianus)에 의해 널리 알려졌다. Jordan, pp. 29~44 참조. 'scelus sodomiae(소도미의 죄악)'라는 용어는 9세기에 처음 사용되었다(이 점을 내게 알려 준 Charles West에게 감사드린다).

35. 베네치아 정부의 문서. Elizabeth Pavan: "Police des moeurs, société et politique à Venise à la fin du Moyen Âge (중세 말기 베네치아에서의 풍습, 사회, 정치의 단속)" (*Revue Historique* 264, no. 536, 1980), p. 275에서 재인용.

36. 동시대인의 칭찬. Origo, p. 26에서 재인용.

37. Rocke, p. 37에서 재인용.

38. 같은 책, p. 25.

1. 〈사도행전〉 2장 45절.

2. 〈루카 복음서〉 9장 29절.

3. 〈루카 복음서〉 6장 22~25절.

4. Matthew of Janov. Kaminsky, p. 20에서 재인용.

5. 익명의 편지, 1420년. Kaminsky, p. 312에서 재인용.

6. John of Přibram. *The Stories of the Priests of Tabor*, McGinn, p. 265에서 재인용.

7. Lawrence of Březova, *Chronicle*, McGinn, p. 268에서 재인용.

8. Aeneas Sylvius Piccolomini. *Historia Bohemia* (보헤미아의 역사). Thomas A. Fudge: "Žižka's Drum: The Political Uses of Popular Religion" (*Central European History* 36, 2004), p. 546에서 재인용.

9. Peder Palladius가 인용. Palladius는 네덜란드 개신교도인데 1555년 루터 논쟁에 대한 해설을 쓸 때 이 부분을 인용했다. Cunningham and Grell, p. 45에서 재인용.

10. 〈요한 묵시록〉 20장 8절.

11. 〈마르코 복음서〉 16장 15절.

12. Pere Azamar, *Repetición del detrecho miltar e armas*. Bryan Givens: "'All things to all men': Political messianism in late medieval and early modern Spain", *Authority and Spectacle in Medieval and Early Modern Europe: Essays in Honor of Teofilo F. Ruiz*, ed. Yuen-Gen Liang and Jarbel Rodriguez (London, 2017), p. 59에서 재인용.

13. 후안 데 라 토레스(Juan de la Torres)에게 보낸 편지에서. Watts, p. 73에서 재인용.

14. 테노치티틀란에 대해 나우아탈(Nahuatal)이 쓴 시(詩). Manuel Aguilar-Moreno. *Handbook to Life in Aztec World* (Oxford, 2006), p. 403에서 재인용.

15. Felipe Fernández-Armesto. *Ferdinand and Isabella* (London, 1974), p. 95에서 재인용.

16. Gerónimo de Mendieta. Phelan, p. 29에서 재인용.

17. John Mair. Tierney, p. 254에서 재인용.

18. Antonio de Montesinos. Hanke, p. 17에서 재인용.

19. Tierney, p. 273에서 재인용.

20. "Commentaria Cardinis Caietani ST II-II Q.66a.8" in *Sancti Thomae Aquinatis: Opera Omnia, Iussus Impensaque Leonis XIII*, P. M. Edita, vol. 9 (Rome, 1882), p. 94.

21. Isacio Pérez Fernández in "La doctrina de Santo Tomás en la mente y en la acción del Padre Las Casas"(*Stadium* 27, 1987), p. 274에서 재인용.

22. "The Proceedings of Friar Martin Luther, Augustinian, with the Lord Apostolic Legate at Augsburg (아우구스티누스 종단 소속 수도사 마르틴 루터와 교황 특사 간에 아우크스부르크에서 있었던 회담의 기록)", in *Luther's Works* (Minneapolis, 1957~1986), vol. 1, p. 129.

23. 같은 책, p. 137.

24. 같은 책, p. 147.

25. Roper, p. 119에서 재인용.

26. David M. Whitford in "The Papal Antichrist: Martin Luther and the Under-appreciated Influence of Lorenzo Valla" (*Renaissance Quarterly* 61, 2008), p. 38에서 재인용.

13장 종교개혁 | 1520년, 비텐베르크

1. Brecht, p. 424에서 재인용.

2. Harline, p. 211에서 재인용.

3. Whitford, p. 38에서 재인용.

4. 루터. 《세계사 연대기》: 교황 그레고리우스 7세 조항.

5. *To the Christian Nobility of the German Nation Concerning the Reform of the Christian Estate* (기독교 세계의 개혁과 관련하여 독일의 기독교인 귀족에게), *Luther's Works*, vol. 44, p. 164.

6. "The Account and Actions of Doctor Martin Luther the Augustinian at the Diet of Worms (보름스 의회에서 아우구스티누스 종단 소속 수도사 마르틴 루터 박사가 내놓은 설명과 그가 행한 행동)", in *Luther's Works*, vol. 32, p. 108.

7. 루터. "Appeal for Prayer Against the Turks (튀르크족에게 반대하는 호소의 기도)", in *Luther's Works* 43, p. 237.

8. 루터. "On the Freedom of a Christian(기독교인의 자유에 대하여)", in *Luther's Works* 31, p. 344.

9. 루터. *Luther's Works* 34, p. 337.

10. "The Account and Actions of Doctor Martin Luther the Augustinian at the Diet of Worms", in *Luther's Works* 32, p. 112.

11. 같은 책, p. 114, n. 9.

12. 같은 책, p. 115.

13. Roper, p. 186에서 재인용.

14. "The Account and Actions of Doctor Martin Luther the Augustinian at the Diet of Worms" in *Luther's Works* 32, p. 114, n. 9.

15. 루터, 《탁상 연설》, 1877.

16. *The Collected Works of Thomas Müntzer* (토마스 뮌처 전집), tr. Peter Matheson (Edinburgh, 1994), p. 161.

17. Argula von Grumbach, "Letter to the rector and council of the University of Ingolstadt", in *Reformation Thought: An Anthology of Source*, ed. Margaret L. King (Indianapolis, 2016), p. 74.

18. 12개 조항에 대한 서문에서. Bickle (1981), p. 195.

19. Johann Cochlaeus. Mark Edwards. *Printing, Propaganda, and Martin Luther* (Berkeley & Los Angeles, 1994), p. 149에서 재인용.

20. 루터, "Secular Authority: To What Extent It Should Be Obeyed (세속의 권위: 어느 정도까지 복종해야 하는가)."

21. 같은 글.

22. Bernhard Rothmann. Buc, p. 256에서 재인용.

23. Gregory, p. 90에서 재인용.

24. 〈코린토 신자들에게 보낸 둘째 서간〉 3장 17절.

25. 루터, "The Sacrament of the Body and Blood of Christ—Against the Fanatics (그리스도의 몸과 피의 성사—광신자들에게 반대하며)", in *Luther's Works* 36, p. 336.

26. Sir Richard Morrison. Diarmaid MacCulloch. *Tudor Church Militant: Edward VI and the Protestant Reformation* (London, 1999)에서 재인용.

27. Ozment, p. 366에서 재인용.

28. 칼뱅, 《기독교 강요》 3.19.14.

29. 같은 책. 4.10.5.

30. 같은 책. 3.23.7.

31. 이 수치—'해마다 인구의 약 7퍼센트'—는 다음 자료에서 인용했다. Gordon (2009), p. 295.

32. John Knox. *Works*, ed. David Laing (Edinburgh, 1846~64). Vol. 4, p. 240.

33. 〈코린토 신자들에게 보낸 둘째 서간〉 9장 6절.

34. 구약성경 〈잠언〉 31장 30절. 이 기명은 다음 자료에서 인용했다. Hugh Owen in *A History of Shrewsbury* II (London, 1825), p. 320.

35. 칼뱅, 《기독교 강요》 1.11.8.

36. Philip Benedict in *Christ's Churches Purely Reformed: A Social History of Calvinism* (New Haven, 2002), p. 153에서 재인용.

37. John Tomkys. Owen, p. 320에서 재인용.

38. *An Admonition to the Parliament* (의회에 보내는 경고) (1572). Marshall (2017), p. 505에서 재인용.

39. *Earliest Life of Gregory the Great* (대 그레고리우스의 초기 생애), 15.

40. 칼뱅. 〈신약성경 서론〉.

41. 프랜시스 베이컨. 《학문의 진보》, 1.4.9.

14장 우주 | 1620년, 레이던

1. 레이던의 신문(1686)에서. *Privacy and Privateering in the Golden Age of the Netherlands* by Virginia W. Lunsford (Basingstoke, 2005), p. 91에서 재인용.

2. William Bradford, *Bradford's History 'Of Plimouth Plantation'* (Boston, 1898), p. 22.

3. Adriaen Valerius. *Nederlandtsche Gedenck-Clank*. Schama (1987), p. 98에서 재인용.

4. Parker, p. 247에서 재인용.

5. Bradford, p. 47.

6. John Winthrop. "A Model of Christian Charity" in *Founding Documents of America: Documents Decoded*, ed. John R. Vile (Santa Barbara, 2015), p. 20.

7. John Winthrop. In *The Puritans: A Sourcebook of their Writings*, ed. Perry Miller and Thomas H. Johnson (Mineola, 2001), p. 206.

8. Bradford, p. 33.

9. 같은 책, p. 339.

10. Juan Ginés de Sépulveda. *The Spanish Seaborne Empire* by J. H. Parry (Berkeley & Los Angeles, 1990), p. 147에서 재인용.

11. 바르톨로메 데 라스카사스. Tierney, p. 273에서 재인용.

12. João Rodrigues. Brockey, p. 191에서 재인용.

13. 〈코린토 신자들에게 보낸 첫째 서간〉 9장 22절.

14. 마테오 리치. Fontana, p. 177에서 재인용.

15. *China in the Sixteenth Century: The Journals of Matthew Ricci*, tr. Louis J. Gallagher (New York, 1953), p. 166.

16. Brockey, p. 309에서 재인용.

17. 서광계. Nicholas Standaert, "Xu Guangqi's Conversion", Jami et al, p. 178에서 재인용.

18. 서광계. Gregory Blue, "Xu Guangqi in the West", Jami et al, p. 47에서 재인용.

19. 아퀴나스. 《하느님의 권능에 대하여》 3.17.30.

20. D'Elia, p. 40에서 재인용.

21. Heilbron, p. 61에서 재인용.

22. 같은 책, p. 287.

23. D'Elia, p. 40에서 재인용.

24. 해당 소논문은 전하지 않는다. 다음 자료 참조. D'Elia, p. 27; Lattis, p. 205.

25. 〈시편〉 93장 1절.

26. *The Galileo Affair: A Documentary History*, ed. and tr. Maurice A. Finocchiaro (Berkeley & Los Angeles, 1990), p. 50에서 재인용.

27. 같은 책, p. 146.

28. 같은 책, p. 147.

29. 같은 책, p. 68.

30. 갈릴레오, *Dialogue Concerning the Two Chief World Systems*, tr. Stillman Drake (Berkeley & Los Angeles, 1967), p. 464.

31. 하지만 Finocchiaro는 이 이야기의 기원이 최근이며, 해당 시대의 증거가 없음을 지적했다. 더불어 이를 당연하게 받아들이는 것을 경계하라고 주의를 주기도 했다.

32. Finocchiaro, p. 291.

33. Milton. "Areopagitica" in *Complete Prose Works*, Volume II: 1643~1648, ed. Ernest Sirluck (New Haven, 1959), p. 538.

34. 양광선. George Wong, "China's Opposition to Western Science during Late Ming and Early Ching" (*Isis* 54, 1963), p. 35에서 재인용.

15장 성령 | 1649년, 세인트조지 힐

1. *The Complete Works of Gerrard Winstanley* (2 vols), ed. Thomas N. Corns,

Ann Hughes and David Loewenstein (Oxford, 2009), 2, p. 19.

2. 같은 책, p. 16.

3. *The Complete Works of Gerrard Winstanley* 1, p. 504.

4. 같은 책 2, p. 144.

5. John Lilburne. "Londons Liberty in Chains" (1646). Foxley, p. 26에서 재인용.

6. *The Complete Works of Gerrard Winstanley* 1, p. 98.

7. Christopher Fowler (1655). Worden, p. 64에서 재인용.

8. John Owen. *Vindiciae Evangelicae: Or, The Mystery of the Gospel Vindicated and Socianism Examined* (Fredonia, 2009), p. 62.

9. Milton, "A Treatise of Civil Power" in *The Prose Works of John Milton*, ed. J. A. St John (London, 1848), 2. p. 523.

10. *Memoirs of the Court of King Charles the First* (2 vols), by Lucy Aikin (Philadelphia, 1833), 2, p. 317.

11. *Constitutional Documents of the Puritan Revolution*, ed. S. R. Gardiner (Oxford, 1958), p. 416.

12. "The Soulders Demand", Norah Carlin, "The Levellers and the Conquest of Ireland in 1649" (*Historical Journal* 30, 1987), p. 280에서 재인용.

13. 30년 전쟁을 종결한 두 가지 협정의 첫 번째 조항. Peter H. Wilson. *Europe's Tragedy: A History of the Thirty Years War* (London, 2009), p. 753에서 재인용.

14. Henry Robinson. Carlin, p. 286에서 재인용.

15. Andrew Bradstock. *Radical Religion in Cromwell's England: A Concise History From the English Civil War to the End of Commonwealth* (London, 2011), p. 48에서 재인용.

16. 〈로마 신자들에게 보낸 서간〉 14장 9절.

17. John Coffey, "The toleration controversy during the English Revolution (영국 혁명 기간에 벌어진 관용 논쟁)", Durston and Maltby, p. 51에서 재인용.

18. 루터. "On the Jews and their Lies" in *Luther's Works* 47.

19. 같은 글.

20. Thomas Edwards. Glaser, p. 95에서 재인용.

21. John Evelyn. 1655년 12월 14일 일기.

22. Robert Turner. Moore (2000), p. 124에서 재인용.

23. William Caton. Claus Bernet, "Quaker Missionaries in Holland and North

Germany in the Late Seventeenth Century: Ames, Caton, and Furly" (*Quaker History* 95, 2006), p. 4에서 재인용.

24. George Fox. Rosemary Moore (2000), p. 54에서 재인용.

25. 거의 확실하다. 다음 자료 참조. Nadler (1999), pp. 99~100.

26. William Ames. Richard H. Popkin이 1984년 《퀘이커교 역사(Quaker History)》 (1984년 73호)에 실은 〈암스테르담에서 스피노자가 퀘이커교도와 맺었던 관계 (Spinoza's Relations with the Quakers in Amsterdam)〉 15쪽에서 인용. 비록 Ames는 어디에서도 스피노자의 이름을 언급하지 않았지만, 스피노자가 실제로 Fell 의 소논문을 번역한 '유대인'일 가능성이 아주 높다.

27. Pieter Balling. Hunter, p. 43에서 재인용.

28. 스피노자. 《신학정치론》: 서언, 8.

29. 〈베드로의 첫째 서간〉 2장 16절에 관한 그의 논평 참조.

30. 덴마크 학자 Olaus Borch가 스피노자의 철학에 대하여 내놓은 보고서. Jonathan Israel in *Radical Enlightenment: Philosophy and the Making of Modernity* (Oxford, 2001), p. 170에서 재인용.

31. 스피노자. 《윤리학》 1.17.

32. 《신학정치론》: 18.6.1.

33. Nadler (2011), p. 230에서 재인용.

34. 《신학정치론》: 서언, 8.

35. 같은 책. 5.13.

36. 스피노자. 《서한집》 76.

37. 《신학정치론》: 1.29.

38. 같은 책. 2.15.

39. 같은 책. 5.20.

40. 《윤리학》. 4.50.

41. 《신학정치론》: 서언, 19.

42. 《윤리학》. 4.68.

43. Johann Franz Buddeus. Israel (2001), p. 161에서 재인용.

44. John Bunyan. *Grace Abounding to the Chief of Sinners* (주된 죄인들에게도 넘 쳐흐르는 은총), 141.

45. *William Penn and the Founding of Pennsylvania, 1680—1684: A Documentary History* (Philadelphia, 1983), p. 77.

46. 같은 책, p. 132.

47. 〈갈라티아 신자들에게 보낸 서간〉 5장 1절.

48. Thomas Walduck. Rediker, p. 33에서 재인용.

49. Vaux, p. 20.

50. 벤저민 레이(Benjamin Lay). *All Slave-Keepers that keep the Innocent in Bondage* (무고한 사람들을 가둔 노예 주인들) (Philadelphia, 1737), p. 8.

51. 〈콜로새 신자들에게 보낸 서간〉 3장 22절.

52. 벤저민 레이, pp. 39~40.

53. 같은 책, p. 40.

54. 같은 책, p. 91.

55. 같은 책, p. 34.

56. Drake (1950), p. 10에서 재인용.

57. 〈사도행전〉 17장 26절. William Penn. *The Political Writings of William Penn*, ed. Andrew R. Murphy (Indianapolis, 2002), p. 30에서 재인용.

58. *Political Writings*, p. 30.

59. Vaux, p. 27.

60. 〈요한 복음서〉 3장 6절.

61. Vaux, p. 51.

16장 계몽 | 1762년, 툴루즈

1. Nixon, p. 108에서 재인용.

2. 같은 책, p. 133.

3. 볼테르. 《관용론》 4장.

4. 같은 책. 1장.

5. 볼테르. 《영국에 관한 서한집》 편지 6.

6. 볼테르. 《철학 사전》, 〈유신론자〉.

7. 《관용론》 20장.

8. 〈갈라티아 신자들에게 보낸 서간〉 3장 26절.

9. 《세 사기꾼의 논문》 영역본에서. Israel (2001), p. 697에서 재인용.

10. Bernard de La Monnoye. 이 프랑스 학자는 1712년에 '이른바 《세 사기꾼에 관한 책》'이 존재했다는 걸 부정했다. Minois, p. 138에서 재인용.

11. 볼테르. 〈'세 사기꾼'의 저자에게 보내는 편지〉, 22행.

12. 볼테르,《서간집》[1765년 3월 다르장탈에게 보낸 것].

13. Mme. Du Bourg. Bien, p. 171에서 재인용.

14. Gay, vol. 2, p. 436에서 재인용.

15. 혁명 구호. McManners, p. 93에서 재인용.

16. Jacques-Alexis Thuriot. *La Religion de Rousseau à Robespierre* by Michaël Culoma (Paris, 2010), p. 181에서 재인용.

17. Pierre Vergniaud. Schama (1989), p. 594에서 재인용.

18. 몽테스키외, 〈로마의 종교 정치에 관한 에세이〉,《전집》(Paris, 1876), vol. 2, p. 369.

19. Léonard Bourdon. Kennedy, p. 336에서 재인용.

20. John R. Vile. *The Constitutional Convention of 1787: A Comprehensive Encyclopaedia of America's Founding* (Santa Barbara & Denver, 2005), vol. 1, p. xliv에서 재인용.

21. 벤저민 프랭클린. Richard Price에게 1780년 10월 9일에 보낸 편지.

22. Gay, vol. 2, p. 557에서 재인용.

23. 프랑스 '인간과 시민의 권리 선언문' 3항.

24. 미국 '수정 헌법' 제1조.

25. 로베스피에르. Edelstein, p. 190에서 재인용.

26. Burleigh (2005), p. 100에서 재인용.

27. 〈마태오 복음서〉 25장 32절.

28. Schama (1989), p. 841에서 재인용.

29. 〈마태오 복음서〉 25장 41절.

30. 에드워드 기번,《로마제국 쇠망사》, 69장.

31. 사드,《쥘리에트(Juliette)》, tr. Austryn Wainhouse (New York, 1968), p. 793.

32. 같은 책, p. 177.

33. 같은 책, p. 784.

34. 사드,《쥐스틴(Justine)》, tr. John Phillips (Oxford, 2012), p. 84.

35.《쥘리에트》, p. 178.

36.《쥐스틴》, p. 142.

37. Schaeffer, p. 436에서 재인용.

38. 같은 책, p. 431.

39.《쥘리에트》, pp. 322~3.

40. 같은 책, p. 143.

41. 같은 책, p. 796.

42. Talleyrand. "The Slave Trade at the Congress of Vienna" by Jerome Reich (*The Journal of Negro History* 53, 1968)에서 재인용.

43. *The Case for the Oppressed Africans*. Turley, p. 22에서 재인용.

44. Granville Sharp. Anstey, p. 185에서 재인용.

45. 노예 거래의 보편적 폐지에 관한 선언.

17장 종교 | 1825년, 바로다

1. Kennedy. "The Suttee: The Narrative of an Eye-Witness", in Bentley's *Miscellany* 13 (1843), p. 247.

2. 같은 책, p. 252.

3. Charles Goodrich. *Religious Ceremonies and Customs* (London, 1835), p. 16.

4. Kennedy, p. 244.

5. 같은 책, p. 241.

6. 스튜어트(별명은 '힌두') 대령. David Kopf. *British Orientalism and the Bengal Renaissance: The Dynamics of Indian Modernization, 1773—1835* (Berkeley & Los Angeles, 1969), p. 140에서 재인용.

7. *Journals of the House of Commons* 48 (14 May 1793), p. 778.

8. Grant. Weinberger-Thomas, p. 110에서 재인용.

9. 산스크리트어 시인 바나(Bana), 625년경. Vida Dehejia. Hawley, p. 53에서 재인용.

10. Ghazi, p. 51에서 재인용.

11. Hawley, p. 12에서 재인용.

12. S. N. Balagangadhara, in Bloch, Keppens and Magnus, p. 14.

13. Barclay, p. 49에서 재인용.

14. *Kölnische Zeitung*, 1844년 8월 4일자. Magnus, p. 103에서 재인용.

15. Stahl. "The Christian State and its Relationship to Deism and Judaism". "Protestant Anti-Judaism in the German Emancipation Era", by David Charles Smith (*Jewish Social Studies* 36, 1974), p. 215에서 재인용.

16. Barclay, p. 183에서 재인용.

17. Comte de Clermont-Tonnerre. Graetz, p. 177에서 재인용.

18. '인간과 시민의 권리 선언문' 제1조.

19. "Appeal to our German Coreligionists (우리 독일 친종교주의자에게 보내는 호소)". Koltun-Fromm, p. 91에서 재인용.

20. Samons Raphael Hirsch. Batnitzky, p. 41에서 재인용.

21. Henry Rawlinson. "Notes on some paper casts of cuneiform inscriptions upon the sculptured rock at Behistun exhibited to the Society of Antiqua-ries (고대유물학회에 제출된, 비시툰 암벽의 설형 문자 탁본에 관한 노트" (*Archaeo-logia* 34, 1852), p. 74.

22. Arthur Conolly. Malcolm Yapp, "The Legend of the Great Game" (*Proceedings of the British Academy* 111, 2000), p. 181에서 재인용.

23. 같은 책.

24. Lord Palmerston, in *A Collection of Documents on the Slave Trade of Eastern Africa*, ed. R. W. Beachey (New York, 1976), p. 19.

25. 1856년경에 트래버스 트위스 경(Sir Travers Twiss)이 집필한 것. Koskenniemi (2001), p. 78에서 재인용.

26. Henry Wheaton. Martinez, p. 116에서 재인용.

27. Drescher, p. 3에서 재인용.

28. 침례교 목사인 Thornton Stringfellow. Noll (2002), p. 389에서 재인용.

29. Drescher, p. 3에서 재인용.

30. Lord Ponsonby. Christophe Ballaigue. *The Islamic Enlightenment: The Modern Struggle Between Faith and Reason* (London, 2017), p. 190에서 재인용.

31. Husayn Pasha. Toledano, p. 277에서 재인용.

32. Edward Eastwick. *Journal of a Diplomat's Three Years' Residence in Persia* (London, 1864), p. 254.

33. 구약성경 〈에제키엘서〉 34장 16절.

18장 과학 | 1876년, 주디스강

1. Charles H. Sternberg. *The Life of a Fossil Hunter* (New York, 1909), p. 82에서 재인용.

2. 〈시편〉 102장 25~26절.

3. 〈창세기〉에 대한 설교 1~5. *Luther's Works*, vol. 1, p. 99.

4. Sternberg, p. 75.

5. 아우구스티누스.《신국》5.11.

6. 찰스 다윈. *The Correspondence of Charles Darwin*, vol. 8 (Cambridge, 1993), p. 224.

7. 같은 책.

8. 찰스 다윈.《종의 기원》(London, 1859), pp. 243~4.

9. Desmond and Moore, p. 218에서 재인용.

10. Richard Gawne, "Fossil Evidence in the Origin of Species" (*Bioscience* 65, 2015), p. 1082에서 재인용.

11. '학문의 진보를 위한 미국 협회'에서 행한 연설. Wallace, p. 57에서 재인용.

12. 찰스 다윈.《인간의 유래》(London, 1871), 1부, pp. 133~4.

13. 같은 책, p. 134.

14. Edward D. Cope. *The Origin of the Fittest: Essays on Evolution* (New York, 1887), p. 390.

15.《인간의 유래》, 1부, p. 134.

16. Diane B. Paul, "Darwin, social Darwinism and eugenics", Hodge and Radick, p. 225에서 재인용.

17.《인간의 유래》, 1부, p. 183.

18. 찰스 다윈. *Journal of Researches into the Geology and Natural History of the Various Countries Visited by H. M. S. Beagle* (비글호를 타고서 여러 나라의 지질과 자연사를 탐사한 일기) (London, 1839), p. 520.

19.《인간의 유래》, p. 180.

20. Desmond, p. 262에서 재인용.

21. Desmond, p. 253에서 재인용.

22. 같은 책.

23. Mark Pattison(링컨 칼리지 학장). Harrison (2015), p. 148에서 재인용.

24. 토머스 헨리 헉슬리. *Collected Essays. Volume 5: Science and the Christian Tradition* (London, 1894), p. 246에서 재인용.

25. *The Mechanics's Magazine* (1871). Harrison (2015), p. 170에서 재인용.

26. John William Draper, *History of the Conflict between Religion and Science* (London, 1887), p. 33.

27. 볼테르. Finocchiaro, *Retrying Galileo*, p. 116에서 재인용.

28. T. S. Baynes. Desmond, p. 624에서 재인용.

29. 《종의 기원》, p. 490.

30. *The Autobiography of Charles Darwin, 1809—1882*, ed. Nora Barlow (London, 1958), p. 93.

31. Krafft-Ebing, *Psychopathia Sexualis* (성적 정신병리학), tr. F. J. Redman (London, 1899), p. 210.

32. 같은 책, p. 213.

33. 같은 책, pp. 3~4.

34. Robert Beachy, "The German Invention of Homosexuality" (*Journal of Modern History* 82, 2010), p. 819에서 재인용.

35. W. J. T. Mitchell. *The Last Dinosaur Book* (Chicago, 1998)에서 재인용.

36. Andrew Carnegie. *Autobiography of Andrew Carnegie* (London, 1920), p. 339.

37. William Graham Sumner. *What Social Classes Owe To Each Other* (New York, 1833), pp. 44~5.

38. Winthrop. "A Model of Christian Charity", p. 20.

39. Andrew Carnegie. *The Gospel of Wealth, And Other Timely Essays* (New York, 1901), p. 18.

40. 같은 책, pp. 14~15.

41. Rea, p. 5에서 재인용.

42. Richard Owen. Nicolaas Rupke. *Richard Owen: Biology Without Darwin* (Chicago, 2009), p. 252에서 재인용.

43. 레닌. 〈미국 노동자들에게 전하는 편지〉. https://www.marxists.org/archive/lenin/works/1918/aug/20.htm.

44. 엥겔스. 《마르크스-엥겔스 전집》 (Moscow, 1989), vol. 24, p. 467.

45. 마르크스. 《마르크스-엥겔스 전집》 (1975), vol. 4, p. 150.

46. 마르크스와 엥겔스. 《공산당 선언》 (London, 1888), p. 16.

47. 마르크스. "On the Jewish Question (유대인 문제에 대하여)", *Early Writings*, tr. T. B. Bottomore (London, 1963), p. 5.

48. 마르크스. *Critique of the Gotha Program* (고타 강령 비판) (London, 1891), p. 23.

49. 마르크스. *The Cologne Communist Trial* (쾰른 공산당원 재판), tr. R. Living-

stone (London, 1971), p. 166.

50. 마르크스. *Capital* (자본론) (London, 1976), vol. 1, p. 342.

19장 그림자 | 1916년, 솜강

1. 오토 딕스. Karcher, p. 38에서 재인용.

2. 오토 딕스. Hartley, p. 18에서 재인용.

3. 헤러퍼드(Hereford) 주교. Jenkins (2014), p. 99에서 재인용.

4. Nicholas Martin, "Fighting a Philosophy': The Figure of Nietzsche in British Propaganda of the First World War" (철학과 싸우기: 1차 세계 대전 중에 영국의 프로파간다에 나타난 니체의 모습) (*The Modern Language Review* 98, 2003), p. 374에서 재인용.

5. Max Plowman. Paul Fussell. *The Great War and Modern Memory* (Oxford, 1975), p. 133에서 재인용.

6. Lucy Whitmell. "Christ in Flanders".

7. 오토 딕스. Hartley, p. 73에서 재인용.

8. 프리드리히 니체. 《즐거운 지식》, 125.

9. 같은 저자. 《우상의 황혼》, 9.38.

10. 같은 저자. 《권력에의 의지》, 253.

11. 같은 저자. "Preface to an unwritten Book" in *Early Greek Philosophy and Other Essays*, tr. M. Mügge (London, 1911), p. 4.

12. 니체. 《도덕의 계보》, 1.8.

13. 같은 저자. 《권력에의 의지》, 176.

14. 같은 저자. 《반그리스도》, 42.

15. 같은 책, 58.

16. 같은 저자. 《도덕의 계보》, 2.7.

17. 같은 저자. 《우상의 황혼》. 7.2.

18. 오토 딕스. Hartley, p. 16에서 재인용.

19. 〈요한 묵시록〉 12장 1절.

20. 니체. 《권력에의 의지》, 133.

21. N. Bukharin and E. Preobrazhensky. *The ABC of Communism* (London, 2007), p. 235.

22. Waldemar Gurian. *Bolshevism: Theory and Practice*, tr. E. I. Watkin (London,

1932), p. 259.

23. 같은 책, p. 226.

24. Siemens, p. 8에서 재인용.

25. 니체, 《차라투스트라는 이렇게 말했다》, 〈타란툴라에 대하여〉.

26. Roberto Davanzati. Burleigh (2006), p. 61에서 재인용.

27. "'It's Him or Me (그 아니면 나를 선택하라)", *SS-Leitheft*에 실린 기사. Chapoutot, p. 157에서 재인용.

28. 히틀러. 《나의 투쟁》, 11장.

29. 히틀러. Chapoutot, p. 156에서 재인용.

30. Erwin Reitmann. Siemens, p. 57에서 재인용.

31. Wilfred Bade. Siemens, p. 17에서 재인용.

32. Joachim Hossenfelder. Siemens, p. 129에서 재인용.

33. Gregor Ziemer. *Education for Death: The Making of the Nazi* (London, 1942), p. 180에서 재인용.

34. 같은 책, p. 133.

35. SS 잡지(1939년)에서. Chapoutot, p. 190에서 재인용.

36. *Hitler's Table Talk 1941—1944: His Private Conversations*, ed. Hugh Trevor-Roper (London, 1953), p. 7.

37. 요제프 괴벨스. 1942년 3월 27일 일기.

38. *The Letters of J. R. R. Tolkien*, ed. Humphrey Carpenter (London, 1981), p. 67.

39. 아우구스티누스. 《신국》 20.11.

40. J. R. R. Tolkien. *Letters*, p. 211.

41. J. R. R. Tolkien. *The Lord of the Rings* (London, 2004), p. 820.

42. 히틀러. Stone (2010), p. 160에서 재인용.

43. Werner Graul. Chapoutot, p. 100에서 재인용.

44. 히틀러. Stone (2013), p. 49에서 재인용.

45. J. R. R. Tolkien. *Letters*, p. 37.

46. *The Old English Exodus: Text, Translation, and Commentary* by J. R. R. Tolkien, ed. Joan Turville-Petre (Oxford, 1981), p. 27.

47. 같은 책, p. 23.

48. Betge, p. 208에서 재인용.

49. Burleigh (2006), p. 252에서 재인용.

50. 〈마태오 복음서〉 27장 25절.

51. Alojzije Stepinac. Stella Alexander. *The Triple Myth: A Life of Archibishop Alojzije Stepinac* (New York, 1987), p. 85에서 재인용.

52. 니체.《선과 악을 넘어서》, 금언 146.

53. https://api.parliament.uk/historic-hansard/lords/1944/feb/09/bombing-policy.

54. J. R. R. Tolkien. *Letters*, p. 78.

55. Alfred Duggan. Shippey, p. 306에서 재인용.

56. *The Lord of the Rings*, p. 464.

20장 사랑 | 1967년, 애비로드

1. 아우구스티누스. 〈요한의 첫째 서간〉에 관한 일곱 번째 설교, 7.

2. Martin Huska. Kaminsky, p. 406에서 재인용.

3. 마틴 루서 킹. '당신의 적들을 사랑하기(Loving Your Enemies)' (1957년 11월 17일에 행한 설교).

4. 마틴 루서 킹. 〈버밍엄 감옥에서 보낸 편지(Letter from Birmingham Jail)〉.

5. 제임스 브라운. Stephens, p. 45에서 재인용.

6. 폴 매카트니. Craig Cross. Beatles-discography.com (New York, 2004), p. 98에서 재인용.

7. Norman, p. 446에서 재인용.

8. Robert Shelton. Stephens, p. 104에서 재인용.

9. 비틀스에 관한 의견. 여왕이 비틀스 소속 음반 회사였던 EMI의 회장 조지프 록우드 경에게 이런 의견을 말했다는 소문이 있다.

10. 마틴 루서 킹. *Where do we go from here: Chaos or Community?* (New York, 1967), p. 97.

11. 〈요한 복음서〉 3장 8절.

12. Norman, p. 446에서 재인용.

13. Norman Vincent Peale. Stephens, p. 137에서 재인용.

14. 매카트니는 1981년 인터뷰에서 그렇게 말했다. 이 말은 4년 뒤에《우먼(Woman)》지에 실려 출판되었다.

15. 마틴 루서 킹. *Strength to Love* (New York, 1963), p. 72.

16. David Livingstone. *The Last Journals of David Livingstone*, Volume II, ed.

Horace Waller (Frankfurt, 2018), p. 189.

17. Emmanuel Milingo. ter Harr, p. 26에서 재인용.

18. 같은 책, p. 28.

19. 〈시편〉 68장 31절.

20. 데즈먼드 투투. Jonathan Fasholé-Luke. *Christianity in Independent Africa* (London, 1978), p. 369에서 재인용.

21. J. D. du Toit. Ryrie, p. 335에서 재인용.

22. 〈남아프리카 지역 교회의 선언문〉, 1982년 11월.

23. Allan Boesak이 1979년에 자신이 작성한 공개서한에서 인용.

24. 〈마태오 복음서〉 5장 43~44절.

25. 데즈먼드 투투, 1989년 12월에 남아프리카 교회 컨퍼런스에서 언급했던 말. Ryrie, p. 357에서 재인용.

26. 넬슨 만델라, 1994년 4월 3일에 개최된 시오니즘 기독교 교회 부활절 컨퍼런스에서 한 연설에서.

27. 조지 W. 부시, 2001년 10월 11일 기자 회견에서.

28. 조지 W. 부시, 2002년 10월 11일 미국의 아프가니스탄 인도주의적 지원에 관한 언급에서.

29. 조지 W. 부시, 2002년 6월 1일 웨스트포인트에서 한 연설에서.

30. Mary Beard. *London Review of Books* 23.19 (4 October 2001), p. 21.

31. David Aikman. *A Man of Faith: The Spiritual Journey of George W. Bush* (Nashville, 2004), p. 3에서 재인용.

32. 조지 W. 부시, 2002년 11월 13일 기자 회견에서.

33. 프란츠 파농, *The Wretched of the Earth*, tr. Richard Philcox (New York, 1963), p. 53.

34. 같은 책, p. 23.

35. 2004년 10월 11일 《모닝스타(Morning Star)》지에 실림.

36. 파농, p. 2.

37. 알자르카위. Weiss and Hassan, p. 40에서 재인용.

38. 쿠란 9장 31절. 해당 절은 알마크디시가 여러 차례 언급한 부분이다.

39. 조지 W. 부시, 2002년 11월 20일 기자 회견에서.

40. Ali, p. 238.

41. 쿠란 5장 33절.

42. https://medium.com/@alyssacccc/phone-call-home-a-letter-from-james-foley-arts-96-to-marquette-4a9dd1553d83/subaction=showfull&id=1318951203 &archive.

43. 2014년 9월 4일 《이브닝 스탠더드(Evening Standard)》지와의 인터뷰.

44. https://twitter.com/jenanmoussa/status/982935563694215168.

21장 각성 | 2015년, 로스토크

1. 2015년 7월 15일에 열린 '독일에서의 안락한 삶 행사(Gut leben in Deutschland)' 필기록에서.

2. J. R. R. Tolkien. *The Return of the King* (London, 1955; repr. 2005), p. 1075.

3. http://www.bbc.co.uk/news/world-europe-34173720.

4. John Garth. *Tolkien and the Great War: The Threshold of Middle-earth*, (London, 2003), p. 219에서 재인용.

5. http://www.spiegel.de/international/germany/why-has-angela-merkelstaked-her-legacy-on-the-refugees-a-1073705.html.

6. 니사의 그레고리우스. *On the Love of the Poor 1: 'On Good Works'*, tr. Holman, p. 194.

7. 빅토르 오르반. 2017년 7월 22일 제28차 발바뇨스(Bálványos) 하계방송대학 및 학생 캠프에서 한 연설에서.

8. 인권에 관한 유네스코의 심포지엄 '논평과 해석'(1949)에서. Tierney, p. 2에서 재인용.

9. *Charlie Hebdo*. 2016년 12월 14일자 사설.

10. 같은 곳. 2016년 1월 13일자.

11. Stéphane Charbonnier. http://arretsurinfo.ch/quand-la-liberte-dexpression-sert-a-propager-la-haine-raciste/.

12. https://www.nytimes.com.2017/12/17/us/harvey-weinstein-hotel-sexual-harassment.hmtl.

13. https://www.eeoc.gov/eeoc/task_force/harassment/report.cfm.

14. 클레르보의 베르나르. Bynum (1987), p. 16에서 재인용.

15. William Perkins. *Christian Oeconomie or, a Short Survey of the right Manner of Erecting and Ordering a Familie, According to the Scriptures* (기독교 경제학 혹은 성경에 따라 가정을 세우고 유지하는 올바른 방법에 대한 소론)

(London, 1609), p. 122.

16. 칼뱅. 《기독교 강요》. 1.1.2.

17. 사드. 《쥘리에트》, p. 172.

18. Milton Himmelfarb. 그는 비틀스가 참여한 영화 〈노란 잠수함〉을 보고 이런 생각을 떠올렸다. John Carlevale, "Dionysus Now : Dionysian Myth-History in the Sixties" (*Arion* 13, 2005), p. 95에서 재인용.

19. Ralph Gleason. 같은 글, p. 89에서 재인용.

20. 〈코린토 신자들에게 보낸 첫째 서간〉 6장 19절.

21. Vanessa Wruble. https://www.vogue.com/article/meet-the-women-of-the-womens-march-on-washington.

22. 니체. 《권력에의 의지》, 27.

23. https://staging.womensmarchglobal.org/unity-principles/.

24. 스티븐 와인버그. *The First Three Minutes* (New York, 1977), p. 154.

25. 하인리히 힘러. Chapoutot, p. 27에서 재인용.

26. '암스테르담 선언', 2002.

27. 같은 곳.

28. 같은 곳.

29. Sam Harris. *The Moral Landscape: How Science Can Determine Human Values* (New York, 2010), p. 2.

30. '암스테르담 선언', 2002.

31. https://twitter.com/RichardDawkins/status/1018933359978909696.

32. 토머스 헨리 헉슬리. *Collected Essays. Volume 5: Science and the Christian Tradition* (London, 1894), p. 320.

33. 〈코린토 신자들에게 보낸 첫째 서간〉 1장 27절.

참고문헌

본문 전반

Almond, Philip C.: *Afterlife: A History of Life after Death* (London, 2016)

Barton, John: *A History of the Bible: The Story of the World's Most Influential Book* (London, 2019)

Brague, Remi: *The Law of God: The Philosophical History of an Idea*, tr. Lydia G. Cochrane (Chicago, 2006)

Brooke, John Hedley: *Science and Religion: Some Historical Perspectives* (Cambridge, 1991)

Buc, Philippe: *Holy War, Martyrdom, and Terror: Christianity, Violence, and the West* (Philadelphia, 2015)

Cambridge History of Christianity, 9 volumes (Cambridge, 2006)

Chidester, David: *Christianity: A Global History* (New York, 2000)

Funkenstein, Amos: *Theology and the Scientific Imagination: From the Middle Ages to the Seventeenth Century* (Princeton, 1986)

Gillespie, Michael Allen: *The Theological Origins of Modernity* (Chicago, 2008)

Gray, John: *Straw Dogs: Thoughts on Humans and Other Animals* (London, 2003)

——: *Heresies: Against Progress and Other Illusions* (London, 2004)

——: *Black Mass: Apocalyptic Religion and the Death of Utopia* (London, 2007)

Gregory, Brad S.: *The Unintended Reformation: How a Religious Revolution Secularized Society* (Cambridge, Mass., 2012)

Harrison, Peter: *The Bible, Protestantism, and the Rise of Natural Science*

(Cambridge, 1998)

—— (ed.): *The Cambridge Companion to Science and Religion* (Cambridge, 2010)

——: *The Territories of Science and Religion* (Chicago, 2015)

Hart, David Bentley: *Atheist Delusions: The Christian Revolution and Its Fashionable Enemies* (New Haven, 2009)

——: *The Story of Christianity: A History of 2,000 Years of the Christian Faith* (London, 2009)

Jacobs, Alan: *Original Sin: A Cultural History* (New York, 2008)

MacCulloch, Diarmaid: *A History of Christianity: The First Three Thousand Years* (London, 2009)

Nirenberg, David: *Anti-Judaism: The History of a Way of Thinking* (New York, 2013)

Nongbri, Brent: *Before Religion: A History of a Modern Concept* (New Haven, 2013)

Rubin, Miri: *Mother of God: A History of the Virgin Mary* (London, 2009)

Schimmelpfennig, Bernhard: *The Papacy*, tr. James Sievert (New York, 1992)

Shagan, Ethan H.: *The Birth of Modern Belief: Faith and Judgment from the Middle Ages to the Enlightenment* (Princeton, 2019)

Shah, Timothy Samuel and Allen D. Hertzke: *Christianity and Freedom: Historical Perspectives* (Cambridge, 2016)

Siedentop, Larry: *Inventing the Individual: The Origins of Western Liberalism* (London, 2014)

Smith, William Cantwell: *The Meaning and End of Religion* (Minneapolis, 1962)

Taylor, Charles: *A Secular Age* (Cambridge, Mass., 2007)

Watkins, Basil: *The Book of Saints: A Comprehensive Biographical Dictionary* (London, 2002)

1부 고전고대

Allison, Dale C.: *Constructing Jesus: Memory, Imagination and History* (Grand Rapids, 2010)

Ando, Clifford: *The Matter of the Gods: Religion and the Roman Empire*

(Berkeley, 2008)

Arnold, Clinton E.: *The Footprints of Michael the Archangel: the Formation and Diffusion of a Saintly Cult, c. 300 – c.800* (New York, 2013)

Assman, Jan: *Moses the Egyptian: The Memory of Egypt in Western Monotheism* (Cambridge, Mass., 1997)

Atkinson, Kenneth: *I Cried to the Lord: A Study of the Psalms of Solomon's Historical Background and Social Setting* (Leiden, 2004)

Bauckham, Richard: *Jesus and the Eyewitnesses: The Gospels as Eyewitness Testimony* (Grand Rapids, 2006)

Barton, John: *Ethics in Ancient Israel* (Oxford, 2014)

Behr, John: *Irenaeus of Lyons: Identifying Christianity* (Oxford, 2013)

Boyarin, Daniel: *A Radical Jew: Paul and the Politics of Identity* (Berkeley & Los Angeles, 1994)

——: 'Justin Martyr Invents Judaism' (*Church History* 70, 2001)

——: *Border Lines: The Partition of Judaeo-Christianity* (Philadelphia, 2007)

Brent, Allen: *The Imperial Cult and the Development of Church Order: Concepts and Images of Authority in Paganism and Early Christianity before the Age of Cyprian* (Leiden, 1999)

Briant, Pierre: *From Cyrus to Alexander: A History of the Persian Empire*, tr. Peter T. Daniels (Winona Lake, 2002)

Brown, Peter: *The Cult of the Saints: Its Rise and Function in Latin Christianity* (Chicago, 1981)

——: *The Body and Society: Men, Women and Sexual Renunciation in Early Christianity* (London, 1989)

——: *The Rise of Western Christendom: Triumph and Diversity, A.D. 200 – 1000* (Oxford, 1996)

——: *Augustine of Hippo* (London, 2000)

——: *Through the Eye of a Needle: Wealth, the Fall of Rome, and the Making of Christianity in the West, 350 – 550 AD* (Princeton, 2012)

——: *The Ransom of the Soul: Afterlife and Wealth in Early Western Christianity* (Cambridge, Mass., 2015)

——: *Treasure in Heaven: The Holy Poor in Early Christianity* (Charlottesville,

2016)

Burkert, Walter: *Greek Religion*, tr. John Raffan (Oxford, 1985)

Castelli, Elizabeth A.: *Martyrdom and Memory: Early Christian Culture Making* (New York, 2004)

Chapman, David W.: *Ancient Jewish and Christian Perceptions of Crucifixion* (Tubingen, 2008)

Cohen, Shaye J. D.: *The Beginning of Jewishness: Boundaries, Varieties, Uncertainties* (Berkeley & Los Angeles, 1999)

Crislip, Andrew: *From Monastery to Hospital: Christian Monasticism and the Transformation of Health Care in Late Antiquity* (Ann Arbor, 2005)

Crouzel, Henry: *Origen*, tr. A. S. Worrall (San Francisco, 1989)

Darby, Peter and Faith Wallis (eds): *Bede and the Future* (Farnham, 2014)

Demacopoulos, George E.: *Gregory the Great: Ascetic, Pastor, and First Man of Rome* (Notre Dame, 2015)

Drake, H. A.: *Constantine and the Bishops* (Baltimore, 2002)

Dunn, J. D. G.: *Christology in the Making: A New Testament Inquiry into the Origins of the Doctrine of the Incarnation* (Grand Rapids, 1989)

——: *The Theology of Paul the Apostle* (Grand Rapids, 1998)

——: *Jesus, Paul, and the Gospels* (Grand Rapids, 2011)

Ehrman, Bart D.: *Lost Christianities: The Battles for Scripture and the Faiths We Never Knew* (Oxford, 2003)

——: *The Triumph of Christianity: How a Forbidden Religion Swept the World* (London, 2018)

Eichrodt, Walther: *Man in the Old Testament* (London, 1951)

Elliott, Neil: *The Arrogance of Nations: Reading Romans in the Shadow of Empire* (Minneapolis, 2008)

Elliott, Susan: *Cutting Too Close for Comfort: Paul's Letter to the Galatians in its Anatolian Cultic Context* (London, 2003)

Elm, Susanna: *Sons of Hellenism, Fathers of the Church: Emperor Julian, Gregory of Nazianzus, and the Vision of Rome* (Berkeley & Los Angeles, 2012)

Engberg-Pedersen, Troels: *Paul and the Stoics* (Edinburgh, 2000)

Ferngren, Gary B.: *Medicine & Health Care in Early Christianity* (Baltimore, 2009)

Finn, Richard: *Almsgiving in the Later Roman Empire: Christian Promotion and Practice (313-450)* (Oxford, 2006)

Fortenbaugh, William W. and Eckart Schutrumpf (eds): *Demetrius of Phalerum: Text, Translation and Discussion* (New Brunswick, 2000)

Frend, W. H. C.: *The Donatist Church: A Movement of Protest in Roman North Africa* (Oxford, 1952)

Gager, John G.: *The Origins of Anti-Semitism: Attitudes Toward Judaism in Pagan and Christian Antiquity* (Oxford, 1983)

Green, Peter: *From Alexander to Actium: The Historical Evolution of the Hellenistic Age* (Berkeley & Los Angeles, 1990)

Greenhalgh, Peter: *Pompey: The Roman Alexander* (London, 1980)

Hall, Stuart George (ed.): *Gregory of Nyssa: Homilies on Ecclesiastes* (Berlin & New York, 1993)

Hardin, Justin K.: *Galatians and the Imperial Cult: A Critical Analysis of the First-Century Social Context of Paul's Letter* (Tubingen, 2008)

Harding, Mark and Nobbs, Alanna: *All Things to All Cultures: Paul among Jews, Greeks, and Romans* (Grand Rapids, 2013)

Harper, Kyle: *From Shame to Sin: The Christian Transformation of Sexual Morality in Late Antiquity* (Cambridge, Mass., 2013)

Harrill, J. Albert: *Paul the Apostle: His Life and Legacy in their Roman Context* (Cambridge, 2012)

Harvey, Susan Ashbrook and David G. Hunter: *The Oxford Handbook of Early Christian Studies* (Oxford, 2008)

Hayward, C. T. R.: *The Jewish Temple: A Non-Biblical Sourcebook* (London, 1996)

Heine, Ronald E.: *Scholarship in the Service of the Church* (Oxford, 2010)

Hengel, Martin: *Crucifixion in the Ancient World and the Folly of the Message of the Cross*, tr. John Bowden (Philadelphia, 1977)

Higham, N. J.: *(Re-)Reading Bede: The Ecclesiastical History in Context* (Abingdon, 2006)

Hock, Ronald F.: *The Social Context of Paul's Ministry: Tentmaking and Apostleship* (Philadelphia, 1980)

Holman, Susan R.: *The Hungry Are Dying: Beggars and Bishops in Roman Cappadocia* (Oxford, 2001)

Horrell, David G.: 'The Label χριστιανος: 1 Peter 4:16 and the Formation of Christian Identity' (*Journal of Biblical Literature* 126, 2007)

Horsley, Richard A (ed.): *Paul and Empire: Religion and Power in Roman Imperial Society* (Harrisburg, 1997)

Hurtado, Larry W.: *Lord Jesus Christ: Devotion to Jesus in Earliest Christianity* (Grand Rapids, 2003)

——: *Destroyer of the Gods: Early Christian Distinctiveness in the Roman World* (Waco, 2016)

Johnson, Richard F.: *Saint Michael the Archangel in Medieval English Legend* (Woodbridge, 2005)

Judge, E. A.: *The Social Pattern of Early Christian Groups in the First Century* (London, 1960)

Kim, Seyoon: *The Origins of Paul's Gospel* (Tubingen, 1981)

——: *Christ and Caesar: The Gospel and the Roman Empire in the Writings of Paul and Luke* (Grand Rapids, 2008)

Koskenniemi, Erkki: *The Exposure of Infants Among Jews and Christians in Antiquity* (Sheffield, 2009)

Kyrtatas, Dimitris J.: *The Social Structure of the Early Christian Communities* (New York, 1987)

Lane Fox, Robin: *Pagans and Christians* (London, 1986)

Lavan, Luke and Michael Mulryan (eds): *The Archaeology of Late Antique 'Paganism'* (Leiden, 2011)

Ledegant, F.: *Mysterium Ecclesiae: Images of the Church and its Members in Origen* (Leuven, 2001)

Lemche, Niels Peter: *Ancient Israel: A New History of Israel* (London, 2015)

Lincoln, Bruce: *Religion, Empire & Torture* (Chicago, 2007)

Longenecker, Bruce W.: *Remember the Poor: Paul, Poverty, and the Greco-Roman World* (Grand Rapids, 2010)

Ludlow, Morwenna: *Gregory of Nyssa: Ancient and [Post]Modern* (Oxford, 2007)

Marietta, Don E.: 'Conscience in Greek Stoicism' (*Numen* 17, 1970)

Markus, R. A.: *Saeculum: History and Society in the Theology of St Augustine* (Cambridge, 1970)

——: *Christianity in the Roman World* (New York, 1974)

——: *From Augustine to Gregory the Great: History and Christianity in Late Antiquity* (London, 1983)

——: *Gregory the Great and his World* (Cambridge, 1997)

Meeks, Wayne A.: *The First Urban Christians: The Social World of the Apostle Paul* (New Haven, 1983)

Miles, Richard (ed.): *The Donatist Schism: Controversy and Contexts* (Liverpool, 2016)

Miller, Timothy S.: *The Orphans of Byzantium: Child Welfare in the Christian Empire* (Washington D.C., 2003)

Mitchell, Stephen: *Anatolia: The Celts in Anatolia and the Impact of Roman Rule* (Oxford, 1993)

Neusner, Jacob; William S. Green & Ernest Frerichs: *Judaisms and their Messiahs at the Turn of the Christian Era* (Cambridge, 1987)

Oakes, Peter: *Reading Romans in Pompeii: Paul's Letter at Ground Level* (Minneapolis, 2009)

——: *Galatians* (Grand Rapids, 2015)

Olson, S. D. (ed.): *Aristophanes: Acharnians* (Oxford, 2002)

Olster, David M.: *Roman Defeat, Christian Response, and the Literary Construction of the Jew* (Philadelphia, 1994)

Osborn, Eric: *The Emergence of Christian Theology* (Cambridge, 1993)

——: *Irenaeus of Lyons* (Cambridge, 2001)

Ostwald, Martin: *Nomos and the Beginnings of the Athenian Democracy* (Oxford, 1969)

Palmer, James: *The Apocalypse in the Early Middle Ages* (Cambridge, 2014)

Paxton, Frederick S.: *Christianizing Death: The Creation of a Ritual Process in Early Medieval Europe* (Ithaca, 1990)

Peppard, Michael: *The Son of God in the Roman World: Divine Sonship in Its Social and Political Context* (Oxford, 2011)

Porter, Stanley E. (ed.): *Paul: Jew, Greek, and Roman* (Leiden, 2008)

Price, S. R. F.: *Rituals and Power: The Roman Imperial Cult in Asia Minor* (Cambridge, 1984)

Rhee, Helen: *Wealth and Poverty in Early Christianity* (Minneapolis, 2017)

Romer, Thomas: *The Invention of God*, tr. Raymond Geuss (Cambridge, Mass., 2015)

Rubin, Uri: *The Eye of the Beholder: The Life of Muhammad as Viewed by the Early Muslims* (Princeton, 1995)

——: *Between Bible and Qur'an: The Children of Israel and the Islamic Self-image* (Princeton, 1999)

Samuelsson, Gunnar: *Crucifixion in Antiquity: An Inquiry into the Background and Significance of the New Testament Terminology of Crucifixion* (Tubingen, 2013)

Sanders, E. P.: *Paul: The Apostle's Life, Letters, and Thought* (Minneapolis, 2016)

Sandmel, Samuel: *Judaism and Christian Beginnings* (New York, 1978)

Schultz, Joseph P. & Louis Spatz: *Sinai & Olympus: A Comparative Study* (Lanham, 1995)

Satlow, Michael L.: *How the Bible Became Holy* (New Haven, 2014)

Shoemaker, Stephen J.: *The Death of a Prophet: The End of Muhammad's Life and the Beginnings of Islam* (Philadelphia, 2012)

——: *Mary in Early Christian Faith and Devotion* (New Haven, 2016)

Smith, Mark S.: *The Early History of God: Yahweh and the Other Deities in Ancient Israel* (Grand Rapids, 1990)

——: *The Origins of Biblical Monotheism: Israel's Polytheistic Background and the Ugaritic Texts* (Oxford, 2001)

Smith, Rowland: *Julian's Gods: Religion and Philosophy in the Thought and Action of Julian the Apostate* (London, 1995)

Stark, Rodney: *The Rise of Christianity: A Sociologist Reconsiders History* (Princeton, 1996)

——: *Cities of God: The Real Story of How Christianity Became an Urban*

Movement and Conquered Rome (New York, 2006)

Theissen, Gerd: *The Social Setting of Pauline Christianity: Essays on Corinth*, tr. John H. Schutz (Edinburgh, 1982)

Trigg, Joseph W.: *Origen* (Abingdon, 1998)

Trout, Dennis E.: *Paulinus of Nola: Life, Letters, and Poems* (Berkeley & Los Angeles, 1999)

Van Dam, Raymond: *Leadership and Community in Late Antique Gaul* (Berkeley & Los Angeles, 1985)

——: *Saints and their Miracles in Late Antique Gaul* (Princeton, 1993)

——: *Kingdom of Snow: Roman Rule and Greek Culture in Cappadocia* (Philadelphia, 2002)

——: *Families and Friends in Late Roman Cappadocia* (Philadelphia, 2003)

——: *Becoming Christian: The Conversion of Roman Cappadocia* (Philadelphia, 2003)

Vermes, Geza: *Jesus: Nativity, Passion, Resurrection* (London, 2010)

Wengst, K.: *Pax Romana and the People of Christ* (London, 1987)

Whitmarsh, Tim: *Battling the Gods: Atheism in the Ancient World* (London, 2016)

Winter, Bruce W.: *Philo and Paul Among the Sophists: Alexandrian and Corinthian Responses to a Julio-Claudian Movement* (Grand Rapids, 2002)

Wright, N. T.: *Paul and the Faithfulness of God* (London, 2013)

——: *Paul and his Recent Interpreters* (London, 2015)

——: *Paul: A Biography* (London, 2018)

2부 기독교 세계

Barstow, Anne Llewellyn: *Married Priests and the Reforming Papacy* (New York, 1982)

Bartlett, Robert: *The Making of Europe: Conquest, Colonization and Cultural Change, 950–1350* (London, 1993)

——: *Why Can the Dead Do Such Great Things? Saints and Worshippers form the Martyrs to the Reformation* (Princeton, 2013)

Berman, Constance Hoffman (ed.): *Medieval Religion: New Approaches* (New

York, 2005)

Berman, Harold J.: *Law and Revolution: The Formation of the Western Legal Tradition* (Cambridge, Mass., 1983)

Blickle, Peter: *The Revolution of 1525: The German Peasants' War from a New Perspective*, tr. Thomas A. Brady and H. C. Erik Midelfort (Baltimore, 1981)

———: *Communal Reformation*, tr. Thomas Dunlap (Atlantic Highlands, 1992)

———: *From the Communal Reformation to the Revolution of the Common Man*, tr. Beat Kumin (Leiden, 1998)

Blumenthal, Uta-Renate: *The Investiture Controversy: Church and Monarchy from the Ninth to the Twelfth Century* (Philadelphia, 1995)

Bossy, John: *Christianity in the West 1400 – 1700* (Oxford, 1985)

Brecht, Martin: *Martin Luther: His Road to Reformation, 1483 – 1521*, tr. James L. Schaaf (Minneapolis, 1985)

Brockey, Liam Matthew: *The Visitor: Andre Palmeiro and the Jesuits in Asia* (Cambridge, Mass., 2014)

Brophy, Don: *Catherine of Siena: A Passionate Life* (London, 2011)

Bynum, Caroline Walker: *Jesus as Mother: Studies in the Spirituality of the High Middle Ages* (Berkeley & Los Angeles, 1982)

———: *Holy Feast and Holy Fast: The Religious Significance of Food to Medieval Women* (Berkeley & Los Angeles, 1987)

Cameron, Euan: *Waldenses: Rejections of Holy Church in Medieval Europe* (Oxford, 2000)

Clanchy, M. T.: *Abelard: A Medieval Life* (Oxford, 1997)

Coffey, John: *Persecution and Toleration in Protestant England 1558 – 1689* (Harlow, 2000)

Cohen, Jeremy (ed.): *From Witness to Witchcraft: Jews and Judaism in Medieval Christian Thought* (Wiesbaden, 1996)

Cowdrey, H. E. J.: *The Cluniacs and the Gregorian Reform* (Oxford, 1970)

———: *Popes, Monks and Crusaders* (London, 1984)

———: *Pope Gregory VII 1073 – 1085* (Oxford, 1998)

———: *Popes and Church Reform in the 11th Century* (Aldershot, 2000)

Cunningham, Andrew and Ole Peter Grell: *The Four Horsemen of the*

Apocalypse: Religion, War, Famine and Death in Reformation Europe (Cambridge, 2000)

Cushing, Kathleen G.: *Reform and Papacy in the Eleventh Century: Spirituality and Social Change* (Manchester, 2005)

Daniel, Norman: *The Arabs and Medieval Europe* (London, 1975)

D'Elia, Pasquale M.: *Galileo in China*, tr. Rufus Suter and Matthew Sciascia (Cambridge, Mass., 1960)

Dunne, John: *Generation of Giants: The Story of the Jesuits in China in the Last Decades of the Ming Dynasty* (Notre Dame, 1962)

Elliott, Dyan: *Fallen Bodies: Pollution, Sexuality, and Demonology in the Middle Ages* (Philadelphia, 1999)

Emmerson, Richard K. and McGinn, Bernard: *The Apocalypse in the Middle Ages* (Ithaca, 1992)

Finocchiaro, Maurice A.: *Retrying Galileo, 1633 – 1992* (Berkeley & Los Angeles, 2005)

Fletcher, Richard: *The Conversion of Europe: From Paganism to Christianity, 371 – 1386 AD* (London, 1997)

Fontana, Michela: *Matteo Ricci: A Jesuit in the Ming Court* (Lanham, 2011)

Frassetto, Michael (ed.): *Medieval Purity and Piety: Essays on Medieval Clerical Celibacy and Religious Reform* (New York, 1998)

Fulton, Rachel: *From Judgment to Passion: Devotion to Christ and the Virgin Mary, 800 – 1200* (New York, 2002)

Fudge, Thomas A.: *Jan Hus: Religious Reform and Social Revolution in Bohemia* (London, 2010)

Gilbert, Creighton E.: 'Ghiberti on the Destruction of Art' (*I Tatti Studies in the Italian Renaissance* 6, 1995)

Goody, Jack: *The Development of the Family and Marriage in Europe* (Cambridge, 1983)

Gordon, Bruce: *The Swiss Reformation* (Manchester, 2008)

——: *Calvin* (New Haven, 2009)

Grell, Ole Peter and Bob Scribner: *Tolerance and Intolerance in the European Reformation* (Cambridge, 1996)

Grundmann, Herbert: *Religious Movements in the Middle Ages*, tr. Steven Rowan (Notre Dame, 1995)

Hamilton, Bernard: *Monastic Reform, Catharism and the Crusades, 900 – 1300* (London, 1979)

Hancock, Ralph C.: *Calvin and the Foundations of Modern Politics* (Ithaca, 1989)

Hanke, Lewis: *The Spanish Struggle for Justice in the Conquest of America* (Dallas, 2002)

Hannam, James: *God's Philosophers: How the Medieval World Laid the Foundations of Modern Science* (London, 2009)

Harline, Craig: *A World Ablaze: The Rise of Martin Luther and the Birth of the Reformation* (Oxford, 2017)

Hashimoto, Keizo: *Hsu Kuang-Ch'i and Astronomical Reform: The Process of the Chinese Acceptance of Western Astronomy, 1629 – 1635* (Kansai, 1988)

Headley, John M.: *Luther's View of Church History* (New Haven, 1963)

Heilbron, J. L.: *Galileo* (Oxford 2010)

Hendrix, Scott: 'Rerooting the Faith: The Reformation as Re-Christianization' (*Church History* 69, 2000)

Hsia, R. Po-chia (ed.): *The German People and the Reformation* (Ithaca, 1988)

Huff, Toby E.: *Intellectual Curiosity and the Scientific Revolution: A Global Perspective* (Cambridge, 2011)

——: (3rd edn) *The Rise of Early Modern Science: Islam, China, and the West* (Cambridge, 2017)

Izbicki, Thomas M.: 'Cajetan on the Acquisition of Stolen Goods in the Old and New Worlds' (*Revista di storia del Cristianesimo* 4, 2007)

Jami, Catherine, Peter Engelfriet and Gregory Blue: *Statecraft and Intellectual Renewal in Late Ming China: The Cross-Cultural Synthesis of Xu Guangqi (1562 – 1633)* (Leiden, 2001)

Jones, Andrew Willard: *Before Church and State: A Study of Social Order in the Sacramental Kingdom of St. Louis IX* (Steubenville, 2017)

Jordan, Mark D.: *The Invention of Sodomy in Christian Theology* (Chicago, 1997)

Kadir, Djelal: *Columbus and the Ends of the Earth: Europe's Prophetic Rhetoric as Conquering Ideology* (Berkeley & Los Angeles, 1992)

Kaminsky, Howard: *A History of the Hussite Revolution* (Berkeley & Los Angeles, 1967)

Karras, Ruth Mazo: *Sexuality in Medieval Europe* (New York, 2005)

Kedar, Benjamin Z.: *Crusade and Mission: European Attitudes Toward the Muslims* (Princeton, 1984)

Kieckhefer, Richard: *Repression of Heresy in Medieval Germany* (Liverpool, 1979)

Klaniczay, Gabor: *Holy Rulers and Blessed Princesses: Dynastic Cults in Medieval Central Europe*, tr. Eva Palmai (Cambridge, 2000)

Lattis, James M.: *Between Copernicus and Galileo: Christoph Clavius and the Collapse of Ptolemaic Cosmology* (Chicago, 1994)

MacCulloch, Diarmaid: *Reformation: Europe's House Divided, 1490 – 1700* (London, 2003)

Madigan, Kevin: *Medieval Christianity: A New History* (New Haven, 2015)

Marshall, Peter: *The Reformation* (Oxford, 2009)

——: *Heretics and Believers: A History of the English Reformation* (New Haven, 2017)

McGinn, Bernard: *Visions of the End: Apocalyptic Traditions in the Middle Ages* (New York, 1979)

Miller, Perry: *The New England Mind: From Colony to Province* (Cambridge, Mass., 1953)

——: *The New England Mind: The Seventeenth Century* (Cambridge, Mass., 1954)

——: *Errand into the Wilderness* (Cambridge, Mass., 1956)

Milis, Ludo J. R.: *Angelic Monks and Earthly Men* (Woodbridge, 1992)

Moore, John C.: *Pope Innocent III (1160/61 – 1216): To Root Up and to Plant* (Leiden, 2003)

Moore, R. I.: *The Birth of Popular Heresy* (London, 1975)

——: *The Origins of European Dissent* (London, 1977)

——: *The Formation of a Persecuting Society: Power and Deviance in Western*

Europe, 950–1250 (Oxford, 1990)

——: *The First European Revolution, c. 970–1215* (Oxford, 2000)

Mormando, Franco: *Bernardino of Siena and the Social Underworld of Early Renaissance Italy* (Chicago, 1999)

Morris, Colin: *The Papal Monarchy: The Western Church from 1050 to 1250* (Oxford, 1989)

Newman, Barbara: *From Virile Woman to WomanChrist: Studies in Medieval Religion and Literature* (Philadelphia, 1995)

——: 'The Heretic Saint: Guglielma of Bohemia, Milan, and Brunate' (*Church History* 74, 2005)

Oberman, Heiko: *The Impact of the Reformation* (Grand Rapids, 1994)

Origo, Iris: *The World of San Bernardino* (London, 1963)

Ozment, Steven: *The Age of Reform, 1250–1550: An Intellectual and Religious History of Late Medieval and Reformation Europe* (New Haven, 1980)

Patzold, Steffen and Carmine van Rhijn: *Men in the Middle: Local Priests in Early Medieval Europe* (Berlin, 2016)

Pegg, Mark Gregory: *The Corruption of Angels: The Great Inquisition of 1245–1246* (Princeton, 2001)

——: *A Most Holy War: The Albigensian Crusade and the Battle for Christendom* (Oxford, 2008)

Peters, Edward: *The Magician, the Witch, and the Law* (Philadelphia, 1978)

——: *Inquisition* (Berkeley & Los Angeles, 1989)

Phelan, John Leddy: *The Millennial Kingdom of the Franciscans in the New World: A Study of the Writings of Geronimo de Mendieta (1525–1604)* (Berkeley & Los Angeles, 1956)

Polecritti, Cynthia L.: *Preaching Peace in Renaissance Italy: Bernardino of Siena & His Audience* (Washington D.C., 2000)

Reuter, Timothy (ed.): *The Greatest Englishman: Essays on St Boniface and the Church at Crediton* (Exeter, 1980)

Riley-Smith, Jonathan: *The First Crusade and the Idea of Crusading* (London, 1986)

——: *The First Crusaders, 1095–1131* (Cambridge, 1997)

Rocke, Michael: *Forbidden Friendships*: *Homosexuality and Male Culture in Renaissance Florence* (Oxford, 1996)

Roper, Lyndal: *Martin Luther*: *Renegade and Prophet* (London, 2016)

Rosenstock-Huessy, Eugen: *Driving Power of Western Civilization*: *The Christian Revolution of the Middle Ages* (Boston, 1949)

Ross, Andrew C.: *A Vision Betrayed*: *The Jesuits in Japan and China 1542 - 1742* (Edinburgh, 1994)

Rubenstein, Jay: *Armies of Heaven*: *The First Crusade and the Quest for Apocalypse* (New York, 2011)

Ryrie, Alec: *Protestants*: *The Faith That Made the Modern World* (London, 2017)

Schama, Simon: *The Embarrassment of Riches*: *An Interpretation of Dutch Culture in the Golden Age* (London, 1987)

Scott, Tom: *Thomas Muntzer*: *Theology and Revolution in the German Reformation* (Basingstoke, 1989)

Scott-Dixon, C.: *Contesting the Reformation* (Oxford, 2012)

Scribner, R. W.: *Popular Culture and Popular Movements in Reformation Germany* (London, 1987)

Southern, R. W.: *The Making of the Middle Ages* (London, 1953)

——: *Western Society and the Church in the Middle Ages* (London, 1970)

——: *Saint Anselm*: *A Portrait in a Landscape* (Cambridge, 1990)

Smalley, Beryl: *The Study of the Bible in the Middle Ages* (Oxford, 1941)

Steenberghen, Fernand van: *Aristotle in the West*: *the Origins of Latin Aristotelianism*, tr. Leonard Johnston (Louvain, 1955)

Sullivan, Karen: *The Inner Lives of Medieval Inquisitors* (Chicago, 2011)

Sweet, Leonard I.: 'Christopher Columbus and the Millennial Vision of the New World' (*The Catholic Historical Review* 72, 19860

Talbot, C. H. (ed.): *The Anglo-Saxon Missionaries in Germany* (London, 1954)

Tellenbach, Gerd: *Church, State and Christian Society at the Time of the Investiture Contest*, tr. R. F. Bennett (Oxford, 1940)

——: *The Church in Western Europe from the Tenth to the Early Twelfth Century*, tr. Timothy Reuter (Cambridge, 1993)

Tylus, Jane: *Reclaiming Catherine of Siena*: *Literacy, Literature, and the Signs of Others* (Chicago, 2009)

Ullman, Walter: *The Growth of Papal Government in the Middle Ages: A Study in the Ideological Relation of Clerical to Lay Power* (London, 1955)

Walsham, Alexandra: *The Reformation of the Landscape: Religion, Identity, & Memory in Early Modern Britain & Ireland* (Oxford, 2011)

Watts, Pauline Moffitt: 'Prophecy and Discovery: On the Spiritual Origins of Christopher Columbus's "Enterprise of the Indies"' (*American Historical Review* 90, 1985)

Wessley, Stephen E.: 'The Thirteenth-Century Gugliemites: Salvation Through Women', in *Medieval Women*, ed. Derek Baker (Oxford, 1978)

Williams, George Huntston: *The Radical Reformation* (Kirksville, 1992)

Witte, John: *The Reformation of Rights: Law, Religion, and Human Rights in Early Modern Calvinism* (Cambridge, 2007)

Wolf, Kenneth Baxter: *The Poverty of Riches: St. Francis of Assisi Reconsidered* (Oxford, 2003)

——: *The Life and Afterlife of St. Elizabeth of Hungary: Testimony from Her Canonization Hearings* (Oxford, 2011)

3부 모데르니타스

Ali, Kecia: *The Lives of Muhammad* (Cambridge, Mass., 2014)

Anderson, Allan: *Zion and Pentecost: The Spirituality and Experience of Pentecostal and Zionist/Apostolic Churches in South Africa* (Pretoria, 2000)

——: *African Reformation: African Initiated Christianity in the 20th Century* (Trenton, 2001)

Anstey, Roger: *The Atlantic Slave Trade and British Abolition 1760–1810* (London, 1975)

Aston, Nigel: *Christianity and Revolutionary Europe, 1750–1830* (Cambridge, 2002)

Balagangadhara, S. N.: *'The Heathen in his Blindness… Asia, the West and the Dynamic of Religion* (Manohar, 2005)

Barclay, David E.: *Frederick William IV and the Prussian Monarchy 1840–1861* (Oxford, 1995)

Batnitzky, Leora: *How Judaism Became a Religion: An Introduction to Modern Jewish Thought* (Princeton, 2011)

Beachy, Robert: *Gay Berlin: Birthplace of a Modern Identity* (New York, 2014)

Becker, Carl L.: *The Heavenly City of the Eighteenth-Century Philosophers* (New Haven, 1932)

Bethge, Eberhard: *Dietrich Bonhoeffer: A Biography* (London, 1970)

Bien, David D.: *The Calas Affair: Persecution, Tolerance, and Heresy in Eighteenth-Century Toulouse* (Princeton, 1960)

Bloch, Esther, Marianne Keppens and Rajaram Hegde (eds): *Rethinking Religion in India: The Colonial Construction of Hinduism* (London, 2010)

Bruckner, Pascal: *The Tyranny of Guilt: An Essay on Western Masochism*, tr. Steven Rendall (Princeton, 2010)

Burleigh, Michael: *Earthly Powers: Religion and Politics in Europe from the Enlightenment to the Great War* (London, 2005)

——: *Sacred Causes: Religion and Politics from the European Dictators to Al Qaeda* (London, 2006)

Callahan, Allen Dwight: *The Talking Book: African Americans and the Bible* (New Haven, 2006)

Carson, Penelope: *The East India Company and Religion, 1698 – 1858* (Woodbridge, 2012)

Chapoutot, Johann: *The Law of Blood: Thinking and Acting as a Nazi*, tr. Miranda Richmond Mouillot (Cambridge, Mass., 2018)

Chartier, Lydia G.: *The Cultural Origins of the French Revolution*, tr. Lydia G. Cochrane (Durham, 1991)

Coffey, John: *Exodus and Liberation: Deliverance Politics from John Calvin to Martin Luther King Jr.* (Oxford, 2014)

Conway, John S.: *The Nazi Persecution of the Churches* (London, 1968)

Cuddihy, John: *No Offense: Civil Religion and Protestant Taste* (New York, 1978)

Curry, Thomas J.: *The First Freedoms: Church and State in America to the Passage of the First Amendment* (Oxford, 1986)

Davidson, Jane Pierce: *The Life of Edward Drinker Cope* (Philadelphia, 1997)

Davie, Grace: *Religion in Modern Europe: A Memory Mutates* (Oxford, 2000)

Davie, Grace, Paul Heelas and Linda Woodhead (eds): *Preaching Religion: Christian, Secular and Alternative Futures* (Aldershot, 2003)

Davies, Owen: *A Supernatural War: Magic, Divination, and Faith during the First World War* (Oxford, 2018)

Davis, David Brion: *The Problem of Slavery in Western Culture* (Ithaca, 1966)

——: *Slavery and Human Progress* (Oxford, 1984)

Desmond, Adrian and James Moore: *Darwin* (London, 1991)

Desmond, Adrian: *Huxley: From Devil's Disciple to Evolution's High Priest* (Reading, 1997)

Drake, Thomas E.: *Quakers and Slavery in America* (New Haven, 1950)

Drescher, Seymour: *Abolition: A History of Slavery and Antislavery* (Cambridge, 2009)

Durston, Christopher and Judith Maltby: *Religion in Revolutionary England* (Manchester, 2006)

Edelstein, Dan: *The Terror of Natural Right: Republicanism, the Cult of Nature, and the French Revolution* (Chicago, 2009)

Elphick, Richard and Rodney Davenport (eds): *Christianity in South Africa: A Political, Social & Cultural History* (Cape Town, 1997)

Fix, Andrew C.: *Prophecy and Reason: The Dutch Collegiants in the Early Enlightenment* (Princeton, 1991)

Foxley, Rachel: *The Levellers: Radical Political Thought in the English Revolution* (Manchester, 2013)

Fromm, Erich: *Marx's Concept of Man* (New York, 1961)

Gay, Peter: *The Enlightenment: An Interpretation* (2 volumes) (New York, 1966–69)

Ghazi, Abidullah Al-Ansari: *Raja Rammohun Roy: An Encounter with Islam and Christianity and the Articulation of Hindu Self-Consciousness* (Iqra, 2010)

Glaser, Eliane: *Judaism without Jews: Philosemitism and Christian Polemic in Early Modern England* (Basingstoke, 2007)

Glasson, Travis: *Mastering Christianity: Missionary Anglicanism and Slavery in* the *Atlantic World* (Oxford, 2012)

Golomb, Jacob and Robert S. Wistrich (eds): *Nietzsche, Godfather of Fascism?
On the Uses and Abuses of a Philosophy* (Princeton, 2002)

Graetz, Michael: *The Jews in Nineteenth-Century France: From the French
Revolution to the Alliance Israelite Universelle*, tr. Jane Marie Todd (Stanford,
1996)

Greenberg, David F.: *The Construction of Homosexuality* (Chicago, 1988)

Gurney, John: *Gerrard Winstanley: The Digger's Life and Legacy* (London,
2013)

Haar, Gerrie ter: *How God Became African: African Spirituality and Western
Secular Thought* (Philadelphia, 2009)

Handler, Steven: *Spinoza: A Life* (Cambridge, 1999)

Hartley, Keith: *Otto Dix, 1891 – 1969* (London, 1992)

Harvey, David: *The Song of Middle-Earth: J. R. R. Tolkien's Themes, Symbols
and Myths* (London, 1985)

Hawley, John Stratton: *Sati, the Blessing and the Curse: The Burning Of Wives
in India* (Oxford, 1994)

Hess, Jonathan M.: *Germans, Jews and the Claims of Modernity* (New Haven,
2002)

Higonnet, Patrice: *Goodness Beyond Virtue: Jacobins During the French
Revolution* (Cambridge, Mass., 1998)

Hopper, Andrew: *'Black Tom': Sir Thomas Fairfax and the English Revolution*
(Manchester, 2007)

Hughes, Gordon and Philipp Blom: *Nothing but the Clouds Unchanged: Artists
in World War I* (Los Angeles, 2014)

Hunter, Graeme: *Radical Protestantism in Spinoza's Thought* (Aldershot, 2005)

Jacob, Margaret C.: *The Radical Enlightenment: Pantheists, Freemasons and
Republicans* (London, 1981)

Jenkins, Philip: *The Next Christendom: The Coming of Global Christianity*
(Oxford, 2002)

——: *The Great and Holy War: How World War I Changed Religion For Ever* (New
York, 2014)

Karcher, Eva: *Otto Dix (1891 – 1969)*: *His Life and Works* (Cologne, 1988)

Katz, D. S.: *Philosemitism and the Readmission of the Jews to England, 1603 – 1655* (Oxford, 1982)

Keith, Miller: *The Language of Martin Luther King, Jr. and Its Sources* (New York, 1992)

Kennedy, Emmet: *A Cultural History of the French Revolution* (New Haven, 1989)

Kerry, Paul E (ed.): *The Ring and the Cross*: *Christianity and The Lord of the Rings* (Lanham, 2011)

Koltun-Fromm, Ken: *Abraham Geiger's Liberal Judaism*: *Personal Meaning and Religious Authority* (Bloomington & Indianapolis, 2006)

Koonz, Claudia: *The Nazi Conscience* (Cambridge, Mass., 2003)

Kors, Alan: *Atheism in France, 1650 – 1729* (Princeton, 1990)

Koskenniemi, Martti: *The Gentle Civilizer of Nations*: *The Rise and Fall of International Law 1870 – 1960* (Cambridge, 2001)

——: 'Empire and International Law: The Real Spanish Contribution' (*University of Toronto Law Journal* 61, 2011)

Koskenniemi, Martti; Monica Garcia-Salmones Rovira and Paolo Amorosa: *International Law and Religion*: *Historical and Contemporary Perspectives* (Oxford, 2017)

Lewisohn, Mark: *The Beatles*: *All These Years, Volume One – Tune In* (London, 2013)

Lynskey, Dorian: *33 Revolutions Per Minute*: *A History of Protest Songs* (London, 2010)

Magnus, Shulamit S.: *Jewish Emancipation in a German City*: *Cologne, 1798 – 1871* (Stanford, 1997)

Marshall, P. J.: *The British Discovery of Hinduism in the Eighteenth Century* (Cambridge, 1970)

Martinez, Jenny S.: *The Slave Trade and the Origins of International Human Rights Law* (Oxford, 2012)

Marwick, Arthur: *The Sixties*: *Cultural Revolution in Britain, France, Italy, and the United States, c.1958 – c.1974* (Oxford, 1998)

Mason, Richard: *The God of Spinoza: A Philosophical Study* (Cambridge, 1997)

Masuzawa, Tomoko: *The Invention of World Religions: Or, How European Universalism was Preserved in the Language of Pluralism* (Chicago, 2005)

May, Simon (ed.): *Nietzsche's On the Genealogy of Morality: A Critical Guide* (Cambridge, 2011)

McManners, John: *The French Revolution and the Church* (London, 1969)

Meyer, Michael: *Response to Modernity: A History of the Reform Movement in Judaism* (Oxford, 1988)

Middlebrook, Martin & Mary: *The Somme Battlefields* (London, 1991)

Miller, Nicholas P.: *The Religious Roots of the First Amendment: Dissenting Protestants and the Separation of Church and State* (Oxford, 2012)

Minois, Georges: *The Atheist's Bible: The Most Dangerous Book that Never Existed*, tr. Lys Ann Weiss (Chicago, 2012)

Moore, Rosemary: *The Light in their Consciences: Early Quakers in Britain 1646–1666* (University Park, 2000)

Morris, Henry: *The Life of Charles Grant: sometime Member of Parliament and director of the East India Company* (London, 1904)

Muravyova, L. and I. Sivolap-Kaftanova: *Lenin in London*, tr. Jane Sayer (Moscow, 1981)

Nadler, Steven: *Spinoza: A Life* (Cambridge, 1999)

——: *A Book Forged in Hell: Spinoza's Scandalous Treatise and the Birth of the Secular Age* (Princeton, 2011)

Nasaw, David: *Andrew Carnegie* (New York, 2006)

Nixon, Edna: *Voltaire and the Calas Case* (London, 1961)

Noll, Mark A.: *America's God: From Jonathan Edwards to Abraham Lincoln* (Oxford, 2002)

——: *God and Race in American Politics* (Princeton, 2008)

Norman, Philip: *John Lennon: The Life* (London, 2008)

Numbers, Ronald L (ed.): *Galileo Goes to Jail and Other Myths about Science and Religion* (Cambridge, Mass., 2009)

O'Connor, Ralph: *The Earth on Show: Fossils and the Poetics of Popular Science, 1802–1856* (Chicago, 2007)

Oddie, Geoffrey A.: *Imagined Hinduism: British Protestant Missionary Constructions of Hinduism, 1793 – 1900* (New Delhi, 2006)

Oldfield, J. R.: *Popular Politics and British Anti-Slavery: The Mobilisation of Public Opinion against the Slave Trade, 1787 – 1807* (Manchester, 1995)

Oosterhuis, Harry: *Stepchildren of Nature: Krafft-Ebing, Psychiatry, and the Making of Sexual Identity* (Chicago, 2000)

Osborn, Henry Fairfield: *Cope: Master Naturalist* (Princeton, 1931)

Parker, Geoffrey: *Global Crisis: War, Climate Change and Catastrophe in the Seventeenth Century* (New Haven, 2013)

Pestana, Carla: *Protestant Empire: Religion and the Making of the British Atlantic World* (Philadelphia, 2010)

Porterfield, Amanda: *The Transformation of American Religion: The Story of a Late-Twentieth Century Awakening* (Oxford, 2001)

Rea, Tom: *Bone Wars: The Excavation and Celebrity of Andrew Carnegie's Dinosaur* (Pittsburgh, 2001)

Rediker, Marcus: *The Fearless Benjamin Lay: The Quaker Dwarf Who Became the First Revolutionary Abolitionist* (Boston, 2017)

Roberts, J. Deotis: *Bonhoeffer & King: Speaking Truth to Power* (Louisville, 2005)

Rowntree, C. Brightwen: 'Benjamin Lay (1681 – 1759)' (*The Journal of the Friends' Historical Society* 33, 1936)

Rudwick, Martin J. S.: *Earth's Deep History: How It Was Discovered and Why It Matters* (Chicago, 2014)

Schaeffer, Neil: *The Marquis de Sade: A Life* (London, 1999)

Schama, Simon: *Citizens: A Chronicle of the French Revolution* (London, 1989)

Schmidt, Alfred: *The Concept of Nature in Marx*, tr. Ben Fowkes (London, 1971)

Sheehan, Jonathan: *The Enlightenment Bible* (Princeton, 2005)

Shippey, Tom: *J. R. R. Tolkien: Author of the Century* (London, 2000)

Shulman, George M.: *Radicalism and Reverence: The Political Thought of Gerrard Winstanley* (Berkeley & Los Angeles, 1989)

Siemens, Daniel: *The Making of a Nazi Hero: The Murder and Myth of Horst Wessel*, tr. David Burnett (London, 2013)

Soderlund, Jean R.: *Quakers & Slavery: A Divided Spirit* (Princeton, 1985)

Stanley, Brian: *Christianity in the Twentieth Century: A World History* (Princeton, 2018)

Steignmann-Gall, Richard: *The Holy Reich: Nazi Conceptions of Christianity* (Cambridge, 2003)

Stephens, Randall J.: *The Devil's Music: How Christians Inspired, Condemned, and Embraced Rock 'n' Roll* (Cambridge, Mass., 2018)

Stone, Dan: *Histories of the Holocaust* (Oxford, 2010)

——: *The Holocaust, Fascism and Memory: Essays in the History of Ideas* (London, 2013)

Tierney, Brian: *The Idea of Natural Rights* (Grand Rapids, 2001)

Toledano, Ehud R.: *The Ottoman Slave Trade and Its Suppression: 1840 – 1890* (Princeton, 1982)

Turley, David: *The Culture of English Antislavery, 1780 – 1860* (London, 1991)

Van Kley, Dale K.: *The Religious Origins of the French Revolution: From Calvin to the Civil Constitution, 1560 – 1791* (New Haven, 1996)

Vattimo, Gianni: *After Christianity*, tr. Luca d'Isanto (New York, 2002)

Vaux, Roberts: *Memoirs of the Lives of Benjamin Lay and Ralph Sandiford: Two of the Earliest Public Advocates for the Emancipation of the Enslaved Africans* (Philadelphia, 1815)

Wallace, David Rains: *Beasts of Eden: Walking Whales, Dawn Horses, and Other Enigmas of Mammal Evolution* (Berkeley & Los Angeles, 2004)

Weinberger-Thomas, Catherine: *Ashes of Immortality: Widow-Burning in India*, tr. Jeffrey Mehlman and David Gordon-White (Chicago, 1999)

Weiss, Michael and Hassan Hassan: *ISIS: Inside the Army of Terror* (New York, 2015)

Worden, Blair: *God's Instruments: Political Conduct in the England of Oliver Cromwell* (Oxford, 2012)

벨기에령 콩고, 666

벨라르미노, 로베르토, 478, 480

보니파키우스, 277~285, 292, 384~385, 452, 556, 616, 635, 668; 투노르의 참나무를 베어버림, 282~283, 285, 452

보니파키우스 8세 교황, 370

보름스 제국의회, 312, 321, 425, 427, 430, 431, 439, 441

보비오 수도원, 244, 246

보주, 242

보헤미아, 301, 395, 396, 398, 400, 401, 402, 404, 407, 457

복음(서), 15~16, 19, 149~151, 158; 루카, 121, 143, 162~163, 207, 215, 387; -의 집필과 연대, 147~148; 요한, 149~151, 163, 234~237, 303~304, 319, 388~389, 398~399, 407, 410, 624; 에이레나이오스의 카논, 162; 부자와 나사로 이야기, 212; -속의 심판의 날, 233~238, 253; -에 대한 이슬람의 견해, 253, 255~256; -과 그레고리우스의 개혁, 316

복음 기독교: -와 사랑, 551; 진보에 대한 믿음, 551~552, 475, 666; -와 인도, 556, 558~563; 1960년대 미국의-, 657~660; -와 이라크 전쟁, 675~678, 681~682, 684; -와 트럼프의 미국, 705~707

본회퍼, 디트리히, 644, 648

볼로냐, 324, 326~328, 333, 351, 374, 472; -대학, 323, 324, 333, 351, 472

볼셰비키, 612, 626, 628, 629, 637

볼테르, 522~530, 532, 536, 538, 540, 552, 597, 696

부시, 조지 W., 676~680, 682

부와 특혜: 로마 세계의-, 11~13, 70~71, 130~132, 176~177, 194~199, 201~202, 209~216; -와 예수의 가르침, 22, 129~218, 396, 399, 490, 534, 605; 욥기의-, 96~97; 약자가 강자에게 부끄러움을 안기기, 132, 721~722; -와 오리게네스, 176; 부유한 크리스천들, 194~196, 209~216, 396, 459; -에 대한 펠라기우스의 견해, 214~215, 488; 히포의 아우구스티누스의 가르침, 217~220; 아비뇽의 교황, 376; -와 프랑스 혁명기의 상퀼로트, 534~536; -와 카네기, 603~609; -와 존 레넌의 〈이매진(imagine)〉, 663; 트럼프의 미국에서의, 709~710

부활절(Easter), 282

북경, 464, 465, 467~470, 472, 473, 481, 526, 530

불가지론, 595~597, 718, 719

불린, 앤, 437, 447

브라우론(아테네 동쪽), 49

브라운, 제임스, 656, 657

브라질, 466

브리튼: 그레고리우스의 선교단 파견, 260, 265, 451~452; 근원 설화에서의 출애굽기의 요소, 264~266; 앵글리아(엥글라론데), 266; 아델스탄에 의한 바이킹 침략 격퇴(937), 299; -에서의 반유대주의, 365~366; 작은 성인 휴의 컬트, 366; -에서 축출된 유대인, 367; -에서의 종교개혁, 437~438, 442~443; 로마 교황청과 화해하는 메리 튜더, 442; -에서의 칼뱅주의, 448~449; 엘리자베스 시대의 개신교, 447~451; -의 디거, 488~490, 494, 500, 535, 612, 628, 663; 잉글랜드

《데크레툼》(그라티아누스를 저자로 추정), 325~327: 로마 법률의 묶음, 325~327, 383; -과 아벨라르의 이성, 328~334; 카예탄과 국제법, 416~417; 노예제도에 관한 국제법, 576~578; 욕망의 개념화, 603; 서구의 이슬람 형성, 682~684, 693~695

사월, 림, 687~688, 692

사제(기독교의): 주교('episcopos', '감독자'), 23, 153, 178~191, 290~292, 216~220, 235, 249, 305~308, 310~317: 로마 도시들의 주교, 179~187, 196~202, 205~209, 218~220, 224, 238, 297; 카펠라니(capellani, '사제'), 220; 캔터베리의 테오도루스, 259~264, 278~280; 전도 사업, 277~279, 281~283; 부패, 282~285, 292, 305~306, 310~312; -와 이교적 관습, 282~284; -의 교육, 289~290, 292~294; -와 독신 규칙, 307, 310, 315, 321, 371; 성찬식, 306, 452~453; 이교 교리로 처형, 306; 개혁 프로젝트, 308~325, 338~340, 350~352, 364~366, 387; 황제에 대한 충성 맹세, 311; 보름스 회의(1076), 312, 321; -에 대한 발도파의 경멸, 341~342; 이단 색출(inquisitio), 346~347, 356, 361~364, 367; 유혹자인 여자들에 대한 두려움, 371~372; -의 남성성, 371; -에 대한 루터파의 공격, 427

사제(유대교의): 신전 사제, 75~78, 81~83, 87; 경전의 필사, 91~92; -와 계약, 103~104, 106~107; -와 로마의 점령, 110~111

사탄(디아볼로스), 95~96, 99, 227~229, 234, 238, 349, 407, 720

사회 개혁, 591~593

사회적 계급: 그리스 세계의-, 58~59; 로마 세계의-, 141~145, 180~181, 201~202, 209~216, 396~397; -과 바울의 메시지, 141~142; -과 예수의 가르침, 148~149, 209~212; 계급의 표시로서의 그노시스(gnosis, 지식), 173~175; -과 펠라기우스, 214~216, 535; -과 히포의 아우구스티누스, 217~218; 권력의 원천으로서의 거룩함, 218~220; -과 그레고리우스 7세의 개혁, 314~315, 322; -과 '자연법' 개념, 326; 루터 추종자들에 의한 반란, 305~436; 브리튼의 '디거들', 487~492, 494, 500, 534, 612, 627~629, 663; -과 프랑스 혁명, 534~536, 542~544; 인도의 브라만 계급, 557; -과 카를 마르크스, 608~611; 사회적으로 불리한 사람들의 위계질서, 709~711; 다음도 참조 - 가난; 부와 특혜; 허약하고 짓밟힌 사람들

살라피스트(수니파 이슬람 운동가), 682~683; 이슬람 국가(IS, 시리아/이라크의), 683~686, 721

30년 전쟁, 457~459, 480~482, 495~496

색슨족(브리튼의), 241, 260~261, 264, 266, 281

생도맹그섬, 548

생드니 수도원(파리 근처), 329, 336, 534, 541

《샤를리 에브도》, 695~698

샤를마뉴, 285~292, 294, 297, 298, 412; 코렉티오 계획, 290~293, 303~304

샤를 '마르텔', 269, 270, 273, 364, 531

서고트족, 216, 249, 268, 271, 359

서광계, 464, 465, 468, 471, 472

서먼, 우마, 704

서인도제도, 409, 413, 415, 548, 550, 678

섬너, 윌리엄 그레이엄, 605

성욕: 창녀, 63, 131, 141~142, 379, 386~389, 546~547; 그리스 세계의-, 133~135, 378~380, 703; -에 대한 바울의 견해, 133~135, 141~142, 390~391, 597~600, 602~603, 660~662, 702, 704; 로마 세계의-, 141~142, 390~391, 703; 사제를 유혹하는 여자, 370~372; 여성의 몸, 371~388; 기독교와 에로스, 378~394, 598~603, 661~662, 701~704; 금욕과 자유의지, 379~381; -과 결혼, 383~386, 601~602, 700, 704; 근친상간, 385; 예수와 육신의 죄악, 386~387; -과 개혁 프로젝트, 387~388, 391~392; -과 진화론, 598~599; 크라프트에빙의 -에 대한 연구, 599~603; 사디즘과 마조히즘, 600~601; 기독교 보수주의자들의 여성에 대한 견해, 659~661; 클레르보의 베르나르의 견해, 700; -과 1960년대 반문화, 703

성인들, 220

성찬식, 306, 310, 311, 380

세둘리우스 스코투스, 294

세라피스, 66, 166~167, 170, 184, 223

세라핌, 225

세례, 132, 181, 369, 407, 712; 유대인들의 강제 세례, 248~250, 257; 샤를마뉴 치하의 강제 세례, 287~289; 왕들의 머리에 기름부음, 301, 532; 재세례, 439, 453; 유아세례, 439, 441, 492

세속의 개념, 311~317, 320~322, 375~376, 571~573, 675, 693~696; 기독교의 생산물로서의-, 27~28, 245, 571~573, 694~698, 718~720; -과 히포의 아우구스티누스, 244~245, 316, 571~573; 용어의 기원, 244; -과 그레고리우스 7세, 315~316, 427~429, 571, 635; -과 종교개혁, 427~429, 436~437, 441~443, 557; 힌두교의 적용, 557~563; 프랑스어 단어 라이시테(laïcité), 572, 696; -과 이슬람, 693~698; 프랑스의 교권 반대주의(반성직-권력주의), 695~698

소돔, 390~394, 599~602, 662, 707; 다음도 참조 - 동성애

소돔과 고모라, 389~393

소련, 626~629; 냉전, 654; -의 붕괴, 674~675

소아시아, 115, 118(각주), 152, 154, 156~158, 161, 164, 187, 197

소포클레스: 〈오이디푸스 왕〉, 55; 〈안티고네〉, 55~56

솔로몬(왕), 80~81, 105~106

솜 전투, 614~619, 631, 639~640

수도사, 343, 361, 363~364, 366~371, 405, 413; 독신 규칙, 371; -와 타락한 여자들, 389; 다음도 참조 - 도미니쿠스 수도회

수도자: 4세기의 루아르 강 계곡의-, 204~205, 208; 초창기 아일랜드인, 239~246, 263~264, 449; 콜룸바누스의 수도원들, 241~246, 267~268; 단련과 고난, 241~244, 263~264, 279~280; 미카엘 숭배, 246; 교황 그레고리우스가 켄트로 보낸-, 260, 265, 451~453; -과 필경,

얀(레이던의, 얀 보켈손), 438~440, 449

양광선, 481, 482

양심, 69, 137, 172, 257, 326(각주), 356, 415, 421, 429, 435, 445, 463, 493, 495, 501, 516, 576, 612, 648, 656, 660, 661

어룡, 585~586, 714

어셔, 제임스(아마의 대주교), 584

언어, 28, 83~85, 113

에드먼슨, 윌리엄, 515

에드워드 6세(잉글랜드 왕), 442

에르콜레, 아고스티노 디, 393~394

에우세비우스, 156(각주)

에우안겔리온(Euangelion, '복음'), 118(각주), 139, 551

에이레나이오스, 152~165, 168, 174, 234, 255, 324~327

에티오피아, 664~666, 669, 670

엘로이즈, 329, 331~333, 335

엘리자베스 1세(잉글랜드 여왕), 447, 450~451

엘리자베트(헝가리의), 338~348, 368, 369, 406, 431, 465, 517, 601, 710

엠와지, 모하메드('지하디 존'), 685

여리고, 93(각주)

여호수아, 93~94, 105, 476~477, 656

영리한 대리인, 573~574

영지주의자, 174~176

예니헨, 에르나, 625, 626, 633

예루살렘: 폼페이우스의 - 정복, 72~78, 81~83, 99~100, 109; 유대인의 신전, 73~78, 80~86, 90~92, 99~100, 105~107, 109, 145~150, 248~249; 모리아산, 73~74, 78~83, 248~249, 252~254; 바빌론의 - 정복(기원전 587), 82~82, 85~86, 91~92, 106~108, 148~150; 솔로몬 신전의 파괴, 80~82, 84~86, 90~92, 105, 148~150; 신전의 재건, 81, 84; 로마의 신전 파괴(기원후 70), 145~150, 248; 〈묵시록〉 속의 새 예루살렘, 234~235, 237, 302~304; 신전 터의 쓰레기 처리장, 248; 바위의 돔, 253~254; -으로의 크리스천 순례, 301~304; -과 밀레니엄(1033), 301~304; 십자군의 예루살렘 점령(1099), 319~321, 323; 사라센의 - 정복(1187), 353; 콜럼버스와 신전, 409~411; 1차 세계 대전 중 영국의 - 점령, 624; 현대의 이스라엘, 653~654

예수, 15~17, 22~23; 부활, 16, 147~151; -의 고통 받는 인성, 20~22, 157~159, 301, 334~335, 515, 590, 617~618, 709~710, 720; 바울의 최초 - 거부, 121; -의 수난, 147; 가르침의 방식, 148~149; 우화, 148, 206~209, 211~212, 692~693; 사도들에 의한 배신, 150; 베드로의 배신, 150; -와 용서, 150~151; -의 본성에 대한 초기 기독교의 논쟁, 158~162, 173~177, 186~188; -의 탄생, 201; 부와 가난에 대한 가르침, 205~215, 217~219, 396~397, 489~490, 534~535, 604~605; 착한 사마리아인의 비유, 206~209, 692~693; -와 사탄의 이야기, 226~229; -에 대한 이슬람의 견해, 252~256; 사망 1천년 주기(1033), 302~305; -와 구원의 성격, 334~336; -와 육신의 죄악, 387~389; 타보르산에서의 -, 396~397; 모든 피조물에게 복음의 설교, 407~408, 692; -와 파농의 탈

도미니언

기독교는 어떻게 서양의 세계관을 지배하게 되었는가

1판 1쇄 2020년 9월 14일
1판 3쇄 2020년 11월 20일

지은이 ㅣ 톰 홀랜드
옮긴이 ㅣ 이종인

펴낸이 ㅣ 류종필
편집 ㅣ 이정우, 정큰별
마케팅 ㅣ 김연일, 김유리
표지 디자인 ㅣ 석운디자인
본문 디자인 ㅣ 김성인
교정교열 ㅣ 문해순

펴낸곳 ㅣ (주) 도서출판 책과함께
　　　　주소 (04022) 서울시 마포구 동교로 70 소와소빌딩 2층
　　　　전화 (02) 335-1982
　　　　팩스 (02) 335-1316
　　　　전자우편 prpub@hanmail.net
　　　　블로그 blog.naver.com/prpub
　　　　등록 2003년 4월 3일 제25100-2003-392호

ISBN 979-11-88990-82-5　 03900

이 도서의 국립중앙도서관 출판시도서목록(CIP)은
서지정보유통지원시스템 홈페이지(http://seoji.nl.go.kr)와
국가자료종합목록 구축시스템(http://kolis-net.nl.go.kr)에서 이용하실 수
있습니다. (CIP제어번호 : CIP2020033756)